TV 세트 디자인의 세계

MBC 미술감독 정종훈의 35년 작업 모음집

이 책을 TV 화면 뒤에서 묵묵히 자신의 일에
최선을 다하시는
스태프 여러분께 바칩니다!

Chapter 1

TV 세트 디자인의 개요

TV SET DESIGN

Chapter 2

정종훈 디자이너의 작업기록 /예능 프로그램

001 예능/ 코미디, 오락, 퀴즈/ 스튜디오

002 예능/ 음악쇼/ 스튜디오

Chapter 3

정종훈 디자이너의 작업 기록
/예능 프로그램

003 예능-음악쇼, 행사, 경연- 야외

003 예능- 음악쇼, 행사, 경연/ 야외

Chapter 4

정종훈 디자이너의 작업 기록
/예능 프로그램

004 예능-경연, 시상식- 실내외
005 예능-음악공연- 해외
006 예능-오디션 프로그램- 실내외

004 예능- 경연, 시상식/ 실내외

005 예능- 음악공연/ 해외

006 예능- 오디션 프로그램/ 실내외

Chapter 5

정종훈 디자이너의 작업 기록
/보도, 교양 프로그램

TV SET DESIGN

Chapte 66

에필로그
무대와 함께 살아온 세월들
TV 세트 디자인의 발전과 미래
맺음말(감사의 글)

가상 공간의 숨은 주역

9월 어느 토요일, 저녁식사 시간이라 먹을 것도 많지 않았다...

2013 한국방송대상

제40회 한국방송대상
◀개인상▶
미술상
MBC
정종훈
2013. 9. 3.
한국방송협회 회장
우원길

ART STAFF

"시대를 읽는 디자이너가 되고 싶다"

정종훈
M B C 미술부 미술감독

조대근 기자 · dkcho@kpf.or.kr

MBC 영상미술국 미술감독 정종훈. 그는 19년차 경력의 전문 세트디자이너이다. 2000년 6월 잠실 주경기장에서 열린 「파바로티 평화콘서트」 같은 해 9월의 「서태지 컴백쇼」, 2001년 개최된 「세계 3대 테너 서울공연」 등 굵직굵직한 공연들의 무대 디자인을 담당했다. 지금은 「토요일」과 「느낌표」의 세트디자인을 책임지고 있으며 올가을에 열릴 나훈아 콘서트를 준비하고 있다.

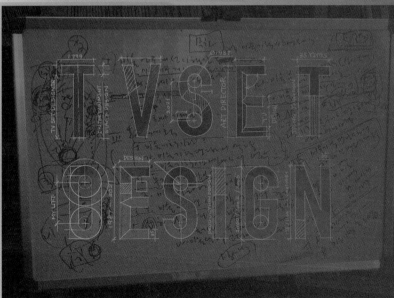

그는 초등학교 때부터 그림 그리는 것을 좋아했다. 그래서 대학도 미술학과를 선택했다. 서울대 회화과를 졸업하고 1987년 MBC에 입사했다. 화가가 아닌 세트디자이너의 길을 선택한 이유를 물었더니 "그림 그리는 일보다 잘 할 수 있을 것 같아서"라고 천연덕스럽게 답한다.

mbc

C.P. 011-9105-2209
Tel 02-789-3373
Fax 02-789-3914
jonghun@mbc.co.kr
bolg.imbc.com/setdesign

정종훈
미술부/미술감독/차장

DMB
my mbc

TV 세트 디자인의 세계
MBC 미술감독 정종훈의 35년 작업모음집

책을 만들며

약 30년 전 어느 날, 대선배가 작업한 디자인자료를 감탄하면서 보다가 "선배님! 이런 자료들로 책이라도 한 권 만드시죠! 그러면 저희 같은 후학들에게 무척 도움이 될 것 같은데요?"라고 말한 기억이 생생하다. 그때 그 선배의 반응은 "음! 그래야지!"였다. 그러나 필자의 그 바람은 이루어지지 못했고 그분은 지금 우리 세상에 안 계신다.

그리고 30년 후 필자가 그 '선배'의 입장이 되는 날이 오고야 말았다. 필자는 대선배께 그런 말씀을 드린 기억을 늘 갖고 있었기 때문에 내가 이 작업을 끝내는 날을 즈음해서 꼭 그동안 작업했던 것들을 엮어 보겠다는 생각으로 프로젝트를 진행할 때마다 자료를 만들어 보관하는 것도 열심이었다. 다만, 당시에는 지금의 상황과는 작업 환경이 많이 달라서 사진 한 장을 찍기에도 필름과 인화가 부담스러웠고, 모든 작업이 연필과 자와 컴퍼스를 이용한 수작업이었으므로 작업했던 자료를 차곡차곡 모아두는 것만이 유일한 나의 자료 보관 방법이었다.

지금에 와서 잘 기억나지도 않는 일들을 정리하고 작업내용과 에피소드를 정리한다는 것이 무리한 작업이라는 생각도 들었지만 지금 상황에서 필자가 할 수 있는 최선으로 정리를 했다. 또 뭔가를 활자를 통해서 남긴다는 부담스러움을 이 작업을 하면서 뼈저리게 느꼈고, 필자가 늘 하던 말! '나는 글을 못 써서 그림을 그렸다'라는 말이 빈말이 아니라는 것을 스스로 느꼈다. 부족한 결과물이지만 이해를 부탁드린다.

필자는 어떤 일이든 생산이 먼저이고 그다음에 평가와 분석이 따른다고 평소에 생각해왔다. 그런데 TV 세트 디자인은 그 영역이나 영향이 작지 않음에도 불구하고 작업에 대한 평가나 연구는 거의 전무하다시피 한 것이 사실이다. 수많은 사람들이 보는 TV 프로그램의 '배경'이나 '공간'이 되는 TV 세트 디자인이 그 프로그램에서 보이는 '주'는 아니지만 자연스레 따라오는 무의식의 세계를 지배한다고 믿는 필자의 생각이 너무 과한 것일까? 이 일을 하는 사람이 적고 영역이 좁다 보니 희소성이 있고 매우 한정적이라서 한계가 따르지만, 적어도 영상 콘텐츠가 이렇게 활발하게 만들어지고 있는 오늘날의 상황에서는 기본적인 연구는 필요해 보인다.

작업 모음집을 만들어 보려고 마음먹은 지금, 필자의 자료와 기억력이 부족함을 많이 느낀다. '이것이 책이 될까?' '될 수 있을까?'라고 스스로 의심을 하는데도 불구하고 주위 선후배 동료들은 '충분히 책이 될 수 있다'며 용기를 북돋워 주셨고, 재형 동기는 부족한 필자의 문장을 다듬어 주겠다고 나서 주었으며, 호민 디자이너는 '재밌는 작업이 될 것 같다'면서 필자보다도 더 열정적인 작업으로 '책'의 모양을 만들어 주었고, 도면을 무척 좋아하는 문쌤은 악보를 다스리는 눈으로 책의 내용을 다스려주셨다. 그 밖에도 많은 분들의 관심과 응원! 정말 감사하다!

마지막으로 필자의 작은 바람은 선배, 동료, 후배님들이 다음번 바통을 잡아주실 것을 기대한다. 필자가 어설프게 뗀 첫발을 작은 이정표로 삼아 누군가가 다음을 이어가 주기를 소망한다.

이 저술 작업은 방송문화진흥회의 저술지원과 문화방송의 저작자료를 활용하여 진행되었습니다.

Chapter 1

TV 세트 디자인의 개요

TV 세트 디자인은 방송제작의 어느 부분에 있지?

TV 프로그램의 제작 프로세스

솔직히 이 부분은 필자가 잘 아는 분야가 아니다. 그렇지만 어차피 'TV 세트 디자인'이라는 것이 TV 프로그램의 제작을 위한 '주문형 공간 설계'라는 개념이라고 볼 때 TV 프로그램(좀 더 확대해서 생각한다면 동영상으로 제작되는 콘텐츠를 모두 포함한다고 봐도 되겠다)의 전체적인 프로세스를 이해하지 않으면 곤란하다는 생각이다. 미래에는 또 어떤 기술이 발명되어 인간의 삶에 도움이 되는 재미와 감동과 지식과 정보가 엮어지고 전달될지는 모르나, 필자가 이 글을 쓰고 있는 현재까지는 여전히 어떤 주젯거리를 동영상으로 만들고 그것을 전파나 온라인을 통해 배포하는 것이 최선인 시대이다. 이런 동영상 콘텐츠를 제작, 배포하는 과정에서 필요한 '세트'를 디자인(설계)하는 일은 '제작'에 관련된 것이다. 그중에서도 '시각적'인 부분에 관련된 것이며 대개 사후 작업(포스트 프로덕션)보다는 사전 작업(프리 프로덕션)에

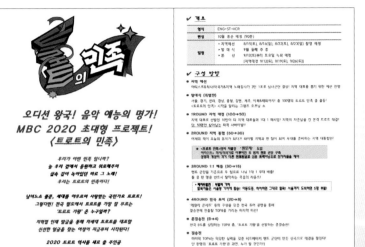

▲MBC에서 방송된 이 기획안은 '트로트의 민족'을 위한 기획안이다. 기획안이란 어떤 프로그램을 만드는 취지나 목적, 그리고 기본적인 개념과 제작 방향과 방법에 관한 기본적인 내용을 포함한다.

관한 것이다. TV 프로그램을 만든다는 것은 관련된 많은 사람들이 꽤 복잡한 과정을 거쳐서 결과를 만들어내는 일이고, 그 프로젝트가 클수록 더 많은 비용과 인력이 투입된다.

'PD'는 어떤 일을 하는 사람들일까? 삼십여 년을 방송사에서 일해 온 필자도 이 부분을 명확하게 정의하기는 어렵다. 대체로 생각해 보면 '프로듀서' 정도인데, 방송사에서는 '제작'과 '연출'에 관한 부분이 혼재되어 사용되므로 명확하지 않다는 것이다. 프로그램을 기획하고 아이디어를 내는 것은 제작자든 연출자든 스태프든 누구나 할 수 있는 것이다. 그 '기획'이라는 것을 하나의 기초로 하여 프로그램이라는 결과물을 내기까지의 과정에서 하는 각자의 역할은 매우 다양하다. 이 과정에서 제일 먼저 그 '기획'을 들고 프로그램 시작을 하는 사람이 PD이다. 경우에 따라서는 '제작'을 담당하는 PD와 '연출'을 담당하는 PD가 따로 있는 경우도 있고, 같은 PD가 제작과 연출을 동시에 하는 경우도 있고, 여러 명의 PD가 그 프로그램 내에서도 역할을 나눠서 협업을 하는 경우도 있다. 결국, 역할에 따른 명칭이 있긴 하지만 현업에서는 그것이 명확하게 구분되어 있지는 않다는 것이다.

만약에 내가 제작이나 연출을 하는 'PD'이고, 어떤 프로그램의 기획으로 제작비를 확보하고 방송의 일자와 시간을 편성을 약속받았다면 무엇부터 시작을 해야 할까?

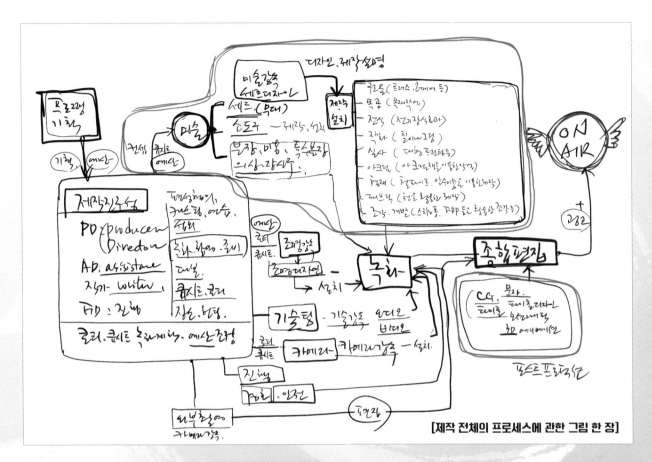

[제작 전체의 프로세스에 관한 그림 한 장]

위와 같이 복잡한 과정을 거쳐야 하나의 TV 프로그램이 만들어지고 방송을 하게 되는데, 그림에서 확인할 수 있듯 TV 세트 디자인은 TV 콘텐츠 제작의 프로세스에 있는 하나의 단계인 것이다.

서양화를 전공한 필자는 빈 캔버스를 대하면 늘 설레기도 하지만, 오리무중의 암담한 공포를 느끼는 경우도 많다. 그냥 구체적인 '어떤 것'이 아닌 추상적인 어떤 개념을 구체화하고 현실화하는 일이라는 것이 얼마나 창의적일까 하는 의구심도 갖지만, '빈 것' 또는 '빈 곳'을 최초로 채우기 시작한다는 것의 과감함과 노력은 충분히 창의적인 작업으로 볼 수 있다는 것이 필자의 생각이다. TV 세트 디자이너는 프로그램을 제작을 위해서 그 안에서 '노는(Performing)' 사람들의 공간을 창조하는 역할을 한다. 제작진의 머릿속에 있는 그 '어떤 것'을 구체화하고 설계해서 도면과 모델링과 미니어처를 제시하고, 제작과 설치를 통해서 실제 세트를 완성하고, 그곳에서 '놀' 수 있는 공간을 만들어 낸다.

'연극과 영화 등에서 연출가가 무대 위의 모든 시각적 요소들을 배열하는 작업'인 '미장센'이라는 단어의 해설에 있는 영화에 관한 부분을 발췌하여 TV 프로그램에 적용해 보는 것이 적당할 듯하다.

영화에서 미장센은 광의의 개념으로 '카메라에 찍히는 모든 장면을 사전에 계획하고 밑그림을 그리는 것'으로 해석하며, '카메라가 특정 장면을 찍기 시작해서 멈추기까지 화면 속에 담기는 이미지를 만들어 내는 작업'이라고 정의한다. 즉, 화면 속에 담길 모든 조형적인 요소들을 고려해야 하는데 여기에는 세트, 인물이나 사물, 조명, 의상, 배열, 구도, 동선, 카메라의 각도와 움직임 등이 포함된다.[두산백과 발췌]

실제 방송사 현장에서는 이 '미장센'이라는 단어를 별로 사용하지 않는다. 다만 '영상미'가 콘텐츠의 경쟁력으로 중요하게 생각되는 현재의 상황에서 이것을 꾸미고 만들어주는 '미장센'의 역할은 무엇보다도 중요하다. 따지고 보면, 세상의 어떤 일도 마찬가지겠지만 TV 세트 디자이너도 우선, 촬영을 위한 세트가 필요하다 보니 좋은 세트를 구현해 줄 사람이 있어야 하고, 또 계속해서 그런 일이 이어지다 보니 그 일을 전문적으로 하는 '세트 디자인'을 주 업무로 하는 것이지만 개인의 능력에 따라서는 그 역할의 영역을 넘나들지 못할 이유가 전혀 없다고 생각한다.

따라서 TV 세트 디자이너가 디자인 전문가로서 프로그램의 제작에 기여할 수 있는 역할은 무궁무진하다고 볼 수 있다. 다만 각 스태프가 자신의 역할이나 영역을 서로 지켜가면서 일을 하는, 나름의 선을 지키면서 분업된 일을 맡아서 하고 있는 현실에서는 소통과 융합이 필요할 때 문제점이 표출되기도 하는데, 이런 문제를 해결하기 위해서 전체를 아우르는, 소위 미장센을 총괄하는 '미술감독(Art Director)', '프로덕션 디자이너(Production Designer)'라는 역할이 반드시 필요하다는 것이 필자의 생각이다. 하지만 그 경계는 명확하지 않고 상황별, 개인별 역량에 따라서 달라지는 것이 현실이다.

TV세트디자인은 프로그램 콘셉트와 촬영에 적합한 연기공간을 인공적으로 만들어 내는 작업이다!

[TV 세트 디자인은 TV 콘텐츠 제작에 적합하게 만들어진, 주문형 공간을 설계하는 일이다]

최근 다양한 플랫폼에서 선보이는 영상 콘텐츠는 그 수를 헤아리기 어려울 정도로 많고, 내용도 다양하다. 제작자들은 항상 새롭고 질 높은 콘텐츠를 만들려고 노력하고 있고, 좋은 프로그램을 많이 선보이는 것도 사실이다. 이런 수많은 콘텐츠들은 제각기 형식과 내용을 달리하므로 그 나름의 특색 있게 연출된 공간을 필요로 한다. TV 드라마를 예로 들면, 작가가 창조해 낸 설정 인물이 처해있는 환경(직업, 성격, 나이, 성별, 지역, 경제력 등에 따른 것은 물론이고, 여기에 시대적 변수가 더해지면 그 다양성은 2배 3배로 늘어난다)에 따라 매우 다양한 공간의 설정이 요구된다는 것을 알 수 있다.

이렇게 주로 리얼리티를 추구하는 드라마 콘텐츠를 위한 연기 공간을 사실주의 회화로 비유한다면, 쇼나 예능, 보도, 교양 등의 콘텐츠(음악, 토크쇼, 뉴스, 퀴즈 등)를 위한 연기 공간은 추상회화에 비유될 수 있을 듯하다. 연출자가 의도한 콘셉트를 바탕으로 한 무궁무진한 공간 창조가 가능하기 때문이다. 따라서 이 작업의 주체인 TV 세트 디자이너는 창작의 자유를 마음껏 누릴 수 있는 대신에 고통 또한 클 수밖에 없다. TV 세트 디자인은 TV 프로그램을 만들기 위해 제작, 연출자가 주문한 공간을 설계하는 일이라고 정의할 수 있을 듯하다.

따라서 TV 콘텐츠 제작을 위한 공간을 만드는 'TV 세트 디자인'은 다음과 같은 조건을 만족하는 결과물을 도출해 내는 것이 중요하다.

1. **기능성**: 조금 다른 경우도 있겠지만 TV 프로그램은 사람(출연자)이 나와서 서로의 상호작용을 하는 퍼포먼스를 엮어서 만드는 경우가 대부분이다. 그러므로 TV 세트 디자이너는 그 사람들의 장소와 위치, 그리고 그것을 촬영해 내는 카메라의 위치 등의 기능적인 역할을 충분히 고려하여 효율성 있는 공간을 디자인해야 한다. 따라서 이 모든 것을 만족할 만한 설계를 위해서 프로그램 제작에 관련된 다양한 기본지식의 습득이 매우 중요하다.
2. **심미성**: 영상(화면)의 아름다움(여기서 이야기하는 '아름다움'은 '적합성'과 '심미성'을 동시에 의미한다)이 중요하다. 어떤 콘셉트를 가진 프로그램의 느낌과 분위기를 만들어주고 통일감도 형성하는 등 이른바 성격에 맞는 '예쁜' 공간을 만들어 내야 하며 너무 과하지 않으면서 프로그램의 성격에 맞는 색감이 나타나도록 하는 것도 중요하다.
3. **배경으로서의 세트**: TV 세트의 역할은 촬영 화면의 배경이다. 따라서 출연자와의 균형을 잘 이루는 배경이 중요하다. 아름답지만 산만하지 않은, 배경으로써의 세트 역할도 중요하다.

[TV 세트 디자인은 인공적인 공간을 설계한다]

TV 세트가 '인공적'인 환경을 만들어낸다는 의미는 첫째, 만들고자 하는 콘텐츠의 내용이 가상임에도 불구하고 현실화시켜서 시각적으로 표현해 낸다는 개념과 둘째, 카메라를 통해서 표현되는 공간이므로 실제 공간에 비해 또 다른 스케일과 트릭이 필요하다는 두 가지의 의미를 지닌다고 할 수 있겠다.

전자의 경우는 어떤 콘텐츠가 픽션이든 논픽션이든 간에 세트 디자인을 필요로 하는 '포장'에 관련된 것이라고 볼 수 있다. 예를 들어, 남극을 1년간 촬영하고 그곳의 자연을 담은 콘텐츠가 있다고 생각해 보자. 이 콘텐츠를 시청자에게 전달하는 방식은 여러 가지가 있을 수 있다. 우선, 편집과 내레이션을 통해 있는 그대로의 현장 화면을 전달하는 방식이 있을 것이고, 남극을 다녀온 사람들이 같이 출연해서 찍어온 동영상을 보면서 이야기를 하는 형식으로 전달하는 방식도 있을 것이다. 이럴 경우, 전자는 세트 디자인의 개입이 필요 없지만, 후자의 경우에는 세트 디자인의 역할이 필요할 수 있다. 후자의 경우라도 제작진이 어떤 조용한 공간을 임대해서 있는 그대로의 공간에서 환담하는 장면을 찍는다면 따로 세트 디자이너의 역할이 필요 없겠지만, 그 공간을 콘텐츠의 내용과 어울리게 변화를 준다든지 하는 경우에는 결국 인공적인 공간 설계의 개념이 도입된다고 볼 수 있다. 촬영 장소를 아무것도 없는 스튜디오 등의 빈 공간으로 결정하고 그곳에 세트를 세워서 촬영, 녹화를 하게 된다면 그것은 오롯이 세트 디자이너의 설계에 의존해야 하는 것은 당연하다. 또 후자의 경우에는 카메라의 왜곡 현상과 관계가 있다고 볼 수 있다. 스튜디오를 방문해서 세트의 실제 모양을 보는 사람들의 대부분의 이야기는 '생각보다 세트가 작다'는 것이다. 실제로 필자도 입사 이후 처음으로 본 세트는 생각보다 작은 느낌이 들었다. 카메라 렌즈를 통해서 녹화된 화면을 보던 우리의 공간 개념과 실사로 바라보는 개념의 스케일 감의 문제가 아닐까 생각한다. 따라서 TV 세트 디자인은 카메라의 스케일에 맞게 인공적인 공간을 설계해야 가장 자연스럽게 영상으로 표현되지 않을까 싶다.

[세트 디자인은 매우 광범위한 작업이다]

'세트(Set)'라는 단어의 어감이 주는 경량성, 임시성 탓에 세트 디자인 작업을 단순한 배경 디자인 정도로 인식하는 경향이 있다. 그러나 '세트'라는 단어의 어감과 관계없이 사실상의 세트 디자인 작업은 단순한 배경 그림이 아닌 공간 전체를 계획해야 하는, 보다 광범위한 작업이다. 시골 소읍 규모에 버금갈만한 크기의 야외촬영용 세트(드라마용 Open Set), 대학 운동장을 가득 채우는 쇼무대, 대형 스튜디오를 꽉 채운 선거방송 세트 등은 기존의 어감을 무색하게 하기에 충분할 것이다.

지금까지 우리는 세트 디자인의 개념에 대해 알아보았다. 이를 보다 비유적인 표현으로 말하자면 세트 디자인이란 '영상 콘텐츠'라는 요리를 담아내기에 가장 적절한 그릇을 만들어내는 일이라 할 수 있겠다. 내용물을 담아내기에 전혀 불편이 없으면서 내용물을 가장 돋보이게 하는 그릇, 냄비보다는 뚝배기에 끓인 된장찌개가 훨씬 맛있는 것처럼 모양만 멋있는 것이 아니라 음식을 더욱 맛나게 하는 그릇을 만들어내는 일이 바로 세트 디자인 작업의 궁극적인 목표가 될 것이다.

이 글은 유현상 미술감독의 '세트 디자인이란 프로그램의 내용에 적합한 연기공간을 인공적으로 만들어내는 작업'이라고 정의한 내용으로 MBC 세트 디자인팀 홈페이지에 실었던 글의 '영상과 촬영' 부분을 필자가 수정, 변경, 추가하여 게재한다.

[TV 미술의 영역-프로그램 제작에서 미술의 역할]

TV 세트는 프로그램의 촬영, 녹화를 위해서 필요한 공간을 말하는 것이며 그것을 설계하는 작업자가 TV 세트 디자이너라고 하였다. 이제 세부적으로 TV 세트의 디자인과 제작, 설치를 알아보기 전에 TV 프로그램을 위한 '미술'의 역할에 대해서 알아볼 필요가 있다. TV 미술은 다양한 업무가 공존하며 그것은 프로그램의 녹화를 위한 사전 작업인 '프리 프로덕션(Pre Production)'과 후반 작업인 '포스트 프로덕션(Post Production)'으로 분류할 수 있다.

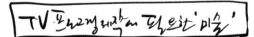

[프로덕션 디자이너, 미술감독(아트 디렉터), 세트 디자이너]

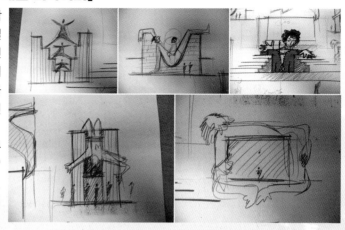

앞 페이지의 표를 보면, 프로그램을 위한 미술의 지원 작업은 프로그램 전체를 관통하는 콘셉트의 일관성과 품질을 유지하는 것이 무엇보다도 중요한 것인 만큼 이 공정 전체를 총괄하는 전문적인 작업이 중요하다는 것이 필자의 생각이다. 따라서 제작진과의 통로를 일원화하여 소통을 원활하게 해주는 역할이 필요하다. 하지만 제작 현장의 현실은 그렇지 못한 것이 사실이다.

필자는 '왜 이렇게 필요한 프로덕션 디자인 개념의 업무가 현재 방송 제작의 현장에서 적용되는 것이 어려울까?'를 분석해 보았는데 그 결과 나름대로 이런 결론을 얻었다.

방송 제작 초기에는 미술의 역할이 그야말로 촬영을 위한 '지원'의 개념으로 진행되었고 그 규모가 크지 않았기 때문에 PD나 연출의 개인적인 역량으로도 충분히 품질이나 예산의 조절이 가능해서 소위 '미장센'이라고 하는 프로그램 전체를 꾸미는 작업을 총괄할 필요성을 느끼지 못했고, 점점 규모가 커지는 방송 제작의 환경에도 그 시스템을 인위적으로 만들어 주지 못하고 그냥 덩치만 커진 결과라 생각된다.

반면, 영화 제작 현장은 프로덕션 디자인의 시스템이 제대로 활용되고 있으며, 이것은 제작비용의 효율적 관리와 품질의 관리를 동시에 해야 하는 영화의 제작시스템에서는 당연한 것이라는 생각이다. 현재 방송사들의 콘텐츠 제작 현장에서는 여전히 연륜이 있는 세트 디자이너가 무대 세트의 업무에서 '미술감독'이라는 직책으로 세트 전체를 총괄하는 업무를 하고 있기는 하지만, 미장센 전체를 아우르는 역할을 하고 있는 사람이 있을지 필자도 의문이다.

필자는 TV 세트의 업무영역에도 프로덕션 디자이너의 역할이 필요하고 생각한다. TV 프로그램을 위한 미술은 각각 필요에 따라서 발달하였기에, 콘텐츠 전체를 아우르며 진행하는 업무시스템을 만들기 위한 인위적인 조정 작업을 하지 않았다. 다만 대형 드라마나 일부 예능 작업에서 미술 전체를 아우르는 역할을 시도해 보기는 했지만 그 역시도 기존의 업무체계와 병행할 수밖에 없고, 프로덕션 디자인의 업무를 훈련하지도 않은 상황에서 그 역할을 당장 시행하는 것은 쉽지 않은 일이다. 하지만 분명한 것은 프로그램의 제작에 필요한 모든 '미술적 상황' 전체를 아우르고 체계적이고 통일감 있는 업무를 진행하는 역할은 반드시 있어야 하고 그럼으로써 보다 높은 품질의 콘텐츠를 만들 수 있다는 것이다.

[공연 무대 디자인과 TV 세트 디자인의 차이가 무엇일까?]

이것은 필자가 TV 세트 디자인을 시작하고 다양한 곳에서 공연이나 이벤트를 위해서 설계되는 무대를 보면서 늘 가졌던 생각이다. 이 문제에 제일 먼저 드는 생각은 '관객'과 '시청자'의 차이가 아닌가 싶다. 극장이나 무대에서 관객을 대상으로 하는 공연은 직접 눈으로 보는 상황이므로 그에 맞게 극장에서 무대를 바라보는 관객의 시선을 고려하여 설계해야 하고, TV를 통해서 콘텐츠를 보는 '시청'의 경우에는 세트가 설치된 현장에서 카메라로 촬영을 하고, 그것을 다시 편집과 보정을 통해서 시청자가 보는 것이므로 그 차이가 크다고 할 것이다. 따라서 두 개의 작업은 같은 듯하지만 많이 다른, 각자의 전문성을 필요로 하는 분야라고 보아야 할 듯하다.

이런 차이가 물리적인 차이라면 필자가 느끼는 또 하나의 차이가 있다. '예술과 디자인의 차이', '순수미술과 응용미술의 차이' 정도로 말할 수 있을 듯하다. 예술의 영역에 있는 공연을 위한 무대는 그 공연과 일체 되는 예술적 작업을 요구하고, 그런 마인드를 통해 완성되는 작업이므로 '예술'의 영역에 더 가까워 보이는 반면, 영상 콘텐츠 제작을 위해서 설계되는 TV 세트는 주문에 의해서 생산되는 '디자인'적인 요소를 더 많이 지닌다고 봐야 할 듯하다. 두 가지의 작업이 어떤 퍼포먼스를 위해서 준비되는 공간의 설계임은 동일한 상황이지만 그 필요성과 작품을 분석하고 표현하는 방법적인 부분과 주문과 생산의 과정에서 보이는 일의 형태가 뭔가 차이를 보이는 것 같다. 필자의 개인적인 생각이다.

머릿속에 그리는 프로그램의 모습을 현실화 시켜라!

TV 세트의 제작 프로세스

[TV 세트 디자인의 기초]

1. 세트는 유닛(Unit)이다

'영화, TV 드라마 따위의 촬영에 쓰기 위하여 꾸민 여러 장치'라고 정의되어 있는 '세트(Set)'와 인테리어나 건축물과의 차이는 무엇일까? 그것은 아마 임시 시설물과 고정 시설물의 차이가 아닐까 싶다. 어떤 목적으로 계획되어 그 역할이 끝나면 철거되는 임시 가설물의 여러 장치를 총칭하여 '세트'라고 이름 붙여진 것이 아닌가 싶다. 이렇듯 '세트'는 기본적인 유닛을 끼워 맞추어 완성하는 조립형 제작물이다. 특정 콘텐츠를 위해서 특별하게 디자인되고 제작되는 세트는 그 역할이 끝나고 폐기되겠지만, 그 세트의 많은 부분은 다시 재활용되는 기본 유닛의 렌털 개념으로 진행되는 것이 더 많다. 따라서 세트는 세트 디자이너가 기본적인 유닛과 특별 제작되는 유닛 세트를 조합하여 설계하고, 그것을 정해진 장소에 조립하여 설치하는 것이다.

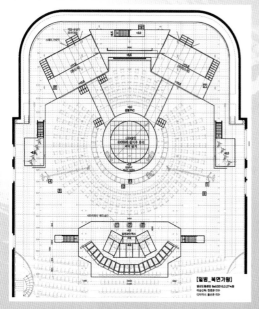

2. 평면도가 중요하다(평면에는 모든 것들이 다 있다)

세트 디자인을 시작하면 제일 먼저 평면을 구상하는 것이 대부분 세트 디자이너의 작업 순서이다. 세트 디자이너는 그 프로그램이 촬영, 녹화가 이루어지는 모든 상황을 미리 예측하고 평면을 설계한다. 한 장의 평면도에는 주어진 공간(스튜디오)의 넓이와 형태, 세트 및 조명을 위한 배튼(Batten)과 방청객석 등의 시설물과 세트 디자이너가 설계한 무대 바닥의 모양은 물론, 출연자의 위치와 동선, 카메라의 위치, 세트의 위치 등 모든 것을 포함하고 있다. 필자는 예전에 어떤 선배가 말했던 '평면이 예쁘면 세트가 예쁘다'는 말에 공감한다. 그만큼 평면의 설계는 중요하다.

3. TV 세트의 구조는 카메라에 대응하는 것이 기본이다 (정면도와 입면도)

평면 작업에서 세트의 기능에 관한 것들을 담았다면 이번에는 높이 값을 가지는 세트들을 구상하게 된다. 이것도 대개 정면도와 입체도를 통하여 표시하게 되는데, 이러한 세트를 디자인하고 세우는 위치나 크기는 평면 작업과 연계해서 구상한다. 이 작업의 기준은 카메라 위치와 아주 밀접한 관계를 가지고 있는데, 어차피 TV 세트 디자인은 TV 콘텐츠를 제작하기 위한 주문형 공간을 설계하는 일이고, 그것은 카메라 촬영을 통해서 나타나기 때문에 그 부분을 미리 예상하여 디자인을 하는 것은 당연한 일이다. 따라서 세트 디자이너는 카메라 위치나 연출의 카메라 운용 계획을 정확히 알아내기 위한 협의를 긴밀하게 해야 한다. 스튜디오 세트를 직접 보는 방문자는 카메라가 비추지 않는 뒷공간이 비치는 공간과 얼마나 차이가 나는가를 보면서 놀라움을 금하지 못하는 경우가 많다. 생각해 보면 세트라는 것은 카메라가 비추는 곳의 바깥을 꾸밀 필요가 전혀 없고, 그곳을 꾸미기 위해서 비용을 들인다는 것은 오히려 낭비가 된다는 것이다.

▲세트의 뒷공간은 주로 카메라가 위치하거나 제작의 준비를 위한 공간으로 활용되고 카메라에 비춰질 경우가 거의 없으므로 아무런 장식이 필요없다.

▲대신에 콘텐츠의 영상으로 보일 부분은 상황이 전혀 다르다. 이곳은 오히려 허점이 있는지를 잘 살펴서 문제가 있는 부분은 수정해야 한다. 사진에 보이는 조명용 스탠드도 카메라의 운용에 따라서 프레임 바깥에 있는 것으로 협의를 해서 정교하게 배치한 결과이고, 그것은 화면상에 드러나지 않는다.

4. 어두운 스튜디오에서는 아무것도 보이지 않는다(조명 이야기)

아무리 잘 만든 세트라 할지라도 조명이 없이는 아무것도 보여줄 수가 없다. 그러므로 세트는 조명의 역량에 따라서 그 품질이 저하되기도, 배가 되기도 한다. 프로그램의 콘셉트에 따라서는 오히려 세트보다는 조명의 역할이 더 중요한 경우도 많다. 최근의 세트는 LED를 활용하는 영상이 많은 부분을 차지하게 되었다. 그러다 보니 세트와 조명의 영역이 많이 좁아졌고 세트 디자이너가 영상 장비를 어떻게 설계해서 설치하느냐 하는 방향으로 진행되는 경우도 많다. 영상의 하드웨어적인 설계뿐 아니라 소스의 운용까지 완벽한 조화를 만들어내기 위해서는 세트, 조명, 영상 소스의 긴밀한 협의를 통한 진행이 이상적이라고 생각된다. 필자는 오랜 기간 세트를 설계하면서 세트 디자인과 조명 디자인의 조화를 늘 아쉬워했다. 환상의 조합으로 최상의 결과를 만들어내기 위해서는 각 스태프와의 조화는 무엇보다 중요하다.

5. 돈 없이 무엇을 할 수 있을까?(예산 이야기)

대부분의 세트 디자이너는 제작진으로부터 배정받은 세트의 예산을 기준으로 작업을 하게 된다. 렌털로 활용하는 자재는 자재의 양이나 렌털 기간, 그리고 작업자의 인건비에 따라서 비용이 책정되지만 제작되는 세트는 세상 어느 곳에서도 비교할 만한 것이 없는 하나밖에 없는 물건이므로 특별한 가격으로 책정된다. 물론, 그것은 자재 비용과 제작을 위한 인건비, 설치와 철거, 보관 또는 폐기 등의 과정에서 필요한 비용과 이윤을 포함하는 것이기에 적정한 비용을 정한다는 것은 쉬운 것이 아니다. 따라서 세트 디자이너는 이 부분을 인지하고 가격 협의를 진행하는 것이 무엇보다도 중요하다. 세트는 비용을 들여서 하는 작업이므로 돈 없이는 아무것도 할 수가 없다. 필자는 디자인을 하다 보면 예산이 늘 부족했다. 아마도 필자가 비용에 대한 개념이 부족하기도 하고 너무 욕심이 많아서라고 생각되지만, 이것은 조금 프로답지 못하다는 생각에 반성을 하게 된다. 그렇다면 '아이디어로 비용을 해결할 수 있나?'라는 생각을 하지 않을 수 없는데 이 질문에 필자의 대답은 '그렇다'이다. 적은 비용으로 고품질의 세트를 만들어 내는 디자이너가 되지 못했던 점은 아쉽다.

6. 안전한 작업은 무엇보다도 중요하다!

고백하자면, 필자는 이 부분에서 자신 있게 말하기가 어렵다. 작업 중 이런저런 사건 사고가 생겼고, 그로 인해서 힘들어하신 분도 있었으니까 말이다. 본인의 디자인적인 욕심을 위해서 무리한 설계를 많이 내놓았다는 것을 고백하지 않을 수 없다. 하지만 '안전' 부분은 정말 중요하다는 것을 강조하고 싶다. 필자는 세트 디자이너로 살면서 선진국과 후진국의 무대 작업을 접할 기회가 꽤 많이 있었다. 아주 작은 차이지만 쉽게 그 차이를 좁히지 못하는 것이 바로 '안전'에 관련된 것들이었다. 무대 제작 시스템의 문제나 예산 문제, 안전불감증의 문제 등 그 모든 원인들을 서서히 줄이고 안전한 작업이 되게 하는 것이 선진화의 길이라는 생각이다.

후배가 우스갯소리로 했던 벨기에 작업자들의 이야기가 생각이 난다. 두 사람의 작업자가 철 구조물 2단 1조를 쌓기 위해서 하루가 걸린다는 이야기였는데, 필자의 생각으로는 일처리의 미숙함도 있었겠지만 안전을 위한 신중한 작업도 한몫했으리라 생각된다. 우리의 현재 작업 환경은 안전에 그리 좋은 점수를 줄 수 있는 상황이 아니다. 우리의 문화적 수준이 점진적으로 좋아지듯이 작업 안전의 수준도 점진적으로, 가능하면 빨리 좋아지기를 기대한다.

7. 우리 TV 세트 디자인의 '지금'에 대한 몇 가지

이것은 어쩌면 35년을 TV 세트 디자이너로 살아온 필자의 고해성사이기도 회고일 수도 있겠다. 문화의 발전이 그 나라 선진화의 척도가 되는 것인데 35년 전의 그것과 지금의 그것은 얼마나 달라졌을까 싶다. 하지만 예전에 비하면 정말 많은 부분이 좋아졌고 또 늦지만 천천히 개선되고 발전하고 있는 것은 사실이다. 어쩌면 금방 좋아지게 될 수 있으리라고 생각했던 문화적 환경의 발전이 물질적, 경제적인 발전보다도 훨씬 더 더디고 힘들다는 것을 절감한다.

-용어에 관한 이야기-

세트 디자인의 세계만이 아니라 톱과 망치를 사용하는 곳의 대부분이 아직도 일본식 용어를 쓰고 있는 것이 사실이다. 필자가 신입사원 시절에 선배들이 말하는 처음 듣는 용어들을 익히기 위해서 귀를 쫑긋 세우고, 질문을 하고, 익혔던 그 '일본식 용어'가 지금은 얼마나 달라졌는가를 생각해 보면 '글쎄?'가 답인 듯하다. 오래전에 문화방송의 '우리말 연구팀'과 세트 디자인팀이 그 용어들을 우리말로 다듬는 작업을 했고, 그 이후로 꽤 많은 진전이 이루어져서 지금의 현장에서 우리 식의 용어가 그리 낯설지는 않다. 그럼에도 불구하고 여전히 많은 일본식 용어들이 사용되고 있는 것이 사실이다. 필자의 생각은 '가능하면 우리말로 활용하되 굳이 서로 통용이 되지도 않는 어색한 우리말을 쓰느니 그냥 외래어라고 생각하고 사용하는 것은 어떨까?'이다. 괜히 전문가 행세를 하느라고 일반인이 알아듣지도 못하는 용어들을 쓰면서 허세를 부리는 사람이 있을까?

필자가 오래전에 홈페이지를 운영하면서 올린 'MBC 우리말 지킴이'의 우리말로 순화된 현장 용어를 여기 싣는다. 소통을 위해서 어쩔 수 없이 사용하더라도 가능하면 우리말을 쓰고 익히면서 익숙해지기를 바란다.

가가미	뒷배경(가리개)	고시	허리
가꾸목	각목	기리빠시	조각(남은 조각)
가베	벽	기스	흠집
게다리	삼각지지대	기즈리	30mm×15mm각재
나나미	경사, 사선	노바시	잇기
니주	덧마루	니주아시	덧마루받침
다데	세로	스베루	경사
시아게	마무리	아부라기	삼각형 바닥, 세트
야스리	줄	오모리	눌름쇠
요꼬	가로	이다	판재
젠다이	창, 선반	하리	보
하리모노	벽체, 평판	하바끼	걸레받이
후로링	마루	데꼬보꼬	울룩불룩
뎅깡	(세트)전환	덴죠	천장
도끼다시	물갈기	로구로	난간 기둥
메지	줄눈	반네루	공사용 깔판
베니다	합판	반셍	굵은 철사
스기이다	무늬목	스카시	오리기
쓰기메	이음메	스리가라스	간유리

- 단위에 관한 이야기 -

용어와 마찬가지로, 일제강점기를 지나오면서 목공이나 건축에 스며든 '자(尺)' 단위의 사용은 세트에 여전히 남아 있다. 필자가 세트 디자인을 막 시작할 30년 전에는 이 '자(尺)'의 단위가 꽤 많이 사용되었었는데 최근에는 실제로 목공가구를 만들거나 인테리어를 하는 현장에서는 거의 사용하지 않는다.

하지만 세트 현장에서는 여전히 통용되고 있으며, 이것은 영국이나 미국의 현장에서 많이 사용되는 피트(Feet)와 거의 비슷한 길이를 나타내므로 외국 장비의 수입, 활용으로 인한 영향도 있어 보인다. 이러한 상황은 세트를 설계할 때 정확하게 고려하지 않으면 곤란한 문제를 도출하기도 하는데, 1자(30.3cm)와 30cm의 차이인 0.3cm(3mm)의 차이가 10자(尺=3m)이면 3cm 차이를 보이고, 100자(尺=30m)이면 30cm의 차이를 보이기 때문이다.

- 제작 시스템에 관한 몇 가지 생각들 -

필자가 일한 30여 년간, 세트를 위한 예산이 어떻게 변화되었는지를 생각해 보면, (단순 비교는 어렵지만) 세트를 위한 비용도 꽤 많이 증가한 듯하다. 그것이 전체 제작비에서 어떤 비중을 차지했던 것인지에 대한 것은 데이터도 없지만 쉽게 알기도 어려워 보인다. 하지만 흑백 시대를 지나 SD와 HD를 넘어오는 고화질 영상으로의 시대 변화에 걸맞은 변화였는지에 대한 것은 생각해 볼 여지가 있다. 화질이 좋아질수록 가장 많은 비용을 투입해야 할 곳이 바로 '미술'의 영역이 아닌가 싶다. 그러나 현실은 별로 그렇지 못한 것이 사실이다. 정밀해지는 화면을 미술의 마감이 따르지 못한다는 것이다.

예전에는 방송되고 있는 세트가 실재 공간인지 가상 공간인지를 모르게 하겠다는 마인드로 작업을 하였다. 이제는 시청자가 그것이 세트인지 아닌지를 다 눈치챌 만큼 표시가 확실히 난다. 그것은 화면이 그만큼 정밀해졌다거나, 세트가 허술하다고도 볼 수 있을 것이다. TV 콘텐츠를 만드는 환경이 대형 화면의 영화를 만드는 환경만큼 따라갈 수 있는 날이 빨리 오기를 기대한다. 적어도 현실감이 느껴지는 공간이 필요한 경우에는 더욱 신경을 써서 작업해야 할 것이다.

[세트 디자인의 실제-진행 순서]
1. 세트 의뢰(제작진과의 협의)

'의뢰'라고 부르는 이 과정은 TV 프로그램(콘텐츠)을 제작하기 위한 세트 설계의 시작점이다. 연출자는 기획서나 대본을 바탕으로 계획한 세트를 만들기 위해 세트 디자이너와 프로그램의 내용을 토대로 구체적으로 협의한다. 프로그램의 콘셉트(Concept)를 중심으로 이를 구현하기 위한 다양한 장치들, 취지와 내용, 출연자의 수와 특징, 동선, 방청객 또는 카메라의 운용 등에 대해 자신이 구현하고자 하는 프로그램의 의도를 설명하고, 세트 디자이너는 자신의 전문적인 지식을 통해 제작진(연출)이 원하는 사항을 어떻게 현실적으로 구체화해서 결과를 만들지에 대한 준비를 시작하게 된다. 이 단계에서 세트 디자이너는 여러 장의 아이디어 스케치 작업을 하거나 참조할 만한 자료의 수집을 통해 프로그램의 내용을 시각적 언어로 해석하고 구체적인 그림을 제시하게 된다. 문자로 되어 있는 대본이나 언어로 전달된 연출자의 의도를 바탕으로 디자이너 자신의 해석을 시각적으로 펼쳐 보이는 것이 세트를 설계하는 디자이너에게는 가장 중요하고 어렵고 창의적인 과정이다. 이런 과정을 거쳐서 어느 정도 시각적인 공간 설정의 개략적인 계획이 정해진 후에 세트 디자이너가 할 일은 프로그램의 콘셉트에 가장 적합하고 아름답고 효율성 높은 세트를 설계하고, 이것을 실제로 만들어 세워줄 세트 작업팀들에게 정확하게 의도를 전달하기 위한 그림(도면)을 그리는 일이다.

2. 설계(디자인)

▲2016년, '복면가왕' 디자인 중인 작업용 모니터, 스케치업 프로그램으로 모델링을 하면서 진행한다.

설계 단계에서 세트 디자이너는 우선 자신이 상상하는 것과 상상하지 못하는 것을 종합한 결과물을 내기 위한 모색을 한다. 또 자신이 정확하게 알고 있거나 파악하지 못하는 부분에 대한 전문가들의 자문을 구하는 동시에 정해진 콘셉트 범위 내에서 보다 세부적인 설계를 위한 작업을 병행하고 스케치와 3D 모델링, 미니어처 제작 등의 본격적인 디자인을 위한 전반적인 연구와 검토를 거쳐 실행을 위한 도면(평면도, 입면도, 투시도, 제작도 등)을 그리게 된다. 이 과정에서 주어진 예산의 활용에 대한 계획도 당연히 수립되어야 한다. 앞에서도 말한 바와 같이 이 작업은 돈 없이는 아무것도 할 수 없기 때문이다.

디지털 시대가 도래함에 따라 세트를 디자인하는 방법에 많은 변화가 있었다. 예전에는 세트 디자이너가 먼저 제작진이 의뢰한 스펙에 맞는 세트를 수작업으로 스케치한 후에 다시 스튜디오나 현장의 평면이 100:1로 트레이싱지에 인쇄되어 있는 스튜디오 평면 도면을 이용하여 평면도를 그리고, 완성된 평면도를 기본으로 하여 그 위에 세워질 세트의 모형을 50:1의 트레이싱지에 정면도와 세부 제작도를 그리는 방식으로 작업을 하였다.(트레이싱지에 도면을 그리는 이유는 '청사진기(Blue Printer)'라고 하는 도면 복사용 기계를 이용하여 도면을 복사하고 활용하기 위함이었다.)

비교적 무게감 있고 중요한 프로그램은 도면만으로 설명하기 부족한 공간구조를 보여주기 위해서 실물을 일정한 비율로 축소한 모형인 '미니어처'를 제작하기도 하였다, 시대의 발전에 따라 최근에는 아이디어나 콘셉트를 '스케치업(SketchUp)'이라는 프로그램을 활용하여 구체적인 모델을 3D로 모델링을 하면서 전체의 무대를 설계하고, 캐드 프로그램을 이용하여 설계 도면을 완성하는 방식으로 작업한다. 이 작업은 미니어처를 제작하는 방식에 비해서 훨씬 정교하고, 예상되는 결과물에 가까운 그림을 보여주며, 임의의 카메라를 통해 카메라 샷의 구도를 예상해 볼 수도 있어 미리 보기도 훨씬 유용하다. 더불어 모델의 데이터를 캐드 프로그램으로 활용할 수 있으므로 캐드 프로그램을 이용한 도면의 작성에도 직접적으로 활용이 가능하다는 장점도 있다. 캐드 프로그램은 여러 가지가 있으나 MBC 세트 디자인팀에서는 주로 오토데스크사의 오토캐드(AutoCAD)라는 프로그램을 활용하여 도면을 작성해 오고 있다.

작성된 도면에는 그 세트에 관한 모든 것이 표시되어 있다. 녹화와 방송에 따른 일정, 세트의 설치와 철거 일정, 각 작업자의 연락처 그리고 제작, 설치되어야 할 구조물과 바닥의 모양과 세트의 위치, 세트를 설치하기 위해서 사용돼야 할 스튜디오의 시설물, 예상되는 카메라의 위치, 출연자의 대기공간과 동선 관련된 모든 팀들이 준비해야 할 작업들이 그림 또는 설명으로 표시되어 있다.

3. 세트 설명

도면 작업이 완료되면 TV 세트 디자이너는 제작과 설치에 관한 전체 회의를 소집한다. 이 과정을 현장에서는 보통 '세트 설명'이라고 부르는데 이때 프로그램을 담당할 모든 인력과 업체 관계자들이 모여 도면을 분석하고, 가장 효율적이고 합리적인 제작, 설치의 방법을 협의하게 된다. 일정에 따라 작업에 투입되는 시간 계획도 중요한 협의사항 중 하나이다.(이 과정은 세트 제작팀에만 해당되는 것이 아니라 조명과 음향, 카메라 등을 비롯한 타 스태프와의 협의도 중요하므로 세트 디자이너는 그 부분에 관련된 것도 미리 협의해 두어야 한다.)

4. 견적 산출

'세트 설명' 과정이 끝나면 각 담당자(업체)들은 자기가 맡은 부분에 관한 견적을 산출하게 된다. 여기에 포함되는 사항은 투입되는 자재의 양에 따른 비용, 설계된 품목의 제작에 소요되는 인력의 인건비, 운반을 위한 차량비, 설치를 위한 인건비, 철거를 위한 비용과 폐자재의 처리를 위한 비용 등 전체 작업을 위해 소요되는 비용이다. 세트 디자이너는 이 모든 비용을 통보받고 제작진으로부터 부여된 세트 예산을 바탕으로 비용 조정과 디자인 조정을 실시하여 최종 작업을 확정한다.

5. 제작 진행

디자인과 제작 발주를 끝낸 시점에서 세트 디자이너의 업무는 디자인한 세트를 성공적으로 설치하기 위해 감독하는 것이다. 각 담당자들이 실제 제작을 하면서 발생되는 문제들을 조율하고 필요시에는 디자인을 조정하여 설치하며 작업시 생길 문제들을 사전에 방지하고, 디자인적으로 좀 더 보완해야 할 사항이 생기면 설치 전 제작 과정에서 수정과 보완을 실시한다. 필요하면 제작 현장을 방문하여 제작 상황도 점검해야 한다.

6. 설치 진행

계획된 일정에 따라 각 담당자들의 작업이 시작되면 그 작업의 순서를 조정하고 정확한 설치를 위해 감독하는 것도 세트 디자이너의 몫이다. 이 과정에서 세트 디자이너는 세트 스태프의 업무만이 아닌 다른 스태프들과의 업무협의도 진행한다. 현장에서 세트를 설치하는 작업은 대체적으로 시간이 충분하지 않으므로 다른 스태프의 업무와 동시다발적인 작업을 해야 하거나 보다 합리적인 방안으로 세트 설치 작업중에 병행해야 하는 경우도 많다. 예를 들어 높은 곳에 설치할 조명은 그 세트 구조물이 올라가서 자리를 잡기 전에 미리 설치를 하는 것이 효율적이다. 따라서 그런 업무의 조율은 당연히 도면을 체크하고 사전 협의를 하는 것이 필요하고, 실제 현장에서도 서로의 작업을 조정하면서 합리적인 방안으로 작업을 진행해야 한다.

▲ '트로트의 민족 2020'/ 필요한 경우, 세트 설치와 조명의 설치를 병행하여 진행하게 된다.

7. 리허설

필자는 지금까지 작업을 하면서 세트의 설치가 완전히 끝났다고 생각해 본 적은 없다. 다만 그것이 설사 미흡한 점이 있다고 하더라도 촬영과 녹화가 시작되면 좀 더 다듬어야 할 시간이 더 이상 없으니 끝난 것이라고 보는 것일 뿐이다. 세트 작업은 끝날 때까지 끝난 것이 아니라는 것이다. 리허설을 진행하면서 세트는 또 한번 조정 작업을 거친다. 디자인하면서 생각하고 계획했던 것과 실제 무대를 운용하고 촬영하면서 생기는 사항은 항상 차이를 보이기 때문이다. 이런 조정 작업은 대체로 녹화 당일 리허설 때 이뤄지기 때문에 녹화를 시작하기 전까지 세트 디자이너는 현장에서 늘 바쁘게 움직인다.

8. 녹화, 생방송

준비가 끝나면 본격적인 녹화를 진행한다. 막상 본격적인 녹화에 돌입하면 세트 디자이너는 설치한 세트의 수정 및 보완보다는 세트의 전환이나 진행을 위한 준비물의 운용을 해야 한다. 대부분 세트팀의 손이 필요로 하지 않은 작은 것들은 진행팀에서 하지만 세트팀의 도움이 필요한 경우에는 일정에 맞춰 진행해야 한다. 또 이때 세트 디자이너는 자신이 설계한 세트가 카메라에 어떻게 나타나는지와 어떤 동선과 연출로 활용되는지에 대한 사항을 유심히 모니터링하여 차후 작업에 참고하기 위한 자료를 수집한다. 다음 작업을 위해서 끝없이 연구, 분석하는 과정은 전문가로서 당연한 자세이다.

9. 철거, 보관

녹화나 생방송이 끝난 후의 세트는 어떻게 될까? 그것은 이 세트를 다음에 또 사용하느냐, 사용하지 않느냐에 따라 달라진다. 현장에서는 이것을 '기본 세트', '특집 세트', '일회용 세트' 등으로 부르는데 '기본 세트'는 매주 또는 격주로 녹화, 생방송되고 다음에 다시 설치되어 사용되는 세트이며, 특집 또는 일회용 세트는 단 한번으로 그 역할을 끝내고 폐기되는 세트를 말한다. 녹화가 끝나면 우선 영상이나 조명 등 장비를 철수하고, 마지막으로 세트를 철거하는 작업을 하게 된다. 설치했던 역순으로 작업하는 것이 가장 효율적인 순서이다. 공들여 지은 세트를 한번 사용하고 철거해서 폐기하는 것이 참 아깝다는 생각을 한 적이 많지만 그 작업들이 오롯이 프로그램에 담겨 시청자들을 찾아간다는 생각에 아쉬움을 메울 수 있다. "이거 다 버려요?" 녹화장에 견학을 온 학생들이 자주 묻는 말이다. 이 물음에 필자는 "이 세트는 프로그램으로 만들어져 영상으로 남고, 또 그 프로그램을 시청자가 즐겨줘서 마음속에 남는 것이다."라고 대답한다. 이젠 필자의 저서에도 남을 수 있다.

[세트 디자인의 실제- 세트 설계 작업]
- 무대의 콘셉트 설정하기 -

필자의 경험으로 볼 때 대부분의 TV 프로그램(콘텐츠)는 처음부터 100% 완성된 구성으로 진행되는 것은 별로 없었다. 제작진의 입장에서도 마찬가지겠지만 백지상태의 빈 공간을 머릿속에서 나오는 아이디어만으로 완벽하게 만들어진다는 것은 쉽지 않은 일이다. 따라서 기획된 콘텐츠를 어떤 방향으로 만들어 갈 것인가에 대한 계획을 하려면 비슷한 다른 사람의 작업이나 자료를 참조하는 것은 당연하다. 필자는 세트를 설계할 때 참조할 여러 자료들을 리서치하는 것으로 작업을 시작한다. 예전에는 '참조 자료'라는 것이 한계가 있던 시절이어서 틈틈이 건축이나 디자인 책을 보면서 세트에 적용할만한 아이템을 찾고, 그것을 메모하거나 복사를 하는 방식으로 자료를 만들었다면 지금의 디자인 환경은 참 많이 좋아졌다. 요즘에는 넘쳐나는 자료가 있고, 그 자료에 자신의 아이디어를 넣고 변형하는 방법을 통해서 디자인한다. 디자인 작업이 디자이너의 순수한 창조적인 아이디어로 만들어지는 것이라기보다는 목적에 맞게 '어랜지(arrange: 정리하다, 배열하다)'한다는 것이 더 맞는 표현일지도 모르겠다. 하지만 필자는 이 '어랜지'도 하나의 창작 과정이라고 생각한다. 아무리 난무하는 자료라 할지라도 그것을 잘 엮어서 정리하는 능력이 없으면 좋은 결과물을 만들 수 없기 때문이다. 세트 디자이너는 자신이 참조할 만한 모든 자료를 모아서 평면 작업부터 시작한다.

- 무대 바닥(평면도) 그리기 -

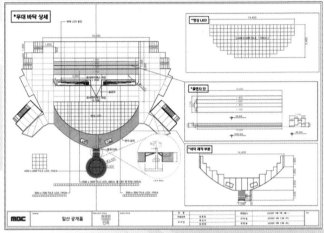

'무대'라는 단어 자체가 좁은 의미로 '퍼포먼스를 위한 편평한 바닥'을 말하는 것일 것이다. 그러므로 무대(세트)의 가장 기본이 '바닥'이 아닌가 싶다. 이 바닥을 형성하는 유닛 장비는 꽤 다양한 형태가 있다. 스튜디오나 공연장에서 주로 사용하는 것이 현장에서 '니주' '덧마루' '이중대'라고 불리는 것이다. 이것은 일정한 규격을 갖고 있는데 대체로 예전의 목공에서 주로 사용하던 자(尺)를 주로 사용하는데 3자, 6자, 9자 등 3자 단위로 만들어져 있다. 약 10여 년 전부터 MBC는 미터법을 사용하여 900mm, 1800mm, 2700mm 단위의 길이와 150mm 단위의 높이로 제작된 기본 덧마루를 사용하고 있다. 또 야외 무대에 사용되는 바닥은 그 작업을 하는 업체에 따라서 많은 종류가 있는데 주로 '반네루' 또는 '판넬'이라고 부르는 것이다. 덧마루보다는 두께가 조금 얇고 가로, 세로의 사이즈는 덧마루와 같은 사이즈로 만들어진 자재를 주로 활용한다.(이것은 이동성을 좋게 하기 위함이다.) 최근에는 야외에서 구조물로 많이 활용하는 레이어를 이용한 바닥과 트러스의 구조물을 이용한 바닥 작업도 활용되고 있다. 이 외에 유리 무대도 있다. 이것은 강화유리를 이용하여 바닥을 만들고 투명한 느낌을 주게 하는 자재인데 주로 유리 바닥 아래에 LED나 전식(전기 장식) 등 특수한 장비를 넣어서 효과를 배가시키기 위해서 활용한다. 영상을 적용한 무대 바닥은 관객을 위한 일반적 공연에서는 그 효과에서 가성비가 떨어지지만 TV 세트에서는 매우 중요하다. 왜냐하면 촬영, 녹화를 위한 카메라 장비가 일반적인 눈높이보다 훨씬 높은 곳에서 부감으로 앵글을 잡기 때문에 바닥이 넓게 보이기 때문이다.

바닥은 일반적으로 보유하고 있는 기본형의 바닥재를 연결하는 것으로 설계하지만 보다 특별한 형태로 디자인을 하기 위해서는 따로 디자인을 하고 제작해야 한다. 그럴 때는 상황에 따라서 목재를 활용하거나, 철재 작업을 통해서 그에 맞는 바닥의 유닛을 만들게 된다. 물론 그런 작업들은 모두 비용이 드는 일이므로 주어진 예산을 고려하여 디자인해야 함은 당연하다.

▲'트로트의 민족- 발대식' 무대 바닥 상세도/ 이 무대는 보호장치가 필요하지 않는 특수한 LED를 바닥에 설치하고 유선형 모양의 바닥 라인 부분은 전체를 커스텀으로 제작하는 것으로 디자인되었다. 바닥 제작은 예전에는 대개 세트팀에서 디자인대로 드로잉(데생)을 한 후에 제작하였지만, 최근에는 CAD 도면의 데이터를 활용하여 CNC 작업으로 제작하게 된다.

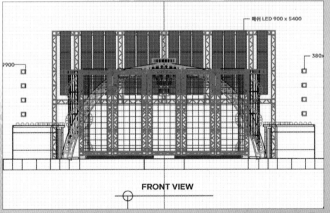

FRONT VIEW

▲'트로트의 민족- 발대식'의 정면도/ 정면도에는 '높이'가 표시된다. 무대 바닥의 높이는 물론이고 그 위에 세워질 세트의 모양이나 크기, 높이 등이 표시되어 있고, 좌우의 위치가 표시된다. 이 세트의 경우는 트러스를 활용하여 구조를 만들었고, 조명과 영상의 설치에도 활용하였다.

- 세트(정면도) 그리기 -

평면(바닥) 작업이 그 위에 세워질 세트의 모양을 계산하면서 작업해야 하는 것은 당연하지만, 어느 정도 결정된 바닥(평면도) 위에 세워질 '세트'는 입체적인 것이든 두께가 없는 얇은 세트이든 정면도를 그리면서 만들어진다. 디자인이 수작업으로 진행되던 예전에는 평면 작업과 정면 작업이 확연히 구별된 작업이었지만, 최근에는 3D 모델링을 하면서 설계하기 때문에 평면과 정면을 따로 작업한다는 개념이 별로 없다. 하지만 세트의 형태나 모양을 결정하고 디자인 아이덴티티를 담는 정면도 작업은 평면도 작업과 확실히 다른 개념의 작업이다. 또한 세트는 설치될 위치와 설치할 방법에 관한 고려를 하면서 디자인해야 한다,

세트는 그 세트를 세울 수 있는 기초 구조물이나 '세트 배튼(Set Batten)'을 이용해서 천장에 달거나 안전을 위해서 고정하는 부분도 고려하여 디자인해야 한다. 물론, 이 과정은 세트를 세우는 물리적인 방법에 관한 이야기이지만 더욱 중요한 것은 '세트가 가지고 있는 디자인적인 역할'이다. 세워지는 세트는 마감되는 자재나 색감이나 모양이 디자인적인 형태를 가지고 적당한 공간에 설치되어 아름다운 공간을 만드는 것이 목적이기 때문이다. 세트를 디자인하는 방식은 법칙이 없다. 이것은 오롯이 디자이너의 영역이고 보다 새로운 것을 만들어 내는 것에 대한 디자이너의 창의적 노력의 결과이다. 디자이너는 카메라의 위치나 촬영 영역을 예측하고 가장 효율적인 세트가 되도록 디자인해야 한다. 그것은 출연자 수나 중요도, 활용되는 동선에 따라 달라질 것이며, 진행되는 퍼포먼스에 따라서도 달라질 것이다. 따라서 세트 디자이너는 자신의 감각을 최대한 활용해서 가능하면 녹화, 생방송이 진행될 상황을 실제와 가깝게 예측하는 것이 무엇보다도 필요하다. 세트를 그릴 때는 그 세트가 어떤 자재를 활용해서 어떻게 제작되고, 어떻게 마감을 할 것인지에 대한 상세한 계획을 세워야 한다. 그런 부분을 세트 디자이너가 결정하지 않으면 아무도 알아서 결정하거나 진행해 주지 않는다.

- 입면도 그리기 -

완성된 세트 전체의 모양을 한눈에 보는 것이 어떤 도면보다도 알기 쉽다. 예전의 디자이너는 수작업 드로잉을 통해 입면도를 그리기도 했으나 3D 프로그램으로 모델링을 하고 미리 보기를 하는 지금의 작업은 완성된 세트의 형태를 어떤 시점으로도 볼 수 있고 도면화할 수 있다는 장점이 있다.

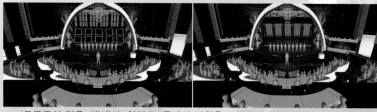

▲'트로트의 민족- 발대식' 입면도/ 무대의 전환을 보여주기 위해서 같은 위치의 입체 도면에서 전환될 부분만을 표시하여 두 장의 도면으로 보여준다.

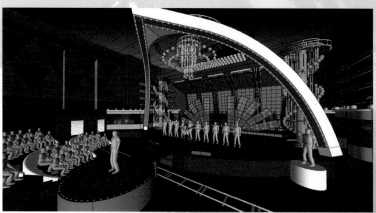

▶스튜디오에 설치를 끝낸 세트의 모습이다. 3D로 모델링한 모습과 거의 같다. 3D 모델링으로 디자인한 결과물을 그대로 도면 작업을 하고, 제작 설명을 한 후에 설치했기 때문에 상이한 부분이 생겼다면 그것은 잘못된 부분일 수 있다. 다만 디자인을 결정하고 세트를 설치하는 사이에 세트의 수정이나 프로그램의 변화가 생겨 도면과 결과물이 다를 경우도 종종 발생하기도 한다.

◀'트로트의 민족-발대식' 입면도/ 하나의 3D 모델링 작업을 통해서 디자인된 세트의 모습을 다양한 방향에서 확인할 수 있다는 것은 컴퓨터 작업의 수많은 장점 중의 하나이다. 심지어 컴퓨터 모니터를 통하여 실시간으로 미리 보기를 하면서 구석구석을 살펴볼 수 있으므로 작업의 실수를 줄이고 더 정확하고 질 높은 결과물을 만들 수 있다.

- 세부 도면 그리기-

평면과 정면의 디자인이 끝난 상황은 세트 디자인이 거의 완성된 단계라고 볼 수 있다. 하지만 세트는 디자인이 완료된 순간이 다시 시작하는 시점이라고 봐야 한다. 왜냐하면 설계된 디자인을 정해진 장소(현장)에 설치해야 하는 작업이 기다리고 있기 때문이다.

예전에는 평면도와 정면 도만으로도 하나의 세트

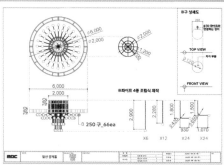

▲'트로트의 민족' 샹들리에 세트의 세부 디자인 도면과 실물/ 세부 디자인에는 사용할 자재의 규격과 제작해야 할 세트의 정확한 규격과 사용할 자재 등의 스펙이 정확하게 적시되어 있다. 제작을 담당하는 팀은 이 도면을 기준으로 제작을 하는데 도면과 다른 규격으로 디자인을 변경할 경우에는 연관된 모든 스태프들과 협의를 거쳐야 한다.

가 세워질 만큼의 간단한 세트들도 많았지만, 최근에는 하나의 세트가 열 장 이상의 세부적인 도면이 필요할 정도로 세트가 복잡하고 정밀해졌다. 이 세부 도면은 현장에서 제작과 설치를 수행할 작업자들을 위한 시방 설계 도면이다. 세부 도면을 작성하는 디자이너는 전체 세트에서 작업의 종류(트러스나 구조물, 목공, 철재 작업, 기타 제작물 등 업체별, 자재별, 섹터별로 나눈다)에 따라서 따로 분류한다. 각 담당업무에 따라 자신의 맡은 바에 대한 세부적인 도면의 준비는 매우 중요하며 도면의 정확도는 세트 작업의 성패를 가름한다고 해도 과언이 아니다.

- 자재의 선택과 활용 -

TV 세트 디자이너는 대체로 세트 설계를 진행하면서 자신이 세워야겠다고 생각하는 세트의 모형이나 설치 방법에 따라 어떤 자재를 활용해서 제작할지에 대한 것을 염두에 두고 디자인을 진행한다. 세트의 전체 구조를 짜고 그에 맞는 바닥을 만들고, 또 조화롭고 창의적인 디자인의 세트를 제작하고 설치하는 일련의 과정에서 필요한 자재나 물품을 계획해야 한다. 필자가 세트 디자인을 하면서 활용했던 자재의 종류는 수를 셀 수도 없이 많았고, 나름대로 개발한 자재를 실험적으로 활용해서 성공적인 결과를 내었던 적도, 그렇지 않은 적도 많았다.

〈목재〉

세트에서 가장 기본은 목공이다. '나무를 이용해서 못 만들 것이 없다'라고 어떤 선배가 한 말을 기억한다. 필자도 그 말에 동의한다. 그래서인지 여전히 세트는 '목공'이라는 인식이 강하고 '세트맨'이라고 불리는 작업자들도 대부분이 목공 전문가이다. 무대의 바닥이나 제작되는 세트가 나무인 것은 당연한 듯하다. 우선, 가공이 어떤 자재보다도 용이하고 무게도 가벼워서 이동이나 운반하기도 좋다. 최근에는 좀 달라졌지만 다른 자재에 비해서 비용도 저렴했었다. 그래서인지 필자가 세트 디자인을 시작할 시점에는 거의 목작업 위주로 설계를 했고, 다른 재료로 작업을 하기에는 시스템 자체가 어려웠던 것이 사실이다. 최근에는 다른 자재를 활용하는 설계가 예전보다는 많이 늘어났지만 그래도 목재를 이용한 목공이 세트 작업의 기본을 이루는 것은 앞으로도 계속될 듯하다.

목공용 목재는 기존 시장에 나오는 가용한 모든 자재를 활용하지만 각재와 합판을 가장 많이 활용한다. 그 임무가 다하면 철거, 폐기되는 '세트'의 특성 때문에 가장 가볍고 튼튼하게 제작되어야 하므로 합판을 벽으로 하고 각재를 뼈대로 하는 '벽체'를 만들어 사용하는 것이 일반적인 방법이다.

〈철 구조물〉

필자가 세트 디자인을 처음 시작할 때만 해도 조명을 설치하거나 세트를 설치하기 위한 받침용으로 '아시바'라고 부르는 장비를 주로 사용하였는데 야외에 무대를 설치할 경우에 주로 활용되었다.

이 장비는 주로 건축용으로 활용되는 장비를 무대 설치에 도입을 해서 사용하였고 2m, 4m, 6m의 파이프를 이용해서 세트 설치를 위한 받침용으로 만들거나, 조명을 설치하는 등 다양한 방법으로 활용하였다. 다만 이 장비는 10m 이상의 높이로 올라가거나 많은 하중을 싣는 작업은 불가능할 정도로 견고함이 떨어지는 장비였다. 하지만 최근에도 가끔 스튜디오 등 안전한 장소에서 낮고 간단한 세트를 세우기 위한 받침용으로 이 장비를 활용하기도 한다.

▲1998년 대학가요제
좌/ 세트를 설치하는 용도의 아랫부분의 구조물과 조명을 설치하는 용도의 윗부분 구조물을 동시에 충족할 수 있는 형태의 아시바 구조물이다.
중/ 아시바와 보완으로 설치한 파이프에 파 라이트(Par Light)를 설치하는 모습
우/ 직선형 파이프만이 아닌 원형으로 구부린(벤딩) 파이프도 활용하여 조명기구를 설치했다.

아시바를 주로 활용하던 1990년대 후반과 2000년 초반에 야외 세트 설치 작업을 많이 하던 필자로서는 좀 더 견고하고 높은 작업이 가능한 구조물이 필요했다. 2004년 대한민국 음악축제의 메인 무대와 설악종합운동장의 무대를 디자인하면서 그간 사용하던 철재 아시바 대신에 건설 현장에서 비계용으로 사용되던 파이프의 구조물(현장에서는 이 파이프를 '단관 파이프'라고 부른다)을 활용하는 아이디어를 내서 실행해 보았다. 이 구조물은 보통 건축현장에서 외벽 공사를 위해서 설치하여 활용하는 것이었는데, 필자의 디자인을 효율적으로 진행할 수 있으리라고 판단하고 처음부터 이 작업을 염두에 두고 디자인을 시작하였다.

▲1998년 대학가요제
무대 전체에 아시바를 활용하여 설치한 모습이 보인다. 사진 우측에 핀 포커스 장비를 활용하기 위한 타워를 5단으로 설치하였는데 이 높이는 아시바로 안전하게 쌓을 수 있는 한계치의 높이였다. 이 높이보다 더 쌓기 위해서는 구조물의 하단을 더욱 튼튼하게 만들어야 하는 특별한 공법으로 안전성을 유지해야 했다.

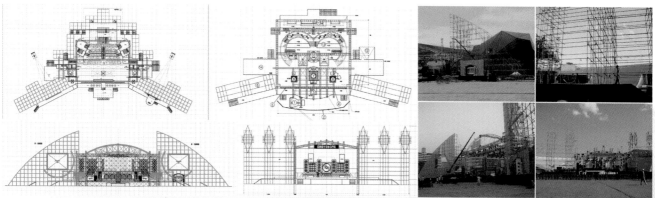

　이 작업의 결과는 상당히 성공적이었다고 판단되지만, 비용의 적정성이 문제였다. 무엇보다도 시스템화되어 있지 않아서 정확한 예측의 디자인이 쉽지 않았던 문제로 인해 이후에는 별로 활용되지 못했다. 이즈음 필자는 'DKS'라고 하는 건축현장에서 주로 사용하던 장비를 찾고 도입해서 사용하게 되었다. 그것은 바로 2005년 '나훈아의 아리수' 공연 무대를 준비하면서 좀 더 튼튼하고 높은 작업이 가능한 골조 시스템이 필요했고, 적당한 구조물을 찾던 필자가 발견한 것이 이 'DKS'라는 장비였다. 당시 이 장비도 시장에 선보인 지가 얼마 되지 않았고 그다지 알려지지도 않았는데 필자가 우연히 발견하고 이 업체와 협력하게 되었다. 이 장비는 그동안 사용하던 아시바나 단관 파이프와는 다른 구조물 장비였고, 자체적으로 계단과 발판 등도 설치할 수 있는 그동안에 볼 수 없었던 것이었다.

▲2005년 '나훈아의 아리수' 무대에 활용된 'DKS' 시스템 비계의 작업 모습, 당시에 주로 사용되던 철재 아시바로는 작업이 거의 불가능한 높이와 견고함으로 20m 정도의 높은 세트도 완성할 수 있었다.

▲같은 해 2005년 '한일 우정의 해 기념 콘서트'에도 이 시스템을 활용하여 디자인하였다. 무대의 규모나 높이를 위한 디자인과 필요한 설치 시간 등에서 만족할 만한 수준을 보였다. 다만 이후에 우리나라로 도입되어 무대에 주로 활용된 '레이어 시스템'에 비해서 견고함이 떨어지고 무대 바닥과 연계하는 부분의 약점으로 서서히 활용도가 낮아졌다.

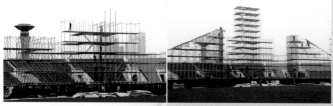

▲2012년 7년 만에 베트남에서 만난 'DKS' 시스템 비계의 작업 모습이다. 당시 베트남에서는 이런 방식의 무대 설치를 위한 시스템이 없는 상태였고, 글로벌로 진출한 한국의 'DKS' 시스템을 활용하여 무대를 완성할 수 있었다.

　그 이후에도 한동안 'DKS' 시스템을 활용하여 작업을 하다가 드디어 만난 것이 유럽이나 미국에서 무대의 골조작업을 위해서 가장 많이 쓰이고 있는 장비인 '레이어'이다.(이 장비의 원래 이름은 '레이허(Layher)'이다. 왜냐하면, 이 장비의 생산지가 독일이라서 독일어로 명명되었기 때문이다.)

　이 장비는 오래전부터 외국에서는 사용되어 왔으나 2006년쯤에 처음으로 한국에 도입되어 활용되기 시작했다. 이 장비를 처음으로 만난 것은 '월드컵 D-30 응원쇼'의 무대였다. 이 프로젝트는 당시 사정에 의해서 필자가 직접 디자인을 하지 못하고 미술감독 역할만을 하면서 디자인 공모를 통해 진행했던 프로젝트였고, 그 과정에서 이 시스템을 만나게 되었다. 그때, 이제 막 독일에서 수입된 빨간 딱지가 부착되어 있는 장비를 보면서 웃었던 기억이 난다.

　이 레이어 시스템(Layher Allround Scaffolding System)은 그 이후로 아주 중요한 무대의 구조물 장비로 활용되고 있다. 실내외를 막론하고 튼튼한 구조물의 비계 시스템이 필요할 때에는 이 레이어를 사용한다. 세트 디자이너는 자신의 디자인에 따라서 가용할 수 있는 시스템을 적절하게 활용하여 설계에 적용하게 된다.

〈트러스〉

트러스는 필자가 세트 디자인을 시작할 무렵에는 국내에 없던 장비였다. 필자가 조사한 바에 따르면 1990년대 즈음, 국내 최초로 무대 설치용 철골조 장비(아시바)를 취급하던 '조영기업'에서 600mm x 600mm x 3m 규격의 직선 트러스를 제작하여 방송 제작용(조명용)으로 활용하기 시작했고, 이후에 영국의 업체(토마스)를 통해서 시스템 트러스를 수입하여 사용한 것이 국내 트러스 도입의 과정이 아닌가 싶다. 필자가 최초로 트러스 구조물을 도입해서 설계한 것은 도면상에 표시된 것으로 확인해 보면 1992년 디자인부터 나타나기 시작한다. 아마도 그때를 전후해서 조명팀에서 출연진들을 비추기 위한 상단 조명의 필요성이 절실했고, 그 요구되는 바를 구조물 전문가가 설계를 해서 제작한 것이 그 시초가 되지 않았을까 생각된다. 외국의 경우는 훨씬 앞서서 이런 장비들이 개발되어 활용되고 있었는데, 처음에 자체적으로 트러스를 제작하던 조영기업에서도 영국의 트러스 전문 기업에서 생산한 시스템 트러스(토마스 트러스 시스템)를 수입해서 활용하게 된다.

조명의 설치를 위해 제작되어 활용하기 시작한 트러스는 점차 진화하기 시작한다. 알루미늄으로 제작하여 견고하고 설치와 철거가 비교적 용이한 장점 때문에 다양한 디자인의 조명 설치를 위해서 원형이나 삼각형으로 조립할 수 있는 트러스가 꾸준히 개발되고 활용되었고, 그 트러스를 세트 디자인에 활용하게 됨으로써 더욱 다양한 모양의 트러스가 만들어지게 되었다. 현재는 기본적인 형태의 트러스 유닛을 활용하여 세트 디자이너가 여러 가지 조립 방안으로 설계해서 사용하고 있다. 물론 필요시에는 새롭게 제작을 해서 사용하는 경우도 있다. 다만 이 알루미늄 구조물은 매우 고가의 자재이므로 예산의 활용이 가능해야 제작을 할 수 있다는 단점도 있다.

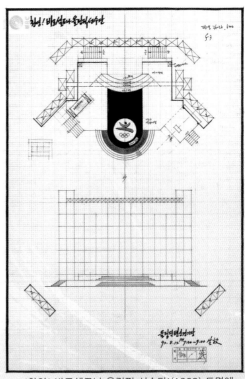

▲ '환영! 바르셀로나 올림픽 선수단'(1992) 도면에 트러스 가로 600mm, 세로 600mm, 길이 18m의 트러스를 아시바 위에 얹어 설치해서 활용하는 것으로 표시되어 있다.

▲▲ '나훈아의 아리수'(2005)의 무대의 기본 골격을 위한 트러스 작업/ 트러스 장비는 세트 디자이너의 아이디어에 따라서 다양하게 활용된다. 기본 골조를 만들거나 바닥용 골조로 이용되기도 하고, 세트를 설치하기 위한 골조용으로도 사용되기도 한다. 또 트러스 자체의 구조적 아름다움으로 쇼 세트에서는 세트용 또는 조명용으로도 활용되기도 한다. 트러스 장비는 이제 세트 디자인에서는 없어서는 안 될 중요한 장비가 되었다.

〈작화〉

무대 제작에서 '작화'라고 부르는 세트를 위한 그림을 그리는 이 작업은 역사적으로 보면 무대 장치가 생겨나고 내용에 맞는 세트가 만들어질 때부터 생겨난 오랜 전통을 가진 작업이다. 예전의 극장 공연을 위한 무대는 장면의 전환을 위해서 업다운이 되는 배튼에 배경이 그려진 대형 천이나 세트를 전환해가면서 퍼포먼스에 맞게 장면을 바꾸는 것이 기본적인 방식이었다. TV 세트 디자인은 공연에 활용되는 시각적 변형의 기법을 사용한 작화를 그다지 사용하지는 않지만 세

▲1976년 'MBC 10대 가수 가요제'   ▲1979년 'MBC 웃으면 복이 와요'
세트를 장식하는 방법이 제한적이었던 시절의 TV 세트는 작화를 활용하는 경우가 많았다. 바닥 전체의 격자무늬 작화나 세트의 스트라이프 작화가 눈에 띈다.

트에 그림을 그려서 효과를 내는 방법은 예전의 세트 디자인에는 주로 활용하던 기법이다. 그도 그럴 것이 무대를 꾸미는 특별한 기술이 없던 시절에는 세트 벽체를 목공으로 제작하고 거기에 작화를 해서 모양을 만드는 것이 가장 쉬운 제작 방법이기 때문에 활용도가 아주 높았다. 필자가 TV 세트 디자인을 시작할 즈음에는 선배들이 세트를 입체적인 형태로 제작해서 설치하는 진화된 방식의 디자인을 많이 활용했지만, 그전의 흑백 TV 시대의 무대에서는 작화로 만든 세트가 참 많았었다. 필자가 세트 디자인을 시작하던 당시에는 디자이너가 되기 위한 수련을 작화실에서 그림을 그리는 것으로 시작했다고 선배들께 들었지만, 필자는 그런 경험은 없다. 최근에 여러 대학에서 무대 디자인을 전공하는 학생들도 이 작화 실습을 많이 한다.

〈개발〉

세트 제작 현장에서 '개발'이라고 부르는 작업은 주로 드라마에서 사용되는 바위나 동굴의 벽, 그리고 우물이나 기와 등을 만들어 내는 작업이 주였다. 바위나 벽이 작화되거나 인쇄된 용지('오자릿'이라고 불렸던 이 용지는 벽돌 벽이나 시멘트 벽 등 드라마에서 주로 많이 활용되는 벽을 처리하기 위해서 벽 사진이 인쇄된 용지이다)를 사용하는 방법에서 리얼리티가 떨어지는 단점을 보완하기 위해 실제처럼 조각을 해서 만드는 작업을 주로 했다. TV 세트를 보면 바위나 동굴 등을 볼 수 있는데 이런 세트는 FRP(Fiber Reinforced Plastics: 폴리에스터 수지에 섬유 등의 강화재로 혼합한 플라스틱) 또는 조각을 활용하여 흡사한 모양으로 제작한 세트인 것이다.

▲필자가 입사 초기에 담당했던 '뽀뽀뽀'의 방송 장면에도 '개발'을 이용한 나무나 바위, 그리고 동굴용 벽체가 활용된 장면이 많이 보인다.

이 '개발' 작업은 말 그대로 어떤 것이든 개발을 한다는 의미로 작업 종류의 한계는 없다. 어떤 작업이든 세트의 효과를 위해서 만들게 되면 그것이 다 개발이 될 수 있다는 이야기다. 이 개발 업무는 대체로 스티로폼을 이용한 조각이나 입체적인 세트를 만드는 것을 주로 하는데 디자이너의 아이디어에 따라 얼마든지 여러 가지 결과물이 나올 수 있다.

▲1996년 '일요일 일요일 밤에' 세트 전체를 스티로폼으로 효과를 내고 백 세트도 부조로 조각을 하였다.

▲2000년 '생방송 음악캠프' 남극을 주제로 한 세트에서 얼음을 표현하기 위해서 스티로폼 조각을 활용하였다.

▲2000년 '서태지 컴백쇼' 탱크를 스티로폼을 이용하여 제작하고 무대에 설치하였다.

▲2017년 '복면가왕' 정면의 세트를 스티로폼을 활용하여 입체적으로 제작하였다.

▲2005 '나훈아의 아리수' 엔딩 공연에 사용된 거북선을 스티로폼 조각과 기타 재료를 활용하여 제작하였다.

〈실사(대형 프린팅)〉

현장에서 '실사'라고 부르는 이 작업은 실제는 플래카드(현수막)를 대형으로 프린팅하는 '실사 출력'을 뜻한다. 이 작업은 '작화'를 대신하는 용도로 주로 많이 활용한다. 출력을 하는 자재가 어떤 것인가에 따라 '유포 출력', '현수막 출력' 등 다양한 종류가 있다. 전에는 플래카드를 제작하는 방법이 천에다 직접 글씨를 쓰는 방법이었지만 실사 출력기가 활용이 되고 컴퓨터로 그린 데이터를 대형으로 확대, 출력하는 것이 가능하게 되면서부터 세트에도 이 방법을 도입하여 활용하게 되었고 수작업으로 작화할 때보다 훨씬 계획한 디자인에 가깝게 정교하고 정확한 결과물을 얻을 수 있게 되었다. 무엇보다도 반투명의 유포지에 실사 출력을 해서 조명을 이용한 효과를 내는 유포 실사는 영상 장비로 대체되기 전의 뉴스 세트나 토크 세트에 많이 활용되었다. 이 소스를 그리는 것도 세트 디자이너가 해야 할 작업 중의 하나이다.

세트 디자이너가 이 작업 진행할 때에는 중요하게 고려해야 할 사항이 있는데, 그것은 이 실사 프린팅 작업이 최종 작업이 아니고 프린팅 작업 후, 계획된 곳에 설치한 다음 그 프린트물의 위치나 크기에 따라서 카메라에 어떻게 잡히는가에 대한 계산을 하면서 작업을 해야 한다는 것이다.

▲1998년 '청룡영화상 시상식'에 사용한 시상석 백 세트용 실사 데이터

▲1998년 아침뉴스 세트에 사용한 앵커 백 세트용 실사 데이터

▲2011년 '위대한 탄생 2'에 사용된 가로 9m, 세로 2m 대형 현수막 실사 데이터

▲2004년 '제1회 대한민국 음악축제' 홍보용 배너 디자인과 여의도 MBC 사옥에 설치된 모습

▲2003년 '퀴즈가 좋다2' MC 백 세트용으로 사용한 유포 실사출력용 데이터

〈전식, 전기 장식〉

'전식'이라고 통칭하여 부르는 이것은 전기를 이용하는 장비(자재나 재료)를 이용하여 효과를 내는 방식이다. 전식에 활용되는 장비는 무척 다양하다. 오래전부터 사용하던 크고 작은 전구는 물론이고, 네온이나 LED 등 발전되는 사용 가능한 전식 자재는 모두 활용해서 세트의 효과를 내기 위한 디자인에 활용한다. 또 퀴즈의 선착용 버튼(여러 출연자 중에서 가장 먼저 누른 사람의 표시장치만 반응하는 장치)이나 조명의 영역에 속하지 않지만 세트에 조명효과를 내는 LED 바(Bar), 또는 개발된 전식 장비 등도 모두 전식의 영역이다. 전식 장비는 점멸을 하거나 밝기 조절을 통해서 더욱 효과적으로 사용되기도 하는데 LED가 발달된 최근에는 더욱 다양한 장비들이 개발되고 활용이 되고 있다. 이 장비들은 쇼 세트에서 무엇보다도 중요한 역할을 하는데 조명이나 영상 장비와 어우러져 더욱 화려한 세트로 변신시켜 주기 때문이다.

▲2000년 '트로트의 민족'/ 지름 250mm의 LED 구를 이용한 샹들리에와 DNA형의 세트, 그리고 원형 잔넬(광고용 간판에 사용하는 라이팅이 가능한 박스형으로 만든 제작물)로 제작된 전식 장비들이 적용된 세트이다.

▲2019년 '놀면 뭐 하니?' 유산슬 콘서트 방송 캡처/ 트로트 공연의 무대는 전식이 보다 효과적인 장비로 활용된다.

전식의 영역은 LED 영상 장비와 마찬가지로 개발, 발전의 여지가 많은 분야이다. 제작진의 좋은 아이디어로 다양한 장비를 개발하고 활용하였으면 한다.

〈아크릴〉

▲2004년 '퀴즈가 좋다2'의 테이블과 세트에 활용된 아크릴. 아스텔이라고 부르는 반투명의 아크릴과 색깔 있는 색 투명 아크릴 등을 이용하여 디자인을 하였다. / 아크릴 제작 신현태

목재나 철재 등 불투명한 자재의 특성을 보완하기 위해서 주로 사용하는 자재가 통칭으로 부르는 '아크릴'이다. 사실 투명한 자재는 유리가 제일 일반적이지만 유리는 무게나 안전의 문제로 가변적인 세트에는 사용하기에 무리가 있기 때문에 합성수지인 아크릴 재질이 가장 많이 활용된다. 이것은 드라마 세트 등의 유리를 대체하는 실제 유리와 같은 모양으로 사용되기도 하지만, 세트 디자이너의 아이디어를 통해서 여러 형태로 가공되어 세트에 활용한다. 그중 몇 가지를 꼽자면, 우선 아크릴로 제작한 테이블이다. 목재로 제작한 MC용, 패널용의 테이블이 무겁고 많이 부담스러운 느낌이 들 때, 모던하고 투명한 느낌을 내기 위해서 투명 재질의 아크릴 테이블을 많이 제작하여 사용한다. 하지만 통칭하여 '아크릴'이라고 부르는 이 자재는 자세히 살펴보면 매우 다양하다.

  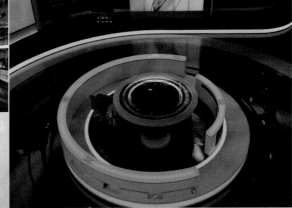

▲2014년 상암동 MBC 뉴스센터/ 많은 부분을 투명 또는 반투명의 아크릴을 활용하여 투명 느낌이 주는 고급스러움을 만들어 냈다.

▲2014년 MBC 뉴스센터 메인테이블은 철재를 활용하여 제작된 테이블의 상판을 35mm 투명 아크릴을 CNC를 이용하여 로고 등을 깎는 작업을 한 후에 덮었고, 뒤쪽 가리게 세트는 반투명 아크릴로 제작하고 내부에 LED 라이트를 삽입하였다.

'아크릴'이라고 통칭되는 플라스틱, 렉산(폴리카보네이트), PC 등의 제품들은 무게가 가볍고 목재와는 또 다른 효과를 보이는 제품들이 많아서 세트에 많이 활용되고 있다. 세트 디자이너는 자재의 물성을 잘 파악하고 가공 가능한 선에서 자신이 원하는 디자인의 결과물을 낼 수 있는 능력을 길러야 한다.

〈철재〉

앞에서도 얘기했듯이 세트는 기본적으로 목재를 가장 많이 활용하고, 예전에는 특별한 경우를 제외하고는 철재를 활용하는 일은 별로 없었다. 하지만 세트가 대형화되어 지지하는 골조의 강도가 더 강한 것이 요구되고, LED 영상의 활용이 늘어감에 따라 영상을 받치고 지지하는 다양한 골조의 형태가 필요해졌다. 따라서 철재를 활용한 세트 제작을 많이 하게 되었으며, 컴퓨터로 디자인을 하게 되면서 디자이너들이 보다 다양한 아이디어로 3D 형태의 세트를 디자인하게 됨에 따라 그 디자인이 목재로 제작하기에는 어려운 부분들이 많이 생겨 철재 제작의 필요성이 더욱 늘어나게 되었다. 이러한 현상은 세트 디자인의 발전에 따른 당연한 현상이다. 세트 디자이너는 제작이 가능한 한 새로운 구조를 가진 디자인을 원하게 되는 것이 당연하기 때문이다. 돌이켜 보면, 철재로 간단하게 제작될 세트를 기어이 목공으로 해결하려고 했던 적도 많았던 듯하다. 왜 그랬을까? 목공 작업은 내부 세트 제작 시스템으로 가능했지만, 철 파이프 한 조각을 용접하려 해도 '발주'와 '납품'이라는 복잡한 과정을 거쳐야 했다. 그냥 편한 방법으로 진행했을 수도, 예산의 문제일 수도 있었겠지만 무엇보다도 디자이너의 의도에 맞는 철재 구조물을 제작해 주는 곳이 없었던 문제가 제일 크지 않았을까 싶다. 세트 디자이너는 책상 앞에서 디자인을 '그리는' 과정만으로 결과를 내는 작업이 아니므로 자신이 설계한 디자인을 현실화하는 작업 시스템의 개발에도 노력을 기울여야 한다. 최근에는 철재로 하는 작업이 목공 작업보다 더 많이 활용되는 경향을 보이고 있다. 무대나 세트라는 결과물에는 철재 작업이 더 적합한 방법이라는 생각마저 든다. 나무로 집 짓던 시절에서 철근과 콘크리트로 집을 짓는 시대가 되었듯이 말이다.

▲2012년 'MBC 가요대제전'의 세트를 설치 중인 사진이다. 주로 LED 영상이 설치되는 세트는 거의가 철재 프레임을 만들어서 조립하고 있다.

▲2020년 'MBC 선택 2020 국회의원선거 개표방송' 세트를 설치하는 현장이다. 좌측은 메인 세트, 우측은 에어돔 세트이다. 이 작업도 역시 철재 프레임을 이용한 세트 설치 작업을 하고 있다. 이런 디자인을 목공으로 제작해서 설치하기에는 견고함이 떨어지고 설치를 하는 것도 거의 불가능하다. 이런 경우에 철재를 이용한 용접이나 리베팅, 피스를 이용한 결구를 활용하는 철재 작업이 가장 합리적이다.

〈천 구조물〉

천 구조물 세트는 따로 이름이 있는 것이 아니라 필자의 작업을 천 구조물로 제작해 주는 회사의 이름을 따서 '시멕스'라고 부른다. 이 작업은 철재나 알루미늄의 프레임을 제작하고 그 위에 각종 천(스판 재질의 천)을 활용하여 대형 구조물을 만드는 작업을 말한다. 이 작업은 보통 무대 전체의 모양을 형성하는 대형 아치 또는 대형 세트에 적용하게 되는데 제작비용이 적절하고 설치도 용이하여 필자가 많이 활용하는 제작 방식이다.

▲2012년 'MBC 가요대제전' 천장 구조물

▲2005년 '퀴즈의 힘' 천장 구조물

▲2020년 '트로트의 민족 발대식'의 아치 세트

▲2019년 '놀면 뭐 하니? 유산슬 콘서트'의 아치 세트

이러한 천장의 구조물은 무게가 가벼워야 하고 자유로운 형태의 디자인이 되어야 하는데 '시멕스'라는 천 구조물을 활용하여 해결할 수 있었다.

이와 같은 무대 전체를 커버하는 대형 구조물은 목재나 철재를 활용하여 제작하게 되면 그 무게 등으로 인해 설치 자체가 불가능해진다. 따라서 알루미늄이나 철재로 프레임을 만들고 천을 씌운 이 세트는 이런 세트를 필요로 하는 디자이너에게 훌륭한 제작 방안이 될 수 있다.

▲2016년 'DMC 평화콘서트'의 세트에 설치한 '시멕스' 아치는 트러스 구조물을 이용하여 그 앞에 입체의 구조물을 제작하여 부착하였다. 이 구조물은 야외 작업에도 용이하여 이런 작업에 자주 활용된다. 다만 천으로 제작된 것이므로 가벼워 바람에 취약하다는 단점이 있으나 그 문제는 부착하여 설치할 부분의 기초를 튼튼하게 작업하고 그곳에 안전하게 부착하는 것으로 해결하였다.

〈영상 장비〉

필자는 영상 장비의 발전이 세트의 발전에 매우 큰 역할을 했다고 생각한다. 필자가 우리나라 무대에 활용되는 영상의 역사를 전부 짚어보는 것은 어렵고 모두 알지도 못하지만, 오랜 기간 작업하면서 느꼈던 영상 장비의 변천사를 사적인 견해에서 정리하는 것도 조금은 의미가 있다고 본다. TV 세트에 영상 장비를 사용한 것이 언제부터였을까? 이것은 아마도 당시의 사진이나 영상 자료를 찾는 것보다 필자가 그린 도면을 찾아서 확인하는 것이 더 정확할지도 모른다.

- 프로젝터(Projector) -

이 영상 장비는 주어진 소스를 큰 화면으로 만들어주는 대표적인 장비이다. 그럼에도 불구하고 방송용 프로그램의 제작에는 밝기가 부족해서 TV 화면에 잘 표현되지 않는 문제가 있어 특별한 경우가 아니면 세트에 적용해서 활용하기가 어려운 장비다. 하지만 대체할 만한 장비가 없을 때나 프로젝터만의 특성을 필요로 할 경우에는 활용하는 경우도 많았다. 필자는 30년 전쯤의 'MBC 아침뉴스' 세트에 100인치 프로젝션 시스템을 도입하여 앵커 백 세트용으로 활용하기도 하였고, 1999년 미스코리아 오프닝쇼, 2000년 파바로티 MBC 평화콘서트, 2004년 제1회 대한민국 음악축제, 2005년 한일 우정의 해 기념 콘서트 등의 관객석용 서비스 영상에 주로 활용하였다. 후에 프로젝터는 고화질과 밝은 화면을 구현해 주는 장비가 생산되기는 하였으나 LED 장비의 발달에 따라 밀려 프로젝션만의 특별한 느낌이 필요한 곳에서 활용되고 있다.

▲프로젝트 장비는 주로 대형 공연장의 객석용 서비스 화면으로 설치되어 사용된다.

▲2014년에 방송된 '음악여행 예스터데이'는 6~10대의 프로젝터를 활용하여 영상을 만든 세트를 활용했다. LED의 영상은 프로젝터에 비해서 너무 리얼한 느낌이 나는 특징을 가지고 있어서 잔잔한 음악공연에는 프로젝터의 영상이 잘 어울린다고 판단됐다. 프로젝터도 많은 발전을 이루어 20000안시 이상의 장비가 속속들이 나오고 있는 시점이어서 세트 전체를 반원형 스크린으로 만들고 프로젝터 장비를 활용하는 것으로 세트를 설계해 보았다.

- 멀티비전(Multi Vision) -

현장에서 '멀티비전'이라고 부르던 이 장비는 TV에서 사용되는 브라운관(영상 장치)만을 활용해서 만든 장비이다. 다른 대체 장비가 없던 시절에는 이 장비를 가로, 세로로 쌓아서 큰 화면을 만들고 그것을 세트에 적용하여 활용하였다. 하지만 이 장비는 모니터 간의 연결 부위인 '베젤'이 너무 굵어서 아쉬운 점이 있는 초기의 영상 장비다.

▲1989년 '토요일 토요일은 즐거워'의 세트에 적용되어 있는 멀티비전 대형 화면, 가로 8줄 세로 4줄을 쌓아서 만든 가로로 긴 화면이 보인다.

좌/ 1995년 'MBC 인기가요 베스트50' 광주 비엔날레 특집
우/ 1995년 '총결산 MBC 인기가요 베스트50'의 방송 캡처
위의 무대에서 확인되듯이 그 시기에는 두 장비를 혼용하여 대형화면은 멀티큐브로, 멀티비전은 무대에 다양하게 설치를 하여 효과를 내는 코디용으로 주로 활용되어졌다.

- 멀티큐브(Multi Cube) -

1992년경에 멀티로 쌓는 큐브형의 영상 장비가 도입되었고, 이것이 서서히 방송에 도입되어 본격적으로 활용된 것은 1993년쯤이 아닌가 싶다. 이 장비는 장비끼리 연결되는 부분의 베젤이 그동안 활용하던 장비(멀티비전)에 비해 확연하게 얇고 화질도 프로젝션에 비해 좋았기 때문에 다양한 방법으로 설치를 하여 TV 세트의 단골 장비로 꽤 오랫동안 사용되었다. 하지만 부피와 두께의 부담감과 함께 화면의 밝기가 아쉬운 것은 어쩔 수 없었다.

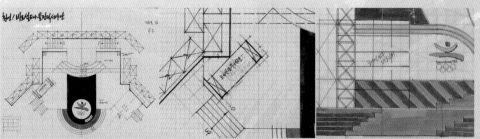

▲기억을 더듬어 자료를 찾아보니 필자가 작업한 디자인 중에서 가장 빠른 날짜에 영상 장비가 보이는 것이 1992년 8월 12일에 생방송으로 진행되었던 '환영! 바르셀로나 올림픽 선수단'이라는 방송용 세트에 그려져 있는 '레인보우비전'이라는 것이다.

이 '레인보우비전'은 회사의 명칭이라는 것이 올림픽 선수단 환영식에서 사용했던 영상 장비 아래의 홍보용 로고에서 확인된다.(당시에는 '멀티스캔'이라고도 하였는데 그 이후에는 '멀티큐브'라고 주로 불렀다.)

필자가 기억나는 디자인은 역시 2000년에 8개의 높이로 단을 쌓아 설치한 '나훈아 천년의 노래' 무대이다. '세로로 길게 생긴 초대형 영상을 만들고 싶다'는 가수의 요청에 의해 당시 최고의 장비였던 멀티큐브의 설치를 협력사와 협의를 하였으나 장비가 가지고 있는 기본적인 하중을 견디는 힘에 대한 우려 때문에 8개까지만 쌓는 것으로 협의를 했던 기억이 난다.

- LED 영상 장비 -

2000년, 2001년 즈음에 세트에 주로 활용되던 멀티큐브는 벨기에에 본사로 두고 있는 있는 바코(Barco)라는 회사에서 만들어진 LED 영상 장비가 국내에 도입되기 시작하면서 새로운 전환점을 맞게 된다. 이 영상 장비는 기존의 멀티큐브의 아쉬웠던 밝기 문제를 깔끔하게 해결한 제품이다. 동시에 연결 부위에 생기는 장비 간의 라인인 베젤 없이 대형화면을 만들어 낸다는 장점이 있었다. 이런 점을 내세워 엄청난 고가임에도 불구하고 세트의 영상 장비 시장을 서서히 잠식하기 시작했다.

필자가 본격적으로 이 LED 영상 장비를 대형으로 사용한 것은 2000년 9월의 '서태지 컴백쇼'였다. 이 무대에서 2개로 분리되는 LED 영상 세트를 설계했는데, 한 개의 사이즈가 512mm x 512mm인 모듈 96개를 활용하여 가로 8192mm x 3072mm크기의 화면을 슬라이딩 위에 설치하고 정가운데를 갈라서 열리게 하였다. 하지만 이 장비는 다루기가 쉬운 장비는 아니었다. 모듈 하나의 무게가 약 20Kg쯤 되고 전체를 조립했을 때 약 2톤의 무게가 되기 때문에 그에 대응할만한 견고한 바닥의 설치와 버틸 수 있는 구조가 필요했다.

이렇게 비용도 고가이고, 무게를 이기기 쉽지 않은 장비였지만, 그동안 사용했던 여러 장비에 비해서 확실한 장점이 있었으므로 제작, 연출진에서는 LED 영상 장비를 아주 선호했다. 하지만 비용 문제 등으로 대형 특집이나 예산이 가능한 프로그램에서나 활용할 수 있을 뿐이었고, 매주 방송하는 음악 프로그램 등에서는 여전히 기존의 멀티큐브 장비를 활용하는 상황이었다.

이렇게 상황에 따라서 여러 장비를 혼용해서 세트 디자인에 활용하던 2004년 전반기쯤에 당시 멀티큐브 렌탈 사업을 하던 ㈜베이직 테크에서 새로운 장비 'FLi375'를 개발한다. 마침 필자는 '나훈아의 아리수' 디자인을 진행하고 있었고 그 장비를 사용하고 싶다고 부탁을 해서 세트 천장 부분에 설치를 할 수 있었다. 이 장비의 개발과 활용은 우리나라 아니, 세계의 무대 세트 디자인의 획기적인 발전을 가져왔으며, TV 세트 디자인의 역사를 이 장비의 개발 전과 후로 역사를 나누어도 좋을 만큼 획기적인 것이었다.

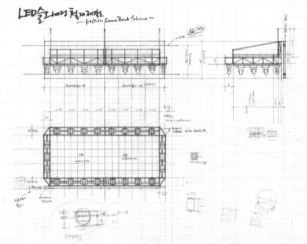

▲2001년 '드림콘서트' 잠실 종합경기장에서 열린 이 콘서트는 특이하게도 객석용 영상을 좌측에는 LED 장비를, 우측에는 프로젝터 장비를 활용하였다. 필자가 디자인 작업을 한 무대임에도 불구하고 왜 그렇게 되었는지는 기억이 안 난다. 아마 대형 화면을 두 개 만들어 내기에는 장비가 부족한 이유가 아니었을까 생각된다.

▲2005년 '나훈아의 아리수'에 활용한 베이직 테크의 신장비 'FLi375'가 설치된 무대의 모습. 높은 천장에 달아도 문제가 없을 정도의 가벼운 무게와 밝은 화질로 대단히 만족스러웠다. 'FLi375'가 없었다면 이런 작업은 불가능한 것이었다. / LED 윤영산

▲2005년 '한일 우정의 해 기념 콘서트'에 설치된 LED 영상 장비의 모습. 화질이 좋은 바코의 LED 장비를 높고 길게 설치하고 베이직 테크의 새로운 장비를 가늘게 제작한 철재 파이프 세트에 부착하여 이중 영상의 효과를 내보았다.

가볍고 밝은 LED 장비가 개발되어 그동안 무게나 비용으로 인해 활용이 쉽지 않았던 영상 장비를 적용한 디자인이 활기를 띠게 된 것도 이때부터였다. 하지만 이 장비는 쇼무대의 세트 장식용으로 사용하기에는 아주 좋았지만 화면으로 활용하기에는 화면의 정밀도(약 35mm 피치의 장비였으므로 멀리서 큰 화면으로 보면 화려한 영상으로 보이지만 가까이에서 보면 점점이 박힌 LED로 보이는 현상이 생긴다)가 많이 떨어지는 장비였다. 따라서 메인 화면은 바코(Barco)의 장비를 활용하고, 그 밖의 세트에는 이 장비를 적용하여 디자인하는 방법으로 많이 활용되었다.

▲2006년 '월드컵 D-30 응원쇼'/ 중앙의 메인 영상은 바코(Barco) LED 장비를 세우고 좌우의 세트에는 베이직 테크의 장비를 적용하여 디자인하였다. 사진에서 보면 객석용 서비스 화면은 여전히 프로젝터 스크린을 활용하고 있음을 알 수 있다. / 디자인 유재헌

▲2006년 '월드컵 응원쇼'/ 상암동 서울월드컵경기장에서 열린 월드컵 응원쇼에서 관객을 위한 축구 중계방송용 대형 화면을 설치했다. 응원쇼의 공연을 하기에는 아무런 문제가 없었으나 축구 경기를 관람하기에는 뭔가 아쉬움이 남는 화질이었다.

급기야 디자이너들의 요청에 의해 베이직 테크에서 삼각형의 LED를 개발하여 완성하게 되었다. 마침 그때 필자는 2012년 'MBC 가요대제전'의 디자인을 준비하고 있었는데, 삼각형 LED를 위한 디자인을 해보기로 하고 삼각형 LED로 설계가 가능한 디자인 연구에 돌입했다.

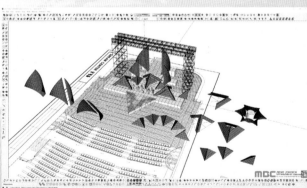

▲이 작업은 삼각형 LED로 만들어질 수 있는 다양한 형태의 디자인을 모색하여 본 작업이다. 이 중에서 선택된 구조를 조합하여 세트를 완성하였다.

그 이후, 우리나라의 LED 제작 능력은 더욱 향상되어 점차 정밀도가 높은 장비들이 만들어졌고, K-POP으로 대변되는 아이돌의 급성장과 함께 LED 영상이 활용된 무대가 주류를 이루게 되었다. 필자의 판단으로는 아이돌의 음악과 퍼포먼스가 LED 영상을 위주로 디자인되는 무대와 절묘하게 어우러져서 새로운 패러다임을 만들어 낸 것이 아닌가 하는 생각이다. 우리나라 K-POP의 세계화에 LED 영상 장비를 개발하고 소스를 만든 스태프들이 많은 기여를 한 것은 분명한 듯하다.

최근에는 LED 화질이 더욱 좋아져서 어떤 상황에도 깨끗한 화질의 대형 영상을 만들어 내는 것이 가능해졌다. 특히 뉴스나 보도 프로그램은 프로그램의 성격상 깨끗한 화질의 영상을 필요로 하는데, 선거 개표방송은 물론, 아침뉴스 세트도 LED 장비를 적용하여 설계하였고, 훌륭한 결과를 만들어 냈다.

▲MBC '선택 2020 제21대 국회의원선거 개표방송'의 메인 세트/ 정교한 화질의 LED 장비를 적용하여 설계한 세트이다. 오랜 시간을 방송하는 선거방송 세트는 입력되는 소스에 따라서 확연하게 다른 분위기를 만들어 낼 수 있어 다양한 모습으로 변화가 가능하다는 장점이 있다.

LED 영상 장비가 어떻게 발전하고 진화할지에 대한 것은 필자도 예측하기 어렵다. 이미 화질 문제는 거의 해소되었고, 모양도 삼각형을 넘어서 구형 LED도 나온 것을 보면 미래에는 형태나 화질의 변화보다 또 다른 방식의 진화가 오지 않을까 생각된다. 최근에는 인터랙티브나 센스를 통한 여러 효과에 대한 연구와 함께 VR, AR을 접목하는 시도를 하고 있다.

- DLP Cube -

프로그램 중에서도 영상 장비의 도입을 가장 필요로 한 것은 뉴스 프로그램이 아닌가 싶다. 1990년경에는 리어 프로젝션 시스템(Rear Projection System)을 활용한 아주 작은 화면을 이용해서 앵커 2샷을 겨우 만들었고, 그나마도 너무 흐리고 아쉬움이 많아서 '와이드 필름'이라고 부르는 슬라이드형 대형 필름을 활용해서 세트를 설계했지만 2005년쯤에 벨기에의 바코에서 '디엘피큐브(DLP Cube)'라는 장비를 들여와서 뉴스에 활용하기 시작했다. 기억해 보면 MBC에서는 6세트의 70인치 DLP Cube를 도입하여 앵커 2샷용으로 활용하다가 점차 장비 수를 늘려서 배경 전체를 영상 화면으로 채우는 세트로 진화해 나갔던 것으로 기억된다. 현재 사용되고 있는 MBC NEWS CENTER A 스튜디오도 이 장비를 활용하고 있다.

- 디지털 사이니지(Digital Signage) -

'사이니지'라고 불리는 이 장비는 55인치 PDP 패널을 이용하여 대형 화면을 구성할 수 있도록 제작된 장비이다. 이 장비는 일반적인 모니터와 별 차이는 없지만 상업용으로 사용하기 위해서 제품의 수명을 늘리고 장비를 연결했을 때 베젤을 최소화하기 위해서 장비가 이어지는 부분의 간격을 최소화한 것이 특징이다. 현재 MBC NEWS CENTER A 스튜디오에 설치되어 활용되고 있다.

Chapter 2

정종훈 디자이너의 작업기록
/예능 프로그램

001 예능/ 코미디, 오락, 퀴즈/ 스튜디오

002 예능/ 음악쇼/ 스튜디오

뽀뽀뽀

내가 이 프로그램을 디자인 한다구?

뽀뽀뽀 이야기(1989~1990)

1980년대 당시의 '뽀뽀뽀'는 그냥 어린이 프로그램이 아니었다. 어른들도 즐겨 보는 프로그램이었다. 필자는 입사 이전에도 '뽀뽀뽀'를 재밌게 시청하였으며 미술을 전공하는 학도로서 '나라면 이런 디자인을 해보겠다'라고 생각할 만큼 세트도 다양하고 예뻤다.

그런 프로그램이 입사 1년 만에 나에게로 왔다. 그동안 어깨너머로 선배들께 배우면서 하나씩 쌓아뒀던 '나라면 이렇게'라는 것들을 풀어 볼 수 있는 좋은 기회를 얻게 된 것이다. 무엇보다도 '뽀뽀뽀'라는 프로그램은 필요로 하는 세트의 종류가 매우 다양했다. 콩트를 위한 드라마식 공간도 필요했고, 어린이들이 동요를 부르는 공간, 유치원에서 선생님과 지내는 장면을 위한 넓고 예쁜 공간 등 많은 공부를 필요로 하는 작업이었다. 그런 의미에서도 '뽀뽀뽀'는 초보 디자이너가 꼭 거쳐야 할 프로그램이었다.

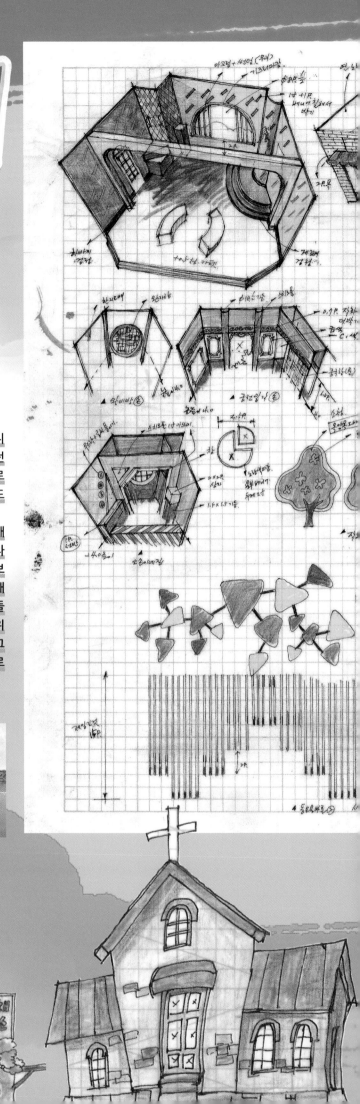

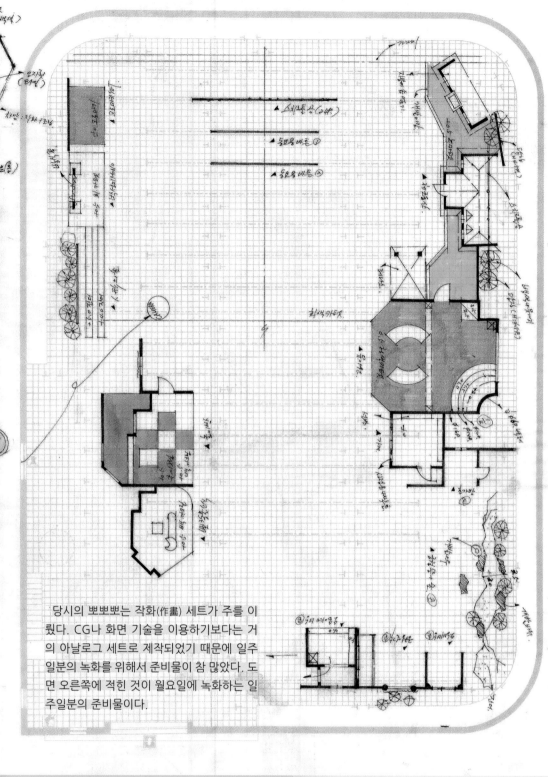

SET 명칭	제작여부	설치장소	확인
유 아 원	신규	Studio	
뽀뽀동화구연	기본	"	
놀 이 방	"	"	
모모 SET	"	"	
해 강 도 산	"	"	
안 경 이 숲	"	"	
혼가방앞	신규		
궁전뒤쪽의 숲속	"		
왕 비방밤	"		
궁전안	"		
오른이 방	"		
가게 방			
코라키서트	기본	✕	✕
출입문서트	✕	✕	
판 걸 집	기본	준비	
그림꽃 틀	"		
스타트롯동상	"		
유아돌레레이	"		
잠수함용기구	신규		
오체통상 바튼	기본	바튼	
동요용 바튼 ①	신규	"	
적 록 등			

	SET BATTEN		
	LIGHT BATTEN		
	CAMERA 총		

STUDIO A   S=100 1

PROGRAM 명	뽀뽀
VTR일시	2 5일 시 분
방송완시	2 6일 시 분
연 출	홍 성
미 술	정 종 호
조 수	
작 화	홍 준 영

담 당	자 장	부 장
계		

당시의 뽀뽀뽀는 작화(作畵) 세트가 주를 이뤘다. CG나 화면 기술을 이용하기보다는 거의 아날로그 세트로 제작되었기 때문에 일주일분의 녹화를 위해서 준비물이 참 많았다. 도면 오른쪽에 적힌 것이 월요일에 녹화하는 일주일분의 준비물이다.

작화는 도면에 1/50으로 축소해서 그린 그림을 작화 스태프가 50배 확대해서 그리고, 세트맨(세트를 만들고, 짓고, 철거를 담당하는 작업자를 이렇게 부른다)이 윤곽을 따라서 스카시(오려내기)를 하여 세울 수 있게 다리를 달거나 배튼에 매달게 되면 준비가 끝나는 것이다.

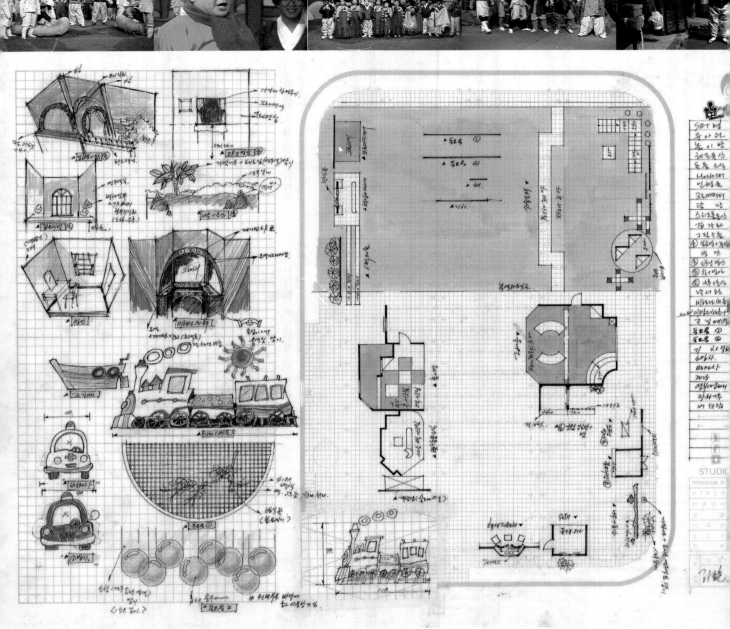

당시 녹화 프로세스를 보면 PD와 작가들의 아이디어에 따라 필요한 세트들을 의뢰받는 날은 녹화 5, 6일 전쯤이었다. 이후 1~2일 동안에 디자인과 작업 설명을 마치고, 세트실에서 제작을 하면 녹화 하루 전날 세트 철야조(스튜디오에 세트를 설치하기 위해서 철야로 작업을 하는 세트팀)가 세트를 설치하는 방식으로 진행되었다.

세트는 거의 1/2 정도를 바꿔가면서 녹화를 진행했는데 필자는 격주로 디자인을 했기 때문에 대응할 만했지만 문제는, 코너들을 전면 개편할 때가 종종 생겨서 그럴 때는 어김없이 철야로 디자인 작업을 해야 했다.

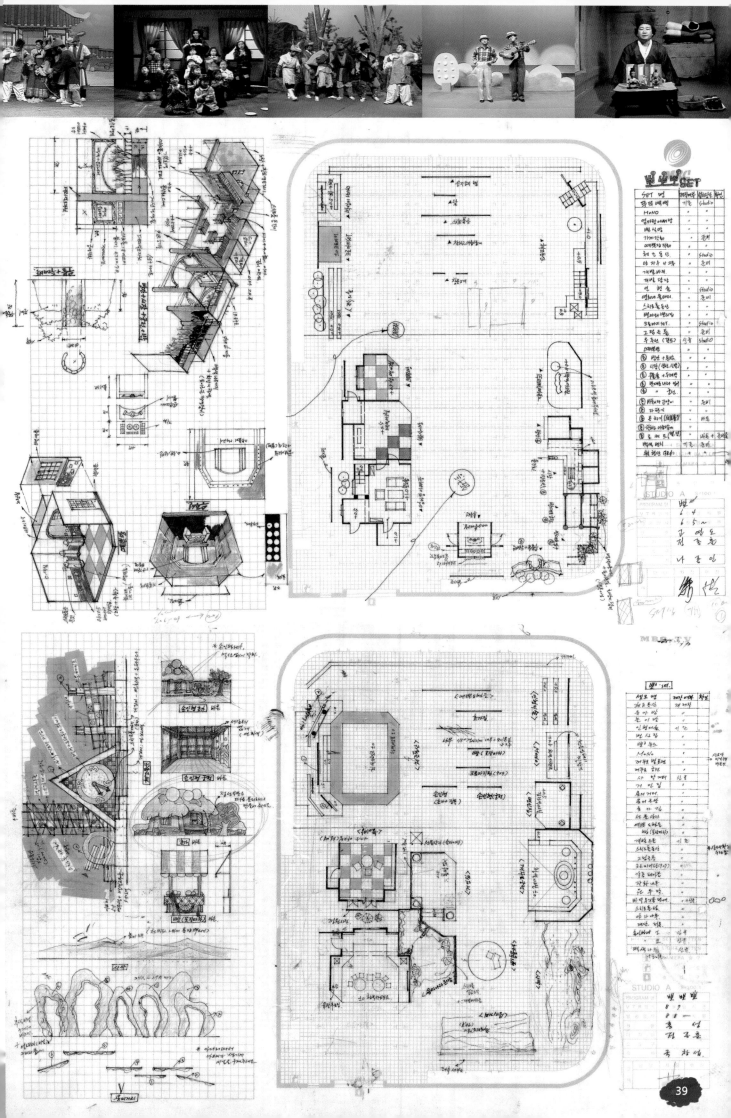

MBC 사랑의퀴즈

퀴즈의 긴박함을 따스함으로 풀어내라!

'뽀뽀뽀'를 입사동기와 격주로 디자인하면서 세트 디자인을 하나씩 익혀가던 때, 스튜디오에 온전하게 세트를 디자인해서 세우는 프로그램을 배정받았다. '사랑의 퀴즈'는 저명인사들을 초청하여 퀴즈를 풀고 출연자가 획득한 상금은 불우이웃을 위해 사용하는 프로그램이었다.

[사랑의 퀴즈-첫 번째 디자인]

'사랑의 퀴즈'는 변웅전 아나운서의 사회로 따뜻한 마음을 전하던 프로그램이었다.

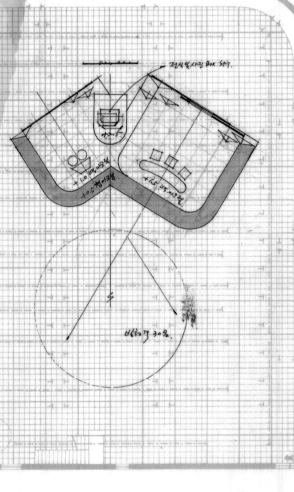

40

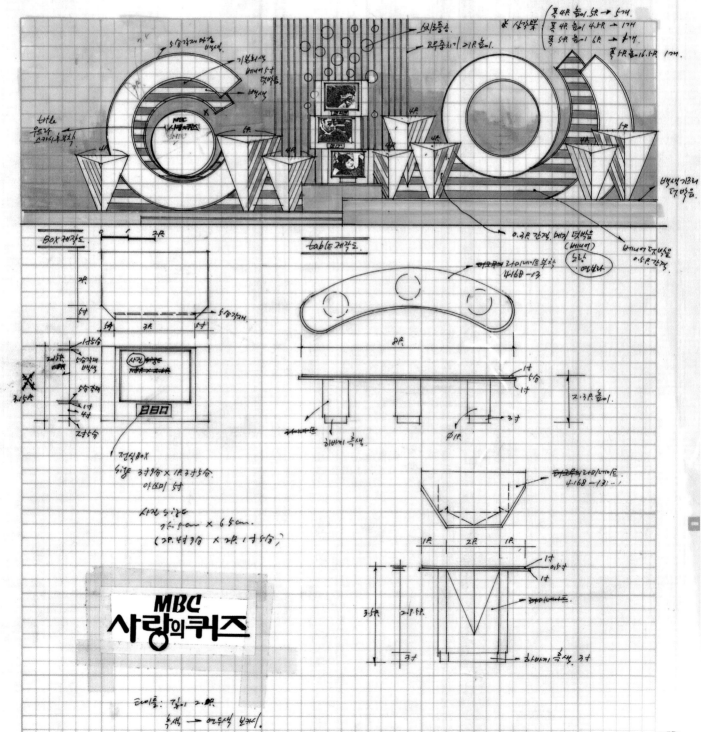

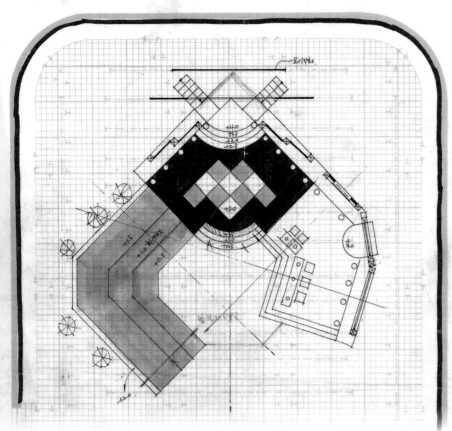
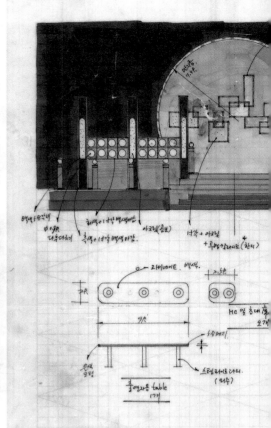

[사랑의 퀴즈-두 번째 디자인]

퀴즈만을 진행하던 형식에서 간단한 퍼포먼스가 가능한 공간을 설정하고, 방청객석을 무대와 일체형으로 설정한 개편 세트이다. 세로로 표시되던 점수표가 4:3 비율의 화면에 한 번에 들어오지 않는 문제점을 해결하기 위해서 가로로 배치하였다.

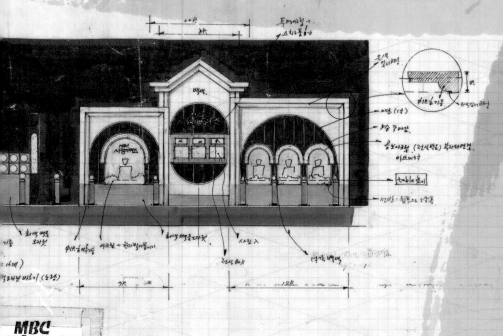

MBC
랑의퀴즈

90년 7월10일
이 광 수 (3378)
저 흥 충 (3062)
박 명 하 (3285)

太長部長

따뜻한 느낌을 주기 위하여 색 한지를 찢어 붙이는 작업을 백 세트에 적용해 보았다. 패널석 세트는 선착 장치를(퀴즈에서 먼저 누르는 사람에게 만 불이 들어오게 하는 전식 장치) 적용한 전식 세트로 만들었다. 퍼포먼스 용 백세트는 그 후에도 여러 번 수정 작업을 했다.

청춘데이트

꿈꾸는 것을 현실화하라

[청춘데이트 1990년 1월]

'청춘데이트'라는 프로그램은 일요일 오전에 농촌 총각과 도시 처녀를 맺어주는 프로그램으로 꽤나 인기가 있었다. 지금 생각하면 참 특이한 기획이지만 당시에는 농촌에 결혼을 못한 총각들이 많다는 것이 사회적인 이슈가 되었던 시절이었고, 그에 맞춰서 프로그램이 만들어졌다.

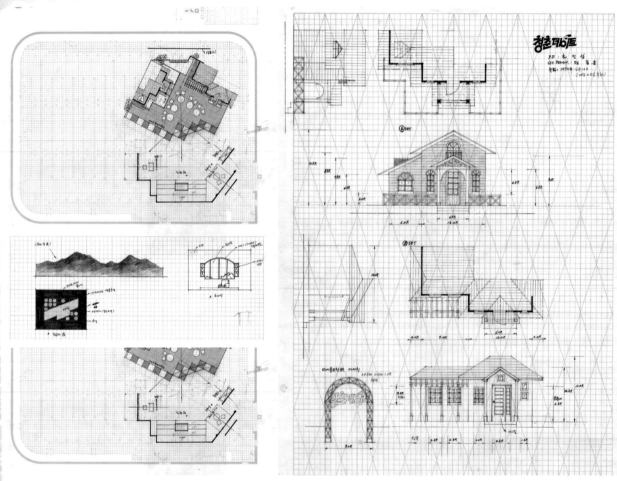

청춘데이트의 첫 번째 세트는 전원에 예쁜 주택을 짓고 사는 농촌 생활의 로망(실제로 필자의 로망이기도 했다)을 표현해 보았다.
집은 입체적인 세트로 제작하였으나 문이나 창 등에서 아무래도 디테일이 좀 떨어져 보인다.

[청춘데이트 1990년 9월 추석 특집]

그동안 청춘데이트를 통해 결혼에 성공하거나 결혼 예정인 커플 14쌍을 모시고 추석 특집으로 녹화를 했다. 지금 그분들은 어떻게 살고 계실까? 부디 여전히 아름다운 동행을 하고 계시길 바란다.

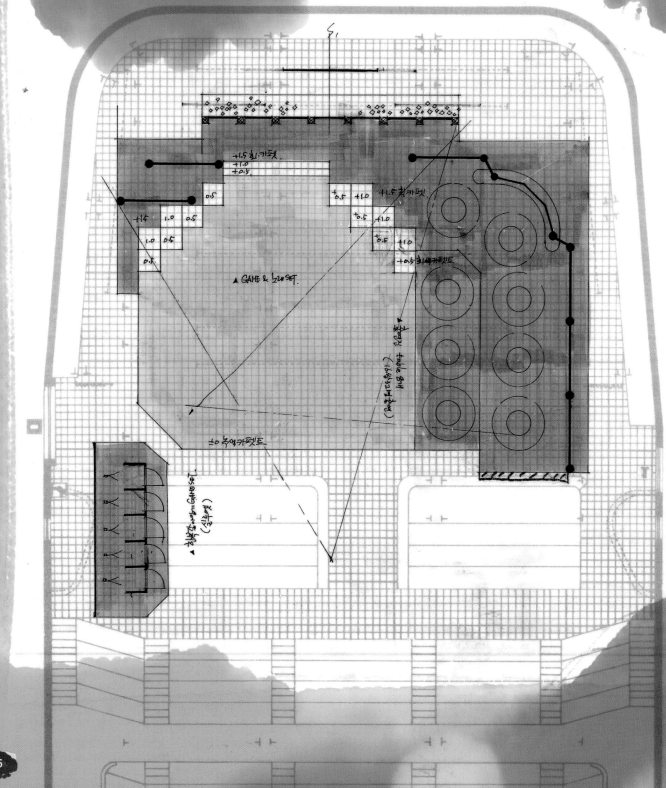

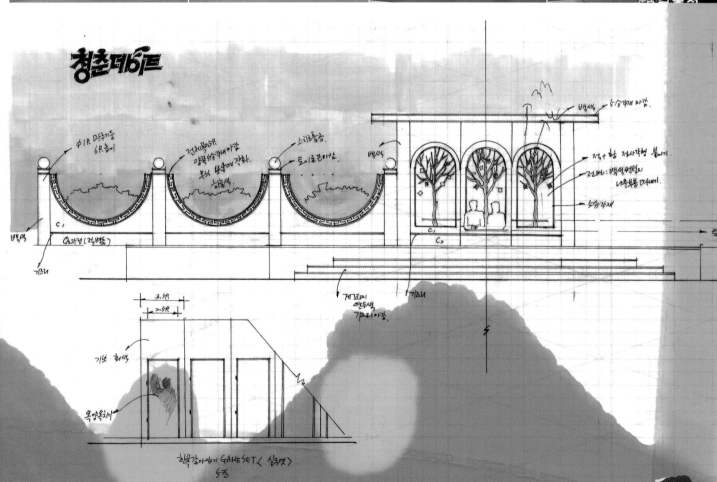

47

[청춘데이트 1991년 5월 봄 개편]

봄 개편을 맞아서 산뜻하게 세트를 교체하자는 제작진의 요청에 따라 새롭게 디자인을 하였다. 이 글을 적고 있는 2022년의 시각으로 보면 제대로 세트를 다 세운 것인가 싶을 정도로 심플하지만, 당시에는 세트의 역할을 충분히 했고 필자도 무척 만족했던 것으로 기억한다. TV 세트 디자인의 얼마나 많이 변화했는지를 알 수 있는 자료이다.

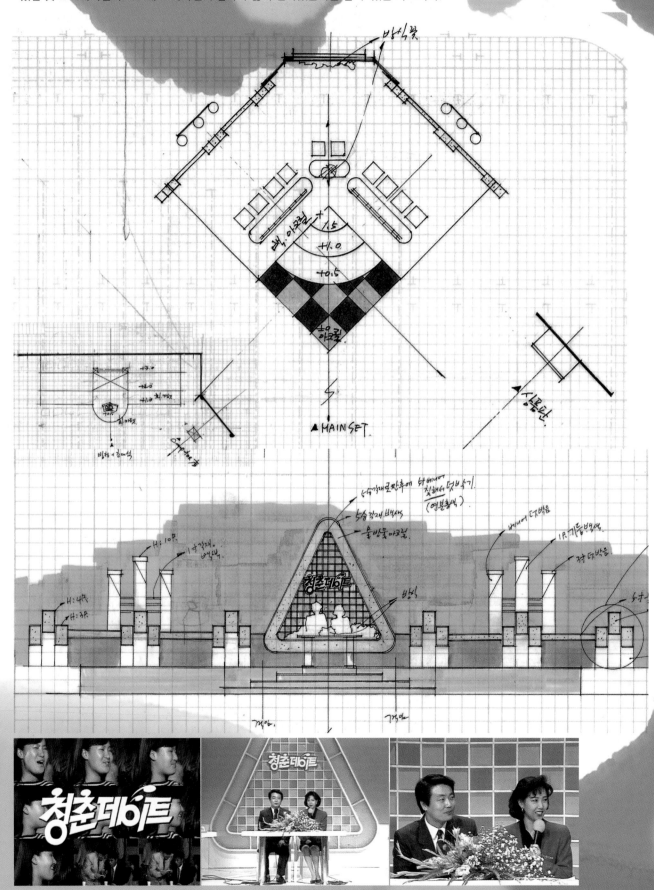

이 프로그램은 '도시 처녀를 찾습니다'라는 기사가 일간지에 나올 정도로 도시 처녀의 출연
지원자가 없어서 결국 폐지되고 말았다. 세월이 지나 농촌 총각 장가보내기 운동은 외국 며
느리 찾기로 달라졌고, 사회적 환경이 많이 바뀌었지만, 도시와 농촌의 차이는 더 벌어지는
듯해서 안타까운 마음이다.

[유쾌한 스튜디오 1991년 봄 개편]

유쾌한 스튜디오를 담당하고 의욕적으로 작업한 첫 번째 세트이다. 이 디자인은 필자의 세트 디자인 작업 중에서 '실험적 시도'를 한 기억이 남는 또 하나의 세트이다. 세트와 패널용 테이블 등 거의 모든 부분을 스테인리스 철재와 유리를 이용해서 설계를 했었기 때문이다. 당시 필자는 이 디자인이 과연 결재를 득하고 제작과 설치를 무사히 성공적으로 해낼 수 있을지에 대한 것도 걱정했지만 언제나 실험적인 것에 대해서 호의적이었던 선배들의 응원으로 완성해 낼 수 있었다.

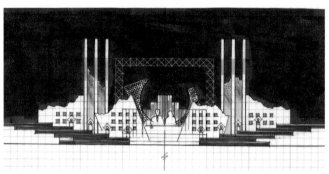

늘 새로운 세트에 도전하라!

필자가 입사하기도 전, 1984년부터 방송되던 이 프로그램은 당시 인기 절정의 스타들이 스튜디오에서 장기 자랑과 퀴즈 대결을 펼친 MBC의 대표 오락 프로그램이었다. 이 프로그램은 스튜디오에서 진행된다는 단점을 극복하기 위해서 야외 촬영도 많이 시도했지만 무엇보다도 봄, 가을로 세트 개편을 참 많이 했던 프로그램으로 기억된다.

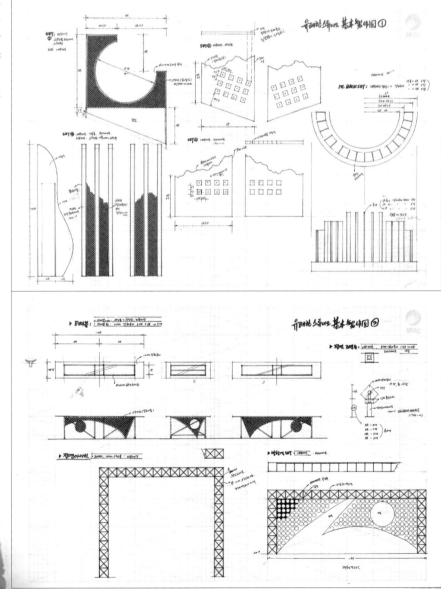

평면도의 모양은 그다지 달라진 것이 없지만 바닥을 투명한 아크릴로 처리하고 그 아래에 은하수 모양의 전구를 넣었으며 MC 테이블과 패널석 테이블도 스테인리스와 유리를 이용해서 제작하였다.

MC의 백 세트는 10mm 커피색 강화유리 막대를 원형으로 배치해서 투명감을 주어 공간감을 극대화할 수 있도록 설계하였다.

그러나 안타깝게도 실제로 녹화되는 화면에서는 필자의 생각과는 차이가 나는 결과가 나와서 많은 실망감을 안겨 주었는데 지금 생각해 보면, 당시의 TV 화질이 이런 투명 재질을 표현해 내기보다는 오히려 재질에 따른 반사현상(현장에서는 이것을 '하레이션'이라고 부른다) 등의 부작용만을 가져왔고, 세트를 제작하는 기술도 거의 목(나무) 작업만을 하는 환경이었으므로 결과물이 만족스러울 수가 없었다.

이 작업은 비싼 비용을 치르고 진행했지만, 그리 오래 사용하지 못하고 결국 세트를 교체하게 되었다. 필자는 이 작업을 통해 '세트 디자인'이라는 작업이 디자이너 혼자만의 구상으로 완성되는 것이 아닌 전체 스태프 간의 협의와 함께 방송의 메커니즘에 대한 깊은 이해가 필요하다는 것을 절실하게 느끼게 되었다.

자신이 구상하고 작업한 결과물이 바로 최종 결과물로 연결되는 작업과는 다르게 세트 디자인은 제작과 설치라는 작업과 조명과 카메라의 어우러진 결과로 나타나는 것이므로 좋은 결과를 위해서는 협력을 통한 조화로운 작업이 무엇보다도 중요하다는 것이다. 방송 스태프에게는 아주 기본적인 이야기다.

[유쾌한 스튜디오 1991년 가을 개편]

1991년 가을 개편에 맞춰 새로운 세트를 디자인하였다. 전 세트가 유쾌한 스튜디오답지 않은 어두운 색감이어서 제작진에서 밝고 화사한 디자인을 요청하였고, 필자는 심플하고 디자인적인 요소를 가미한 디자인을 해보려고 노력했다.

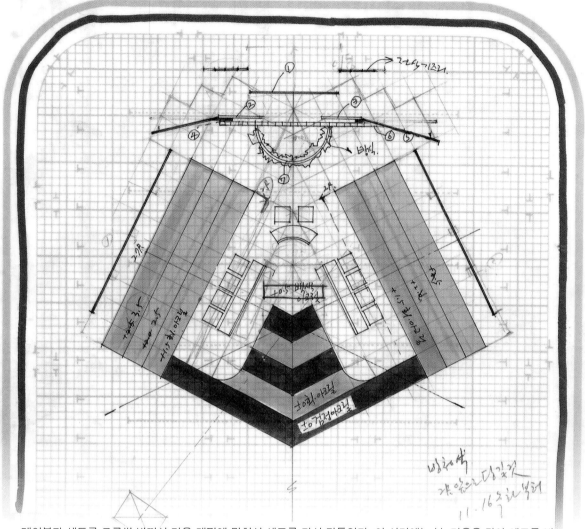

테이블과 세트를 조금씩 바꿔서 가을 개편에 맞춰서 세트를 다시 만들었다. 이 시기에는 봄, 가을을 맞아 세트를 바꾸는 것이 기본이었던 시절이었다. 그래서 봄, 가을이면 늘 야근과 철야를 밥 먹듯이 하는 날들이 꽤 오래 계속되었다.

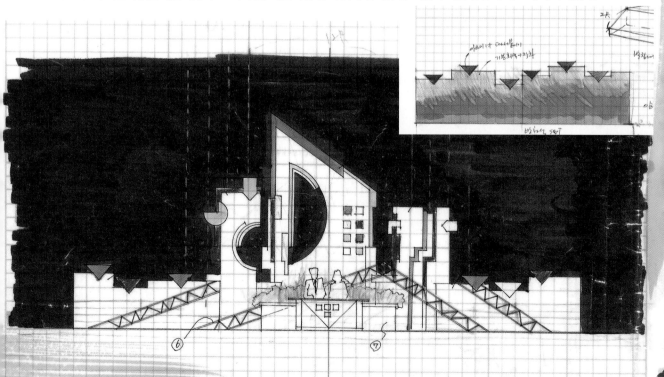

정한용 · 왕영은

이 세트는 스튜디오의 흑막을 사용
하다가 다시 *호라이존을 사용하는 등
여러 변화를 주면서 녹화를 하곤 했는
데 이건 아마도 세트가 안정적인 그림
을 만들어 내지 못했던 탓인 듯하다.

김승현 씨가 재치 있는 입담으로 진
행을 하던 모습이 기억난다. 이후 김승
현 씨는 메인 MC가 되어 프로그램을
진행하게 되었다.

*호라이존(ホライゾン): 일본식 용어로 지평선이나 면을 뜻한다. 스튜디오에 백색 또는 밝은 색
이 칠해진 높은 벽을 '호리' 또는 '호리존트' 라고 불렀다.

[유쾌한 스튜디오 1991년 11월 가을 개편]

유쾌한 스튜디오를 담당하고 세 번째의 디자인이다. MC 배경 세트를 투명 아크릴 기둥
이 경사지게 잘린 부분의 맑고 투명한 느낌을 내려고 해봤으나 너무 섬세한 작업이라 깨끗
하지 않은 당시의 TV 화면에는 효과가 생각만큼 나지 않아서 아쉬웠다.

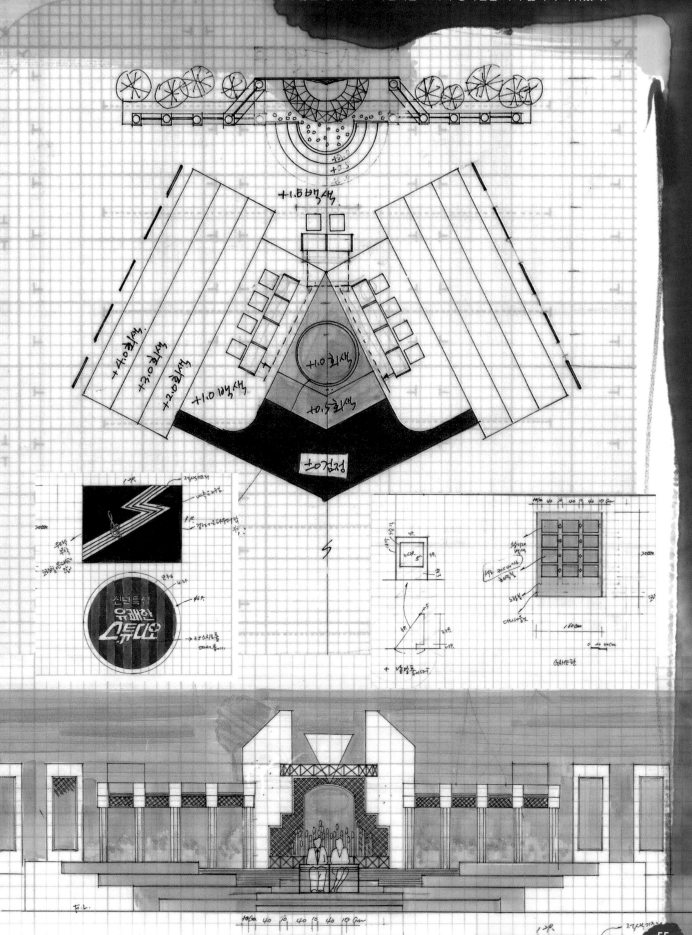

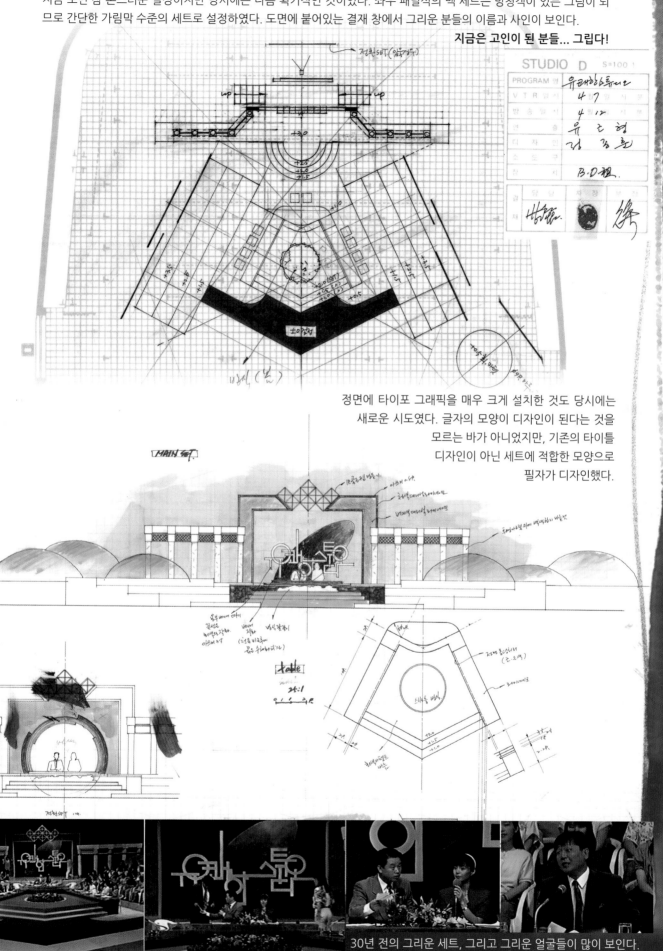

[유쾌한 스튜디오 1992년 4월 봄 개편]

유쾌한 스튜디오 네 번째 세트를 디자인하였다. 의욕적으로 패널석을 일체형으로 설계하고 중앙에 꽃 장식을 설정했다. 지금 보면 참 촌스러운 설정이지만 당시에는 나름 획기적인 것이었다. 좌우 패널석의 백 세트는 방청객이 있는 그림이 되므로 간단한 가림막 수준의 세트로 설정하였다. 도면에 붙어있는 결재 창에서 그리운 분들의 이름과 사인이 보인다.

지금은 고인이 된 분들... 그립다!

정면에 타이포 그래픽을 매우 크게 설치한 것도 당시에는 새로운 시도였다. 글자의 모양이 디자인이 된다는 것을 모르는 바가 아니었지만, 기존의 타이틀 디자인이 아닌 세트에 적합한 모양으로 필자가 디자인했다.

30년 전의 그리운 세트, 그리고 그리운 얼굴들이 많이 보인다.

고정관념을 깨자

볼만한TV

이 프로그램의 세트는 설치미술
에서 녹화를 진행한다는 개념으로 디
로 세트를 제작하는 개념을 최대한 배제하
던 아시바(비계, 철재 지지 구조물) 구조에 철재로 제작된 오브제나 움직이는 세트 요소를 달
아서 설치하는 방식으로 설계를 해보았다.

작품을 스튜디오에 옮겨 놓고 그 속
자인했다. 당시에 주로 사용되던 목공으
고, 세트 지지용으로 주로 야외에서 사용하

정면의 멀티큐브
도 전체를 채우지 않고 몇
조각을 뺀 상태로 구성하였으며 대
형 팬과 호안 미로의 그림에서 본뜬 각종
이미지들이 기계장치에 의해서 돌아가는 전체적으로
움직이는 세트로 디자인하였다.

세트의 고정관념도 깨자!

이 프로그램은 늘 새로운 것에 대한 목마름으로 작업을 해온 필자의 작업에 딱 맞는 기획이었다. 그렇지만 그동안 세트를 디자인하고 제작해오던 시스템의 한계 속에서 어떻게 '고정관념'을 깬 정도의 결과물을 낼 수 있을까 하는 생각에 고민을 많이 했던 작업이다.

출연진들이 서서 진행하게 되는 테이블은 전체를 팝아트 형식의 작화(作畵)를 하였고, 전면 부분의 계단식 구조물 위에 '논네온(Non Neon)'이라고 부르는 전식(電飾, 전기 장식) 장비를 무작위로 걸어서 설치하는 특이한 구성을 시도하였다.

이경규
(볼만한TV 고정관념을 깨자)

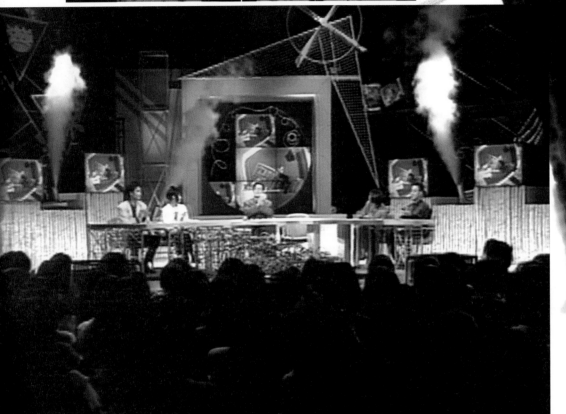

이 세트의 작업을 참 재미있게 했던 기억이 난다.
필자 나름대로는 여러 가지의 새로운 시도를 해보았는데, 그것이 필자가
무리한 구상을 한 것일 수도 있고, 제작의 한계가 있는 상황이기도 했었다는 생각이다.
이 프로그램이 다시 만들어진다면 더욱더 고정관념을 깬 세트 디자인으로 도전해 보고 싶다.

토요일! 토요일은 즐거워

최고의 프로그램을 디자인한 선배들의 명성을 지켜라

[토요일 토요일은 즐거워 1996년 봄 개편]

1994년 가을 개편에 담당을 시작한 '토토즐'(지금은 단어를 줄여서 사용하는 것이 흔하지만 당시에는 '토요일! 토요일은 즐거워'라는 타이틀의 프로그램을 '토토즐'이라고 줄여 부른 것도 트렌디한 느낌이 난다는 것이 필자만의 생각일까?)의 디자인은 늘 아쉬운 부분이 참 많았던 작업이었던 것으로 기억된다.

입사 이후 디자인 경력도 꽤 쌓았는데도 불구하고 뭔가 '획기적'인 것에 대한 나의 열망을 식혀 주기에는 너무나 부족한 결과물들이었다. 그러던 중 1996년 봄 개편을 맞이하여 새로 디자인하게 된 세트에 또다시 힘을 내 보았다. 이 세트는 출연진들이 등장하는 출입구를 다양하게 설정하고, 환풍기와 팬을 벽체에 설치하는 등 고정화된 세트가 아닌 살아 움직이는 활기찬 분위기를 디자인해 보고자 하였다. 더욱이 당시에는 필자가 세트의 스케일보다는 디테일에 더욱 집중을 하던 때였기에 작고 아담하고 섬세한 세트를 콘셉트로 디자인을 하였다.

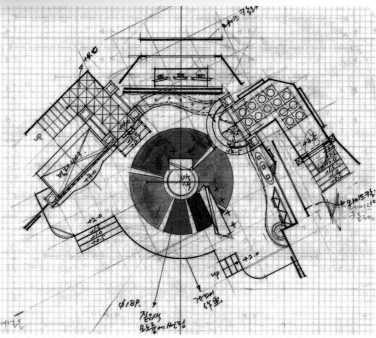

▲무대 좌·우측에 출연자들이 멋진 모습으로 등장할 수 있도록 좌우에 각각 1개씩 통로를 설정하고 좌측에는 당시에 세트에 많이 사용되던 멀티큐브를 4x3 형태로 배치하여 방청객들이 사전 촬영분을 보거나 타이틀 영상 등을 표출할 수 있게 하였다.

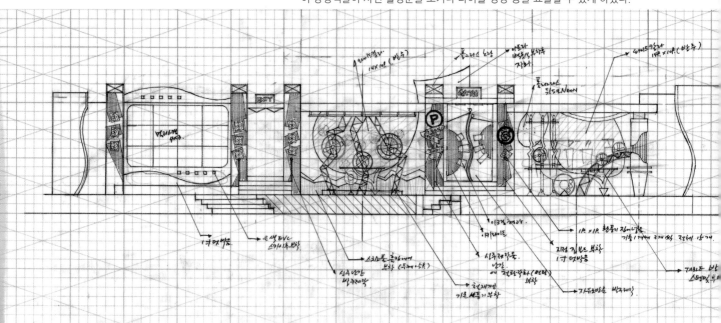

▲세트는 여러 개의 묵직한 기둥으로 연결되었는데 그 기둥에 건축용으로 사용하는 환풍기를 설치하여 바스트 샷(Bust Shot: 출연자의 가슴까지 담는 화면 앵글)이나 2~3명의 그룹 샷을 통해서도 보일 수 있는 위치에 배치하였고, 정면에는 천장에 사용하는 팬을 활용한 회전 세트를 설치해서 MC들이 진행하는 정면 샷에서는 보일 수 있게 배치하였다.

1985년 11월에 첫 방송된 '토토즐'은 필자가 입사하기도 전에 시작된 프로그램으로 세트 디자이너로서는 선망의 대상이었다. 늘 새로운 아이디어로 트렌드를 앞서가는 제작진들의 창의적 생각에 어깨를 맞추기 위해 디자이너로서 고민을 참 많이 해야 했던 프로그램이었다. 열심히 했지만 당시의 디자인들을 꺼내어 정리하며 다시 보니 부끄러운 생각이 많이 든다.

필자는 1994년~1996년에 '토토즐'의 세트 디자이너로 일했다. 인기가 좋은 프로그램이라서 참 다양한 내용의 아이템이 만들어지고 야외에서 녹화되는 경우도 많았다. 힘들고 바쁜 나날이었지만 즐겁게 보낼 수 있었다.

이 프로그램 덕분에 세트 디자이너로서 한 단계 더 발전하는 계기가 되었다.

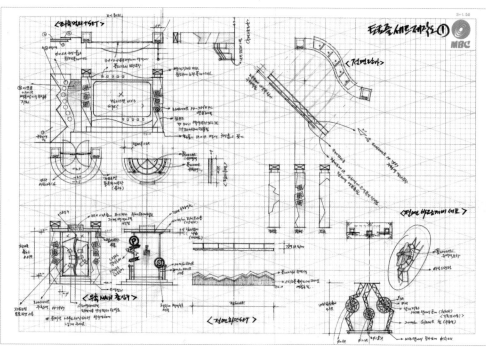

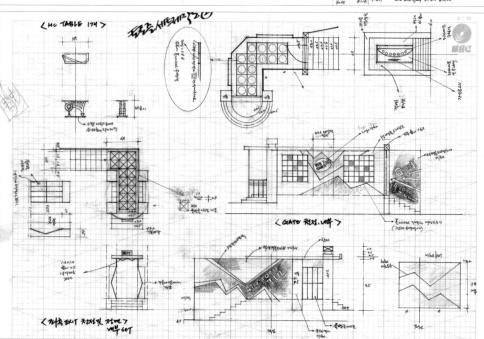

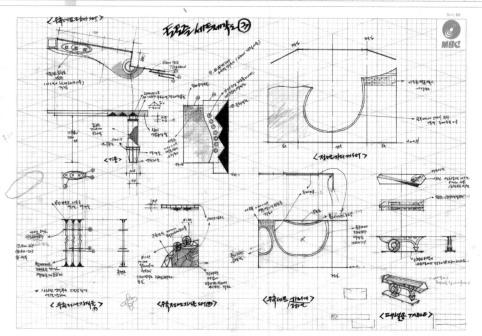

[토요일 토요일은 즐거워 1996년 가을 개편 9월 28일]

  1996년 가을 개편을 앞두고 '토토즐'이 500회 특집을 맞이하게 되었다. 이에 맞춰 제작진은 세트를 개편하면서 또 다른 특집 세트를 한강 고수부지('한강둔치'를 당시에는 그렇게 불렀다)에 세우고 스튜디오와 야외 세트에서 이원으로 방송하는 것을 계획하고 작업에 들어갔다.

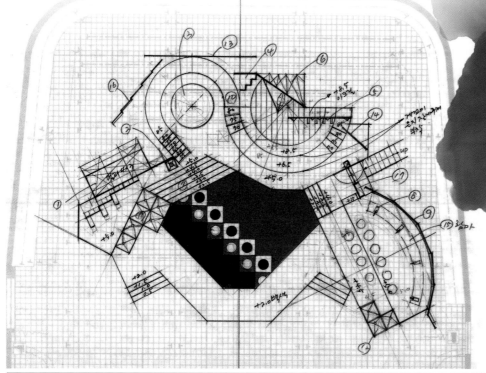

  1996년 가을 개편 세트의 콘셉트는 '메탈'이었다. 악센트로 조금씩 사용되던 금속의 느낌을 세트 전체에 적용하여 새롭고 세련된 느낌을 만들어 보고자 하였고 목재로 제작하거나 설치하기에는 어려운 형태의 구조물을 디자인해 보았다.

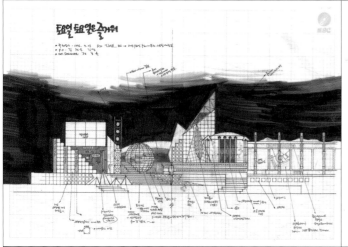

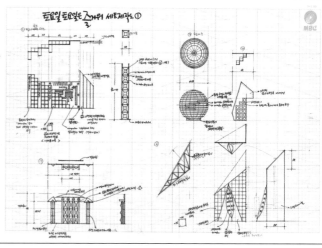

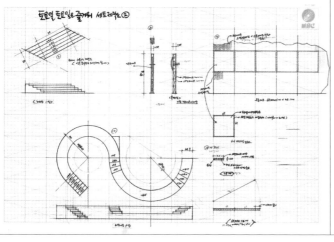

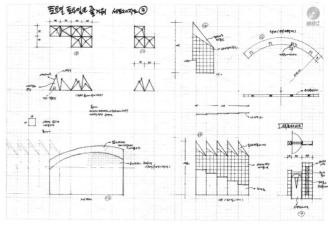

[500회 특집 토요일 토요일은 즐거워 1996년 9월 28일 생방송]

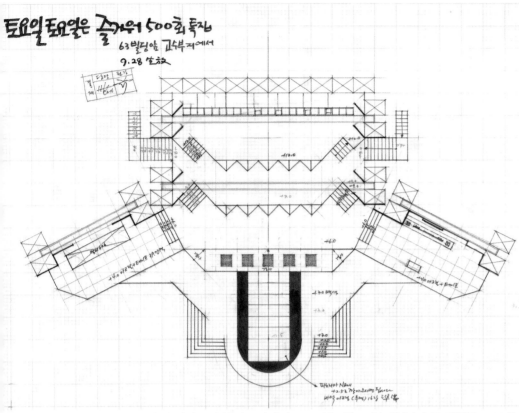

여의도 63빌딩 앞 한강 고수부지(둔치)에서 1996년 9월 28일 생방송으로 진행된 '500회 특집 토요일 토요일은 즐거워' 야외무대는 당시에 가장 많이 활용하던 철재 아시바(비계, 건축용 철재 지지대)를 사용하여 좌·우측을 쌓고 트러스를 보처럼 활용하는 구조로 설계를 했고, 무대 바닥의 높이를 3단으로 설정하여 디자인을 하였다. 바닥 높이의 다양화로 보다 다채로운 퍼포먼스를 할 수 있는 디자인을 시도했다.

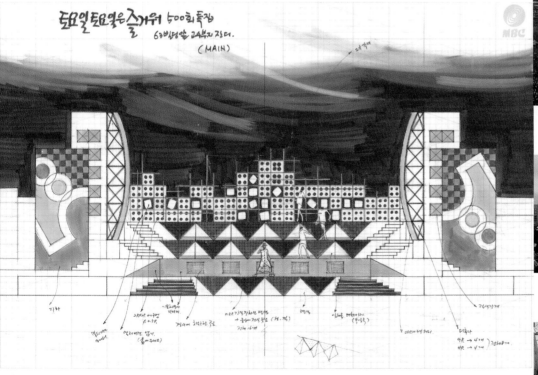

무대 단의 전면 부분(현장에서는 이 부분을 '게꼬미'라고 부른다)에 움직이는 전식을 활용하여 정면에서 보이는 높이 부분을 설정하였고, 백 세트는 조명 디자인을 통한 설치와 함께 뒤편의 풍경을 보이게 하기 위해서 높지 않게 설정하였다.

김승현 · 김혜수
토요일 토요일을 즐기워

송옥숙

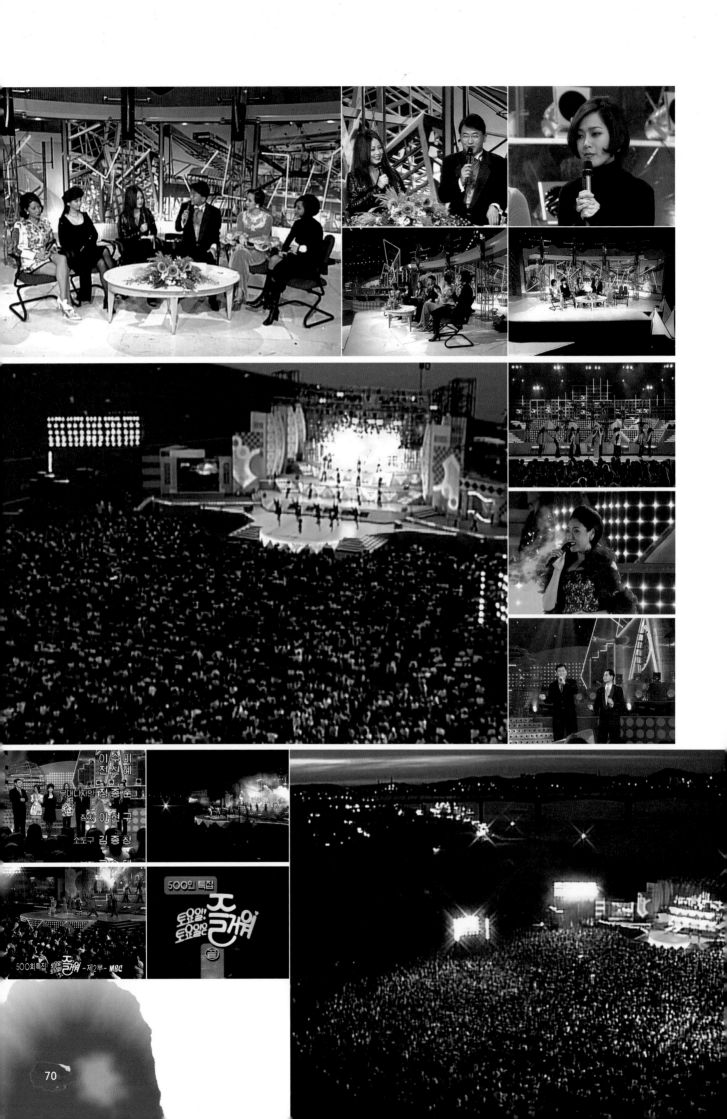

이윤석 김진수
허리케인 블루

MBC에서 일요일 저녁에 방송된 '일밤'(일요일 일요일 밤에)은 부정할 수 없는 주말의 대표적인 프로그램이었다. 이 프로그램은 2~3개의 코너로 나누어져 각각의 시스템에 의해서 제작이 되고 메인 MC와 게스트의 진행으로 완성하는 형식으로 구성되었다. 세트 디자이너는 매주 녹화가 진행되는 스튜디오에 세트를 설치하고 녹화를 진행하는데 그 기본적인 세트의 디자인을 담당하는 것은 영광스러운 작업 중의 하나로 인식되고 있었다. 훌륭한 선배들의 작업을 지켜보면서 '나는 언제나 저 작업을 한번 해보나' 하는 부러움을 갖고 있던 필자에게 드디어 '일밤'의 세트를 디자인하는 기회가 왔다.

시청자의 일요일 저녁을 책임질
국민프로그램을 디자인하라

일요일 일요일 밤에 이야기(1996, 2000)

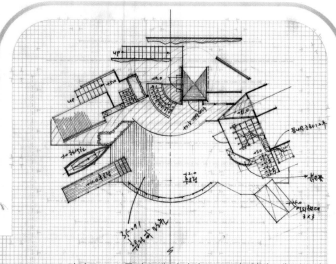

MBC 여의도 A 스튜디오에 지어진 1996년 '일밤' 세트는 산토리니 마을의 어느 한 장소에 사람들이 모여서 즐거운 시간을 보내는 장면을 연출하기 위한 시도였다. 우선 바닥 높낮이를 이용하여 언덕의 모양을 만들고 세트는 목재로 제작한 기본 벽체에 스티로폼으로 부조 형태로 조각한 세트들을 하나씩 세워서 모양을 잡았다. / 제작 이광수

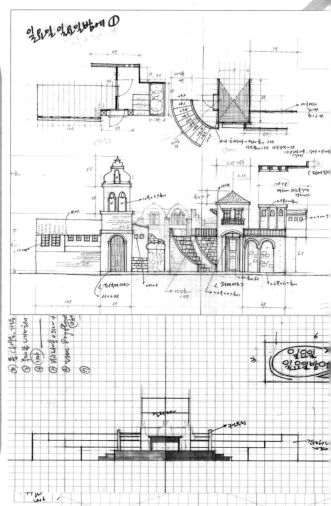

산토리니의 작은 마을에 하얀 요트도 떠 있고, 그 옆 부두의 작은 공간에 MC들이 서서 진행을 하고, 하얀 집들과 대비되는 빨간 꽃과 알록달록한 지붕과 원색적인 창과 문을 표현해 보았다.

[일요일 일요일 밤에 1996년]

제작진이 가져온 콘셉트는 그리스의 도시 '산토리니'였다. 그 당시 산토리니에 가보지도 못했던 필자로서는 그 아름다운 풍광에 대한 자료 사진만을 참조하여 스튜디오 세트를 구상하였는데, 무엇보다도 고민스러운 것은 태양 빛을 고스란히 받는 하얀 집들의 모습을 무엇으로 만들어서 재현해 낼 수 있을까 하는 것이었다. 결국 스튜디오 세트 전부를 스티로폼 조각을 이용하여 입체적으로 제작해 보겠다는 야심 찬 계획으로 디자인을 하였다. 당시에는 생각하기 쉽지 않은 발상이었다.

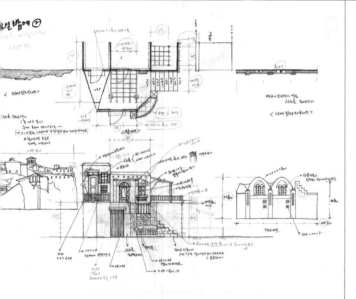

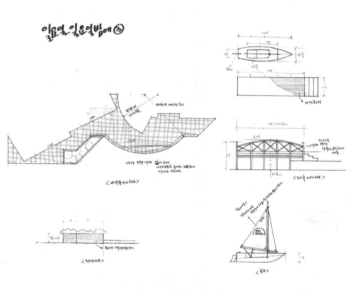

김용만 이경규 김국진

쇼방차

스튜디오에는 거대한 산토리니의 마을이 세워졌고, 전체 샷에서는 그럴듯한 그림이 만들어졌으나 각 MC들의 *바스트 샷(Bust Shot)이나 *클로즈 샷(Close Shot)에서는 백 세트가 너무 밋밋하게 나오는 단점을 보완하기 위해서 MC 샷이 나오는 부분의 위치에 소품이나 꽃 장식 등으로 보완을 하였다.

* 카메라로 인물을 촬영 시 피사체를 앵글에 넣는 범위를 뜻한다. 롱 샷(Long Shot), 풀 샷(Full Shot), 니 샷(Knee Shot), 타이트 샷(Tight Shot), 웨이스트 샷(Waist Shot), 바스트 샷(Bust Shot), 클로즈 샷(Close Shot) 등이 있다.

이 세트는 매주 녹화 때마다 설치와 철거를 하는 프로그램이어서 약해서 잘 부서지는 스티로폼이라는 재료의 단점을 보완해야 했으므로 매시(그물) 망을 입히고 FRP(폴리에스터 수지에 섬유 등의 강화재로 혼합한 플라스틱)로 코팅을 하는 등 스티로폼의 단점을 보완하는 데 많은 노력을 기울였다.

[일요일 일요일 밤에 한판 승부 1996년]

'일밤'은 2~3개의 작은 코너로 이루어져 있는 프로그램으로, 대개 사전 작업을 통해서 만든 콘텐츠를 스튜디오에서 다시 보면서 진행을 하는 형식으로 제작되었지만 어떤 경우에는 스튜디오에 세트를 설치하고 직접 녹화를 하기도 했다.

'일밤'의 한판 승부는 경기장의 한 부분을 스튜디오에 세우고 진행했던 코너였다.

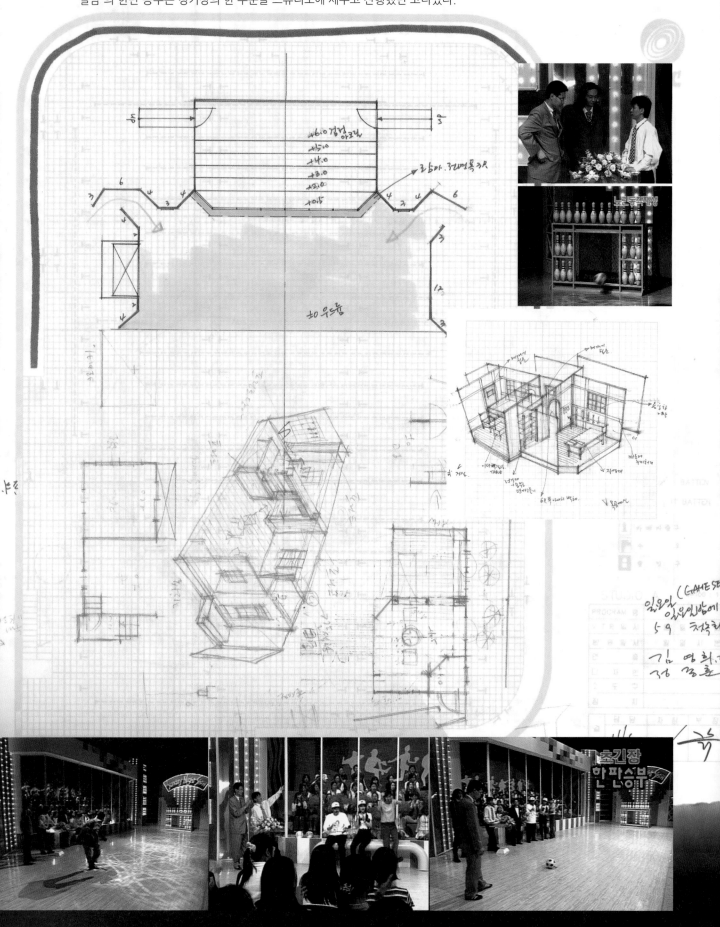

국민과 함께하는
일요일일요일밤에

[국민과 함께하는 일요일 일요일 밤에 2000년]

'국민과 함께하는'이라는 타이틀을 달고 당시 인기 절정의 개그맨 서세원 씨를 MC로 발탁하여 새롭게 단장한 프로그램이다. 서세원 씨의 캐릭터 풍선 인형과 몇 개의 소형 풍선 인형, 그리고 문자형 이모티콘(^^, ^m^)을 활용하여 세트 벽체를 만들었으며, 실물 자전거를 세트에 부착하는 등 새로운 방법을 도입해 보았다.

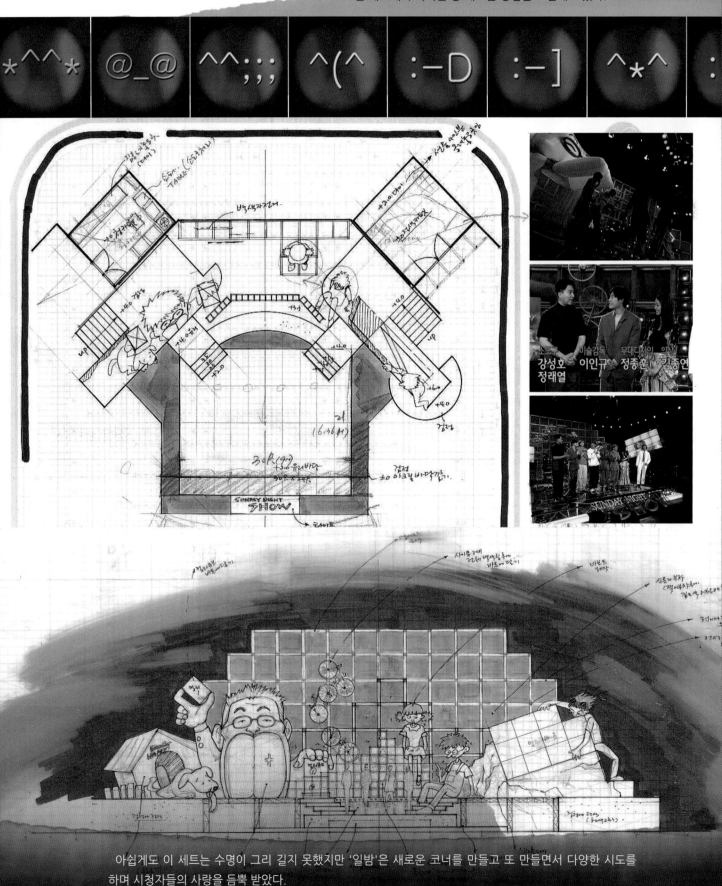

강성호 정래열   이인규   정종훈   김종연

아쉽게도 이 세트는 수명이 그리 길지 못했지만 '일밤'은 새로운 코너를 만들고 또 만들면서 다양한 시도를 하며 시청자들의 사랑을 듬뿍 받았다.

:-i <^0^>

SUNDAY NIGHT

[일밤 '매트릭스' 코너]

　지금은 기억도 희미하지만 '매트릭스'라는 일밤의 코너가 있었다. 이는 스튜디오에 세트를 설치하고 게임을 하는 형식의 프로그램이었는데, 목재를 이용해서 첨단 느낌의 공간을 만들어내는 것이 쉬운 일이 아니라는 것을 느꼈던 작업이었다. 다만 이 세트가 아날로그적으로 게임이 가능한 공간을 일정한 장소에 설치하고 즐길 수 있게 한, 놀이 공간으로의 좋은 일례를 보여주는 흥미로운 점이 있어 소개해 본다.

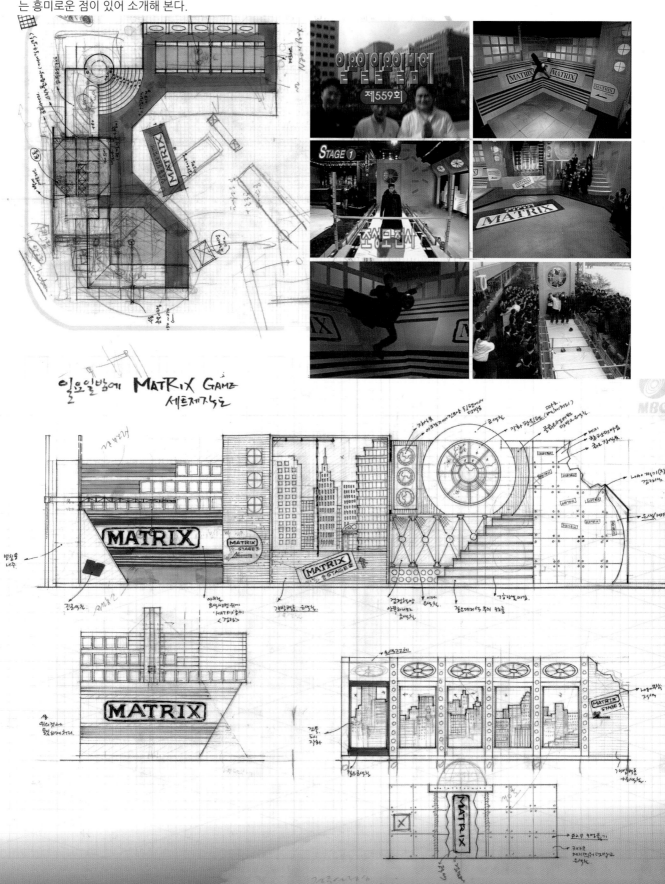

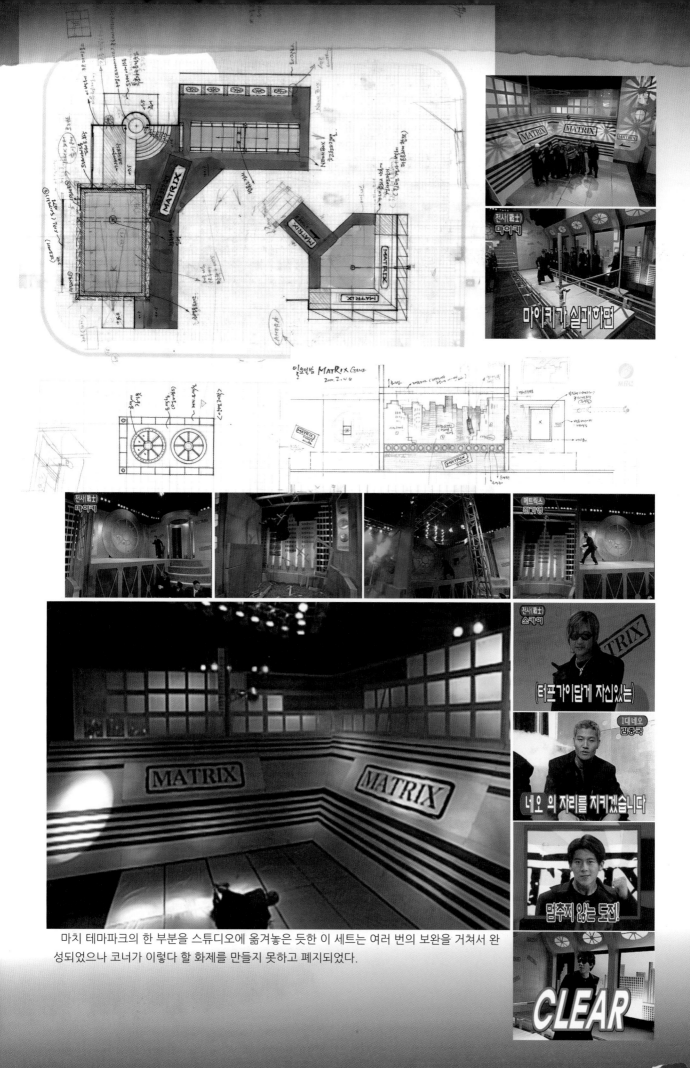

마치 테마파크의 한 부분을 스튜디오에 옮겨놓은 듯한 이 세트는 여러 번의 보완을 거쳐서 완성되었으나 코너가 이렇다 할 화제를 만들지 못하고 폐지되었다.

예능프로그램의 영원한주제! 퀴즈프로그램!

제목에서 얘기했듯이 퀴즈 프로그램은 동서고금을 막론하고 예능 프로그램의 기본적인 아이템이다. 공영방송에서 제공하는 유익함과 문제를 풀어나가면서 느끼는 긴장감, 그리고 문제를 맞히면서 느끼는 쾌감 등을 동시에 가진 콘텐츠의 매력이 아닌가 생각한다. 그러므로 오래전부터 다양한 방법으로 지적 호기심을 풀어주고 그것을 자극하는 형식의 예능 프로그램이 만들어져오고 있었다. 필자가 작업했던 이 챕터의 퀴즈 프로그램 이야기는 정통 퀴즈 프로그램이라고 할 만한 것들에 대한 이야기이다.

[추석 특집 생방송 퀴즈가 좋다 1999년 10월]

생방송 '퀴즈가 좋다'는 '장학퀴즈'와 '퀴즈 아카데미'를 만든 MBC가 퀴즈 프로그램을 잠시 쉬다가 생방송으로 기획되어 새롭게 선보이는 퀴즈 프로그램이었다. 퀴즈 프로그램을 생방송으로 진행한다는 것은 그리 쉬운 것은 아니다. 프로그램의 진행 과정에서 돌출변수가 생길 여지가 있고 사고의 요소가 많이 있기 때문이다. 필자는 '장학퀴즈'와 '퀴즈 아카데미'를 작업해 볼 기회를 얻지 못하고 내심 퀴즈 프로그램 설계를 해보고 싶었는데 1999년 추석 특집부터 퀴즈 프로그램의 디자인을 하게 되었다.

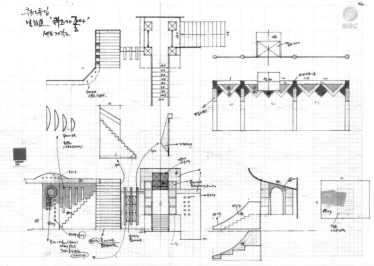

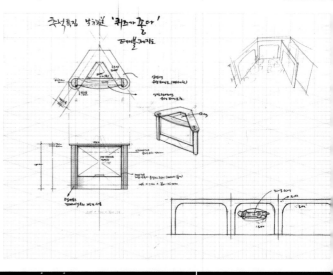

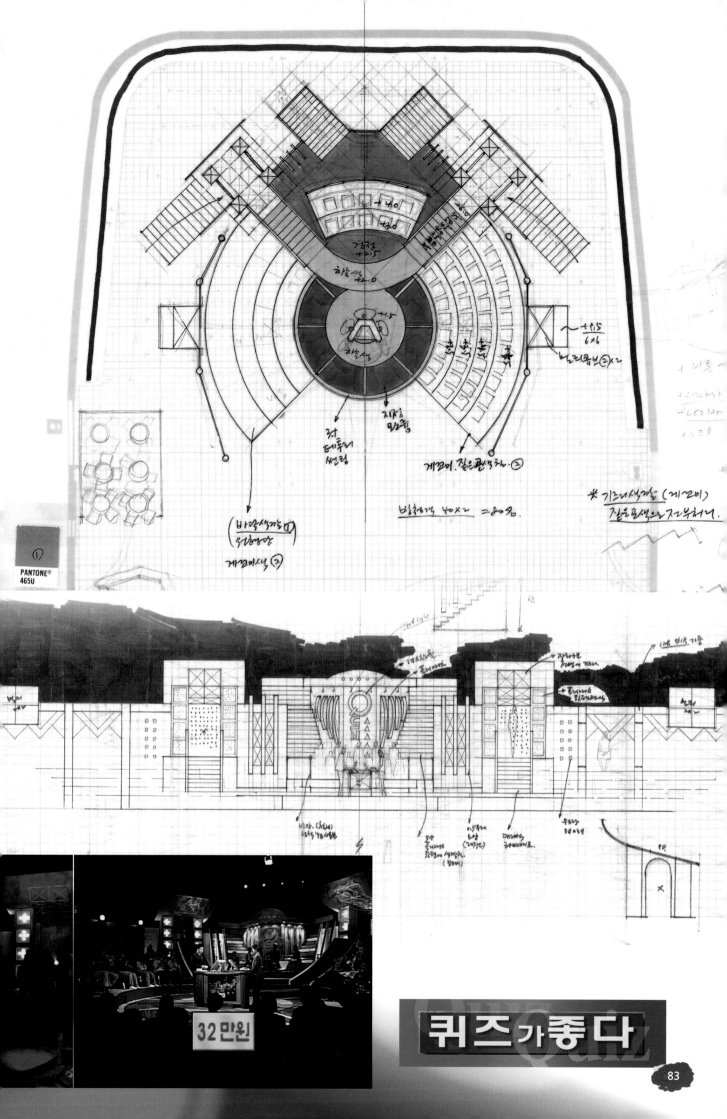

32만원

퀴즈가좋다

[창사 특집 생방송 퀴즈가 좋다 1999년 12월 세트 개편]

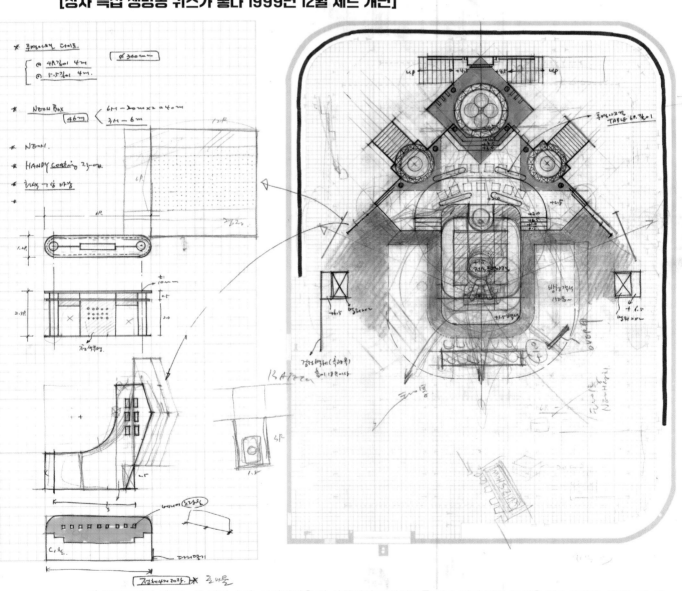

이 프로그램의 세트는 두 번의 수정, 보완작업을 한 상황에서도 완성도를 더 높이기 위한 모색을 계속하였다. 무엇보다 사회자와 출연자가 마주 보면서 문제를 풀어나가는 형식에서 다양한 샷이 만들어질 수 있도록 평면을 구현하는 데 고심을 한 기억이 새롭다. 방청객들이 무대를 3면으로 둘러싸며 배치되고 중앙에는 문제를 출제하는 진행자와 문제를 푸는 출연자가 위치하고 정면 뒤쪽에는 출연자들 전체가 앉아서 대기하는 자리를 배치하여 전체적으로 긴장감을 높이는 설정으로 디자인하였다.

당시만 해도 시청자들에게 익숙하지 않던 상금을 주는 프로그램인데다 생방송으로 퀴즈의 정답을 묻는 시청자 ARS나 전화 찬스를 사용하는 등 생방송 프로그램의 장점을 활용한 아이디어가 돋보이는 프로그램이었다.

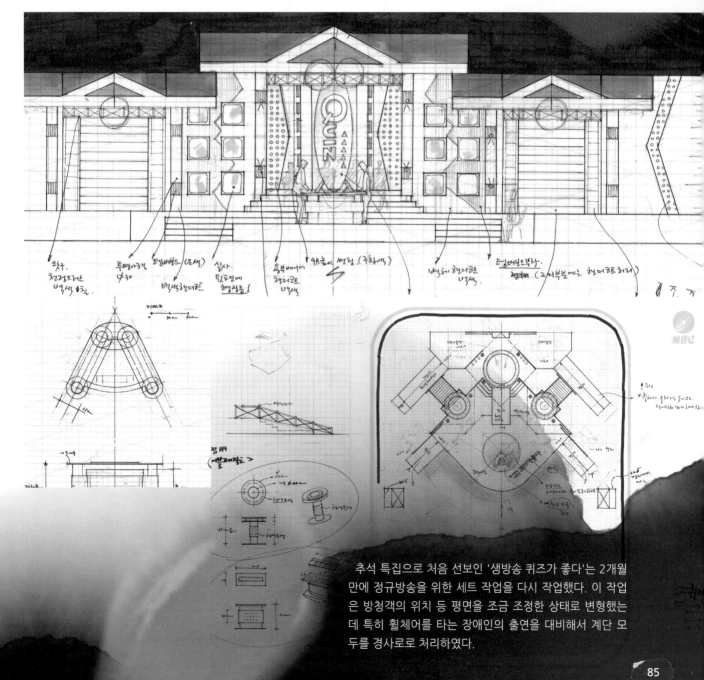

추석 특집으로 처음 선보인 '생방송 퀴즈가 좋다'는 2개월 만에 정규방송을 위한 세트 작업을 다시 작업했다. 이 작업은 방청객의 위치 등 평면을 조금 조정한 상태로 변형했는데 특히 휠체어를 타는 장애인의 출연을 대비해서 계단 모두를 경사로로 처리하였다.

이 프로그램의 타이틀은 필자가 평소처럼 도면에 자유롭게 적어 넣은 프로그램명인데 제작진에서 이 글씨를 이용해서 타이틀로 활용하였다. 이 글씨가 필자의 처음이자 마지막인 프로그램 타이틀 로고 디자인이 된 셈이다.

[생방송 퀴즈가 좋다 2000년 5월]

1999년에서 세기를 건너 2000년까지 계속되던 '생방송 퀴즈가 좋다'는 5월쯤에 새로운 제작진으로 교체되고 나서 다시 한 번 도약을 꿈꾼다. 필자는 이때까지 계속 담당 디자이너로 이 프로그램과 함께하고 있었는데 뭔가 획기적인 '새로움'에 대한 고민을 늘 하고 있던 참이었다. 당시만 해도 무대에서 사용되는 구조물들의 기본적인 렌털 개념도 없었지만 그럴 요소들도 별로 없어서 입체적이고 구조적인 세트를 만드는 것이 그리 쉬운 일도 아니었던 때라 필자의 이런 디자인 도전은 참 무모하기도 하였던 듯하다.

이 당시 세계적으로 꽤 유명했던 'Who Wants To Be a Millionaire?'라는 퀴즈 프로그램이 있었는데 당시만 해도 세트 디자이너로서 본 이 프로그램의 세트는 참 놀라웠다. 어차피 세트를 디자인하는 일은 세트를 제작하고 설치하는 것이 가능한 것인지에 대한 판단을 전제로 디자인을 하게 되는데 이 프로그램에서 보는 요소들은 우리나라에서는 가능해 보이지 않은 것들이었기 때문이다. 하지만 제작진과 시청자의 눈높이는 이 세트만큼이나 올라가 있으니 세트를 설계해야 하는 디자이너로서는 참 당황스러운 일이 아닐 수 없었다. 하지만 가능한 한 최대한 그것을 따라 잡기 위한 노력을 기울이는 것이 당연하고, 그러다 보면 조금은 따라갈 수 있는 아이디어가 나오기도 했다.

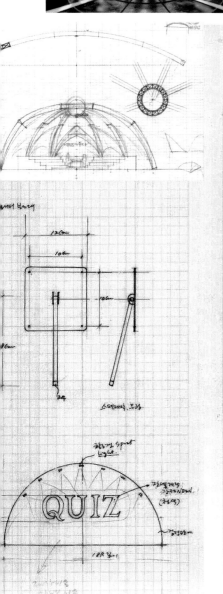

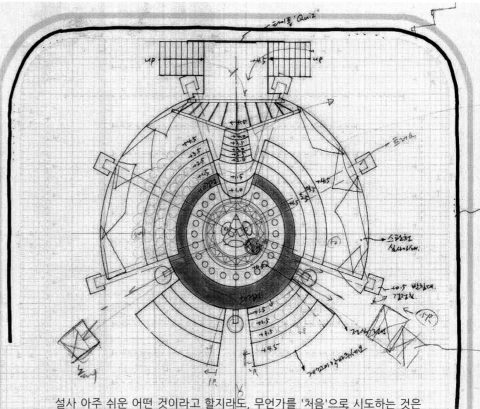

설사 아주 쉬운 어떤 것이라고 할지라도, 무언가를 '처음'으로 시도하는 것은 늘 많은 어려움이 따르기 마련이다. 필자는 여태껏 해오던 '목공으로 세트를 제작하는 방식'을 과감하게 버리고 트러스를 활용한 아치 형태의 세트를 구상하였다. 그것은 일정한 규격의 직선형 트러스를 조금씩 아치형으로 연결하여 다리를 만들고 그 다리를 중앙에 집중해서 리깅(Rigging: 천장이나 구조물에 달아서 설치하는 방법) 함으로써 반구(아치) 형태의 구조물을 만들었던 것이다. 또 무대 바닥을 유리로 깔고 중앙에 작은 삼각형의 테이블을 설정해 중앙에 집중되는 아주 긴장감 넘치는 퀴즈 프로그램의 환경을 만들어 보았다. / 트러스 배규식

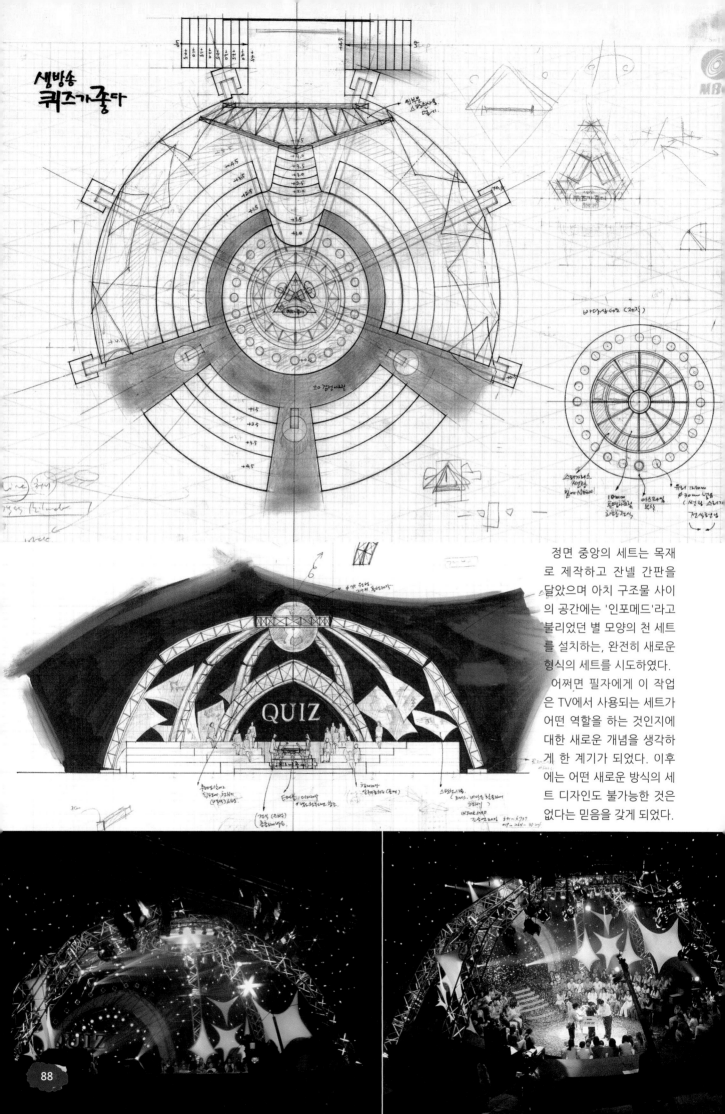

정면 중앙의 세트는 목재로 제작하고 잔넬 간판을 달았으며 아치 구조물 사이의 공간에는 '인포메드'라고 불리었던 별 모양의 천 세트를 설치하는, 완전히 새로운 형식의 세트를 시도하였다. 어쩌면 필자에게 이 작업은 TV에서 사용되는 세트가 어떤 역할을 하는 것인지에 대한 새로운 개념을 생각하게 한 계기가 되었다. 이후에는 어떤 새로운 방식의 세트 디자인도 불가능한 것은 없다는 믿음을 갖게 되었다.

[퀴즈가 좋다 2003년 6월 1일 세트 개편 첫 생방송]

돔(Dome) 세트가 2년 이상 사용되었고, 새로운 느낌으로의 전환
이 필요하다는 생각이 무르익고 있을 즈음에 제작진과 새로운 세트
에 대한 논의를 시작했다. 꽤 오랜 기간을 퀴즈 세트를 설계해서인
지 뾰족한 아이디어가 나오지 않아서 밥 먹을 때나 잠들 때나 새로
운 세트 생각만 하고 살았다.

그러던 중, 우연히 중국집에서 점심을 먹다가 단무지 그릇을 보고 그릇 모양의 방청석을 만들어 보면 어떨까 하는 생각으로
콘셉트를 잡고 디자인을 시작하였다.

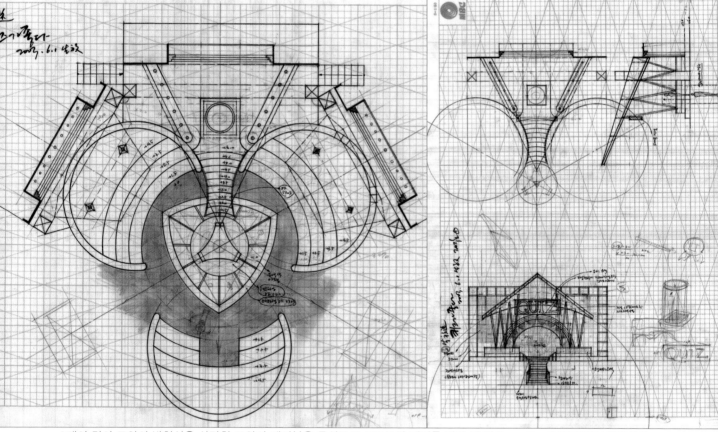

3개의 접시 모양의 방청석을 삼각형 모양의 테이블을 중심으로 120도씩 배치를 하고 펌 업(Pump Up: 음악공연에서 깜짝 등장
을 위해서 사용하는 장비)을 이용해서 등장을 하는 것으로 설정해 보았다.

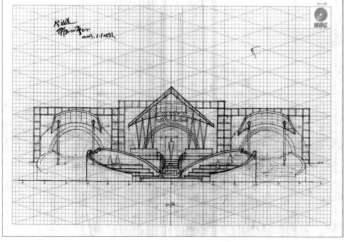

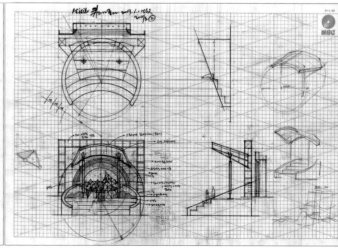

이 세트는 웅장한 건축물 앞에 있는 작은 광장에 사람들이 모여서 서로 지혜 대결을 하는 모습의 콘셉트를 생각하면서 설계한 세트인데 그 느낌이 충분히 표현되었는지는 시청자들만이 판단하게 될 것이다.

이 세트는 영화 '위대한 유산'에서 김선아 씨가 출연한 장면을 촬영하였는데, 세트의 전체 모습이 아주 많이 나왔던 그 장면을 싣는다.

[퀴즈가 좋다2 2004년 5월 9일 첫 생방송]

'퀴즈가 좋다'의 새로운 버전으로 선보인 '퀴즈가 좋다2'를 디자인할 때는 그동안의 경험을 살려 아담하고 함축적인 느낌을 주는 세트를 만들어 보려고 노력했다.

MC가 중앙에서 진행을 하고 좌·우측에 각각 1명의 출연자들이 나와서 대결을 하는 구도였는데, 출연자들의 뒤와 전면에 방청석을 배치했다.

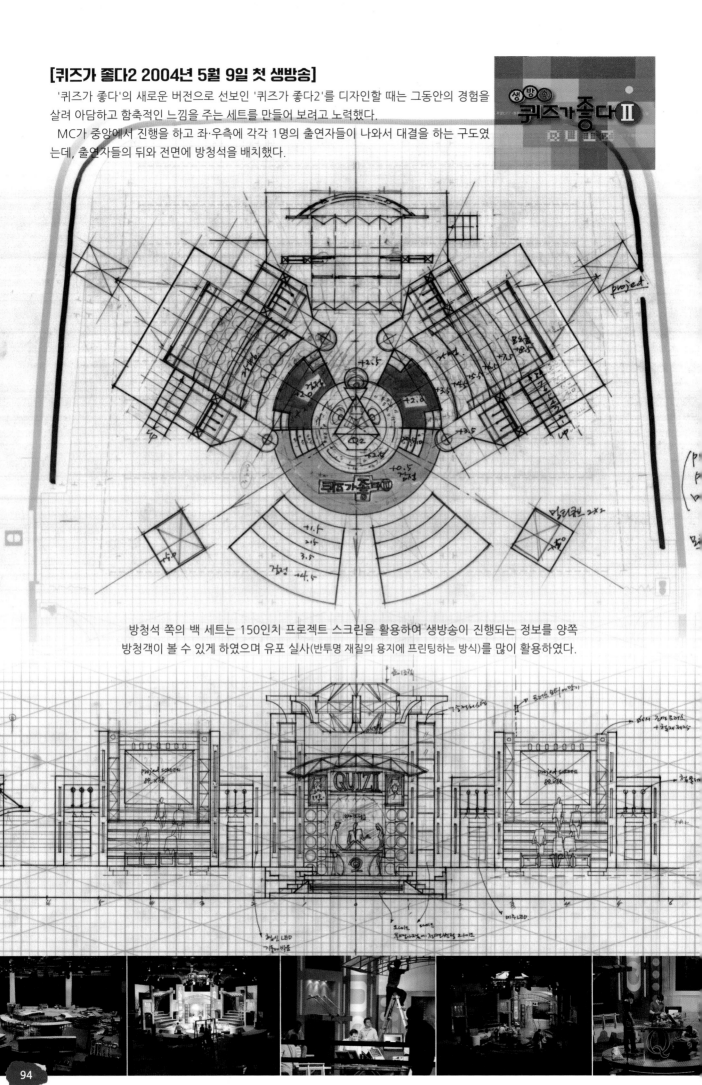

방청석 쪽의 백 세트는 150인치 프로젝트 스크린을 활용하여 생방송이 진행되는 정보를 양쪽 방청객이 볼 수 있게 하였으며 유포 실사(반투명 재질의 용지에 프린팅하는 방식)를 많이 활용하였다.

바로 당신이
33번째 퀴즈의 달인 입니다

[퀴즈의 힘 2005년]

'퀴즈의 힘'은 고등학교 졸업 7년 차 이상의 고교 동기 또는 동문 선후배 7명이 한 팀이 되어 무제한 승에 도전하는 신개념 퀴즈 프로그램이었는데 아쉽게도 오래 방송되진 못하였다. 필자는 철재와 전식(전기 장식)을 활용한 심플하고 메탈 느낌이 나는 세트로 설계하였다.

미니어처를 제작해서 세트 전체의 모양이나 카메라의 운용에 관한 사항을 체크한다.(이때까지만 해도 3D 프로그램을 활용한 모델링 작업을 하지 않고 있었다.)

가능한 한 목재 세트에서 주는 묵직한 무게감보다는 철재와 아크릴 등을 활용한 라인 형태로 산뜻하고 조화롭게 세트를 구성했다. 출연자들의 정해진 샷에 대응할 수 있는 형태로 평면을 설계하였다.

퀴즈의 힘
【평면도】 SCALE : 1 / 100

[철재 제작 상세도] SCALE : 1 / 50

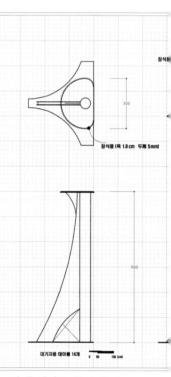

정면 중앙에는 200인치 프로젝터를 활용한 스크린을 설치했다. 투명 아크릴에 투명 실사를 이용하여 세트가 화면상에서 너무 튀지 않고 공간 속에 녹아들어 갈 수 있게 해보려고 시도했다.

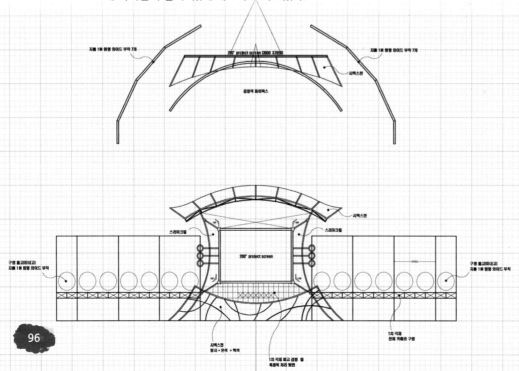

이 중에서도 특히 중점을 준 것은 출연자들의 테이블과 천장에 설치된 조형물이었다. 테이블은 투명한 느낌과 선착(퀴즈 프로그램에서 사용되는 먼저 누르는 사람의 버튼이 울리는 기능을 가진 장치)을 표시하는 라이팅 장치를 삽입하였다. 또한 천장의 구조물에는 LCD 모니터 여러 대를 활용하여 첨단적인 느낌의 공간을 연출해 보았다.

첫 녹화를 하는 스튜디오의 아침은 늘 바쁘다. 그동안 면밀하게 준비해 놓은 것들을 한번에 조합해서 좋은 그림을 만들어 내야 하는 미션은 제작진과 스태프 모두에게 극도의 긴장감을 심어 준다.

미술 스태프인 필자 역시 녹화에 필요하다고 생각해서 준비한 것들의 설치가 잘 되었는지, 카메라에 잡힐 부분의 세트가 부실한 곳이 없는지, 세세하게 체크하였다. 퀴즈의 힘은 7명이 한 팀이 되어 라운드별로 문제를 푸는 형식의 프로그램이므로 꽤 복잡한 세트 전환 작업을 해서 녹화를 하게 되는 상황이었다.

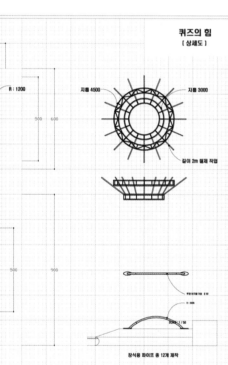

퀴즈의 힘
[상세도]

그동안 가족힘을 사랑해주신
시청자 여러분들께 감사드립니다

구성 김아정 진영주 임진실　무대디자인 정종훈　장치 이봉수　연출 승우　연출 박석원

[최강 연승 퀴즈쇼 Q 2012년]

2012년에 다시 퀴즈 프로그램을 하게 되었다. 이번에는 MBC의 '일요일 일요일 밤에'의 한 코너로 진행되었던 '노브레인 서바이벌'이라는 프로그램록 형식을 빌려 10명이 한 팀을 이루고 10개 팀으로 단체 대결을 한 후에 개인전 대상을 선발하고, 다음 라운드를 진행해 가는 형식이었다. 노브레인 서바이벌은 주 화면이 문제를 푸는 출연자와 영상이 합쳐진 하나의 화면이고 그곳에 MC의 모습과 풀어야 할 문제를 번갈아 동시에 보여주는 구조의 세트였다.

세트의 구조는 복잡하지 않지만 스케일은 훨씬 커서 10명씩 10개의 팀, 즉 100명의 출연자가 한 화면에 들어와야 하는 세트를 설계해야 했다. 2012년 8월 12일에 녹화 예정인 이 프로그램의 최초 의뢰일은 7월 18일이었다. 20일이 남은 상황에서 필자는 매일 제작진과 협의를 하며 디자인을 진행하였고, 천신만고 끝에 8월 1일에 제작 설명을 할 수 있었다.

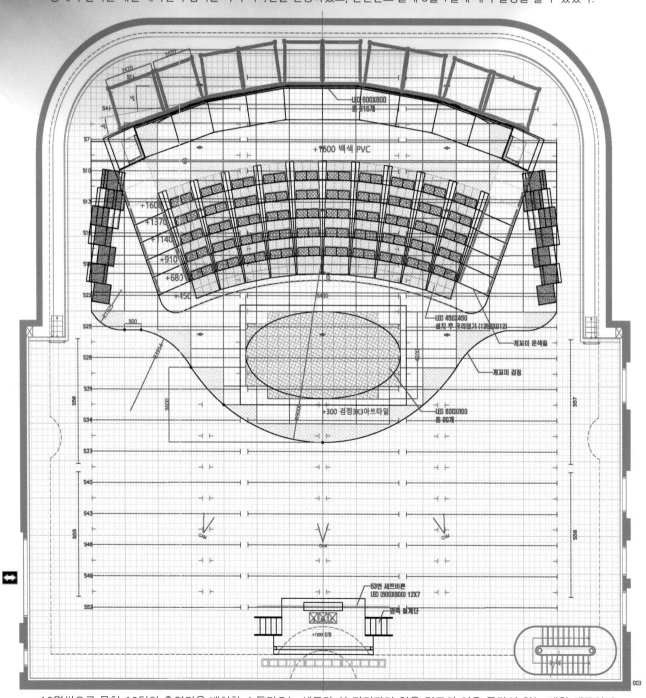

10명씩으로 뭉친 10팀의 출연진을 배치한 스튜디오는 세트가 설 자리마저 없을 정도의 여유 공간이 없는 대형 세트였다. 출제하는 진행자들의 자리가 맞은편에 마련되어 있는데, 이 단의 높이는 카메라로 시야가 걸리지 않도록 높게 설치하였다.

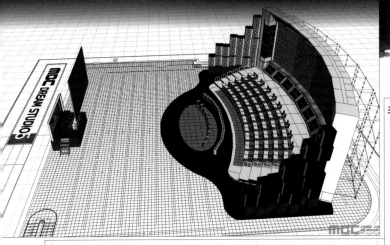

최강 연승 퀴즈쇼 Q 좌우세트 배치도

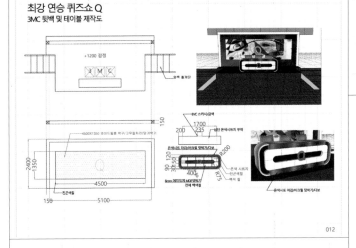

* 정면 그림에서 볼 때 높낮이 있게 설치합니다
* LED 설치에 문제 없도록 받침대 설치 할 것

최강 연승 퀴즈쇼 Q
3MC 뒷백 및 테이블 제작도

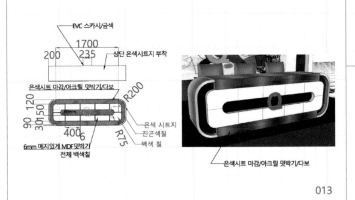

테이블 상세 제작도

013

최강 연승 퀴즈쇼 Q

양쪽 대칭세트 (좌측) / 총 20개   양쪽 대칭세트 (우측) / 총 20개

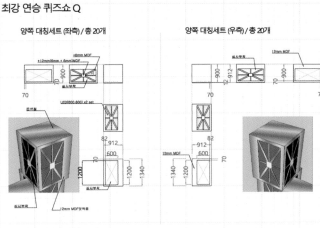

008

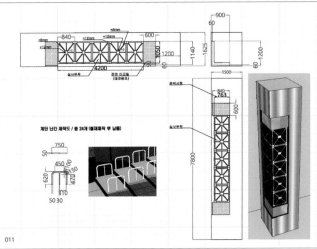

계단 난간 제작도 / 총 24개 [철재제작 후 납품]

011

[10인용 테이블 제작도]
* 전체 10개 제작합니다 / 철재 제작 후 납품
* 전면에 23인치 모니터를 세로로 부착합니다

[10인대결시 뒷가리게 세트제작도]
* 1800mm (3개 연결)/전체 6개 제작합니다

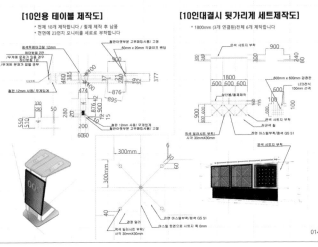

014

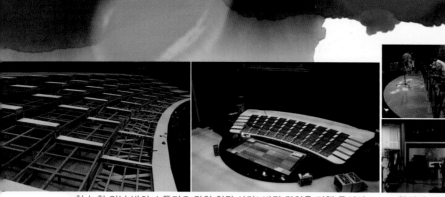

▲첫 녹화 전날 밤의 스튜디오 작업 현장 사진! 바닥 작업을 진행 중이다.

▲화면에 보이는 사람들도 백여 명이지만 화면에 보이지 않은 스태프도 백여 명이 움직이고 있다. 수많은 출연자들을 무리 없이 카메라에 담기 위해서는 철저한 계획과 순발력 있는 대응만이 답이다.

2012년 8월 19일 두 번째 수정, 녹화

자주 있는 일이긴 하지만, 첫 녹화를 진행하고 나서 세트의 수정과 보완작업을 하였다. 그런데 예상보다 수정을 많이 해야 했다. 10팀의 진행이 여러 가지로 어려운 점이 많아서 8팀으로 줄여야 했기 때문이다.

첫 녹화를 한 지 딱 일주일 만에 두 번째 녹화를 위한 수정 디자인을 급하게 진행하였고, 야간작업까지 해야 했다. 이 스케치업 그림을 몇 번이나 수정했는지 모른다.

다시 수정이다! 2012년 10월 7일 세 번째 녹화

2012년 10월 7일의 녹화부터 다시 8개 팀에서 6개 팀으로 출연진을 바꾸어서 녹화를 해야 하는 상황으로 프로그램이 또 수정되었다. 이 프로그램은 생각보다 수정이 많이 나왔고 프로그램이 안정을 찾을 때까지 보이지 않는 업그레이드 작업을 계속하였다.

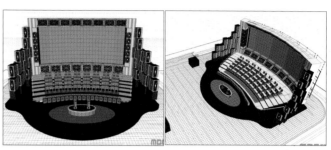

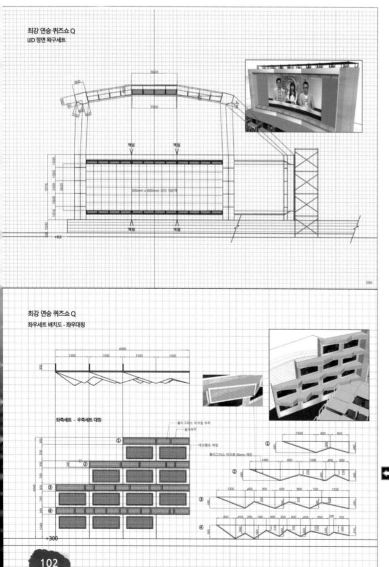

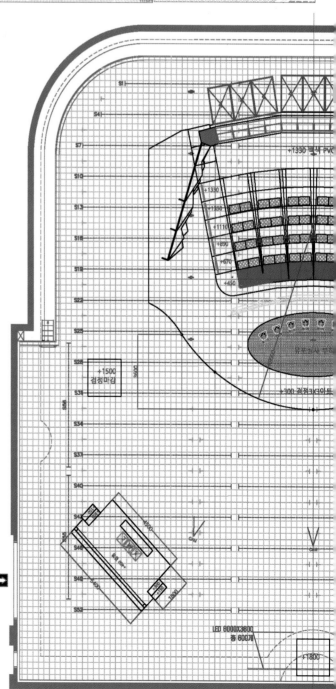

▲세트가 세워지고 아침이 오면 조명 스태프를 비롯한 기술 스태프들은 더 분주해진다. 출연진들의 동선과 위치에 따른 조명의 설치와 카메라 운용을 위한 배치, 그리고 전기 장식의 운용 및 영상 등에 대한 준비를 면밀하게 해야 하기 때문이다.

▲필자는 이제 카메라가 잡아내는 장면들을 모니터하면서 어떤 부분을 좀 더 보완해야 할지를 체크했다. 출연자들은 퀴즈를 풀고 재밌는 이야기를 하고 있지만, 세트 디자이너는 그들의 뒤에 서 있는 세트를 응시하며 설계한 세트가 화면에 어떻게 표현되는지를 열심히 체크한다.

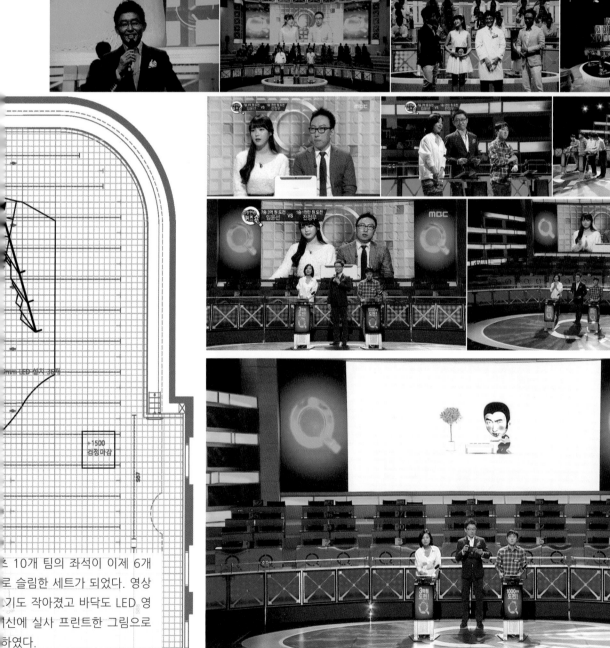

mm LED 설치 공간

+1500
검정마감

S57

즈 10개 팀의 좌석이 이제 6개
로 슬림한 세트가 되었다. 영상
기도 작아졌고 바닥도 LED 영
신에 실사 프린트한 그림으로
하였다.

001

2012년 12월 28일 20회를 끝으로 종영된 '최강 연승 퀴즈 Q'는 비록 장수하는 프로그램으로 남지는 못했지만 세트 디자인을 담당하는 필자의 입장에서는 참 많은 공부를 하게 하는 작업이었고, 여러 가지 시도를 해본 프로그램이었다.

[느낌표]

재미와 감동과 시청률!
세 마리 토끼를 잡아라!

'느낌표'라는 프로그램이 온 국민들에게 위로와 감동을 주는 시절이 있었다. 필자도 이 프로그램의 꽤 많은 부분의 작업을 같이했는데 '남북 어린이 알아맞히기 경연', '운동이 운명을 바꾼다', '찰칵찰칵', '눈을 떠요!', ' 위대한 유산 74434', '아자아자' 등의 코너들이 방송되었던 '느낌표'와 '느낌표 2'의 세트 디자인과 미술감독, 진행을 담당했다.

'느낌표'는 TV 프로그램으로는 특이하게도 재미와 감동과 시청률의 세 마리의 토끼를 동시에 잡은 프로그램으로 아직도 많은 분들께 기억되고 있다. 하지만 다시 생각해보니 거기에 '공익'을 더해서 네 마리의 토끼를 한꺼번에 잡은 프로그램이라고 해야 맞는 듯하다.

마치 남북의 어린이들이 같은 장소에서 북한에서 낸 문제를 푸는 듯한 연출을 한 이 프로그램은 시청자들께 남과 북의 서로 다른 문화에 대한 이해와 통일의 필요성을 전하는데 한몫하였다고 생각된다.

[남북 어린이 알아맞히기 경연 2004년]

작업했던 느낌표의 코너 중에서도 '남북 어린이 알아맞히기'가(후에 '남북 청소년 알아맞히기'로 업그레이드되어 계속되었다) 기억에 남는다. 이 프로그램 세트의 기본 콘셉트는 북한 프로그램의 세트를 여의도 MBC 스튜디오에 똑같이 재현해서 설치하고 화면 합성을 통해서 남북 어린이가 동시에 퀴즈 경연을 하는 것처럼 만드는 것이다.

이 프로그램은 뭐든 새롭고 디자인적인 것을 위한 작업을 하고 싶어 했던 필자에게도 색다른 느낌을 주는 흥미로운 작업이었다. 왜냐하면 일부러 약간 어설픈 세트를 만들어야 하기 때문이었다. 영화나 드라마의 미장센에서 낡거나 오래된 느낌을 내는 작업은 많이 행해지기 때문에 그것이 어느 정도 패턴이 되어있다면 이런 퀴즈 프로그램에서, 그것도 북한이라는 곳에서 만들어서 방송된 세트의 영상만을 보고서 비슷한 느낌의 세트를 재현한다는 것은 그리 쉽지 않은 일이었다. 오래전에 녹화된 예능 프로그램의 느낌을 지금 재현해야 한다는 것과 비슷한 상황이었던 것이다.

▲느낌표 '남북 어린이 알아맞히기' 1회 방송 오프닝 장면　　▲MBC 여의도 사옥 남측 출입구에 세워진 느낌표 '남북 어린이 알아맞히기' 오프닝 세트

북한 프로그램의 영상을 분석해 본 결과 이 스튜디오는 퀴즈 프로그램을 위해서 따로 설치된 세트는 테이블과 바닥의 단 정도였고, 나머지 부분은 원래 그 스튜디오에서 기본으로 구성되어 있는 것들인 것으로 분석하였다. 이 세트의 중요한 세 가지 요소는 좌·우측에 보이는 높은 기둥형의 커튼과 보라색의 호라이존 조명, 그리고 무대 단 뒤쪽에 만들어진 화단 모양의 세트였다. 필자는 그것을 재현했고, 기술진들은 스튜디오의 영상과 북한 영상을 합쳐서 마치 남북의 어린이가 같은 장소에서 퀴즈를 푸는 듯한 장면을 연출했다.

녹화 당일 아침은 늘 분주하다. 더구나 북한 프로그램에서 보이는 그 장면과 똑같은 화면을 만들어 내려면 화면을 비교하면서 각각의 위치와 방향을 잡아야 하기 때문이다. 좌측 사진에서 보는 바와 같이 출연자들이 앉는 의자도 북측의 의자와 동일한 디자인으로 제작하였고 테이블 앞에 부착된 로고는 느낌표의 로고를 부조형 조각으로 제작해서 사용하였다.

스튜디오에서 찍은 화면을 북한 프로그램의 세트와 연결하는 작업을 부조정실에서 하는 과정이다. 이 화면을 결합하여 최종적인 결과물을 만들어 낸다.

MBC 매직 스튜디오의 크로마키를 활용한 이 방법은 추후 프로그램에서도 소개하게 된다.

'남북 어린이 알아맞히기 경연'은 한층 더 업그레이드되어 '남북 청소년 알아맞히기 경연'으로 재탄생 되었다. 이 작업은 우선 그전의 어린이 경연과는 다르게 남과 북의 스튜디오를 같게 만드는 것이 아니고 다르게 설정하는 콘셉트였다. 이런 의도를 살리기 위해 백두산의 장관을 세트에 표현하여 넣는 것으로 제작진과 협의를 하였다. 하지만 백두산의 그 광활한 모습을 스튜디오에 재현하기에는 시간과 공간 비용 등 현실적인 제약이 너무 많음으로 백두산 전경의 대형 액자가 걸려있는 모양의 세트를 구상하였다.

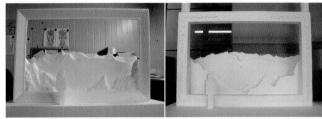

▲스튜디오에 세워질 대형 백두산 액자 세트를 미니어처로 간단하게 만들어 보았다. / 제작 박성규

[남북 청소년 알아맞히기 경연 2005년]

▲스튜디오의 세트는 어느 정도 완성되었고 세부적인 조명 작업이 진행되고 있다.

▲진행자와 제작진이 오늘의 녹화에 대한 협의를 하며 리허설을 하고 있다.

점검과 준비 끝에 12명의 중학생이 출연하여 북한식 퀴즈를 풀어보며 통일을 염원하는 프로그램 '느낌표 남북청소년 알아맞히기'를 녹화 진행하고 있다.

세·계·최·초
기적의 메디컬 프로젝트
눈을 떠요!

각막 이식을 통한 시력 회복을 장려하기 위한 느낌표의 프로젝트로 참 많은 감동을 안겨준 '눈을 떠요!'는 대부분의 내용이 야외 촬영으로 이루어져서 세트 디자이너의 역할은 그리 많지 않은 프로그램이었다. 필자는 오히려 이 프로그램을 열렬하게 응원하는 시청자로서 진한 감동을 받았다.

[눈을 떠요! 2005년]

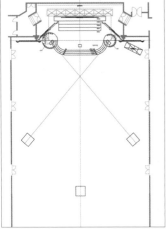

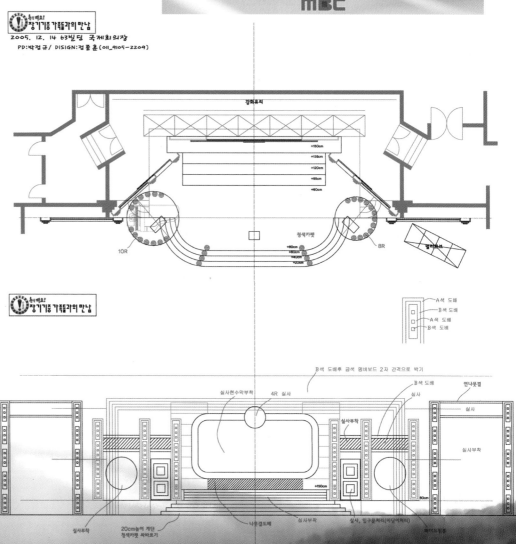

느낌표 '눈을 떠요!'의 대미를 장식한 행사에 출연하신 분들은 장기기증자의 유가족과 느낌표에서 각막을 받아서 눈을 뜬 주인공들이었다.

이 행사는 장기기증 문화를 만들자는 의미와 장기를 기증해 주신 데에 대한 감사의 표시로 개최되었다. 63컨벤션센터에서 열린 이 행사는 느낌표 '눈을 떠요!'의 최종편으로 방송되었다.

많은 감동을 선사해 준 느낌표 '눈을 떠요!'는 스튜디오나 세트의 촬영이 별로 없는 형식의 프로그램이었지만 강남성심병원의 예쁜 정원은 필자의 디자인으로 세트화하여 새롭게 단장한 곳이었다. / 조경 조창기

이 프로젝트는 필자를 비롯한 많은 사람들에게 'TV'라는 공공재가 이렇게 좋은 것으로 활용될 수 있다는 좋은 선례를 남겨준 것 같다. 지난 방송을 다시 보니 다시 눈시울이 붉어진다.

전 국민적 모금을 통해서 김시민 장군의 공신 교서를 찾아
온 '위대한 유산 74434'는 성금을 보내주신 모든 분들의 이
름을 대형 플래카드로 제작해서 여의도 MBC 사옥 건물 외벽
에 설치해 감사의 마음을 전달하기 위한 녹화로 진행하였다.

[위대한 유산 74434 2005년]

느낌표 '위대한 유산 74434'는 해외에 유실된 우리 문화재를 찾는 캠페인성 프로그램이었다.

이 프로그램은 스튜디오에 세트를 짓고 녹화하는 개념의 일보다는 필요한 장소에 세트를 설치하여 촬영을 진행하는 형식의 작업이 많았다. 프로그램의 취지에 따라 필자 역시 국민의 한 사람으로서 사명감을 가지고 작업에 임했던 기억이 난다.

특히 일본에 있는 조선왕조실록 47권을 찾기 위한 아이템의 방송은 국민들의 많은 관심을 일으켰으며 태극기 그리기와 성금 모금 등의 캠페인을 펼쳐 결국 93년 만에 환수하게 하는 큰 성과를 이루었다.

일본 고서적 경매에 떠돌아다니던 진주대첩의 영웅 충무공 김시민 장군 공신 교서 환수를 위한 아이템은 어린 시절을 진주에서 자랐던 필자로서는 대단히 흥미로운 주제였다. 이 교서는 전 국민이 한화 약 1억 2천만 원을 모금하여 2006년 7월 24일에 우리 품으로 돌아와 국립중앙박물관에 기증되었다.

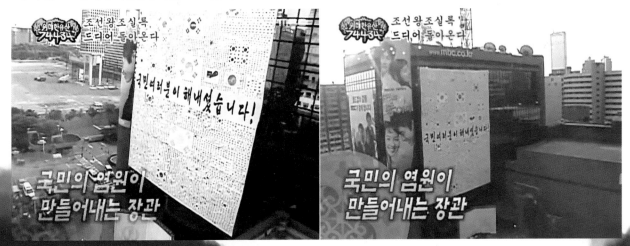

3R두께의 세로
전체4개.

+11.0

로마의 콜로세움을

　세트 디자이너로 일
하면서 콜로세움 모
양의 세트를 꽤 여러
번 디자인하고 설치했
다. 그중에 기억나는
두 개의 프로그램이 있
는데 2001년 추석 특
집 파일럿으로 제작된
'TV 콜로세움'과 '여성
100 대 100'이다.
　이 두 프로그램은 모
두 같은 연출자의 기
획으로 제작되었는데
정규 프로그램으로 편
성되었다면 미술팀이 참 애먹을 뻔한 대규모의 세트였다. 두 세트의 디자인은 모두 방청객들이 콜로세움 객석에 앉고, 그 아
래쪽 무대 중앙에서 서로 대립되는 주제를 놓고 토론자가 앉아서 진행하는 형식의 토크형 예능이었는데 필자는 당시까지 실
제로 콜로세움을 가보지도 못했던 때였고, 그 스케일에 대해서 전혀 감이 없었지만 용감무쌍하게 무작정 사진을 참고로 스튜
디오에 세울 콜로세움을 디자인했다.

스튜디오에 재현하라!

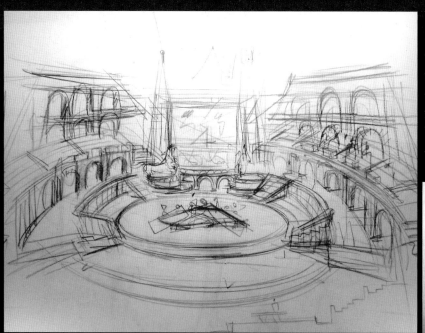

　스튜디오에 방청객 150~200명을 모셔서 앉는 공간은 콜로세움의 객석이 될 것이고 아래의 메인 무대는 출연진들이 토크를 하는 장소가 될 것이다. 스튜디오 크기의 한계가 있었지만 콜로세움이라는 웅장함을 어느 정도는 표현을 해야 하는 것이어서 가장 적절한 크기로 세트를 설정하는 것이 꽤 어려운 작업이었다.

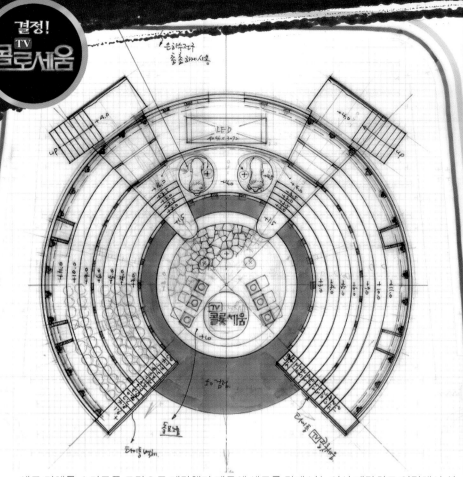

세트 전체를 스티로폼 조각으로 제작했기 때문에 세트를 작게 나누어서 제작하고 연결해서 설치해야 했다. 전체 구조가 3/4 원형으로 이루어진 구조로 되어 있어서 카메라의 운용에도 어려운 점이 있었다. 우선 출연자들의 정면을 카메라로 담기가 쉽지 않았다. 방청객들이 앉아 있는 곳에 카메라를 설치해야 하는데 그렇게 되면 카메라가 화면에 보이는 문제도 있어서 무대 중앙에 있는 카메라로 최대한 잡아내는 것으로 협의하였다. 이를 위해 테이블은 1인용으로 제작하여 약간씩 각도를 조정할 수 있게 준비하였다.

▲원형 바닥의 단은 제작장에서 유닛 형태로 조립해서 스튜디오로 가져오고 그것을 다시 하나씩 연결하는 작업을 하였는데 시간이 많이 필요한 일이었다.

리허설과 녹화 현장에서 카메라의 샷을 살펴본 결과 참 많은 곳에서 아쉬운 부분들이 보였다. 특히 카메라의 운용을 예측하는 것이 미비하여 출연진들 샷에서 보이는 세트들의 마무리가 덜된 부분이 화면에 그대로 노출되기도 하고, 풀샷(Full Shot: 세트 전체를 잡는 카메라의 화면)을 잡아내는 것도 계획이 부족한 듯하여 많은 아쉬움을 낳았다.

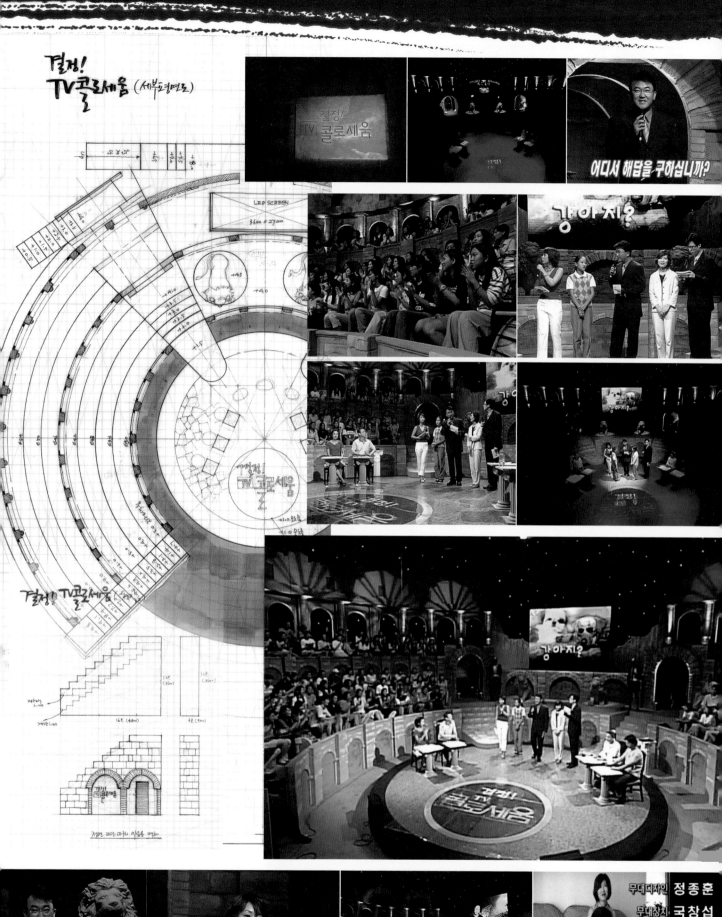

결정!
TV콜로세움 (세부평면도)

LED SCREEN
3600 × 2700

결정!
TV 콜로세움

결정! TV콜로세움

어디서 해답을 구하십니까?

강아지?

강아지?

하지만 간절한 문제!

결정!
TV콜로서움

무대디자인 정종훈
무대장치 국창섭
      이교윤
소모구 정연태
전식 이희재
컴퓨터그래픽 홍종완

2001년의 콜로세움 작업 이후에 5년 만에 다시 일산 MBC 드림센터 공개홀에 콜로세움을 본 뜬 세트를 짓는 프로그램이 기획되었다. 이번 프로그램은 여성 문제를 주제로 서로 간의 의견차를 알아보고, 해결 방법을 모색하는 예능 토크 프로그램이었다. 이 프로그램 역시 서로의 다른 생각을 주제로 '대결'한다는 개념으로 접근하여 '콜로세움'이라는 상징적인 장소의 개념을

도입해 세트의 콘셉트를 결정하였다. 이 작업은 이미 2001년에 작업해 본 경험이 있었고 무엇보다도 당시에 비하면 스튜디오의 사정이 많이 좋아진 상황에서 작업할 수 있었다.(그 사이에 일산 MBC 드림센터가 건설되었고 여의도 공개홀보다는 넓은 공개홀을 활용할 수 있게 되었기 때문이다.) 이 작업은 5년 전에 비해서 바닥이 더 넓어졌고, 여러 부분에서 조금 더 스케일이 커져서 웅장한 콜로세움의 느낌이 살아날 수 있었지만 제작의 시간적인 한계 등으로 인해 세트 벽체에 표현한 벽이나 돌의 세부적인 느낌이 의도만큼 나오지 않아서 아쉬움을 남겼다.

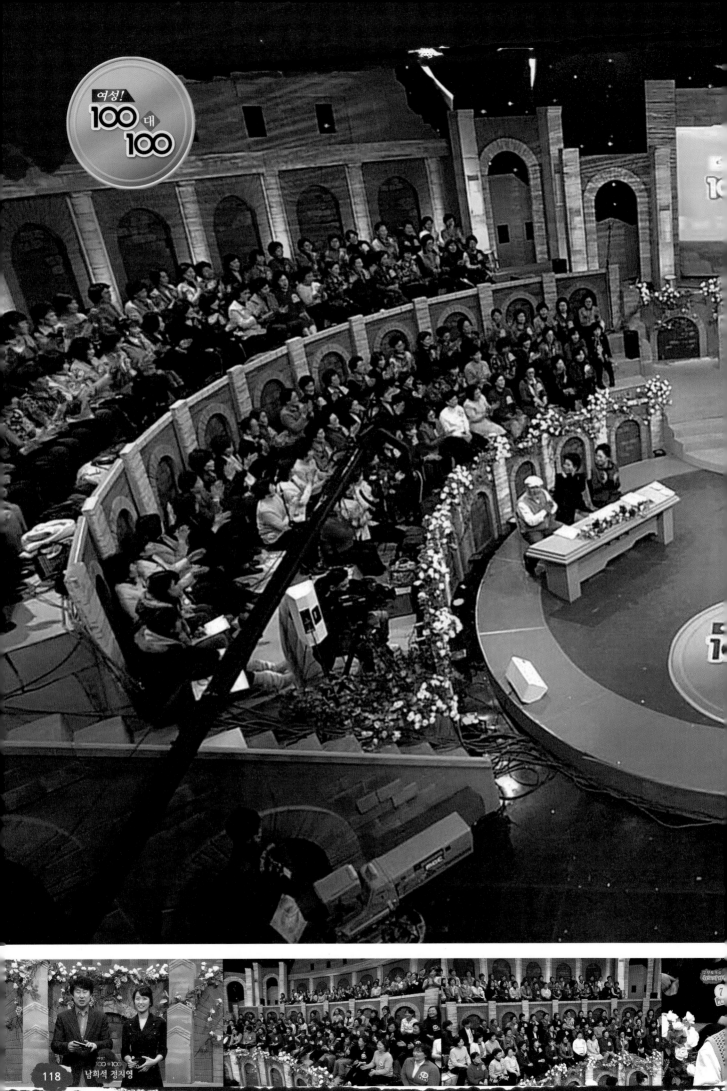

세트의 재미도 한목 해 보자!

블라인드 테스트 쇼 180도 이야기(2012~2013)

[한가위 특집 블라인드 테스트 쇼 180도 2012년]

이 프로그램은 처음에는 'Hi~Hi~'라는 가제로 기획되었고 작업이 진행되다가 나중에 '블라인드 테스트 쇼 180도'라는 제목으로 변경되었다. '180도'라는 타이틀의 뜻은 출연 패널들이 앉아있는 무대의 바닥을 회전 바닥으로 설계하여 180도로 돌려 패널들의 시선 방향을 바꾼다는 의미이기도 하다. 이 작업은 녹화를 약 2주일을 앞두고 시작하게 되어 매우 짧은 시간 내에 디자인과 작업 설명을 해야 하는 상황이어서 모든 일이 급하게 진행되었다.

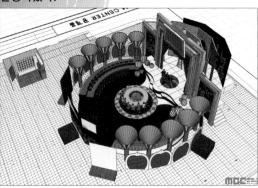

정면 세트는 대형 액자로 설정하여 패널들이 마치 극장에 앉아서 출연진들의 퍼포먼스를 보고 문제를 알아맞히는 형태로 설정해 보았다.

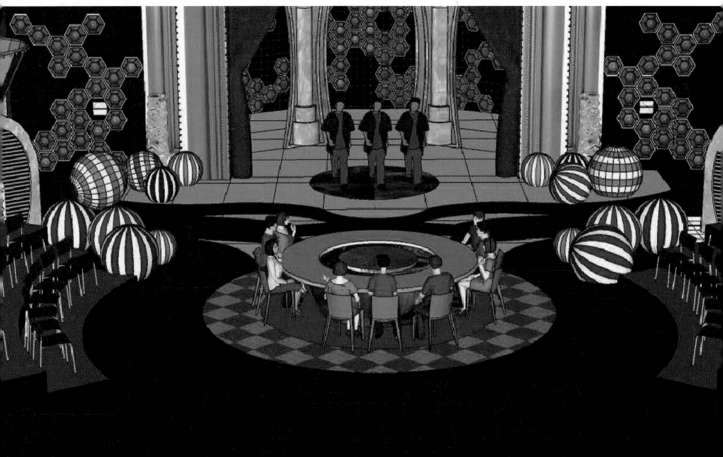

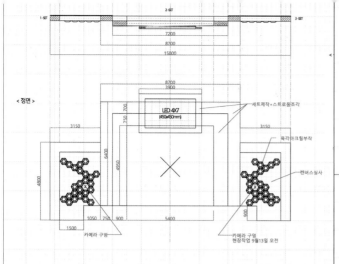

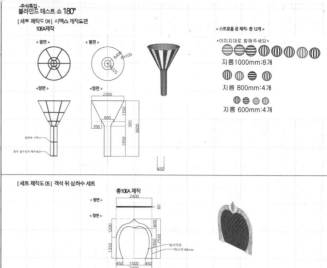

▲대형 액자 모양의 아치는 스티로폼 조각으로 표면처리를 하였고 육각 아스텔 재질의 조형물은 진공성형 방법을 이용하여 입체적으로 제작하고 안쪽에 전구를 넣어서 좀 더 화려한 느낌이 날 수 있게 디자인하였다.

▲무대의 좌·우측에 설치된 세트는 알루미늄으로 틀을 제작하고 그 위에 스판 재질의 천을 활용하여 나팔관 모양으로 씌워서 만들었다. 무대 바닥에 올려놓을 공들은 스티로폼을 이용하여 구형으로 제작하고 작화를 하는 방식으로 디자인하였다.

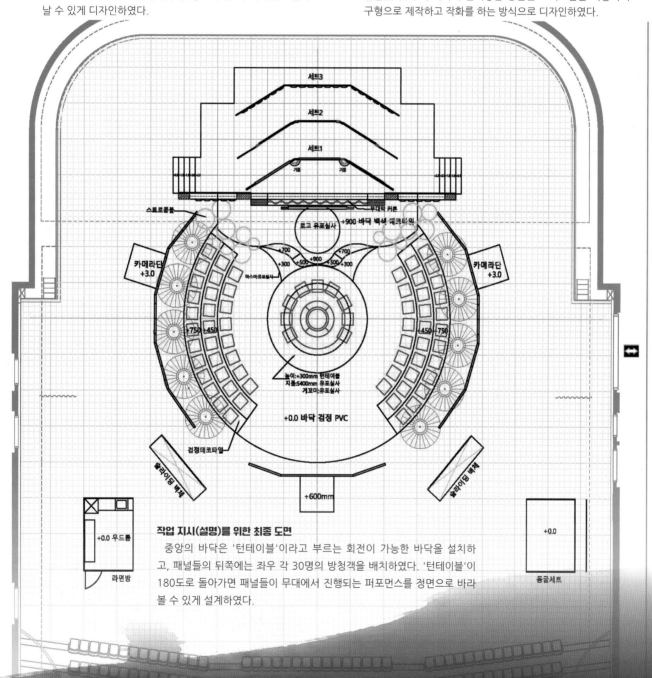

작업 지시(설명)를 위한 최종 도면

중앙의 바닥은 '턴테이블'이라고 부르는 회전이 가능한 바닥을 설치하고, 패널들의 뒤쪽에는 좌우 각 30명의 방청객을 배치하였다. '턴테이블'이 180도로 돌아가면 패널들이 무대에서 진행되는 퍼포먼스를 정면으로 바라볼 수 있게 설계하였다.

2012년 한가위 특집 파일럿으로 제작된 이 프로그램은 후에 정규 편성되어
꽤 오랫동안 사랑받았다. 이 프로그램은 진행되는 동안 세 번의
수정, 보완 그리고 전체 개편의 과정을 거쳤다.

녹화하는 날의 스튜디오는 언제나 분주하다. 설치된 무대의 기계장치를 테스트해 보기도 하고, 조명을 설치하고 수정하며, 세트팀도 마감을 꼼꼼하게 살펴서 문제가 있는 부분이나 어색하게 설치된 부분이 없나를 체크하였다.

[정규 편성 블라인드 테스트 쇼 180도]

한가위 특집 파일럿을 거쳐 정규 프로그램으로 자리 잡은 이 프로그램은 기존의 세트를 기본으로 하였지만, 상당히 많은 수정과 보완을 거쳐서 녹화를 진행하였다. 정규 방송을 위한 세트는 추석 특집에서 방청객이 앉았던 좌·우측 세트를 한쪽은 럭셔리한 저택의 내부로 구성하고, 한쪽은 허름한 집의 모습으로 설정하여 패널들이 앉아있을 때 카메라 앵글에 들어오는 배경이 크게 차별화되어 보일 수 있게 해달라는 콘셉트를 제작진으로부터 요청받았다.

이는 두 팀의 출연진이 서로 퀴즈 형식의 대결을 통해 바닥의 턴테이블(회전 바닥)을 돌려서 상대가 어떤 공간에 속해 있는지 보이게 하는, 일종의 벌칙을 세트로 구현해 보고자 한 것이었다.

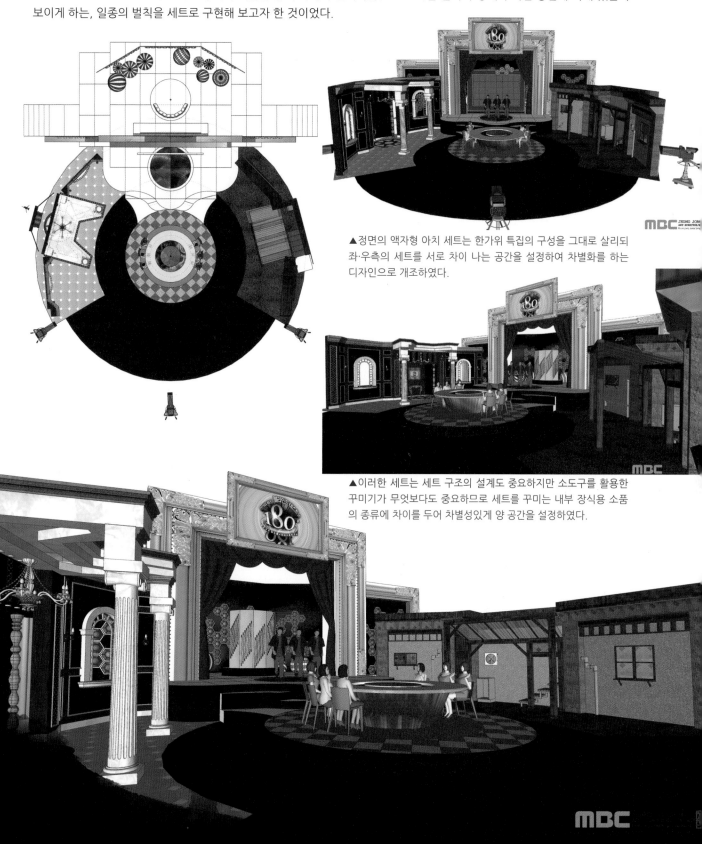

▲정면의 액자형 아치 세트는 한가위 특집의 구성을 그대로 살리되 좌·우측의 세트를 서로 차이 나는 공간을 설정하여 차별화를 하는 디자인으로 개조하였다.

▲이러한 세트는 세트 구조의 설계도 중요하지만 소도구를 활용한 꾸미기가 무엇보다도 중요하므로 세트를 꾸미는 내부 장식용 소품의 종류에 차이를 두어 차별성있게 양 공간을 설정하였다.

123

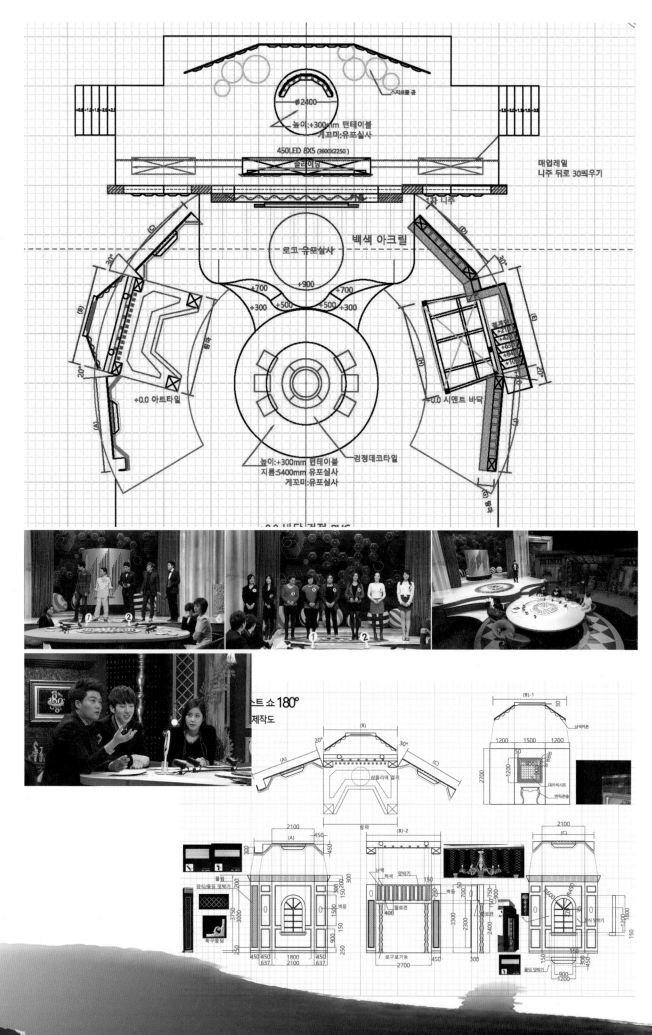

블라인드 테스트 쇼 **180°**
우측 가난한 집 제작도

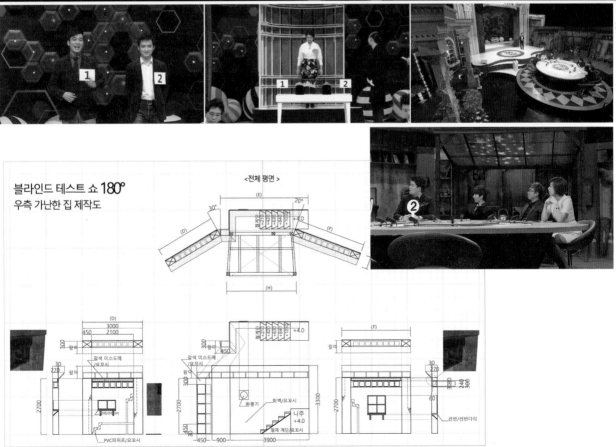

이 세트는 2013년 1월 9일에 첫 녹화를 하였고 그 후로 약 6개월간 계속되었다.

[블라인드 테스트 쇼 180도 두 번째 세트 '할머니의 비법']

첫 세트로 약 6개월쯤 녹화와 방송을 진행하던 이 프로그램은 대대적인 콘셉트의 변화를 주었고 이에 따라 새로운 세트를 설계해야 했다. 달라지는 콘셉트는 할머니들이 아이돌과 함께 출연하여 서로의 문화적인 차이를 이야기하고 재미있게 퀴즈도 풀어보는 내용이었다.

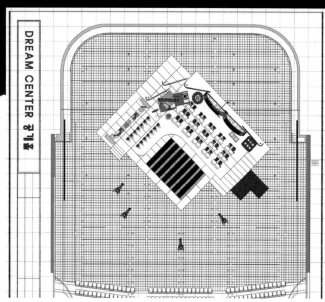

도면 작업을 하기 전에 스케치업으로 전체적인 디자인을 시작하였다. 출연진들이 90도 각도로 서로 마주 보는, 카메라 운용에 좋은 평면으로 배치하였다. 책과 할머니와 관련된 소품들의 조합으로 구성된 이 세트는 스티로폼 조각을 이용하여 입체 세트로 만들었다.

실제 세트와 거의 비슷한 모형의 3D 디자인을 완성한 후에 제작진과 관련 스태프들과 함께 출연자 동선과 카메라 운용에 따른 문제점이 없는지 확인하였다.

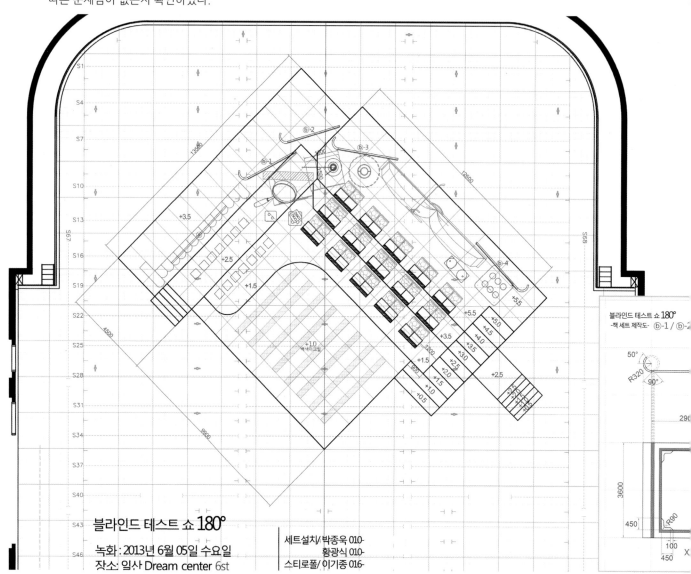

블라인드 테스트 쇼 **180°**

녹화 : 2013년 6월 05일 수요일
장소 : 일산 Dream center 6st

세트설치/ 박종욱 010-
　　　　　황광식 010-
스티로폴/ 이기종 016-

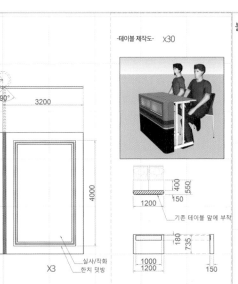

-테이블 제작도- X30

블라인드 테스트 쇼 180°
-테이블 제작도- X15

녹화 : 2013년 6월 05일 수요일
장소 : 일산 Dream center 6st

미술감독 : 정종훈
디자인보조 : 목진아 010-

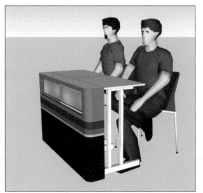

기존 테이블 앞에 부착

400
550
1200
150

폴리그라스-노랑
(1000X180)18ea

180
735
1000
1200
시트지 부착
150

의욕적으로 새롭게 시작한 이 아이템은 별로 주목을 받지 못한 채 막을 내리고 '블라인드 테스트 쇼 180도' 프로그램도 종영을 하였다. 하지만 이 프로그램은 필자로서는 오랜만에 작업한 스튜디오 버라이어티 프로그램이었고 무대 기계(턴테이블)를 활용하여 세트적 재미를 시도하고 아크릴 진공 성형 등 세트 디자이너로서는 몇 가지 새로운 시도를 했다는 점에서 기억이 남는다.

안목의 고수 '할머니 스페셜'
부부 블라인드 테스트

탱글탱글
어린 나이라
넘치는 탄력

스타쇼

컴퓨터로 도면을 그려보자!

1994년 10월 23일 첫 방송된 '스타쇼'는 당시 최고의 스타를 섭외하여 그들의 장기와 숨겨진 매력을 자세히 소개하는 프로그램이었다. 당시 최고의 인기를 구가하고 있던 '서태지와 아이들'의 특별 무대를 1회 방송으로 시작한 이 프로그램은 기본 세트가 있지만 매주 출연 스타에 따라 새로운 세트로 변신시켜야 하는 콘셉트의 프로그램이었다.

필자는 이 당시 담당하는 프로그램이 많아서 거의 일에 파묻혀 허덕이고 있는 실정이었다. 하지만 좋아하는 스타들의 무대를 디자인하는 기쁨은 그런 모든 것들을 잊을 수 있을 만큼 즐거운 작업이었다.

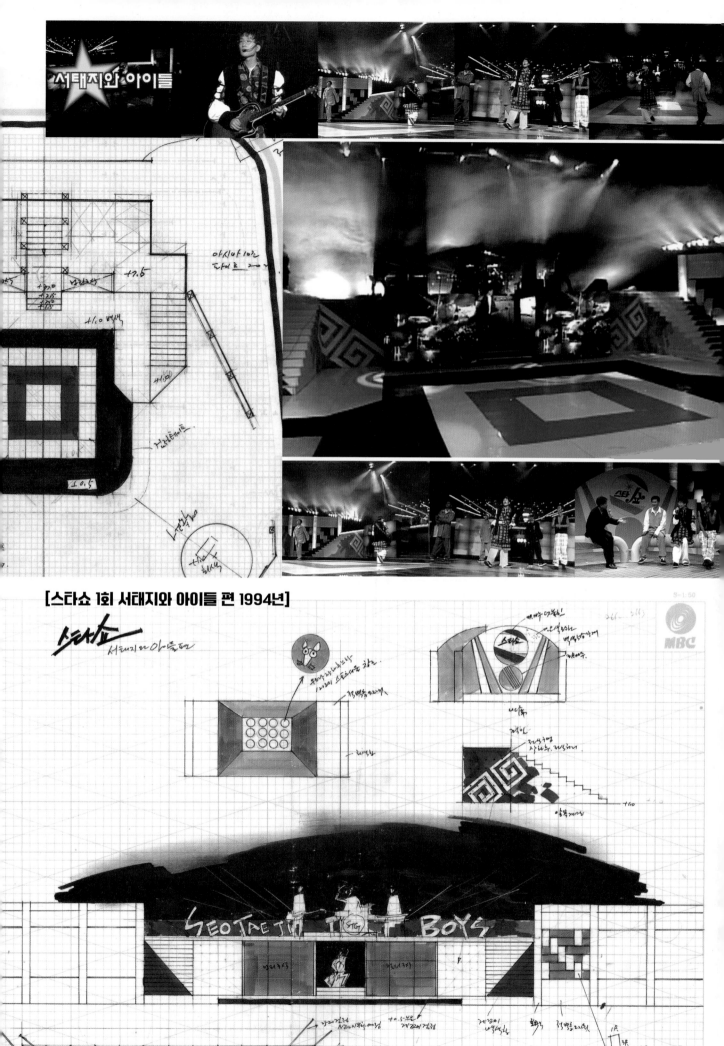

[스타쇼 1회 서태지와 아이들 편 1994년]

[스타쇼 4회 구본승 편 1994년]

이 프로그램에서 필자의 기억이 남는 것은 그동안에 꾸준하게 시도해 오고 있던 캐드 프로그램을 활용한 도면 그리기를 진행해 보았다는 것이다. 왜냐하면 이 프로그램은 매주 출연하는 스타가 달라지고 그에 따라 세트에 변화를 주어서 제작, 설치를 해야 하는 상황이었으므로 기본적인 세트의 도면은 컴퓨터 데이터로 저장해 두고 매주 녹화에 필요한 부분을 가감하는 방식으로 작업하는 것이 효율적이라고 생각했기 때문이다.

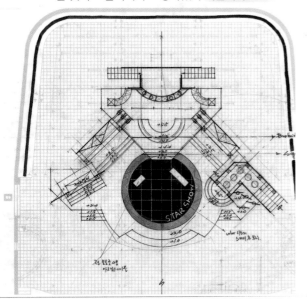
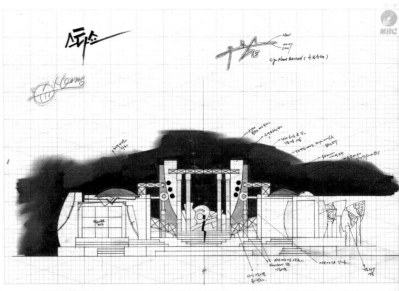
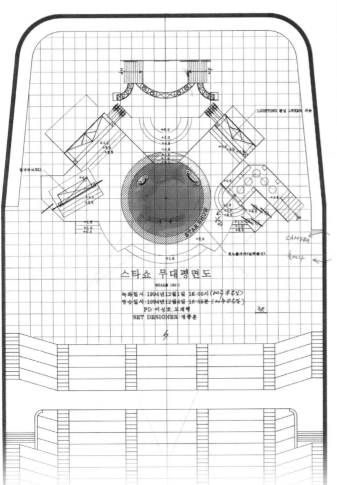
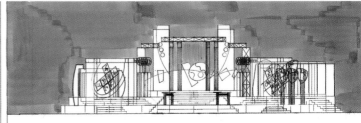
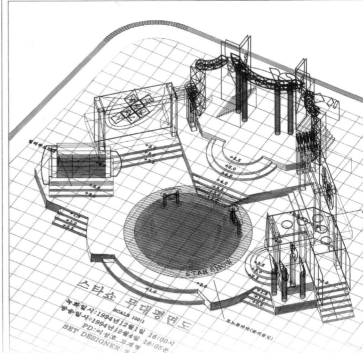

수작업으로 미리 디자인을 한 후에 다시 AutoCAD(건축용 캐드 프로그램)를 활용하여 입체 도면을 그려보았다. 위의 도면은 필자가 AutoCAD를 활용하여 천신만고 끝에 완성한 '스타쇼'의 도면이다. 캐드를 활용하여 3D 도면까지 완성했으나 실제로 활용하기에는 여러 가지 문제점이 많았다. 그중에 제일 큰 문제는 필자의 캐드 작업 능력의 부족이었지만 주변 환경이 컴퓨터로 도면을 작성한다는 것은 여러 면에서 시기 상조였다.

TV 세트 디자인 작업 전체를 컴퓨터로 하게 된 것은 2000년대 초반부터였던 것으로 기억된다.

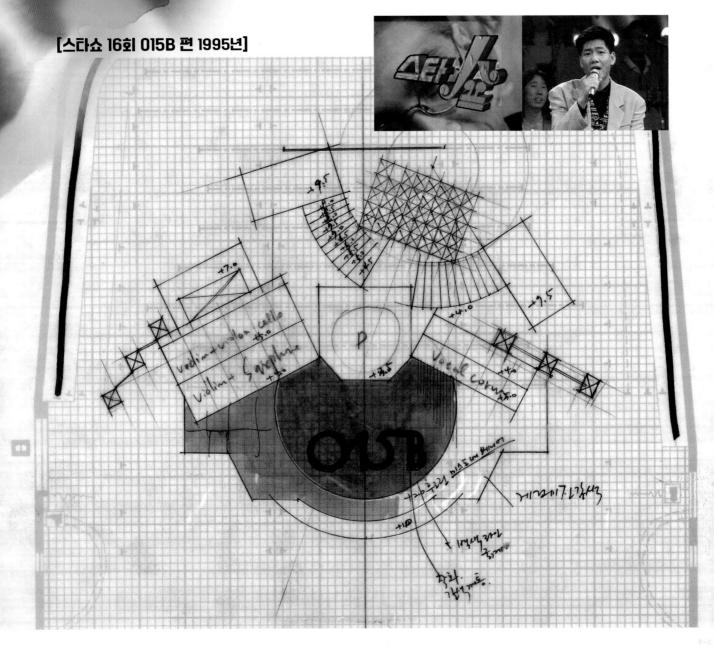

'015B'는 필자도 좋아하는 밴드라서 더욱 즐겁게 작업하고, 녹화 때에도 '내가 이 프로그램의 스태프'라는 사실도 잠깐 잊은 채 즐겁게 공연을 감상했던 기억이 난다.

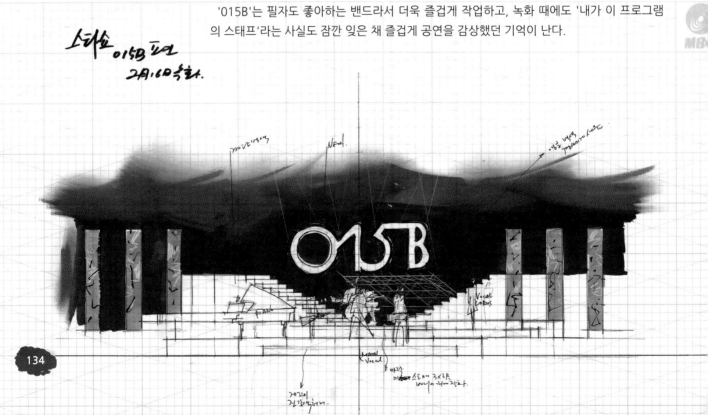

미술기획 임수영

무대디자인 정종훈

장치 노범호
손진우

생방송 음악프로그램 무대만들기의 바쁜 나날이 시작되다!

인기가요 BEST50 이야기(1995)

'MBC 인기가요 BEST50'은 'MBC 결정! 최고 인기가요'의 후속 프로그램으로 기획된 MBC의 생방송 음악 프로그램이다. 신은경 씨와 김지수 씨가 여성 더블 MC로 매주 금요일 생방송으로 시청자들을 찾아갔다. 필자는 이 프로그램의 시작부터 세트 디자이너로 작업을 맡아서 하게 되었고, 매주 피 말리는 일정으로 디자인과 제작 설명, 그리고 세트 설치 및 생방송 진행을 반복하는 생활을 시작하였다.

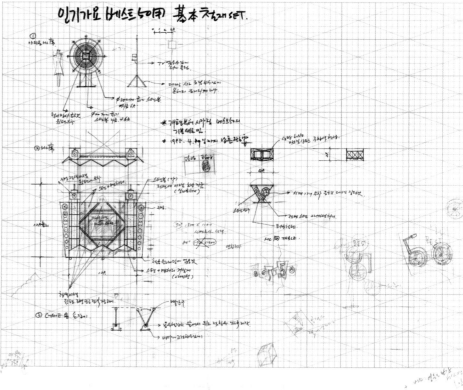

136

[1995년 4월 21일 제1회 생방송 MBC 인기가요 BEST50 여의도 MBC D 공개홀]

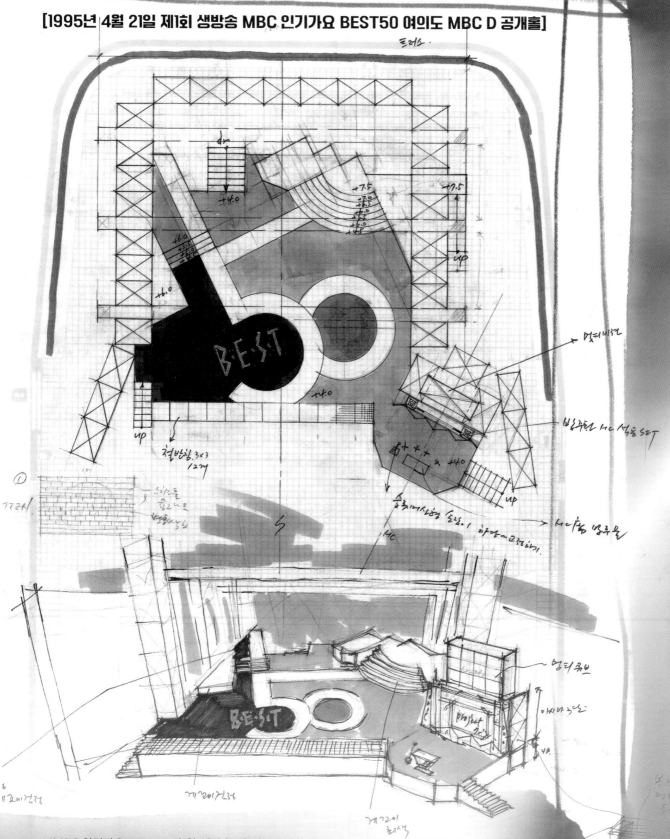

 'MBC 인기가요 BEST50'의 첫 생방송 세트는 스탠딩(관객 또는 방청객들이 의자 없이 서서 관람하는 방식)이 가능하도록 약간 높은 바닥으로 설치하고 조명 디자인 중심의 콘셉트로 작업되었다. 따라서 스튜디오 전체에 철재 아시바를 설치하고 사이사이에 트러스를 넣고 조명을 설치할 수 있게 구조의 세트로 설계했다. MC석은 철재를 이용한 메탈 느낌의 세트로 설계하고 상단 부분에 관객용 화면으로 4x3의 멀티큐브를 설치하는 디자인을 하였다.

[1995년 7월 21일 생방송 MBC 인기가요 BEST50 광주 염주체육관]

광주 염주체육관(현 광주광역시염주종합체육관)에서 생방송된 11회 'MBC 인기가요 BEST50'이다. 이 세트는 중앙 부분에 계단으로 설정된 바닥과 우측에는 MC석, 그리고 좌측에는 로고를 응용한 날개 세트를 세웠다.

제작진은 체육관 안에 입장하지 못하는 관객들을 위하여 대형 화면이 있는 세트를 세우거나 이동식 차량 무대를 활용하는 등의 여러 가지 새로운 시도를 했다.

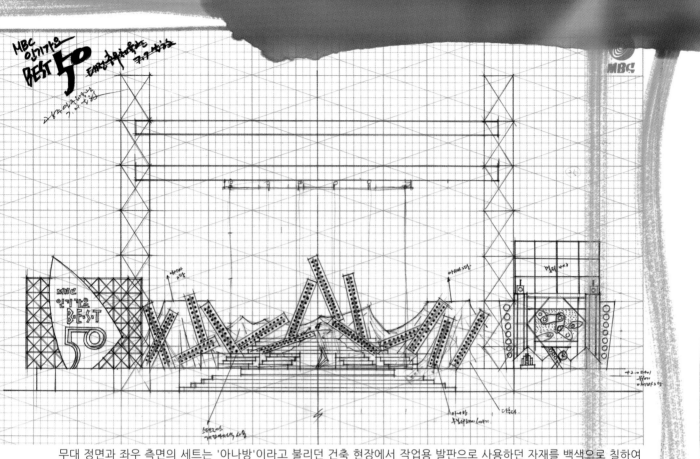

무대 정면과 좌우 측면의 세트는 '아나방'이라고 불리던 건축 현장에서 작업용 발판으로 사용하던 자재를 백색으로 칠하여 설치하였다. 상단 부분은 거의 전체를 조명으로 설정했는데 당시 조명 디자이너는 파 라이트(Par Light)를 가득 채워 설치하는 방식으로 디자인을 하였다.

무대의 좌측은 4x3의 멀티큐브를 관객용으로 설정하고, 우측에는 MC석 세트를 세웠다. 세트들은 바람이 잘 통하게 하여 바닷바람으로 인한 문제를 최소화하기 위해서 지름 300mm의 구멍을 둥글게 따냈다.

140

통영도남관광단지 현지생방송　　　　통영도남관광단지 현지생방송

통영도남관광단지(현 통영도남관광지) 충무마리나리조트 앞 공터에 세트를 짓고 생방송된 12회 'MBC 인기가요 BEST50' 이다. 바다를 뒷배경으로 하고 바람이 많은 상황을 고려하여 세트 높이는 높지 않게 설정하였다. 높은 곳에서 촬영하는 크레인 카메라에 대응하여 바닥의 디자인도 세심하게 했다.

제작진에서 시도해 본 장면이다. 포크레인 2대를 무대의 뒤쪽에 세우고 음악에 맞춰서 춤추게 하였는데 생각보다는 리듬을 잘 맞추지는 못했으나 좋은 시도였다고 생각된다. 필자는 이런 실험과 시도가 좋다.

해가 긴 여름철에는 방송 시작하는 시간이 아직 날이 밝은 때여서 바다를 보여주는 것이 가능했고, 하늘이 어두워지고 무대가 전식과 조명의 효과로 물들어가는 모습을 그대로 방송할 수 있었다.

[1995년 9월 22일 생방송 인기가요 MBC BEST50 광주비엔날레 야외공연장]

광주비엔날레의 성공을 기원하는 축하공연 성격의 생방송이다. 광주비엔날레 야외공연장(현 광주시립미술관야외공연장)은 객석이 높고 무대가 아래에 있는 구조였기 때문에 방송 앵글이 전체적으로 부감으로(위에서 찍은 듯이) 보일 것이 예상되어 바닥에도 중점을 두어 디자인을 하였다. 비엔날레라는 예술행사에 걸맞은 세트를 디자인하고 싶었으나 '세트'를 제작하는 시스템에서는 쉽지 않은 접근이었다. 필자는 '세트 디자인'을 하면서 늘 '설치 미술'을 하고 싶어 했었다.

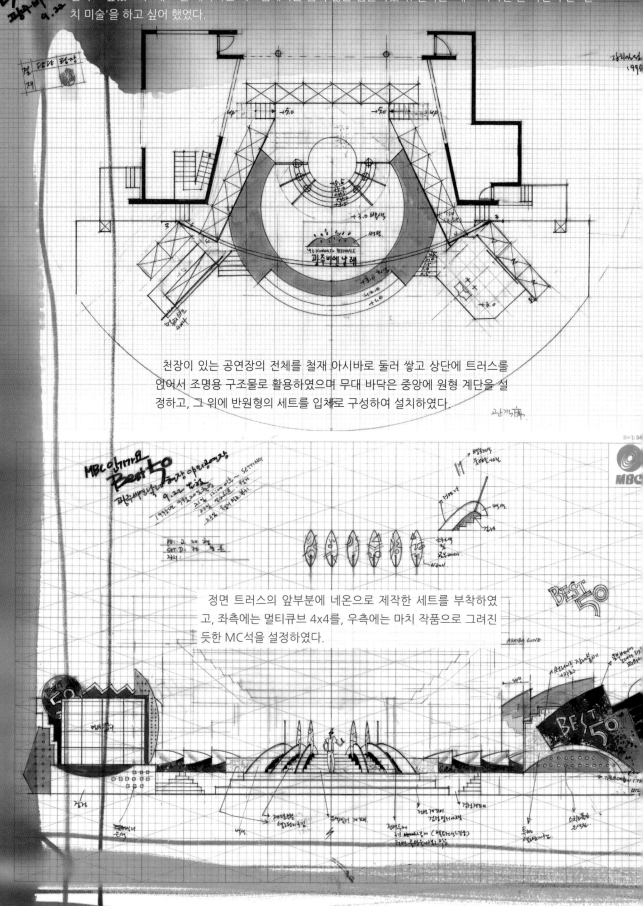

천장이 있는 공연장의 전체를 철재 아시바로 둘러 쌓고 상단에 트러스를 얹어서 조명용 구조물로 활용하였으며 무대 바닥은 중앙에 원형 계단을 설정하고, 그 위에 반원형의 세트를 입체로 구성하여 설치하였다.

정면 트러스의 앞부분에 네온으로 제작한 세트를 부착하였고, 좌측에는 멀티큐브 4x4를, 우측에는 마치 작품으로 그려진 듯한 MC석을 설정하였다.

142

미술기획 임수영

무대디자인 정종훈

장치 권오룡
박정섭

전식 유상철

외부 작업을 많이 해 온 프로그램이 오랜만에 스튜디오로 들어오게 되었다. 이 프로그램은 통신을 통해 네티즌과의 소통을 시도해 보는 프로그램으로 기획되었다. 'MBC 인기가요 BEST50'의 프로그램 콘셉트는 여전히 낮은 세트와 조명 디자인 위주의 프로그램이었으므로 필자의 디자인도 높이가 없는 낮은 세트로 설계를 하였다. 따라서 무대 바닥의 높낮이나 형태를 새롭게 디자인하는 방안을 위주로 작업을 하였다.

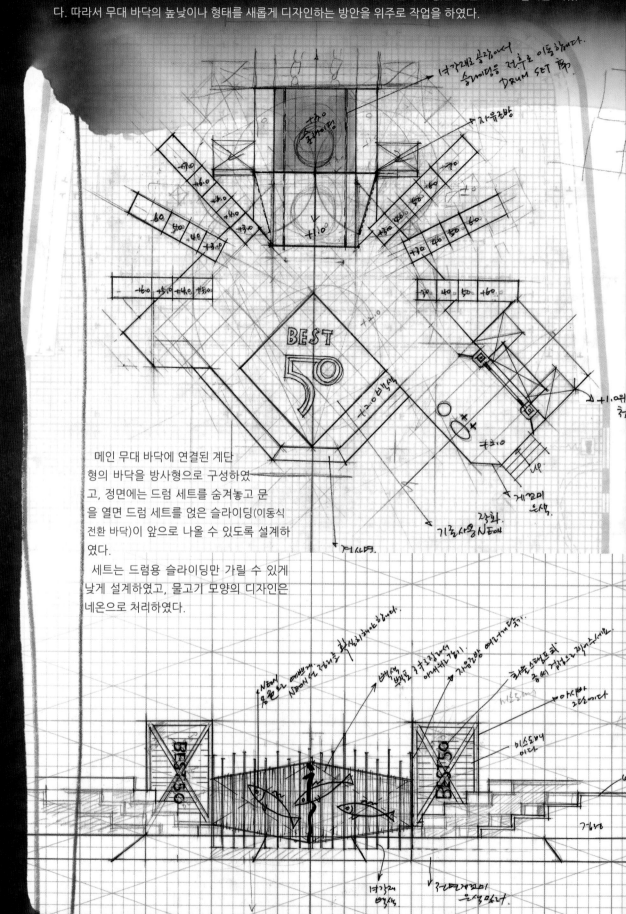

메인 무대 바닥에 연결된 계단형의 바닥을 방사형으로 구성하였고, 정면에는 드럼 세트를 숨겨놓고 문을 열면 드럼 세트를 얹은 슬라이딩(이동식 전환 바닥)이 앞으로 나올 수 있도록 설계하였다.

세트는 드럼용 슬라이딩만 가릴 수 있게 낮게 설계하였고, 물고기 모양의 디자인은 네온으로 처리하였다.

[1995년 11월 17일 생방송 인기가요 BEST50 25회 인천시청 앞 광장]

인천광역시 홍보와 시민들을 위한 잔치로 인천시청 앞 광장(현 열린광장)에 무대를 설치하고 생방송을 진행하였다. 자료 만들기를 위해서 다시 본 이 프로그램에서 인천국제공항이 건설된다는 MC의 멘트는 격세지감을 느끼게 해준다. 서태지와 아이들의 '컴 백 홈'이 3주 연속 1위를 차지하였다.

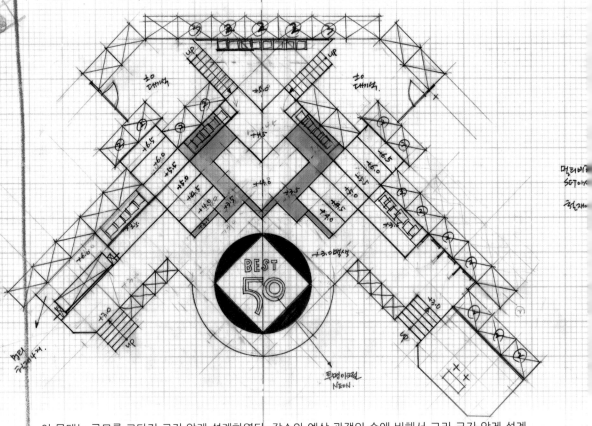

이 무대는 규모를 그다지 크지 않게 설계하였다. 장소와 예상 관객의 수에 비해서 그리 크지 않게 설계를 한 것은 프로그램의 기본적인 예산의 크기나 규모가 어느 정도 한정되어 있기 때문이다. 이 당시에는 철재 아시바를 이용한 구조물을 쌓고 세트와 조명을 설치하는 형태가 야외무대의 기본형이었다.

무대 바닥에서 3m 높이 부분 정도의 공간은 세트를 세우고 그 윗부분은 조명 디자인의 영역으로 남겨둔 설계를 하였다. 디자인에서 보는 로고나 그림들은 모두 작화를 하였는데 이런 작업들이 디자이너의 의도에 맞게 결과물이 나올 수 있게 하기 위해서는 작화 스태프와의 협의나 의사소통이 무엇보다도 중요하다.

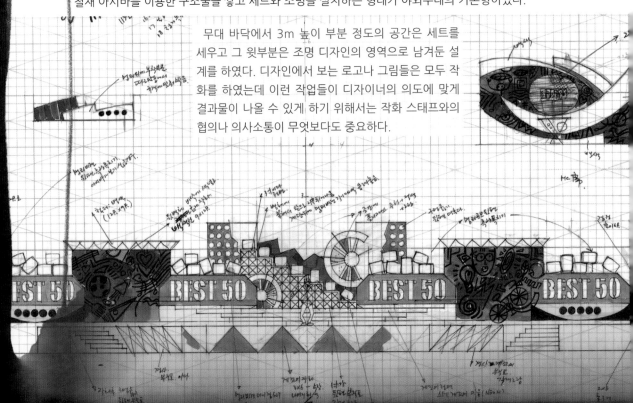

[1995년 11월 24일 생방송 인기가요 BEST50 26회 여의도 MBC D 공개홀]

크게 달라지지 않는 콘텐츠로 매주 생방송을 하면서 늘 새로운 것을 만들어 낸다는 것은 그리 쉬운 일이 아니다. 필자와 같은 세트 디자이너에게 이런 작업은 소모전이다. 더구나 쳇바퀴 속을 달리듯이 방송이 끝나는 순간 다음 방송을 준비해야 하는 경우에는 항상 일에 대한 부담을 느끼면서 살 수밖에 없다. 따라서 이런 작업은 오랫동안 지속적으로 작업하기는 쉽지 않다. 엄청난 소모전이다.

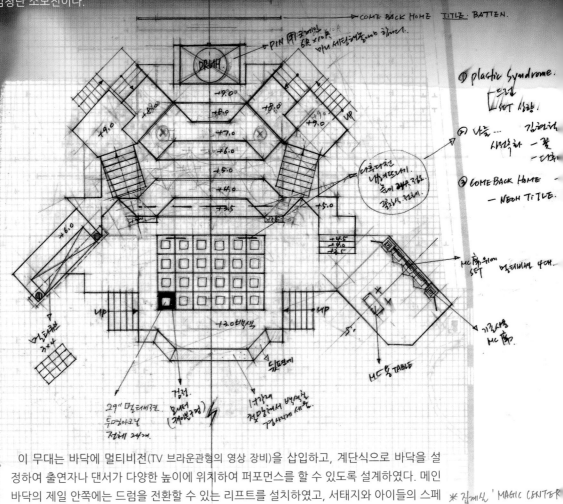

이 무대는 바닥에 멀티비전(TV 브라운관형의 영상 장비)을 삽입하고, 계단식으로 바닥을 설정하여 출연자나 댄서가 다양한 높이에 위치하여 퍼포먼스를 할 수 있도록 설계하였다. 메인 바닥의 제일 안쪽에는 드럼을 전환할 수 있는 리프트를 설치하였고, 서태지와 아이들의 스페셜 무대를 위하여 'COME BACK HOME' 타이틀도 준비하였다.

높은 계단 부분의 전면 마구리(이 부분을 현장에서는 주로 '게꼬미'라고 부른다. 필자의 생각에는 현장에서 제일 많이 사용하는 단어 중의 하나인 듯하다)에 라이팅 처리를 하기 위해서 네온 삽입이 가능한 모양으로 전면 전식 장치를 만들었다.

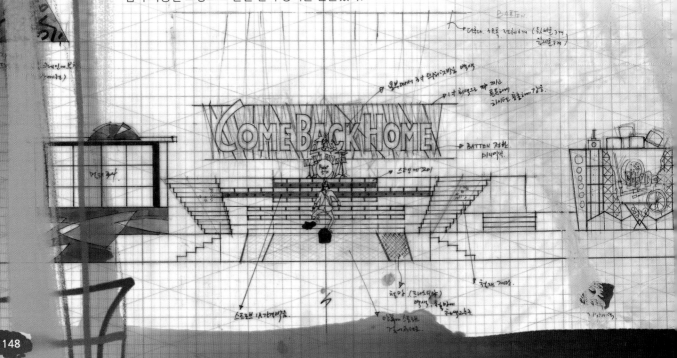

미술기획 임수영

무대디자인 정종춘

장치 박오순
손진우

전식 황용기

[1995년 12월 15일 생방송 인기가요 BEST50 28회 횡성 성우리조트 슬로프]

스키장 슬로프에서 생방송을 해야 한다는 소식을 듣고 세트 설치방안에 대한 자문을 미술 스태프들에게 구했다. 헌팅(사전 답사)에서 확인한 '스키장 슬로프'라는 곳은 경사가 심하고 추위와도 싸우면서 작업을 해야 하는 상황이었다. 디자이너는 이런 상황을 예측하고 사전 준비에 만전을 기하여야 한다.

오프닝에 성우리조트(현 웰리힐리파크)슬로프에서 스키를 타고 내려오는 장면도 연출하고 스키를 즐기는 사람들이 보이게 하자는 콘셉트에 맞게 설계했다. 경사진 슬로프가 배경이 되는 장소에 위치를 맞춰 무대를 설치하고 무대의 중앙은 탁 트인 슬로프 전경이 보이게 열어두는 것으로 설계하였다.

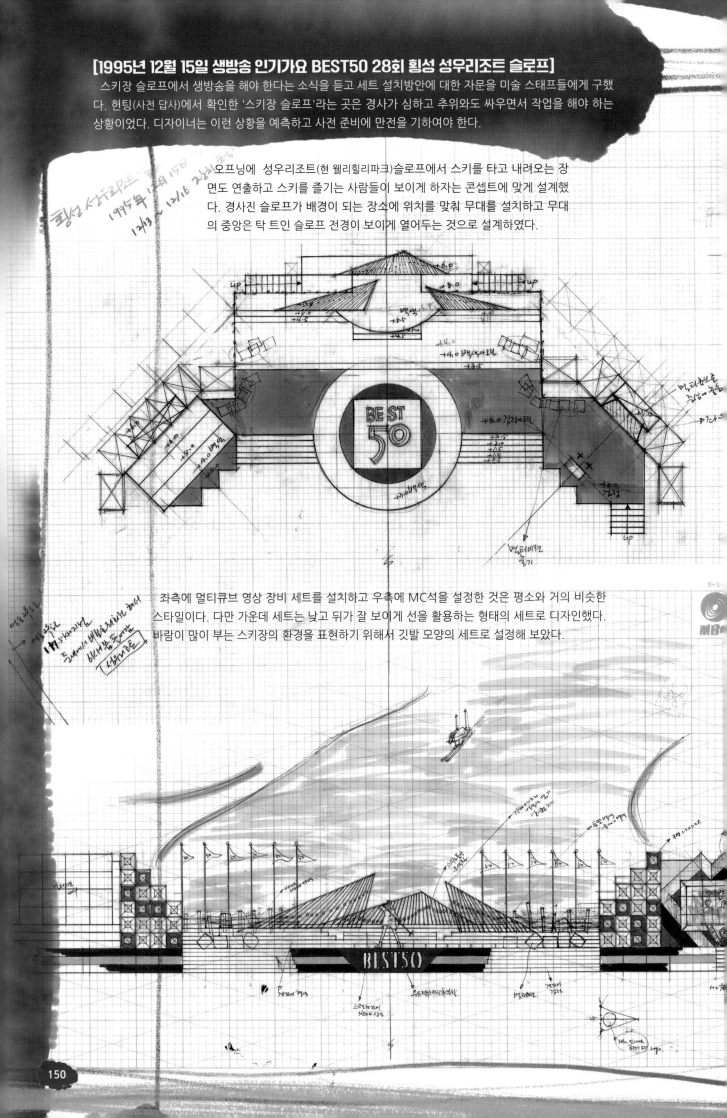

좌측에 멀티큐브 영상 장비 세트를 설치하고 우측에 MC석을 설정한 것은 평소와 거의 비슷한 스타일이다. 다만 가운데 세트는 낮고 뒤가 잘 보이게 선을 활용하는 형태의 세트로 디자인했다. 바람이 많이 부는 스키장의 환경을 표현하기 위해서 깃발 모양의 세트로 설정해 보았다.

151

[1995년 12월 22일 생방송 인기가요 BEST50 29회 여의도 MBC D 공개홀]

29회 'MBC 인기가요 BEST50'은 크리스마스 분위기의 세트를 만들었다,

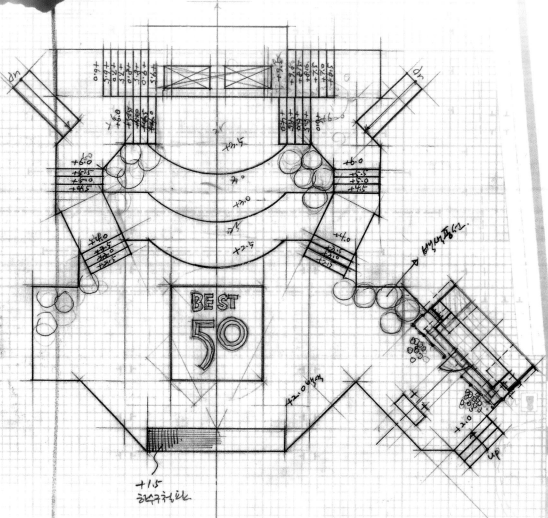

4단의 무대 높이로 바닥을 설정하여 정면에 2x2의 멀티큐브 2세트를 제일 높은 바닥 마구리 부분에 설치하고 각 계단에는 빨간색과 녹색의 네온을 교차로 넣어 크리스마스 분위기를 내보았다. 무대 바닥의 앞쪽 끝부분에는 꽃꽂이로 장식하였다.

MC석 세트는 어느 별장의 거실의 일부분을 재현하고 크리스마스 분위기의 꽃꽂이로 장식
하였다.

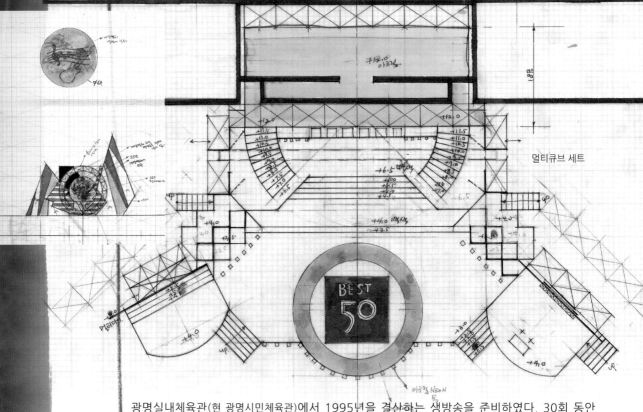

멀티큐브 세트

광명실내체육관(현 광명시민체육관)에서 1995년을 결산하는 생방송을 준비하였다. 30회 동안 'MBC 인기가요 BEST50'의 세트 디자인을 작업해 오면서 무대 바닥의 높이를 다양하게 설정하고 출연자들 위치의 높낮이를 주는 것이 필자가 하는 세트의 특징으로 자리 잡지 않았나 싶다. 기본 바닥과 좌·우측 영상과 MC석을 제외한 부분은 대체로 조명으로 채워진 세트로 프로그램의 콘셉트를 설정하고 만들어지는 프로그램이어서 그런 듯하다. 하지만 프로그램의 콘셉트가 세트 위주의 작업이든 조명 위주의 작업이든 자기의 작업만이 중심이 되어야겠다고 생각하는 스태프가 있으면 그것은 문제있다고 생각된다. 특히 세트와 조명과의 관계는 더욱 그러하다.

광명실내체육관의 3.6m 높이의 2층 본부석 부분을 활용해서 설치되는 바닥과 연결했다. 따라서 바닥의 높이가 자연스럽게 3.6m가 되었고 연결되는 계단들이 모두 세트가 되었다.

3.6m의 제일 높은 무대 바닥과 중간 단 사이를 멀티비전과 네온이 적용된 세트로 처리해서 정면 샷에 대응을 하고 좌·우측은 삼각뿔 모양의 세트로 처리했다.

[1996년 1월 5일 생방송 인기가요 BEST50 31회 MBC 여의도 D 공개홀]

1996년 새해를 맞는 첫 방송이다. 연말 총결산 방송을 한 지 일주일 만이다. 다른 프로그램도 동시에 작업하면서 매주 생방송 프로그램의 세트를 디자인하고 생방송까지 진행하는 일은 쉽지 않은 일이다. 기억해 보면 당시 필자는 참 바빴다.

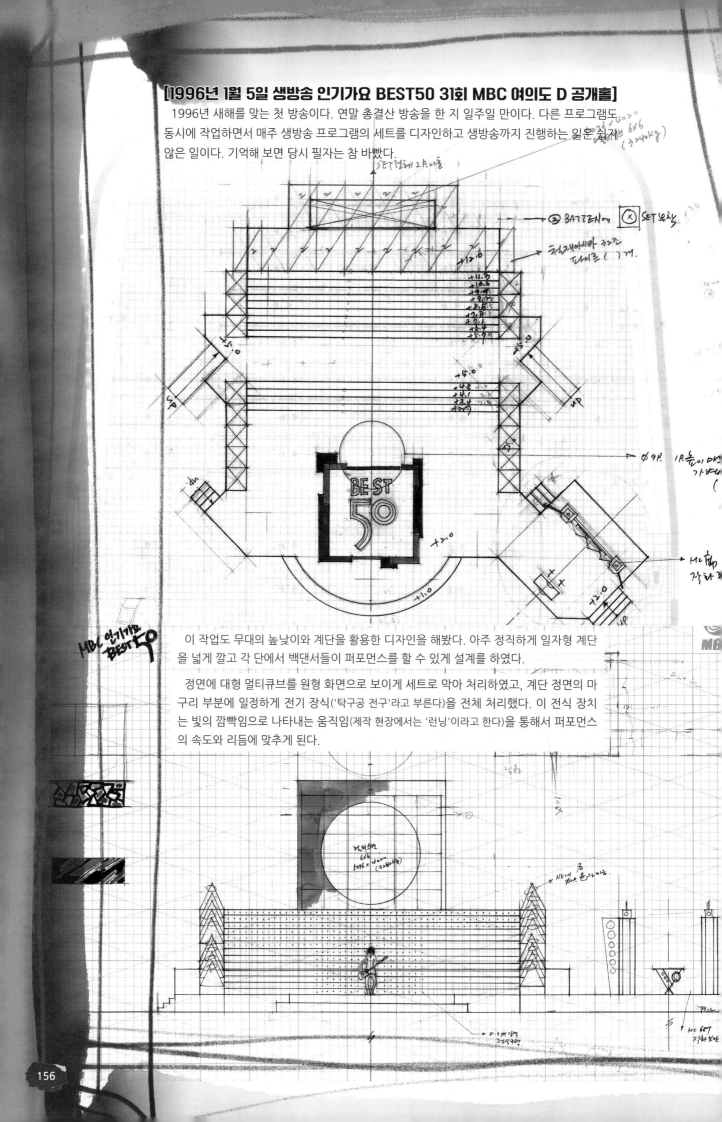

이 작업도 무대의 높낮이와 계단을 활용한 디자인을 해봤다. 아주 정직하게 일자형 계단을 넓게 깔고 각 단에서 백댄서들이 퍼포먼스를 할 수 있게 설계를 하였다.

정면에 대형 멀티큐브를 원형 화면으로 보이게 세트로 막아 처리하였고, 계단 정면의 마구리 부분에 일정하게 전기 장식('탁구공 전구'라고 부른다)을 전체 처리했다. 이 전식 장치는 빛의 깜빡임으로 나타내는 움직임(제작 현장에서는 '런닝'이라고 한다)을 통해서 퍼포먼스의 속도와 리듬에 맞추게 된다.

[1996년 1월 19일 생방송 인기가요 BEST50 33회 여의도 MBC D 공개홀, 뚝섬유람선선착장]

그다지 특별하지 않은 주의 음악 생방송이었다. 필자의 무대 설계는 여전히 바닥의 높낮이를 설정하고 퍼포먼스 공간을 다양하게 만드는 것에 집중하였다.

다만 이날의 프로그램이 유난히 기억에 남는 것은 '서태지와 아이들'이다. 이들의 인기가 뜨거운 시절이었다. '컴 백 홈'으로부터 시작하여 '필승'까지, 1위를 석권하며 최고의 인기를 구가하고 있을 때였고, 이날도 그들의 스페셜 무대를 뚝섬유람선선착장에서 준비를 해야 했으므로 스튜디오의 세트를 점검하고 뚝섬으로 급히 갔다.

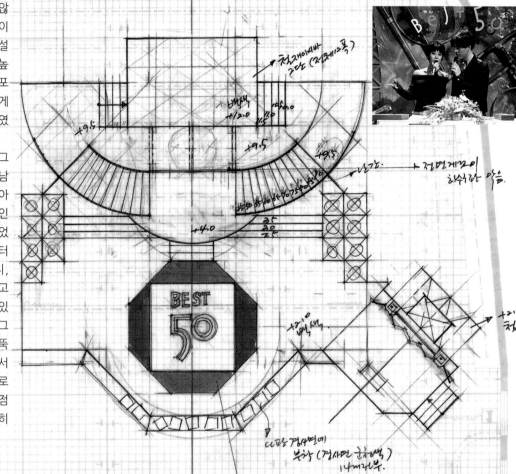

여전히 바닥의 디자인을 위주로 작업을 한다. 계단의 마구리 부분에 물감을 흩뿌린 듯한 작화를 했다. 정면은 철망(하수구 판)을 부착하여 내부에 조명을 설치할 수 있게 열어 두었고, 계단 전체에 백색 난간을 제작해서 세웠다.

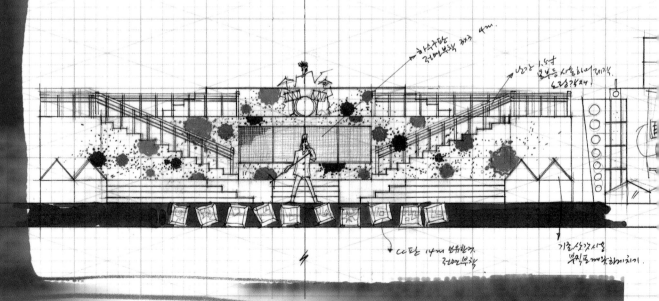

뚝섬 특설공연장은 발 디딜 틈 없이 '서태지와 아이들'의 팬들로 꽉 차 있었다. 필자는 스태프 입장에서 그들의 안전에 대한 걱정을 하며 공연을 지켜봤다. 공연과 생방송을 끝내고 집으로 돌아와서 자고 일어난 아침! TV 화면에서 그들의 은퇴 기자회견의 모습이 끊임없이 나오고 있었다. 묘한 심정으로 바라보던 필자와 서태지와의 인연은 2000년 서태지 씨가 '컴백 스페셜'을 하며 다시 활동을 시작할 때까지 멈추게 되었다.

[1996년 1월 26일 생방송 인기가요 BEST50 34회 MBC 여의도 D 공개홀]

새로운 디자인을 위한 탐색은 계속되고 있었다. 그동안 매주 하나씩, 34회분 정도의 디자인을 하였으니 이제는 거의 고갈된 듯하지만, 필자는 뭔가 더욱더 새로운 의욕이 솟아나는 것을 느꼈다. 이런 작업을 할 때는 매너리즘을 늘 경계해야 한다. 습관적이지 않으려면 우선 즐겨야 한다. 그래서 실험하고 도전하는 것을 두려워해서는 안 된다.

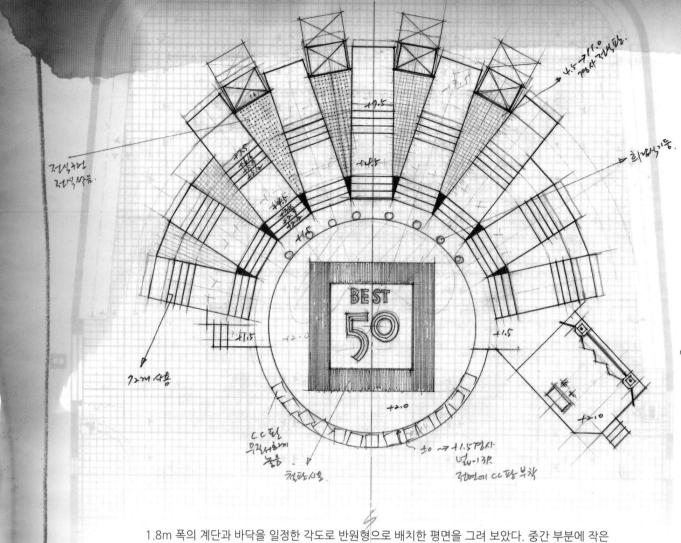

1.8m 폭의 계단과 바닥을 일정한 각도로 반원형으로 배치한 평면을 그려 보았다. 중간 부분에 작은 공간을 설정해서 그곳에서도 퍼포먼스가 가능하게 하였고, 중앙 부분에 4개의 멀티큐브 2x2 세트를 배치하였다. 바닥에는 네온으로 제작된 로고를 삽입하고 투명 아크릴 바닥을 덮어서 처리하였다.

정면에 생기는 삼각형 부분은 검은색 벽체에 좁쌀 모양의 은하수 전식을 일정하게 부착하여 반짝이게 하였고, 제일 앞부분의 메인 바닥의 마구리(게꼬미)는 경사 처리를 하여 CC 판 (아크릴과 간접조명을 이용해서 만든 전기 장식)을 부착하였다.

[1996년 2월 9일 생방송 인기가요 BEST50 36회 보광휘닉스파크]

1995년 12월 성우리조트에 이어 두 번째로 보광휘닉스파크(현 휘닉스 평창) 스키장에서 작업하게 되었다. 스튜디오에서의 작업이 슬슬 지겨워질 때쯤에 다시 야외 작업을 한다는 것이 더운 여름날 신선한 바람이 불어오는 듯 느껴졌다.

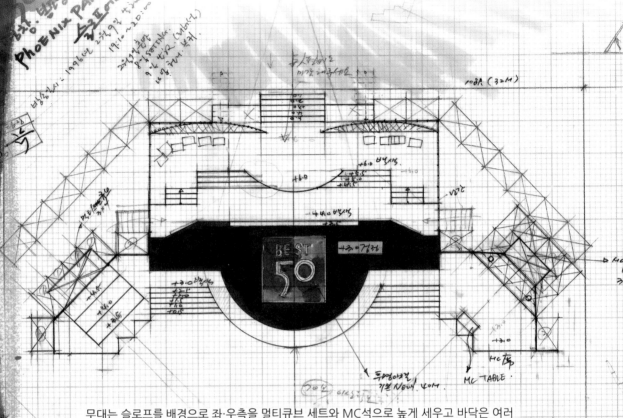

무대는 슬로프를 배경으로 좌·우측을 멀티큐브 세트와 MC석으로 높게 세우고 바닥은 여러 단으로 높이 차이를 두었으며, 세트 사이사이에는 멀티비전을 무작위로 쌓아서 장식을 하였다. 바닥용으로 사용한 자재가 물기에 의해서 너무 미끄러워서 퍼포먼스에 지장이 생긴 것은 필자가 세심하게 챙기지 못한 부분이었다. 물기가 있는 곳에서는 바닥재의 선택에 신중을 기해야 한다.

MC석도 멀티큐브 3x3을 사용하여 디자인하였고, 정면 세트는 가리개 정도 수준의 높이로 하였다.

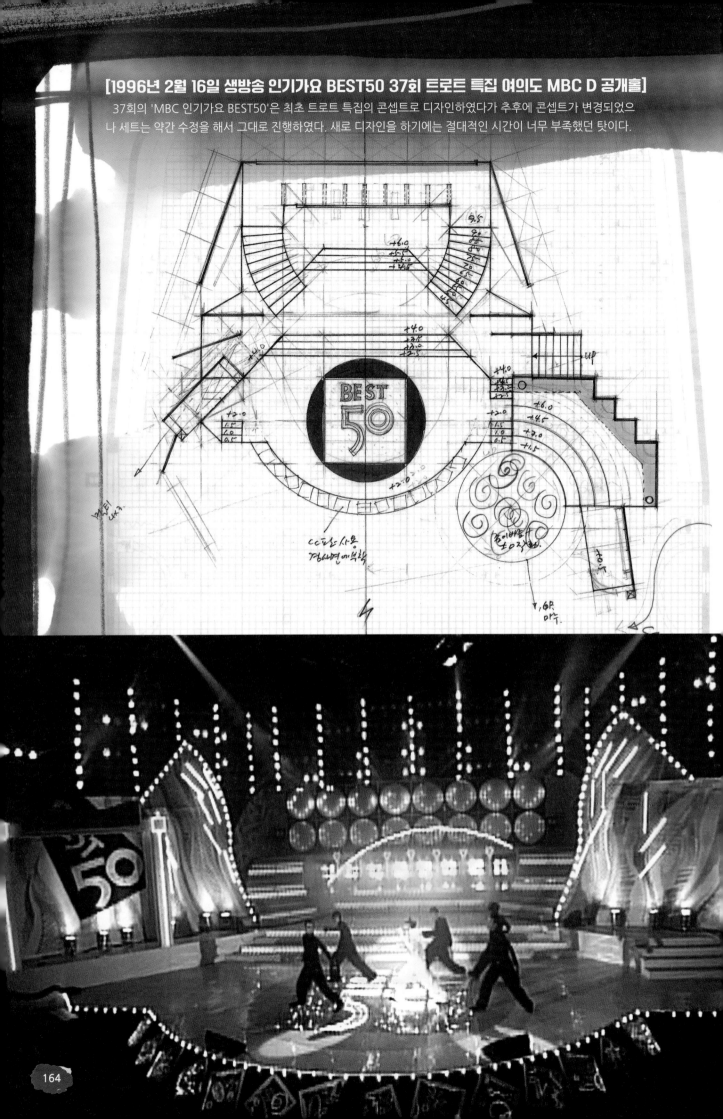

[1996년 2월 16일 생방송 인기가요 BEST50 37회 트로트 특집 여의도 MBC D 공개홀]

37회의 'MBC 인기가요 BEST50'은 최초 트로트 특집의 콘셉트로 디자인하였다가 추후에 콘셉트가 변경되었으나 세트는 약간 수정을 해서 그대로 진행하였다. 새로 디자인을 하기에는 절대적인 시간이 너무 부족했던 탓이다.

중앙에는 전식으로 만든 세트를 설정해서 세우고, 좌·우측에도 작화로 효과를 낸 세트들을 세웠다. 아마 필자가 설계한 'MBC 인기가요 BEST50'의 세트 중에 가장 키가 큰 세트가 아닌가 생각된다.

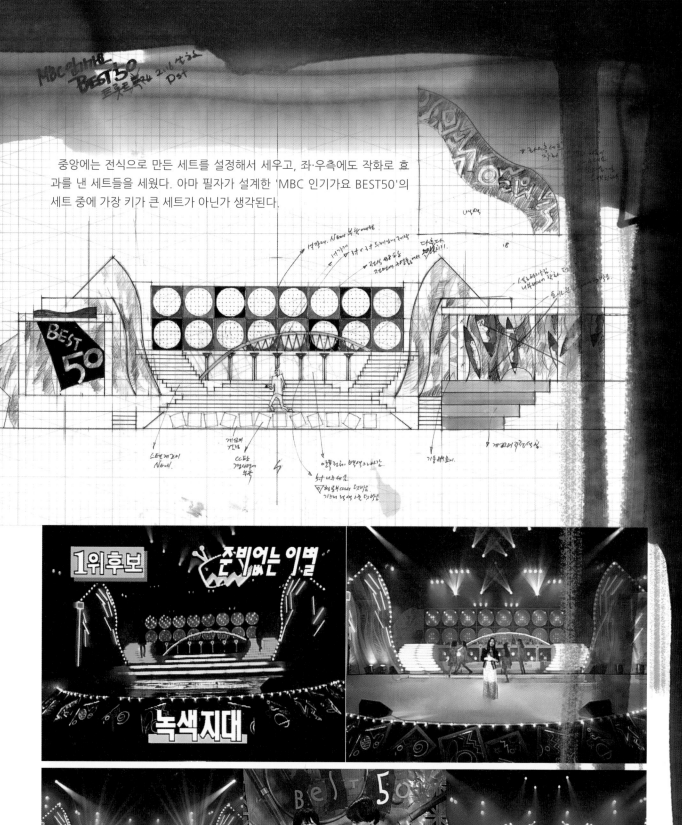

서태지와 아이들이 돌아왔다!

[특집 Show COME BACK HOME 서태지와 아이들 1995년]

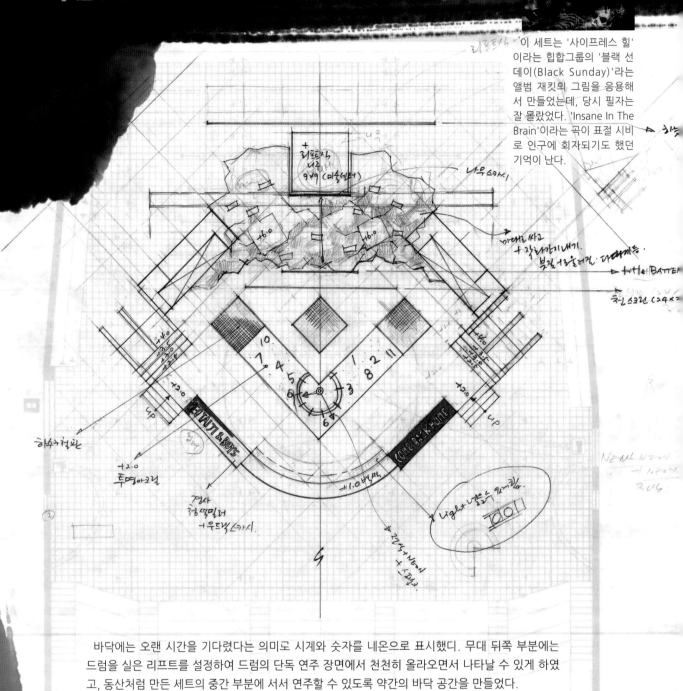

'이 세트는 '사이프레스 힐'이라는 힙합그룹의 '블랙 선데이(Black Sunday)'라는 앨범 재킷의 그림을 응용해서 만들었는데, 당시 필자는 잘 몰랐다. 'Insane In The Brain'이라는 곡이 표절 시비로 인구에 회자되기도 했던 기억이 난다.

　　바닥에는 오랜 시간을 기다렸다는 의미로 시계와 숫자를 네온으로 표시했디. 무대 뒤쪽 부분에는 드럼을 실은 리프트를 설정하여 드럼의 단독 연주 장면에서 천천히 올라오면서 나타날 수 있게 하였고, 동산처럼 만든 세트의 중간 부분에 서서 연주할 수 있도록 약간의 바닥 공간을 만들었다.

'서태지와 아이들'은 '난 알아요'로 데뷔한 이후 당시의 일반적인 가수들과는 색다른 행보를 보이는 팀이었다. 새로운 앨범을 발표하고 활동을 하다가 다음 앨범을 위해서 휴식기를 가지는, 당시의 가수들로서는 특이한 일정으로 활동을 하였다. 이 무대는 4집으로 돌아온 '서태지와 아이들'의 컴백 무대를 위한 세트 디자인이다.

정면에는 피라미드형의 트러스를 설치해서 '하드'하고 '메탈릭'한 분위기를 만듦과 동시에 조명용으로 활용할 수 있게 하였다. 정면의 그림은 '사이프레스 힐'의 앨범에 나오는 공동묘지 같은 언덕을 만들고 십자가와 비석 등을 설치하였다. 이 중에서도 3x4 크기의 멀티큐브를 경사지게 설계하였는데(가수 측의 요청이었다) 장비를 경사로 설치해 본 적이 없다는 문제로 어려움을 겪었다. 어떤 일이든 처음 시도한다는 것은 늘 어렵고 위험을 동반하기 마련이다.

'서태지와 아이들'의 4집 컴백은 한창 음악 프로그램 세트를 디자인하고
있던 필자의 업무로 이어져서 그후에도 많은 작업을 같이 하게 되었다.

피할 수 없으면 즐겨라! 음악 프로그램에 홀릭하다!

생방송 음악캠프 이야기(2000)

　필자가 '인기가요 BEST50'에 이어서 생방송 음악 프로그램에 참여하게 된 것은 2000년 여름이었다. 'TV 프로그램을 위한 세트' 그것도 음악 프로그램을 위한 세트는 설치미술과 맞닿아있다고 생각을 해온 필자로서는 이 프로그램을 디자인한다는 것이 참 좋은 기회라고 생각했다. 더구나 제작진들이 매주 새로운 콘셉트로 세트를 활용하여 공간을 만들어 가는 프로그램을 만들고 싶어 했으므로 서로의 의견을 조율해 가면서 즐겁게 작업을 했다. 하지만 매주 새로운 세트를 설계하고 생방송까지 진행한다는 것은 대단한 소모전이 아닐 수 없었다.

이때 필자는 홈페이지를 운영하고 있었는데, 이 작업들을 인터넷을 통해서 관심 있는 분들과 공유를 하겠다는 마음으로 매주 디자인과 설치, 그리고 생방송 중에는 화면 캡처를 열심히 해서 홈페이지에 업데이트하는 지옥의 스케줄을 소화해야 했다. 사실 필자가 스스로 벌인 일이었다.

연출/ 박현호, 박현석, 고재형, 황용우   디자인/정종훈   조명/김태홍,오경균 ,정각종

매주 생방송으로 진행되는 '생방송 음악캠프'의 세트를 방송전에 보실 수 있게 하기 위하여 연재를 시작합니다..

매주 토요일 오후에 생방송되는 음악캠프의 도면은 늦어도 금요일 오후까지는 업그레이드 할 예정입니다..
따라서..이 페이지에 오시면 미리 방송될 도면을 받아보시고..
토요일에 방송되는 음악캠프를 보시면서 디자인된 세트가 어떻게 방송으로 진행되는지
비교해 보실 수 있으리라 생각됩니다..
많은 도움이 되시길 바랍니다..

알림 생방송'음악캠프'를 연재하다보니.. 내용이 너무 많아 로딩에 시간이 너무 걸리는 듯 합니다..
때문에..페이지를 나누어서 싣습니다..

아래의 아이콘을 누르시면..3회씩 보실 수 있습니다..

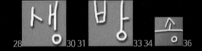

* 음악캠프 연재는 2001월 5월 5일 32번째의 작업으로 마감합니다!
연재를 올릴 칸은 아직 많이 남았는데..^^
위에 보시는 것 중에...큰 아이콘에만 내용이 있습니다..

홈페이지에서 연재를 시작한 필자의 '생방송 음악캠프' 작업은 총 33회를 업로드하면서 관심 있는 분들과 즐겁게 소통을 하였다. TV 세트 디자인이라는 것이 널리 알려진 작업이 아니라서 일부 관심 있는 소수 분들만 방문해 주셨지만 지금도 기억해 주시는 분들이 계시리라고 생각된다.

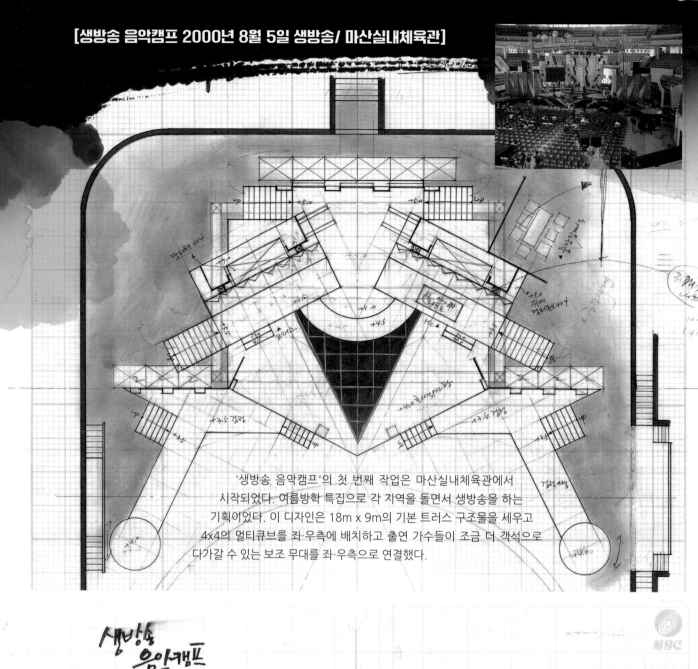

'생방송 음악캠프'의 첫 번째 작업은 마산실내체육관에서 시작되었다. 여름방학 특집으로 각 지역을 돌면서 생방송을 하는 기획이었다. 이 디자인은 18m x 9m의 기본 트러스 구조물을 세우고 4x4의 멀티큐브를 좌·우측에 배치하고 출연 가수들이 조금 더 객석으로 다가갈 수 있는 보조 무대를 좌·우측으로 연결했다.

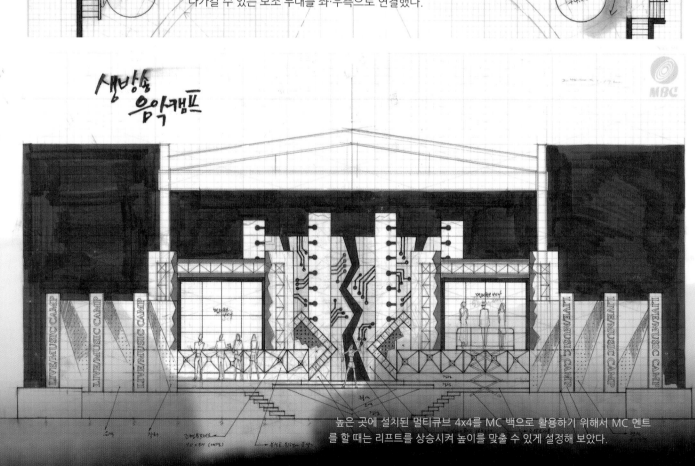

높은 곳에 설치된 멀티큐브 4x4를 MC 백으로 활용하기 위해서 MC 멘트를 할 때는 리프트를 상승시켜 높이를 맞출 수 있게 설정해 보았다.

이별이란걸

미칠 것만큼 사랑할 사람

주제는 '남극' 또는 '겨울'이다. 마지막 여름을 시원하게 보내길 바라는 제작진의 배려인 듯하였다. 테마에 맞춰서 세트로 표현할 만한 것은 역시 얼음이다. 영화 '슈퍼맨'에서 본 남극의 모습을 떠올리고 그것을 무대 디자인에 도입하기로 했다. 투명한 느낌을 내기 위해서 유리 바닥을 설정하고(사실 그 당시에 유리 바닥이 많이 활용되는 장비였다) 긴 다이아몬드형의 얼음은 스티로폼으로 만들고 투명 셀로판지를 이용하여 최대한 투명한 느낌을 내는 것으로 디자인하였다.

대형 얼음 모양의 세트는 목공으로 제작하고 투명 셀로판지로 효과를 내보았다

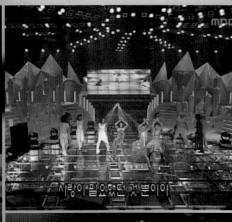

　수정 얼음조각을 원형 계단 사이에 설치하여 계단 동선을 활용할 수 있게 하고, 정면에 6x4 크기의 멀티큐브를 높은 단 위에 설치하였다.

MC석은 얼음 나라의 실내에서 진행하는 듯한 콘셉트로, 밖에서 백곰이나 펭귄이 쳐다보고 있는 모양으로 설정해 보았다.

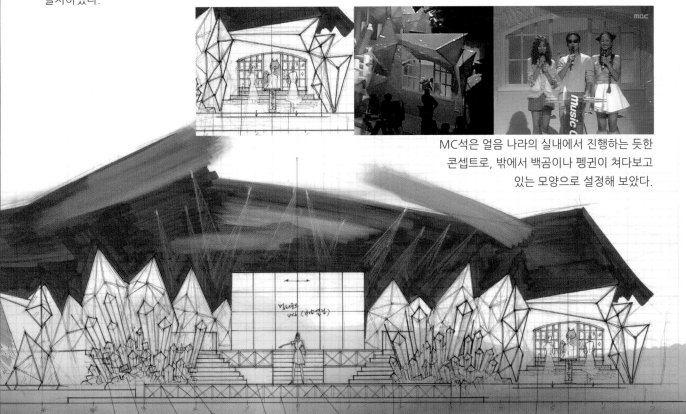

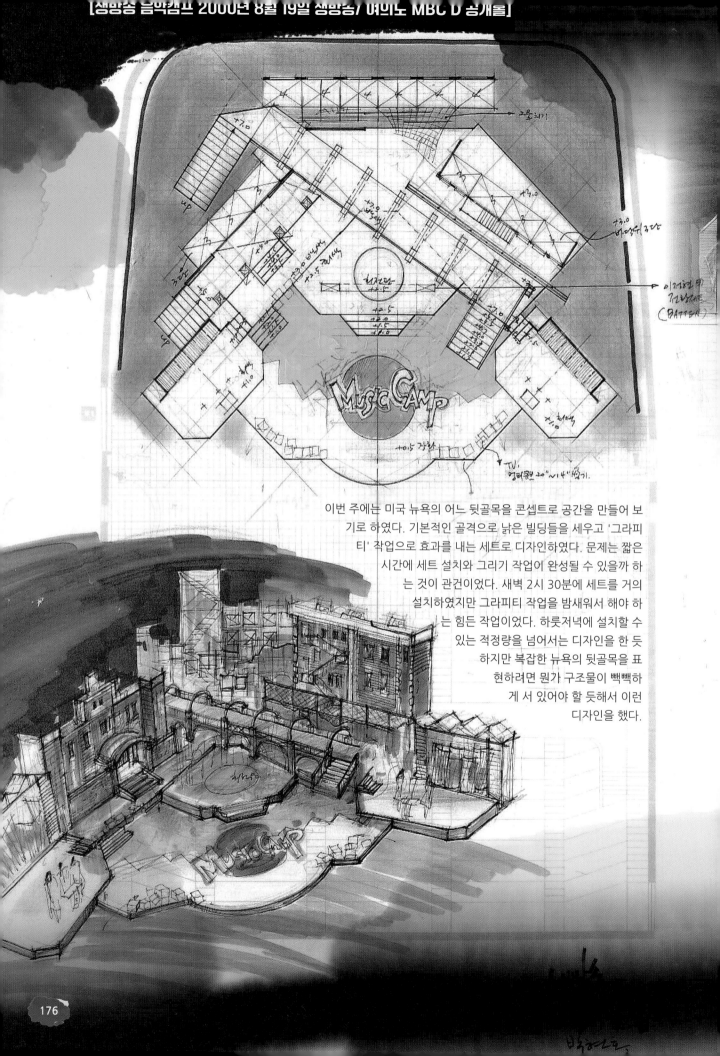

이번 주에는 미국 뉴욕의 어느 뒷골목을 콘셉트로 공간을 만들어 보기로 하였다. 기본적인 골격으로 낡은 빌딩들을 세우고 '그라피티' 작업으로 효과를 내는 세트로 디자인하였다. 문제는 짧은 시간에 세트 설치와 그리기 작업이 완성될 수 있을까 하는 것이 관건이었다. 새벽 2시 30분에 세트를 거의 설치하였지만 그라피티 작업을 밤새워서 해야 하는 힘든 작업이었다. 하룻저녁에 설치할 수 있는 적정량을 넘어서는 디자인을 한 듯 하지만 복잡한 뉴욕의 뒷골목을 표현하려면 뭔가 구조물이 빽빽하게 서 있어야 할 듯해서 이런 디자인을 했다.

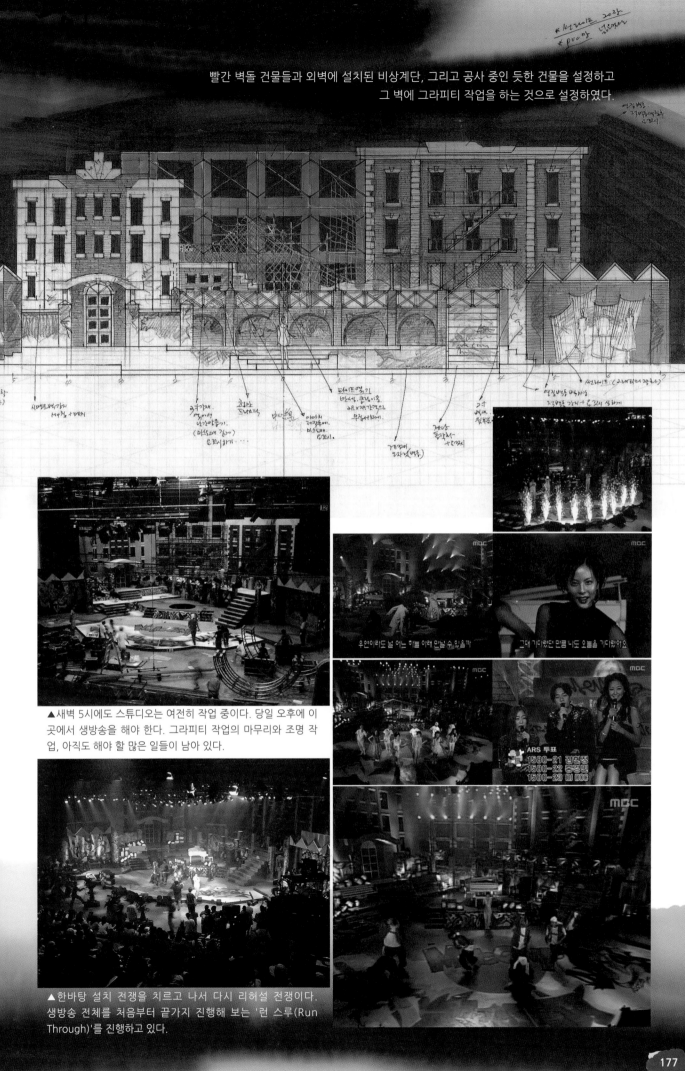

빨간 벽돌 건물들과 외벽에 설치된 비상계단, 그리고 공사 중인 듯한 건물을 설정하고
그 벽에 그라피티 작업을 하는 것으로 설정하였다.

▲새벽 5시에도 스튜디오는 여전히 작업 중이다. 당일 오후에 이 곳에서 생방송을 해야 한다. 그라피티 작업의 마무리와 조명 작업, 아직도 해야 할 많은 일들이 남아 있다.

▲한바탕 설치 전쟁을 치르고 나서 다시 리허설 전쟁이다. 생방송 전체를 처음부터 끝가지 진행해 보는 '런 스루(Run Through)'를 진행하고 있다.

177

[생방송 음악캠프 2000년 8월 26일 생방송/ 여의도 MBC D 공개홀]

'유리의 성'이라는 주제로 세트 전체를 투명한 이미지로 설정해 보았다. 투명한 이미지라는 것이 투명한 재질 뒤에 오브제가 보이는 것과 그 투명한 재질의 반짝이는 느낌으로 표현되는 것인데 이것을 세트로 표현하는 것에는 어떤 방법이 있을까?

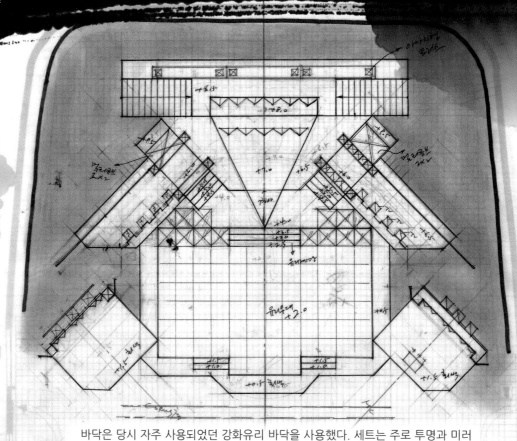

바닥은 당시 자주 사용되었던 강화유리 바닥을 사용했다. 세트는 주로 투명과 미러 아크릴(거울처럼 만들어진 아크릴 소재)을 사용해서 반사되는 느낌을 내고 세트의 벽체도 주로 백색을 사용하여 조명을 받아 투명한 느낌을 낼 수 있도록 설계해 보았다.

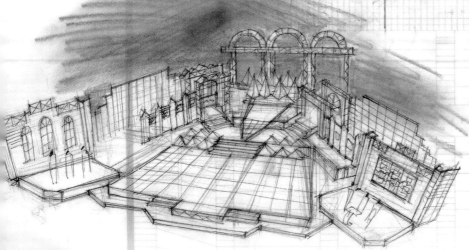

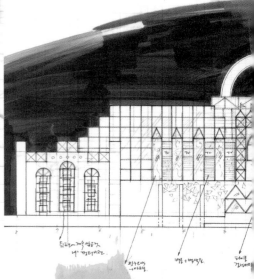

성(城)의 이미지를 만들기 위해서 삼각형 모양의 입체 세트들을 많이 설정했다. 트러스 구조물도 백색 알루미늄으로 조명을 받으면 투명한 느낌을 줄 수 있는 장비이므로 바닥과 세트에 많이 활용하였다. 계단이 있는 곳에는 사각 아크릴 내부에는 전기 장식이 삽입된 세트를 제작해서 설치했다.

178

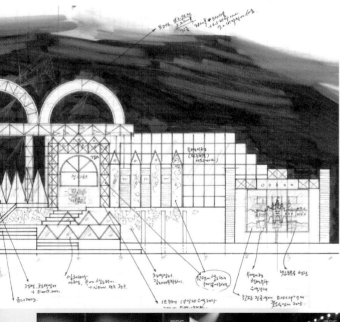

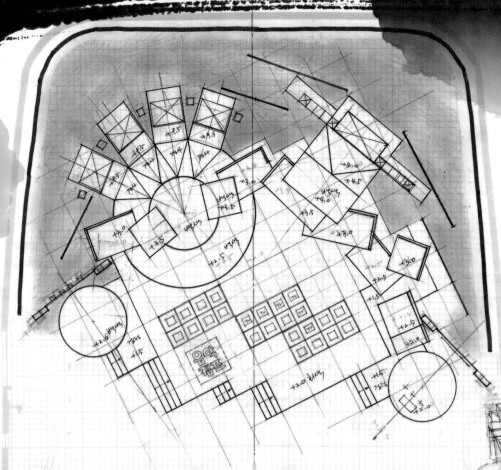

'미디어시티 서울' 행사를 기념한 음악 축제로 계획된 이 프로그램은 그 의미에 맞춰 스튜디오 세트를 하나의 미디어아트 작품으로 만들어 보고자 하였다.
서울시의 행사 현장에도 무대를 설치하고 이원으로 생방송을 진행하였다. (184 page)

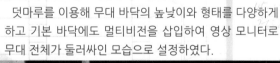

덧마루를 이용해 무대 바닥의 높낮이와 형태를 다양하게
하고 기본 바닥에도 멀티비전을 삽입하여 영상 모니터로
무대 전체가 둘러싸인 모습으로 설정하였다.

높은 단 위에 영상 장비를 무작위로 쌓고 정면은 도시 이미지의 세트를 제작하여 설치하였다. MC석은 유포실사를 활용한 세트로 디자인하였다.

[생방송 음악캠프 2000년 9월 16일 생방송/ 여의도 MBC D 공개홀]

이번 주 작업 주제는 '가을 운동회'이다. 연출진에서 재밌는 주제를 정했는데 일정상 추석날에도 출근해서
일을 해야 했다. 초강력 태풍이 북상한다는 소식이 들려오는 초가을의 사무실에서 홀로 야근을 하였다.

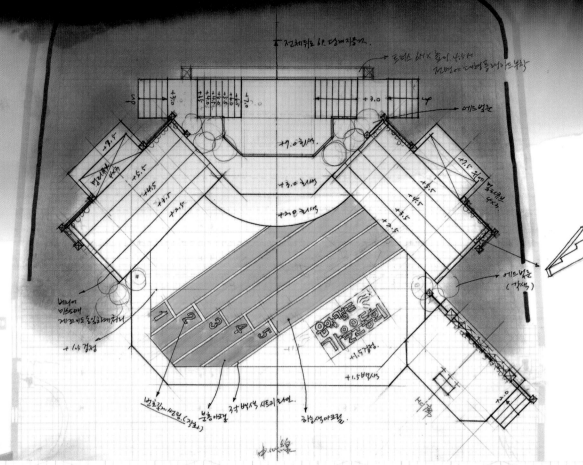

무대 바닥에는 운동장처럼 육상 트랙을 그려 넣고 좌·우측에는 응원단이 위치할 단을 설치했으며
정면에는 운동장의 교단과 플래카드를 설치했다.

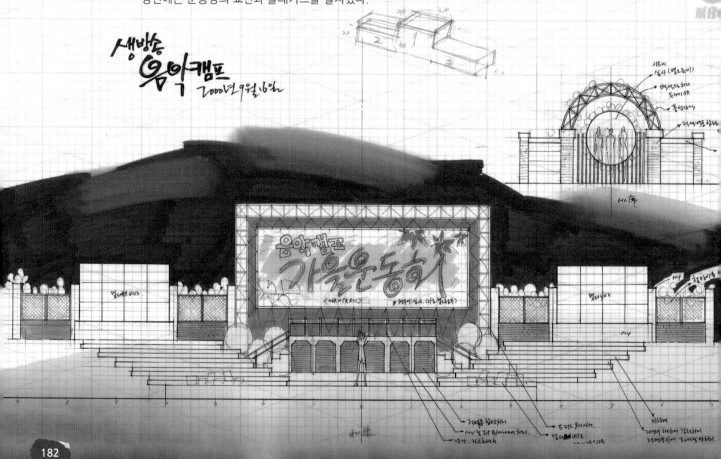

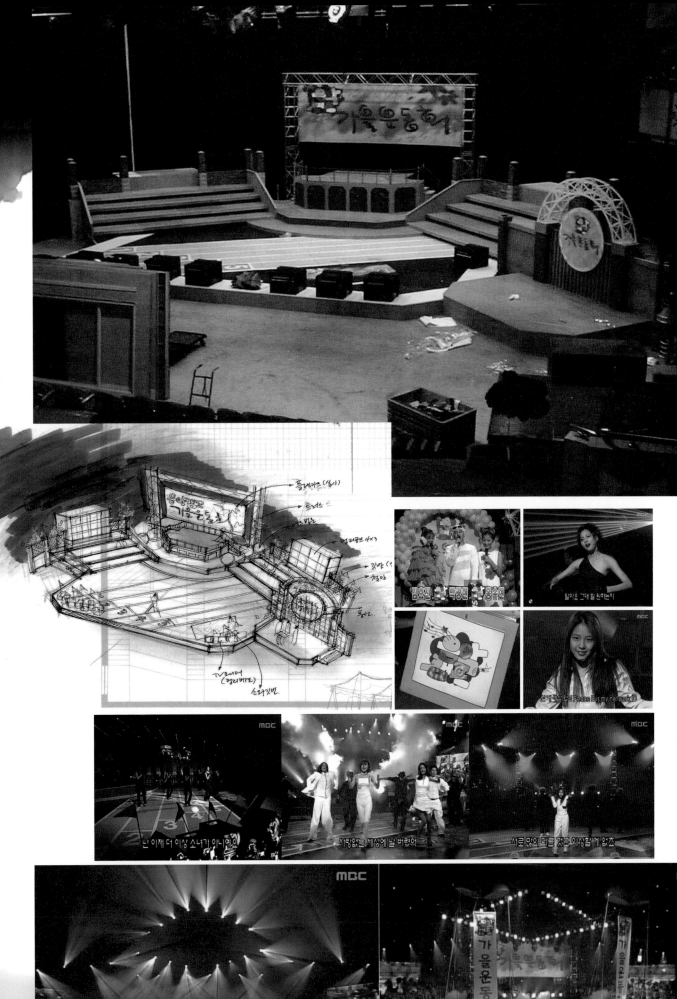

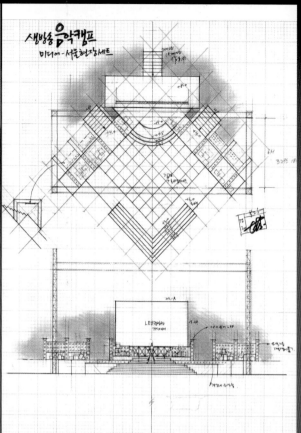

▲미디어시티 서울 현장의 세트는 기본 트러스 구조에 7m x 4m의 LED 전광판을 설치한 간단한 세트이다. LED의 안전을 위해서 크레인을 이용해서 달아놓았다.

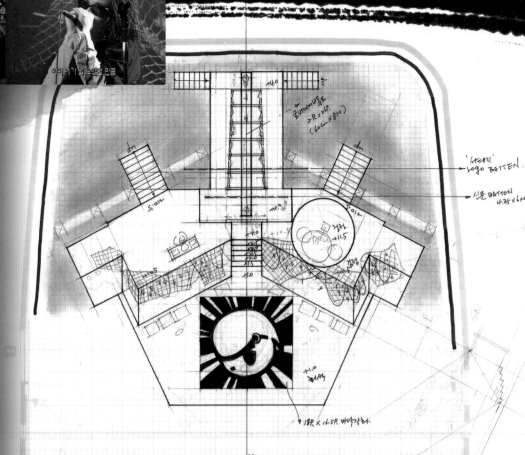

서태지의 '울트라맨 이야'가 엄청난 열풍을 일으키고 있었고, 매주 음악캠프의 말미에는 사전 녹화한 서태지 씨의 공연이 MBC를 통해서 방송되었다.

물론 이 공연은 전부 MBC의 제작진에 의해서 녹화되었고 필자도 '생방송 음악캠프'의 메인 무대와는 별도로 서태지 씨의 공연용 무대를 디자인하고 설치해야 했다.

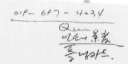

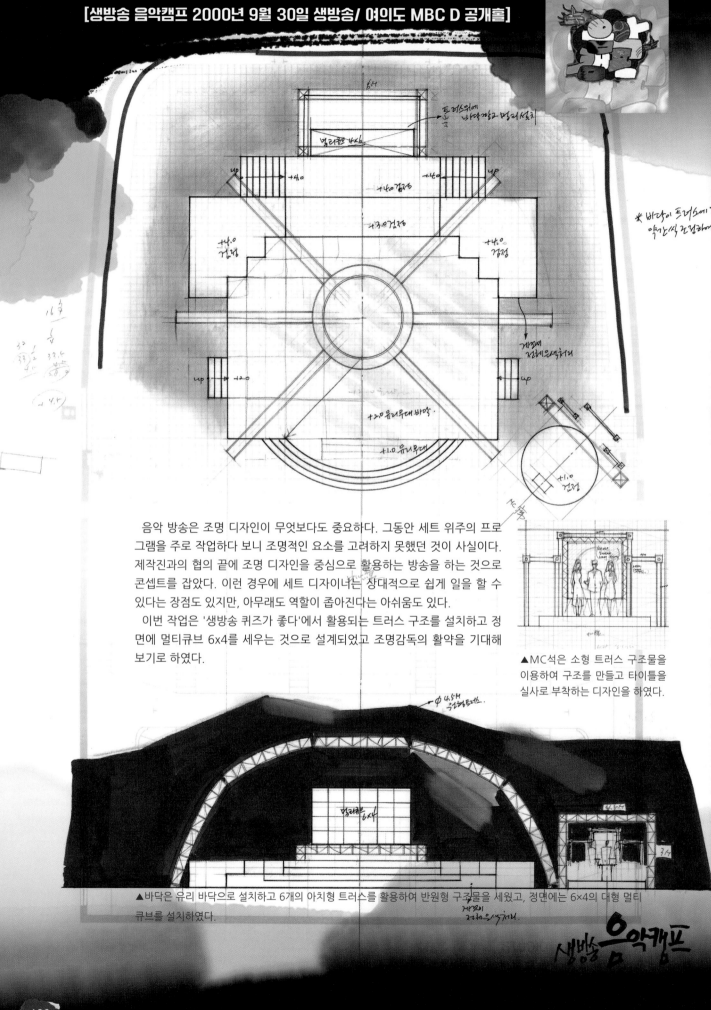

음악 방송은 조명 디자인이 무엇보다도 중요하다. 그동안 세트 위주의 프로그램을 주로 작업하다 보니 조명적인 요소를 고려하지 못했던 것이 사실이다. 제작진과의 협의 끝에 조명 디자인을 중심으로 활용하는 방송을 하는 것으로 콘셉트를 잡았다. 이런 경우에 세트 디자이너는 상대적으로 쉽게 일을 할 수 있다는 장점도 있지만, 아무래도 역할이 좁아진다는 아쉬움도 있다.

이번 작업은 '생방송 퀴즈가 좋다'에서 활용되는 트러스 구조를 설치하고 정면에 멀티큐브 6x4를 세우는 것으로 설계되었고 조명감독의 활약을 기대해 보기로 하였다.

▲MC석은 소형 트러스 구조물을 이용하여 구조를 만들고 타이틀을 실사로 부착하는 디자인을 하였다.

▲바닥은 유리 바닥으로 설치하고 6개의 아치형 트러스를 활용하여 반원형 구조물을 세웠고, 정면에는 6×4의 대형 멀티큐브를 설치하였다.

'가을 전람회'를 주제로 한 방송이다. 가을에 열리는 어느 전람회장을 표현해 보려고 작업을 하였다. 영상 장비를 각종 규격의 액자 모양의 세트에 끼우고 다양한 높이로 설정된 바닥 위에 설치하였다. 바닥 전체에도 빨간색 작화를 하여 예술성 있는 느낌의 세트를 만들어 보려고 노력하였다.

멀티큐브 1x2, 1, 2x2, 2x3, 1x3 등의 장비로 다양한 규격의 화면을 만들고 장비의 전면 부분에 액자형 세트를 세워서 전시장 같은 무대를 만들었다. 영상소스는 명화나 촬영되고 있는 장면을 넣었다.

음악 방송 프로그램은 동일한 무대에서 여러 팀이 공연을 하게 되므로 좀 더 변화 있는 영상을 연출하기 위해서 무대 바닥의 높이나 영상 장비의 활용, 그리고 다양한 조명 디자인을 필요로 한다. 그러므로 가능한 요소들을 잘 조합하여 설계하는 것이 필요하다.

연출팀이 '시네마 월드'라는 콘셉트를 제시하였다. 10월 14일에 생방송을 할 세트 협의를 생방송 3일 전인 11일에 진행을 했으니 TV프로그램의 세트를 디자인하는 디자이너는 가장 중요한 덕목이 '순발력'이라고 하던 선배의 말씀이 생각났다. 게다가 남대문 메사팝콘홀에서 녹화하는 '서태지 in 음악캠프'의 세트도 함께 진행해야 하는 참 바쁘게 열심히 일했던 시절이었다.

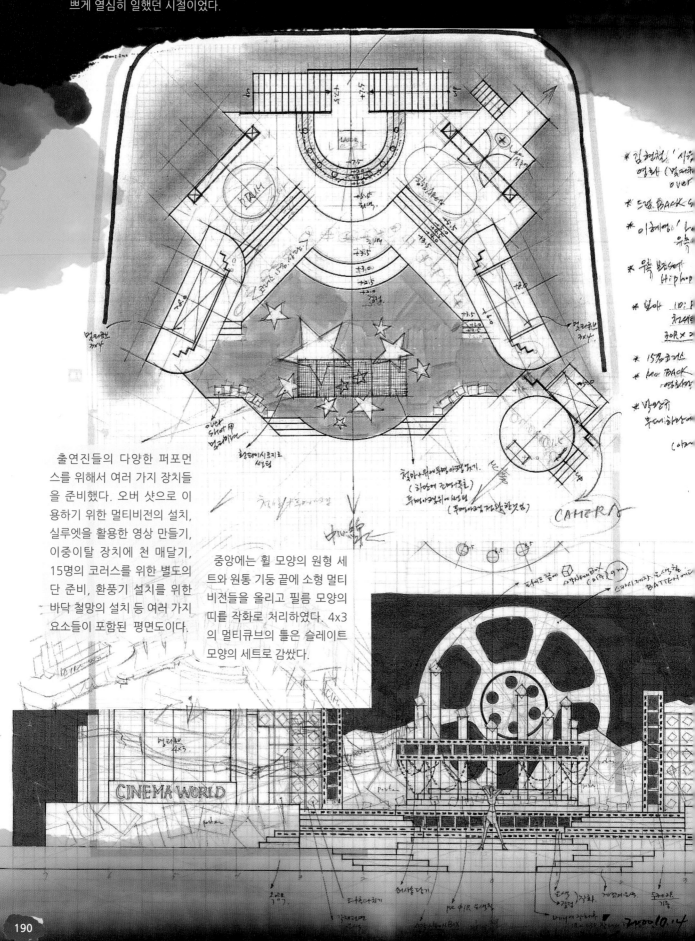

출연진들의 다양한 퍼포먼스를 위해서 여러 가지 장치들을 준비했다. 오버 샷으로 이용하기 위한 멀티비전의 설치, 실루엣을 활용한 영상 만들기, 이중이탈 장치에 천 매달기, 15명의 코러스를 위한 별도의 단 준비, 환풍기 설치를 위한 바닥 철망의 설치 등 여러 가지 요소들이 포함된 평면도이다.

중앙에는 휠 모양의 원형 세트와 원통 기둥 끝에 소형 멀티비전들을 올리고 필름 모양의 띠를 작화로 처리하였다. 4x3의 멀티큐브의 틀은 슬레이트 모양의 세트로 감쌌다.

▲소수의 세트맨들이 이렇게 큰 스튜디오에 꽉 찬 세트를 지어낸다는 것이 참 경이로울 정도이다. 3일 만에 이런 세트를 디자인하고 제작하고 설치한다는 것 자체가 경이로운 일일지도 모른다.

▲준비는 끝났고 이제부터는 카메라팀과 제작진의 시간이다. 드라이 리허설과 카메라 리허설과 사전 녹화와 런스루(Run Through)까지, 생방송은 그야말로 전쟁이다.

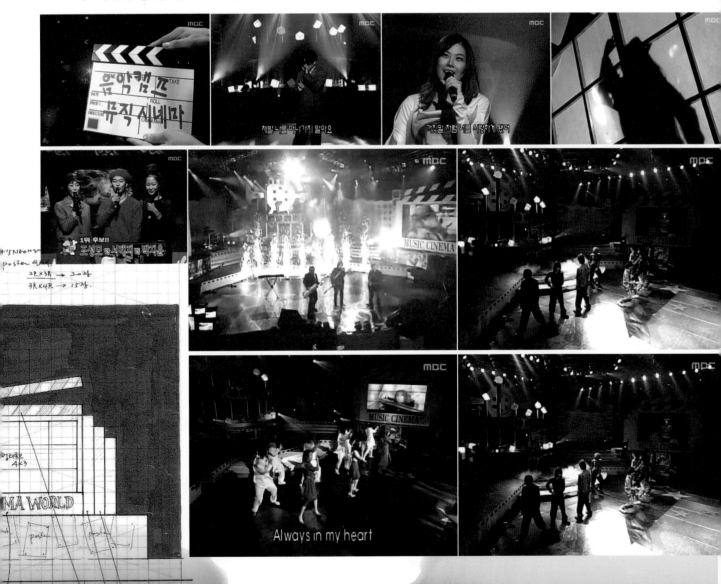

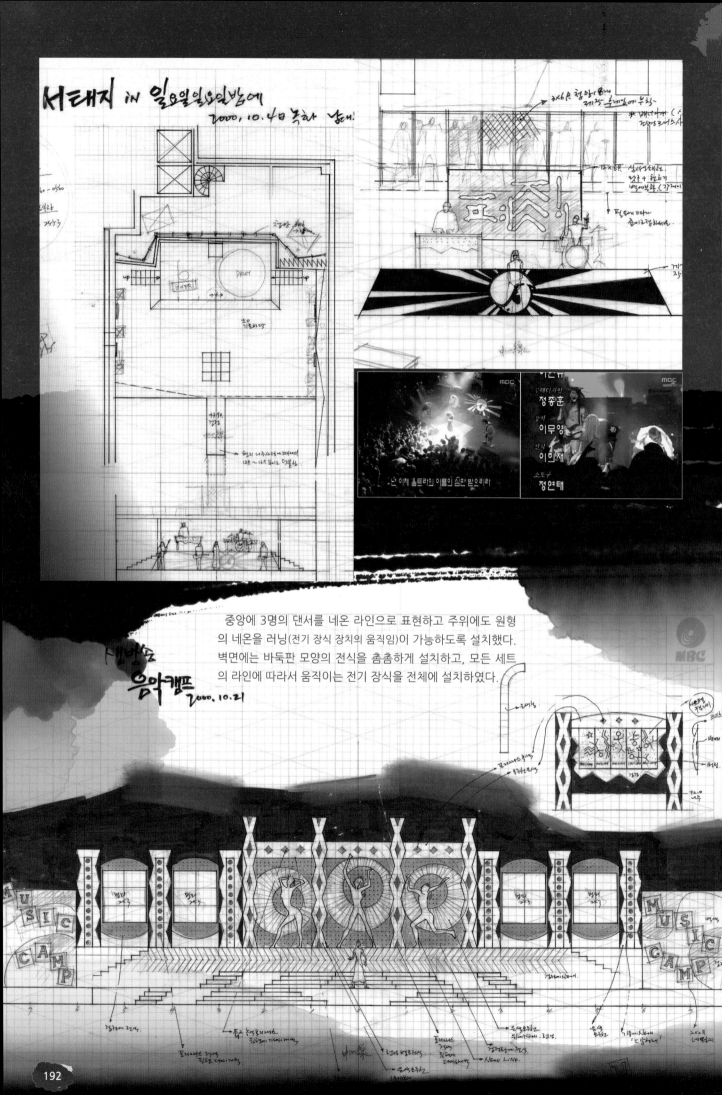

중앙에 3명의 댄서를 네온 라인으로 표현하고 주위에도 원형
의 네온을 러닝(전기 장식 장치의 움직임)이 가능하도록 설치했다.
벽면에는 바둑판 모양의 전식을 촘촘하게 설치하고, 모든 세트
의 라인에 따라서 움직이는 전기 장식을 전체에 설치하였다.

[생방송 음악캠프 in 서태지 2000년 10월 4일 녹화/ 남대문 메사팝콘홀]

▲남대문 메사팝콘홀에서 사전 녹화된 서태지 공연은 열광적인 팬들의
호응이 정말 인상적이었다.

[생방송 음악캠프 2000년 10월 21일 생방송/ 여의도 MBC D 공개홀]

이 작업은 주제를 정해서 하는 디자인이라기보다는 전식(전기 장식 장치)을 주로 활용하는 디자인을 시도하였다. 당시에 활용이 가능했던 전기 장식의 장비를 총동원하여 설계하였는데 아쉽게도 밝기 조절이 용이하지 않고 실시간으로 움직임에 대응하기 어려워서 조명의 운용과는 많이 달랐다. 연출의 의도에 따라서 전식 장치를 끄거나 켜기도 하고, 밝기도 조정하면서 적절한 환경을 만들어서 활용하였다.

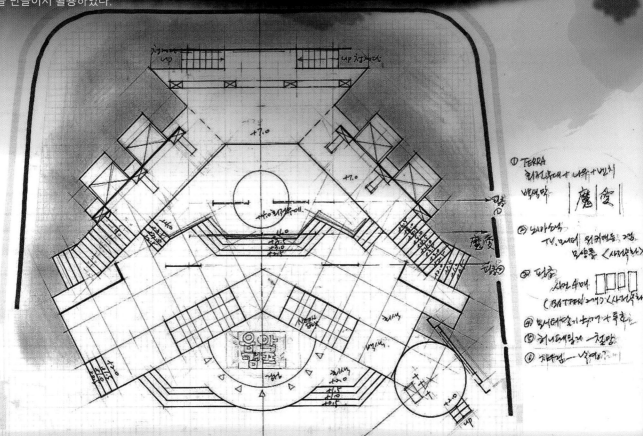

'HOT'의 퍼포먼스용으로 바닥에 네온 박스를 따로 준비하고, 출연자들의 다양한 동선을 위해 출입구와 무대 높이도 여러 단계로 설정하였다.

[생방송 음악캠프 in 서태지 2000년 10월 17일 녹화/ KBS 88체육관]

10월 17일에 KBS 88체육관(현 KBS스포츠월드)에서 녹화된 '서태지 in 음악캠프'는 철망으로 막혀있는 격투기장 콘셉트로 디자인하였다. 카메라가 철망을 통해서 퍼포먼스 장면을 찍어야 하기 때문에 걱정되기도 하였으나 필요한 부분은 내부로 들어가서 촬영하는 등 좋은 결과를 내주어서 다행스러웠다. 필자에게도 새로운 경험이었다.

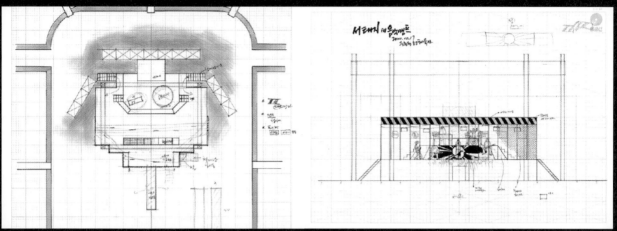

조명용 기본 트러스를 설치하고 1800mm 높이의 바닥을 설치한 후에 트러스의 기둥과 바닥을 활용하여 철망 세트를 설치했다. 철망의 여러 곳에 표지판 등을 설치하여 분위기를 냈다.

이번 작업은 사이버틱한 느낌을 내보기로 하였다. 하지만 주로 목재로 제작되는 세트를 메탈 느낌이 강한 사이버의 공간으로 만드는 것이 쉬운 일은 아니었다. 더구나 아주 짧은 시간에 한정된 비용으로 매주 진행되는 프로그램에서는 더욱 그렇다.

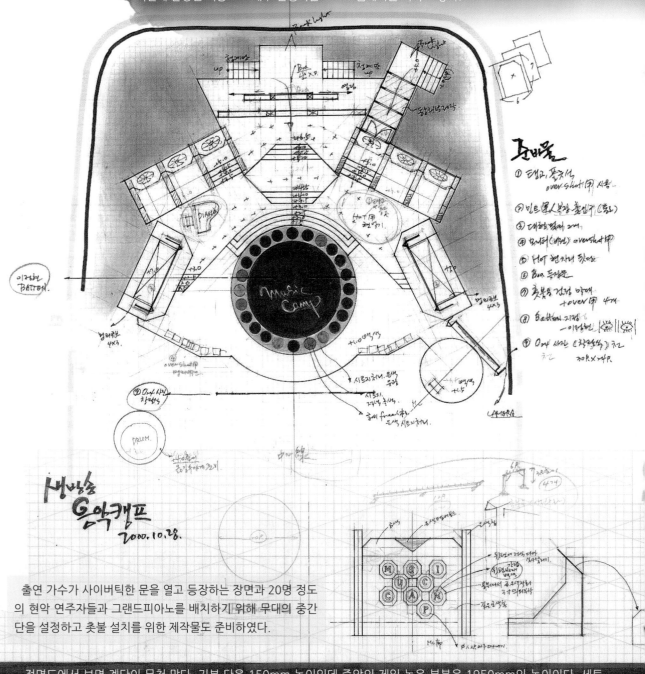

출연 가수가 사이버틱한 문을 열고 등장하는 장면과 20명 정도의 현악 연주자들과 그랜드피아노를 배치하기 위해 무대의 중간 단을 설정하고 촛불 설치를 위한 제작물도 준비하였다.

정면도에서 보면 계단이 무척 많다. 기본 단은 150mm 높이인데 중앙의 제일 높은 부분은 1950mm의 높이이다. 세트의 높이를 너무 높게 설정하면 쇼 프로그램에서 중요한 역할을 하는 조명을 활용하는 데 어려움이 있을 수 있기 때문에 적절하게 조절해야 한다.

[생방송 음악캠프 in 서태지 2000년 10월 26일 녹화/ 양평동 스튜디오 2000]

양평동 '스튜디오 2000'에서 10월 26일에 녹화된 '서태지 in 음악캠프'이다. 서태지 측의 요청에 의해서 복싱링으로 설정했다. 복싱링을 설치하는 것은 세트맨(세트 작업을 하는 작업자를 현장에서는 이렇게 부른다)이 할 수 없는 일이므로 전문가들의 도움을 받았다.

가끔 예능 프로그램에서 복싱경기장의 링을 모양만 내서 설치한 적은 있었지만 실제의 링을 음악공연을 위해서 설치해 본 것은 처음이었다.

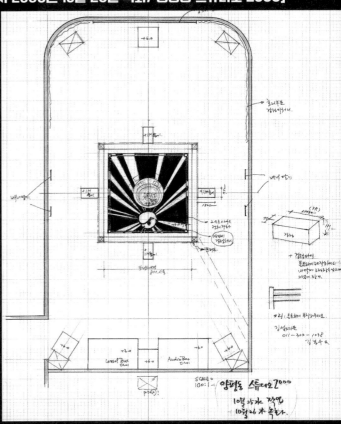

몇 차례에 걸친 서태지 공연의 작업은 우물 안 개구리처럼 일하고 있던 필자의 작업에 참 많은 메시지를 던져 주었다. 가수가 자신의 공연에 대한 끊임없는 연구와 함께 아이디어를 만들어내는 모습은 세트를 디자인하는 업을 갖고 있는 필자에게도 반성과 학습의 계기가 되었다. 그것이 바로 프로의 자세가 아닐까 생각했다.

197

도면이나 사진으로 확인하기가 쉽지 않을지 모르지만 무대 시스템에 작은 변화가 있었다. 기본 무대 바닥의 높이를 1200mm로 설정하고 관객들을 스튜디오 바닥에 스탠딩으로 방청하게 하는 방식으로 바꾸었다. 음악 프로그램에서 관객들의 반응은 매우 중요한 요소이다.

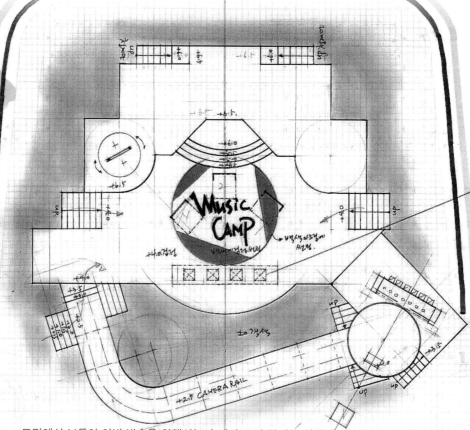

도면에서 보듯이 이번 방송을 위해서는 숙제가 그리 많지는 않았다. 아크릴 박스, 두더지 구멍, 회전하는 턴테이블에 올린 거울 등이었다. 바닥 높이를 300mm에서 1200mm로 높인다는 것은 철야 작업을 하는 세트팀에게는 작업량이 훨씬 많아져서 평소보다 시간이 많이 소요되고 새벽까지 일을 해야 한다는 것을 의미한다.

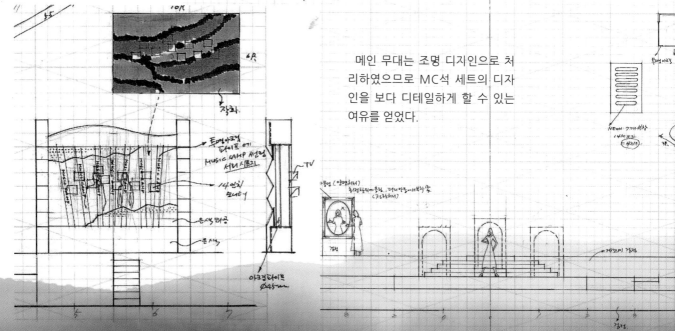

메인 무대는 조명 디자인으로 처리하였으므로 MC석 세트의 디자인을 보다 디테일하게 할 수 있는 여유를 얻었다.

조명의 메모리 작업(공연될 곡에 맞춰서 자동으로 조명의 움직임이 될 수 있도록 저장해 두는 작업)하는 것을 보고 있으면 그 속에 들어가서 샤워라도 하고 싶은 기분이 든다. 무대와 방청객석 사이의 공간에는 관객들로 채워질 것이다.

사라 사라

2000년 크리스마스를 앞둔 방송이다. 여의도 MBC D 공개홀과 COEX
인도양관에서 11월 23일부터 시작하는 '방송 어드벤처 2001' 현장과 이
원으로 연결해서 120분 동안 생방송으로 진행하게 되었다.

크리스마스 이틀 전에 하는 생방송이므로 크리스마스 특집으로 작은 마을에서 열리는 크리스마스 파티를 재현하
였다. 조명용 트러스를 이용하여 크리스마스 트리를 만들었는데 효과가 어떨지 궁금했다. 좌·우측에는 눈 내린 마
을을, MC석은 크리스마스를 맞아 행복한 느낌의 한 가정의 거실을 설정해 보았다.

트러스로 만든 크리스마스트리는 효과가 나쁘지는 않았지만 한 번 더 도전을
해 봐야겠다고 다음을 기약했다. 계획은 훌륭했으나 결과는 기대만큼 나오지
않은 듯해서 아쉬웠다.

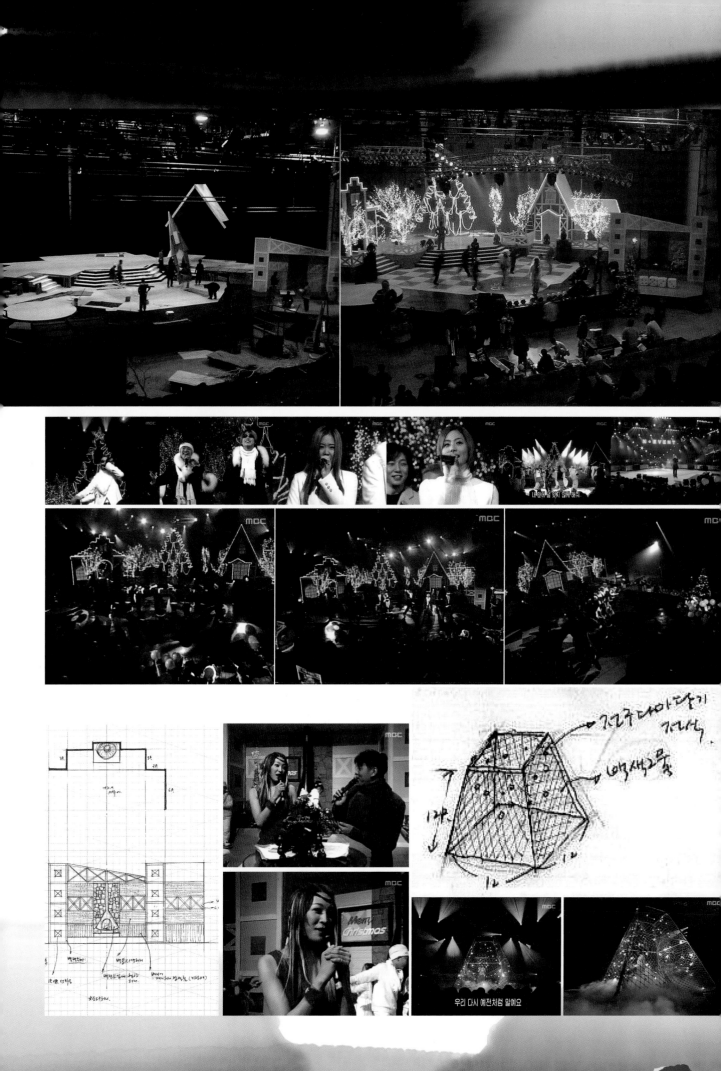

우리 다시 예전처럼 말예요

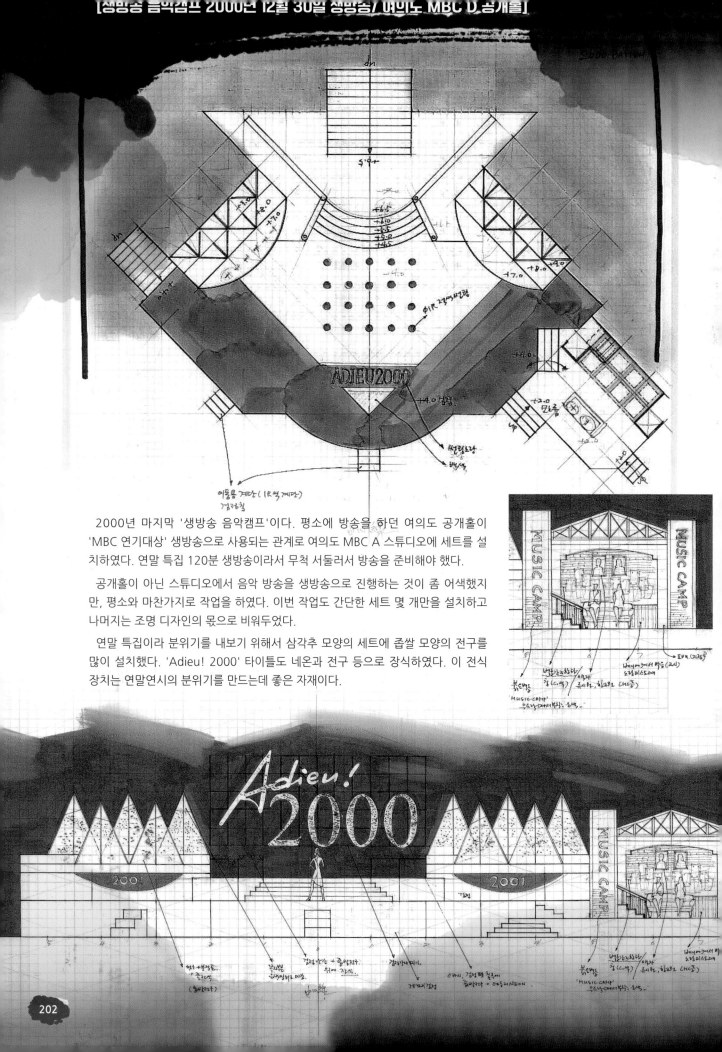

2000년 마지막 '생방송 음악캠프'이다. 평소에 방송을 하던 여의도 공개홀이 'MBC 연기대상' 생방송으로 사용되는 관계로 여의도 MBC A 스튜디오에 세트를 설치하였다. 연말 특집 120분 생방송이라서 무척 서둘러서 방송을 준비해야 했다.

공개홀이 아닌 스튜디오에서 음악 방송을 생방송으로 진행하는 것이 좀 어색했지만, 평소와 마찬가지로 작업을 하였다. 이번 작업도 간단한 세트 몇 개만을 설치하고 나머지는 조명 디자인의 몫으로 비워두었다.

연말 특집이라 분위기를 내보기 위해서 삼각추 모양의 세트에 좁쌀 모양의 전구를 많이 설치했다. 'Adieu! 2000' 타이틀도 네온과 전구 등으로 장식하였다. 이 전식 장치는 연말연시의 분위기를 만드는데 좋은 자재이다.

(오! 가니 오! 가니)

그대로 다가와 (call me)

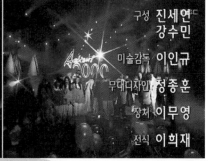

구성 진세연
강수민

미술감독 이인규

무대디자인 정종훈

장치 이무영

전식 이희재

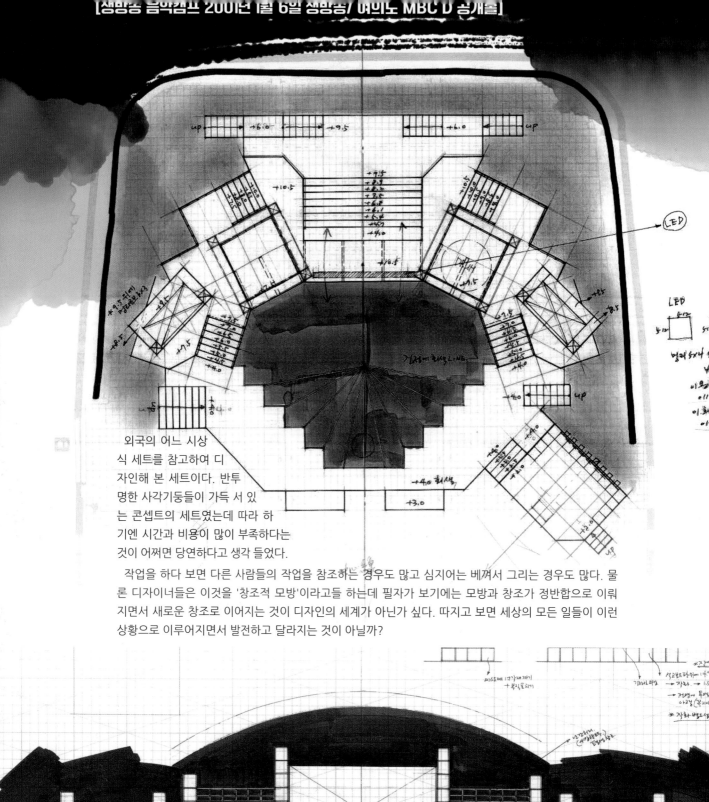

외국의 어느 시상
식 세트를 참고하여 디
자인해 본 세트이다. 반투
명한 사각기둥들이 가득 서 있
는 콘셉트의 세트였는데 따라 하
기엔 시간과 비용이 많이 부족하다는
것이 어쩌면 당연하다고 생각 들었다.

작업을 하다 보면 다른 사람들의 작업을 참조하는 경우도 많고 심지어는 베껴서 그리는 경우도 많다. 물론 디자이너들은 이것을 '창조적 모방'이라고들 하는데 필자가 보기에는 모방과 창조가 정반합으로 이뤄지면서 새로운 창조로 이어지는 것이 디자인의 세계가 아닌가 싶다. 따지고 보면 세상의 모든 일들이 이런 상황으로 이루어지면서 발전하고 달라지는 것이 아닐까?

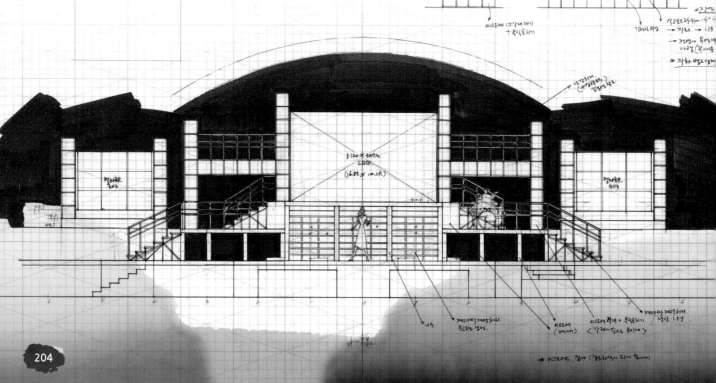

날 바라봐 eyes of fire

난 더 기다리기 힘들어

주어진 운명에 굴복하고 말텐가

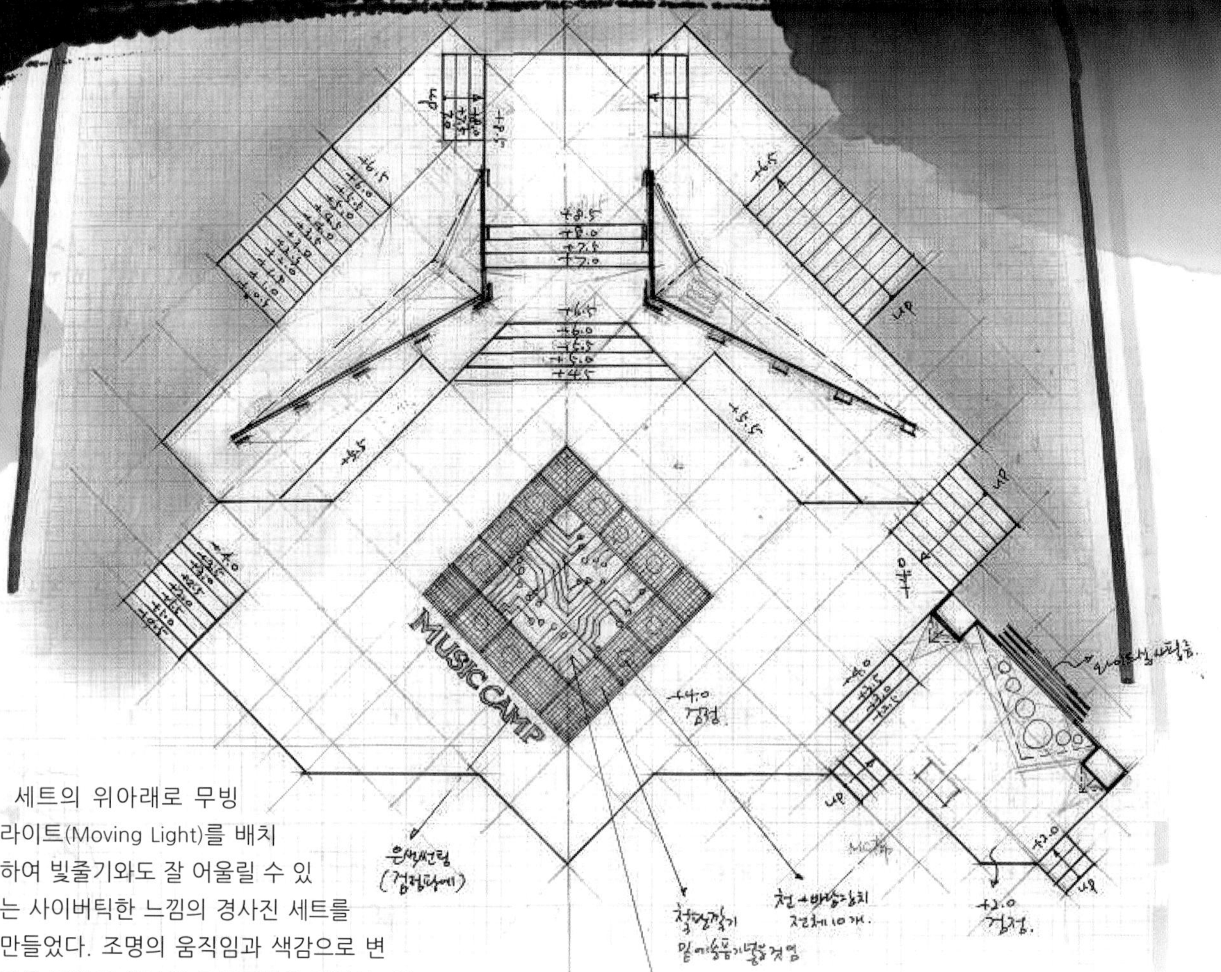

세트의 위아래로 무빙
라이트(Moving Light)를 배치
하여 빛줄기와도 잘 어울릴 수 있
는 사이버틱한 느낌의 경사진 세트를
만들었다. 조명의 움직임과 색감으로 변
화를 주면서 하나의 프로그램을 만들어 내는
것도 손색이 없지만, 세트로 구조물을 설치하는
것에 비해서는 아무래도 다양한 변화를 주기에는 부
족한 면이 있다는 생각이 든다.

기본 바닥의 높이가 1200mm나 되는 스탠딩
(관객들이 객석에 서서 공연을 관람하는 형식)용 무대라
서 동선을 위한 계단이 꽤 많이 필요한 세트이다.

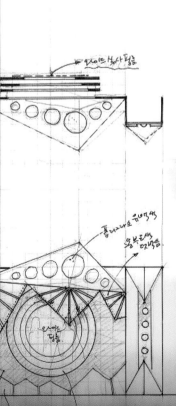

조명 디자인을 활용한 '조명쇼'를 주로 하던 '생방송 음악캠프'가 이번 주에는 상당히 복잡한 세트로 구성되었다. 트러스와 멀티큐브 등으로 전체적인 구조를 만들고 출연진의 퍼포먼스에 맞춘 여러 가지 기능을 포함하여 설계하였다.

기본 바닥에는 송풍기와 조명기를 설치할 수 있도록 공간을 만들어 철망 바닥으로 덮었고, 트러스 구조물을 세워 그 사이에 멀티큐브를 설치하였다. 중앙에는 리어 프로젝터(Rear Projector)를 활용하여 150인치 영상 화면을 만들고, 우측 멀티큐브는 상단에서 퍼포먼스를 할 수 있도록 높은 바닥을 설치하였다.

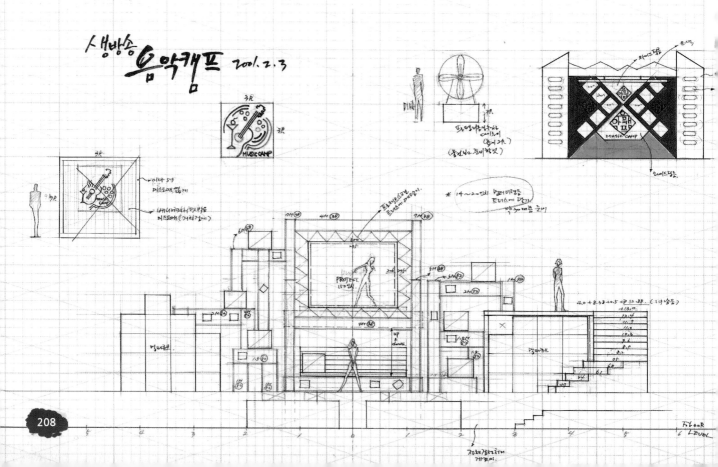

좌·우측 멀티큐브도 온전한 모양이 아닌 자유롭게 쌓아서 구성하고 다양한 높이로 설정한 트러스 구조물 위 아랫부분에 멀티큐브와 멀티비전을 무작위로 설치하였으며, MC석도 멀티비전을 활용한 세트로 설계하였다. 또 정면에는 트러스의 모터 장치로 업 다운이 가능한 이동식 무대에 드럼석을 만들어 연주 시 프로젝터 화면까지 올라갈 수 있게 준비하였다.

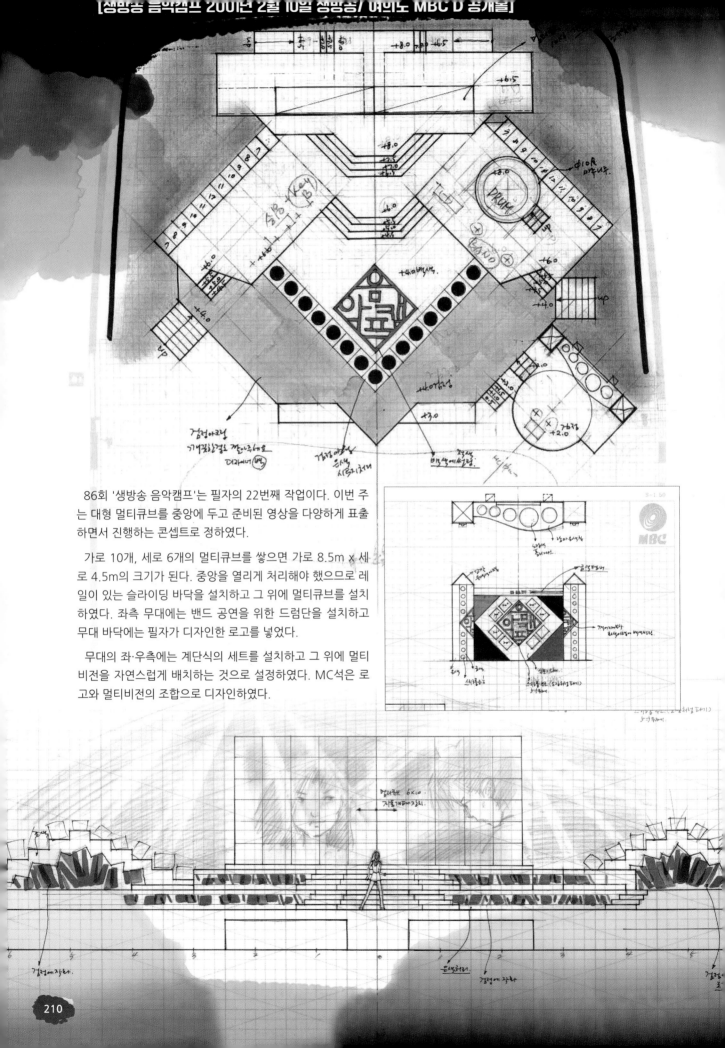

86회 '생방송 음악캠프'는 필자의 22번째 작업이다. 이번 주는 대형 멀티큐브를 중앙에 두고 준비된 영상을 다양하게 표출하면서 진행하는 콘셉트로 정하였다.

가로 10개, 세로 6개의 멀티큐브를 쌓으면 가로 8.5m x 세로 4.5m의 크기가 된다. 중앙을 열리게 처리해야 했으므로 레일이 있는 슬라이딩 바닥을 설치하고 그 위에 멀티큐브를 설치하였다. 좌측 무대에는 밴드 공연을 위한 드럼단을 설치하고 무대 바닥에는 필자가 디자인한 로고를 넣었다.

무대의 좌·우측에는 계단식의 세트를 설치하고 그 위에 멀티비전을 자연스럽게 배치하는 것으로 설정하였다. MC석은 로고와 멀티비전의 조합으로 디자인하였다.

필자의 기억으로는 이렇게 10x6, 총 60개의 멀티큐브로 대형 화면을 구성하는 것이 그때까지 필자가 구성했던 제일 큰 화면이 아니었나 싶다. 지금은 LED를 활용하여 베젤(연결부위의 테두리)이 없는 대형 화면을 구성하는 것이 그리 어려운 일이 아니지만 2001년 당시에는 결코 쉬운 일이 아니었다.

얼굴 없는 가수로 활동하던 '왁스'가
자신을 모습을 처음 선보이는 장면이
지금도 기억이 난다.

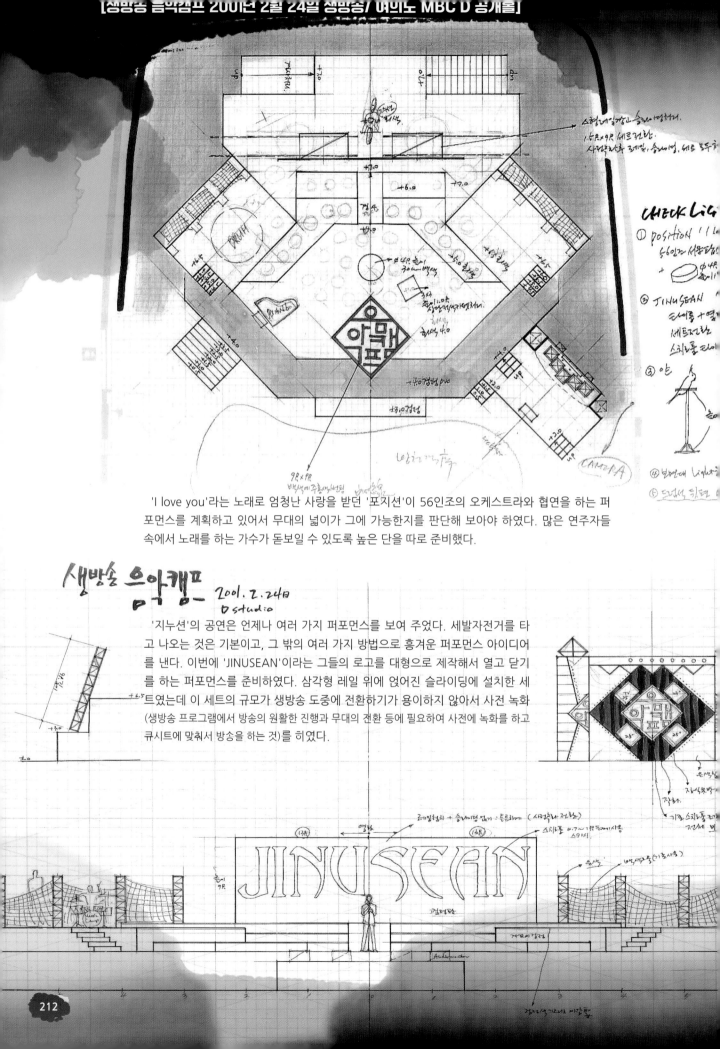

'I love you'라는 노래로 엄청난 사랑을 받던 '포지션'이 56인조의 오케스트라와 협연을 하는 퍼포먼스를 계획하고 있어서 무대의 넓이가 그에 가능한지를 판단해 보아야 하였다. 많은 연주자들 속에서 노래를 하는 가수가 돋보일 수 있도록 높은 단을 따로 준비했다.

생방송 음악캠프 2001. 2. 24日 D studio

'지누션'의 공연은 언제나 여러 가지 퍼포먼스를 보여 주었다. 세발자전거를 타고 나오는 것은 기본이고, 그 밖의 여러 가지 방법으로 흥겨운 퍼포먼스 아이디어를 낸다. 이번에 'JINUSEAN'이라는 그들의 로고를 대형으로 제작해서 열고 닫기를 하는 퍼포먼스를 준비하였다. 삼각형 레일 위에 얹어진 슬라이딩에 설치한 세트였는데 이 세트의 규모가 생방송 도중에 전환하기가 용이하지 않아서 사전 녹화 (생방송 프로그램에서 방송의 원활한 진행과 무대의 전환 등에 필요하여 사전에 녹화를 하고 큐시트에 맞춰서 방송을 하는 것)를 히였다.

'지누션'의 사전 녹화 무대가 설치된 상태이다. 사전 녹화가 끝나면 기본 세트를 세우기 위해서
슬라이딩 세트와 레일까지도 철거하고 생방송에 대비하였다.

제발 날 떠나지마 더 이상 혼자는 싫어   Yo Microphone Check 1, 2 Un (A-yo)   너무 쉽게 헤어질 사랑하진 마요   물론 다 못하겠죠 이 내 마음을

'지누션'과 '포지션'이 대활약을 하는 시기의 생방송 음악 프로그램의 모습은 이렇게 나온다.

Two Fo Tha Show   새로 태어난 힙합 빠삐용

새 연출자가 의욕적으로 시작하는 작업이어서 느슨해지는 맘을 다시 잡고 작업하였다. 우선, 공개홀의 공간을 더 넓게 활용하여 객석까지 무대 바닥을 연장했다. 관객과 좀 더 밀접한 느낌을 낼 수 있게 하고 다양한 퍼포먼스에 더 많이 활용한 무대를 설계하였다.

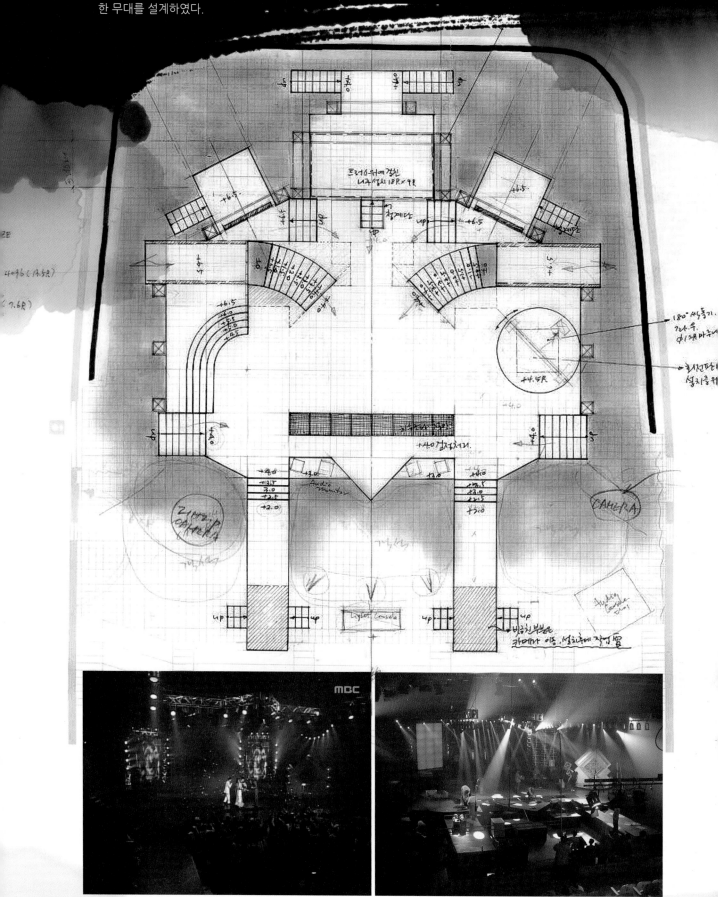

▲생방송 날 아침에도 세트 마무리와 조명작업이 계속되고 있다.

▲드라이 리허설(카메라 리허설 전에 준비한 퍼포먼스를 현장에서 미리 연습해 보는 것)을 진행하고 있는 스튜디오의 모습이다.

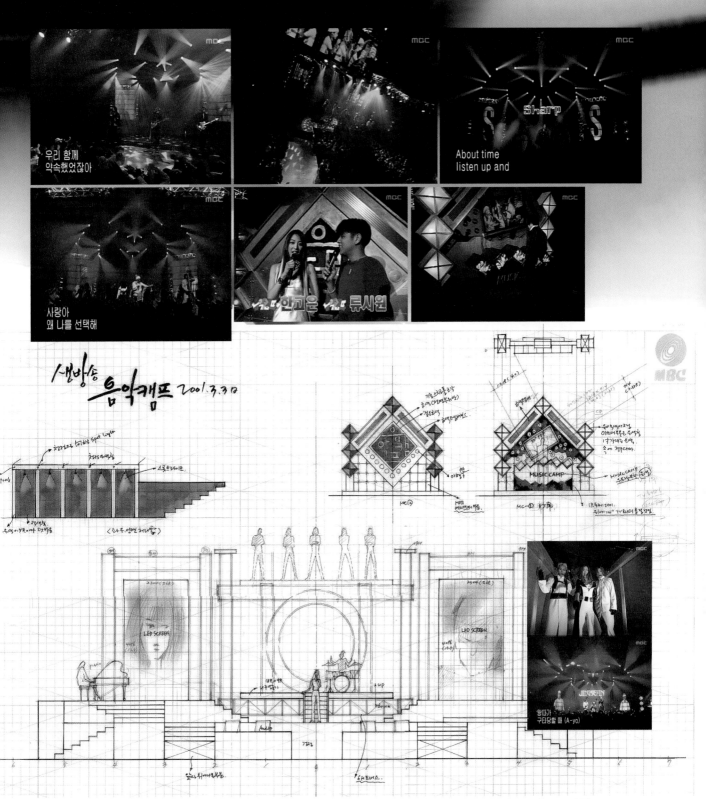

이번 주 세트는

1. MC석을 양면 제작하고 회전 무대에 설치하고 2개의 MC석으로 진행
2. 무대를 객석까지 확장해서 카메라 공간을 최소화하고 나머지는 객석으로 활용
3. 무대 밑에서 등장하는 통로 마련
4. 정면 중앙에 상하로 움직이는 트러스 단(드럼석) 설치
5. 정면 좌·우측에 LED 전광판 스크린을 세로로 길게 설치
6. '지누션'과 '샵'의 네온 타이틀 준비
7. '지누션'이 객석으로 지나갈 수 있게 징검다리형 바닥 준비

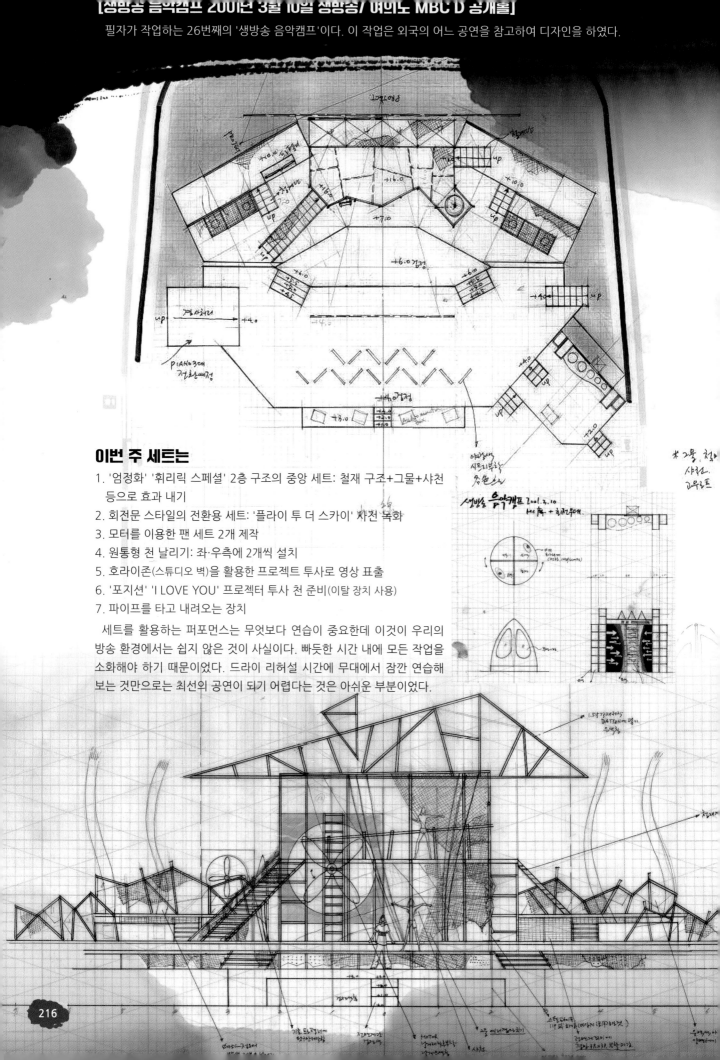

[생방송 음악캠프 2001년 3월 10일 생방송/ 여의도 MBC D 공개홀]

필자가 작업하는 26번째의 '생방송 음악캠프'이다. 이 작업은 외국의 어느 공연을 참고하여 디자인을 하였다.

이번 주 세트는

1. '엄정화' '휘리릭 스페셜' 2층 구조의 중앙 세트: 철재 구조+그물+샤천 등으로 효과 내기
2. 회전문 스타일의 전환용 세트: '플라이 투 더 스카이' 샤천 녹화
3. 모터를 이용한 팬 세트 2개 제작
4. 원통형 천 날리기: 좌·우측에 2개씩 설치
5. 호라이즌(스튜디오 벽)을 활용한 프로젝트 투사로 영상 표출
6. '포지션' 'I LOVE YOU' 프로젝터 투사 천 준비(이탈 장치 사용)
7. 파이프를 타고 내려오는 장치

　세트를 활용하는 퍼포먼스는 무엇보다 연습이 중요한데 이것이 우리의 방송 환경에서는 쉽지 않은 것이 사실이다. 빠듯한 시간 내에 모든 작업을 소화해야 하기 때문이었다. 드라이 리허설 시간에 무대에서 잠깐 연습해 보는 것만으로는 최선의 공연이 되기 어렵다는 것은 아쉬운 부분이었다.

너 그렇게 가고
나 이렇게 남아

이렇게 아무런
감동 없는 나처럼

나의 작은
이 사랑으론

쉽지 않아
살아야 하는 것

정말 행복하니

너무
아름다울 것 같죠

강수민
미술감독 이인규

무대디자인 정종훈

장치 이무영

전식 이희재

소도구 정연태

217

제작진과의 심도 있는 협의가 좋은 프로그램을 만드는 것은 분명하지만 시간을 다투는 작업은 속도있는 진행도 중요하다. 세트 디자이너는 자신의 디자인 작업이 업무의 끝이 아니라 제작과 설치의 후속 과정을 거쳐야 하기 때문에 그 작업의 일정까지도 고려하지 않으면 안 된다.

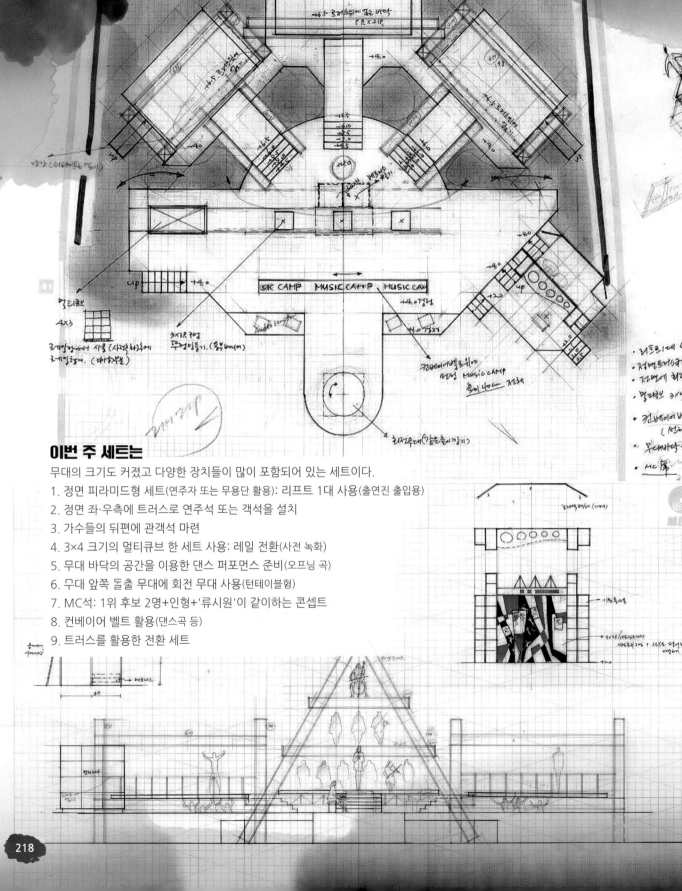

이번 주 세트는

무대의 크기도 커졌고 다양한 장치들이 많이 포함되어 있는 세트이다.

1. 정면 피라미드형 세트(연주자 또는 무용단 활용): 리프트 1대 사용(출연진 출입용)
2. 정면 좌·우측에 트러스로 연주석 또는 객석을 설치
3. 가수들의 뒤편에 관객석 마련
4. 3×4 크기의 멀티큐브 한 세트 사용: 레일 전환(사전 녹화)
5. 무대 바닥의 공간을 이용한 댄스 퍼포먼스 준비(오프닝 곡)
6. 무대 앞쪽 돌출 무대에 회전 무대 사용(턴테이블형)
7. MC석: 1위 후보 2명+인형+'류시원'이 같이하는 콘셉트
8. 컨베이어 벨트 활용(댄스곡 등)
9. 트러스를 활용한 전환 세트

생방송 당일 아침의 스튜디오 풍경이다. 아직 정리할 것이 많이 남아있는 상황이라 담당 스태프들이 분주하게 작업을 하고 있다.

리허설이 시작되어도 생방송을 하기 전까지는 세트팀의 수정, 보완 작업은 끝나지 않는다. 만약에 사전 녹화가 있거나 생방송 도중에 세트의 전환이 있을 경우에는 정해진 시간에 정확하게 작업하기 위해 대기해야 한다.

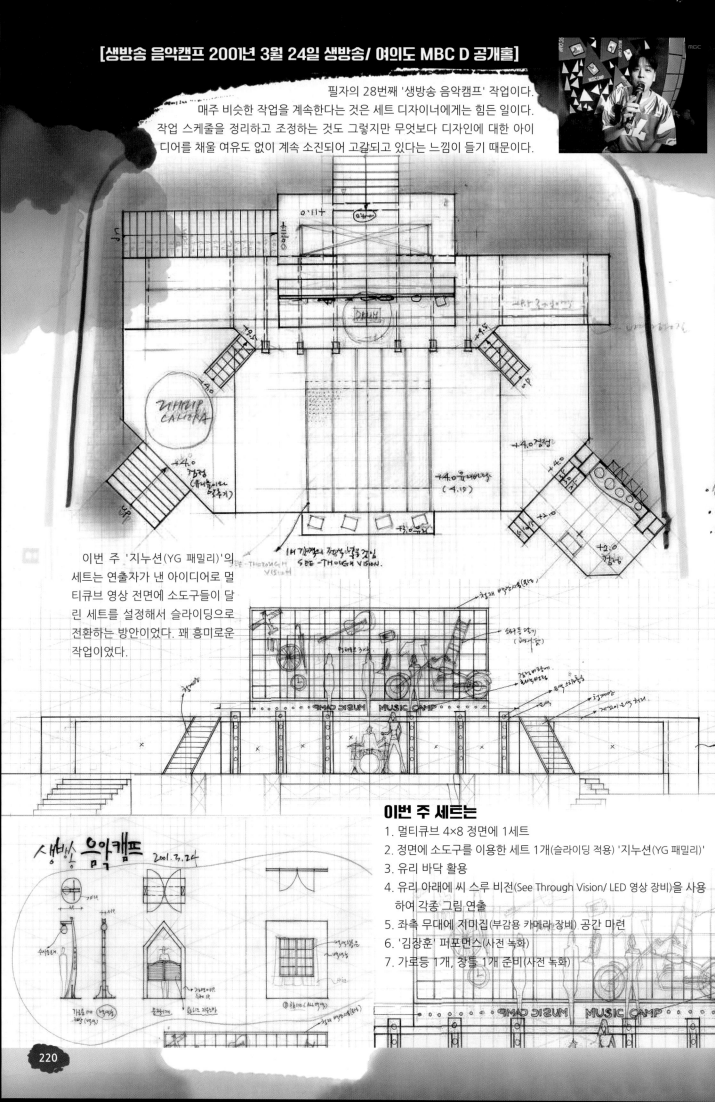

필자의 28번째 '생방송 음악캠프' 작업이다.
매주 비슷한 작업을 계속한다는 것은 세트 디자이너에게는 힘든 일이다.
작업 스케줄을 정리하고 조정하는 것도 그렇지만 무엇보다 디자인에 대한 아이
디어를 채울 여유도 없이 계속 소진되어 고갈되고 있다는 느낌이 들기 때문이다.

이번 주 '지누션(YG 패밀리)'의 세트는 연출자가 낸 아이디어로 멀티큐브 영상 전면에 소도구들이 달린 세트를 설정해서 슬라이딩으로 전환하는 방안이었다. 꽤 흥미로운 작업이었다.

이번 주 세트는

1. 멀티큐브 4×8 정면에 1세트
2. 정면에 소도구를 이용한 세트 1개(슬라이딩 적용) '지누션(YG 패밀리)'
3. 유리 바닥 활용
4. 유리 아래에 씨 스루 비전(See Through Vision/ LED 영상 장비)을 사용하여 각종 그림 연출
5. 좌측 무대에 지미집(부감용 카메라 장비) 공간 마련
6. '김장훈' 퍼포먼스(사전 녹화)
7. 가로등 1개, 창틀 1개 준비(사전 녹화)

객석의 관객과 무대의 가수가 일체감을 갖게 하고 같이 즐기는 분위기를 자아내게 하는 연출은 성공적인 방송의 결과를 만들어 준다. 이번 주는 그런 개념의 세트를 설정해 보는 것으로 연출진과 협의를 하였다.

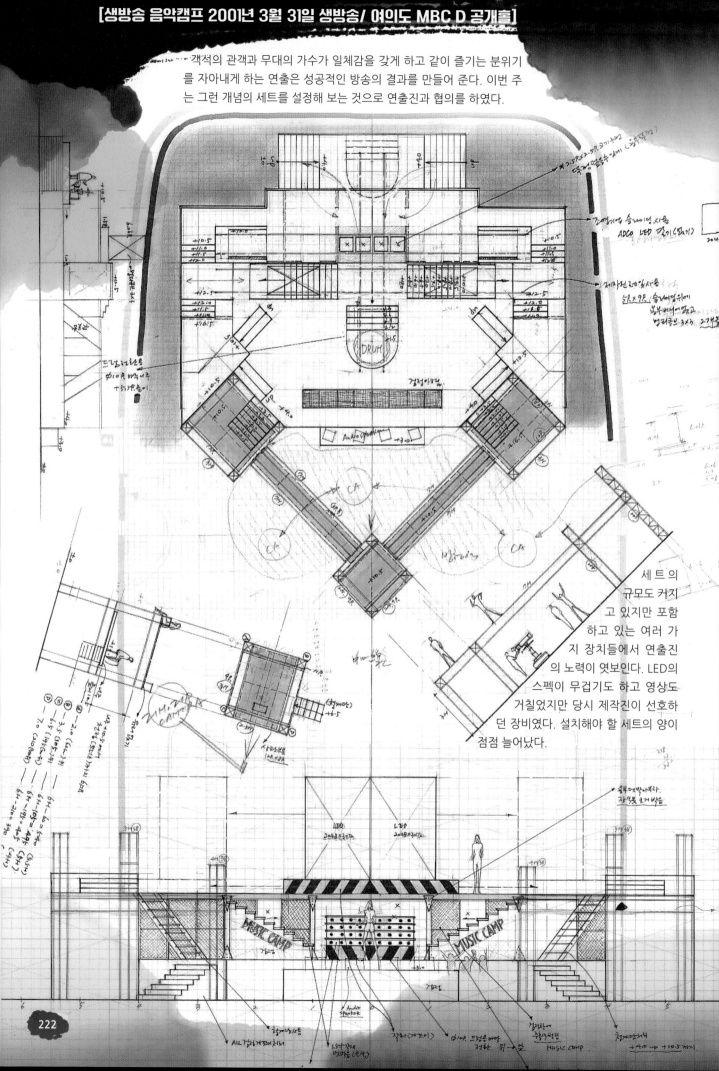

세트의 규모도 커지고 있지만 포함하고 있는 여러 가지 장치들에서 연출진의 노력이 엿보인다. LED의 스펙이 무겁기도 하고 영상도 거칠었지만 당시 제작진이 선호하던 장비였다. 설치해야 할 세트의 양이 점점 늘어났다.

오늘만 울어줄게
슬픈 눈물이

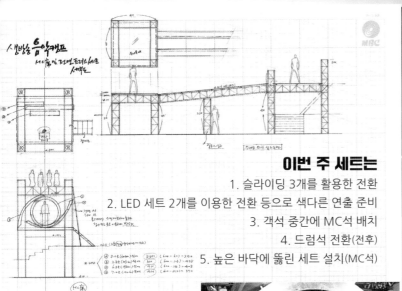

너만을 바라보던
날 차버렸어

왜 떠나려고 하니

이번 주 세트는

1. 슬라이딩 3개를 활용한 전환
2. LED 세트 2개를 이용한 전환 등으로 색다른 연출 준비
3. 객석 중간에 MC석 배치
4. 드럼석 전환(전후)
5. 높은 바닥에 뚫린 세트 설치(MC석)

꼭 내게 이것만
묻고 싶어서

이번 주는 세트보다는 조명 디자인 중심의 콘셉트로 프로그램을 진행하기로 하였다. 제작진과의 협의가 늦어져서 시간이 부족하여 복잡한 디자인을 소화하기가 쉽지 않았던 이유가 컸다. 전주 세트 작업의 피로감도 아직 남아 있는 상태여서 세트팀의 부담을 조금 덜어준다는 의미도 있었다.

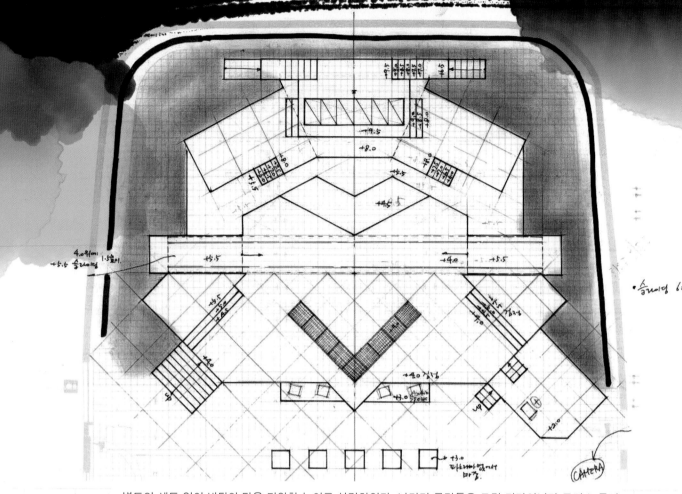

별도의 세트 없이 바닥의 단을 다양한 높이로 설정하였다. 나머지 공간들은 조명 디자이너가 트러스 등의 구조물을 활용하여 채우고 조명 장비를 설치하고 운용을 위한 설계를 하였다.

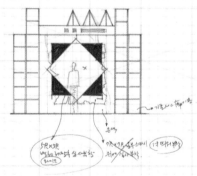

이번 주 세트는

1. 정면 멀티큐브 5×6 설치

2. 무대에 슬라이딩 트럭 설치(12자 × 6자/ 2개) 코러스 약 30명 출연 예정

3. 무대 중앙에 조명 및 효과용 철망 바닥 설치

4. 풍선 효과 사전 녹화

5. 객석에 파노라마(박스형 전기 장식 장비) 바닥 5개 설치

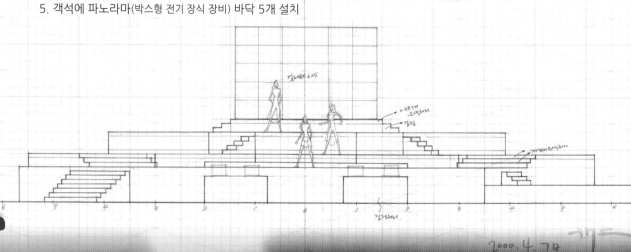

MC석의 배경을 실사 프린트로 처리하기 위해서 연주하고 노래하는 사람들의 아이콘을 그려 활용했다.

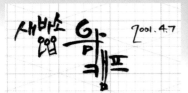

새방쇼 업 뮤캠프 2001. 4. 7

Did you love me baby?   Never come to me again

다신 울지 않기로 해요

▲생방송 당일 오전 10시경 드라이 리허설 중인 스튜디오 모습

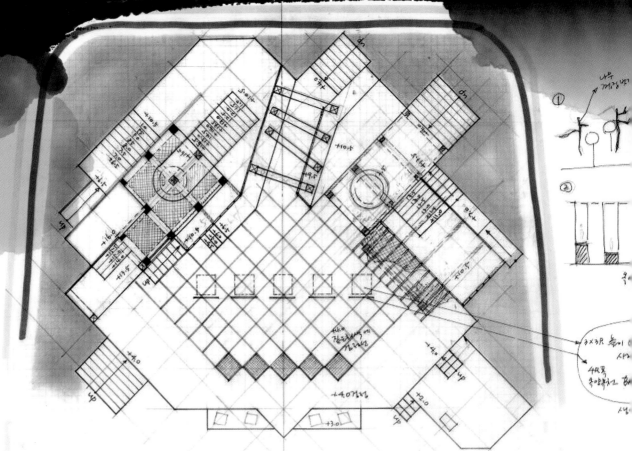

매주 작업하던 '생방송 음악캠프' 작업을 격주로 하게 되었다. 그러나 여전히 협의를 끝내고 생방송을 하기까지는 약 3일간의 시간밖에는 주어지지 않는 제작 환경이었다. 4월 18일에 세트 협의를 끝내고 밤샘 작업으로 디자인을 완성한 뒤 19일에 디자인 설명, 그리고 19일~20일에 세트를 제작하고 설치하는 작업까지 완료해야 하는 상황이었다.

당시 필자는 밤새워 설치한 세트가 조명에 묻혀 잘 보이지도 않는 아쉬운 상황을 보면서 스태프가 자신의 '성과'만을 생각하고 '조화'를 생각하지 않는다면 결코 좋은 결과를 만들지 못한다는 깨달음을 얻게 되었다. 방송은 모든 스태프가 조화를 이루어 만들어 가는 '협업'이다!

이번 주 세트는

1. 'SES' 사전 녹화용 세트(나무+백색 풍선+바위)
2. 'EVE' 용 전환 세트(옥양목+단)
3. 무대 앞에 바닥에 전기 장치가 되어있는 단 1개
4. 댄서용 아크릴 박스 1개

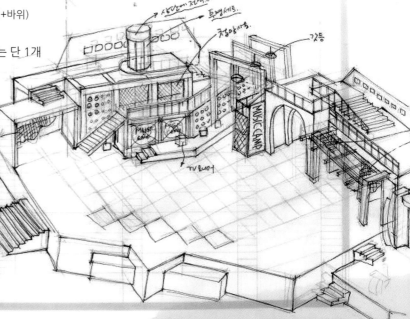

▲이 당시의 작업에는 도면을 광원으로 복사하는 청사진기를 사용하였다. 이 장비도 10년 후쯤에는 컴퓨터를 이용한 도면 작업과 프린트로 대체되면서 사라졌다.

당시는 세트맨들의 업무 시스템이 현업(09:00 출근~18:00 퇴근), 철야(09:00 출근~익일 09:00 퇴근), 비번 등의 3개 조로 운영되었는데 그것은 매일 매일 새로운 프로그램이 녹화되는 스튜디오의 상황에 대응하기 위한 것이었다. 지금 상황과 비교하면 너무 열악한 환경이었다.

좌, 중/ 다양한 영상을 위하여 준비한 철재로 만든 미디어 나무   우/ 그라인딩으로 생겨나는 불꽃을 오버샷으로 활용한 영상 퍼포먼스

▲당시의 인기 힙합 그룹 '지누션'의 공연 장면
　여의도 MBC 사옥에 버스가 도착하여 '지누션'과 'YG 패밀리' 공연팀이 내려서 공개홀로 입장하고 무대로 오르기까지의 동선을 한 대의 카메라만으로 따라가는 실험적인 연출이 시도되었다.

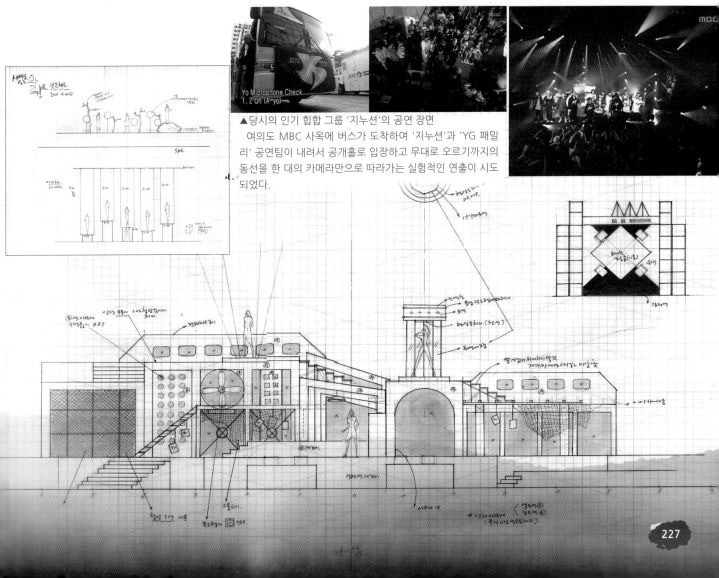

어린이날 생방송 되는 프로그램이었지만 어린이날에 관련된 콘셉트가 아닌
낡은 공장의 한 부분 같은, 메탈 느낌이 나는 세트로 만드는 것으로 제작진과 협의하였다.
아마 당시 힙합이 주류인 상황이어서 그 분위기에 맞는 연출을 원했기 때문인 듯싶다.

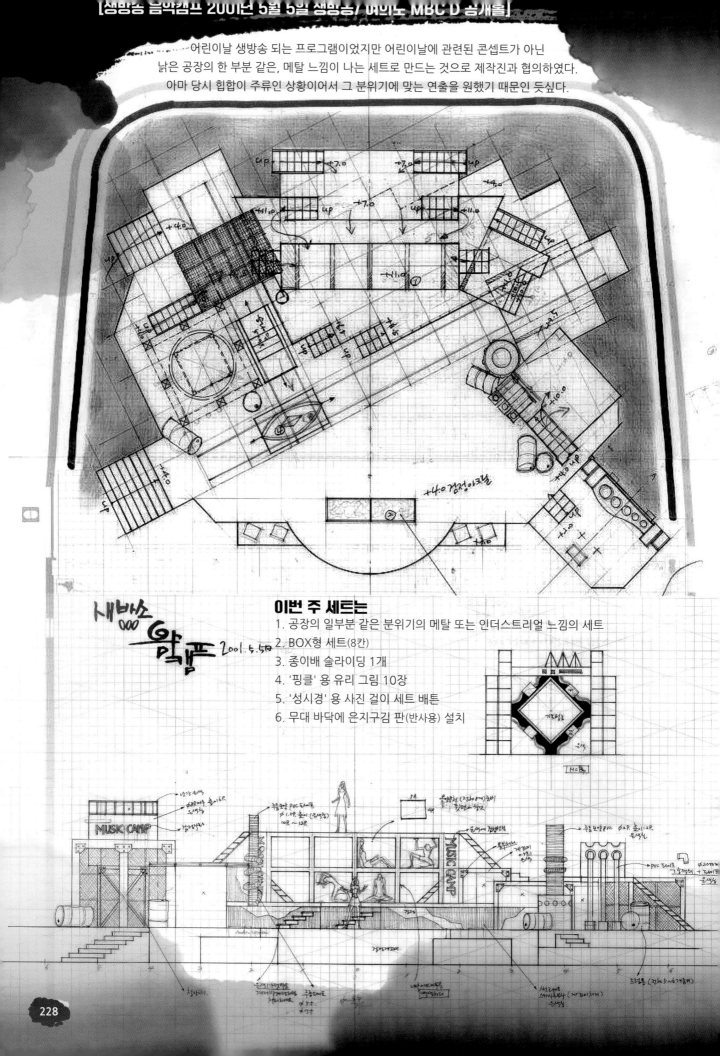

이번 주 세트는
1. 공장의 일부분 같은 분위기의 메탈 또는 인더스트리얼 느낌의 세트
2. BOX형 세트(8칸)
3. 종이배 슬라이딩 1개
4. '핑클' 용 유리 그림 10장
5. '성시경' 용 사진 걸이 세트 배튼
6. 무대 바닥에 은지구김 판(반사용) 설치

필자는 이 작업을 끝으로 '생방송 음악캠프'를 다른 디자이너에게 인계하였다. 이 작업을 하면서 시간의 아쉬움과 아이디어의 부족함을 많이 느꼈지만 무대 퍼포먼스 등에 관한 연구도 많이 했던 TV 세트 디자이너에서 한 단계 더 진화할 수 있는 좋은 기회였다고 생각된다.

전설을 만나다!

이장희 선생이 23년
만에 MBC와 콘서트를 열기로 하였고,
필자가 세트 디자인을 하게 되었다. 이장희 선생은 필자에
게는 '전설의 인물'이다. 국민학교 시절에 라디오로만 듣던 '나 그대에게 모두
드리리'와 '한잔의 추억'은 필자가 정말 좋아하는 노래였다.
그분과 그분들(트윈폴리오, 김세환, 조영남)의 음악이, 그리고 그 낭만이, 언제나 아련한 향수로 남아 있는
그런 분이다. 길고 긴 인생의 여정을 돌고 돌아온 그분과 MBC 일산 드림센터 공개홀에서 출연자와 세
트 디자이너로 만나게 된 것이다.
전설을 만난 것이다!

이장희

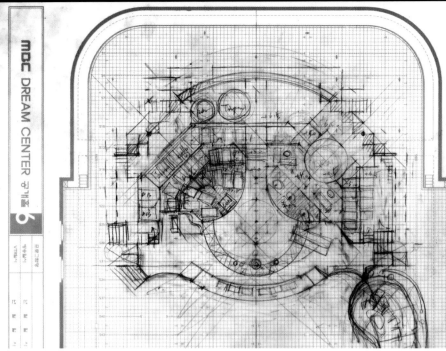

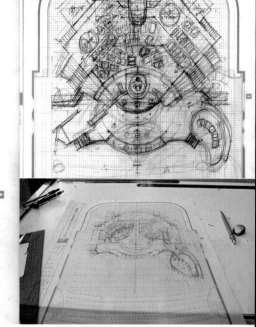

제작진과 협의를 진행하고 난 후에 스튜디오의 평면도를 꺼내서 필요한 영역을 스케치해 보는 작업부터 시작하였다. 45~55인조의 오케스트라의 배치를 위한 공간을 구성하고, 토크를 위한 공간을 따로 설정하였으며, 그 외에 출입 동선과 필요한 대기 공간 등을 염두에 두고 전체적인 계획을 하였다.

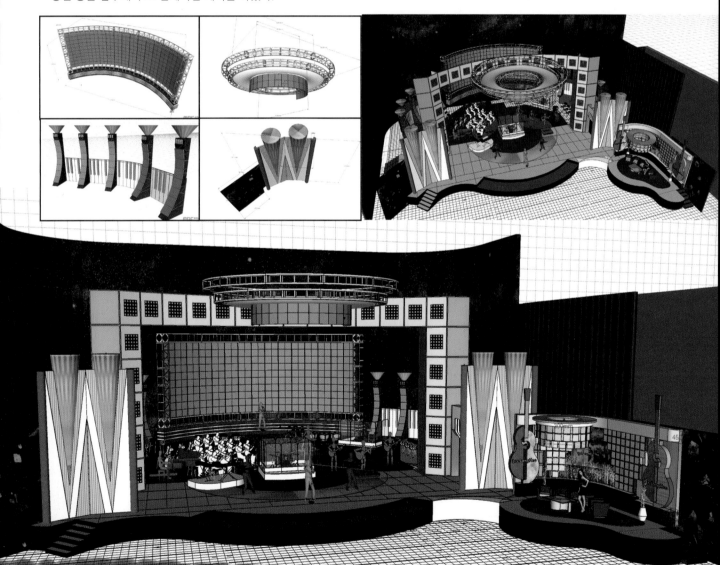

수작업으로 구상된 평면을 기초로 '스케치업(SketchUp)'이라는 프로그램으로 3D 모델링을 하면서 세트를 세워나가는 작업을 하였다. 이 세트는 반원형의 영상 장비(LED)를 트러스 구조에 맞게 설계한 세트와 '자라그(Jarag)'라고 불리는 조명 장비를 균일하게 설치한 반원형의 아치와 원형 트러스와 시멕스 구조물(철재로 제작된 철 구조물에 스판 재질의 천을 씌운 세트)과 보조적인 세트들을 배치하여 디자인을 하였다.

공연 도중에 지인들과의 추억 이야기를 나누게 될 토크석은 기타를 콘셉트로 디자인했다. 벽면에는 선생의 과거와 현재의 사진을 이용하여 만든 그림을 실사 프린트로 처리하였다.

스케치업을 이용하여 디자인을 진행하면서 미술 비용에 관한 협의도 함께 진행되었다. 아무리 훌륭한 디자인이라도 그것을 현실화시켜주는 예산과 제작의 지원이 없이는 불가능한 부분이므로 이런 조건에 맞추어 세트의 제작 분량을 조정하여야 한다.

이장희 스페셜 '나는 누구인가?'
녹화 2012년 1월 8일(일)

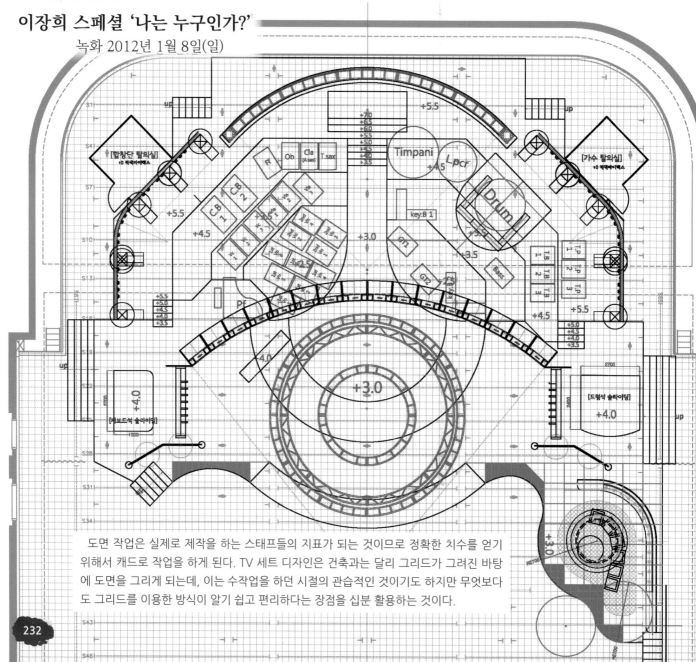

도면 작업은 실제로 제작을 하는 스태프들의 지표가 되는 것이므로 정확한 치수를 얻기 위해서 캐드로 작업을 하게 된다. TV 세트 디자인은 건축과는 달리 그리드가 그려진 바탕에 도면을 그리게 되는데, 이는 수작업을 하던 시절의 관습적인 것이기도 하지만 무엇보다도 그리드를 이용한 방식이 알기 쉽고 편리하다는 장점을 십분 활용하는 것이다.

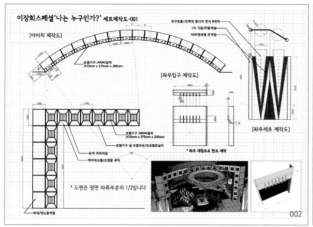

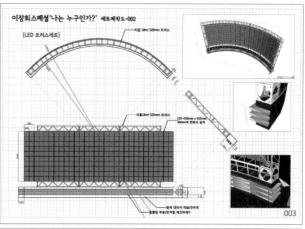

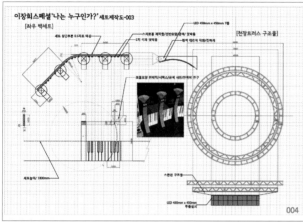

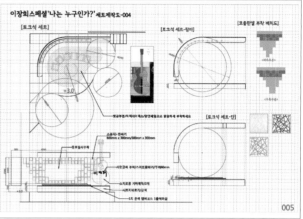

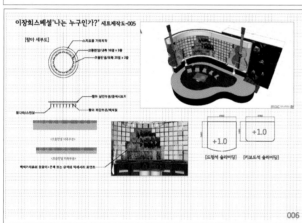

세트 설치가 어느 정도 진행이 되면 세트의 장식에 관한 작업들이 이어진다. 음악쇼 프로그램은 전식(전기 장식)이 무엇보다도 중요하다. 전식은 세트의 세세한 부분에서 훌륭한 역할을 해내기 때문이다. 또 코졸(Kozol: 아크릴로 만들어진 300mm x 300mm의 장식용 판)을 이용하여 청사초롱을 디자인했고, 그것은 필요할 때 내려서 사용하기 위해 배튼(Batten)에 매달아서 설치하였다.

준비가 거의 끝난 스튜디오는 연주자와 출연진과 제작진, 그리고 카메라맨들의 주 무대가 된다. 드라이 리허설과 카메라 리허설을 거쳐 녹화를 진행하는 모습을 보며 세트 디자이너는 긴장의 끈을 놓지 못한다. 동시에 설계 작업의 결과물이 의도대로 잘되고 있는지 확인하면서도 세트팀과 철거에 대한 논의도 진행하였다. '이제 겨우 끝났는데 철거라니~!'

배우 윤여정 선생이 진행을 맡은 콘서트는 밴드 '동방의 빛'과 송창식, 전유성, 함춘호 등 초호화 출연진으로 꾸며졌다.

　　방송을 모니터링하고 난 후 필자의 솔직한 심정은 올드 세대를 위한 콘서트 치고는 세트를 너무 화려하게 하지 않았나 하는 것이었다. 이것은 디자인을 시작하면서부터 줄곧 이어진 고민이었다. 예전의 음악을 하는 가수라고 꼭 오래된 느낌의 콘셉트로 디자인할 필요가 없다는 게 필자의 생각이었다. 이런 생각에서 보다 화려하고 첨단화된 세트를 구성하고 싶었는데 그 결과가 어떤 것이었는지는 보신 분들의 판단이 아닐까 싶다.

신개념의 음악프로그램을 만들어보자!

음악여행
예스터데이
Y·e·s·t·e·r·d·a·y

2014년 1월에 의욕적으로 만들어진 이 프로그램은 대중들에게 사랑받았던 다양한 장르의 가요를 그 시절 추억의 가수, 그리고 후배들의 목소리로 들어본다는 기획으로 제작되었다. 하지만 안타깝게도 10회의 방송으로 종영되었는데, 필자가 담당했던 이 프로그램의 세트는 조금 특이한 형태로 디자인되었기에 기억에 많이 남는다.

늦은 밤에 예전의 인기곡을 위주로 녹화되는 프로그램이라서 쨍한 느낌의 LED 영상보다는 은은한 느낌이 나는 프로젝션을 활용한 그림이 좋겠다고 제작진과 협의한 결과, 대형 스크린을 원형으로 구성하고 천장을 이용해서 설치한 3대의 프로젝터를 활용해 대형 영상을 만드는 방식으로 세트로 설계해 보았다.

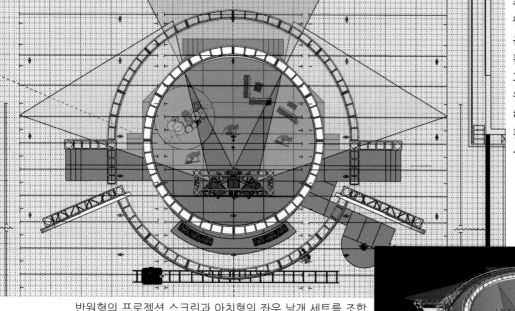

반원형의 프로젝션 스크린과 아치형의 좌우 날개 세트를 조합하여 원형의 극장식 세트를 만들었다.

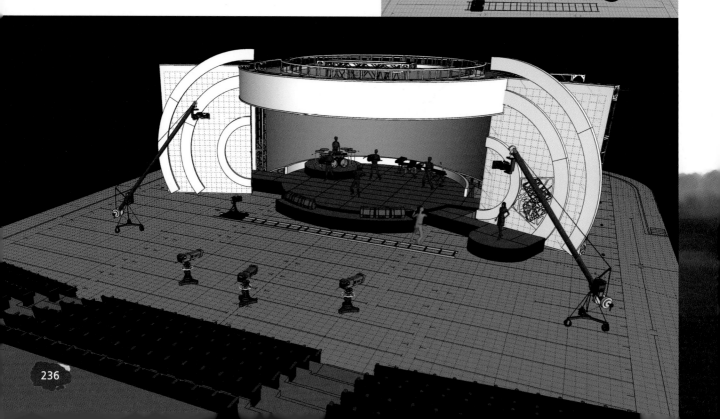

236

프로그램이 시작되고 안정을 찾기 위해서는 많은 수정과 보완 과정을 거치게 되는데 이 프로그램도
많은 수정 작업을 하였다. 특히 MC석 세트의 변경 작업은 여러 차례 진행되었다.

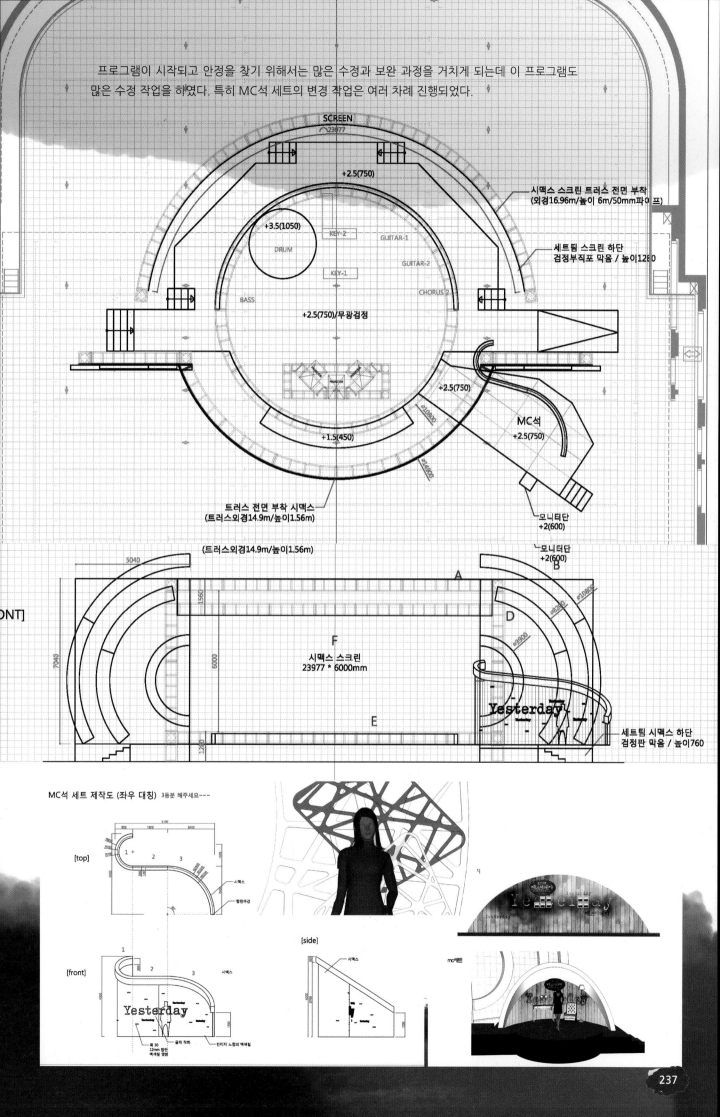

창문 너머로
그대 모습 예

조금씩
집 앞에서

내 삶이 끝나는 날까지
(내 삶이 끝나는 날까지)

슬퍼하지 말아요

프로젝터의 화질은 쨍한 LED 영상에 비해서 섬세하고 부드럽다. 다만 LED 영상에 비해서 조명의 밝기를 이기는 힘이 약해서 강한 조명에서는 화면이 흐려지는 현상이 있으나 공간의 배치를 효과적으로 하면 좋은 결과를 얻을 수도 있다.

미스터리 음악쇼
복면가왕

복면을 쓰고 노래하면 누군지 알아맞을까?

복면가왕 이야기(2015~)

"정 선배! 복면을 쓰고 노래하면 누구인지 알까요?" 2015년 1월 어느 날 민 PD의 질문이 그 시작이었다. 처음에 필자는 아무리 복면을 써도 목소리만 들으면 금방 알아맞히게 되고 사람들의 궁금증과 추리로는 그다지 재미있는 프로그램이 될 것 같지 않다고 생각했었다. 아무튼 필자는 '복면가왕'의 시초 프로그램인 '설 특집 미스터리 음악쇼'라고 부제가 붙여진 '복면가왕'의 세트 디자인을 하게 되었고 꽤 오랜 기간을 함께했다.

▲복면가왕 제작기획서의 일부/ 제작진의 기획서를 통해 무대에 관한 의도를 파악하고 카메라의 운용에 관한 계획을 포함하여 디자인을 시작하였다.

[설 특집 미스터리 음악쇼 복면가왕 2015년 2월 18일 방송]

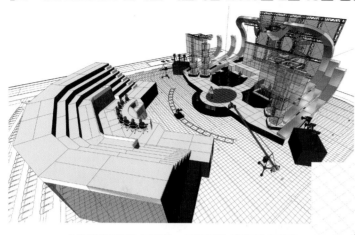

제작진의 의뢰로 최초로 디자인한 '설 특집 미스터리 음악쇼 복면가왕'의 세트 디자인이다. 이 작업은 협의 과정에서 예산과 동선 등의 문제로 인해 무산되고 처음부터 설계를 다시 하였다. 이런 일들은 준비 과정에서는 종종 있는 일이지만 이때가 2015년 1월 21일이었고 녹화일은 2월 8일로 결정되어 있었기 때문에 필자는 또다시 퇴근 없는 야간작업을 할 수밖에 없었다.

복면가왕의 무대는 이렇게 만들어졌다

제작진과의 협의를 거쳐 스케치업으로 그려보는 '복면가왕' 무대는 여러 가지의 미션을 담다 보니 일산 드림센터 6스튜디오(공개홀)을 가득 채우고도 모자랄 지경이었다. 복면가왕의 녹화를위해 준비해야 할 세트는
1. 복면 가수들이 노래하게 될 메인 무대
2. 복면 가수들이 등장하는 각각의 입구와 등장로
3. 88명의 일반인 판정단석의 객석
4. 15~20인조의 라이브 연주를 위한 밴드석
5. 10~18인의 연예인 판정단의 좌석(판정단석)
6. 연예인 판정단의 모습을 담기 위한 카메라단 설치
7. 정면의 카메라는 연예인 판정단이 앉는 단의 아래 공간에 위치할 수 있도록 연예인 판정단의 단은 최소한 1950mm의 높이로 설정할 것
등 이었다.

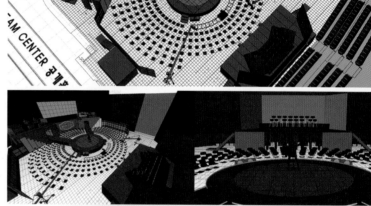

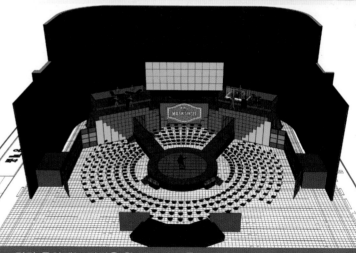

정면 중앙에는 판정을 할 때는 승패를 보여주는 용도로 사용되고, 퍼포먼스를 할 때는 공연용으로 사용되는 대형 LED 화면을 설치했다. 좌우 출입구 주위에는 나비 날개 형태의 LED 영상을 디자인하였다. 밴드는 출연자 출입 통로와 겹쳐지는 문제로 출입 동선의 위쪽 높은 곳으로 설정을 하였고, 정면에는 챔피언벨트 형상의 테두리에 'KING OF MASK SINGER'라는 영문 로고를 얹은 입체 세트를 제작해서 설치하는 것으로 디자인하였다. (지금은 'KING OF MASKED SINGERS'로 디자인이 변경되었다.)

▲▶ 무대 바닥이 전체적으로 높은 곳이 많고, 메인 바닥에는 LED 영상을 설치하고 강화유리를 덮어서 보호하는 작업을 해야 했으므로 설치 작업에 많은 시간이 필요했다. 날개형 LED 장비에 영상을 맞추는 작업을 하고 있다. 원형 카메라 레일을 설치한 모습도 보인다.

▶무대의 위치에서 본 연예인 판정단이 앉을 무대와 일반인 판정단이 앉을 방청석의 모습이다. 원형 무대를 완전히 감싼 마당놀이 같은 형식의 무대가 되었다.

미스터리 음악쇼

복면가왕

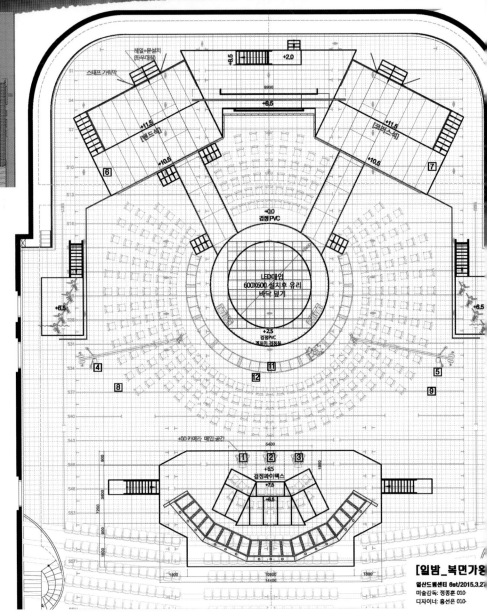

[일밤_복면가왕
일산드림센터 6st/2015.3.27
미술감독: 정종훈 010-
디자이너: 홍선은 010-

솔직히 필자도 '복면가왕'이 그렇게 재미있을지 몰랐다. 복면으로 얼굴을 가리고 부르는 노래는 더 애절하고, 흥미롭고, 감동적인 모습을 연출했으며 연예인 판정단이 복면 가수를 추측하면서 하는 멘트들이 재미를 더해 주었고 제작, 연출진의 피나는 노력으로 훌륭한 프로그램으로 자리 잡았다. 덕분에 필자는 든든한 정규 프로그램 하나를 맡아 진행하는 디자이너가 되었다.

'일밤'의 한 코너로 정규 편성된 '복면가왕('복가'라고 줄여 부르기도 한다)'의 세트는 수정, 보완해야 할 것들이 참 많았다. 설특집 파일럿 프로그램 당시 부족한 예산으로 진행되었던 여러 부분의 수정 작업과 녹화를 하면서 도출된 크고 작은 문제들을 해결해야 했기 때문이다.

우선 제일 급하게 손대야 할 부분이 '연예인 판정단'이라고 불린 패널이 위치한 백 세트를 바꾸는 것이었다. 패널의 수가 많아지고 패널을 잡는 카메라의 위치가 무대의 좌우 가장자리에 위치할 수밖에 없는 상황이어서 좌·우측 끝부분에 앉은 패널들의 백을 커버할 수 있을 정도로 세트를 키워야 했다. 아울러 실사로 처리했던 세트를 보다 고급스럽게 업그레이드해야 했다.

[일밤 복면가왕] -정면-

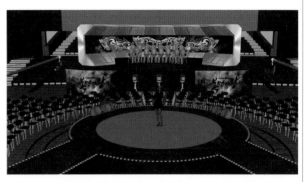

[일밤 복면가왕] -백샷-

설 특집과 '일밤'의 한 코너에서 정규 프로그램이 될 때까지도 '복면가왕'의 메인 무대는 별로 변한 것이 없었다. 추후에 오른쪽 2층에 가왕석(전주에 우승을 하여 '가왕'이 된 출연자가 앉는 자리)을 마련하는 등 필요에 따라 작은 수정 작업을 하였다.

▲설 특집 방송에서 제일 아쉽고 수정을 해야 할 부분이 연예인 판정단의 무대였다는 것을 제작진과 공감하고 이 부분을 대대적으로 수정했다. 전체적인 틀도 다시 디자인하였고 전체 샷과 개인 샷 모두를 만족할만한 디자인을 적용해 보았다.(전체 샷에서는 가면의 이미지가 보이고 개인 샷에서는 큰 문양으로 보일 수 있는 실사 프린트로 적용을 해보았다.)

정규 편성된 '일밤' '복면가왕'의 첫 녹화를 위한 세트 설치 작업

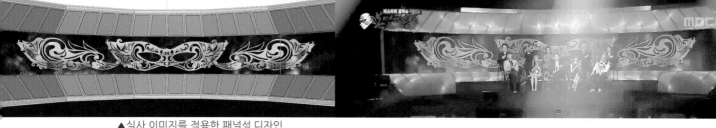

▲실사 이미지를 적용한 패널석 디자인

　첫 번째 녹화에 사용된 이 패널석 디자인은 첫 녹화만 진행하고(1회, 2회 방송) 다시 수정하게 되었다. 문제는 너무 화려하고 복잡해서 패널들 개개인의 프로필이 깔끔하게 나오지 않는다는 것이었다.

◀두 번째 녹화(3회, 4회 방송)는 가면 모양의 실사를 간단하게 바꾸고 패널들을 테이블을 앞에 한 줄로 앉는 방식으로 변경하였다.

▲패널석 중앙 실사 이미지

▲세 번째 녹화(5회~)부터는 다시 단을 설치하여 두 줄로 앉는 방식을 택하였다. 이후로도 로고를 없애거나 간단한 무늬를 넣은 실사 프린트 벽을 사용한다든가 하는 작은 변화들을 겪으면서 녹화를 진행해 나갔다.

　33회(2015년 11월 15일 방송)의 방송분부터는 다시 패널석 디자인을 변경했는데 이때까지도 디자인이 안정되어 있지 않아서 필자도 제작진도 무척 고심했던 기억이 난다. 이 패널석 디자인의 어려운 점은 패널의 샷을 잡는 카메라들이 너무 측면에 있다는 것이었다. 게다가 방청석 부분에 설치하는 세트이다 보니 크기의 한계도 있었고, 정면 카메라들이 위치한 곳이어서 높게 설치해야 하는 어려움도 있었다. 무엇보다도 조명 플레이를 하는 쇼 무대와 토크를 하게 되는 패널석과의 자연스러운 화면 연결이 그리 쉽지 않았다.

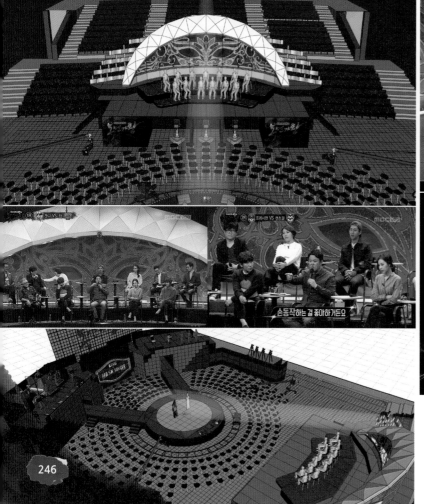

▲이 디자인에서 가장 신경 쓴 샷의 장면이다. 정면에서 메인 바닥이 아치형으로 보이는 점과 유리 바닥에 비치는 점을 착안하여 아치형 세트로 구상하였다.

[DMC 페스티벌 여러분의 선택 복면가왕 2015년 9월 11일 MBC 상암문화광장]

2015년 9월에 MBC 상암문화광장에서 개최된 'DMC 페스티벌'의 한 프로그램으로 복면가왕이 편성되었다. 이 작업은 페스티벌의 기본 무대를 활용하여 복면가왕 생방송이 가능하게 개조해서 사용하는 것이었다. 복면가왕은 우선 패널석이 필요하고, 패널의 토크를 제대로 담아내기 위한 준비가 필요한 프로그램이어서 바닥을 개조하여 상황에 맞추어 작업을 하여야 했다.

▶ 이 프로그램은 출연 가수의 공연과 패널들의 토크를 모두 소화하기 위해서 '테크노 짚'이라는 일종의 크레인 카메라 장비를 활용하였는데 카메라의 운용에 따른 세부적인 준비가 많이 필요했던 작업이었다.

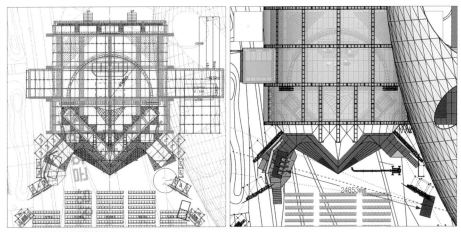

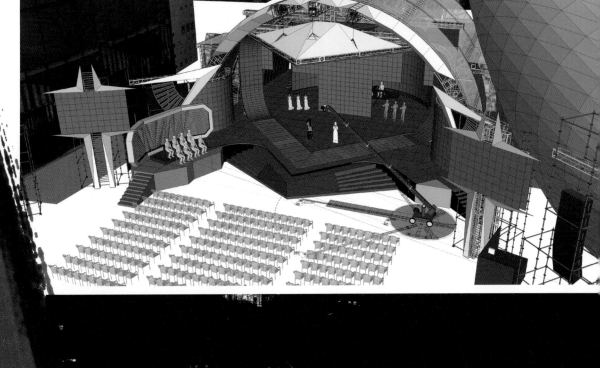

[복면가왕 2016년 11월 6일 패널석 개편]

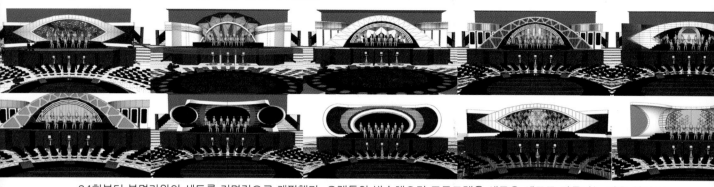

84회부터 복면가왕의 세트를 전면적으로 개편했다. 오랫동안 방송해오던 프로그램을 새로운 세트로 만든다는 것은 쉽지 않은 작업이다. 이 작업은 패널석을 다시 바꾸는 작업을 포함하여 정면 중앙에 있는 'KING OF MASK SINGER'의 세트를 문으로 만들어 열리게 해서 가왕이 입장하는 통로를 만드는 것이 주된 내용이었다.

마음에 드는 패널석을 만들어 보기 위해서 여러 가지 방안을 모색하였고, 그 중에서 하나의 디자인을 결정하였으며 구체적인 작업을 시작하였다. 결정된 디자인을 수정, 보완하고 바닥의 안정성을 위하여 철재로 보강작업을 하였다. 패널석의 백 세트는 크리스털의 느낌을 내기 위해서 사용한 자재가 적은 열에도 녹는 현상이 발생하여 녹화 때마다 그 부분을 정리하기 위해서 무척 애먹었다. 다른 스태프들은 잘 모르는 미술 스태프만의 어려움이다.

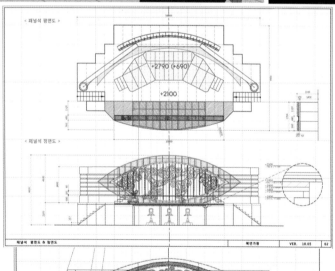

어느 정도 예상은 했지만, 격주에 한 번씩 녹화를 위해 설치, 철거를 반복해야 하는 세트로써는 무게나 설치의 난이도가 높아서 설치팀이 걱정을 많이 했다. 다행히 방청객석 쪽의 세트를 자주 철거하는 상황은 발생하지 않았지만 따지고 보면 디자이너인 필자의 욕심이 부른 화였다. 그런 점에서 이 세트는 실패한 디자인인 것이다.

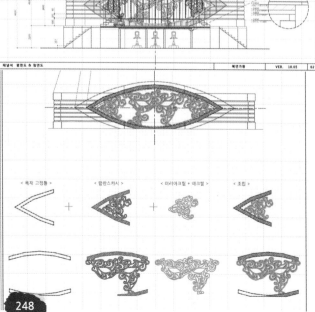

[복면가왕 2016년 11월 27일 '가왕의 등장로를 만들어라' 개편 87회~]

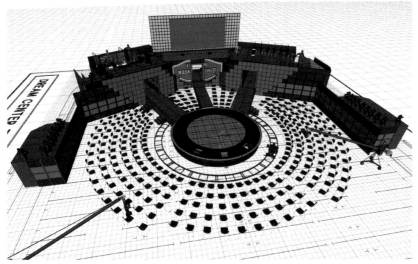

가왕이 멋있게 등장하는 모습이 필요한데 좋은 방법이 없는지 아이디어를 내달라는 제작진의 요청에 따라 정면 중앙의 세트를 반으로 나누어서 문을 만들기로 하였다.

정면 LED 영상 아래의 공간을 이용하여 가왕이 대기할 수 있는 공간으로 설정하고 정면에서 세트를 열고 등장하면 멋진 장면이 될 것 같다는 생각이 들었다. 하지만 약간의 문제가 있었는데, 가왕이 걸어 나올 중앙 부분에는 평소에는 일반인 판정단이 앉는 객석 공간이라서 녹화 도중에 통로 부분의 바닥을 전환 설치한 후에 등장 장면을 녹화하는 것으로 방법을 찾았다.

▲중앙 세트는 86회까지는 그물망과 전기 장식이 되어있는 세트였으나 87회부터는 작은 조각의 스티로폼으로 채워진 세트로 변경하였다. 왜냐하면 전기 장식을 한 상태로 여닫는 것이 문제 발생의 소지도 있고, 중앙의 이음새 부분의 라인을 숨기기에도 쉽지 않기 때문이다.

필자는 이 프로그램을 약 3년 담당하고 다른 미술감독한테 인수인계하였다. 이후에도 담당했던 미술감독들이 세트를 수정, 보완하는 작업을 많이 하였고 아직도 틈틈이 보완하면서 녹화를 하고 있다.

'복가'는 이미 장수 프로그램이 되었고, 포맷이 여러나라로 진출을 많이 해서 수익도 많이 올린 효자 프로그램으로도 유명하다. '복면가왕'은 필자의 TV 세트 디자이너 일생에서 자랑 중의 하나이다.

249

또 하나의 킬러 포맷을 만들자!

오! 나의 파트,너

오! 나의 파트,너 이야기(2019, 2020)

인기 가수가 노래 실력에 대한 정체를 알 수 없는 5인의 일반인 도전자 중 함께 노래할 파트너를 찾고 완벽한 하모니를 완성하는 '추리 음악쇼'로 기획된 이 프로그램은 특집 파일럿 프로그램(Pilot Program: 시험 제작, 방송을 위한 프로그램) 시작되었다. 제작진과의 협의를 진행하고 난 후에 필자가 든 생각은 '부족한 예산이지만 준비해야 할 것이 참 많은 프로그램이구나!'였다.

[오! 나의 파트,너 특집 1회]

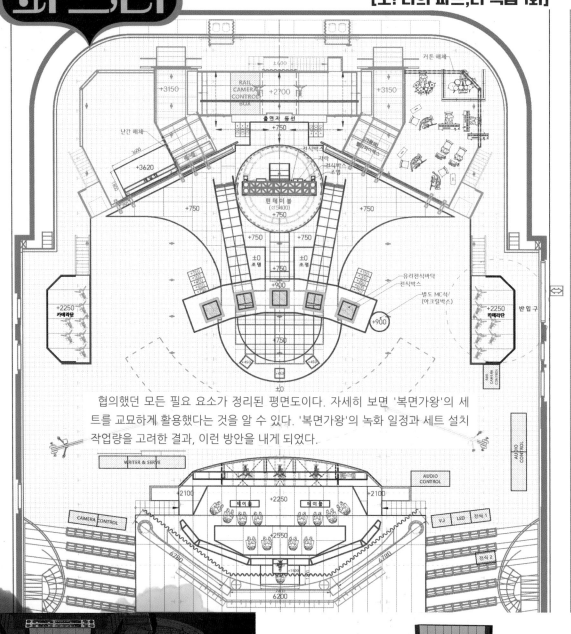

협의했던 모든 필요 요소가 정리된 평면도이다. 자세히 보면 '복면가왕'의 세트를 교묘하게 활용했다는 것을 알 수 있다. '복면가왕'의 녹화 일정과 세트 설치 작업량을 고려한 결과, 이런 방안을 내게 되었다.

< 정면 부감 >

250

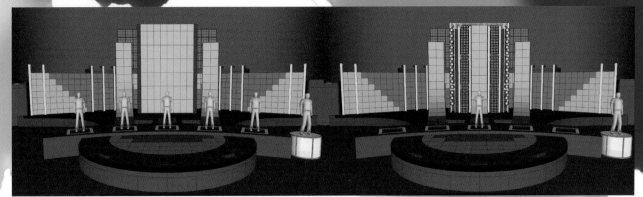

5명의 일반인 도전자들이 각각 정해진 자리에 서면 그 위치를 무대에서 확인할 수 있게 바닥 모양을 디자인하였다. 5명의 도전자가 한 번에 등장하는 장면은 턴테이블(회전무대)을 활용하여 180도 회전하면서 등장하는 방법을 사용하였다. 밴드석은 기존 '복면가왕'에서 활용하는 공간을 그대로 활용하고, 카메라 단과 좌·우측 LED 영상도 수정, 보완하여 재활용하였다.

녹화 준비사항

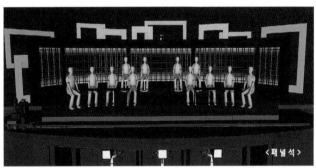

1. 5명의 일반인 도전자가 출연해서 각자의 장기를 보여주거나 듀엣으로 공연을 할 메인 무대
2. 메인 무대를 마주 보고 일반인 출연진들의 비밀을 푸는 인기 가수들의 좌석이 있는 무대
3. 5명의 도전자가 멋있게 등장하는 방법은?
4. 예산과 일정 문제로 기존의 복면가왕 세트를 활용하되 복면가왕의 색깔을 완전히 없애기
5. 15~20인조 밴드로 라이브 연주가 가능한 공간의 설정

▲패널석은 '복면가왕' 세트의 바닥을 그대로 활용하고 세트만 새롭게 제작해서 변화시켰다.

설치 작업이 끝난 세트의 모습이다. LED 영상에 소스를 넣으면 무대가 제대로 완성되는 느낌이 든다.

[오! 나의 파트,너 정규 편성 2020년 4월 4일~2020년 6월 14일]

파일럿으로 1회 방송된 '오! 나의 파트,너'가 정규 편성으로 다시 11회의 제작을 하게 되었다. 특집 프로그램은 녹화 당시 일정 등의 문제로 일산 MBC 드림센터 6 스튜디오(공개홀)에서 녹화를 하였으나 정규 프로그램은 상암 MBC 공개홀에서 녹화를 진행하였다.

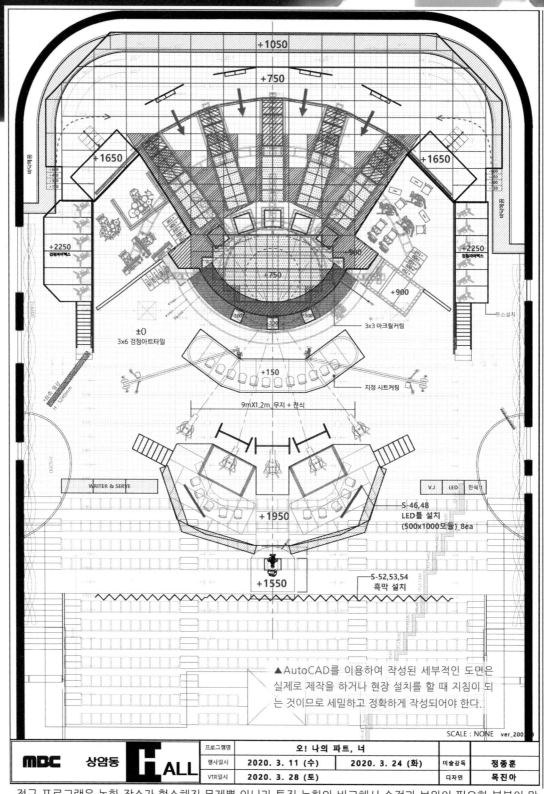

▲AutoCAD를 이용하여 작성된 세부적인 도면은 실제로 제작을 하거나 현장 설치를 할 때 지침이 되는 것이므로 세밀하고 정확하게 작성되어야 한다.

MBC 상암동 HALL	프로그램명	오! 나의 파트, 너		미술감독	정종훈
	행사일시	2020. 3. 11 (수)	2020. 3. 24 (화)		
	VTR일시	2020. 3. 28 (토)		디자인	목진아

정규 프로그램은 녹화 장소가 협소해진 문제뿐 아니라 특집 녹화와 비교해서 수정과 보완이 필요한 부분이 많이 생겨 세트를 새로 디자인하다시피 하였다. 출연 가수와 응원단의 좌석을 둘로 나눠서 1:1 대결의 구조를 만들고, 10명의 일반인(특집에는 MBC 아나운서들이 출연했다) 판정단이 위치할 무대(바닥)를 따로 만들었으며, 밴드석은 스튜디오의 바닥 높이로 카메라 앵글에 많이 나타나지 않게 설정했다.

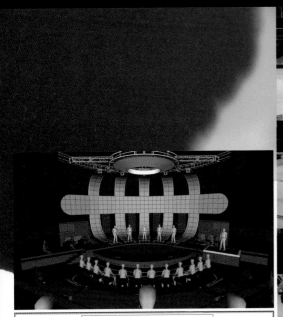

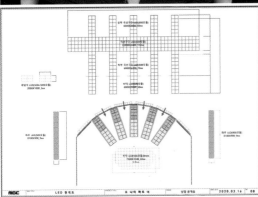

영상 장비의 모양을 5인의 일반인 도전자에 한 줄씩 5열로 맞추어 설계함과 동시에 가로로 길게 이어서 점수를 표시하는 등의 전체 연결된 화면을 표시할 수 있게 설계했다.

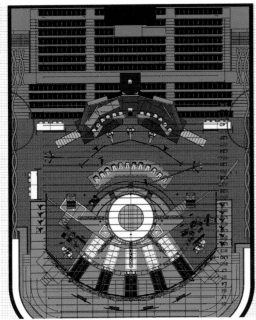

▶세트가 어느 정도 완성이 되고 나면 드라이 리허설과 카메라의 위치 등 계획한 것과 같은지 점검을 한다. 이 과정에서 세트 디자이너는 또다시 수정과 보완을 반복해야 한다.

'오! 나의 파트,너'는 특집을 포함하여 전체 12회로 종영되었다. 시즌제로 계획했기 때문에 순조로운 마무리였다. 첫 방송 이후 회가 거듭되면서 세트의 수정, 보완은 꾸준히 계속되었다. 필자는 이 모든 것들이 아주 작은 것들을 점검하고 보완하려는 제작진들의 프로정신의 발로라고 생각했고 열심히 호응하면서 따라갔다. 현실적으로 쉽지 않은 환경에서도 어떻게든 최선의 결과를 만들기 위한 노력은 선배인 필자도 존경스러웠다.

오! 나의 파트,너 특집 1회 방송 캡처

254

유산슬 1집 굿바이콘서트

2집으로 맵시요!

2019.
12.22 저녁7시

일산 MBC 드림센터 공개홀

최고의 트로트 공연을 만들어라!

MBC 인기 예능프로그램 '놀면 뭐 하니?'에서 유재석 씨가 부캐로 활동했던 트로트 가수 '유산슬 1집 굿바이 공연'을 담당하게 되었다. 애청자들을 모시고 디너쇼 형식의 공연으로 계획되었던 이 공연은 12월 22일에 녹화를 하는 것으로 일정을 잡았는데, 문제는 일   산 MBC 드림센터 6 스튜디오(공개홀)에는   2019년 가요대제전의 세트 설치 일정이   있어서 난감한 상황이었다.

디너쇼 형식으로 구상했기 때문이기도 하지만 트로트 공연은 역시 극장식 홀에서 하는 것이 제대로 느낌이 난다는 생각에 극장식 아치를 설정, 도입했고 아치의 두께 부분을 활용해서 화려한 전식(전기 장식)을 부착한 세트로 디자인하였다.

▶여러 차례 걸친 협의 끝에 정리된 스케치업의 평면도이다. '2019 MBC 가요대제전'과 일부분의 세트를 공유하고 있다. 무대의 앞쪽 끝부분에 두께가 있는 아치 세트를 설정하고, 40~50인의 악단과 코러스의 공간과 악단석을 둘러싸고 원형 계단과 2층 무대 바닥을 설정해서 다양한 동선을 만들었다. 2층까지 올라가는 리프트와 '키네틱 볼라이트(Kinetic Balllight)'라고 부르는 지름 25mm LED 볼이 상하로 움직이는 퍼포먼스를 하는 장치도 배튼에 달아서 설치하였으며, 천장에 브리지(공연용 다리 세트)를 키네시스 모터(Kinesys Motor: 움직임을 컴퓨터로 제어하는 모터/ 무대 전환용 기계장치)에 달아서 엔딩 공연에 메인 무대와 2층 객석을 연결하고 공연하는 것으로 설계하였다. / 전기장식 박완빈
/ 키네시스 모터 박상현

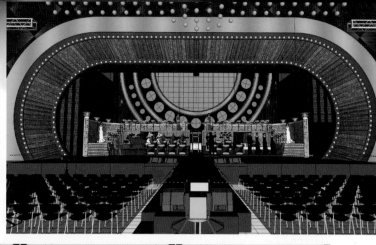

▲시작 전 막을 치고 프로젝터를 활용하여 그동안 유산슬의 활동 모습 등을 보여주는 오프닝 무대의 모습이다.

▲정면의 세트는 LED 영상과 세트를 활용하여 디자인하였다. 2층 무대 난간에는 드라이플라워를 활용한 장식을 하였다.

▲업 다운되는 LED 영상 1세트(대형)와 좌·우측에서 중앙으로 이동이 가능한 LED 영상(소형) 4개를 설정하여 필요시 다양한 장면을 만들 수 있다.

▲레전드 공연을 위해 샤 천으로 제작된 막을 설치하여 프로젝트를 활용하여 영상을 표출하고 공연하는 장면을 연출하게 된다.

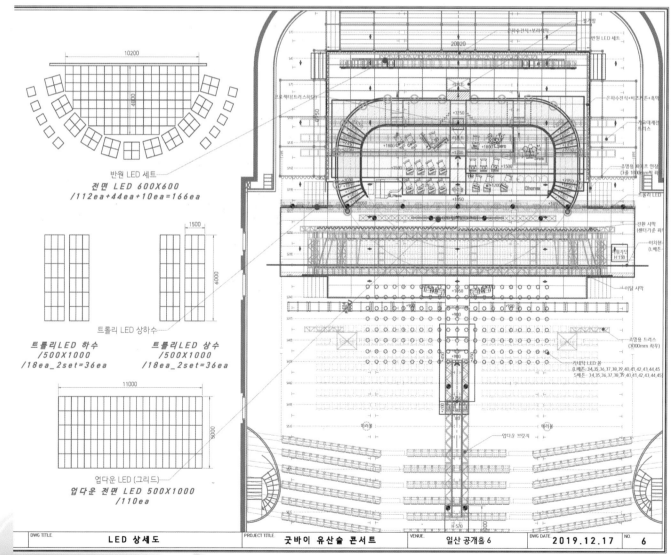

반원 LED 세트
전면 LED 600X600
/112ea+44ea+10ea=166ea

트롤리 LED 상하수

트롤리 LED 하수
/500X1000
/18ea_2set=36ea

트롤리 LED 상수
/500X1000
/18ea_2set=36ea

업다운 LED (그리드)
업다운 전면 LED 500X1000
/110ea

| DWG TITLE | LED 상세도 | PROJECT TITLE | 굿바이 유산슬 콘서트 | VENUE | 일산 공개홈 6 | DWG DATE | 2019.12.17 | NO. | 6 |

▲세트 평면도와 LED 영상의 조립을 위한 도면/ 600mm x 600mm 166개, 500mm x 1000mm 182개의 장비를 조립하여 도면에 있는 형태의 영상을 설치하였다. LED 영상 활용이 복잡하고 다양해짐에 따라 영상 설치를 위한 별도의 도면이 필요하게 되었다

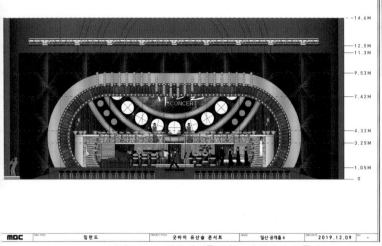

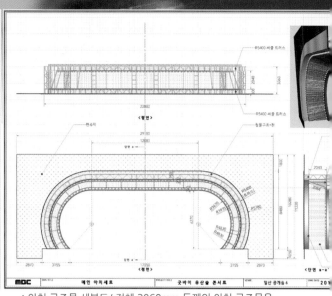

▲정면도/ LED 영상 장치를 전환하기 위해서 '트롤리(Trolley)'라는 전환 장비용 트러스 구조물을 스튜디오 천장 그리드에 매달아서 설치하였다.

▲아치 구조물 세부도/ 전체 3060mm 두께의 아치 구조물을 설치하기 위해서 원형 트러스를 조립하여 골조로 활용하였다.

▲천장에 매달아 준비했다가 정확한 위치에 안착해야 하는 브리지(공연용 다리 세트)는 스튜디오 천장의 그리드에 키네시스 모터를 활용해서 달았다. 정면 중앙에 달아야 하는 이 세트 구조물은 맞은편 정면 높은 곳에 위치한 팔로우 핀 스폿 라이트(Follow Pin Spot Light: 조명 장비)에 방해하지 않기 위해서 최대한 높은 곳까지 올려야 했다.

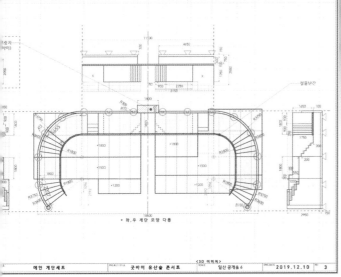

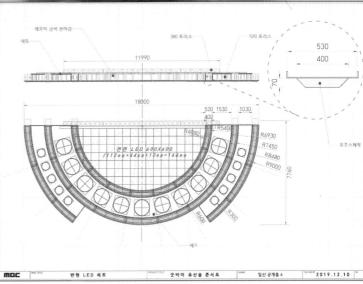

▲2층 무대 계단 세트 세부 제작도/ 악단석을 둘러싼 계단과 난간은 철재로 제작하여 설치하였다.

▲정면 반원 LED 세트 세부 제작도/ 트러스와 세트를 활용하여 제작하고 뚫린 원형의 빈 부분에 LED를 설치하고 영상으로 다양한 모습으로 표현되게 하였다.

▲'키네틱 볼라이트(Kinetic Balllight)'
이 장비는 공연 시에 위아래로 움직임을 조정하여 효과를 높이는 일종의 특수효과 장치이다. 이 장비를 무대 바닥의 끝부분 천장에 설치하는 것으로 설정했다.

▶세트 작업 진행 중에 필자는 전환용 기계장치의 작동의 이상 유무를 확인하고 작업 실수를 줄이기 위해 신중하게 체크를 하였다. 무엇보다도 안전한 작업을 위한 점검이 제일 중요한 일이다.

트로트 열풍이 서서히 불어오는 가운데 '놀면 뭐 하니?'에서 진행했던 유산슬 1집 굿바이 공연 '인연'은 필자로서는 참 오랜만에 작업하는 트로트 공연이었다. 예전에 영상 장비가 그다지 활성화되지 않던 시절의 트로트 공연은 뭐니 뭐니 해도 전식(전기 장식)의 힘이 제일 컸다. 하나씩 점점이 꽂은 고추구(고추 모양의 전구). 탁구구(탁구공 모양의 전구) 그리고 은하수형 전식 장치를 활용하여 화려하게 세트를 디자인했다.

주로 영상을 활용하는 지금의 환경에 맞는 트로트 공연의 세트 디자인은 어떤 것일까? 특별한 형식이 있을 수는 없겠지만 '트로트'라는 조금은 오래된 느낌의 음악이 지금의 메커니즘과 만나 어떤 모양을 만들어내는 것이 가장 자연스럽고 멋있을까 하는 고민을 했던 작업이었다. 현란한 영상을 활용하는 요즘의 음악 프로그램에서 조금은 지루함을 느끼고 있던 터라 필자로서는 좀 더 새로운 방법의 디자인을 시도해 보고 싶었던 프로젝트였다.

유산슬 혹시 연주하시다가

합치면 정이 되는
합정인데.

출연진에게 세트 칭찬받는 일은 거의 없는 일인데, 방송 모니터를 하다가 유산슬 씨가 세트에 좋은 평가를 하는 장면을 보고 흐뭇했다. '작은 것에도 감동하게 되는 것이 스태프로서의 일이구나'라는 생각이 들었다.

기선 감독	조명감독	미술 감독	디자인	세트총장	LED	LED 소스출력	비매딕
이효성	장익선	정종훈	이로미	강태호	LDS	프리즘	MMS

설특집 2020 송가인콘서트
고맙습니다

유산슬 콘서트를 마치고 바로 이어서 당시 트로트로 선풍적인 인기를 얻고 있는 송가인 씨의 설날 특집 공연 세트를 디자인하게 되었다. 상암동 MBC 공개홀에서 진행된 이 공연은 장소의 협소함에도 불구하고 20~30인의 악단 공간과 토크석 등이 필요한 상황이라서 공간을 효율적으로 활용하는 방안의 연구를 많이 했었다.

요즘 대세 핫한 가수을 위한 무대을 준비하라!

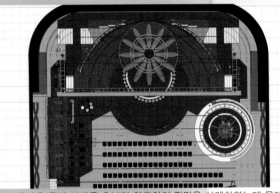

▲공개홀 공간 전체를 충분히 활용하여 평면을 설계하였는데 무대의 앞부분 좌측에는 라이브 연주를 담당할 악단석을 배치하였고, 앞부분 우측에는 토크 세트를 설정하였다. 메인 무대는 여러 높이의 단을 설정하여 합창단과 오케스트라 등 퍼포먼스에 따른 출연진들의 위치를 다양하게 연출할 수 있도록 설계하였다.

▲극장식 아치를 설정하고 천장에는 꽃 모양의 천 구조물 세트를 달았다. 2층 무대의 윗부분에 가로로 긴 LED 영상을 설정하였다. 무대 중앙의 원통형 바닥의 마구리 부분에 원형 모양의 LED가 부착된 출입문을 만들었고, 원형 계단을 설정해서 동선뿐 아니라 합창단이나 출연진의 공연 위치로도 활용할 수 있게 하였다.

▲토크석   ▲악단석

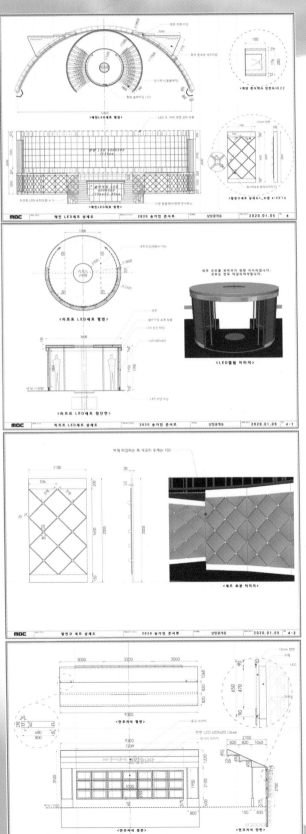

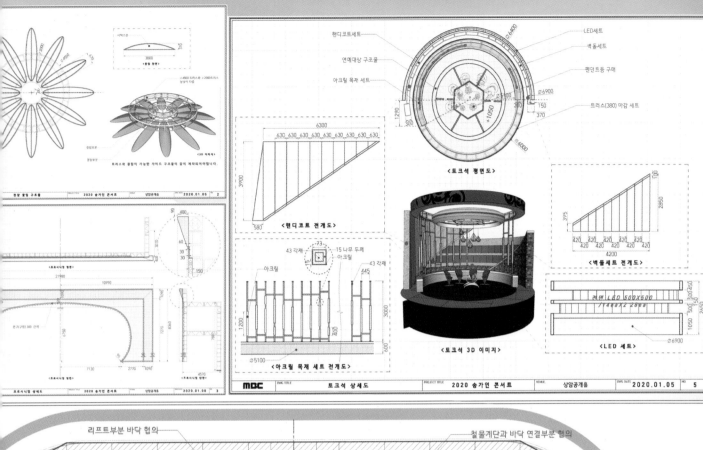

<table>
<tr><td>MBC</td><td>DWG TITLE.</td><td>토크석 상세도</td><td>PROJECT TITLE.</td><td>2020 송가인 콘서트</td><td>VENUE.</td><td>상암공개홀</td><td>DWG DATE.</td><td>2020.01.05</td><td>NO.</td><td>5</td></tr>
</table>

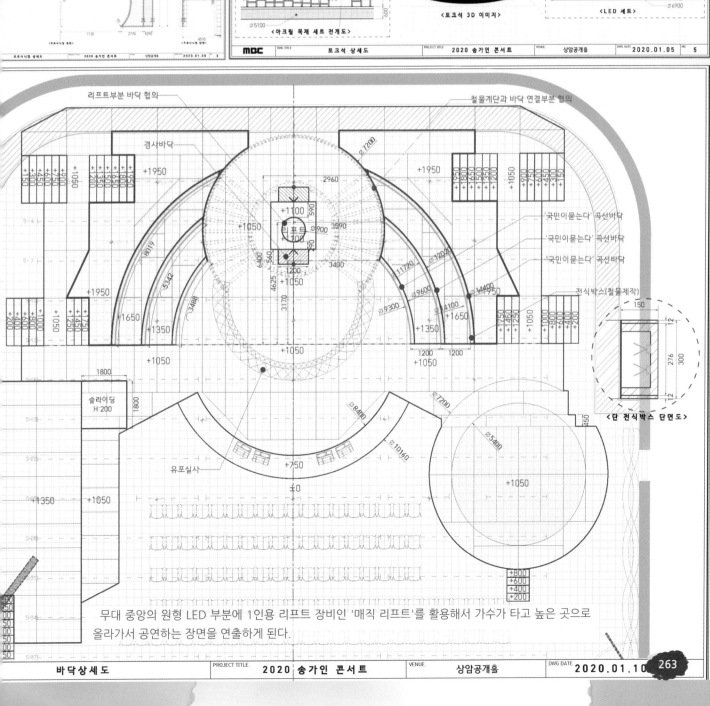

무대 중앙의 원형 LED 부분에 1인용 리프트 장비인 '매직 리프트'를 활용해서 가수가 타고 높은 곳으로 올라가서 공연하는 장면을 연출하게 된다.

<table>
<tr><td>바닥상세도</td><td>PROJECT TITLE.</td><td>2020 송가인 콘서트</td><td>VENUE.</td><td>상암공개홀</td><td>DWG DATE.</td><td>2020.01.10</td></tr>
</table>

▲녹화 전날인 2020년 1월 15일 오후의 스튜디오 전경이다. 큰 세트들은 거의 완성되었고, 이제 LED 영상 설치와 장식용 세트 설치, 전식 작업을 하게 될 것이다.

▲녹화 당일 오전의 스튜디오에는 각 스태프들이 바쁘게 움직인다. 악단의 악기 튜닝(조율)과 출연진들의 무대 동선과 위치도 점검해야 한다. 카메라팀은 카메라 설치를 확인하고 화이트밸런스도 조정해야 하며 조명팀은 메모리를 최종 점검을 하고 세트팀은 무대에 안전상의 문제는 없는지 작은 부분까지 꼼꼼하게 체크한다.

▲녹화 준비가 끝나 방청객이 입장하고 나면 공연과 동시에 녹화를 시작한다.

Chapter 3

정종훈 디자이너의 작업 기록
/예능 프로그램

003 예능-음악쇼, 행사, 경연- 야외

003 예능- 음악쇼, 행사, 경연/ 야외

우정의 무대

군인아저씨들을 찾아 전국방방곡곡을 누비다!

우정의 무대 이야기(1990~1994)

　입사 1년 만에 '뽀뽀뽀'부터 시작하여 TV 세트 디자인을 열심히 배우던 필자에게 다가온 큰 프로젝트가 바로 '우정의 무대'이다. TV 세트 디자이너가 선호하는 '시청률이 높은 프로그램'으로 본다면 당시 큰 인기를 얻고 있던 '우정의 무대'는 신입 디자이너에게는 대단히 큰 프로젝트였다. 더구나 군 전역을 한지도 얼마 되지 않은 필자로서는 군부대 구석구석을 찾아다니는 군인 아저씨를 위한 작업이 즐거울 수밖에 없었다.

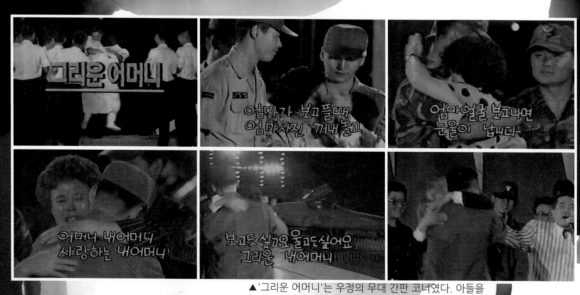

　▲'그리운 어머니'는 우정의 무대 간판 코너였다. 아들을 군에 보낸 엄마들의 마음을 진하게 느낄 수 있는 장면이 많았고, 엄마를 찾는 과정에서의 즐거움과 웃음도 프로그램의 재미에 한몫했다.

[육군 101여단 1990년 1월 30일 녹화]

필자의 첫 번째 우정의 무대는 1990년 1월 30일 문산종합고등학교 체육관에서 녹화한 '101여단 편'이었다. 겨울이었으므로 부득이하게 실내에서 녹화를 진행하게 되었다.

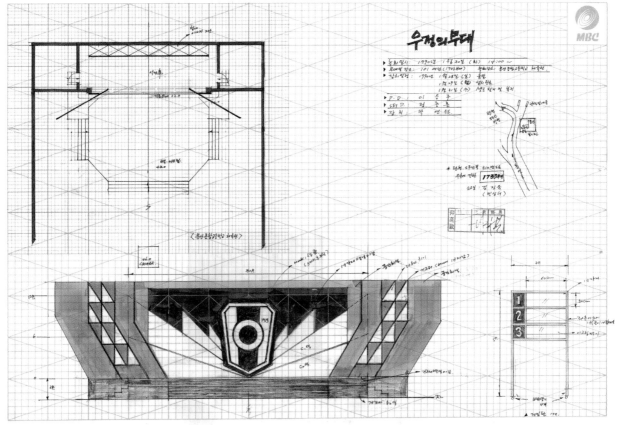

[공군 제3975부대 1990년 3월 13일 녹화]

1990년 3월 12일 녹화한 공군 제3975부대의 세트 디자인이다. 당시 우정의 무대 세트는 필자와 동기 디자이너가 격주로 작업을 했었는데 누가 먼저 시작했는지는 기억나지 않지만 군부대의 보유 장비를 무대 좌·우측에 배치하고 그에 맞는 세트를 디자인해서 완성하는 방법으로 설계를 했었다.

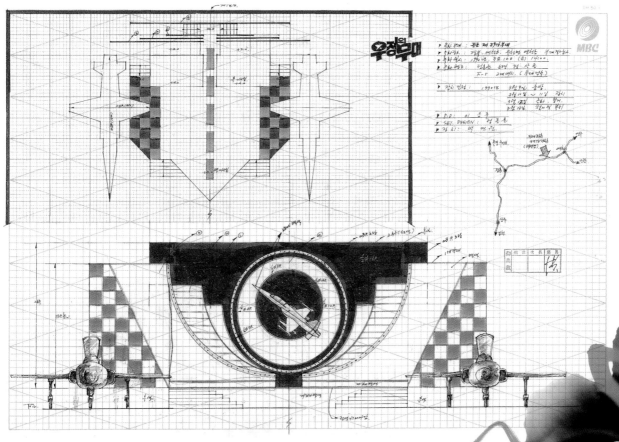

[육군통신학교 1990년 4월 23일 녹화]

1990년 4월 23일 대전 육군통신학교(현 육군정보통신학교)에서 녹화한 세트의 디자인이다. 현장 답사를 다녀와서 설치팀이 찾아가기 쉽도록 도면에 지도까지 첨부해 둔 모습이 이색적이다. 당시에는 모바일 지도나 내비게이션이 일반화되지 않기도 했지만 군부대는 지도에 표시되어 있지도 않았으므로 약도를 도면에 첨부해서 현장을 쉽게 찾아갈 수 있게 하였다. 준비하는 모든 팀이 집결해야 할 장소이다.

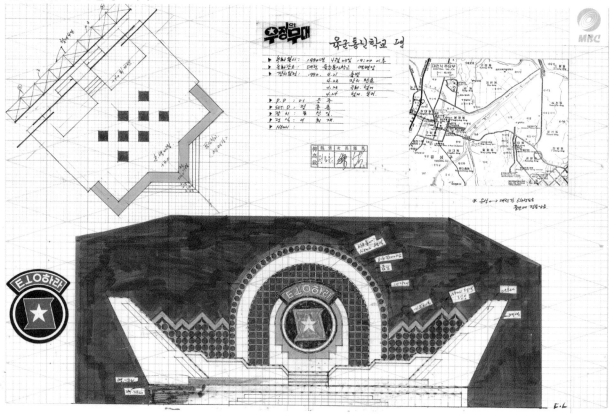

[공군 3726부대 1990년 6월 18일 녹화]

1990년 6월18일 서울 공군기지에서 녹화한 세트 디자인, 무대의 좌우에 전투기 각 1대씩을 배치했는데 이 정도면 엄청난 고가의 무대임에는 분명한 듯하다.

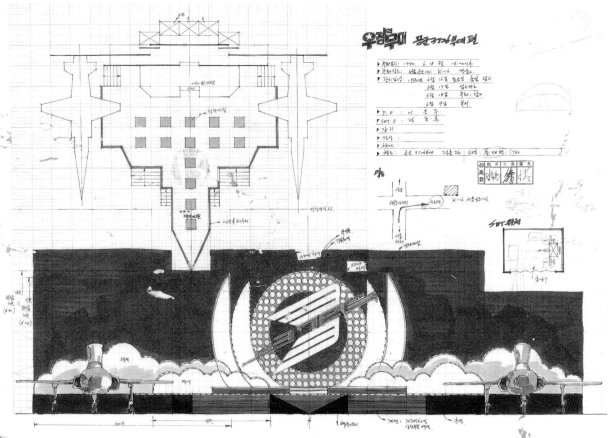

[해군 제2전투전단 1990년 6월 29일 녹화]

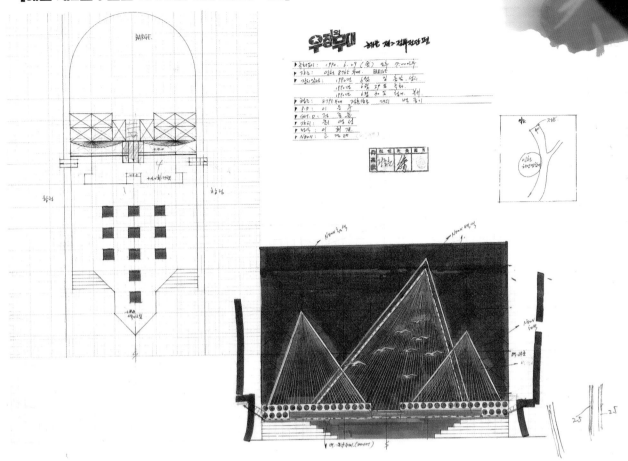

1990년 6월 29일 인천 8765부대의 바지선에 무대를 짓고 녹화를 한 이 세트는 무대의 좌·우측에 구축함을 한 대씩 두고 배경은 바다가 시원하게 보이게 디자인했다. 협소한 장소에서 세트 설치가 쉽지 않은 환경이었지만 바닷가를 배경으로 녹화한 해군 제2전투전단 편이 특이하고 좋았다고 기억된다. 아쉽게도 당시의 프로그램 자료가 남아있지 않다.

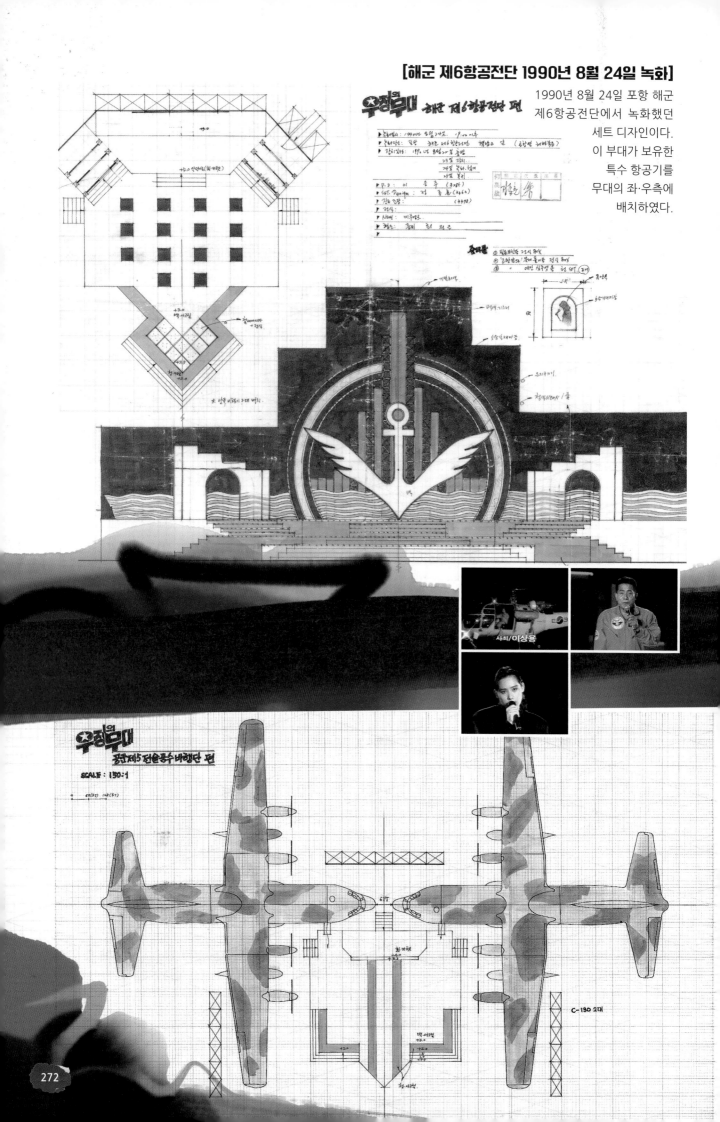

1990년 8월 24일 포항 해군
제6항공전단에서 녹화했던
세트 디자인이다.
이 부대가 보유한
특수 항공기를
무대의 좌·우측에
배치하였다.

[공군 제5전술공수비행단 1990년 9월 3일 녹화]

1990년 9월 3일 공군 제5전술공수비행단 녹화의 디자인이다. 평면도에서도 확인할 수 있듯이, 무대보다도 훨씬 큰 군 수송기 2대를 활용해 무대를 만들었다. 군 장비의 대부분이 짙은 색깔이기 때문에 쇼에 적합하지는 않은 단점이 있기는 하지만 특이하고 멋진 무대가 되었다.

각 부대에서는 세트를 설계하고 무대를 설치하는 미술팀의 의견을 충분히 수용하고, 긴밀한 협조 작업으로 훌륭한 결과를 만들 수 있게 지원을 아끼지 않았다.

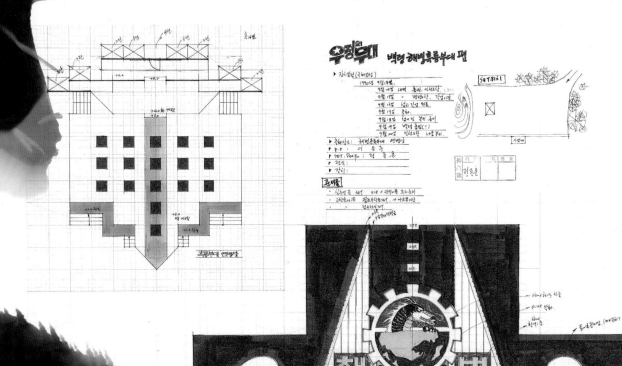

[백령 해병 흑룡부대 1990년 9월 17일 녹화]

　1990년 9월 13일 서울을 출발하여 9월 17일의 녹화를 끝내고 9월 20일에 복귀한, 상당히 긴 여정으로 녹화한 백령 해병 흑룡부대 편이다. 평소에 방문하기도 힘든 백령도를 프로그램 녹화 덕분에 가보게 되었다. 그곳에서 군 생활하는 젊은이들을 보며 감사의 마음과 함께 젊음의 열정을 한껏 느끼고 돌아왔다. 백령 해병들의 함성이 아직도 들리는 듯하다.

[국군의 날 행사팀 1990년 9월 17일 녹화 73회]

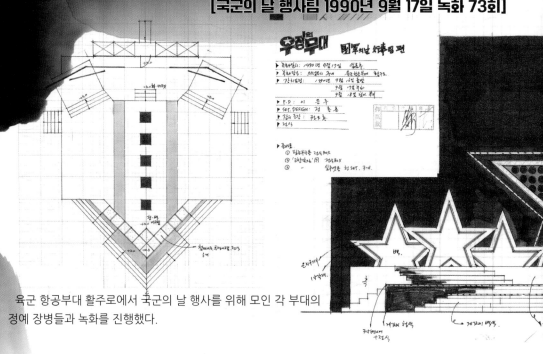

　육군 항공부대 활주로에서 국군의 날 행사를 위해 모인 각 부대의 정예 장병들과 녹화를 진행했다.

MARK 작화스라우부분(거린데보이게)

색NEON 1층

그래픽디자인 고유철

자식 정보영

무대디자인 정종훈

장치 권오룡

공군병 강대희 일병 신상환
여군하사 김삼숙 하사 이은숙

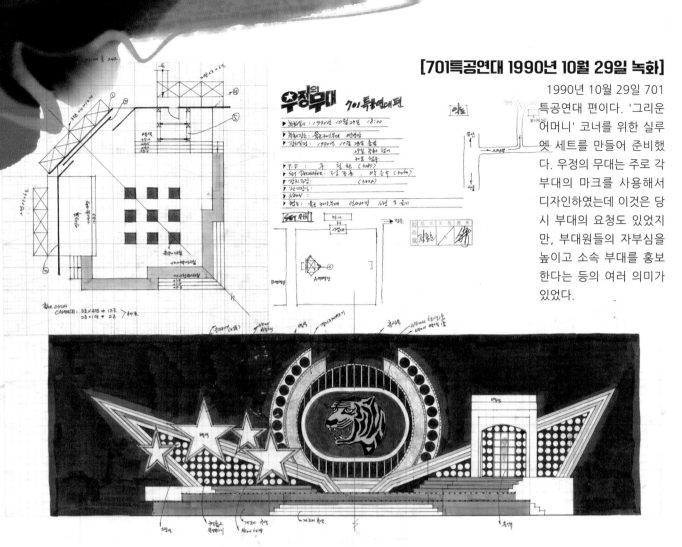

[701특공연대 1990년 10월 29일 녹화]

1990년 10월 29일 701 특공연대 편이다. '그리운 어머니' 코너를 위한 실루엣 세트를 만들어 준비했다. 우정의 무대는 주로 각 부대의 마크를 사용해서 디자인하였는데 이것은 당시 부대의 요청도 있었지만, 부대원들의 자부심을 높이고 소속 부대를 홍보한다는 등의 여러 의미가 있었다.

세트는 주로 두께가 없는 얇은 벽체 형태로 제작했다. 합판과 각재로 차량에 실을 수 있는 크기로 나누어서 제작하고, 현장으로 운송한 후에 다시 이어서 조립하여 세우는 방식으로 진행하였다. 이 작업 과정에서 세트 설치를 위해 '철재 아시바'라고 불리는 비계를 사용하였는데 이 장비가 견고함이 부족하여 세트에 바람이 통할 수 있도록 바람 구멍을 디자인에 적용하여 뚫는 등의 조치를 해야만 했다.

[공군 제3758부대 1991년 2월 28일 녹화]

1991년 2월 28일 공군 제3758부대 격납고에서 녹화한 도면이다. 이 무대 역시 메인 바닥의 좌우에 최신 전투기 두 대를 배치하는 설정을 하였다. 공군 부대는 격납고가 있어서 겨울이나 우천 시에 녹화장으로 활용하기가 용이했다.

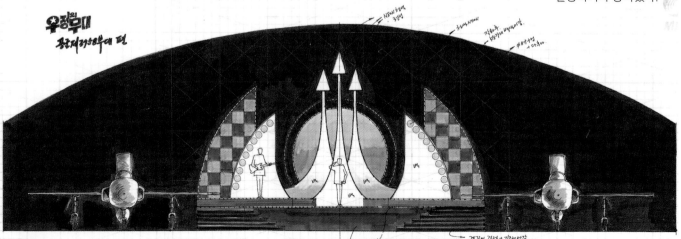

[진군공병부대 1990년 12월 24일 녹화]

1990년 12월 24일 크리스마스이브 저녁에 녹화한 진군공병부대 편이다. 공병부대답게 좌·우측에 포클레인을 한 대씩 배치하는 설정을 하였다. 이 무대는 1990년의 마지막 '우정의 무대'였으므로 송년특집으로 제작되었는데, 보조 무대도 만들고 메인 무대와 보조 무대를 연결하는 다리형 바닥도 설치했다. 성탄 이브에 군부대에서 녹화를 하는 일은 그리 흔하지 않은 경험일 것이다. 공병부대의 특징을 살리기 위해서 성 모양의 디자인을 해보았다. 보조 무대에는 '안녕! 1990'이라는 송년의 뜻을 담은 타이틀도 설치하였다.

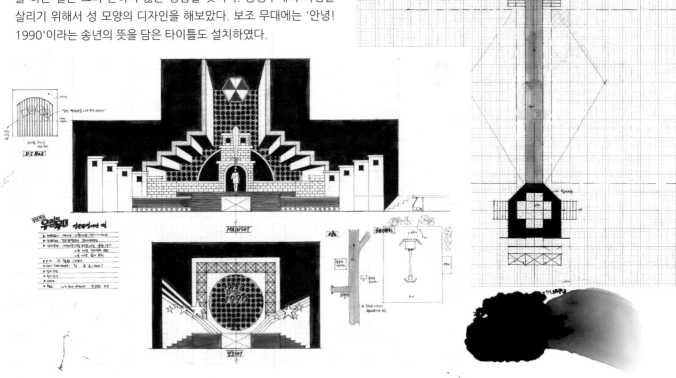

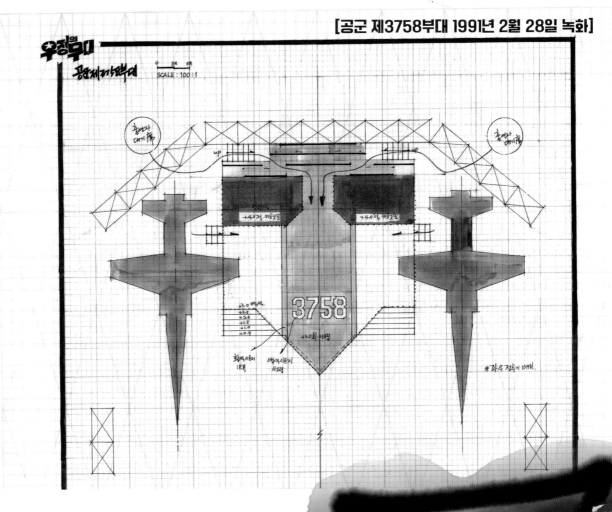

[공군 제3758부대 1991년 2월 28일 녹화]

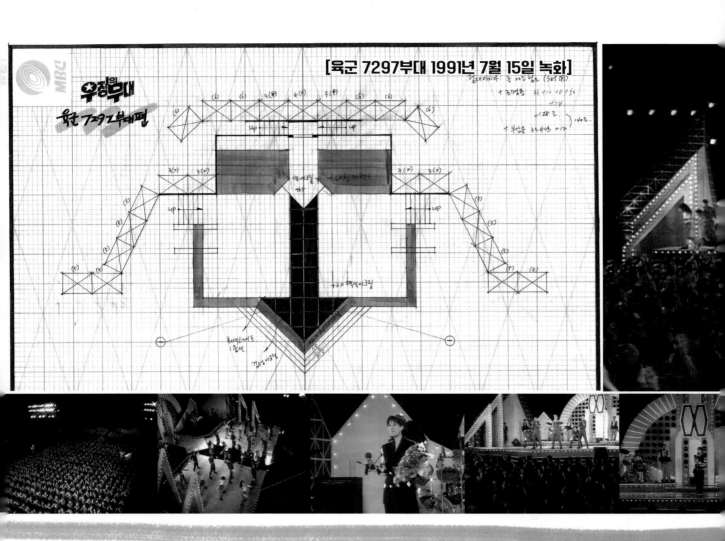

[육군 7297부대 1991년 7월 15일 녹화]

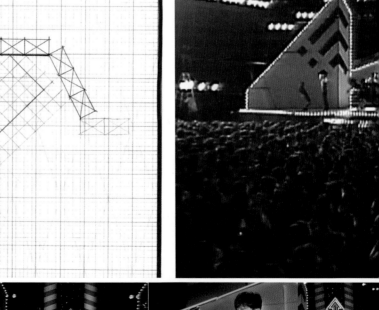

[육군 전격부대 편 1991년 8월 26일 녹화]

1991년 8월 26일 육군 전격부대에서 녹화한 세트 디자인이다. 정면도를 보면 철재 아시바를 무려 7단 이나 쌓았는데 이런 경우에는 구조물의 뒤쪽으로 보강용 아시바를 많이 쌓아주어야 한다. 평면도에는 표시되지 않았지만 이 철 구조물의 대부분은 조명용으로 사용되었다.

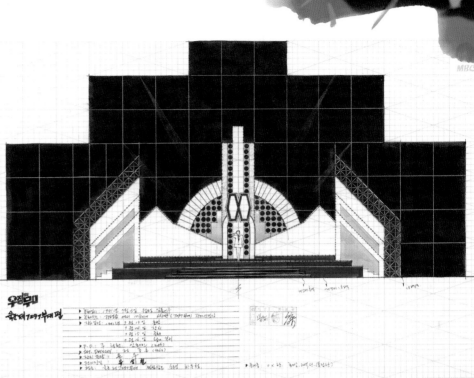

우정의무대
유호 제73기부대편

무대디자인 정 종훈
장치 김 점용
전식 유 상철

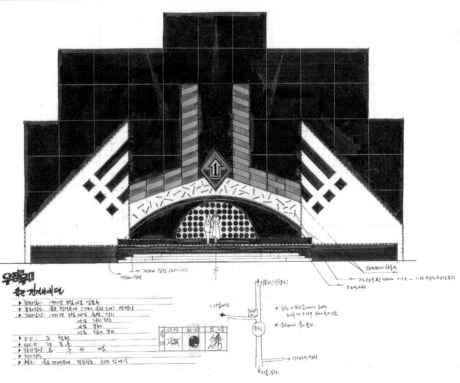

우정무대
유호 정병이세대

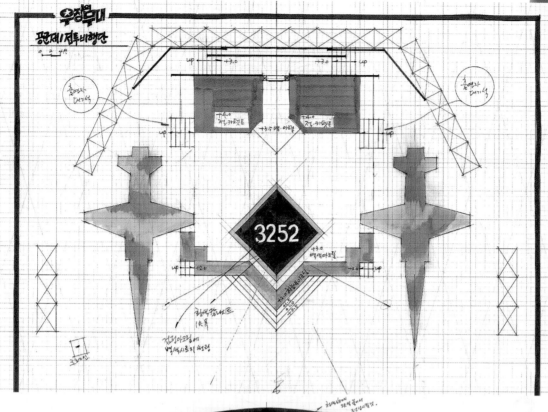

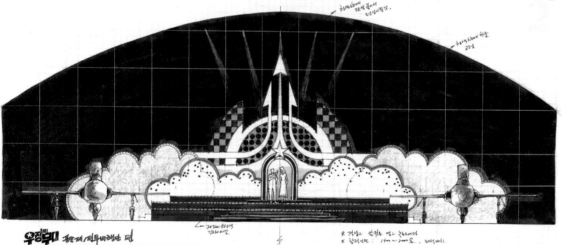

공군부대 격납고에서의 녹화는 야
외 세트의 가장 취약한 부분인 바람의
영향을 덜 받기 때문에 세트 높이를
조금 더 높이 설정할 수도 있으며 여
러 면에서 수월한 작업이 가능하였다.

　세트의 조각을 하나씩 나누어서 제작도를 그리고 난 후 제작 설명을 하면 세트팀은 이 조각들을 차량에
적재가 가능한 크기로 나눠서 제작한 후에 현장으로 운반한다. 이때 녹화장으로 세트를 반입하기 위한 공
연장의 환경도 꼼꼼하게 살펴서 입구의 문을 통과할 수 있는 크기로 제작하여야 한다.

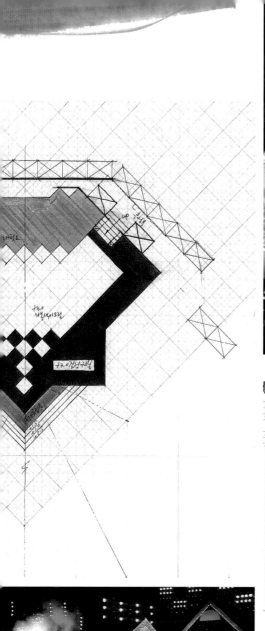

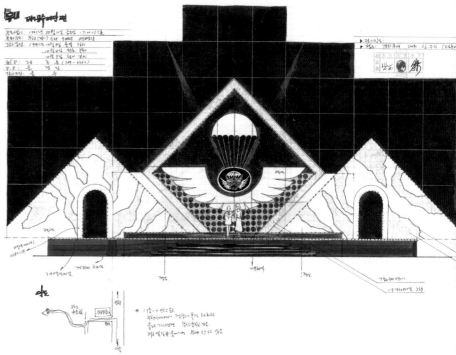

[육군 귀성부대 편 1991년 10월 4일 녹화]

[육군 파도부대 1991년 11월 4일 녹화]

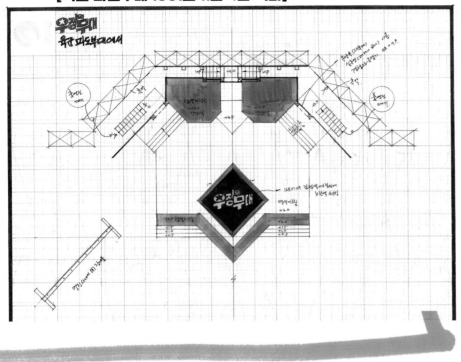

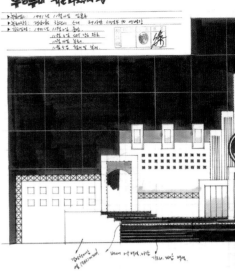

[육군 수도방위사령부 전차대대 1992년 1월 18일 녹화]

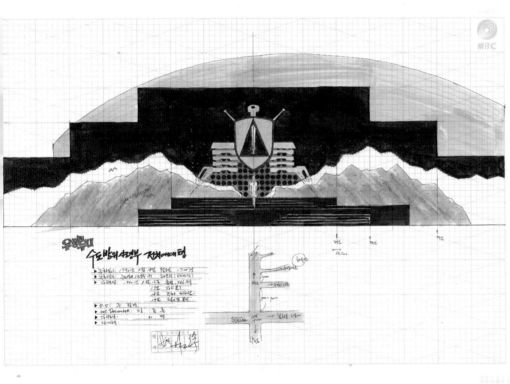

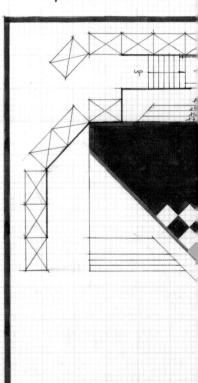

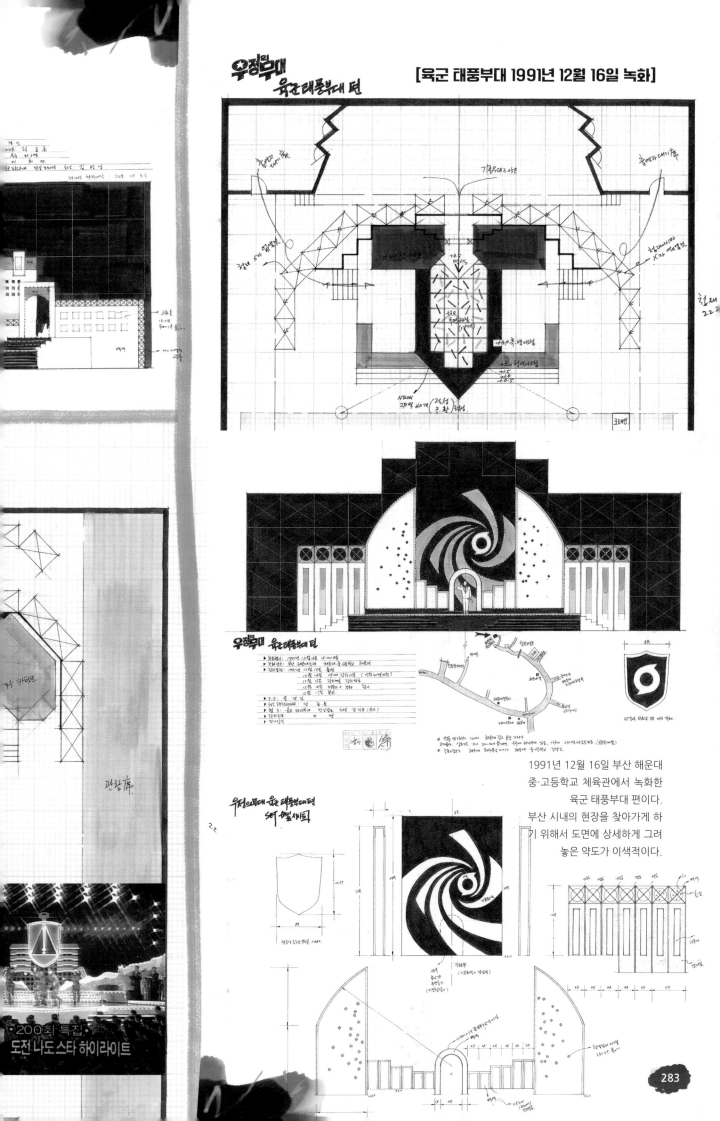

우정의무대
육군태풍부대 편

1991년 12월 16일 부산 해운대
중·고등학교 체육관에서 녹화한
육군 태풍부대 편이다.
부산 시내의 현장을 찾아가게 하
기 위해서 도면에 상세하게 그려
놓은 약도가 이색적이다.

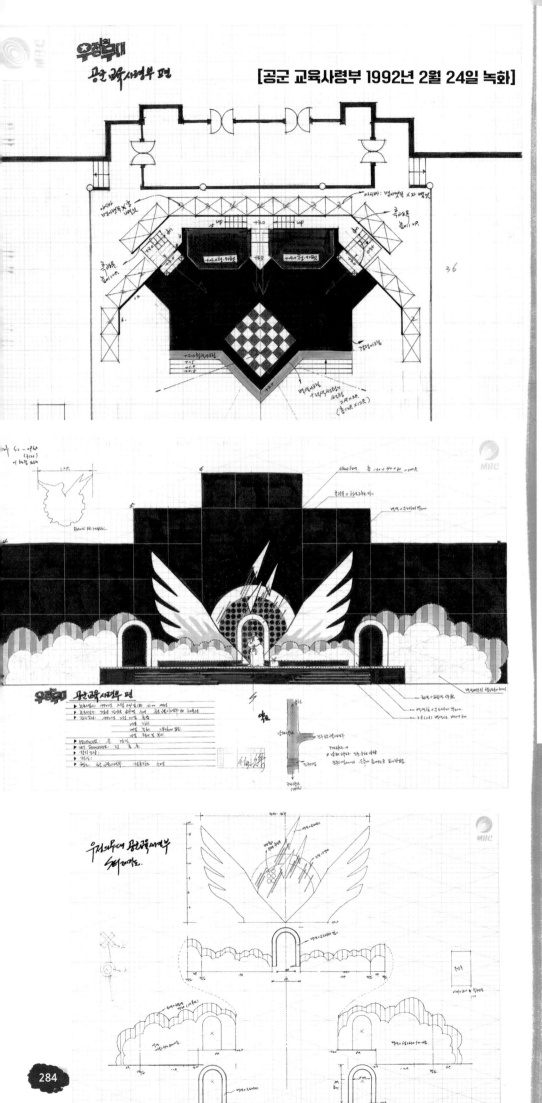

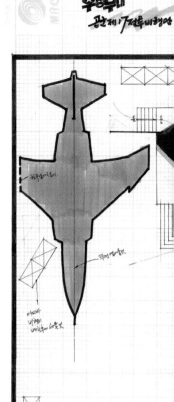

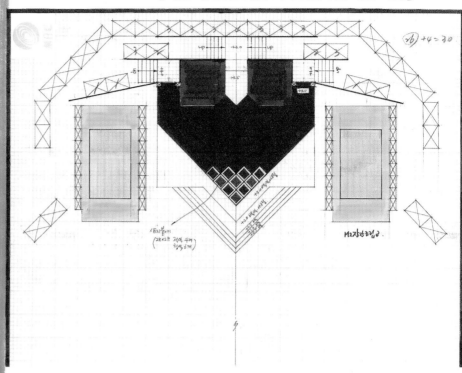

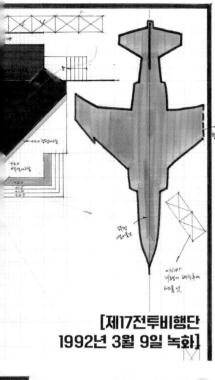

[제17전투비행단
1992년 3월 9일 녹화]

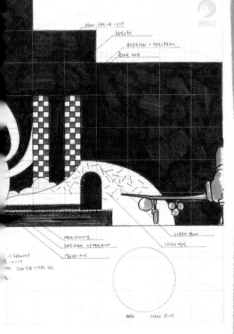

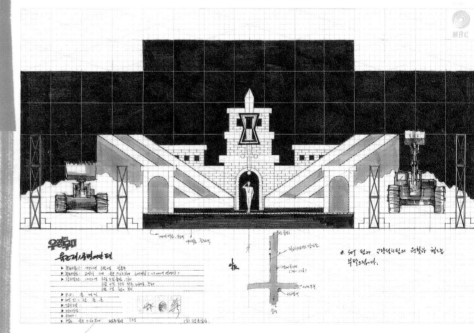

[해군 제2전투전단 1992년 8월 24일 녹화]

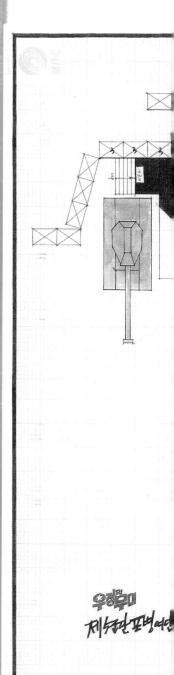

1990년에 이어 두 번째로 찾아간 해군 제2전투전단 편 '우정의 무대'는 전편의 녹화와 같이 구축함이 정박해 있는 바지선 선상에 무대를 짓는 것으로 군부대와 협의하였다. 세트 디자이너인 필자의 입장에서 보면 구축함 2대를 세트로 활용하는 엄청난 프로젝트가 된 것이다. 물론 군부대의 적극적인 협조가 없이는 불가능한 일이었겠지만 '뭔가 새로운 장면'을 만들겠다는 서로의 뜻이 잘 융합된 결과가 아닐까 생각한다. 이 프로그램의 자료를 찾는 데는 실패해서 방송 장면이나 사진을 싣지는 못하지만 필자의 도면에는 고스란히 남아있고, 이날을 같이한 사람들의 기억에는 좋은 추억으로 남아 있을 것이다.

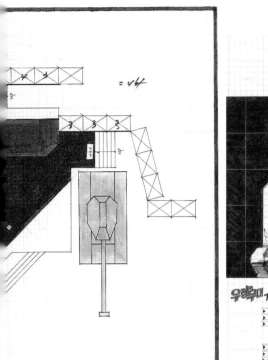

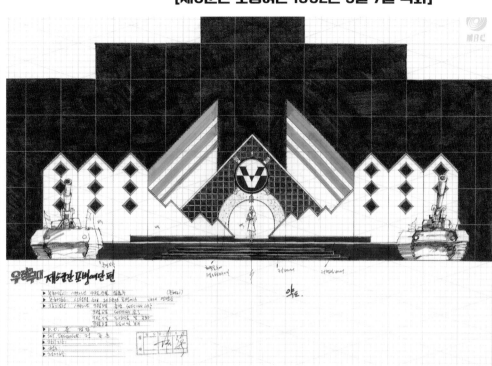

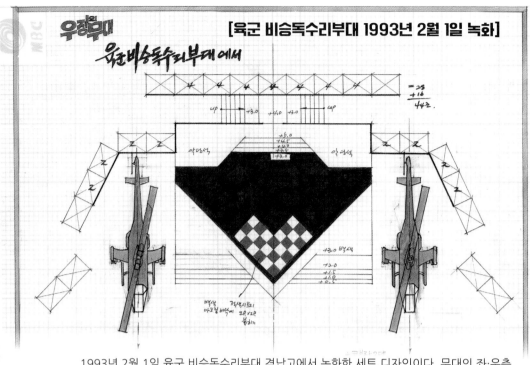

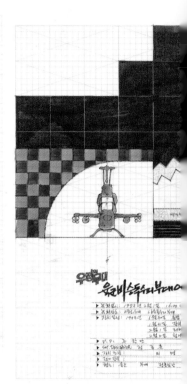

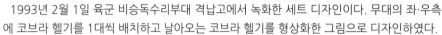

1993년 2월 1일 육군 비승독수리부대 격납고에서 녹화한 세트 디자인이다. 무대의 좌·우측에 코브라 헬기를 1대씩 배치하고 날아오는 코브라 헬기를 형상화한 그림으로 디자인하였다.

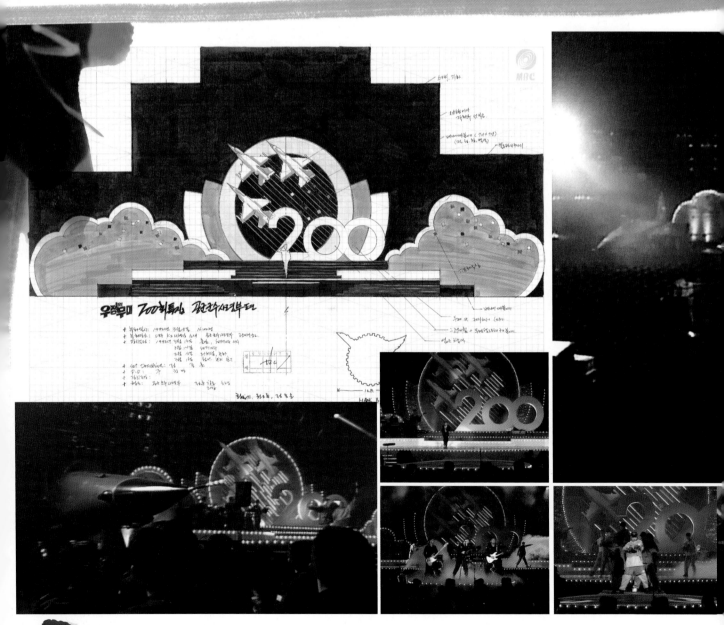

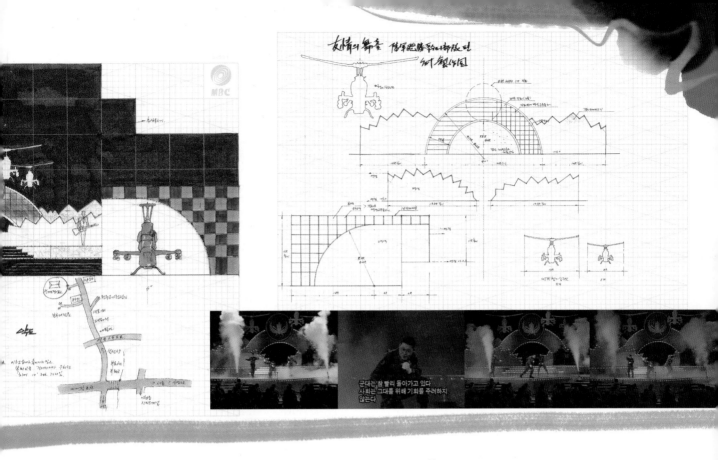

[200회 특집 공군 군수사령부
1993년 3월 15일 녹화]

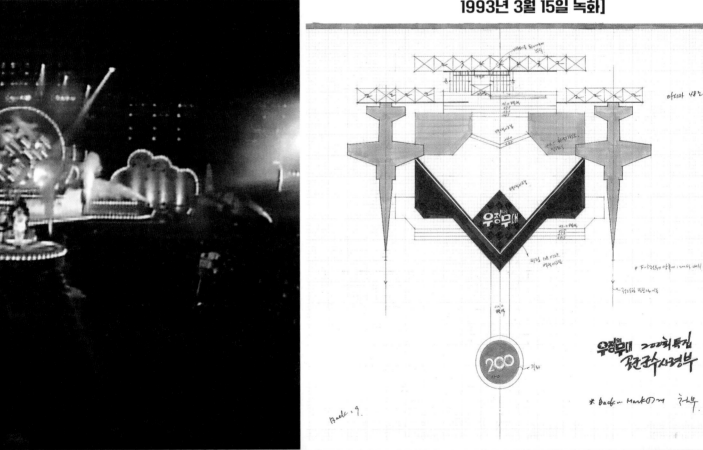

온국민과 함께 올림픽 영웅들을 환영하라!

1992년에 열린 제25회 스페인 바르셀로나 올림픽에서 금메달 12개, 은메달 5개, 동메달 12개로 세계 7위의 좋은 성적을 거둔 대한민국 선수단의 금의환향을 축하하는 쇼이다. 황영조 선수가 마라톤 금메달을 따는 장면이 기억나는 감동적인 대회였다.

정면의 세트는 바르셀로나의 메달을 부조 형태로 조각해서 넣고 축하의 느낌을 떨어지는 꽃가루로 표현하였다. 메달을 감싼 세트는 국민의 응원과 환영의 마음으로 감싸듯이 디자인을 하였다.

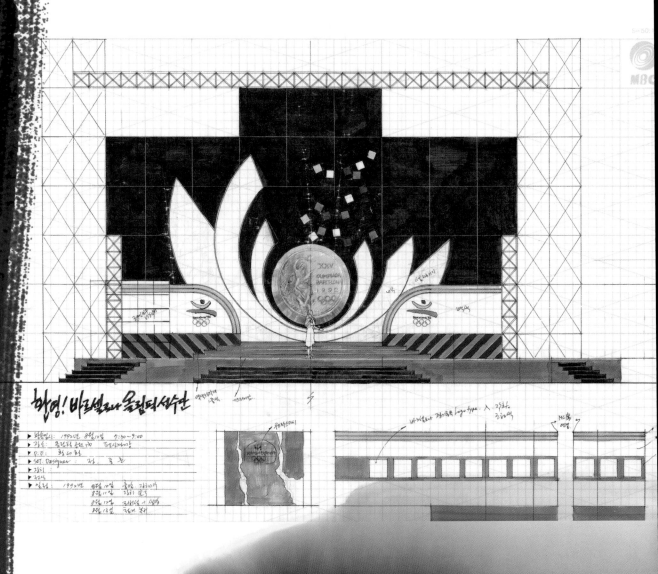

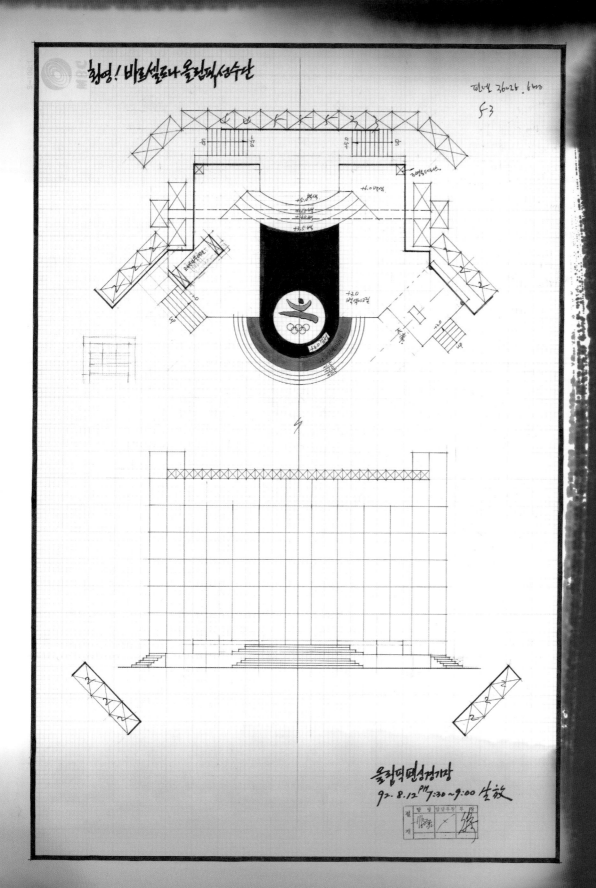

환영! 바르셀로나 올림픽 선수단

울림픽 환영경기장
92. 8. 12 ᴾᴹ 7:30 ~ 9:00 生敎

올림픽공원 펜싱경기장 현지생방송

환영!
바르셀로나
올림픽선수단 MBC

박명수

무대디자인 정종훈

그래픽디자인 정은숙

자식 정보영

소도구 이상덕

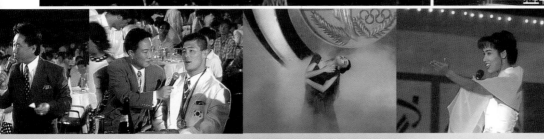

올해 최고를 뽑는 상씩 무대를 만들자!
골든글러브상 시상식
1992년 12월 11일 생방송

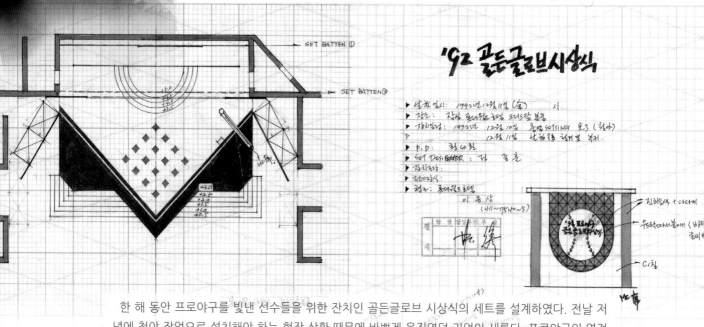

'92 골든글로브시상식

▶ 날짜 일시: 1992년 12월 11일 (금)   시
▶ 장소: 잠실 롯데월드 호텔 크리스탈 볼룸
▶ 장치일정: 1992년 12월 10일 출발 SETTING 완료 (철야)
　　　　　　 12월 11일 낮방송 리허설 및 본녹
▶ P.D: 최ㅇ환
▶ SET DESIGNER: 김 경 훈
▶ 장치제작:
▶ 전기감독:
▶ 장소: 롯데월드호텔
　　　 이 ㅇ상
　　　 (411~7840~5)

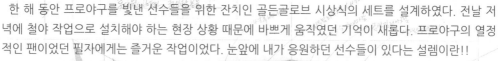

한 해 동안 프로야구를 빛낸 선수들을 위한 잔치인 골든글로브 시상식의 세트를 설계하였다. 전날 저녁에 철야 작업으로 설치해야 하는 현장 상황 때문에 바쁘게 움직였던 기억이 새롭다. 프로야구의 열정적인 팬이었던 필자에게는 즐거운 작업이었다. 눈앞에 내가 응원하던 선수들이 있다는 설렘이란!!

MAIN SET.

강변가요제

한여름밤! 축제의 장을 만들자!

강변가요제 이야기(1993, 1996)

'MBC 강변가요제'는 'MBC 대학가요제'와 쌍벽을 이루었던 젊은이들의 여름 낭만을 품은 가요 경연 대회이자 축제였다. 우리에게는 이선희 씨의 'J에게'와 이상은 씨의 '담다디' 등이 태어난 프로그램으로 기억에 남아 있다. 이 대회는 청평 유원지, 남이섬, 춘천시 등지에서 개최된 행사였는데 필자는 1993년과 1996년의 세트 디자인 작업을 했다.

[1993 제14회 MBC 강변가요제 1993년 8월 4일 생방송]

춘천 리오관광호텔 앞 공터에서 열린 이 행사(프로그램)는 당시 큰 작업을 경험하지 못했던 필자로서는 감당하기 쉽지 않은 규모의 작업이었고, 선배들이 해오던 방식과는 다른 새로운 디자인을 시도해 보았다.

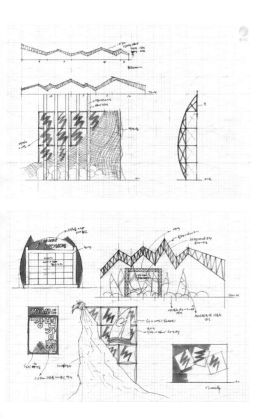

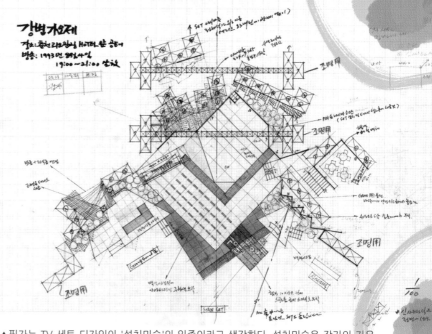

▲필자는 TV 세트 디자인이 '설치미술'의 일종이라고 생각한다. 설치미술은 작가의 자유로운 상상력으로 자신의 메시지를 만들지만, TV 세트 디자인은 어떤 '필요'에 의해서 작업을 하면서도 그 필요한 기능을 벗어나지 않는 선에서 디자이너의 상상력과 창의성을 충분히 담을 수 있는 여지가 많으므로 어떤 디자인 작업보다도 창의적이라는 생각이다.

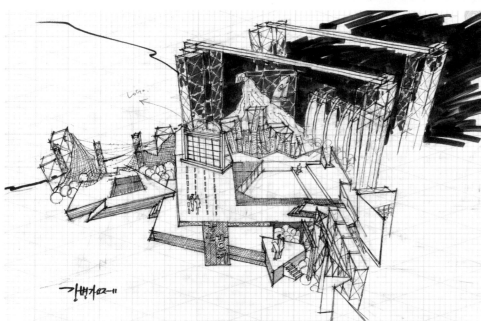

▲정면도를 그리는 대신 예상되는 전체 투시도와 각 세트 유닛의 제작도를 그렸다. 이렇게 비정형의 세트와 좌우 대칭의 모습을 한 세트가 갖는 장단점이 과연 어떤 것이 있는지 생각해 보는 기회를 준 작업이었다. TV 세트 디자인은 예술작품이라기보다는 필요에 의해서 계획되는 '디자인'이기 때문에 그 결과는 경제성과 효율성을 따지지 않을 수 없는데 그런 점에서 이런 디자인은 어떤 장점이 있을까?

[1996 제17회 MBC 강변가요제 1996년 8월 2일 생방송]

'96 MBC 강변가요제는 춘천 베어스타운 관광호텔 앞 중도선착장 고수부지에서 김현철, 박소현 씨의 진행으로 방송되었다.

기둥과 보만으로 세우는 18m x 6m의 기본형의 시스템 트러스를 세우고 나머지의 공간들은 낮게 설치한 철재 아시바를 이용해서 세트를 세우는 구조로 설계했다. 제일 높은 부분의 바닥 높이가 3.6m이고 기본 바닥에서 올라가는 계단들이 출연자들의 기본 배경 그림이 되도록 설계했다.

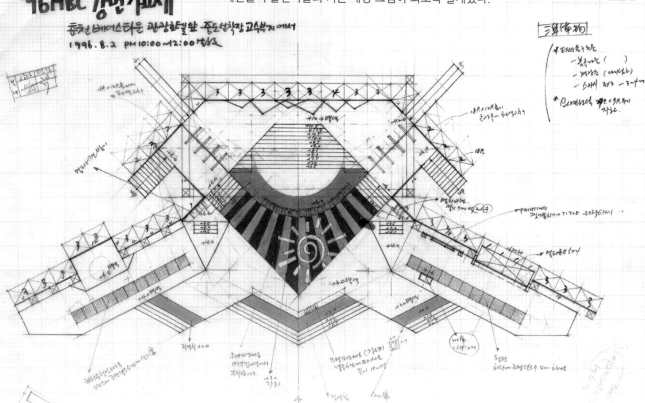

이 디자인은 정면 상단 부분 전체를 조명 디자인으로 활용하기 위해서 높은 부분의 공간을 비워두고 세트의 높이를 낮게 설정했고, 세트는 삼각뿔 모양의 입체로 디자인을 하였다.

멀티큐브 4x5를 좌측에 배치하여 객석에서 생방송되는 화면을 볼 수 있도록 하였고, 우측에는 밴드로 팀을 이룬 참가자들의 공연이 가능하도록 밴드석으로 설정하였다.

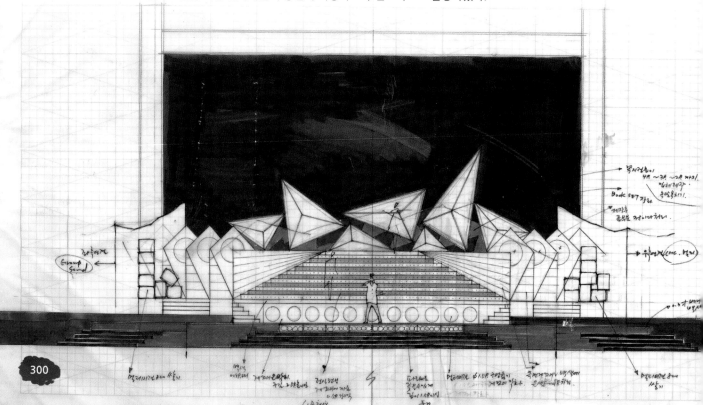

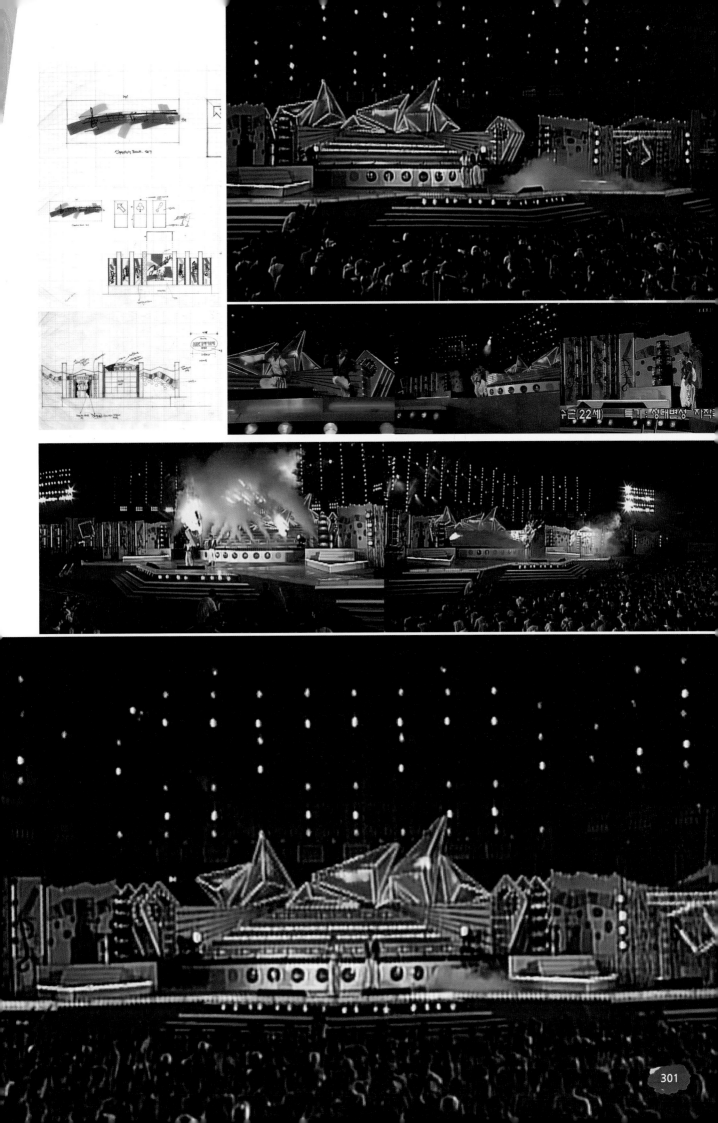

MBC ///
대학가요제

젊음과 열정의 무대를 만들어라!

대학가요제 이야기(1994, 1996, 1997, 1998, 2003, 2009)

[1994년 제18회 MBC 대학가요제 10월 15일 생방송]
고려대학교 대운동장

고려대학교 대운동장(현 서울캠퍼스 녹지운동장)에 설치된 세트의 평면도이다. 중앙에 악단석을 배치하고 좌측에는 밴드석(그룹사운드 공연용), 그리고 우측에는 MC석을 배치하였다. 좌·우측 통로는 출연자들이 높은 곳에서 내려오며 등장하는 동선으로 설정했다. 대학가요제의 마지막 순서는 발표를 기다리는 대기실 모습과 시상 장면이 방송되므로 그런 연출을 고려해서 알맞은 공간을 설계했다. 젊음의 열정이 가득한 운동장에 축제의 장을 넓게 펼쳐 주고 싶은 마음이 가을비에 흠뻑 젖었던 1994년의 MBC 대학가요제였다.

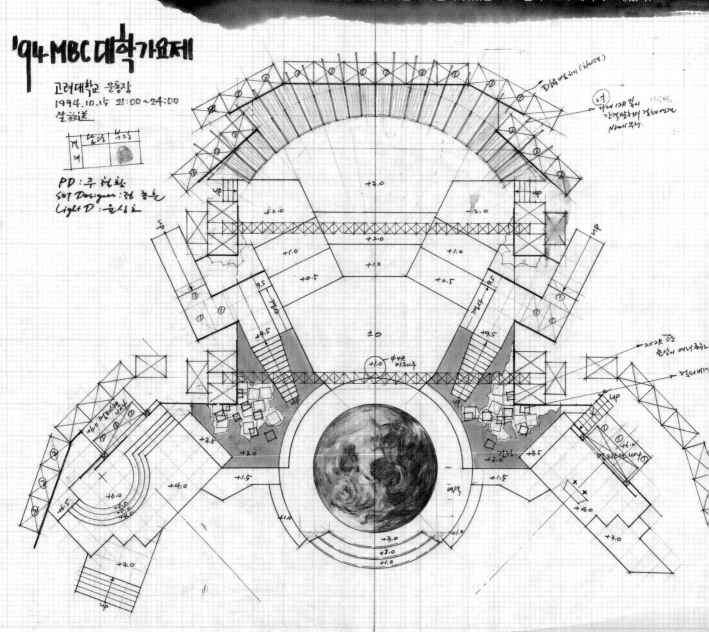

1977년 처음으로 열린 대학가요제는 당시 대학생들의 꿈의 무대였다. 필자도 고등학교 시절에 대학가요제 무대를 꼭 한번 보고 싶어 했었다. 17년 후 필자는 그 무대를 직접 디자인을 하는 기회를 얻게 되었다.

정면의 상단 부분은 거의 조명 디자인에 할애되었다. 당시 MBC의 야외공연은 철재 구조물에 조명 기구(파 라이트/ Par Light)를 가득 설치하고 음악에 맞춰 수동으로 제어하는 스타일의 조명 디자인이 많이 활용되었다.

본 무대의 맞은편에 보조 무대도 작게 설정했다. 이 무대에서는 특별공연 등이 진행되었다.

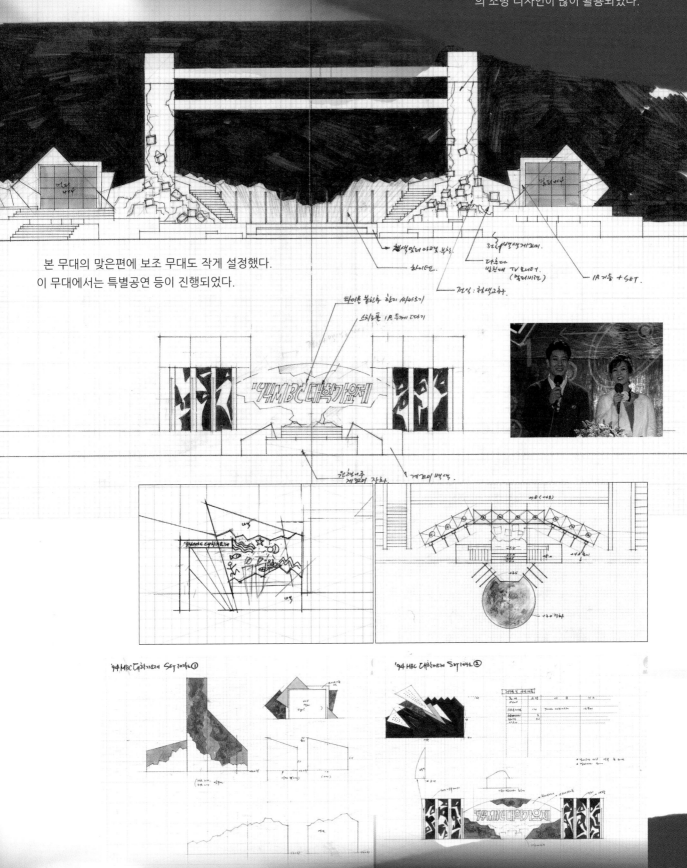

　가을비가 꽤 많이 내리는 저녁에 생방송으로 진행된 '94 MBC 대학가요제는 진정한 대학인들의 가요로 꾸며진 정말 좋은 내용으로 준비되었다. 필자의 대학생활을 관통하던 노래들이 공연되어 더욱 좋았다. 아쉬운 것은 역시 날씨였다. 비로 인해 준비한 많은 것들이 제대로 표현되지도 못한 채 진행되었기 때문이다. 악단이 라이브 연주를 못하게 된 것은 물론이고, MC석의 벽체가 물에 완전히 젖어서 그냥 까만 판으로 보이기도 하고, TV 화면에도 빗줄기가 보일 정도로 쏟아지는 와중에도 공연을 하는 이들의 모습이 안쓰러울 정도였다. 하지만 현장의 열기는 역시 '젊음' 그 자체였다. 어떤 어려움도 젊음의 열정이면 이겨낼 수 있을 것 같은 생각이 든 현장의 열기였다.

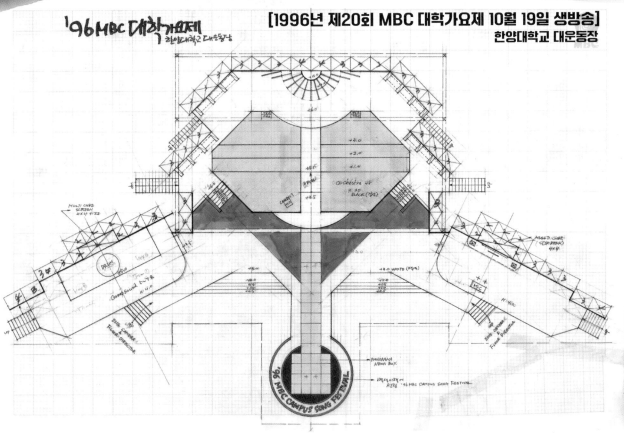

'96 MBC 대학가요제
한양대학교 대운동장

한양대학교 대운동장에서 진행된 '96 MBC 대학가요제의 평면은 여느 때와 별로 다르지 않게 설계되었다. 악단석과 출연자의 출입을 위한 동선을 포함한 메인 무대와 그룹사운드 공연을 위한 좌측 무대, 그리고 MC석이 있는 우측 무대 등으로 구성하였다. 이 무대의 길이는 약 60~70m인데 이 정도 규모가 되어야 관객석의 규모와 어우러져서 조화로운 그림이 가능하다. 평면도에서 확인할 수 있듯이 객석 쪽으로 돌출무대를 설치해서 출연진이 조금 더 관객 가까이 갈 수 있게 하였다.

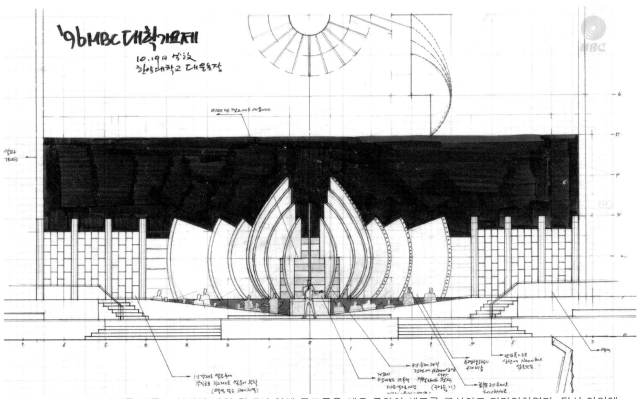

'96 MBC 대학가요제
10.19日 생방송
한양대학교 대운동장

보다 입체적인 세트를 만들고 싶어서 반원 형태의 입체 구조물을 세운 중앙의 세트를 구상하고 디자인하였다. 당시 야외에 설치하는 무대의 세트를 입체적으로 구상하기에는 기본 골조의 시스템의 여건이 좋지 않아 규모있는 설계가 쉽지 않았었다.

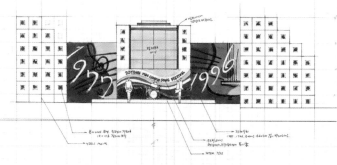

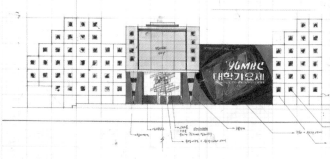

▲좌측 세트는 그룹사운드를 위한 밴드석이다. 드럼과 키보드 등 기본적인 악기를 상시 배치하고 공연 시에는 조명을 켜고 진행하게 된다.

▲우측 세트는 MC를 위한 공간이며 전체 무대의 균형을 위하여 좌측의 세트와 비슷한 크기로 설정하였다. MC석의 디자인은 최초의 디자인에서 수정, 변경되었다.

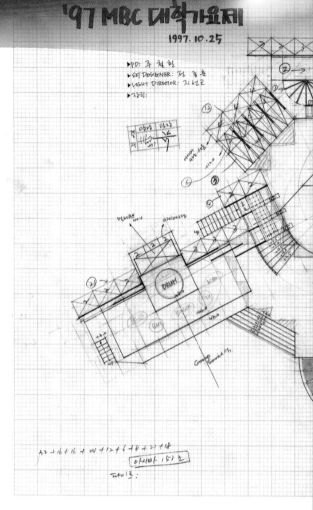

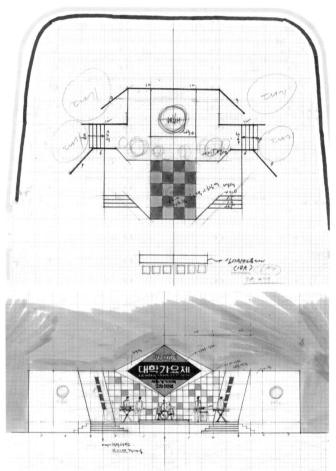

[1997년 제21회 MBC 대학가요제 10월 25일 생방송]
연세대학교 대운동장

필자의 세 번째 MBC 대학가요제의 장소는 연세대학교 대운동장이었다. 대학가요제의 무대는 작업할 때마다 늘 설렌다. '내가 이 꿈의 무대를 설계하고 있다니!' 필자는 '나 어떡해'를 흥얼거리며 디자인 작업을 하곤 했다.

▲서울, 경기지역의 예선을 여의도 MBC D 공개홀에서 진행하게 되어 간단한 예선 경연용 세트를 디자인하여 설치하였다.

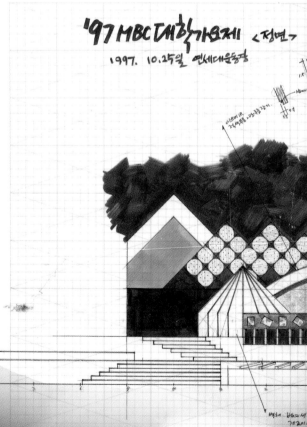

▶정면도/ 메인 무대의 높이는 상단 부분에 위치할 조명 디자인을 고려해 적당한 높이로 설정하고 조명 장비(파 라이트)와 세트의 경계에는 전식(전기 장식)을 이용한 세트를 설정하여 완충공간을 만들었다. 중앙 세트, 좌우 세트는 철재 구조물(아시바)의 설치 형태에 맞는 입체 세트를 디자인하여 설치하였고 정면에는 멀티비젼(모니터) 장비를 활용하여 출연자의 정면 샷에 좀 더 역동적인 움직임이 어렴풋이 보이도록 계획하였다.

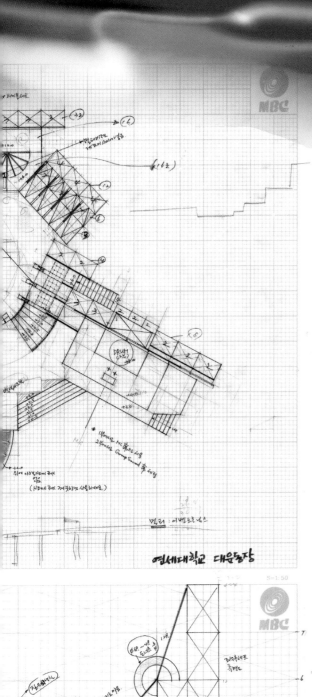

◀평면도/ 예년과 그리 다르지 않은 평면도의 모습이다. 관객이 많이 모이는 무대 세트는 객석의 넓이를 유지해야 하므로 깊이를 길게하여 설계할 수는 없고 악단석의 규모에 맞춰서 적절하게 설정해야 한다. 밴드의 공연이 많아서 MC석과 밴드석을 공유하는 방법으로 2개의 밴드석을 교대로 활용하는 방안으로 진행하였다.

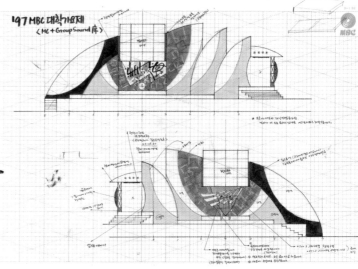

▲좌·우측에 멀티큐브 4x4 크기를 설정하여 생방송 장면을 객석에서 보면서 즐길 수 있도록 서비스 영상을 설치하였고, 우측 날개 세트는 MC석과 밴드석을 동시 사용이 가능하도록 설계하였다.
MC석은 인터넷 검색을 통하여 찾은 어린이들의 순수한 마음이 담긴 그림들을 인쇄하여 부착하였다.

MC 백 세트는 인터넷으로 찾은 어린이들의 그림을 인쇄해서 세트에 부착하여 사용하였다. 사용 허락을 받았음은 물론이다.▲

필자가 청소년 시절에 즐겨듣던 음악의 주인공 '산울림'의 특별공연이 있었다. 필자도 이 행사의 주최 측(스태프)임을 잠시 잊고 공연을 즐겼다. 이제는 이 멤버들의 공연을 다시는 볼 수가 없다는 사실이 안타깝다. 신해철 씨의 모습도 보인다. 벌써 25년 전의 작업이다.

우측 MC석이 있는 날 개 세트 공간을 밴드석으로 전환하여 사용하였다. 1997년 대학가요제의 특별공연은 산울림, 신해철, 안치환 등 밴드 공연이 많았다.

[1998년 제22회 MBC 대학가요제 10월 17일 생방송]
서강대학교 대운동장

주철환 PD와의 네 번째 대학가요제 작업이다. 주선배는 대학 음악에 대한 책을 집필할 정도로 전문적인 지식이 풍부해 서인지 무척 '대학가요제스러운' 내용으로 프로그램을 만들어 내었다.

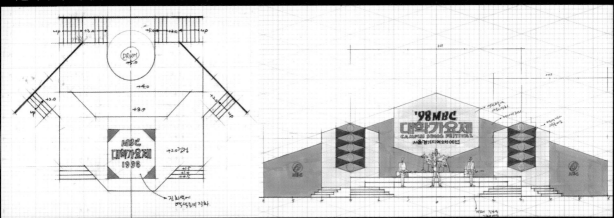

대학가요제는 본선 진출을 위한 치열한 예선을 통과해야 한다. 서울, 경기지역 예선은 여의도 MBC 공개홀에서 진행되었다.

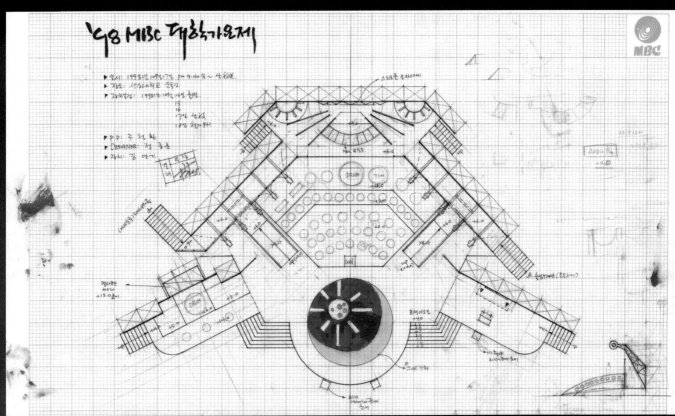

▲서강대학교 대운동장에서 진행된 1998년의 MBC 대학가요제 무대도 예년에 비해 큰 변화가 없는 평면도의 모습이다.
좌측의 밴드 공연을 위한 공간과 우측의 MC석, 그리고 악단석과 출입용 동선으로 설정된 메인 무대가 기본 요소이다.

311

전체적으로 무게감이 있는 세트를 설계하고자 하였다. 정면 중앙 부분의 높이를 낮추고 중앙 하단과 좌·우측의 세트를 입체적으로 디자인하여 무게감을 높였다.

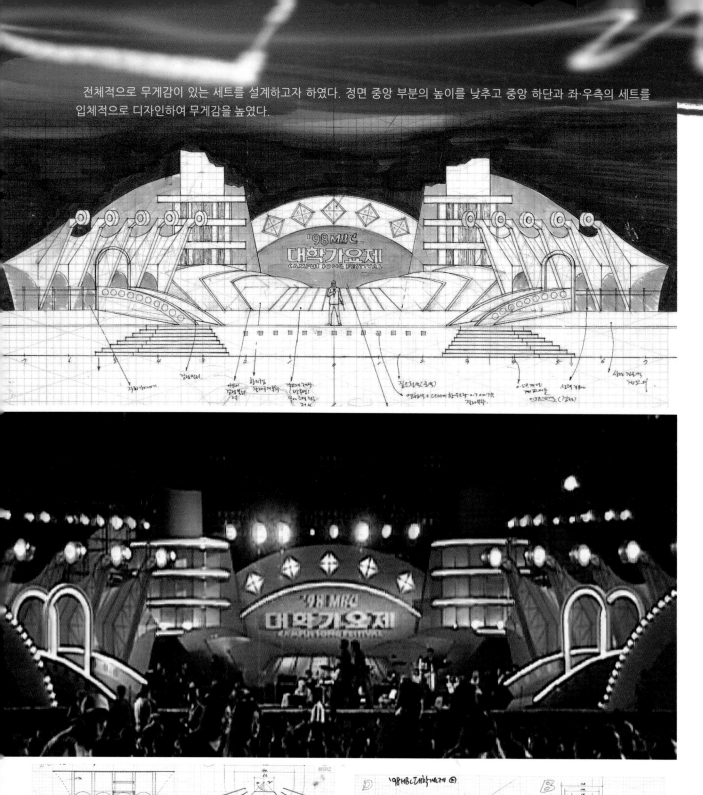

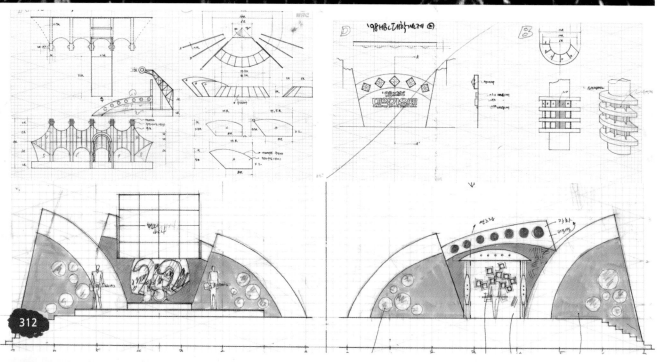

크레인 같은 장비 없이 대형 세트를 조립하고 세우는 것은 쉬운 일이 아니다. 더구나 그 세트들이 부피를 가진 입체적인 세트
라면 더욱 그렇다. 세트맨들이 힘들게 작업한 결과, 세트가 입체감있는 모습으로 완성되고 있다.

[2003년 제27회 MBC 대학가요제 10월 4일 생방송]
서울대학교 대운동장

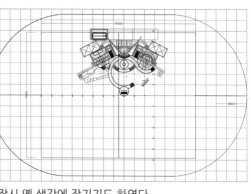

2003년 제27회 MBC 대학가요제의 세트를 다시 디자인하게 되었다. 당시 대학가요제가 약간 침체되어 있는 분위기에서 '네가 진짜로 원하는 게 뭐야?'라는 캐치프레이즈의 콘셉트로 디자인을 진행하였다. 이 방송의 작업을 하면서 우선 염두에 두었던 것은 '그동안의 틀을 바꿔보자'라는 것이었다. 우선 공식처럼 사용되던 기본형의 트러스 시스템을 과감하게 버리고자 하였다. 이 대학가요제는 필자 개인적으로는 대학 생활을 했던 장소에서 열리는 것이라서 더욱 특별한 느낌이었다. 작업 도중 추억이 깃든 공간에 가서 잠시 옛 생각에 잠기기도 하였다.

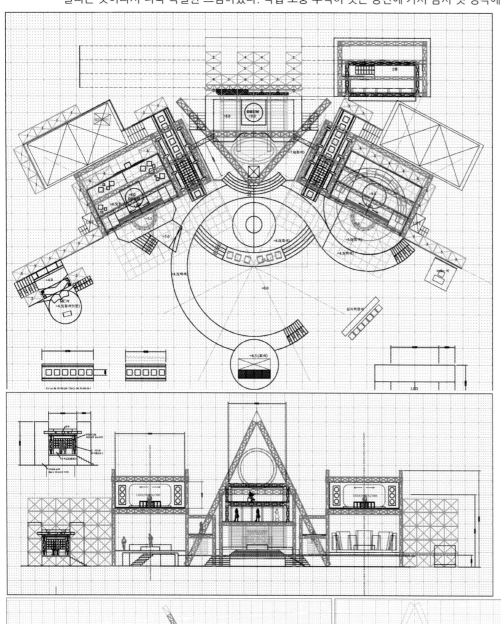

기둥과 보로 구성된 시스템 트러스를 과감하게 버리고 트러스 유닛과 철재 아시바를 이용해서 좌측, 중앙, 우측의 구조를 서로 다른 듯 비슷하게 연결해서 구성했다. 또 객석으로 연장된 돌출 무대를 원형으로 설계해서 자유로운 동선으로 퍼포먼스를 할 수 있게 하였으며 무대에는 여러 가지 전환 장치들을 준비하고 활용할 수 있게 했다.

정면 중앙의 세트는 삼각형 피라미드형의 트러스 구조물로 디자인하였고 좌우 세트는 사각형 모양의 트러스 구조물을 이용해서 TV 모양의 세트로 디자인했다. 이 세트에는 LED 영상을 설치하여 실제로 관객들이 볼 수 있는 서비스 화면을 표출함과 동시에 화면의 중앙을 분리하여 열리게 해서 출연 가수가 영상 앞 테라스 세트에서 공연을 할 수 있게 설계했다.

또한, 정면의 로고를 삽입한 계단 세트를 위로 열릴 수 있게 설계하고 그 아래에 밴드 공연이 가능하게 악기 세팅을 해두어 필요시에 계단을 열고 공연을 할 수 있는 전환 장치도 만들었다.

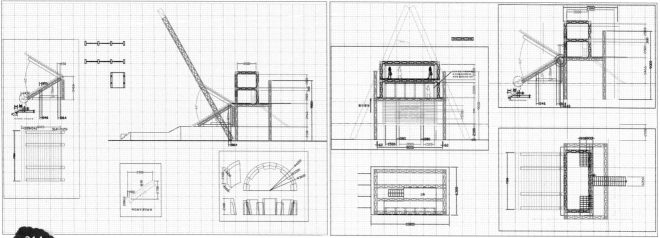

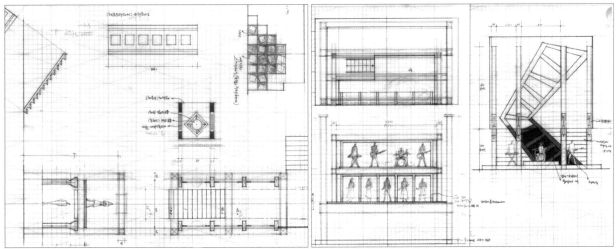

▲업 다운 계단과 MC석

▲정면 계단이 올라가면 나타나는 밴드석 디자인

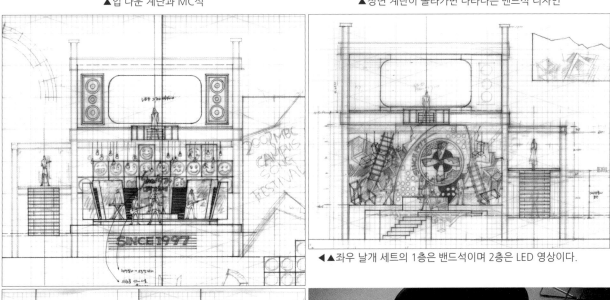

▲▲좌우 날개 세트의 1층은 밴드석이며 2층은 LED 영상이다.

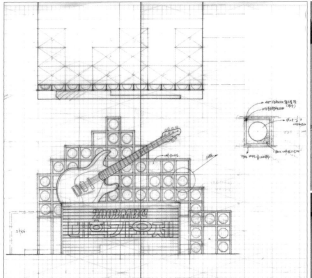

▲계단 위의 대형 기타 모양 세트는 스티로폼을 이용한 조각으로 실제 기타와 똑같이 제작하였다. 사각 틀 안의 원형도 반구 모양의 입체로 제작해서 부착하였고 사각 틀 가장자리에 네온 조명을 삽입하여 간접 조명으로 반구를 입체감 있게 보일 수 있게 디자인하였다.

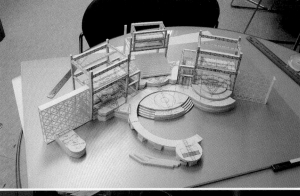

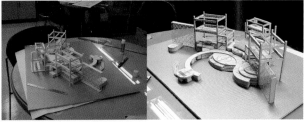

▲디자인을 끝낸 세트의 미니어처를 제작하였다. 이 미니어처는 복잡한 디자인을 쉽게 이해할 수 있게 하고 무엇보다도 각 스태프 간의 소통을 위해서 중요한 역할을 한다.

▲현장에서 미니어처를 보면서 큐시트를 체크하고 있는 제작진과 각 스태프들의 모습

플라잉 스피커용 구조물이 없으므로 무대의 좌·우측에 스피커를 설치하기 위해 크레인 2대를 동원하였다. 일반적으로는 트러스 구조물이나 철 구조물로 플라잉 스피커 구조물을 세우는 것을 포함해 무대를 설계하게 되지만, 이번 경우에는 무대의 구조를 특이하게 구성하다 보니 예전에 주로 사용하던 이 방식을 사용하였다.

모든 준비가 완료되고 카메라 리허설과 런 스루(Run Through: 생방송 전에 광고를 포함한 모든 과정을 미리 진행해보는 리허설)를 실시한다. 이때도 세트팀은 쉬지 않고 점검 또 점검이다.

[2009년 제33회 MBC 대학가요제 10월4일 생방송]
인천대학교 송도캠퍼스 대운동장

6년 만에 MBC 대학가요제를 다시 디자인하게 되었다. 6년이라는 세월 동안 필자의 디자인 경력도 많이 쌓였고 무대 시스템을 비롯한 환경이 많이 변한 시점이어서 기대와 우려가 교차하는 마음이었다.

이 작업에 임하는 필자의 생각은 여느 때나 다름없이 '전과 다른 새로운 그 무엇'을 만들자는 것이었다. 이런 생각을 바탕으로 그동안 여러 작업을 하면서 호흡을 맞춰오던 연출자와 긴밀하게 협의를 하면서 작업을 진행해 나갔다.

2009년 7월 28일 약 2달을 앞두고 인천대학교 송도캠퍼스로 헌팅(사전 답사)을 갔다. 인조 잔디로 조성된 운동장에 세트를 짓고 '제33회 MBC 대학가요제' 생방송을 해야 한다.

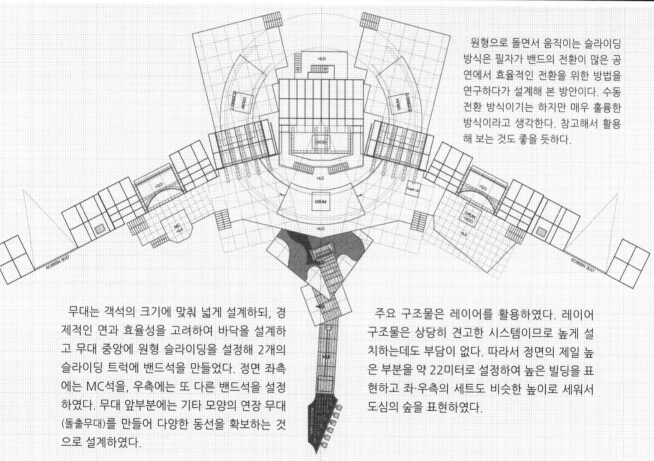

원형으로 돌면서 움직이는 슬라이딩 방식은 필자가 밴드의 전환이 많은 공연에서 효율적인 전환을 위한 방법을 연구하다가 설계해 본 방안이다. 수동 전환 방식이기는 하지만 매우 훌륭한 방식이라고 생각한다. 참고해서 활용해 보는 것도 좋을 듯하다.

무대는 객석의 크기에 맞춰 넓게 설계하되, 경제적인 면과 효율성을 고려하여 바닥을 설계하고 무대 중앙에 원형 슬라이딩을 설정해 2개의 슬라이딩 트럭에 밴드석을 만들었다. 정면 좌측에는 MC석을, 우측에는 또 다른 밴드석을 설정하였다. 무대 앞부분에는 기타 모양의 연장 무대(돌출무대)를 만들어 다양한 동선을 확보하는 것으로 설계하였다.

주요 구조물은 레이어를 활용하였다. 레이어 구조물은 상당히 견고한 시스템이므로 높게 설치하는데도 부담이 없다. 따라서 정면의 제일 높은 부분을 약 22미터로 설정하여 높은 빌딩을 표현하고 좌·우측의 세트도 비슷한 높이로 세워서 도심의 숲을 표현하였다.

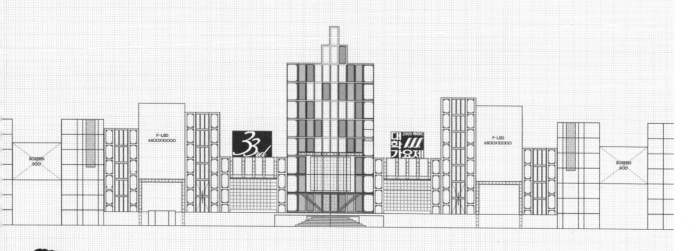

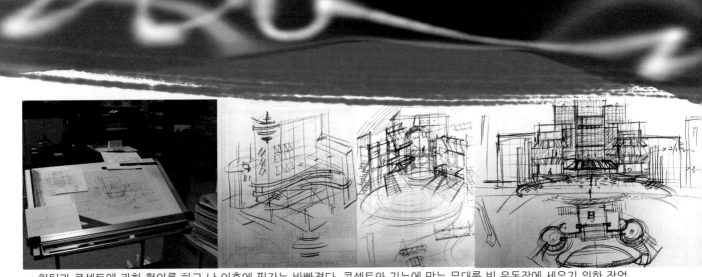

헌팅과 콘셉트에 관한 협의를 하고 난 이후에 필자는 바빠졌다. 콘셉트와 기능에 맞는 무대를 빈 운동장에 세우기 위한 작업은 스케치 드로잉부터 시작한다. 이번 무대의 콘셉트는 작은 도시 하나를 운동장에 만들고 그곳에서 공연을 진행하는 것이다. 도시의 빌딩숲 사이에서 열리는 대학가요제의 모습은 어떨까?

설계된 디자인으로 미니어처를 제작했다. 설계의 변경에 따라서 수정과 보완을 하고, 완성한 후에 세트의 제작 설명과 연출에도 활용되었다.

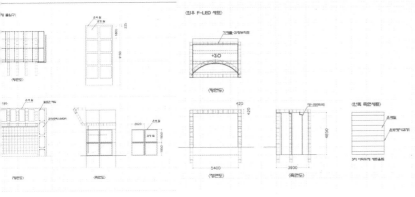

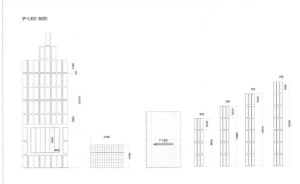

▲인천대학교 송도캠퍼스 대운동장에 거대한 철 구조물의 세트가 세워지고 있다. 동시에 트러스 설치를 계속하고 있고, 세트도 조각들을 연결한 후에 설치하는 작업을 진행한다. / 세트 이용대, 서남원

▲세트 설치 작업하는 모습이 황혼과 더불어 하나의 작품을 만들어낸다. 이 작업이 마무리되면 영상 설치 작업이 이어지고, 대학가요제 무대는 완성될 것이다. / 레이어 조운의

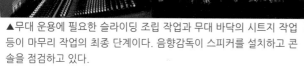

▲무대 운용에 필요한 슬라이딩 조립 작업과 무대 바닥의 시트지 작업 등이 마무리 작업의 최종 단계이다. 음향감독이 스피커를 설치하고 콘솔을 점검하고 있다.

▲생방송 전날 야간에 무대의 기술적인 모든 부분을 체크하고 조명 메모리 작업과 세트에 설치된 영상 소스도 입력해서 확인하였다.

1318 힘을 내!

'지금 청소년들의 문화를 이해하고 부모님들과 함께 교감하는 계기를 마련한다'는 취지로 학교로 찾아가는 프로그램이 새로 기획되었다. 필자는 이 프로그램의 첫 녹화에 참여하였는데 론 칭을 위한 1회의 작업만 했다. 필자에게도 희미한 기억의 이 작업을 독자들의 추억 소환을 위해서 소개해 본다.

[1318 힘을 내! 우리가 있잖아! 1회 1996년]
서울 배화여중 대강당

우리의 미래를 짊어진 청소년들을 위하여!

첫 녹화는 서울 배화여중 대강당에서 시작되었다. 대개 중학교의 대강당이라고 해도 그리 크지 않은 공간 이므로 세트와 동선을 세심하게 작업해야 했다. 또한 조명작업을 위해서 기본적인 트러스를 설치해야 조명 설치를 하고 방송이 가능한 밝기를 얻을 수 있었다.

작은 세트지만 중·고등학생들의 정서에 맞는 아기 자기한 콘셉트로 디자인하였다. 정면의 MC 샷에는 이모티콘 모양의 작은 세트도 적용해 보았다.

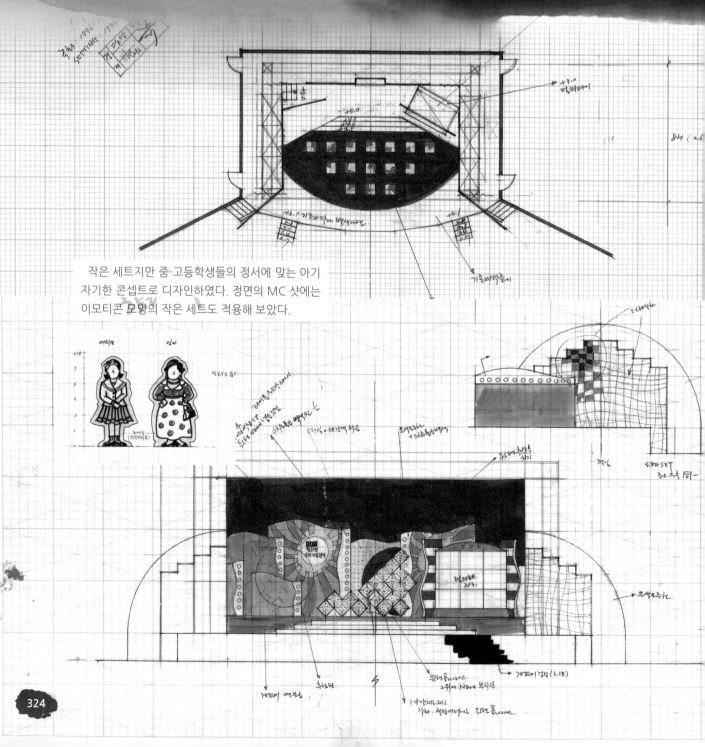

324

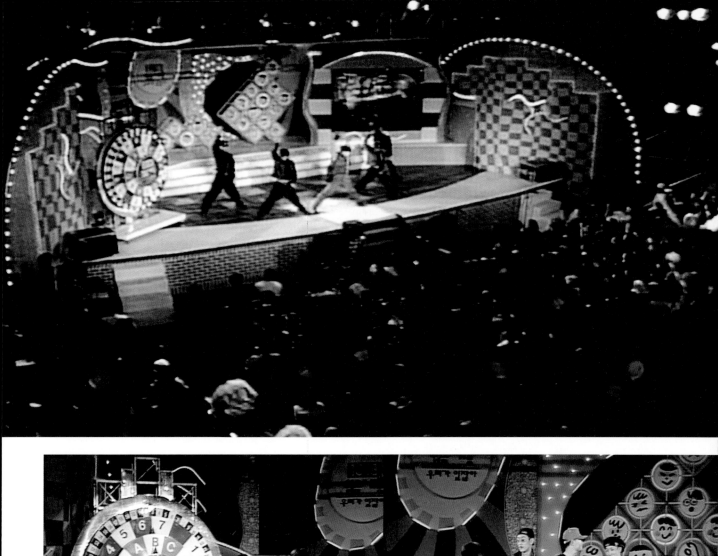

지금까지 한국가요의 대백과 사전

'96 MBC 한국가요대제전

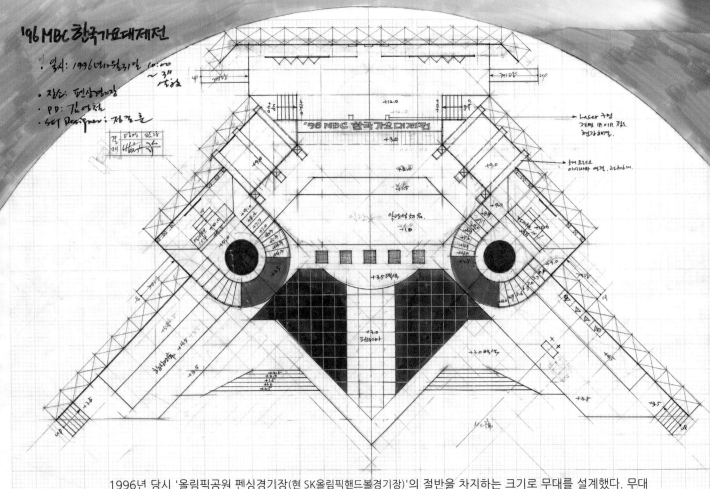

1996년 당시 '올림픽공원 펜싱경기장(현 SK올림픽핸드볼경기장)'의 절반을 차지하는 크기로 무대를 설계했다. 무대 중앙의 악단석과 좌측 부분에는 코러스와 합창단이 위치하고, 우측에는 MC석을 설정하였다. 무대의 좌우 균형을 위해서 같은 크기로 했으며, 정면 뒤편에도 높고 넓은 단을 만들어서 그곳에서도 퍼포먼스가 가능하게 하였다. 무대 바닥은 '파노라마'라고 불리던 네온이 삽입되어 있는 아크릴 박스를 설정하여 바닥에서 불이 켜지는 효과를 내게 하였다. 좌·우측의 멀티큐브 앞에도 작은 무대를 만들어서 듀엣으로 출연하는 가수들이 활용할 수 있게 하였다.

'MBC 10대 가수 가요제'는 매년 12월 31일에 제야의 종소리를 들으면서 진행하는 해맞이 쇼 프로그램이었다. 언제부터인가 가요 순위 프로그램의 폐해에 대한 여론이 형성되었는데 이에 MBC는 39년 전통의 '10대 가수 가요제'라는 타이틀을 버리고 지금까지의 한국가요를 연대별로 총정리한다는 의미의 'MBC 한국가요대제전'을 기획했다.

필자는 회화적인 표현의 작화(무대 세트에 그림을 그리는 것)를 선호해서 무대의 좌·우측에 악기를 테마로 하는 그림으로 디자인했다. 이런 표현 작업은 도면에 그림을 잘 그리는 것이 중요한 것이 아니라 실제로 작화를 진행하는 작업자와의 커뮤니케이션을 잘해야 자신이 그린 이미지와 좀 더 가까운 결과물을 얻을 수 있다. 중앙의 로고는 스티로폼으로 두께감 있게 제작했으며, 많은 부분에 전식(고추 전구)을 적용하여 화려한 무대를 연출해 보았다.

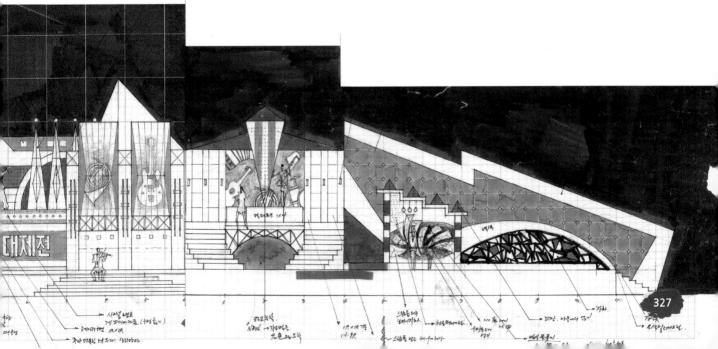

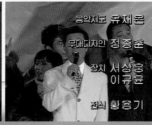

MBC 가요콘서트

온세상을 음악으로 물들여라!

MBC 가요콘서트 이야기(1998)

[제17회 MBC 가요콘서트 1998년 6월 16일 녹화 여의도 MBC D 공개홀]

1998년부터 방송을 시작한 'MBC 가요콘서트'는 중장년 층에게 친숙한 인기가요 위주의 라이브 콘서트 프로그램이 었다. 상황에 따라서 스튜디오에서 녹화를 하기도 하였지만 주로 음악공연을 접하기 어려운 곳의 시청자들께 문화적인 혜택을 공유하는 차원의 공연을 많이 계획하고 실행했다. 이 프로그램은 후에 큰 사고가 발생해서 제작진과 MBC 관 계자들에게 깊은 상처로 남았다.

여의도 공개홀에서 녹화된 이 프로그램은 기존 객석을 활용 하지 않고 무대와 가까운 위치에 객석을 세트로 만들었다.

라이브를 위한 음악쇼는 연주하는 악단의 배치가 매우 중요 하므로 드럼과 그랜드피아노 등 면적을 많이 차지하는 악기의 위치는 어느 정도 설계에 반영을 하고, 출연 가수가 등장하는 동선도 설정한다. 이 프로그램은 그룹사운드 공연이 동시에 진 행될 예정이어서 밴드석도 따로 마련하였다.

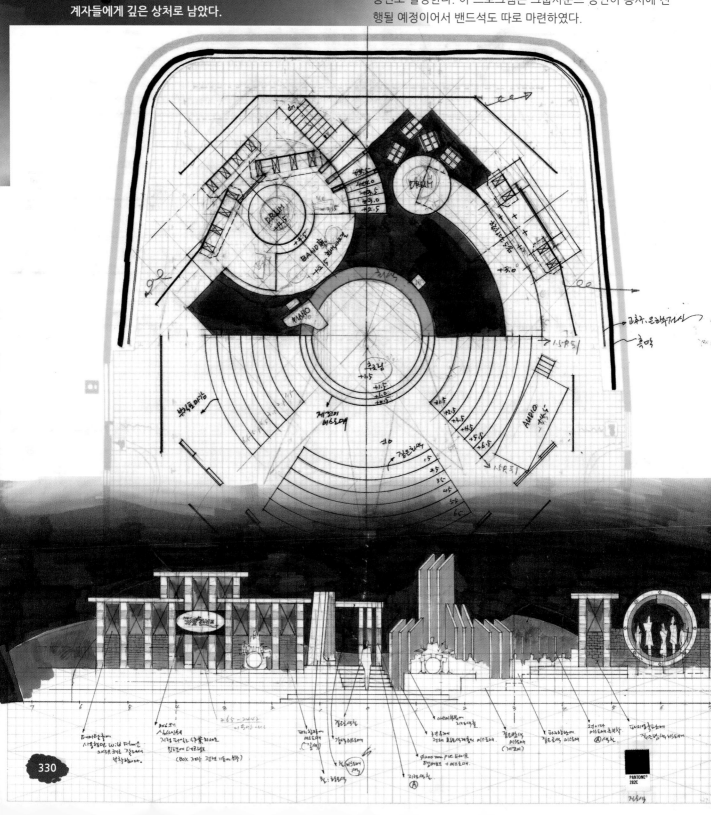

박기영
동물원

미술감독 정종훈

장치 나종인

전식 이희재

소도구 유민환

[제18회 MBC 가요콘서트 1998년 6월 30일 녹화 여의도 MBC D 공개홀]

객석의 모양은 유지하면서 무대의 많은 공간을 악단석에 할애했다. 악단석의 계획은 악단에 편성된 악기가 차지하는 면적을 예상하여 구획을 지어 단을 설계한다. 악단석의 높이를 달리하는 단을 두는 것은 좀 더 입체적인 화면을 구성하기 위함이다. 전회에 사용했던 세트를 간단하게 이용하고 세트를 최소화하여 조명의 활용을 극대화하기 위한 세트로 디자인했다. 쇼 프로그램에서는 조명의 역할이 중요하므로 이런 콘셉트의 세트로 설계하는 것도 필요하다.

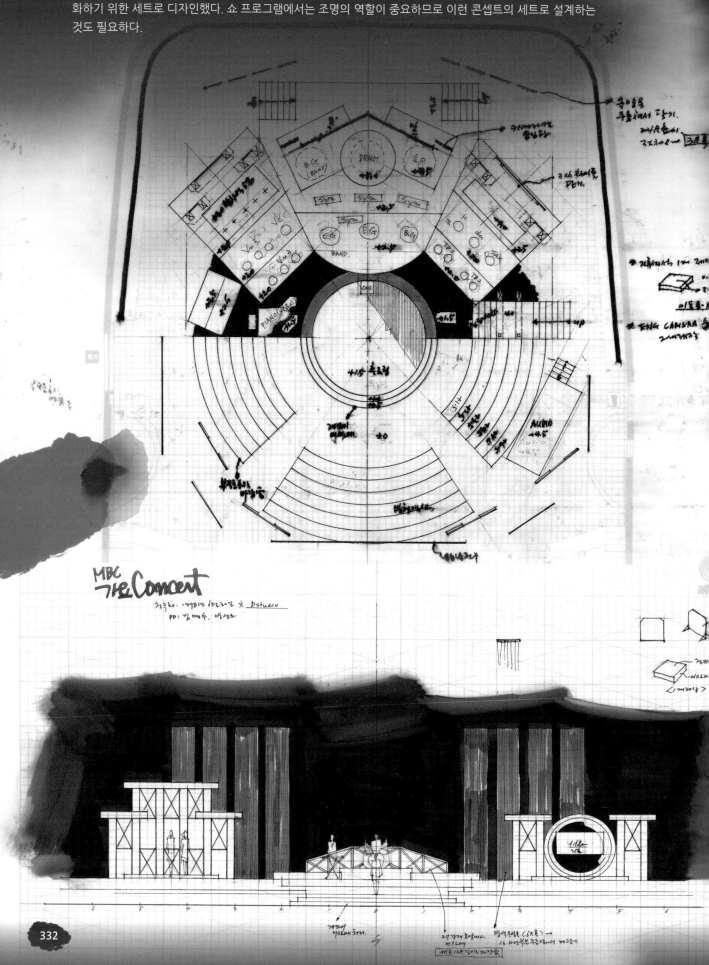

랑하는 마음
작곡: 송창식 (1975년)

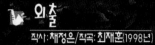
외출
작사: 채정은/작곡: 최재훈 (1998년)

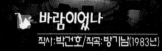
바람이었나
작사: 박건호/작곡: 방기남 (1983년)

도시의 거리
작사: 박건호/작곡: 김명곤 (1984년)

사랑받는 그 순간보다 흐뭇한 건 없을 걸

[제20회 여름 특집 MBC 가요콘서트 1998년 8월 8일 녹화 강릉 경포대해수욕장 모래사장]

여름 특집으로 해수욕장에서 녹화를 진행하였다. 세트 디자이너에게 바닷가에 세트를 짓는 것은 참 부담스러운 일이다. 거센 바닷바람이 세트가 버티기에는 그리 쉬운 환경이 아니며 무엇보다도 모랫바닥이 견고하지 못해서 생기는 문제는 더욱 심각하다. 이 때문에 무대 바닥이나 세트를 의지할 구조물도 더욱 튼튼하게 설치해야 한다. 언젠가 선배로부터 '바닷가에 설치했던 무대가 이튿날 아침에 바다에서 둥둥 떠다니더라'는 전설 아닌 전설 같은 얘기를 듣고 무척 긴장했었던 기억이 난다.

세트는 깃발이나 천으로 처리하였다. 지금이라면 실사 프린트로 처리할 것들이지만 당시에는 옥양목 천에 작화로 제작해야 했다.

바람이 불지 않기를 바랐기 때문일까? 녹화 당일에 바람은 잦아들었는데 비가 무척 내렸다. 무대에 천막을 치고 녹화를 하는 안타까운 상황이 벌어졌다. 그래도 관객들은 참 즐거워들 한다. 여름 바다의 추억이다.

[제25회 MBC 가요콘서트 1998년 9월 15일 녹화 여의도 MBC D 공개홀]

추석을 앞두고 방송될 프로그램이어서 단풍으로 물든 나무를 세우고, 갈대도 꽂아서 가을 분위기를 낸 세트이다. 가을이 되면 갈대를 베어 오려고 세트팀에서 들판으로 차량을 이용해 다녀오곤 했었다. 겨울에는 짚단도 자주 사용을 했었는데 지금은 드라마에서나 가끔 사용하고 있다.

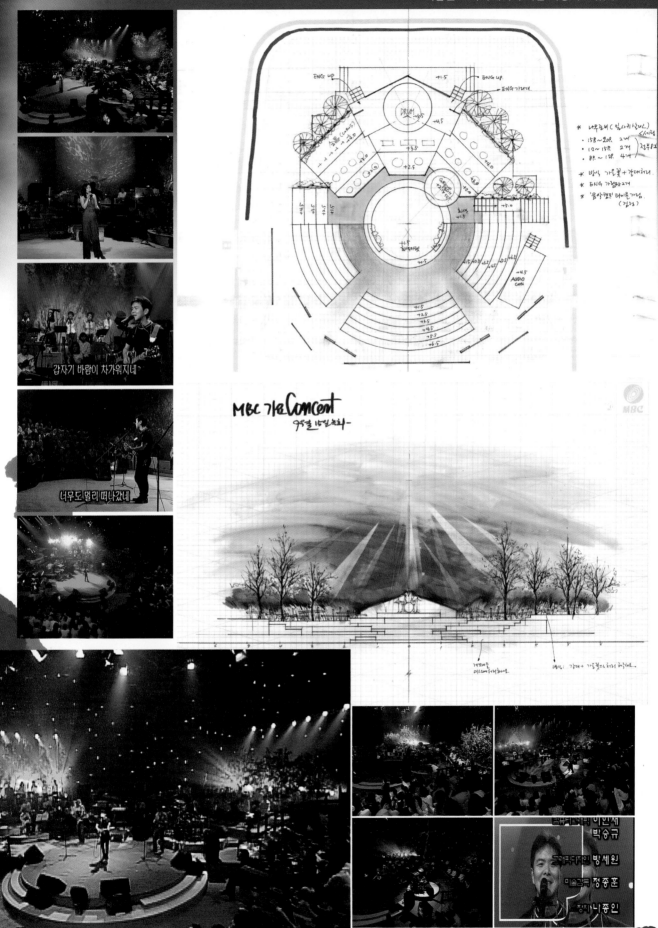

1996년에 개장한 일산호수공원 주제광장에 무대를 세우고 녹화를 하였다. 18m x 8m의 기본 트러스를 세우고 배경으로 호수공원이 보일 수 있게 낮은 세트를 세웠다. 밤에 보는 호수공원은 어두웠다. 멋진 배경을 위해서 호수에 배라도 띄우고 무대장치를 하고 싶은 마음이었지만, 제작 여건이 그렇지 못하였다.

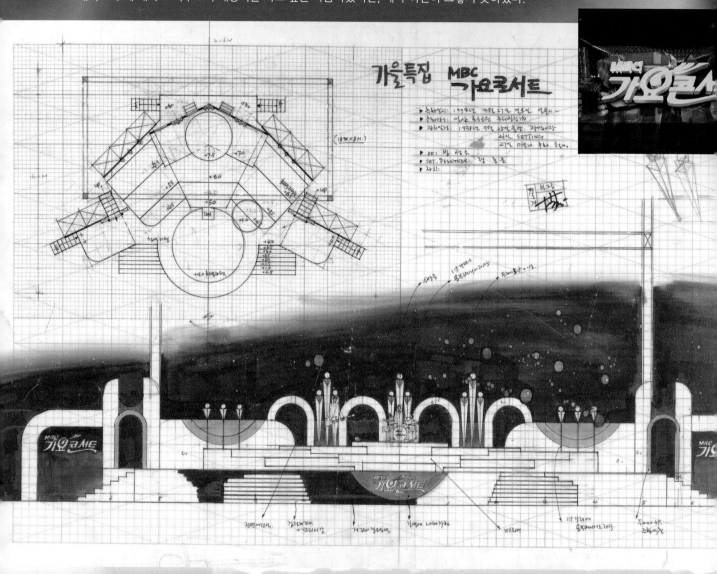

단 한 번 꼭 한 번만이라도

힘없이 돌아서버린 순간   오손도손 속삭이는 밤이 있는 한   내 앞에 다시 춤을 추는데

필자가 좋아하는 아티스트들이 총출동한 무대여서인지 잠시 스태프임을 깜빡 잊고 그들의 음악에 심취
했다. 내가 좋아하는 음악을 공연하는 프로그램의 무대를 설계하는 일이라니! 즐겁고 행복한 작업이다.

[제28회 MBC 가요콘서트 조용필 스페셜 1998년 10월 20일 녹화 여의도 MBC D 공개홀]

'조용필과 위대한 탄생'의 특별공연 무대이다. 이 공연을 위해서 세트를 새롭게 설계하였다. 이 세트도 조명 디자인을 위주로 정면은 비워두는 형식으로 디자인했다. 무대의 좌측과 우측은 정면에 있는 카메라들이 잡는 화면의 배경을 만들기 위해서 백 세트로 설치하였고, 정면에 있는 카메라는 주로 밴드와 조명의 모습이 보이게 설계하였다.

MBC 가요콘서트

조·용·필·스·페·셜

2004년 설악종합운동장에서의 '나는 조용필이다' 공연이 필자에게는 조용필씨의 처음이자 마지막 공연의 작업인 줄 알았는데 그보다 6년이나 전에 했던 이 작업을 전혀 기억하지 못하고 있었다.

그대 발길 머무는 곳에
작사: 하지영 / 작곡: 이호준 (1987년)

그리고 사랑의 그림자 되어

338

[제33회 MBC 가요콘서트 크리스마스 특집 1998년 12월 15일 녹화 여의도 MBC D 공개홀]

성탄 특집으로 방송되는 프로그램을 위해서 무대 우측을 별장 거실 한 부분으로 설정하였다. 벽난로와 커다란 트리가 있는
따뜻한 거실에서 출연 가수들이 크리스마스에 관한 자신의 추억을 얘기하는 코너도 만들었다.
뾰족한 종탑이 있는 교회 건물은 필자가 어린 시절 성탄절에만 갔던 교회와도 많이 닮았다.

어제 우리가 찾은 것은 무엇인가

그래픽 디자인 방세원

미술 감독 정종훈

장치 나종인

편식 이희재

MBC
가요콘서트 339

크리소미스 특집

[제33회 MBC 가요콘서트 1998년 12월 15일 녹화 여의도 MBC D 공개홀]

　야외 녹화가 없을 경우에는 스튜디오에서 방청객을 모시고 녹화를 진행한다. 이 세트는 공개홀의 기존 관객석을 활용하는 것이 아닌, 객석을 따로 세트로 설치하는 것이어서 하룻밤 작업으로는 꽤 작업량이 많은 세트이다. 하지만 작은 무대를 객석으로 둘러싼 형식의 이 설계는 이후 다른 프로그램에서도 많이 활용하는 형태의 디자인이 되었다.

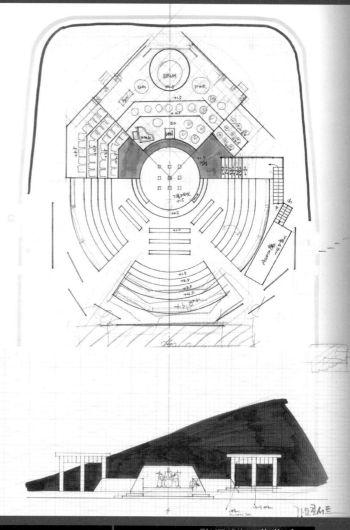

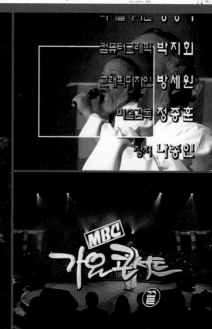

나훈아

[천년의 노래(2000)/ 소리꾼 나훈아(2001)]

거장과의 한판승부!!

[추석 특집 나훈아의 코스모스 핀 밤(2003)]

평양무대를 서울에 세워라!

[광복 60주년 MBC 특별기획 나훈아의 아리수(2005)]

가수의 열정을 넘어서라!

나훈아 선생과의 첫 인연은 2000년 '천년의 노래'라는 부제로 올림픽공원 펜싱경기장(현 SK올림픽핸드볼경기장)에서 열린 공연에서부터이다.

필자는 나훈아 선생의 노래나 캐릭터 등을 모두 좋아했지만, 세트 작업은 '일반적으로 내가 늘 해오던 대로 그냥 열심히 하면 되겠지'하는 생각으로 첫 작업을 했던 것으로 기억된다. 그렇지만 작업을 할수록 그분의 성품이나 공연에 임하는 프로페셔널한 생각에 매료되어갔다.

공연하는 퍼포먼스 하나하나에 정성을 가득 담고, 정상급 스타임에도 연습에 연습을 거듭하는 그분과의 작업에서 참 많은 것을 느끼고 배웠다. 공연을 한번 마치고 나면 탈진 상태가 되었지만, 내 속에는 성취감과 희열이 가득 차오른 것을 느낄 수 있었다. 그분과 네 번의 작업은 필자의 디자인 인생에 있어 큰 행운이라고 감히 말하고 싶다.

아주 오랜만에 MBC와 나훈아 선생의 공연이 성사되었다. 그동안 다른 방송사의 공연을 보면서 부러워만 했던 MBC가 아주 좋은 기회를 만들었던 것이다. 하지만 필자는 그냥 대형 가수 한 분의 공연을 운 좋게 그 작업을 하게 된 것이라 생각했을 뿐이었다.

당시에는 여러 일들이 겹친 과중한 업무로 지쳐 있어서 최선을 다한 작업이었다고 말하기에는 조금은 부끄러운 결과가 된 것도 사실이다. 공연의 개략적인 콘셉트는 조명을 주로 활용하는 것이었다. 당시 최고의 조명 감독님을 모셔서 그분의 작업을 바탕으로 공연을 진행하는 것으로 결정했으며 필자는 그 작업의 무대 관련 지원을 하는 개념으로 준비를 했다.

18m x 9m의 기본 시스템 트러스와 좌우에 스피커 프라잉을 위한 3m씩의 트러스를 설정하고, 그런 기본 구조를 바탕으로 악단석과 바닥에서 올라오는 리프트 장치 한 세트를 설정하고 몇몇 곳의 출입 동선을 만드는 선에서 평면 작업을 했다. 무엇보다도 기억나는 것은 당시 주로 사용하던 멀티큐브를 가로 4개, 세로 8개로 높이 쌓는 작업을 했던 것이었다. 장비의 무게도 만만치 않았지만, 문제는 그 장비를 8단까지 높이 쌓아본 적이 없어 하중을 견딜 수 있을지 모르겠다는 기술진의 우려가 제기되었기 때문이다.

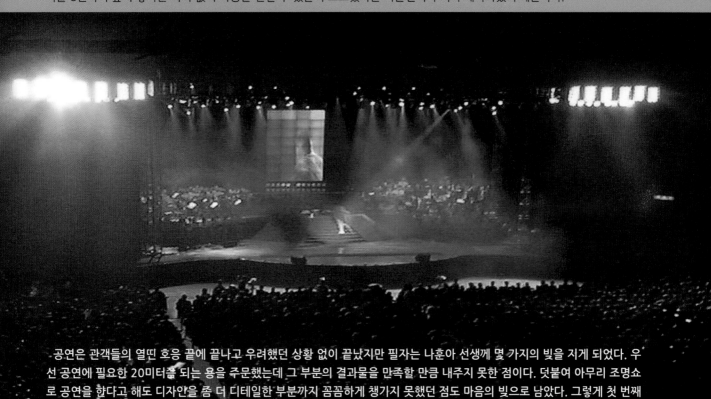

공연은 관객들의 열띤 호응 끝에 끝나고 우려했던 상황 없이 끝났지만 필자는 나훈아 선생께 몇 가지의 빚을 지게 되었다. 우선 공연에 필요한 20미터쯤 되는 용을 주문했는데 그 부분의 결과물을 만족할 만큼 내주지 못한 점이다. 덧붙여 아무리 조명쇼로 공연을 한다고 해도 디자인을 좀 더 디테일한 부분까지 꼼꼼하게 챙기지 못했던 점도 마음의 빚으로 남았다. 그렇게 첫 번째 나훈아 선생의 공연이 끝났다.

소리꾼 나훈아

2001년 9월 22일 녹화/ 올림픽공원 지구촌광장

필자에게 나훈아 선생의 공연을 디자인할 두 번째 기회가 왔다. 전년 3월의 공연이 필자의 세트 디자인 작업에 부족한 점이 많았음에도 불구하고 나 선생의 공연 방송은 좋은 결과를 내주었고, 2001년 추석 특집으로 다시 공연을 하기로 하였던 것이다.

▲나훈아 선생의 공연은 늘 배와 기차가 등장한다.

▲가수와 제작진에서 나온 퍼포먼스 아이디어들의 현실화를 위한 스케치와 설계를 구체적으로 진행한다. 좌측 스케치는 보름달을 배경으로 한 공연, 우측은 원형 트러스 조명 세트를 내리고 게스트와 공연하는 장면의 스케치이다.

▲하드코어 장르로 공연하게 될 오프닝 무대의 스케치이다. 하드락 그룹 '디아블로'와 콜라보를 하는 무대를 제일 뒤쪽 가장 높은 부분에 설정하고 그라피티 작업을 계획하였다.

　제작팀과 함께 헌팅(사전 답사)을 한 결과 '올림픽공원 테니스경기장(현 올림픽테니스장)'으로 장소를 정했다. 그 이유는 관객들이 무대보다 더 높은 위치에서 3면으로 관람이 가능하고, 잘 정돈된 모양의 공연장 느낌이 나는 것 등이었다. 하지만 작업 도중에 여러 사정으로 인해 장소가 변경되었다. 다시 정한 곳은 '올림픽공원 지구촌광장(현 서울올림픽 조각공원)'이라고 부르는 올림픽공원에 위치한 잔디 광장이었다. 세트팀의 입장에서는 테니스경기장은 시설물의 파손 등에 주의를 기울어야 하는 것이 나쁜 조건이었다면 올림픽공원 지구촌광장은 경사가 심한 잔디밭이어서 무려 6.3m 높이의 무대 바닥을 수평으로 설치하는 것 등에 어려움이 많은 작업이었다.

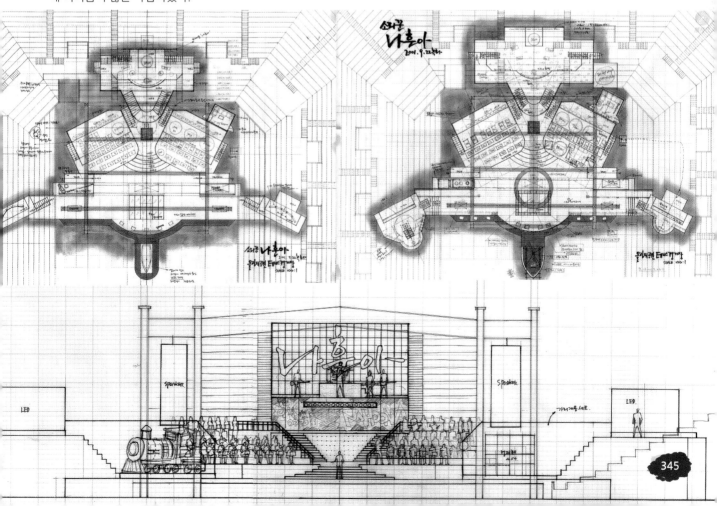

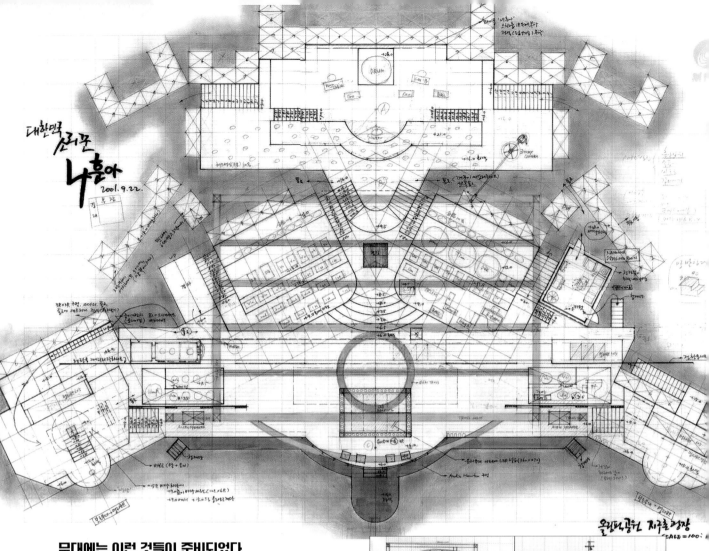

무대에는 이런 것들이 준비되었다

1. 24m x 15m 아치형 기본 시스템 트러스
2. 40~50인 악단석
3. 좌측 멀티큐브 6x5 세트와 보름달 퍼포먼스 세트
4. 우측 멀티큐브 6x5 세트와 보조 무대
5. 기차 세트(슬라이딩 전환)
6. 스트링 전환용 슬라이딩 트럭 좌우 1개씩 총 2개
7. 멀티큐브 3x5 1세트를 무대 중앙으로 전환할 수 있는 슬라이딩
8. 오프닝 공연을 위한 별도 무대
9. 클로징 무대를 위한 객석 진입용 대형 돛단배 한 척과 숨겨둘 수 있는 격납고 세트
10. 무대 바닥 중앙 부분에 유리 무대 (유리 아래에는 LED 설치)
11. 가수 준비를 위한 대기실 1개

▼정면도를 확인하면 무대 바닥의 높이가 상당히 높다는 것을 알 수 있다. 무대의 제일 높은 부분은 오프닝 공연에서 협연할 디아블로 밴드의 드럼석까지 7.8m의 높이다. 정면의 대형 '나훈아' 로고 전식 세트는 정면도에서는 트러스 높이보다 올라가 있다.

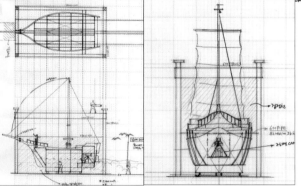

▲클로징 공연 '뱃노래'를 공연할 때 사용되는 돛단배이다. 돛을 올려두면 높이가 높아서 격납고형의 트러스 구조물에 넣어둘 때는 접는 것으로 설정하였다. 이 돛단배는 내부에서 인력의 힘으로 움직이게 하였는데 자동조절방식으로 제작하는 것에 비해 원시적이지만 속도를 조절하거나 타이밍을 맞추는 등 세부적인 움직임에는 사람이 직접 기동하는 것이 가장 좋다는 것이 필자의 견해이다.

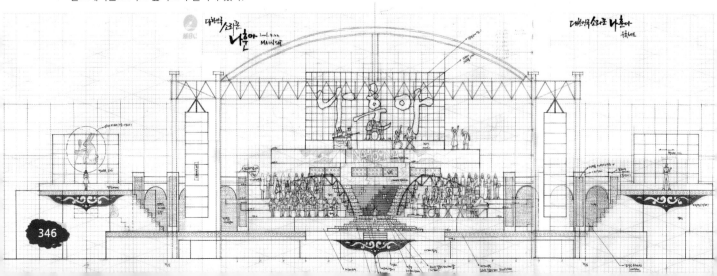

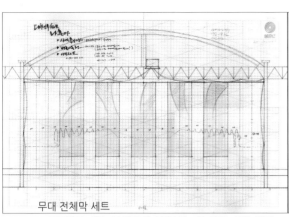

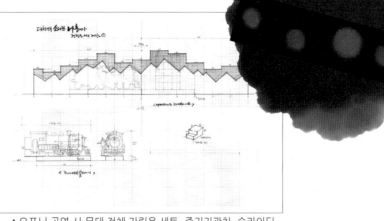

무대 전체막 세트

▲흡입장치, 뱃놀이 공연에 사용되는 천 세트, 사진 세트　　▲오프닝 공연 시 무대 전체 가림용 세트, 증기기관차　슬라이딩

▲공연 전날, 그동안 연습실에서 해오던 공연을 거의 완성된 무대에서 진행해보는 날이다. 가수와 연출자가 무대에서 전체 사항을 점검하면서 공연 준비 사항을 일일이 체크한다.

▲연습과 점검은 저녁까지도 계속된다. 이때 조명도 같이 작업을 하며 점검한다. 야외공연에서의 전날 저녁은 조명 작업이 완성되어야 할 시점이다.

한강에도 대동강에도 두둥실 밝았네

[추석 특집 나훈아의 코스모스 핀 밤]
2003년 9월 28일 올림픽공원 세계평화의문 앞 광장

2001년 '대한민국 소리꾼 나훈아' 공연 이후에 가수 측과 제작진은 '나훈아 평양 공연'의 준비를 시작했다. 연출진이 평양을 다녀왔고, 그 후 필자를 포함한 제작진이 중국을 통해 평양으로 가기 위해 짐을 꾸리고 있던 전날 저녁에 돌연 취소 소식을 듣고 짐을 다시 풀었던 기억이 난다. 이후 평양에서의 공연을 준비하던 제작진은 서울 공연으로 계획을 바꿔 추진하기 시작했다. 제일 먼저 해야 할 일이 서울에서 공연 장소를 찾는 일이었다. 필자도 제작진과 함께 헌팅(사전 답사)을 다녔고, 결국 여러 후보지 중에서 '올림픽공원 세계평화의문 앞 광장'으로 최종 결정했다.

장소가 결정된 이후의 작업은 빠르게 진행되었다. 필자에게 중요한 일은 가수와 연출자가 긴밀한 협의를 거쳐 마련된 공연의 윤곽을 담은 큐시트에 맞는 퍼포먼스를 세트로 담아내는 일이다. 공연의 그림을 현실화하는 과정에서 수많은 아이디어를 스케치로 담아보았다.

▲경복궁　　▲여의도 선착장　　▲용산전쟁기념관　　▲용산가족공원　　▲월드컵공원

무대에는 이런 것들이 준비되었다

1. 오프닝: 가수가 우주 선박에 누운 채로 준비하고 있다가(우주 선박 디자인 및 제작 필요) 일어서면 (자동으로 일어서는 장치 필요) 공연이 시작된다. 우주 선박 위에서 노래를 시작하고 한 소절이 끝나면 우주 선박에서 무대로 내려와서(타고 내려오는 장치 필요) 다음 노래를 부르고 그 노래가 끝날 때쯤에 악단이 서서히 올라온다.(악단 전체 올라오는 장치 필요) 마지막 노래가 끝나면 오프닝 퍼포먼스가 완료된다.
2. '사나이 눈물': 가수의 대형 얼굴이 그려져 있는 백드롭(대형 플래카드 세트)을 내리면서 노래한다.
3. 멘트
4. '낙엽이 가는 길': 대형 LED에 가수의 지난 모습들을 보여주는 영상을 띄운다.
5. '고향역', '무시로', '내 삶을 눈물로 채워도', '건배', '사랑', 특별 게스트와의 듀엣 무대, '고향 무정', '산유화', '찔레꽃'(재즈 버전), '연분홍 치마', '해변의 여인'(LED 영상 슬라이딩의 변화), 신곡 '모르고', '공', '각설이 타령'(2층 무대), '한 오백 년', '청춘을 돌려다오', '머나먼 고향'
6. 멘트: 통일 이야기
7. 클로징 '쾌지나 칭칭나네': 무대 정면에 준비된 슬라이딩+리프트 장치를 타고 객석으로 진입하여 공연
8. 앙코르곡: '잡초'

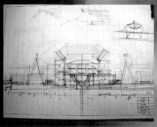

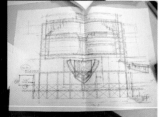

필자에게 주어진 숙제가 만만치 않았다. 이것을 하나하나 풀기 위해서 지혜를 모으고 아이디어를 내야 한다. 무엇보다도 오프닝부터 숙제를 풀어야 하였다.

첫째, 제일 중요한 것은 역시 '우주 선박'이라고 이름 지은 배를 이용한 퍼포먼스를 해결하는 일이었다. 무대 절반 정도 크기의 우주 선박을 디자인을 해서 만든다고 해도 그것을 이용하는 퍼포먼스가 끝나면 어떻게 치울 수 있을까 하는 것이 가장 큰 숙제였다. 그래서 생각한 아이디어가 어느 외국 공연에서 봤던, 활용이 끝나면 모터 장치를 이용하여 천장에 달아서 띄워두고 세트 및 조명 구조물로 사용하는 방안이었다. 그렇지만 처음에는 그 배가 눈에 띄지 않게 있어야 하는데 배의 크기가 너무 커서 그마저도 쉽지 않은 상황이었다. 결국 1.8m 높이의 무대 바닥을 둘로 나누고 그 사이에 두었다가 배가 어느 정도 높이로 올라가면 무대 바닥을 닫는 방식으로 문제를 해결할 수 있었다. 배 크기가 워낙 대형이다 보니 높아서 가수가 우주선박 위에서 노래를 끝내고 무대로 내려오는 방법에 관한 것도 숙제였다. 이 문제의 해결 방법으로 파이프를 이용해서 타고 내려오는 방법을 제시했더니 가수께서 흔쾌히 찬성을 해 주셨는데, 이것은 그가 그런 퍼포먼스에 능하신 분이었기 때문에 가능한 일이었지 않나 생각되었다.

두 번째 숙제는 '40~50명의 악단 나타나기'이다. 공연 전에는 관객에게 보이지 않던 악단이 쓰윽하고 나타난다는 것인데 무대의 무게나 넓이가 작지 않기에 한 번에 나타나게 하는 방법이 쉽지 않았다. 고심 끝에 트러스와 모터를 이용하게 끌어올리는 방법을 택했다. 트러스 기둥 8개로 8톤의 무대 바닥을 끌어올릴 수 있다고 보고 40~50인의 악단과 악기 무게가 약 6톤이라고 본다면 가능할 것이라고 판단했다.

세 번째 문제는 엔딩 공연을 할 때 타고 나오는 무대장치에 관한 것이다. 2001년 공연에는 배를 격납하고 세트를 만들어서 숨겨두었지만, 이번에는 크기가 그리 크지 않고 따로 무대 반대편 객석에 보관 장소를 설정하면 될 것이라고 보았다. 하지만 아주 길게 레일을 설치해야 하는 문제가 있어 무대 앞쪽에 작은 리프트를 맞대어 설치하고 공연하다가 타고 객석으로 전진하며 공연하는 방법으로 아이디어를 냈다. 항상 느끼는 것이지만 뭔가 하지 않던 것을 해보려면 아무리 작은 것이라도 참 쉽지 않다. 시스템이 만들어져 있는 상황에서는 그것을 적용만 하면 되는 것이지만, 그렇지 않은 경우에는 그 시스템까지 처음부터 설계를 하지 않으면 안되기 때문이다. 생각해보면 어떤 숙제가 생기면 어찌어찌해서 신기하게도 해결이 되곤 했는데 그런 점에서 세상의 어떤 어려운 일이라도 해결되지 않을 것이 없다는 말도 분명히 맞아 보인다.

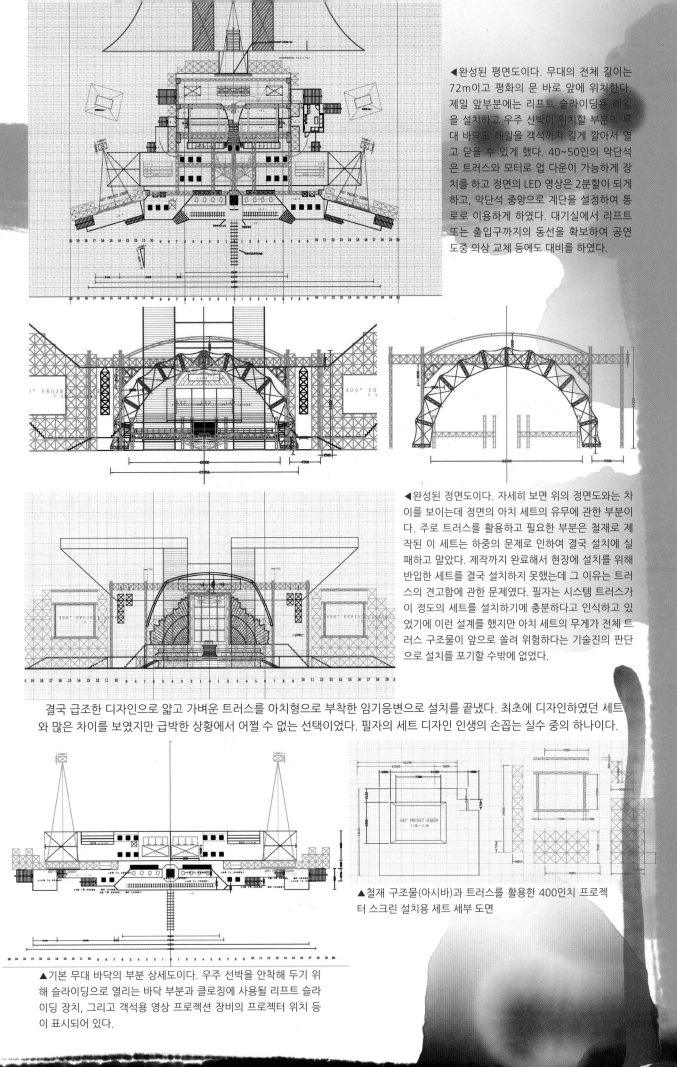

◀완성된 평면도이다. 무대의 전체 길이는 72m이고 평화의 문 바로 앞에 위치한다 제일 앞부분에는 리프트 슬라이딩용 레일을 설치하고 우주 선박이 위치할 부분의 무대 바닥도 레일을 객석까지 길게 깔아서 열고 닫을 수 있게 했다. 40~50인의 악단석은 트러스와 모터로 업 다운이 가능하게 장치를 하고 정면의 LED 영상은 2분할이 되게 하고, 악단석 중앙으로 계단을 설정하여 통로로 이용하게 하였다. 대기실에서 리프트 또는 출입구까지의 동선을 확보하여 공연 도중 의상 교체 등에도 대비를 하였다.

◀완성된 정면도이다. 자세히 보면 위의 정면도와는 차이를 보이는데 정면의 아치 세트의 유무에 관한 부분이다. 주로 트러스를 활용하고 필요한 부분은 철재로 제작된 이 세트는 하중의 문제로 인하여 결국 설치에 실패하고 말았다. 제작까지 완료해서 현장에 설치를 위해 반입한 세트를 결국 설치하지 못했는데 그 이유는 트러스의 견고함에 관한 문제였다. 필자는 시스템 트러스가 이 정도의 세트를 설치하기에 충분하다고 인식하고 있었기에 이런 설계를 했지만 아치 세트의 무게가 전체 트러스 구조물이 앞으로 쏠려 위험하다는 기술진의 판단으로 설치를 포기할 수밖에 없었다.

결국 급조한 디자인으로 얇고 가벼운 트러스를 아치형으로 부착한 임기응변으로 설치를 끝냈다. 최초에 디자인하였던 세트와 많은 차이를 보였지만 급박한 상황에서 어쩔 수 없는 선택이었다. 필자의 세트 디자인 인생의 손꼽는 실수 중의 하나이다.

▲철재 구조물(아시바)과 트러스를 활용한 400인치 프로젝터 스크린 설치용 세트 세부 도면

▲기본 무대 바닥의 부분 상세도이다. 우주 선박을 안착해 두기 위해 슬라이딩으로 열리는 바닥 부분과 클로징에 사용될 리프트 슬라이딩 장치, 그리고 객석용 영상 프로젝션 장비의 프로젝터 위치 등이 표시되어 있다.

세트를 설치하는 일은 전쟁이다. 더구나 장소가 사람들이 많이 찾는 곳이라면 더욱 그렇다. 월드컵공원 세계평화의문 앞 광장은 그 자체가 하나의 작품으로 만들어져 있어서 바닥의 돌 하나까지도 조심해야 하는 상황이었다. 설계해서 제작한 아치를 설치하지 못하고 갑자기 새로운 디자인으로 변경하는 등의 급박한 과정을 거치면서 어느 정도 작업을 마쳤다.

3 리허설은 오후를 지나 어둠이 내려도 계속되었다. 가수는 언제나 '연습 또 연습'을 강조했다. 참 대단하다! 다행히도 계획한 무대 전환 장치들은 잘 작동해 주었다. 우주 선박은 그 크기에 비해서 모터의 쇠사슬이 약해 보여서 스태프들이 불안해했지만, 이상 없이 잘 작동해 주었다.

4 그렇게 공연 전날의 리허설은 끝났다. 마치 실전처럼 연습을 하고 또 하는 가수의 모습은 참 존경스러울 따름이었다.

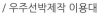
　아침 일찍부터 제작 진들이 들이닥쳤다. 오늘은 무대를 최종 점검하는 테크니컬 리허설과 드라이 리허설을 할 예정이다. 무대의 설계가 워낙 복잡하고 기능이 많기에 진행자들이 무대를 잘 파악하는 것이 무엇보다도 중요하다. 테크니컬 리허설 중에 작은 사고도 있었지만, 우여곡절 끝에 리허설을 시작했다.
／ 우주선박제작 이용대

모든 준비는 끝났다. 무대 막으로 사용할 천도 달았고, 카메라 설치도 완료되었고, 객석도 잘 정리되었다. 무대에서는 여전히 연습이 계속되고 있고, 모든 스태프들은 자신의 역할에 완벽을 기하기 위해서 점검에 점검을 계속하고 있었다.

해가 지고 날이 어두워지면서 공연장은 긴장감이 감돈다. 석양을 받아 역광으로 빛나는 무대를 보면서 긴장을 풀어본다.

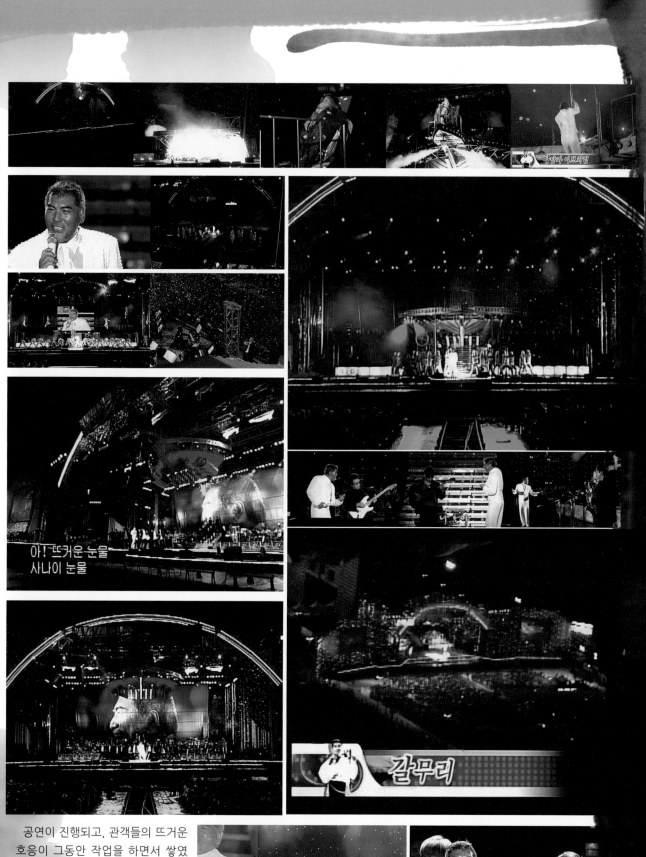

아! 뜨거운 눈물
사나이 눈물

갈무리

공연이 진행되고, 관객들의 뜨거운
호응이 그동안 작업을 하면서 쌓였
던 피로가 모두 사라지는 듯하였다.
이 순간을 위해서 얼마나 많은 노력
을 했던가!

광복60주년기념 MBC 특별기획
나훈아의 아리수

[광복 60주년 MBC 특별기획 나훈아의 아리수]
2005년 9월 10일 노들섬 녹화

세 번의 나훈아 선생 공연 작업 후에 필자는 영 개운한 기분이 들지 않았다. 그 전 작업들에서 만족할 만큼의 결과를 얻지 못했다는 아쉬움이 남아 있기 때문이었다. 그런 중에 다시 한번 나훈아 선생의 공연을 디자인할 수 있는 기회가 왔다. 필자는 이번에는 더 좋은 결과를 내보라는 의미로 받아들이고 제대로 작업해 보리라고 맘을 다졌다.

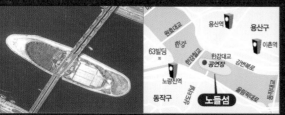

▲2005년 당시의 노들섬 항공사진

가수 측과 제작진의 부지런한 헌팅으로 한강 가운데 있는 '노들섬'이 최종 장소로 결정되었다. 당시 그곳은 공연장도 아닌 오페라하우스 등의 개발이 논의되고 있는 장소였고, 바닥도 그냥 흙으로 되어 있는 그야말로 황무지인 곳이었다.(지금은 각종 문화시설이 들어서 있는 곳이다.)

이원등 상사의 동상을 지나 공연을 계획 중인 장소에 직접 가서 보니 공연을 하기 위해서는 바닥 작업과 제초작업을 해야 할 정도로 척박한 환경이었다. 게다가 관객들의 접근이 어려운 위치여서 관객에 관한 대책도 세워야 할 상황이었다.

가수와 연출진으로부터 공연의 윤곽이 나올 무렵에 필자도 그 협의에 참여하게 되었다. 공연할 노래 하나하나의 계획을 들으면서 가수에 대한 존경심도 커졌지만, 필자에게 주어진 숙제로 인해 부담감 또한 커졌다. 그 중압감에 협의를 마치고 나서는 걸음이 무거웠던 기억이 어제 같다.

무대에는 이런 것들이 준비되었다

첫째, 오프닝 공연을 '아리수'라는 신곡으로 하게 되는데 이때 가수와 몇몇 장수 복장을 한 출연진은 말을 타고, 병사 복장을 한 출연진들은 무대에 가득 서서 깃발을 흔들며 합창을 한다.('아리수')

둘째, 첫 곡이 끝나고 나면 가수는 일인용 리프트를 타고 높은 곳에서 키보드를 연주하면서 노래를 한다. ('방랑 시인 김삿갓')

셋째, 다시 리프트에서 내려와서 다음 노래를 시작하면 그때까지 보이지 않던 악단이 나오고 노래를 계속한다.('머나먼 고향')

넷째, 히트곡을 부르는 메들리 코너에서는 젊은 시절의 사진을 프린트한 대형 천을 하나씩 펼쳐 내리면서 공연을 한다. 5곡 ('너와 나의 고향', '님 그리워', '잊을 수가 있을까', '가라지', '고향역')

다섯째, 외국인으로 이뤄진 재즈 뮤지션과의 협연을 위한 슬라이딩 트럭을 준비한다.('What A Wonderful World', '그때 그 사람')

여섯째, 특별 초청 게스트의 공연을 위한 피아노용 리프트와 전환용 무대를 준비한다.('사랑한다 말할까'/ 김선아)

일곱째, 무대 아래에서 옷 갈아입는 장면을 연출하기 위한 공간

여덟째, 엔딩 공연을 위한 대형 거북선 준비('아리수')

무대를 설계하는 디자이너는 가장 먼저 무대의 형태나 구조에 대한 고민을 하게 되는데, 그 사안에 대한 고민도 하기 전에 퍼포먼스에 대한 숙제를 폭탄처럼 맞아버렸다. 그렇지만 그 모든 것이 필자가 해결해야 할 문제들이므로 하나씩 풀어나가 보기로 하였다.

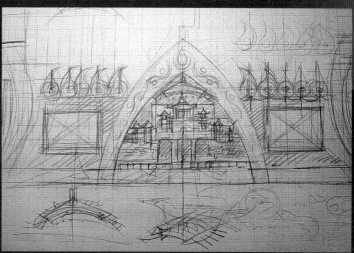

'고구려 장수의 기개를 담은' 공연을 하고자 하는 가수의 의도를 생각하며 설치가 가능한 구조로 스케치를 해보았다. 장수의 투구 모양 같기도 하고 성(城)의 입구 같기도 한 뾰족한 형태를 콘셉트로 기본 모양을 구상하였다. 아울러 오프닝인 '아리수' 공연에 사용될 성도 스케치해 보았다.

◀스케치를 통한 구상이 어느 정도 완성되어 간단한 미니어처를 제작해 보았다. 이 작업은 무대의 구조에 관한 가능성을 타진하고 연출진과의 협의를 좀 더 원활하게 하는데 큰 도움이 된다. 또한 도면에서는 미처 확인하지 못하는 부분의 점검도 가능하므로 보다 세밀한 작업이 가능하다.

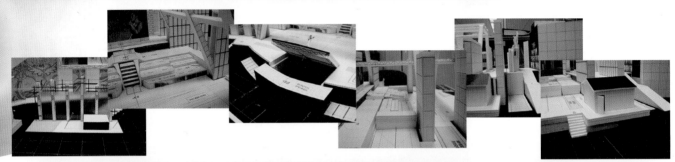

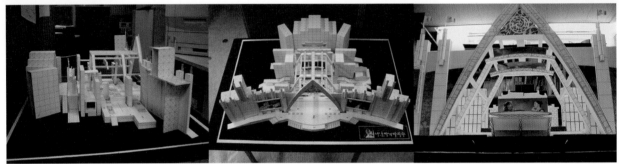

▲미니어처 제작은 간단하게 구조를 확인해 보고, 필요한 세트들의 위치나 동선을 파악하기에 아주 좋은 방안이다.

▲엔딩 공연에 사용할 거북선의 제작을 담당하는 팀에서 모형을 만들었다. 대형 거북선을 공연이 끝날 때까지 숨겨놓을 방안을 고민하다가 결국 무대 바닥에 지하 벙커형의 격납고를 만들어서 넣어두는 것으로 방법을 찾았고, 거북선의 머리나 돛의 높이를 감안하여 지하 격납고를 빠져나오는 순간 머리를 들고 돛을 올리면서 등장하는 것으로 아이디어를 내었다. / 거북선 제작 이광수

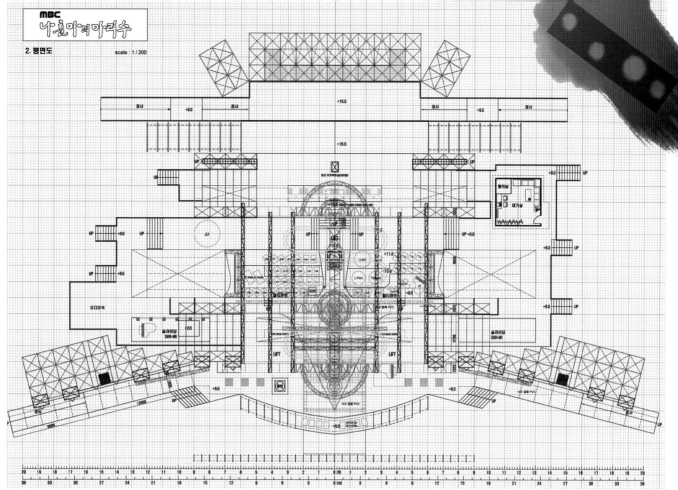

▲무대 평면도/ 그림에서 보이는 제일 위쪽(무대의 제일 뒤쪽)부터 보면, 구조물 부분에 '사내'라는 노래의 공연에 사용될 무용단 세트가 위치해 있고 그 앞으로는 좌우에서 슬라이딩으로 움직이는 오프닝 공연용 성 세트, 그리고 말이 올라갈 수 있도록 하기 위해 좌우에 설치한 경사로와 대기실로 지은 작은방이 오른쪽에 있다. 그 앞으로는 40~50인조의 악단용 슬라이딩과 가까이에 오프닝용으로 사용할 1인용 리프트를 실은 슬라이딩 트럭이 위치하고, 무대 중간 부분의 좌측에 재즈 밴드의 슬라이딩이 있으며 무대의 끝부분에는 거북선의 출입을 위한 바닥 열림 장치가 있다. 제일 전면부의 좌·우측에는 오토바이의 진입을 위한 경사로를 설치했으며 중앙 좌측 부분에 '펌 업(Pump Up)'이라고 불리는 순간 리프팅 장치를, 안쪽 부분에는 바닥에서 1.8m의 무대로 무용단이 출입할 수 있도록 전환용 계단도 설치했다.

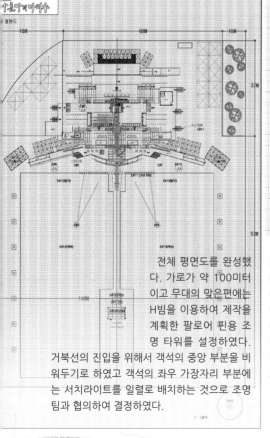

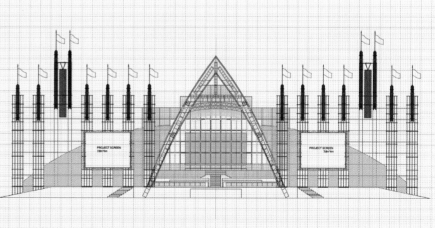

전체 평면도를 완성했다. 가로가 약 100미터이고 무대의 맞은편에는 H빔을 이용하여 제작을 계획한 팔로어 핀용 조명 타워를 설정하였다. 거북선의 진입을 위해서 객석의 중앙 부분을 비워두기로 하였고 객석의 좌우 가장자리 부분에는 서치라이트를 일렬로 배치하는 것으로 조명팀과 협의하여 결정하였다.

▲무대 정면도/ 무대 중앙의 높이는 약 24미터이고 좌우에 배치된 스피커용 타워의 높이도 비슷한 높이로 설정했다. 이 구조물은 'DKS'라는 불리는 건설 현장에서 주로 사용하는 장비인데 그동안 사용되던 '아시바'라고 불리는 것에 비하면 높은 구조물을 만들기에 용이하고 계단을 설치할 수 있어서 선택했다. 최근에는 '레이어'라고 불리는 독일의 건축에서 많이 사용하는 장비를 콘서트나 공연의 세팅에 많이 활용하고 있으나 2005년 당시에는 우리나라에 도입되지 않았었다. 세트의 제일 꼭대기에는 고구려 삼족오 문양을 적용하여 실사 프린팅으로 처리하였고, 좌우 날개 세트는 깃발을 단 성 모양으로 디자인하였다.

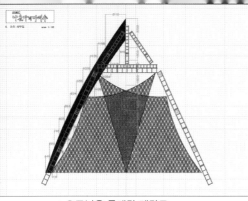

▲오프닝용 무대막 제작도

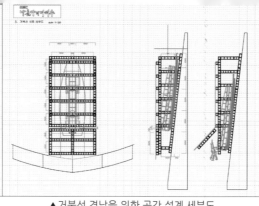

▲거북선 격납을 위한 공간 설계 세부도

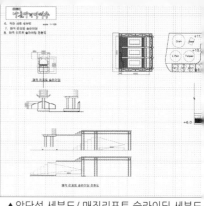

▲악단석 세부도/ 매직리프트 슬라이딩 세부도

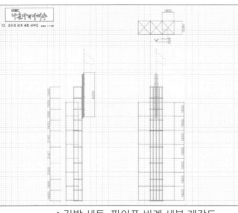

▲깃발 세트, 파이프 비계 세부 제작도

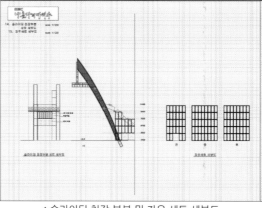

▲슬라이딩 천장 부분 및 좌우 세트 세부도

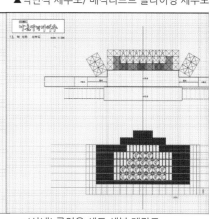

▲'사내' 공연용 세트 세부 제작도

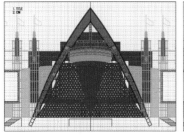

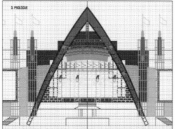

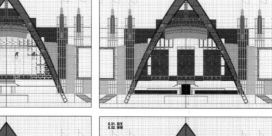

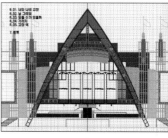

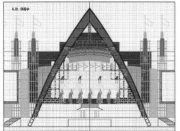

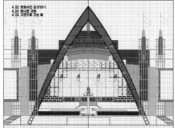

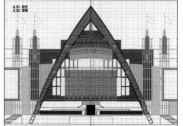

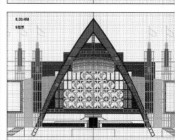

무대설치 2005년 8월 30일~ 9월7일

설치 작업은 중앙 트러스를 세우는 작업부터 시작되었다. 이 현장은 다행스럽게도 자재를 반입하고 크레인 등의 장비를 사용하여 작업하는 것에 제약이 없는 장소라서 여러모로 유리한 곳이었다. / 트러스 배규식 / 세트 강세영, 박민식

작업 현장이 아무 기반 시설이 없는 곳이어서 작업자들의 식사와 휴식을 위한 임시 식당을 개설하였다. 작업자들은 이곳에서 식사도 하고 휴식도 취할 수 있었다.

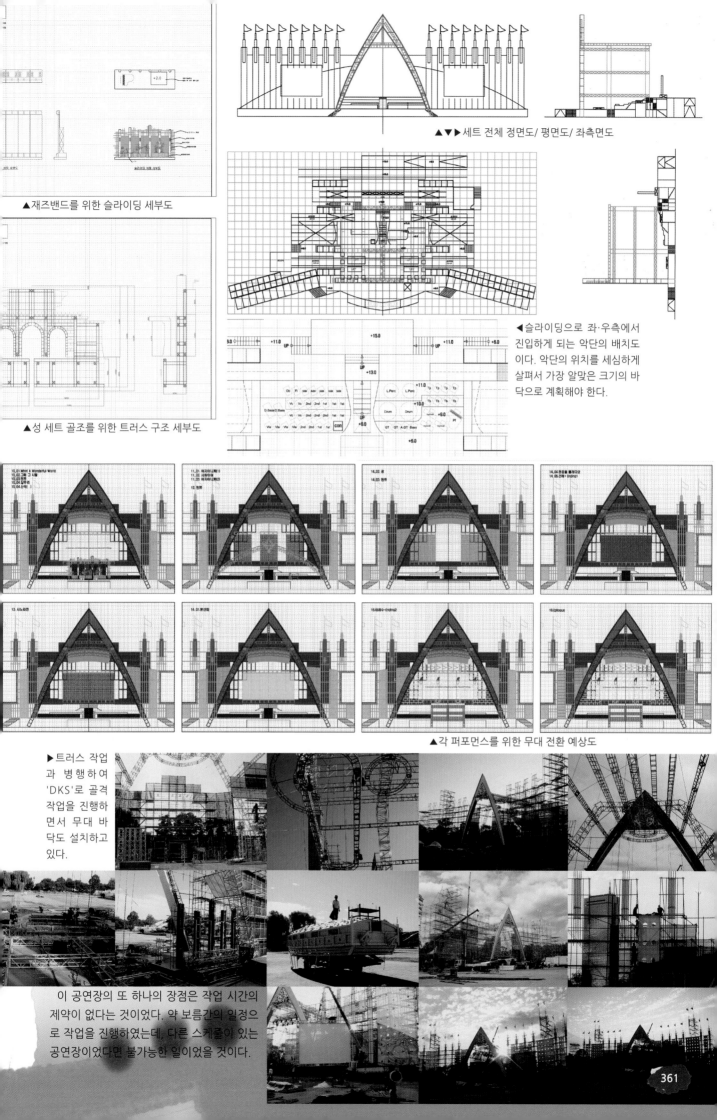

▲재즈밴드를 위한 슬라이딩 세부도

▲▼▶세트 전체 정면도/ 평면도/ 좌측면도

▲성 세트 골조를 위한 트러스 구조 세부도

◀슬라이딩으로 좌·우측에서 진입하게 되는 악단의 배치도이다. 악단의 위치를 세심하게 살펴서 가장 알맞은 크기의 바닥으로 계획해야 한다.

▲각 퍼포먼스를 위한 무대 전환 예상도

▶트러스 작업과 병행하여 'DKS'로 골격 작업을 진행하면서 무대 바닥도 설치하고 있다.

이 공연장의 또 하나의 장점은 작업 시간의 제약이 없다는 것이었다. 약 보름간의 일정으로 작업을 진행하였는데, 다른 스케줄이 있는 공연장이었다면 불가능한 일이었을 것이다.

작업 도중에 2005년 9월의 태풍 '나비'가 한반도를 스쳐 지나갔다. 바람에 취약한 세트를 설치하면서 이런 태풍을 만난다는 것은 디자이너에게는 무척 힘든 일이다. 태풍이 지나간 하늘은 아름답기만 하지만 설치 중인 세트에 문제가 있을까봐 전전긍긍하면서 며칠을 보냈다.

테크니컬 체크 및 점검 2005년 9월 8일

▲기본 세트가 거의 완성되어가면서 조명과 영상 장비의 설치가 진행되고 있다. 세트팀도 세부적인 부분의 마무리 작업을 진행하고 있다. 클로징 공연에 사용할 거북선이 도착하여 무대 전면의 격납고에 넣어두기 위한 체크를 하고 있다.

리허설하는 날에는 비가 부슬부슬 내렸다. 제작진과 출연진이 총출동하여 무대를 체크하고 연습하느라 바쁜 시간을 보낼 때 세트 디자이너는 더욱 바빠진다. 이 과정에서의 제일 큰 문제는 오프닝 공연을 위해서 말을 무대까지 데리고 가는 것이었다. 말이 밟고 올라가는 무대의 경사도 확인과 미끄럼 방지를 위한 조치가 필요했다. 또 지하 격납고에 있는 거북선 세트가 자체 동력으로 올라오게 제작했음에도 경사를 오르지 못하는 문제가 발생하여 로프를 이용해 맞은편 조명 타워에서 끌어올려야 하는 임시 대책도 세워야 했다.

▲주위가 어두워져도 리허설을 계속했다. 4층으로 쌓은 철골조 위의 댄서들 공연은 철골 구조물이 생각보다 많이 흔들려서 공연이 힘들다는 소식이 들렸다. 가능한 대로 보강을 했지만, 여전히 견고하지는 못했다. 필자는 이런 상황에서 한계가 느껴지기도 한다. 우리가 해내기 어려운 시스템의 한계 같은 것이다.

▲야외무대에서의 조명작업은 야간에만 가능하기 때문에 공연 며칠 전부터 야간작업을 하고 있다. 이제 기나긴 작업의 종착점이 다가오고 있다.

▲가수는 지칠 줄 모르고 연습과 체크를 거듭한다. 연습은 늦은 밤까지 계속되었다.

공연(녹화) 2005년 9월 10일

공연 당일의 날씨는 나쁘지 않았다. 객석도 완전히 정리되었고, 카메라 스태프들과 연출진들이 콘티를 보면서 회의에 열중하고 다른 제작진들도 각자 자신들의 업무를 최종 점검하며 최후의 결전을 준비하였다.

▲ 아침에 공연장으로 향하다가 멀리서 바라본 공연장이다. 중앙 무대의 끝부분과 크레인들이 보인다.

공연이 시작되고 필자는 공연 장면을 사진에 담기 위해 동분서주했다. 세트 디자이너로
서 이 시간은 무사히 공연이 진행되기를 기도함과 동시에 내가 설계한 무대에서 벌어지는
한바탕의 축제를 바라보면서 가슴 뿌듯함을 느꼈다.

녹화를 끝내면 세트 디자이너는 무대 철거와 정리 및 예산 정리, 결산을 진행하지만, 제작진은 다시 후반 작업을 시작한다. 그러나 TV 세트 디자이너의 일이 끝난 것은 아니다. 제작진의 편집과 더빙 등의 후반 작업을 거친 방송이 시작되면 그 결과를 분석하는 모니터를 하게 된다.

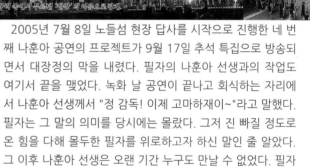

2005년 7월 8일 노들섬 현장 답사를 시작으로 진행한 네 번째 나훈아 공연의 프로젝트가 9월 17일 추석 특집으로 방송되면서 대장정의 막을 내렸다. 필자의 나훈아 선생과의 작업도 여기서 끝을 맺었다. 녹화 날 공연이 끝나고 회식하는 자리에서 나훈아 선생께서 "정 감독! 이제 고마하재이~"라고 말했다. 필자는 그 말의 의미를 당시에는 몰랐다. 그저 진 빠질 정도로 온 힘을 다해 몰두한 필자를 위로하고자 하신 말인 줄 알았다. 그 이후 나훈아 선생은 오랜 기간 누구도 만날 수 없었다. 필자는 네 번째 공연에서 그동안 뭔가 부족했던 마음을 훌훌 떨어버릴 수 있었다! 원 없이 집중하고 열정을 다했던 순간이었다.

'나훈아의 아리수'는 나의 세트 디자인 인생작 중의 하나이다!

[서태지 컴백 스페셜]
2000년 9월 9일 녹화/ 올림픽공원 펜싱경기장

2000년 6월 어느 날, 많은 작업을 같이했던 선배 PD가 사무실로 찾아오더니 다짜고짜 이런저런 필요한 것들을 이야기하면서 무대를 하나 그리라고 했다. 아직은 결정 난 것은 아니지만 가수 측과 협의를 위해서 무대 디자인이 필요하다는 것이다.

그 이후로도 계속 디자인을 수정, 변경 작업을 하고 어느 정도 디자인이 결정될 무렵인 2000년 8월 11일, 그가 직접 인터넷 팬사이트를 통하여 복귀 소식을 알리기 전까지는 그 공연이 4년 7개월의 공백 끝에 돌아오는 서태지 씨의 공연임을 눈치채지 못했다.

필자는 지금도 생생하게 기억나는 것이 하나 있다. 그것은 '서태지와 아이들'이 은퇴 발표를 하기 하루 전에 뚝섬에서 했던 'MBC 생방송 음악캠프'의 스페셜 무대이다. 당시 뚝섬 공연의 무대를 세우고 생방송을 무사히 마치고 복귀했는데 다음날 뉴스를 장식하던 은퇴 소식이 참 황당했었다. 그 서태지 씨의 복귀 무대를 내가 다시 작업하고 있다니! 그것도 누가 이 무대에서 공연하는 줄도 모르고...!

누가 내 무대에서 공연하는거지?

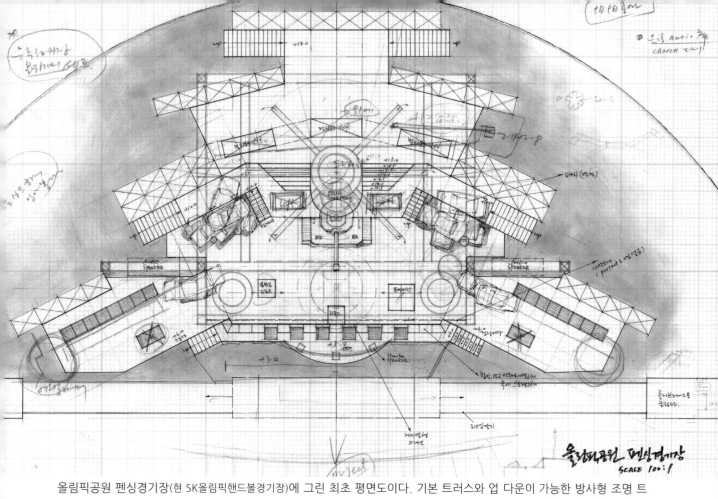

올림픽공원 펜싱경기장(현 SK올림픽핸드볼경기장)에 그린 최초 평면도이다. 기본 트러스와 업 다운이 가능한 방사형 조명 트러 스 를 매달아 설치하고, 무대 중앙에는 탱크를, 좌우에는 폐차를 배치하고 중앙의 메인 화면은 4x4 크기의 멀티큐 3개를 분리하여 개폐가 가능하게 하였다. 무대 바닥 좌측에 '용수철 리프트'(이 장비는 나중에 일본에서 공수해서 사용했는데 '펌 업(Pump Up)'이라고 했다)를 적용하였고, 리프트도 2개를 설정하였다. 왼쪽 윙에는 컨베이어 벨트를 설치하고 무대 앞부분에 인라인스케이트를 타면서 공연하기 위한 장치도 준비하였다. 거친 느낌을 표현하기 위해서 '아나방'이라고 부르는 건축용 장비를 세우는 것으로 날개 세트를 구성하였다. 이 도면은 3~4회의 수정과 변경을 해서 디자인된 것이며, 추후 2~3회의 수정을 거쳐서 최종 완성되었다.

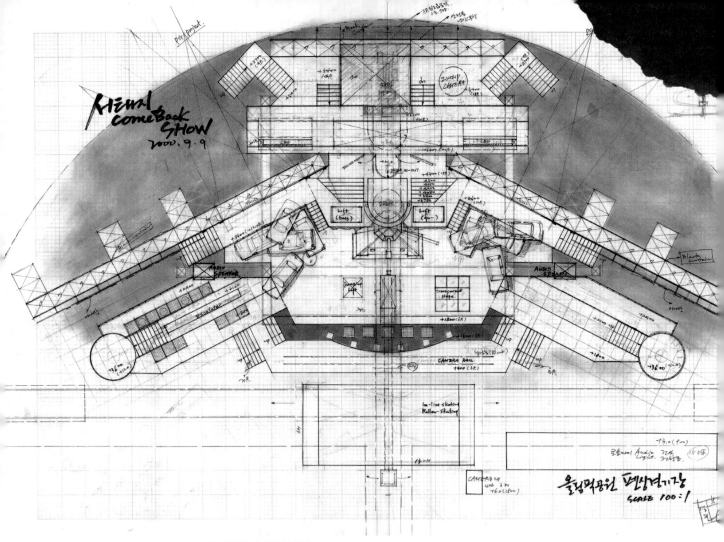

수정 작업 끝에 결정된 최종 평면도의 세부 내용

1. 제일 윗단의 LED 영상을 2개로 분리할 수 있게 설치하고 그것이 열리면 가수가 크레인을 타고 등장하고 중간 무대로 내려
   오면서 오프닝 퍼포먼스 시작(나중에 이 부분은 올림픽공원 펜싱경기장 내부에 크레인의 진입이 불가하여 슬라이딩을 타고 나오는 것으
   로 변경해서 공연하였다.)
2. 탱크 위의 드럼 세트는 무대 전면의 마구리 부분의 문을 열고 앞으로 전진이 가능하게 설정
3. 탱크 가까이 좌우에 밴드 연주자들이 올라오면서 등장하는 리프트 장치 2개 설치
4. 좌측 날개의 무대에 컨베이어 벨트 장치를 설치하고, 풍선 막대를 활용한 퍼포먼스를 위한 무대 바닥에 환풍기 설치구 준비
5. 좌측 무대 바닥에 '펌 업(Pump Up)' 설치
6. 무대의 우측 부분에 투명 유리 바닥 설치
7. 객석 부분까지 진입해서 올라갈 수 있는 리프트 1개 설치(엔딩공연)
8. 인라인스케이트용 전환 세트 설치(엔딩공연)
9. 무대 좌우 세트에 프로젝트 스크린을 활용한 영상 장치 설치
10. 탱크는 회전과 특효 발사가 가능하게 제작
11. 오프닝 무대를 위한 무대막 흡입장치의 설치

무대의 기본 높이는 1.8m이고 최고 높이는 6.3m이다. 좌·우측 프로젝트용 스크린은 삼각형 모양의 반투명막을 여러 겹으로 설치했는데 이 영상의 소스는 소리에 반응하는 영상을 연구하는 어느 벤처회사와 협력해서 도입, 적용을 했다.

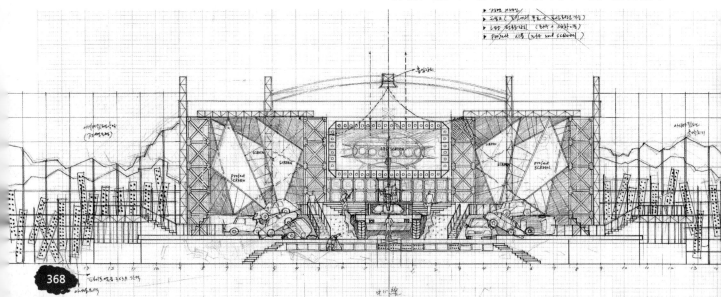

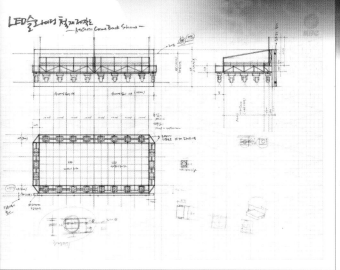

▲2개로 분리되는 LED 슬라이딩은 철재로 전체를 제작하고 가장자리 부분에는 무빙라이트가 설치될 수 있도록 설계하였다.

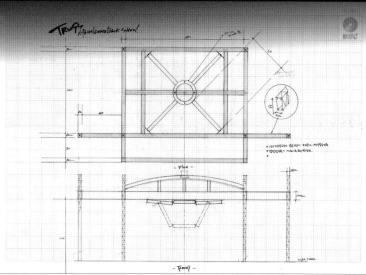

▲기본형 트러스와 리깅(천장에 매다는) 트러스의 세부 도면, 리깅 트러스는 4개의 모터를 활용하여 관절처럼 연결하고 필요시 업 다운이 가능하게 설계하였다.

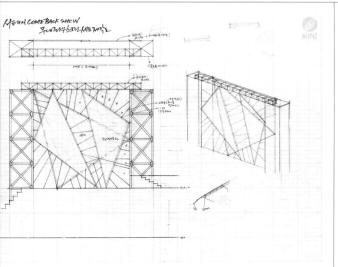

▲프로젝트 스크린은 좌우에 각각 동일한 모양으로 설치하였는데 스크린은 삼각형 모양의 반투명막을 제작해서 로프로 고정하는 방식으로 설치하였다.

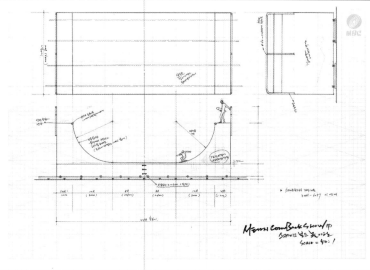

▲인라인스케이트용 전환 세트는 전문가의 자문을 받아서 디자인하였다. 철재로 뼈대를 제작하고 12mm 합판 두 장을 바닥에 부착하였으며 퍼포먼스를 할 때 중앙으로 진입할 수 있도록 바닥에 레일 작업을 하여 슬라이딩하며 움직일 수 있도록 준비했다.

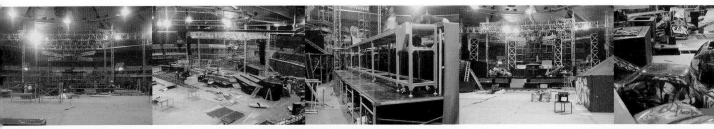

빡빡한 일정 속에서도 야간작업을 해가며 세트 설치를 마쳤다. 그래도 아직 보완해야 할 부분이 너무 많았다. 인라인스케이트용 슬라이딩 전환 세트의 그라피티 작업과 탱크의 효과 내기 작업도 더 보완해야 하였다. 테크니컬 리허설과 드라이 리허설을 하는 도중에도 세트 작업은 계속되었다. / 탱크제작 박성규

너의 아픔들은 이제 없을 거라고 / 오랜 세월 속의 아픔을

내 훔친 가치는 붕괴된 채 몹시도 보챘던 내 실체

공연 전날, 공연장 밖에는 서태지의 팬들이 벌써부터 진을 치고 대기 중이었다. 공연장에서는 철저한 보안 속에서 리허설을 하고 있었고 필자는 작업한 무대의 사진을 촬영하기 위해서 사진기를 들고 공연장을 돌아다니고 있었는데 보안요원들에게 제지를 당했다. 미리 허락을 받지 않은 필자의 잘못이었지만 '미술감독의 자료 사진 촬영마저도 제지를 할 정도라니!'

나 맞서 싸우기도 전 침묵했었고 / 네겐 벅찬 애써 당찬 듯한 숨찼던 너게 넘는 퀘스천

그걸로 족해 족해 이제 족해　　국민학교에서 중학교로 들어가며　　　　　　모두 똑같은 것만 집어 넣고 있어

인터넷전쟁　　　오렌지

못찾겠어 TV TV TV　　왜 너는 그냥 맞기만 해 다들 왜 그냥 멋대로 돼　　왜 바꾸지 않고 마음을 조이며 젊은 날을 헤맬까　　사실은 고백을 해야할 시간

불타 버려 우린 쓰레기인걸

Peace Forever, United As One

Pavarotti
MBC 평화콘서트

루다스 프로덕션의 *라이더를 뚫어라!*

세계적인
성악가 루치아노 파바로티의
두 번째 내한공연을 MBC와 함께하게 되었다.
대부분의 해외 초청공연은 장비를 공수해 오거나 현지 사정에 맞게
준비하는 경우가 많지만, 이 공연의 경우는 소위 '라이더(Rider)'라고 부르는 계약
사항에 관한 규정을 적시한 내용을 지켜서 작업을 해야 하는 미션이 필자에게 주어졌다. 그런
데 그 내용이 만만치 않은 것들이라서 영문 매뉴얼을 번역하는 일부터 시작을 해야 했다. 파바로티나
3테너의 공연은 전 세계적으로 열리고 있었기에 우리나라에서 열리는 세계적인 공연에 대한 필자의 부담
은 꽤 컸다. 당시 우리 무대 제작시스템은 그리 좋은 편이 아니어서 라이더를 지켜 무대를 만드는 것도 쉽지
않았지만 무엇보다도 내가 설계한 무대를 전 세계인이 보게 되리라는 생각에 긴장을 하지 않을 수 없었다.

루다스 프로덕션의 라이더에 의거한 디자인 작업 세부 내용

1. 국내 업체에서 보유하고 있는 시스템 트러스(24m × 12m)를 설치하고 메인 무대와 뒤편에 바로 연결된 드레싱룸의 설치를 위한 바닥을 설치하였다.(약 180평)
2. 64인조 오케스트라를 위한 계단식 단으로 설계하였다.(나중에 루다스 측에서 오케스트라를 배치할 때는 디자인 계획과 약간의 차이가 있었다.)
3. 루다스 측에서는 무대 뒷배경 전체를 검정막으로 처리하기를 원했으나 필자의 의견 제시로 출연자가 시선을 빼앗기지 않는 최소한의 세트로 디자인하여 처리하였다.(루다스 측과 협의 완료)
4. 인터미션 공연을 고려하여 메인 공연 무대 전체를 가림막으로 처리하려고 하였으나 조명 설계상 문제가 있어 설치하지 못하였다.
5. 인터미션 공연 중에 오케스트라의 휴식 및 이동이 쉽게 하기 위해 뒤편 좌·우측에 문과 계단을 설치하여 이동이 용이하도록 설계하였다.
6. 루다스 측의 요청에 따라 드레싱룸과 공연단(라이저)의 거리를 최소화할 수 있게 설계하였다.
7. 트러스 높이는 하단에 부착한 엑세서리 트러스의 높이와 프로젝터 등 주변 설치물과의 조화를 고려해서 총 11m로 설정하고 무대 바닥은 1.8m(국내 무대 작업의 용이한 점을 고려함과 동시에, 무대 높이가 최대 2m를 넘지 말라는 루다스 측의 요청에 의함)로 하여 중간 부분은 철재 아시바 5단(약 9m)으로 하고, 좌·우측 가장자리는 철재 아시아 6단(약 11m)으로 하여 검정막으로 막아서 처리하였다.
8. 루다스 측의 요청에 의해서 파바로티의 동선은 차량을 이용하여 무대 뒤편 왼쪽까지 바로 닿을 수 있게 동선을 확보하고 카펫 등으로 마감 처리하였다.
9. 파바로티와 소프라노의 공연이 이루어지는 단(라이저)은 가로 3000mm × 세로 2400mm 높이 150mm의 1개와 지휘자석은 1200mm × 1200mm 크기의 150mm 높이의 단을 제작하고 카펫으로 마감하였다.

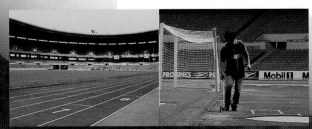

◀공연장은 당시만 해도 국내에서 제일 큰 '잠실올림픽주경기장(현 잠실종합운동장)'이었다. 헌팅(사전 답사)을 하면서 필자는 '이 넓고 지붕도 없는 곳에 루다스의 라이더를 지켜서 무대를 지어낼 수 있을까?' 하는 걱정과 함께 '세계에서 제일 멋진 무대를 지어내서 놀라게 해주겠다'는 두 가지 생각이 교차하고 있었다.

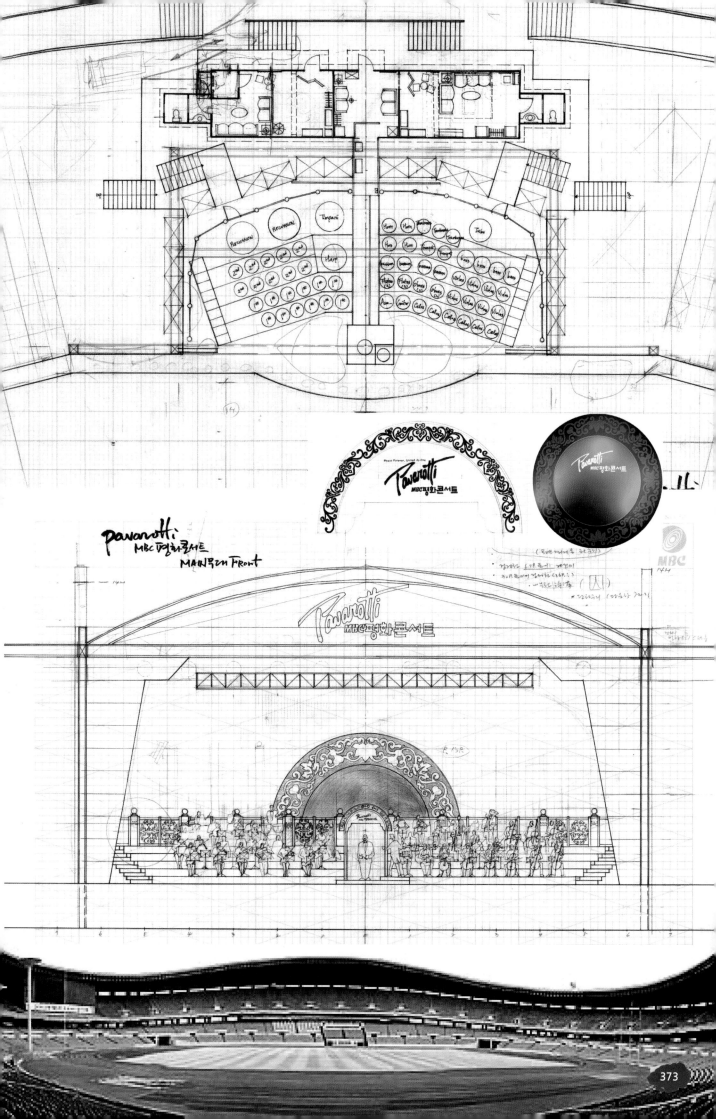

인터미션 공연

제작진에서 본 공연의 중간에 있는 인터미션(휴식 시간) 30분을 활용하여 합창단과 국내 음악인의 공연을 계획하고 추가 무대를 요청하였다. 이에 필자는 본 공연 무대의 좌우로 김사랑 씨와 어린이들의 공연용 초승달 세트와 명창 김영임 씨가 공연을 하게 되는 좌측 B 무대와 퓨전 타악 공연, 성악가 30인과 합창단의 통일의 노래 공연을 위한 우측 A 무대, 그리고 B 무대에서 A 무대로 이동하면서 공연을 하기 위한 황포돛배 한 척을 준비하였다. 또 배의 원활한 진행을 위하여 약 120m의 레일을 설치하고 수동으로 움직이게 하였다.

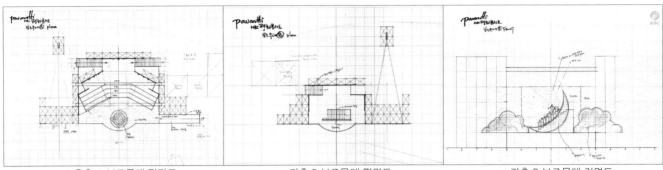

▲우측 A 보조무대 평면도 　　　　 ▲좌측 B 보조무대 평면도 　　　　 ▲좌측 B 보조무대 정면도

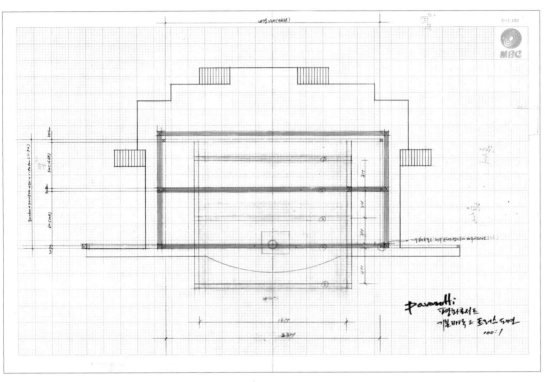

기본 트러스 구조와 메인 바닥 평면도이다. 대개의 공연에는 좌우에 연결된 트러스에 플라잉 스피커를 설치하는데, 루다스 측의 기본 요구 사항에 맞출 수가 없어서 대형 크레인 2대를 활용하여 스피커를 달고, 뒷부분(크레인 장비 등)을 검정 막으로 가렸다.

열악한 제작 환경에서 나온 임기응변이었다.

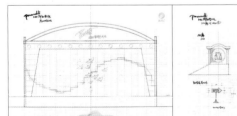
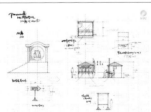
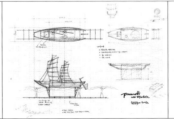
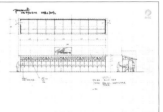

드레싱룸(대기실)

파바로티의 기획사 '루다스 프로덕션'에서 보내온 라이더에 의해서 설계된 무대 뒤편의 대기실이다. 특이한 점은 요청에 의해 양변기가 달린 화장실을 설치했다는 것이다. 아마도 필자의 세트 디자인 작업 일생에서 전무후무한 일이 아닐까 싶다. 어쩌면 이런 공연의 시설을 설계하는 사람이 쉽게 놓칠 수 있는 부분이 대기공간이다. 필자는 이 작업 이후에 대기실 공간에 대한 관심을 더 가지게 되었다.

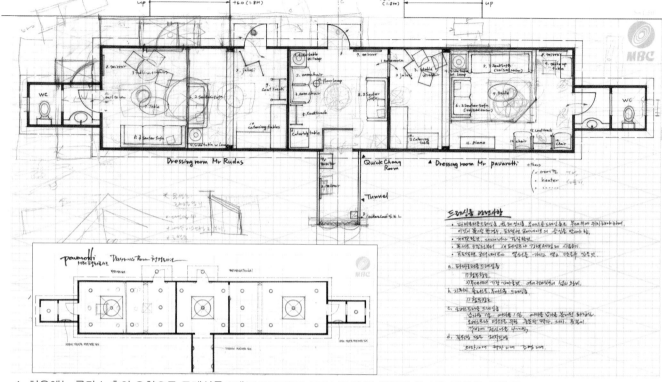

1. 처음에는 루다스 측의 요청으로 드레싱룸 2개(파바로티용과 루다스용)와 퀵 체인지 룸 1개, 공연을 위한 통로(터널) 1개 등으로 설계하였으나 후에 루다스용의 드레싱룸을 나누어서 지휘자와 소프라노가 사용할 수 있게 설계를 변경하였으며 루다스 측 스태프가 사용할 오피스 1동과 프로듀서가 사용할 방 1개를 추가로 만들게 되었다.

2. '디자이너가 디자인을 한 방(Room)'이라는 요청에 의해서 드레싱룸과 퀵 체인지 룸 등의 파바로티가 쉴 공간의 벽과 천장은 물론, 조명등까지도 각별히 신경을 써서 설계를 하였다.(루다스 측에서는 이러한 모든 사항을 참조 그림까지 첨부하여 라이더에 적어 놓았다.)

3. 벽체는 '5일 전에 페인트 및 세정제 사용 금지'라는 루다스 측의 요청에 따라 냄새가 적은 도배 작업으로 처리하였다.

4. 바닥은 장마철에 대비하여 물이 새지 않게 비닐로 1차 작업을 한 후에 카펫 공사를 하는 방식으로 하였다.(이 방법은 나중에 장맛비에 약간 스며드는 현상이 발생하였는데 임시 설치물의 한계가 아닌가 싶다.)

5. 조명등은 루다스 측의 요청에 따라 각 전등 모두를 조도조절이 가능하게 하였고, 벽등과 무드등을 이용하여 인테리어를 하였으며 사용할 물건에 맞는 콘센트 및 인터폰, 안테나도 설치하였다.

6. 소파 및 가구는 사용자의 체격을 고려하여 각 업체를 물색한 결과 구입을 하기에는 예산이 부족하여 협찬을 받아 설치하였다.(소파는 파바로티의 체격에 맞는 특별한 조치가 필요했다.)

7. 에어컨은 임대하여 설치하였고, 냄새 문제를 해결하기 위해서 환풍기를 설치하였으며 가습기도 준비하였다.

8. 요청에 따라 화분(꽃이 없는 것)을 배치하였다.

9. 루다스 측에서는 긴 시간을 이용해야 하는 드레싱룸이므로 화장실 설치가 필요하다고 요청하였는데 화장실은 드레싱룸 양 끝에 파바로티와 소프라노, 지휘자용으로 두 개를 양변기와 세면기와 집기류 등 일반 화장실과 동일하게 설치하였고, 물은 모터를 이용하여 공급하고, 온수는 순간온수기를 활용하였으며, 정화조는 무대 아래에 놓아서 해결하였다.

10. 드레싱룸 전체의 전기공급은 경기장 내부의 전력이 부족하여 150k 용량의 발전기를 사용하여 공급하였다.

세트 설치 작업은 루다스(기획사) 측에서 온 스태프와 협의하면서 진행하였다. 그는 공연의 기술적인 부분 모두를 총괄하고, 필자를 비롯한 테크니컬 스태프와 긴밀하게 협의했다. 루치아노 파바로티는 보라색을 유독 싫어해서 공연장에 보라색이 보이지 않도록 특별 요청을 했던 것이 기억에 남는다. / 디자인, 통역 이수진

초여름 밤을 수놓은 클래식의 향연이 끝났다. 하지만 무대 관련 스태프들은 지금부터 이 운동장의 모든 것을 치우고 정리해야 한다. 공연을 즐기고 문화에 흠뻑 젖어 집으로 돌아가는 시민들 뒷모습을 보면서 '내가 참 의미 있는 일을 하고 있구나' 하는 감회에 젖었다.

THE 3 TENORS
IN SEOUL

세계적인 3테너를 세계적인 무대로 환영하자!

2000년 루치아노 파바로티의 내한공연에 이어 '3테너(루치아노 파바로티, 호세 카레라스, 플라시도 도밍고) 인 서울' 공연이 MBC의 주최로 열리게 되었다. 1년 전 루다스 프로덕션의 그 까다롭기로 유명한 라이더에 맞춰 작업을 해 본 필자가 다시 한번 세계적인 클래식 공연에 도전장을 냈다. 필자는 지난번 작업에서 아쉬웠던 부분을 만회해 보고자 루다스 측에서 보내온 공연 라이더를 꼼꼼하게 분석하고 준비를 하였다.

라이더의 주요 내용

1. 무대 관련 사항(세트, 오케스트라 배치 등) 2. Quick Change Room 3. Office 4. Rudas Dressing Room 5. Pavarotti Dressing Room 6. Carreras Dressing Room 7. Domingo Dressing Room 8. Levin Dressing Room 9. Orchestra Dressing Room 10. Etc(화장실, 안내간판, 티켓 부스)

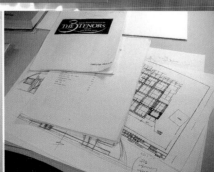
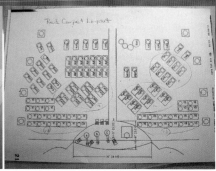

▲루다스 프로덕션에서 보내온 라이더의 일부 내용이다. 공연을 위해서 필요한 모든 것을 상세히 열거해 두었다.

헌팅(사전 답사)

공연 장소는 이번에도 2000년 '파바로티 MBC 평화콘서트'를 개최했던 잠실올림픽주경기장(현 잠실종합운동장)이다. 대부분의 상황을 이미 알고 있었지만 시설담당자들과 만나서 규정을 확인하고, 작업 일정과 바닥 보호 및 시설 사용 관련 협의를 하였다.

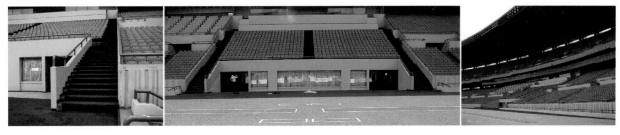

문제는 구조다-무대 구조의 설계

세계 각지를 투어하는 이 공연의 미술적인 부분에서 제일 중요한 것이 무엇일까? 필자는 잠실올림픽주경기장의 조건으로 볼 때 여름철의 장마에 대비하고 디자인적인 구조나 음향, 그리고 기타 상황의 조건에 맞는 작업을 하기 위해서는 무대의 구조가 우선적으로 고려돼야 할 사항이라고 판단했다.

그러나 아쉽게도 당시 우리나라 상황에서는 3테너의 공연을 위한 무대를 무리 없이 만들기에는 시스템이 너무 부족한 점이 많았다. 현실적으로 가능한 방법은 국내에서 보유하고 있는 트러스를 활용해서 공연을 진행하기에 무리가 없고, 디자인적으로도 훌륭한 최적의 구조를 설계하는 방법이었다. 그러기 위해서 필자는 국내 업체들이 보유하고 있는 트러스의 종류와 규격을 조사하고 그것을 활용하여 스케치하고 모형을 만들어 보는 방법을 택했다.

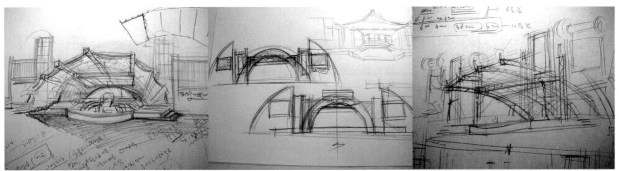

▲적합한 무대의 구조물을 만들어 보기 위한 스케치를 하였다. 작업 끝에 하나의 디자인을 잠정 결정을 하고 간단한 미니어처를 제작해 보기로 하였다.

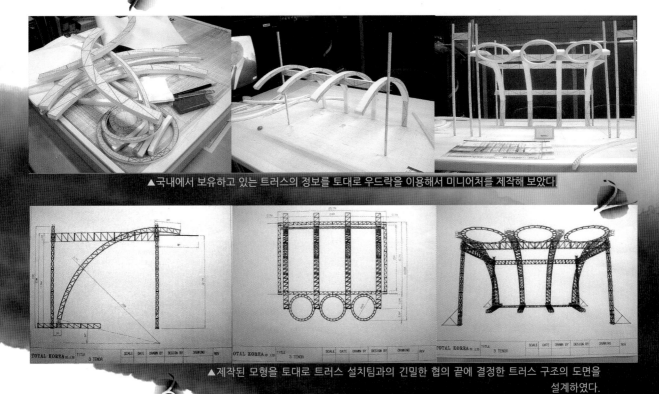

▲국내에서 보유하고 있는 트러스의 정보를 토대로 우드락을 이용해서 미니어처를 제작해 보았다

▲제작된 모형을 토대로 트러스 설치팀과의 긴밀한 협의 끝에 결정한 트러스 구조의 도면을 설계하였다.

'가장 한국적인 것이 가장 세계적이다'라는 말은 분명히 맞는 말이다. 그것을 믿고 있는 필자는 세계적인 3테너의 공연을 위한 무대를 가장 한국적인 디자인으로 접근했다. 정면의 세트는 고려청자의 색깔과 문양을 적용하였고, 좌·우측 세트는 에밀레종에 새겨져있는 '비천문'을 부조로 조각해 만드는 것으로 세트의 콘셉트를 잡았다.

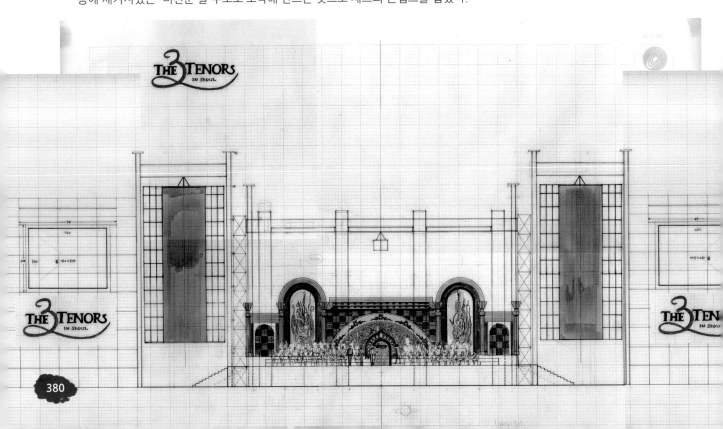

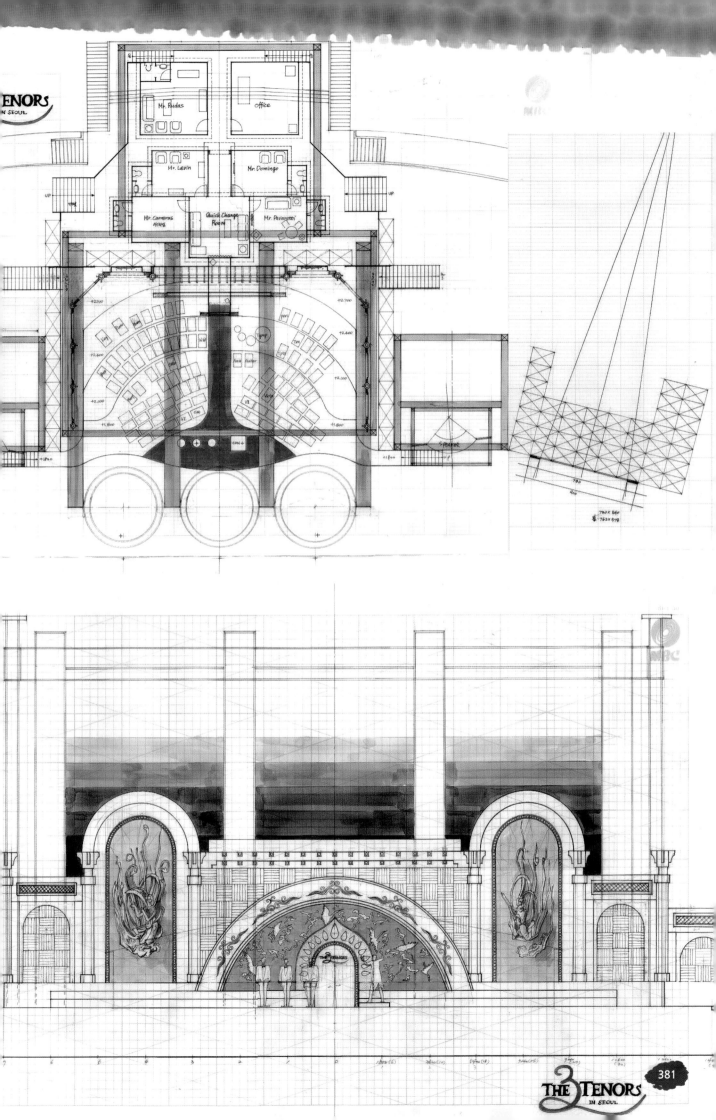

3D 모델링

당시의 TV 세트 디자인 작업은 거의가 수작업으로 진행되었다. 하지만 그때도 컴퓨터를 활용하는 디자인이 없었던 것은 아니었다. 다만 그것이 일반적인 작업에 활용되기에는 여러 문제가 있었다. 그렇지만 당시 필자는 작업의 디지털화에 대한 열망이 컸었고, 이 공연은 준비 기간과 예산의 조건이 가능하고 보다 실감 나는 미리 보기를 위하여 '3D MAX'라는 프로그램을 활용하여 모델링과 렌더링을 시도했다.

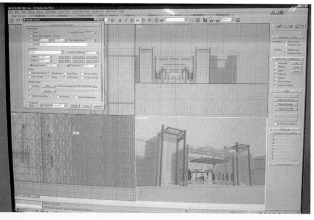

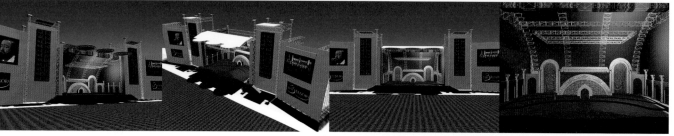

캐드 도면

3D 렌더링 작업과 병행하여 'AutoCAD'라는 건축 설계용 프로그램을 이용하여 도면을 작성해 보았다. 디자인과 수작업으로 도면을 완성한 상태였지만 당시 컴퓨터를 이용한 도면 작성에 관심이 많았던 필자는 예산과 시간의 여유가 그나마 가능한 이 작업에 디지털 작업을 도입해 본 것이다. 하지만 여전히 TV 세트 디자인의 업무 프로세스에 적용되기에는 시간적인 무리가 따른다는 판단이었고 안타깝게도 TV 세트 디자인의 디지털 설계 작업은 꽤 오랜 기간 실행하지 못했다.

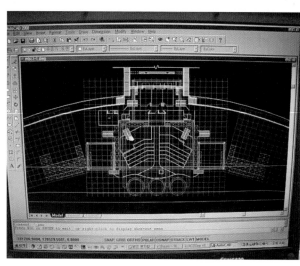

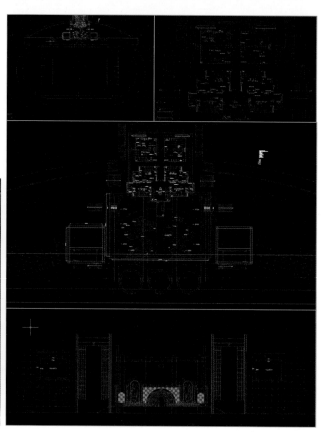

설치 작업

▲트러스 작업과 바닥 보강작업을 하고 있다.

▲트러스 보에 단청문양의 그림이 그려진 세트를 설치하였다.

▲트러스 작업을 위하여 4대의 고공 작업용 시저 리프트를 활용했다.

▲무대 뒤편의 드레싱룸 작업을 동시 진행하였다.

▲메인 트러스와 천막은 거의 완성이 되었고 세트 설치 작업을 진행하고 있다.

▲루다스 프로덕션은 스피커를 매다는 구조물의 높이를 18m 이상으로 원하였으나 국내 보유의 트러스로는 구조적으로 어려움이 있어 트러스와 아시바를 동시에 활용해서 높이를 맞추었다.

▲공연 전날의 현장 상황이다. 바닥 보강작업과 객석 설치를 완료하고 프로젝션 스크린 설치 등 마지막 작업을 진행하고 있다.

저녁까지 꽃꽂이등 무대 장식과 드레스룸의 기구를 배치하는 작업을 진행하고 오케스트라용 의자 배치를 진행하였다. 조명팀은 철야작업을 하였다.

잠실올림픽주경기장에 3테너의 웅장하고도 감미로운 목소리로 공연이 시작되었고, 필자는 객석에서 자료 사진을 찍으면서 '우리 민족의 느낌을 담은 무대가 참 아름답다'라는 생각을 했다. 필자는 그 순간에도 설치한 드레싱룸의 쾌적함이 3테너들의 컨디션을 좋게 하고, 그 유쾌한 기분이 관객들에게 더 좋은 음악으로 돌아왔으면 좋겠다는 소박한 바람을 머릿속에 되뇌고 있었다.

공연이 끝난 무대는 늘 허전하고 쓸쓸하다. 하지만 필자와 세트팀은 그런 기분을 느끼지 못한다. 다시 지금부터 일을 시작해야 하기 때문이다. 철야로 철거를 해서 운동장의 본 모습을 찾아주어야 한다. 가끔은 공허함을 느낄 때도 있지만 그것도 잠시뿐이다. 좋은 공연을 했고, 그 공연을 시청자들께서 지켜봐 주셨으므로 필자는 충분히 만족한다.

385

제1회
대한민국 음악축제
Korea Music Festival

기 간 : 2004년 7월31일 (토) ~ 8월7일 (토) (8일간)

여름속초를 음악으로 물들이다

제1회 대한민국 음악축제 이야기(2004)

MBC 예능국에서 대형 프로젝트 하나를 기획했다. 속초 일대에서 일주일 내내 음악축제를 열고, 그것을 방송한다는 계획이었다. 그야말로 여름의 바다를 '음악으로 물들인 일주일'로 만들어 보겠다는 야심찬 기획이다. 덕분에 필자도 2004년의 여름을 속초 바닷가에서 더위와 싸우며 일해야 했다. / 디자인 손원하, 이화순

헌팅(사전 답사)

▲청초호 엑스포광장
(현 엑스포잔디광장)

▲영랑호 잔디광장

▲설악종합운동장
(현 속초종합운동장)

▲설악공원

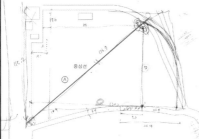

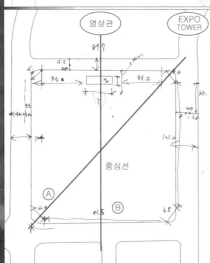

▲현장 답사로 실측해서 얻은 데이터들과 작업 진행에 필요한 여러 가지 자료를 수집하고 협의를 진행하였다.

제1회 대한민국 음악축제를 위해서 미술팀이 준비할 것들

1. 청초호 엑스포광장의 메인 무대(개막쇼와 폐막쇼 공연을 비롯한 주요 공연)
2. 영랑호 잔디광장의 록 페스티벌 무대(미니 록 페스티벌을 위한 전용 무대)
3. 설악종합운동장의 빅스타 콘서트 무대(조용필, 이미자, 윤도현 밴드의 특별공연 무대)
4. 설악공원의 특설무대(작은 콘서트를 위한 무대)
5. 음악축제의 소식을 매일 전하게 될 야외 오픈스튜디오
6. 각종 홍보물을 비롯한 스태프 비표 등 행사에 필요한 물품의 디자인 작업 전체

2~3명의 미술감독이 이 작업을 동시에 진행하였고, 필자는 '청초호의 메인 무대'와 '설악종합운동장의 조용필 공연'과 각종 홍보물의 디자인을 맡아 진행하였다.

홍보물 디자인

필자는 홍보물 디자인을 위해서 음악 축제 사무국에서 만든 로고 외에 음악적인 이미지의 디자인 요소들을 만들었고, 그것을 활용해서 홍보물 디자인을 하였다.

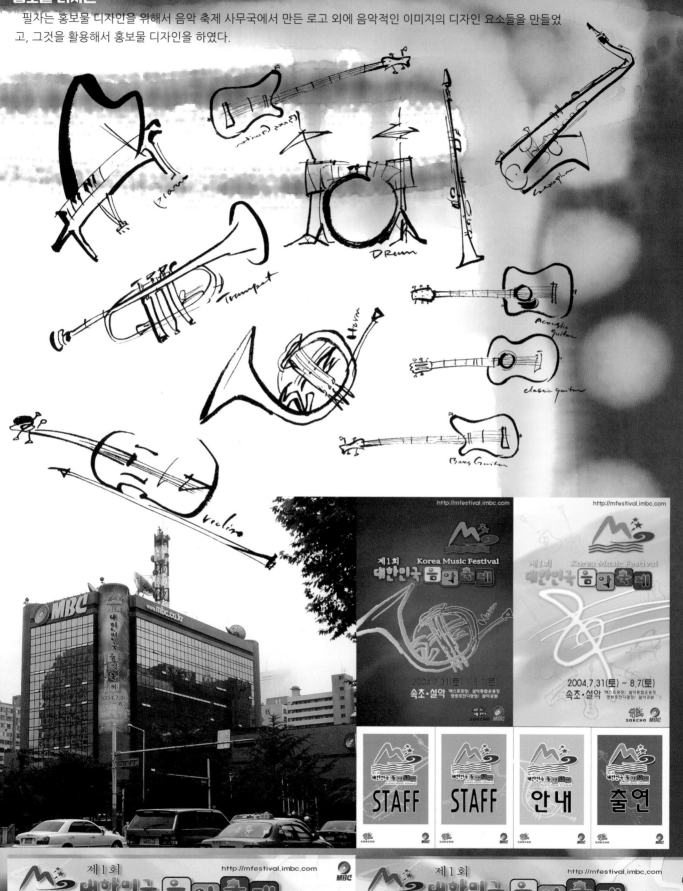

최초 기획하는 시작 단계에서 생각나는 아이디어 스케치를 해 본 것이다.

▲영랑호 수상 무대 설치를 위한 스케치 아이디어

▲설악공원 무대의 스케치 시안

▲가수 윤도현 씨의 단독 콘서트를 위한 평면 스케치

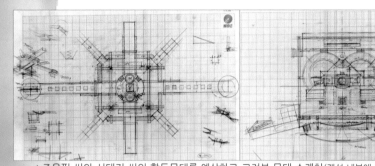

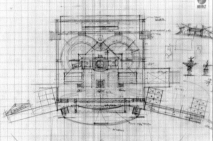

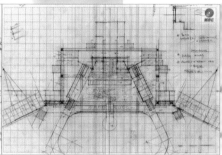

▲조용필 씨와 서태지 씨의 합동무대를 예상하고 그려본 무대 스케치(객석 내부에 360도 무대를 설치하고 각각 180도씩을 활용하여 공연하는 형식의 무대와 단독 공연의 무대 등 다양한 스케치를 해보았다.)

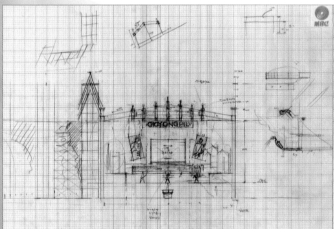

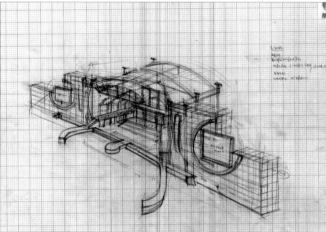

▲설악종합운동장의 '빅스타 축제' '조용필 공연'을 위한 스케치이다. 이 디자인은 추후 업그레이드한 후에 실제 공연 무대로 사용하였다.

▲청초호 엑스포 광장의 메인 무대 초기 디자인 스케치이다. 이 무대는 디자인이 많이 달라졌는데, 특히 좌우 날개 세트의 자재를 단관 파이프(비계)를 활용하는 것으로 디자인을 변경하였다.

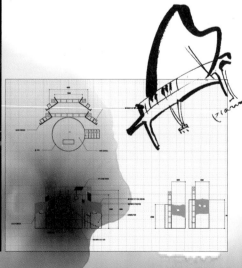

▲제1회 대한민국 음악축제 미술 관련 전체 스태프 회의이다. 워낙 큰 프로젝트였으므로 디자이너와 미술 스태프와의 직접적인 교감이 무엇보다도 중요했다. 가능한 한 많이 소통하는 것이 실수를 줄일 수 있는 최선의 방법이다.

청초호 엑스포광장 메인 무대

이 무대는 음악축제의 개막공연과 주요 공연, 그리고 폐막공연을 계획하고 있는 메인 무대로 행사의 규모를 보여줄 수 있도록 웅장한 크기로 설계하였다. 70~90 인조 오케스트라의 배치와 아이돌의 공연이 동시에 가능한 크기의 무대 규모를 설정하고, 수만 명 규모의 관객을 예상하여 무대의 맞은편 객석은 오픈형으로 하며, 무대의 좌우 날개에는 400인치의 프로젝트를 각각 설치하여 객석에서 온에어(ON AIR) 화면이나 출연 가수를 가깝게 볼 수 있게 하였다. 그리고 정면 세트에는 4조 각으로 분리되는 LED 영상을 설치하여 필요에 따라 변환하여 사용할 수 있게 설계하였으며, 전식은 공연의 콘셉트에 따라서 활용할 수 있게 다양하게 변화가 가능한 장비를 설정하였다. 스크린이 설치된 무대의 양쪽 날개에 피지(Pigi)라는 영상 장비를 활용하여 영상을 투사함으로써 무대를 다양한 모양으로 표출될 수 있게 하였다.

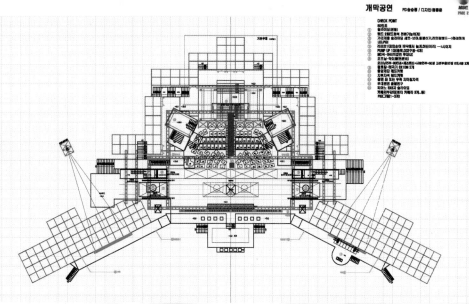

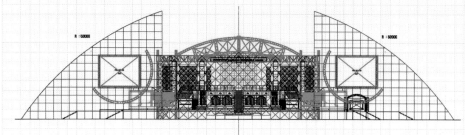

▲▼제1회 대한민국 음악축제 청초호 엑스포광장 메인 무대의 평면도와 정면도/
8개의 공연을 같은 무대에서 진행해야 하므로 다양한 변환이 가능하도록 설계했다.

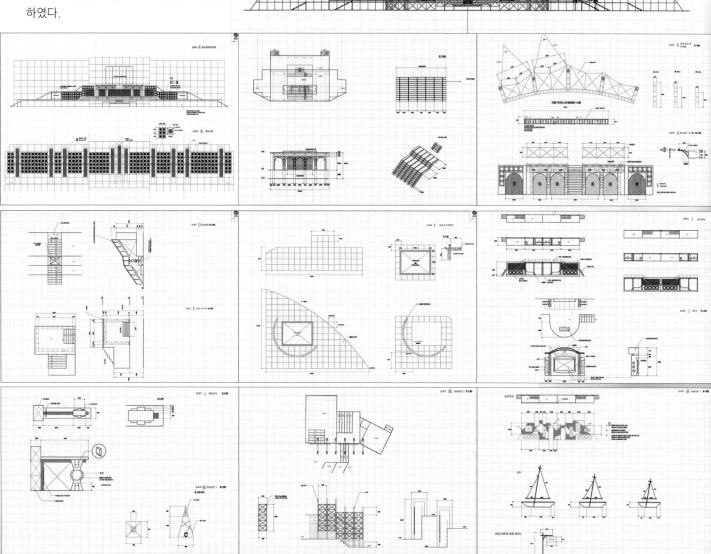

▲ 무대 하나를 만들기 위해서는 요소들이 참 많이 필요하다. 하나하나 부분적으로 제작해서 조립하는 방식으로 제작하는 것이므로 전체를 각각 분리해서 설계도를 그렸다. 이 설계도를 기초로 목공, 철재 작업, 스티로폼 조각 등의 작업을 담당자들이 각각 나누어서 제작하게 된다.

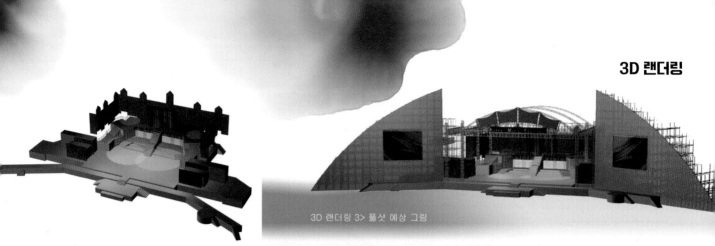

3D 랜더링

3D 랜더링 3> 풀샷 예상 그림

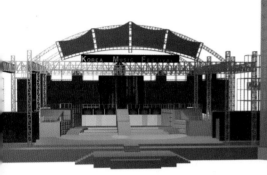

이번 프로젝트는 미니어처 제작보다는 3D 렌더링을 선택했다. 8개의 공연을 소화하기 위한 무대의 전환을 미리 보기 하기에는 컴퓨터 작업을 활용하는 것이 더 효율적이라고 판단했다. 메인 도면 8개를 복사하고, 전환되는 부분만 그려 넣으면 되기 때문이다. 미니어처 작업보다는 효율적인 방법이다.

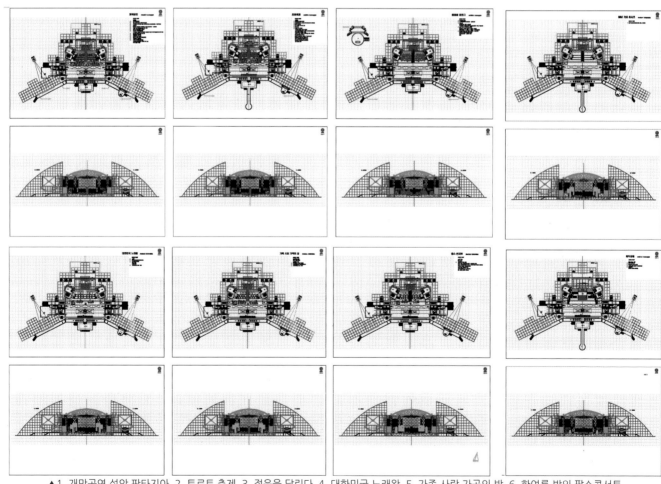

▲ 1. 개막공연 설악 판타지아 2. 트로트 축제 3. 젊음을 달린다 4. 대한민국 노래왕 5. 가족 사랑 가곡의 밤 6. 한여름 밤의 팝스콘서트
7. MBC 가요콘서트 8. 폐막공연 꿈, 사랑, 평화 등 8개의 공연 전환 세트 도면(세트팀은 매일 저녁 공연이 끝나면 야간작업으로 세트를 전환하고 다음 날의 공연을 준비했다.)

▲엑스포타워에서 본 엑스포광장의 세트 설치 작업을 시작하는 모습이
다. 빈 광장에서 제일 먼저 작업을 시작하는 팀은 트러스 구조물팀이다.
엑스포광장에 기존 설치되어 있는 작은 무대도 보인다.

▲2004년 7월 20일부터 시작한 세트 설치 작업을 7월 31일에 완료하
고 개막공연을 준비하고 있다. 다른 공연장과 작업을 동시에 진행하기
때문에 작업 일정을 길게 잡아야 했다.

양쪽 날개 세트에 피지(Pigi) 장비를 이용한 영상으로 변화를 주었다.

391

니는 Everyday
너만 생각해

Clap clap 손뼉치기
여자들의 마음을 소매치기

[설악종합운동장 '빅스타 콘서트' 무대]

설악종합운동장(현 속초종합운동장)에서는 '빅스타 콘서트'라는 주제로 2개의 공연이 계획되었는데 그 하나는 조용필 씨의 단독 공연과 또 하나는 이미자와 윤도현 밴드의 합동 공연이었다. 필자는 이 공연의 기본 무대를 디자인하고 조용필 씨의 공연의 설치와 진행을 담당하였다.

[나는 조용필이다 2004년 8월 2일 설악종합운동장 녹화/ 2004년 8월 6일 MBC 방송]

그때까지 필자의 조용필 씨 공연의 무대를 디자인을 해 본 경험은 'MBC 가요콘서트'에서 스튜디오 녹화로 해 본 적이 있긴 하였지만 설악종합운동장의 공연은 그때와는 상황이 많이 다른 대형 공연이어서 공을 많이 들였다. 이 공연을 위해서 가수 측 제작진과의 협의에 참여하여 세트 디자인에 관한 브리핑도 하고, 공연을 위해 필요한 것들에 대한 자문도 받았다. 이 공연은 평소에 투어로 하던 조용필 씨 공연의 콘셉트를 기본으로 하여 방송에 필요한 것들을 보완하는 형식으로 준비되었는데 연출진에서 프로그램의 타이틀을 '나는 조용필이다'로 정했다. 이 공연은 당시 동해안 일대에 크게 피해를 입힌 제10호 태풍 '남테우른'의 영향으로 엄청난 비바람이 몰아쳐서 필자와 세트팀은 무대를 지키기 위해서 사투를 벌여야 했다. 결국 공연을 하루 연기할 수밖에 없었고, 태풍이 지나간 하늘은 언제 그랬냐는 듯 아름답기만 하였다. 태풍으로 하루가 순연된 다음날, 2004년 8월 2일에 공연, 녹화하여 방송된 이 공연은 필자에게 비바람과 싸운 기억을 생생하게 남겼고, 가왕 조용필 씨의 그 프로정신을 배우는 기회가 되기도 하였다. 필자에게 있어 '조용필'은 '다른 세계에 사는 사람'이었는데 '내가 그의 세계로 온 것인가?'라는 착각마저 하게 한 꿈꾸는 듯한 시간이었다.

'나는 조용필이다' 공연은 무대막과 좌·우측 날개 세트 전체에 프로젝터를 활용한 스크린 세트에 화면을 가득차게 넣어서 마치 대형 스크린 앞에서 영화를 보는 듯한 연출을 하는 공연이다. 또 무대에 리프트를 설정하여 업 다운을 하면서 시각적인 변화를 주었고 공연 시작 전에는 로고 세트로 가려져있던 무대가 막이 열리면서 나타나는 오프닝 장면을 연출하기 위해 원형 슬라이딩을 설계하였다.

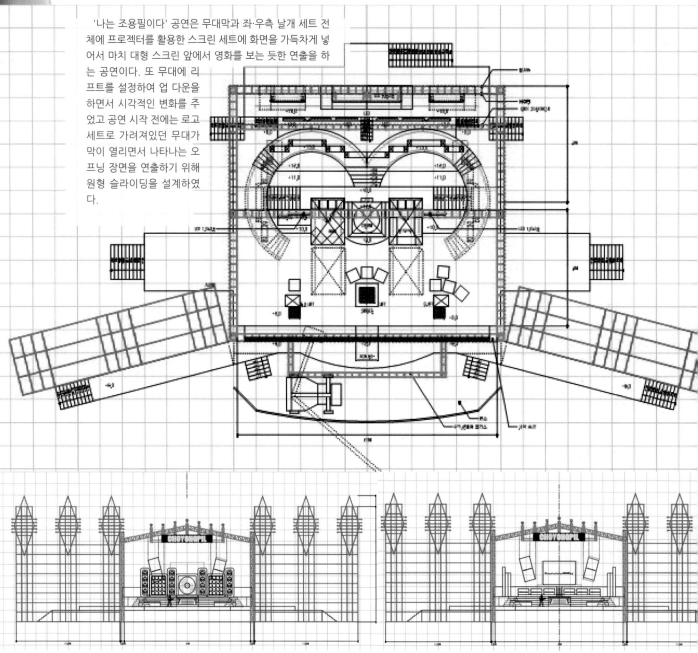

▲무대의 좌·우측은 비계용 단관 파이프를 이용해서 타워형으로 설계하였고, 그 아래쪽은 대형 스크린을 설치하였다. 또 닫혀있던 로고 세트가 원형 슬라이딩으로 열리면서 무대와 영상 화면이 나타나는 장면을 연출하였다.

▲로고 세트가 열리면 정면 중앙에는 두개로 열리는 대형 LED 화면이 있고, 오프닝 곡에서는 아티스트가 천장에 와이어로 설치한 움직이는 세트를 타고 등장한다. 엔딩 곡에서는 숨겨둔 크레인을 타고 객석 위로 날아 들어가면서 공연을 하였다.

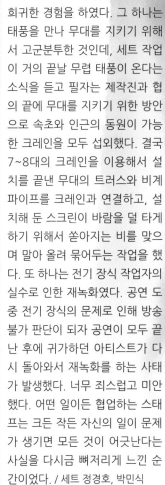

필자는 이 공연에서 두 가지의 희귀한 경험을 하였다. 그 하나는 태풍을 만나 무대를 지키기 위해서 고군분투한 것인데, 세트 작업이 거의 끝날 무렵 태풍이 온다는 소식을 듣고 필자는 제작진과 협의 끝에 무대를 지키기 위한 방안으로 속초와 인근의 동원이 가능한 크레인을 모두 섭외했다. 결국 7~8대의 크레인을 이용해서 설치를 끝낸 무대의 트러스와 비계 파이프를 크레인과 연결하고, 설치해 둔 스크린이 바람을 덜 타게 하기 위해서 쏟아지는 비를 맞으며 말아 올려 묶어두는 작업을 했다. 또 하나는 전기 장식 작업자의 실수로 인한 재녹화였다. 공연 도중 전기 장식의 문제로 인해 방송 불가 판단이 되자 공연이 모두 끝난 후에 귀가하던 아티스트가 다시 돌아와서 재녹화를 하는 사태가 발생했다. 너무 죄스럽고 미안했다. 어떤 일이든 협업하는 스태프는 크든 작든 자신의 일이 문제가 생기면 모든 것이 어긋난다는 사실을 다시금 뼈저리게 느낀 순간이었다. / 세트 정경호, 박민식

리허설과 준비는 끝났다. 이제 관객을 맞이할 시간이 오고 있다. 필자는 무대 맞은편 객석에 앉아서 카메라를 들고 기도하는 마음으로 지켜보고 있었다. 조용필 씨의 음악은 언제 들어도 좋다.

KOREA MUSIC FESTIVAL

설악종합운동장

일본의 무대 수준을
뛰어넘어라!

[한일 우정의 해 기념 콘서트 FRIENDS(2005)]
2005년 12월 6일/ 잠실실내체육관
MBC, NHK 동시 특별방송

이 작업은 한국과 일본에서 동시에 방송되는, 상호 이해와 우정을 다지기 위한 목적으로 한국과 일본의 최정상급 아티스트들이 출연하는 무대로 기획된 공연이다.

필자는 이 무대를 준비하는 과정에서 '디자인'이라는 무대를 설계하는 작업보다는 우리의 무대 제작 환경이 일본의 시스템이나 기술에 비해 부족한 점이 많은 상황이어서 걱정이 많았다. 더구나 이 공연이 일본에도 동시에 방송되는 것이기 때문에 적잖은 부담이 되었다.

필자는 일본의 시청자들이 보는 한국의 공연 수준은 무대 디자인으로부터 시작된다고 판단하고 수준 높은 무대를 만들어보고자 집중하였다.

잠실실내체육관으로 장소 헌팅(사전 답사)을 하였다. 현장에는 다른 행사를 준비하느라고 트러스를 세우고 있었고, 필자와 제작진은 좌측 사진에 보이는 맞은편에 세트를 설치하기로 결정하였다.

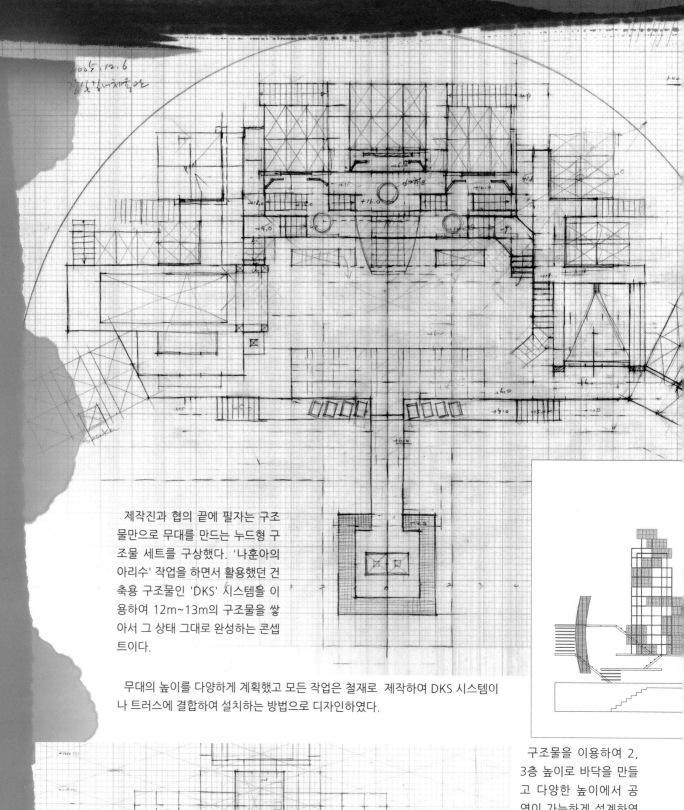

제작진과 협의 끝에 필자는 구조
물만으로 무대를 만드는 누드형 구
조물 세트를 구상했다. '나훈아의
아리수' 작업을 하면서 활용했던 건
축용 구조물인 'DKS' 시스템을 이
용하여 12m~13m의 구조물을 쌓
아서 그 상태 그대로 완성하는 콘셉
트이다.

무대의 높이를 다양하게 계획했고 모든 작업은 철재로 제작하여 DKS 시스템이
나 트러스에 결합하여 설치하는 방법으로 디자인하였다.

구조물을 이용하여 2,
3층 높이로 바닥을 만들
고 다양한 높이에서 공
연이 가능하게 설계하였
으며 필요한 모든 부분
을 트러스로 보강을 한
후에 LED 영상과 매쉬
LED(Mesh LED/ 그물형의
틀에 LED 소자를 꽂아서 제
작한 LED 영상 장비)를 이
중으로 설치하였다. 육중
한 바코(Barco) LED를 길
고 높게 설치하는 작업은
그리 쉽지 않은 작업이었
다.

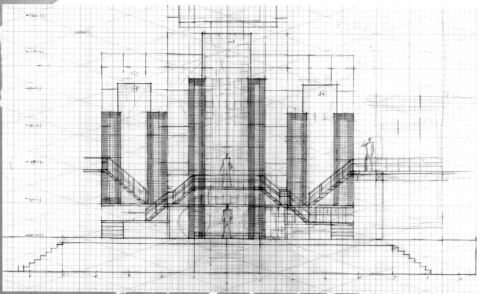

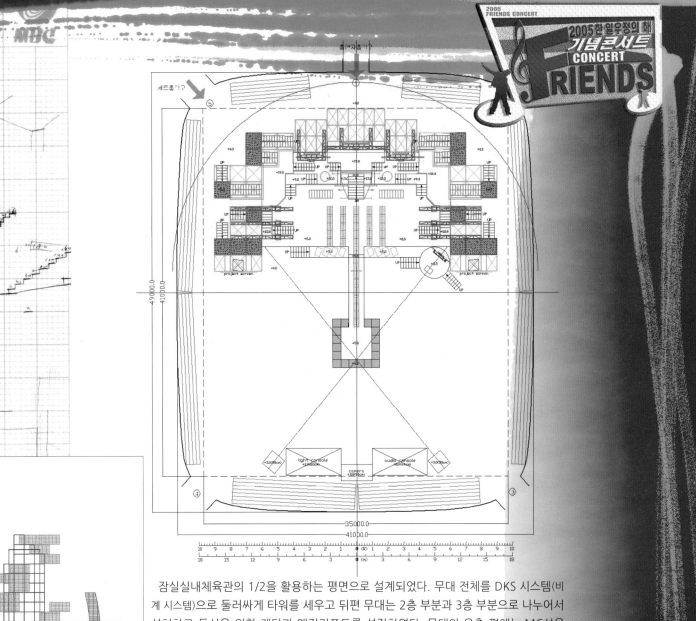

잠실실내체육관의 1/2을 활용하는 평면으로 설계되었다. 무대 전체를 DKS 시스템(비계 시스템)으로 둘러싸게 타워를 세우고 뒤편 무대는 2층 부분과 3층 부분으로 나누어서 설치하고 동선을 위한 계단과 매직리프트를 설정하였다. 무대의 우측 편에는 MC석을 두었고, 객석 중간까지 돌출무대를 설정하였으며 무대 바닥은 LED 영상을 설치하고 유리를 덮었다. 메인 무대에는 아크릴 박스에 네온을 넣은 장비인 '파노라마'를 적용하여 화려한 점멸이 가능하게 하였다. 좌우 끝의 높은 부분에 스피커를 달 수 있는 구조로 설계하였다.(플라잉 스피커)

미니어처

설계를 끝내고 나서 미니어처를 제작하였다. 바닥의 높낮이가 다양하고 구조가 복잡한 형태로 디자인되어 있기 때문에 미니어처를 제작해서 구조에 대한 세부적인 확인을 해야 했다.

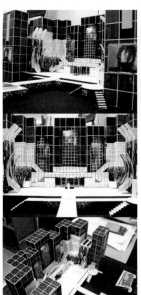

세트 설치 작업

전체 세트에서 나무를 이용하는 목작업은 바닥을 설치하는 부분 정도이며 대부분의 작업은 비계 구조물과 트러스를 활용하여 기본 틀을 만든 후에 그 구조물에 LED 영상 장비를 설치하는 것이었다.

높게 설계한 LED 영상의 설치를 위해 작업을 하고 있는 작업자들이 마치 세로로 긴 그림 같은 아름다운 모습을 만들어 냈다.

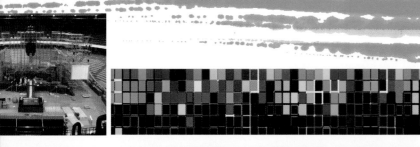

세트의 설치는 거의 끝났고 영상 설치 작업이 계속되고 있다. 바닥의 영상 장비 설치가 남아 있는 상태이다. 가끔 이렇게 설치 작업 중인 세트를 보면 참 아름답다고 느껴질 때가 있다. '어떤 설치미술보다도 더 스케일 있고 아름다운 작품이 아닌가!' 하고 자기만족에 빠져들 때가 있다.
/ 세트 손진우, 이봉수

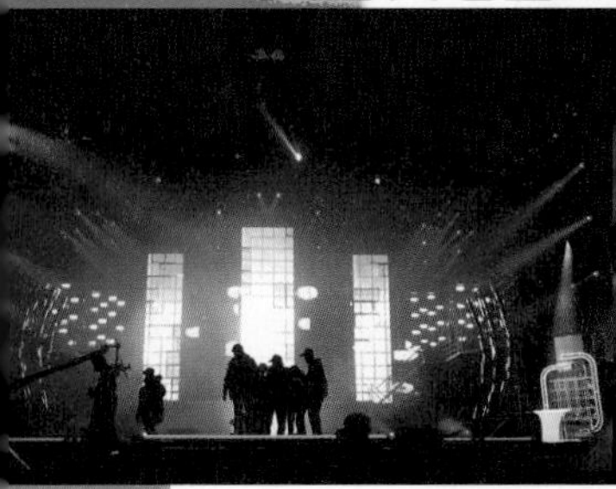

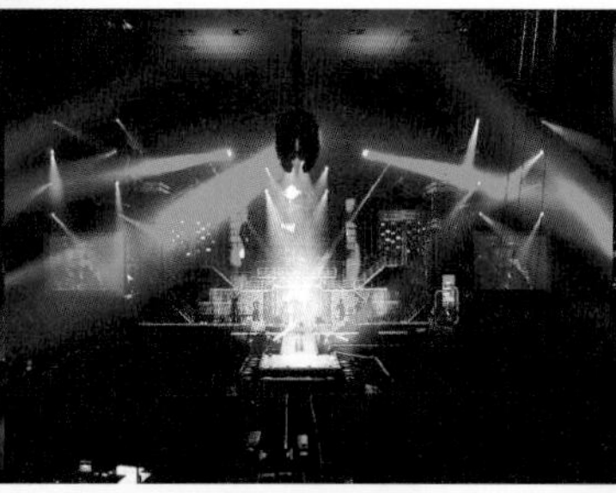

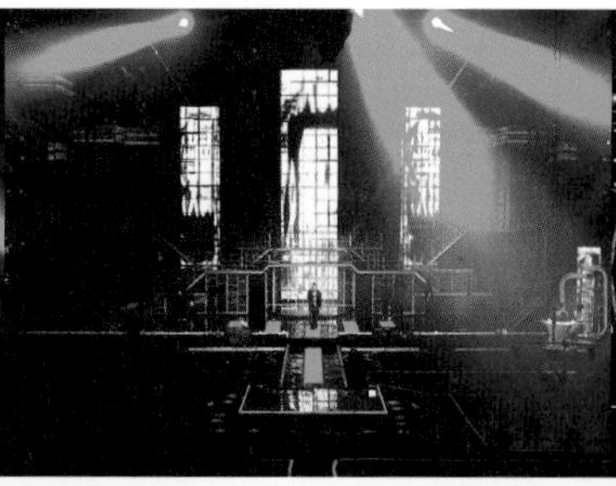

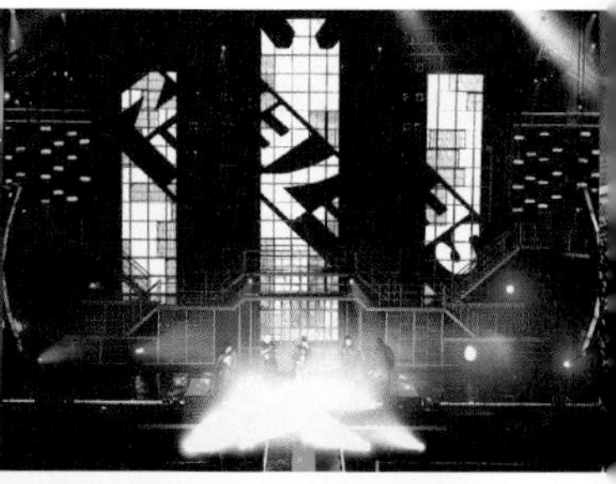

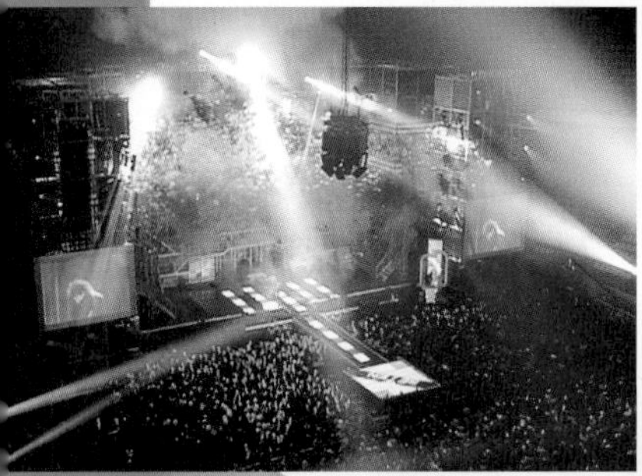

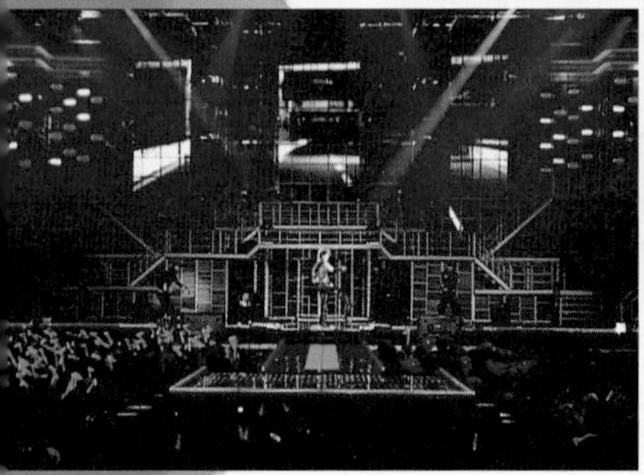

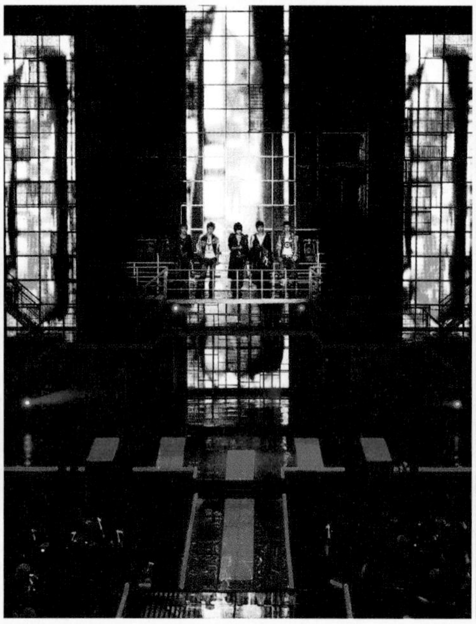

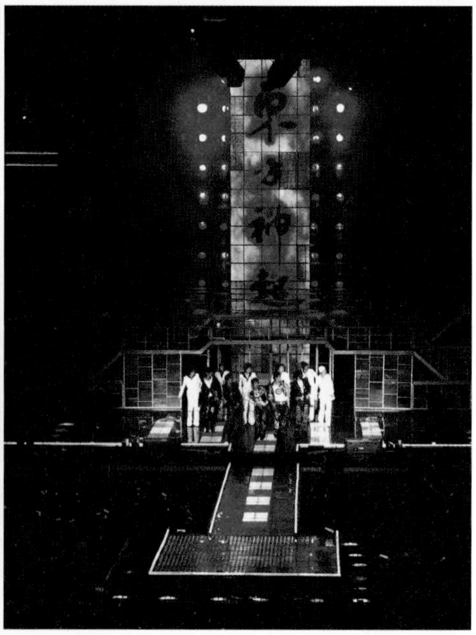

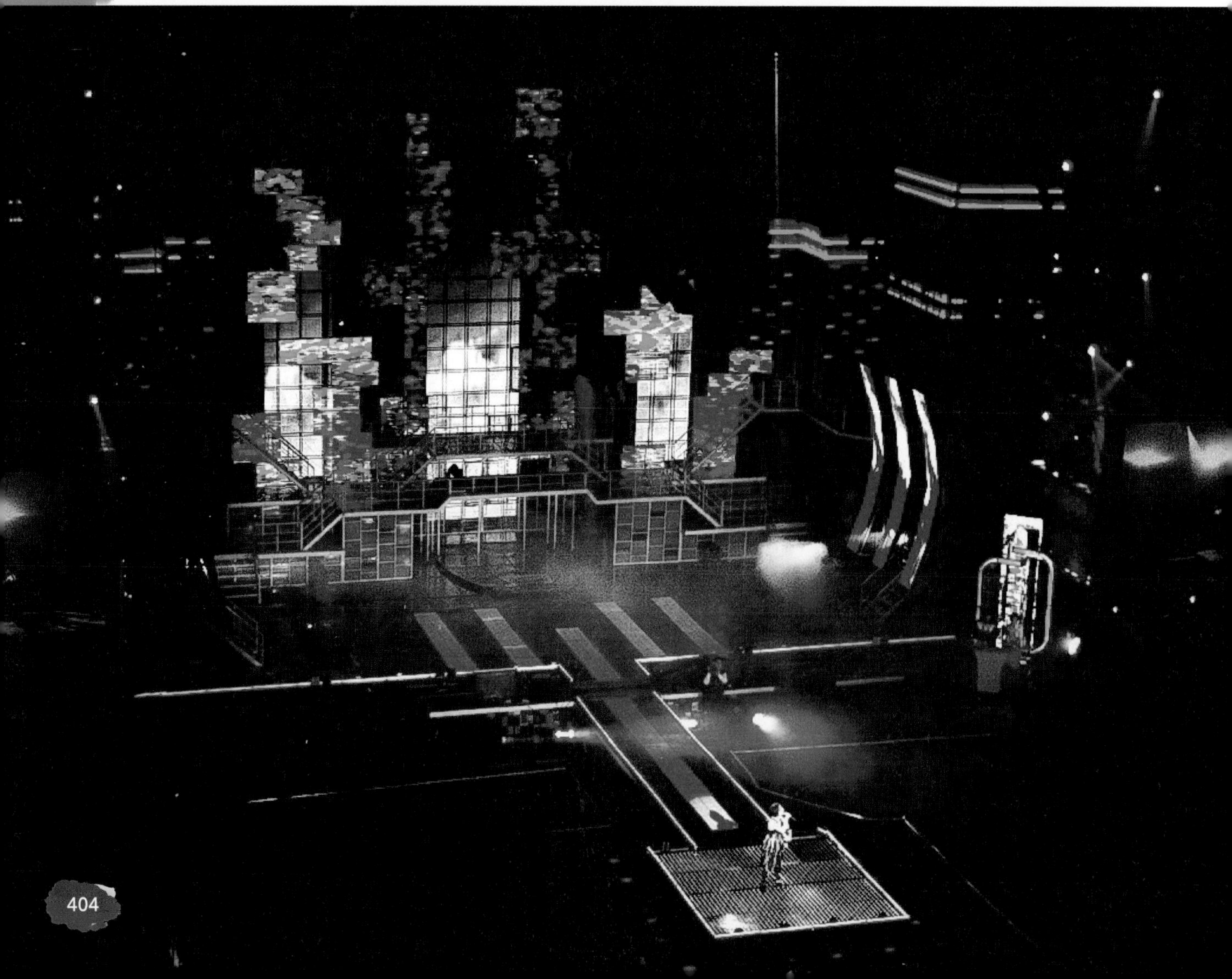

이 작업은 또 하나의 '시도'였다. 필자는 정확하게 구획되어지고 정돈된 세트보다 이런 류의 세트가 더 좋다.

[2005 MBC 가요대제전]
2005년 12월 31일 생방송/ 장충체육관

내년에 들어갈게~!!

MBC 가요대제전 이야기(2005, 2010, 2012, 2014)

　1996년의 'MBC 한국 가요
대제전' 이후에 MBC에서 매
년 12월 31일에 열리는 'MBC
가요대제전'의 세트 디자인을
2005년부터 수차례 작업했다.
이 프로그램(공연)은 매년 12월
31일 밤부터 생방송으로 진행되
고 해를 넘겨 제야의 종소리를 듣
고 난 후에도 계속되는, 해를 넘겨
끝나는 생방송이라서 이 일을 담
당하게 되면 다음 해 1월 1일 새벽
에 파김치가 된 상태로 집으로 돌아
가는 것이 필자와 담당 미술감독들의
모습이다.

　필자는 2005년 처음 이 작업을 담당
한 이후에 메인 무대의 디자인을 하지
않은 경우라도 미술 총괄이나 보조 세트
의 디자인을 맡아서 진행하였기 때문에
매년 연말은 그렇게 해를 넘겨 귀가하는
것이 일상이 되다시피 하였다.

406

2005년의 'MBC 가요대제전'은 장충체육관에서 열렸다. 장충체육관은 체육관임에도 불구하고 도심의 공연장으로서 역할을 톡톡히 하는 곳이었다. 장충체육관은 원형의 바닥과 돔형의 지붕, 그리고 360도의 객석이 있는 구조이다. 그러므로 공연장으로 활용할 때는 바닥에 무대를 세우고 2/3 정도의 객석을 활용하게 된다. TV 방송을 위한 무대와 일반 공연의 무대가 다른 점은 아무래도 TV 방송을 위한 디자인은 시청자를 염두에 둔 디자인을 하기 때문에 카메라의 앵글에 맞는 디자인을 하게 될 것이고, 일반 공연은 현장의 관객 위주의 디자인을 한다는 점일 것이다. 결국 TV 세트 디자인은 현장에서 수용 가능한 관객의 수와 관람 위치 등의 구조가 일반 공연과는 차이가 날 수밖에 없다는 것이다.

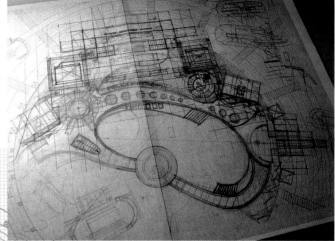

▲메인 무대와 보조 무대, 그리고 MC석, 출연자 동선과 위치 등을 고려하여 평면 스케치를 해보았다.

★작업일정
12월 27일 오후 경기후~ 설치시작
12월 30일 오후 리허설
12월 31일 pm 9:40~ 생방
2006년 1월 1일 새벽 철거시작

슬라이딩 세트
아치 천장 세트
통로세트

포멕스 적색 100장
아크릴 제작-MC석, 바닥
스치로폼 제작
풍선 제작, 설치(LOGO)
슬라이딩, 제작
유리바닥, 제작
DKS
무대바닥 설치
비계 파이프 설치
트러스~

캐드로 평면도를 완성했다. 장충체육관 전체 공간의 1/2을 세트가 차지하였다. 세트를 세우기 위한 골조는 'DKS' 시스템을 활용하여 2~3층 객석에 설치하는 것으로 설계를 했다. 이럴 경우에는 높이가 각각 다른 계단식 객석에 골조를 설치해야 하므로 작업의 난이도가 꽤 높다.
장충체육관은 큰 공연을 하기에는 다소 협소한 감이 있는 곳이다. 더구나 카메라로 방송을 하는 경우에는 깊이나 기본적인 거리가 아쉬운 부분이 있어서 더욱 그렇다.

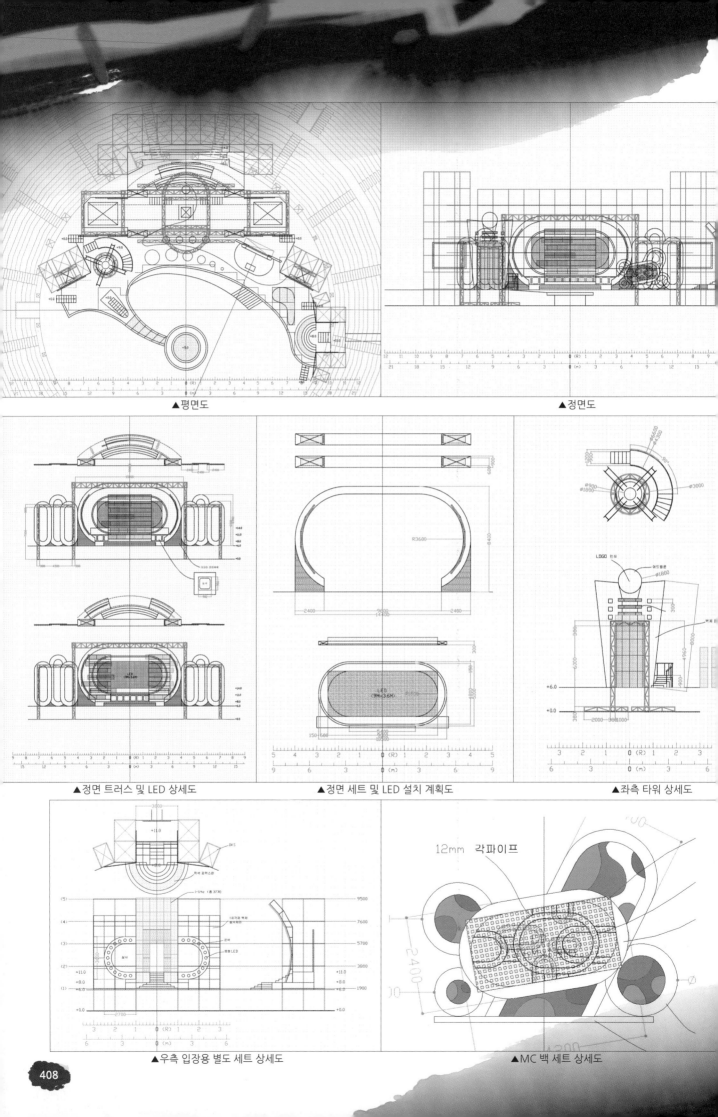

▲평면도

▲정면도

▲정면 트러스 및 LED 상세도

▲정면 세트 및 LED 설치 계획도

▲좌측 타워 상세도

▲우측 입장용 별도 세트 상세도

12mm 각파이프

▲MC 백 세트 상세도

도면 작업을 하면서 동시에 만들어 본 미니어처이다. 도면에서 확인하기 어려웠던 높이 부분을 확연하게 볼 수 있고 관련 스태프 모두가 무대 관련 사항을 쉽게 파악하고 숙지하여 보다 원활한 작업이 될 수 있다.

이 세트는 무대 좌측의 타워 뒤쪽 출입구에서 출연자를 소개할 게스트가 입장하여 아티스트를 소개하고, 우측의 별도 입구에서 아티스트가 등장하여 MC석에 모여서 간단한 토크를 한 후에 중앙의 메인 무대에서 퍼포먼스를 하는 방식으로 계획되었고 그에 맞는 동선으로 설계하였다.

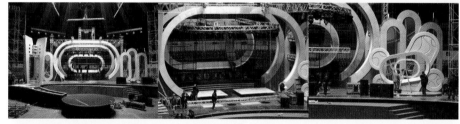

세트 설치와 조명, 음향 작업은 대부분 완료되었고 다음은 LED팀이 철야작업을 통해서 장비를 설치할 일만 남았다. 연말 프로그램의 영상 설치 작업은 밤을 새워야 하는 경우가 많다. / LED 김기태

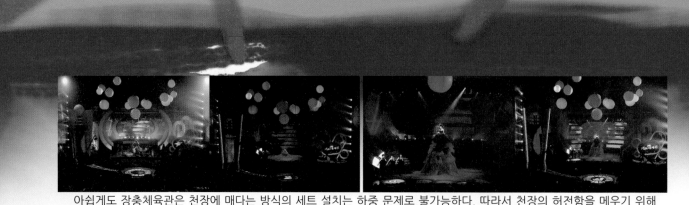

아쉽게도 장충체육관은 천장에 매다는 방식의 세트 설치는 하중 문제로 불가능하다. 따라서 천장의 허전함을 메우기 위해서 가벼운 풍선을 달아서 처리하였다. 장윤정 씨의 긴 드레스 입은 퍼포먼스는 매직 리프트를 활용해서 사전 녹화했다.

▲프로그램 중간에 보신각의 타종행사를 잠시 연결하고 새해를 맞는다.

▲GOD의 공연을 위하여 매직 리프트 4대를 설치하였고, 그 리프트를 활용하여 장윤정 씨
의 퍼포먼스도 사전 녹화로 진행되었다.

2010 MBC 가요대제전

[2010 MBC 가요대제전]
2010년 12월 31일 생방송
일산 MBC 드림센터 5, 6 스튜디오(공개홍), 로비, 임진각

2005년 MBC 가요대제전 이후로 다른 디자이너들의 새해맞이 작업을 지켜만 보다가 다시 2010년의 한 해를 마무리하는 프로그램을 담당하게 되었다.

2010년의 MBC 가요대제전은 무려 4개의 장소에서 진행하는 것으로 계획되었고, 그 작업을 혼자 하기에는 무리였으므로 필자는 프로그램 전체를 총괄하면서 메인 세트와 일산 드림센터 로비 세트를 디자인하고 후배 디자이너들이 드림센터 5 스튜디오와 임진각의 디자인을 하나씩 맡아서 작업하는 방법으로 진행하였다.(여기서는 필자의 작업만을 소개한다.)

작업에 들어가며

11월 말경에 연출자와 첫 협의를 하고 난 직후부터 세트 디자이너는 두뇌활동을 심하게 시작하게 된다. 이전에 내가 했든 누가 했든 상관없이 '처음 해 보는' '새로운' 것에 대한 갈망이 무럭무럭 자라난다. '이번엔 뭔가 좀 다르게 해 봐야지!' 이것은 어떤 일을 시작하기 전이라도 버릇처럼 늘 있는 일이다.

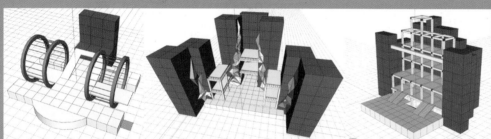

작업을 시작하면서 필자는 무대전환의 방안에 관한 생각에 집중하였다. 같은 세트에서 다양한 모습으로 변신하는 세트를 만들고 싶었다. 턴테이블(회전무대)을 활용한 작은 전환부터 3개의 레일을 타고 좌우 중앙으로 움직이는 6조각의 LED 영상 세트, 그리고 앞과 뒤가 다른 디자인으로 설계된 슬라이딩 세트 등 여러 가지 전환 방법을 생각해 냈다.

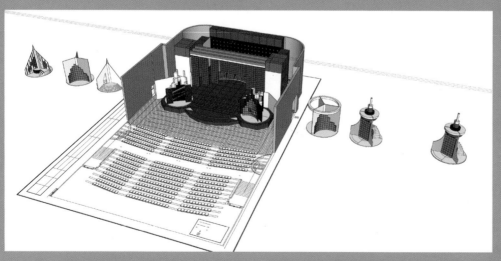

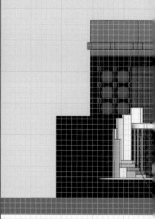

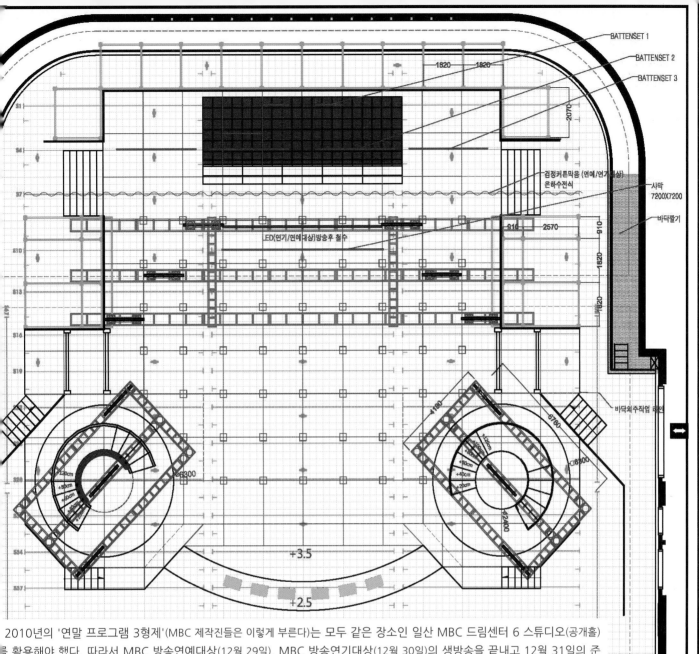

BATTENSET 1
BATTENSET 2
BATTENSET 3

2070

1820 1820

검정커튼막음 (연예/연기대상)
은하수전식

샤막
7200X7200

바닥깔기

LED(연기/연예대상)방송후 철수

916 2570

1820

910

1820

바닥외주작업 태인

△180 6780

6300

+90cm
+60cm
+30cm

6300

2400

130cm
+90cm
+60cm

+3.5

+2.5

 2010년의 '연말 프로그램 3형제'(MBC 제작진들은 이렇게 부른다)는 모두 같은 장소인 일산 MBC 드림센터 6 스튜디오(공개홀)
를 활용해야 했다. 따라서 MBC 방송연예대상(12월 29일), MBC 방송연기대상(12월 30일)의 생방송을 끝내고 12월 31일의 준
비를 해야 했으므로 제일 마지막에 사용되는 가요대제전의 세트를 일정 부분 미리 설치해두고 그 앞쪽에 연예, 연기대상의 세트
를 추가로 설치해서 방송한 후에 방송연기대상의 세트를 철거하고 계획된 가요대제전 세트를 설치하는 방안으로 진행하였다.
그래서 평면은 특별히 단의 높낮이가 없는 평평한 바닥으로 설정하였고, 세트의 전환을 통해서 변화를 주는 방식으로 아이디어
를 많이 냈다. 무대의 좌우에는 180도 회전이 가능한 턴테이블(회전식 무대 바닥)을 두어 아티스트의 퍼포먼스나 MC의 진행석으
로 활용하게 하였으며, 정면에는 좌3, 우3 조각의 LED 영상 세트를 레일형으로 설치하여 필요에 따라 열고 닫기를 하며 활용할
수 있게 설계하였다. 또한 앞에는 LED 영상이 부착되어 있고 뒤에는 전기 장식으로 처리된 전환 세트 6개를 제작하여 필요에 따
라 전환하여 사용할 수 있도록 계획하였다.

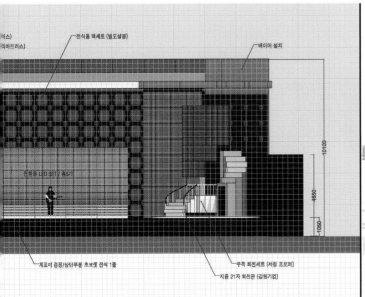

(스)
미아트러스)

전식용 팩세트 (별도실명)

레이어 설치

은환용 LED SET / 5개(7)

1010

4650

1050

게꼬미 검정/상단무분 초코렛 전식 1줄

우측 회전세트 (서정 프로퍼)

지름 21자 회전판 (강원기업)

 6개의 LED 영상 세트는 좌우에 레이어를 설치
한 후 트러스로 보를 걸치고 그 트러스 보에 레일
과 이동장치(수동)를 달아서 좌우 이동이 가능하
게 설계를 하였다.
 백 세트는 전기 장식이 된 포함한 세트로 제작하
여 앞부분에 연예, 연기대상 세트를 설치해도 이
질감이 느껴지지 않도록 무난한 디자인으로 작업
하였다.

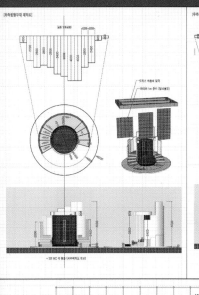

[좌측원형무대 제작도]

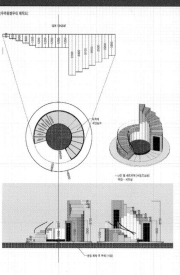

[우측원형무대 제작도]

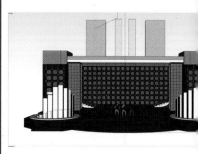

2010 MBC가요대제전 6st 전환안 비스터 & 애프터스쿨 정면 2010-

◀좌/ 메인 무대의 좌우 턴 테이블은 세트 내부에도 계 단을 설치하고 동선으로도 활용할 수 있게 디자인하였 다.

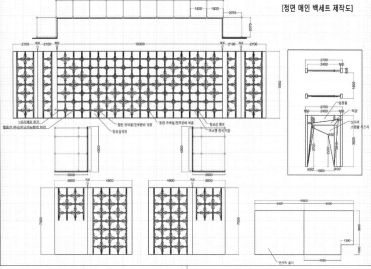

[정면 메인 백세트 제작도]

◀좌/ 레이어 구조물 앞을 가리는 백 세트의 전체 디자 인은 전기 장식 장치가 설치 되어 화려하게 반짝이는 높 은 백 세트로 디자인하였다.

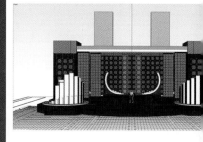

2010 MBC가요대제전 6st 전환안 보아 특별공연 정면 2010-121

[좌우측 원형세트 마감 세부도]

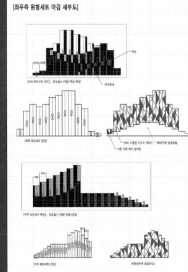

[LED전환용세트 세부제작도]

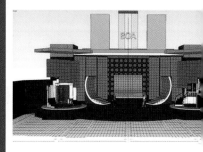

2010 MBC가요대제전 6st 전환안 닉쿤 & 빅토리아 정면 2010-12

◀좌/ 턴테이블에 올려진 세트는 내부와 외부를 확연 히 구분되도록 디자인되었 다.
◀우/ LED 전환용 세트는 계단을 포함한 자유이동이 가능한 슬라이딩으로 설계 했다.

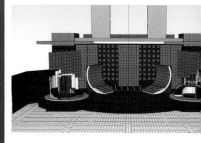

2010 MBC가요대제전 6st 전환안 2AM & 샤이니 정면 2010-121

[MC(3인)용 세트 세부제작도]

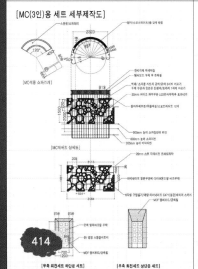

[DJ석 제작도/전환용]

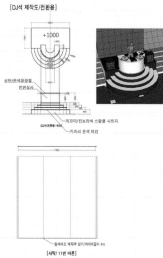

◀좌/ 턴테이블을 이용한 3 인 MC용 백 세트

◀우/ DJ석

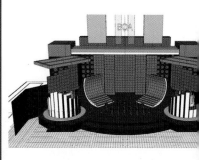

2010 MBC가요대제전 6st 전환안 2PM & 수퍼쥬니어 정면 2010-1

414

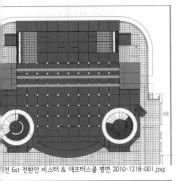

전 6st 전환안 비스터 & 애프터스쿨 평면 2010-1218-001.jpg

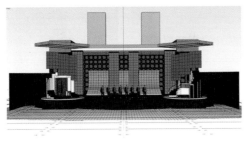

2010 MBC가요대제전 6st 전환안 8명 메들리 정면 2010-1218-001.jpg

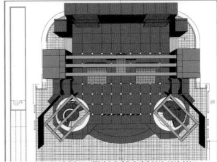

2010 MBC가요대제전 6st 전환안 8명 메들리 평면 2010-1218-001.jpg

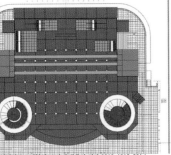

대제전 6st 전환안 보아 특별공연 평면 2010-1218-001.jpg

2010 MBC가요대제전 6st 전환안 15명 90년대이후 노래 & DJ석 정면 2010-1218-001.jpg

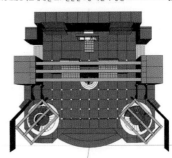

2010 MBC가요대제전 6st 전환안 15명 90년대이후 노래 & DJ석 평면 2010-1218-001.jpg

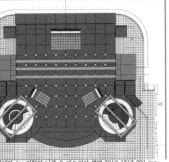

대제전 6st 전환안 닉쿤 & 빅토리아 평면 2010-1218-001.jpg

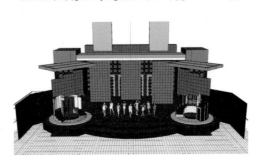

2010 MBC가요대제전 6st 전환안 4대 걸그룹 배틀 정면 2010-1218-001.jpg

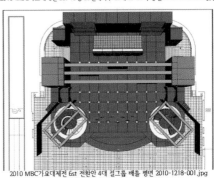

2010 MBC가요대제전 6st 전환안 4대 걸그룹 배틀 평면 2010-1218-001.jpg

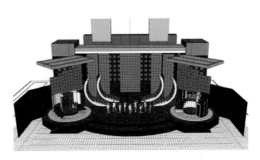

2010 MBC가요대제전 6st 전환안 카라 & 소녀시대 정면 2010-1218-001.jpg

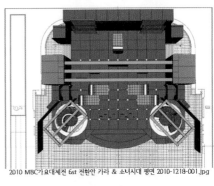

2010 MBC가요대제전 6st 전환안 카라 & 소녀시대 평면 2010-1218-001.jpg

대제전 6st 전환안 2AM & 샤이니 평면 2010-1218-001.jpg

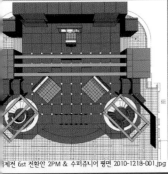

제전 6st 전환안 2PM & 수퍼쥬니어 평면 2010-1218-001.jpg

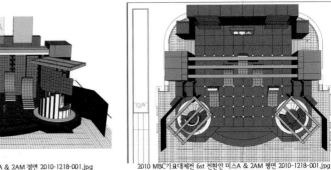

2010 MBC가요대제전 6st 전환안 미스A & 2AM 정면 2010-1218-001.jpg

2010 MBC가요대제전 6st 전환안 미스A & 2AM 평면 2010-1218-001.jpg

▲준비된 조각의 세트를 활용하여 10종류의 전환이 가능한 형태를 모두 예상 그림으로 그려보았다. 제작, 연출진은 이 그림으로 큐시트에 따라서 가장 적절한 장면을 활용하게 된다.

2010년 MBC
가요대제전에는
부산 용두산공원
의 타종식이 중계
되었다.

일산 MBC 드림센터 로비 세트

▲ 일산 MBC 드림센터 로비 전경

일산 MBC 드림센터의 로비는 유리벽으로 되어있고 천장이 높아서 작은 무대를 세워 방송을 하기에 무리가 없는 환경이다. 녹화나 생방송을 진행하기 위해서 가끔 활용되는 곳인데 MBC 가요대제전은 다양한 무대를 필요로 하는 프로그램이므로 그곳에 보조 세트를 세우기로 하였다.

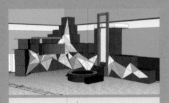

무대 바닥 주위로 레이어를 변화 있게 쌓고 삼각뿔 모양의 입체 세트를 부착하는 형태로 디자인을 하였다. 2층 난간에서 리프트를 타고 무대로 내려오면서 공연하는 장면을 연출하기 위해서 트러스 구조물을 이용하여 엘리베이터 장치를 만들었다.

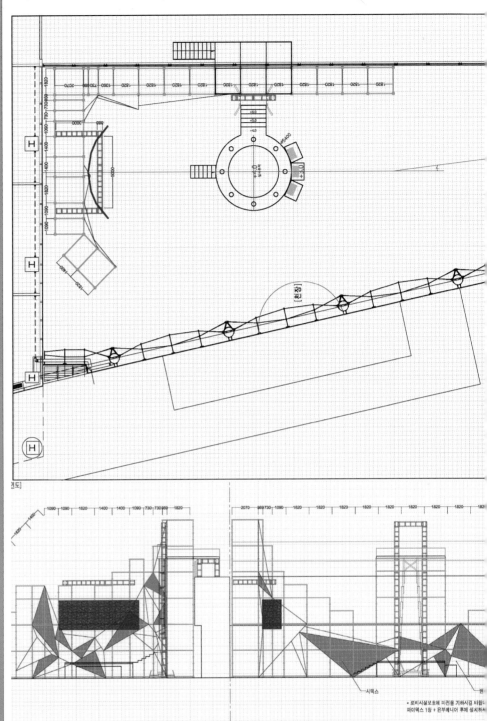

로비의 세트는 예정보다는 훨씬 더 많은 공연에 활용되었고 MC의 진행에도 활용을 하였다. 결국 '2010 MBC 가요대제전'은 MBC 일산 드림센터의 6 스튜디오(공개홀)에 1개, 5 스튜디오에 2개, 로비에 2개, 총 5개의 무대를 활용해서 방송하게 되었다.

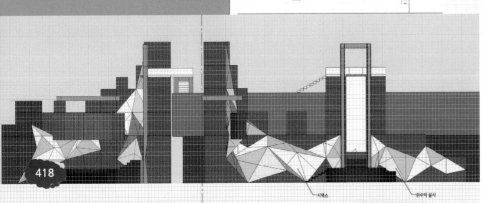

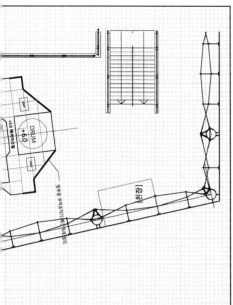

삼각형 모양의 로비에 마주 보는 2개의
세트를 설정했다. 최초에는 좌측 부분의
세트만을 계획하였으나 밴드용 무대가
더 필요하다는 연출진의 요청에 급하게
추가로 작업을 하였다.

[2011 MBC 가요대제전]
일산 MBC 드림센터 로비 세트

'2011년의 MBC 가요대제전'은 경기도 광명 소재 '광명스피돔'에서 생방송으로 진행되었다. 필자는 2011년 하반기를 '위대한 탄생2'라는 오디션 프로그램에 전념하면서 가요대제전 작업을 할 수가 없어서 이 작업을 총괄하는 미술감독을 역할을 하면서 일산 MBC 드림센터의 로비에 세우는 보조 세트의 디자인과 설치 등 지원 작업만 하였다.

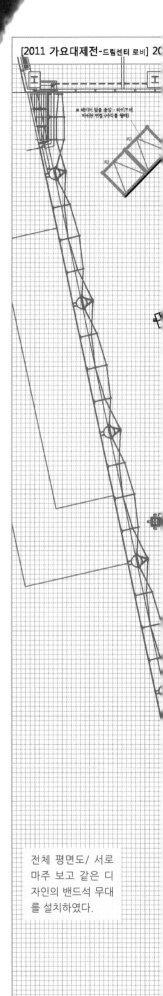

2011년 MBC 가요대제전의 세트 설명을 하는 자리에서 필자가 찍은 사진이다. 이 사진을 발견하고 꼭 이 책에 수록해 두고 싶었다. 늘 고생하고 같이 울고 웃던 우리 형님, 동생분들께 감사드린다.

트러스 / LED(영상) 상세도

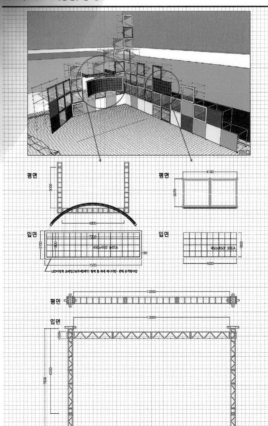

세트의 영상설치를 위해서 레이어 구조물에 트러스를 조립하여 고정하고 체인모터를 이용하여 LED 장비를 설치하였다.

전체 평면도/ 서로 마주 보고 같은 디자인의 밴드석 무대를 설치하였다.

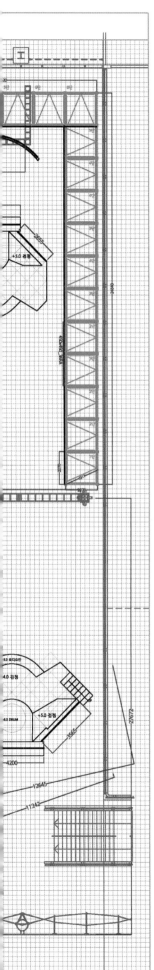

세트는 레이어 구조물을 다양한 높이로 쌓고 그 구조물들 전면에 사각 프레임의 세트를 부착한 후 그 프레임의 가장자리에 스판 재질의 천을 고정시킨 다음, 뒤쪽 레이어 기둥까지 끌어당겨 고정하는 방식으로 삼각뿔 형태의 세트로 디자인하였다. / 천작업 조영재

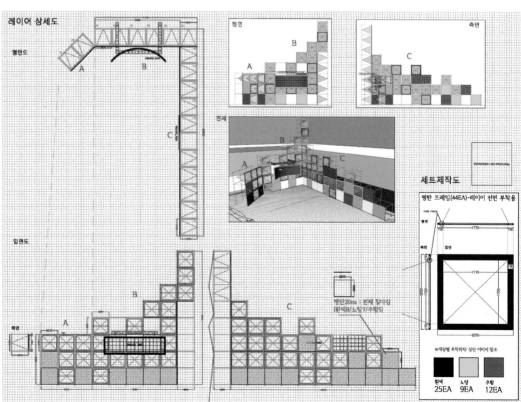

필자가 담당하는 로비의 세트는 간단한 작업이었지만 같은 시각에 메인 세트를 설치하고 있는 광명스피돔에서는 여러 스태프들이 고군분투를 하고 있었다.
/디자인 이남수

◀광명스피돔에 설치 중인 '2011 MBC 가요대제전' 무대의 모습

난 Sexy한
Gossip girl

그렇게 모든 게 다
만만하니

◀▲▼방송 중인 일산 MBC 드림센터 로비의 무대(방송 캡처)

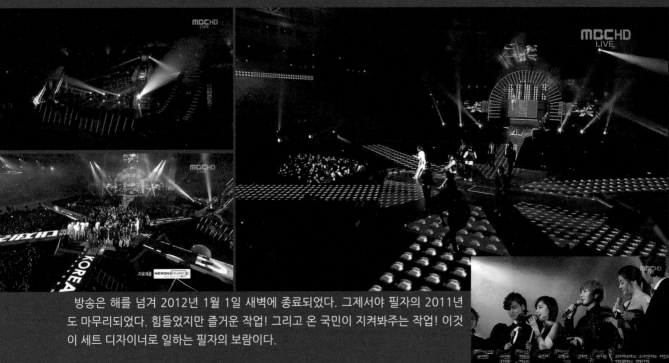

방송은 해를 넘겨 2012년 1월 1일 새벽에 종료되었다. 그제서야 필자의 2011년 도 마무리되었다. 힘들었지만 즐거운 작업! 그리고 온 국민이 지켜봐주는 작업! 이것이 세트 디자이너로 일하는 필자의 보람이다.

'2012 MBC 가요대제전' 디자인 작업을 다시 하게 되었다. 이 프로그램은 2~3개의 무대를 만들고 사전 녹화와 동시 생방송으로 진행되기 때문에 혼자 작업하기는 어렵다. 따라서 2~3명의 디자이너와 1~2명의 보조 디자이너가 동시에 작업을 하게 되므로 전체를 총괄하는 미술감독의 역할도 필요하다. 필자는 보통 메인 세트의 디자인을 진행하면서 총괄감독을 수행하기도 하고 후배 디자이너가 메인 디자인을 하면 총괄감독과 보조 무대의 디자인도 맡는 방식으로 이 프로그램을 진행해 왔다. 2012년의 MBC 가요대제전은 필자가 메인 무대를 설계하기로 하였다.

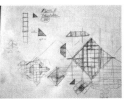

필자의 2012년 가요대제전 작업의 콘셉트는 '삼각형 LED'였다. 때마침 LED 협력업체 '베이직 테크'에서 개발한 삼각형 모양의 LED를 적극적으로 활용해 보기로 하였다. 그래서 이 삼각형의 LED로 어떤 모양을 만들어낼 수 있을지에 대한 연구를 시작했다. / LED 제작 윤영산

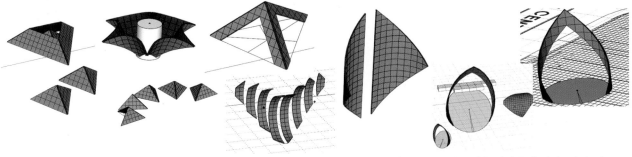

삼각형 LED와 연결되는 사각형 LED를 활용하여 새로운 형태의 LED 모양이 나올 수 있는 가능성은 얼마든지 있다. 다만 이것이 영상 소스의 입력을 통해 보이는 결과물이 얼마나 아름다운지, 방송에 적합한지가 관건이다.

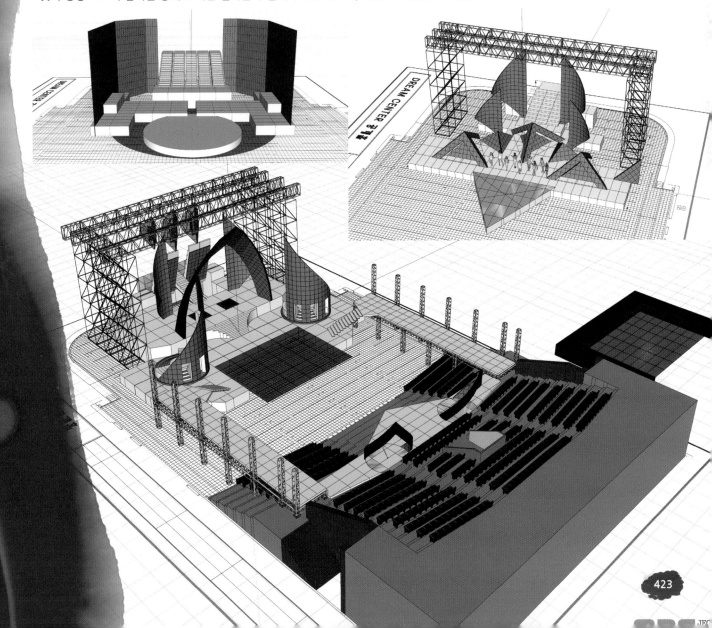

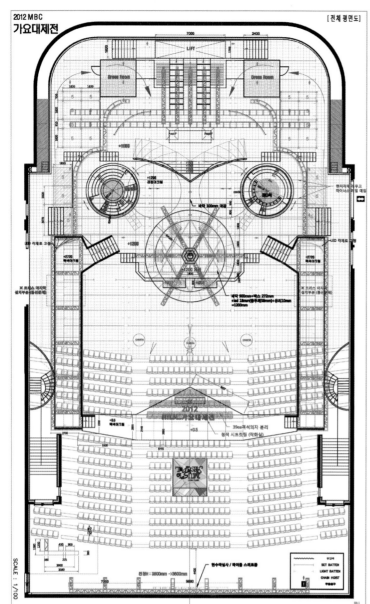

SCALE : 1/100

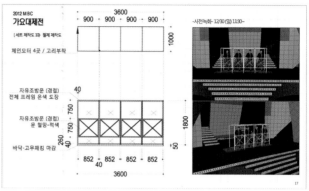

▲ '시스타' 등장용 리깅 세트 제작도

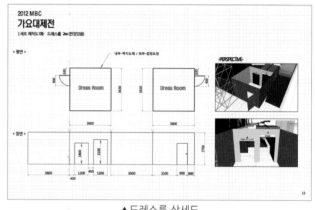

▲ 드레스룸 상세도

오랜 작업 끝에 '2012년 MBC 가요대제전' 메인 무대 평면도를 완성하였다. 무대의 좌우에는 회전도 하고 좌우로 움직일 수 있는 원형 회전 슬라이딩(턴테이블과 슬라이딩 기능을 동시에 적용한 무대 기계)과 세트가 있고, 뒤편 정면에는 5개의 계단형 LED 세트가 있다. 이것은 위로 들어 올리면 영상이 보이고 내리면 계단이 되어 출입이 가능하다. 또 방청객석의 중간 참 부분에 무대를 설정하여 메인 무대에서 스튜디오 가장자리 부분에 설치한 통로 무대를 통해서 올라갈 수 있게 동선을 만들었다.

마름모꼴의 대형 LED 영상은 좌우로 이동이 가능해서 열렸을 경우에는 계단 LED가 보인다. 천장에 달아서 설치한 LED 세트도 삼각형의 모양을 최대로 활용하여 디자인하였다.

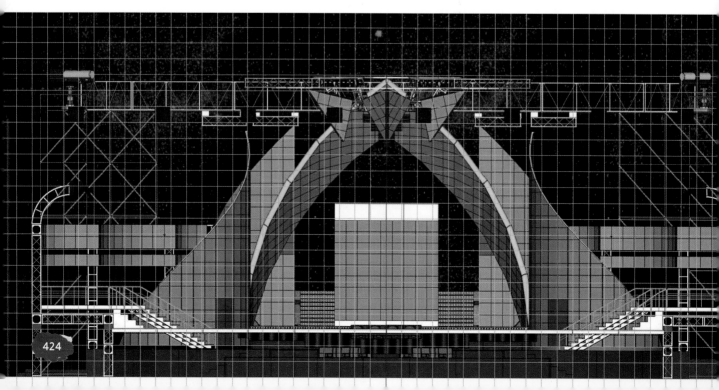

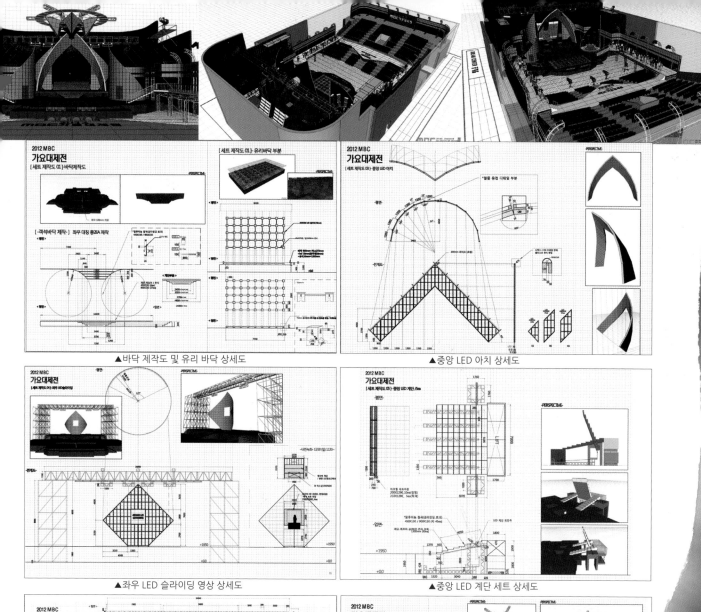

▲바닥 제작도 및 유리 바닥 상세도

▲중앙 LED 아치 상세도

▲좌우 LED 슬라이딩 영상 상세도

▲중앙 LED 계단 세트 상세도

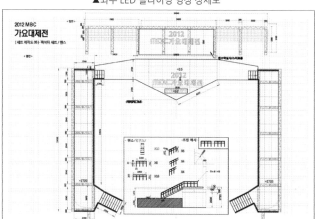
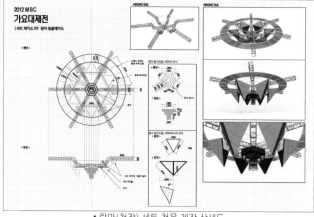

▲객석 세트 및 펜스 상세도

▲람마(천장) 세트 철물 제작 상세도

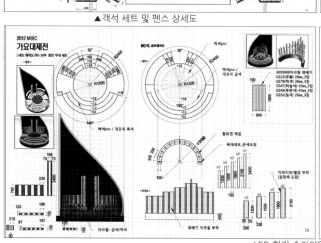
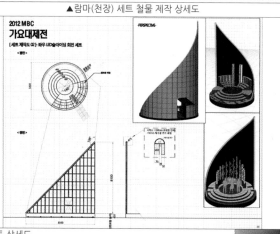

▲LED 회전 슬라이딩 세트 상세도

세트 설치 시작

　알궂게도 무대의 설치 작업이 2012년 12월 25일 크리스마스에 시작되었다. 방송 프로그램을 만드는 일을 하면서 남들이 쉬는 날을 챙길 수는 없지만 오히려 더 바쁘다는 것이 어쩔 수 없는 숙명이다. '크리스마스와 연말연시에 가족들과 함께한 적이 있기는 했나?' 하는 생각에 왠지 가족들에게 미안한 생각이 들었다.

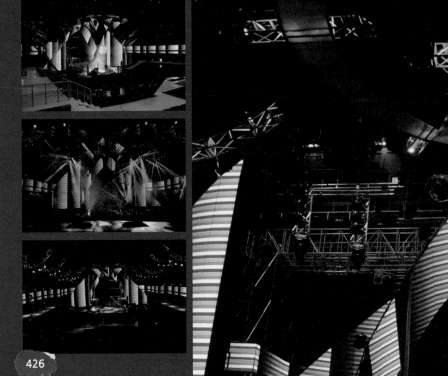

427

[2014 MBC 가요대제전]
2014년 12월 31일 생방송 MBC 상암문화광장 아이스링크

'2014 MBC 가요대제전'은 일산 MBC 드림센터 6 스튜디오(공개홀)와 상암 MBC에 설치된 아이스링크장에 특설무대를 세워서 진행하기로 결정되었다. 이 중에서 메인 세트는 후배 디자이너가 담당을 하고 필자는 MBC 상암문화광장에 운영 중인 아이스링크에 설치할 보조 세트를 디자인하였다.

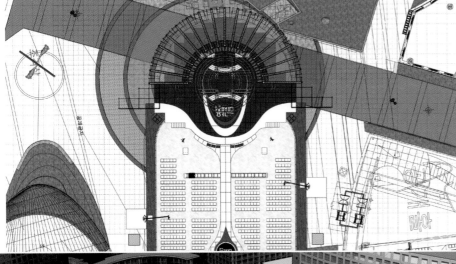

아이스링크의 바깥쪽에 부채꼴 모양의 무대를 계획하고 스케치를 하였다. 이 무대는 링크 밖의 메인 바닥 부분을 작업하는 동안에도 아이스링크를 운영하고, 12월 30일 저녁에 링크 내부에 돌출무대를 설치하는 방식으로 링크의 운영 중단을 최소화하였다.

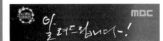

스케치업으로 디자인을 하는 작업이 점점 진화하여 거의 세트의 실물과 비슷한 모양으로 모델링을 하는 수준이 되었다. 상암동 MBC 본사 건물과 아이스링크장까지도 모델링을 하고 보니 실제와 거의 비슷해졌다.

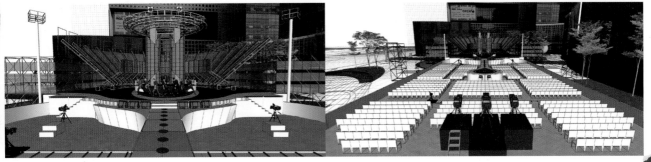

429

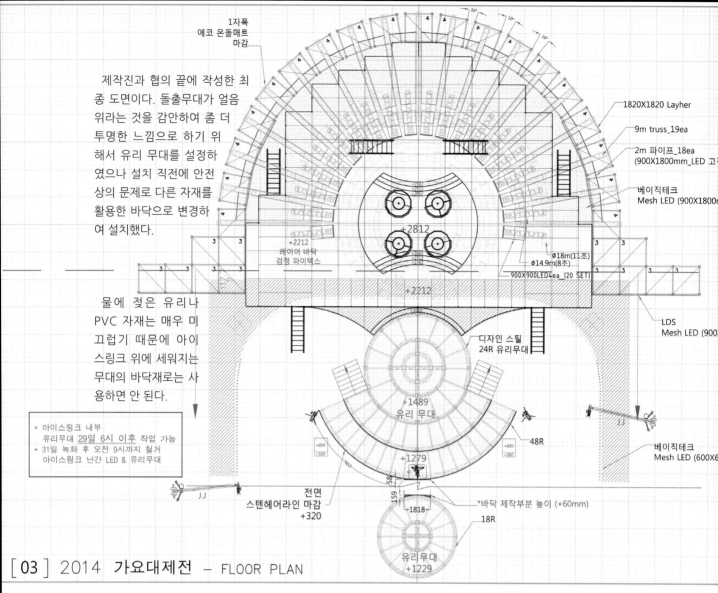

제작진과 협의 끝에 작성한 최종 도면이다. 돌출무대가 얼음 위라는 것을 감안하여 좀 더 투명한 느낌으로 하기 위해서 유리 무대를 설정하였으나 설치 직전에 안전상의 문제로 다른 자재를 활용한 바닥으로 변경하여 설치했다.

물에 젖은 유리나 PVC 자재는 매우 미끄럽기 때문에 아이스링크 위에 세워지는 무대의 바닥재로는 사용하면 안 된다.

* 아이스링크 내부
  유리무대 29일 6시 이후 작업 가능
* 31일 녹화 후 오전 9시까지 철거
  아이스링크 난간 LED & 유리무대

1자폭
에코 온돌매트
마감

1820X1820 Layher

9m truss_19ea

2m 파이프_18ea
(900X1800mm_LED 고정

베이직테크
Mesh LED (900X1800m

레이어 바닥
검정 파이텍스

Ø18m(11조)
Ø14.9m(8조)
900X900LED4ea_(20 SET)

+2812

+2212

LDS
Mesh LED (900

디자인 스틸
24R 유리무대

+1489
유리 무대

48R

베이직테크
Mesh LED (600X6

+1279

*바닥 제작부분 높이 (+60mm)

전면
스텐헤어라인 마감
+320

1818

18R

유리무대
+1229

[03] 2014 가요대제전 – FLOOR PLAN

세트 설치

리허설과 관객 입장이 끝나고 준비가 완료된 '2014 MBC 가요대제전' MBC 상암문화광장 세트의 모습이다.

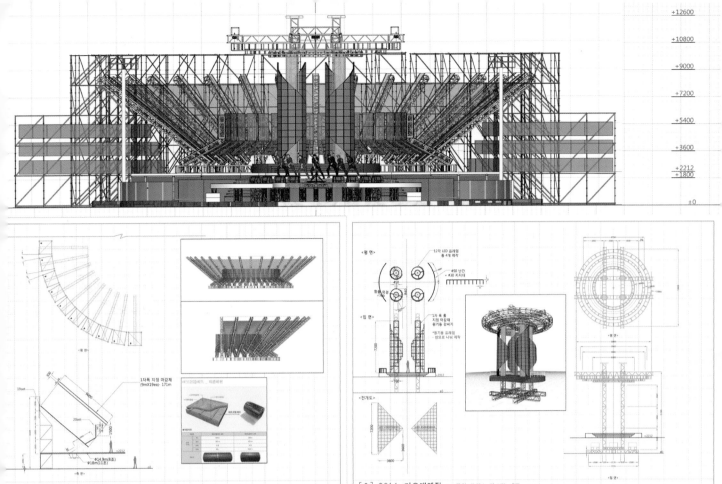

2014 가요대제전 - 중앙 트러스 세트

[6] 2014 가요대제전 - 중앙 트러스 및 LED 세트

응원쇼이야기

국민축제를 위하여 판을 깔자!

월드 베이스볼 클래식 응원쇼
[가자! 결승으로!]
2006년 3월 19일 생방송/ 서울시청 앞 서울광장

2006년은 스포츠 행사가 유난히 많은 해였다. 여름쯤에 열리는 월드컵은 2002년 4강 신화의 열기가 그대로 남아 있어 응원쇼가 많이 기획되었다. 그런데 그 와중에 야구에서 놀라운 소식이 전해졌다. 한국대표팀이 월드 베이스볼 클래식에서 4강에 진출한 것이다. 국민적인 관심사가 집중되자 MBC는 불과 이틀 전에 응원쇼를 계획했다. 서울광장에서 응원쇼를 생방송으로 진행하기로 한 것이다. 이럴 때 세트 디자이너는 무대의 품질보다는 우선 무대를 세우는 것에 집중할 수밖에 없다.

아무리 시급해도 현장 헌팅(사전 답사)은 꼭 필요하므로 제작진과 함께 행사 예정지인 서울광장으로 갔다. 오가는 차 안에서도 필자의 머리는 이미 도면을 그리고 있었다. 어떤 것들이 당장 필요한지를 계산하고, 돌아가 작업 협의를 할 스태프들에게 미리 연락해서 회의실에 모였다. 트러스팀과 LED팀, 그리고 세트팀에게 작업할 부분에 대한 것을 도면도 없이 스케치로 준비를 부탁하고 세트에 필요한 실사 프린트용 데이터를 만들었고, 서울광장으로 다시 가서 현장 작업자들과 협의를 하면서 세트 설치를 진행하였다.

생방송 당일 새벽에 무대를 완성했다. 작업 도중에 사진을 찍을 여유도 갖지 못하고 작업에 열중했다. 조명과 음향과 LED 영상 장비까지 모두 설치되었고, 중계차도 새벽에 도착하였다. 이어서 무대가 지어지는 동안 밤새워 출연진을 섭외하고 준비한 제작진과 카메라팀, 그리고 진행팀이 도착해서 리허설을 진행하였다.

TV 세트 디자이너는 TV 프로그램을 위한 무대를 설계하고 설치하는 일을 한다. 그 일이 시급을 요하는 일이든 꼼꼼하고 정교한 작업을 요하는 일이든 그에 딱 맞는 밥상을 차리기 위하여 주어진 환경에서 최선의 식단을 짜야 한다.

FIGHTING! KOREA!

월드컵이 다가오니 각 방송사들이 응원 관련 프로그램을 기획해서 방송하기 바빴다. 온 국민의 관심이 쏠려있으니 그럴 수밖에 없는 듯하였다. 필자가 미술감독을 하고 후배 디자이너가 작업한 '월드컵 D-30 응원쇼 가자!코리아'는 2006년 5월 10일에 방송되었고, MBC는 다시 서울광장에서 월드컵 출정식을 열기로 하였다.

이번에도 필자가 미술감독 역할을 하고 후배 디자이너가 세부적인 디자인 작업을 하는 방식으로 일을 진행하였다.

FIGHTING! KOREA!

2006 독일월드컵 출정식

감동! 대한민국

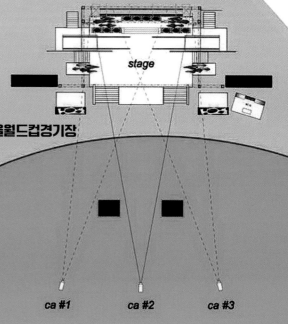

[월드컵 출정식 감동! 대한민국]
2006년 5월 26일 서울시청 앞 서울광장/ 상암동 서울월드컵경기장

 야구 응원쇼 작업 후 두 달 만에 다시 서울광장을 찾았다.
위치도 전과 같았으나 출정식을 시작으로 대한민국 경
기가 있는 날에 서울월드컵경기장에서 응원쇼와
응원전을 동시 기획하고 있는 상황이어서
세트 디자이너의 입장에서는 세트의 활
용이나 연속성 등에 관한 계획을 면
밀하게 해야 하는 복잡한 프로젝
트였다. /디자인 정찬희

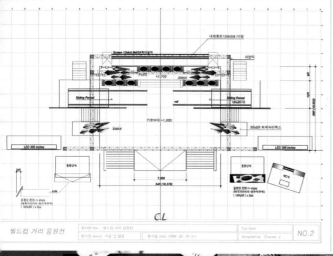

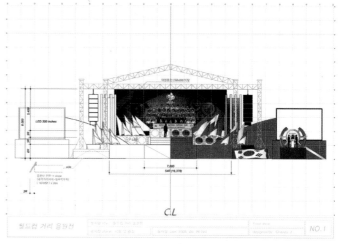

434

[월드컵 최종 평가 가나전 감동! 대한민국]
2006년 6월 4일 상암동 서울월드컵경기장

2006년 6월 4일, 가나와의 최종 평가전이 열리는 날에 서울월드컵경기장에서 경기전 응원쇼와 응원전을 MBC가 개최하게 되었다. 이 행사는 응원쇼를 생중계하는 방송이 무엇보다도 중요하지만 응원을 위해 월드컵경기장을 찾는 관객들이 경기를 관전하고 응원하는 것도 중요하므로 대형 LED 화면을 경기장 전, 후면에 하나씩 설치를 하여 경기를 볼 수 있게 준비를 하였다. 무대는 경기장 잔디와 서울월드컵경기장 기본시설인 객석 중간의 기존 무대를 활용하여 응원쇼 세트를 설치하였다.

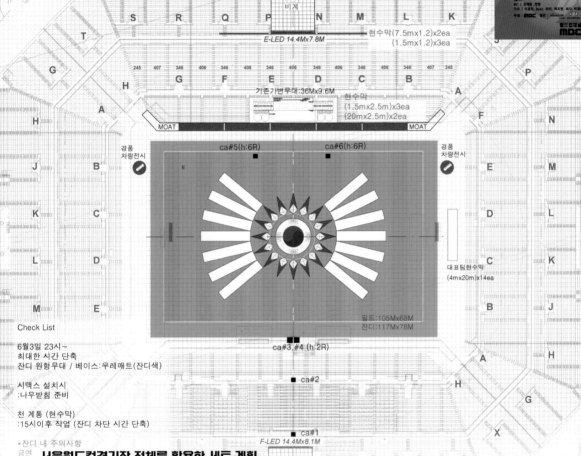

서울월드컵경기장 전체를 활용한 세트 계획

1. 경기장의 기존 가변 무대를 활용한 공연용 세트는 객석의 중간에 무대가 있기 때문에 세트는 관객들의 시선을 가리지 않게 하기 위하여 낮은 높이로 계획하고, 진행을 위한 MC석을 따로 준비하였다.

2. 잔디 운동장은 잔디 보호대를 깔고 원형무대를 설치하며 남은 공간에는 선수들의 모습이 담긴 플래카드와 알루미늄 프레임을 이용한 시멕스 세트를 설치하였다. / 시멕스 제작 조영재

3. 객석에서 경기를 보면서 응원할 수 있도록 대형 LED 화면을 정면과 후면에 설치하였다.(좌우에는 기존 영상 활용하여 전체 4개의 대형 화면을 구성하였다.)

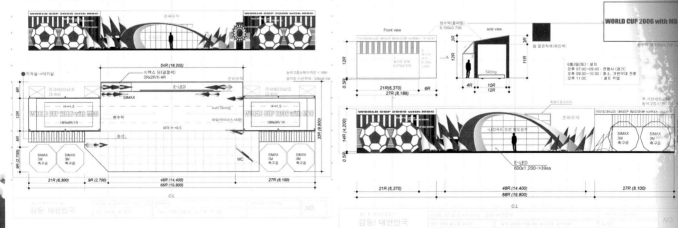

9	8	7	6	5	4	3	2	1		
AHN JUNGHWAN	KIM DOHEON	PARK JISUNG	KIM JINKYU	KIM NAMIL	CHOI JINCHEUL	KIM DONGJIN	KIM YOUNGCHUL	LEE WOONJAE	HONG MYUNGBO	DICK ADVOCAAT

[가자! 대한민국(토고전)]
2006년 6월 13일 상암동 서울월드컵경기장

토고와 경기가 있는 날에 다시 응원쇼를 준비하였다. 당시 대한민국은 어디서나 국민들이 빨간 옷을 입고 모여서 응원을 하였는데 MBC는 서울월드컵경기장에 응원쇼와 응원을 함께 하는 공간을 마련하고 생방송을 하였다. 토고전의 세트는 2006년 6월 4일 가나와의 최종 평가전 응원쇼와 크게 달라지는 점은 없었다. 다만 바닥에 펼쳐두었던 출전 선수들을 실사 프린트한 플래카드를 경기장 지붕 끝에 옮겨달았고, 객석의 좌우에 작은 보조 무대를 각각 하나씩 세웠다. 그라운드의 잔디에 잔디 보호대를 깔고 관객들이 입장을 할 수 있게 하였으며, 기존 무대의 세트 디자인을 조금 변경하였다. / 디자인 정찬희 / 플래카드 정형일

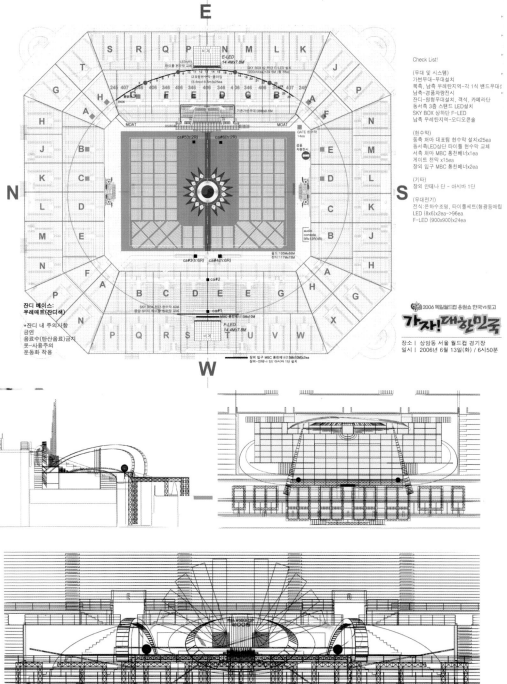

기존에 있는 가변 무대의 넓이가 협소하여 경기장 그라운드 전광판 부분까지 트러스를 이용해서 확장하였고, 세트는 높이를 낮게 하는 대신에 입체적인 디자인으로 설계하였다.

가자! 대한민국

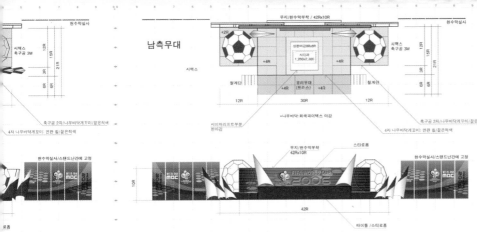

남측무대

무지/현수막부착 42Rx10R

시맥스
축구공 3M

상원어김메.bR
시(C)세
1,250x2,300

시맥스
축구공 3M

철계단   유리무대   철계단
          (토르스)
12R   30R   12R

축구공 2차/나무바닥게꾸미/짙은적색
4차 나무바닥게꾸미:연판 칠/짙은적색

+나무바닥/회색파이텍스 마감

축구공 2차/나무바닥게꾸미/짙은적색
4차 나무바닥게꾸미:연판 칠/짙은적색

무지/현수막부착   스타로폼
42Rx10R

현수막실사/스탠드난간에 고정

현수막실사/스탠드난간에 고정

FIFA WORLDCUP 2006

42R

타이틀/스티로폼

은하수판/흑색

무지/실사덧방

54R(16,378)

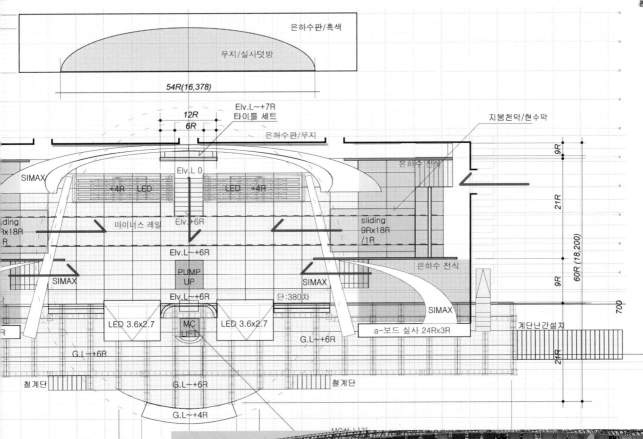

Elv.L~+7R
타이틀 세트

12R
6R

은하수판/무지

지붕천막/현수막

9R

SIMAX

+4R LED   LED +4R

Elv.L 0

은하수/전식

21R

ding
x18R

마이너스 레일   Elv.+6R

sliding
9Rx18R
/1R

Elv.L~+6R

60R(18,200)

SIMAX

PUMP
UP

SIMAX

은하수 전식

9R

Elv.L~+6R

단:380차

SIMAX

700

LED 3.6x2.7   MC
              LIFT

LED 3.6x2.7

a-보드 실사 24Rx3R

계단난간설치

2R

G.L~+6R

G.L~+6R

G.L~+6R

철계단   철계단

G.L~+4R

그라운드 축구 골대 뒷편 공간을 활용하여 작은 무대를 하나씩 세워 국민응원단과 함께 어우러지는 퍼포먼스를 연출하였다.

필승! 대한민국

[필승! 대한민국 (프랑스전)]
2006년 6월 19일 상암동 서울월드컵경기장

토고전에서 월드컵 사상 첫 원정 승을 거둔 한국 대표팀의 다음 상대는 프랑스였고, 2006년 6월 19일 04:00 경기였다. 새벽 시간의 경기였지만 국민들의 월드컵에 대한 열기를 식힐 수는 없었다. 다시 응원쇼는 펼쳐졌고, 대한민국 대표팀은 프랑스와 1:1로 비긴 좋은 결과를 얻었다. /디자인 정찬희

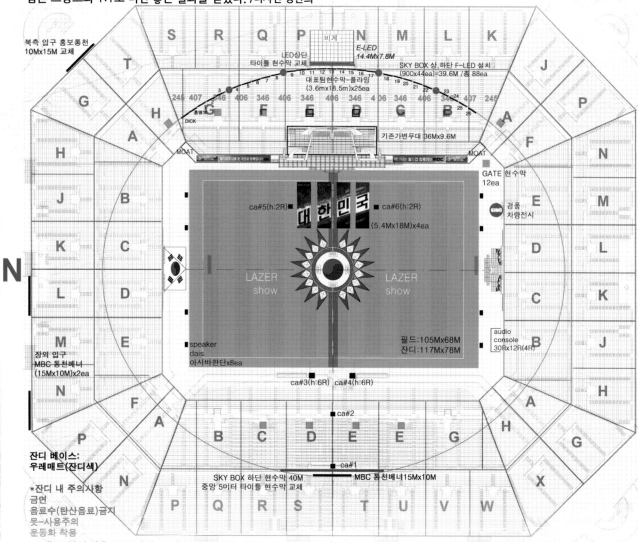

세트 디자인은 토고전과 크게 달라진 것은 없이 소소한 변화가 생겼다. 우선 잔디구장에서 레이져쇼를 준비하였고, 대형 플래카드를 바닥에 설치하였으며 왼쪽 객석 쪽에는 대형 태극기를 설치하고, 계획했던 부채꼴형 LED 전환 장치도 제작하여 설치하고 활용하였다.

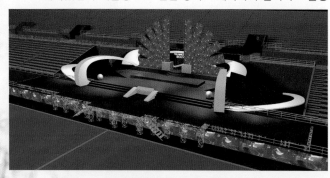

◀무대 뒤에 객석이 가까이 있기 때문에 세트를 높게 세우기 어려워서 LED가 부채처럼 펼쳐지는 전환 장치를 고안하고 제작하여 객석 무대에서 퍼포먼스를 할 때 펼치는 전환으로 활용하였다.

443

[승리! 대한민국 (스위스전)]
2006년 6월 24일 상암 월드컵경기장

　16강의 가능성을 높인 대한민국 대표팀의 선전으로 더욱 기대감이 높아진 예선 마지막 경기는 새벽 4시부터 시작되기 때문에 다시 밤을 하얗게 새워야 할 상황이었다. 하지만 전 국민이 잠들지 않고 같이 해 주어서 외롭지 않았다! /디자인 정찬희

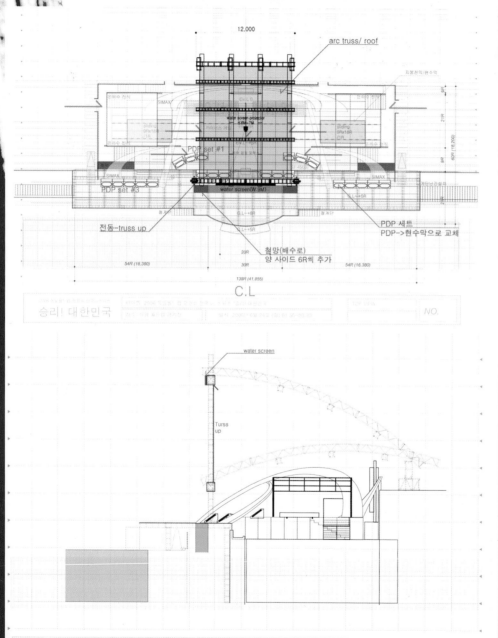

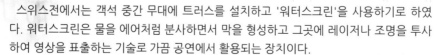

　스위스전에서는 객석 중간 무대에 트러스를 설치하고 '워터스크린'을 사용하기로 하였다. 워터스크린은 물을 에어처럼 분사하면서 막을 형성하고 그곳에 레이저나 조명을 투사하여 영상을 표출하는 기술로 가끔 공연에서 활용되는 장치이다.

　아쉽게도 대한민국 대표팀은 2:0의 패배로 16강 탈락의 고배를 마셨고 월드컵 응원전도 막을 내렸다. 2002년 월드컵을 지나오면서 국민적 관심으로 각 방송사들과 기업들이 경쟁이라도 하듯이 각지에서 응원전을 열었고 온 국민이 스포츠를 통해 하나 된 시절이었다.

◀서울월드컵경기장 내에 MBC 뉴스 부스를 설치하였다.(이 업무도 필자가 담당하고 있었다.) MBC 뉴스데스크 월드컵에 관한 뉴스를 이곳 서울월드컵경기장에서 진행하기 위해서였다.

▲아이엠 뉴스 시민기자로 활동하던 김해경 님이 취재하신 그날의 서울월드컵경기장의 모습을 스케치한 기사의 몇 장면을 싣는다. 아쉬운 마음으로 이 뉴스를 봤던 기억이 난다.

INCHEON KOREAN WAVE 09 FESTIVAL

공연 녹화대까지 세트를 완성하지 못했던 유일한 아픈기억

K-POP의 물결은 전 세계를 향해 도도하게 뻗어 나가고 있었다.

K-POP을 사랑하는 해외 팬들이 한국을 찾을 정도로 위상이 높아지고 있을 즈음에 MBC가 'KOREAN MUSIC WAVE'라는 타이틀로 인천문학경기장에서 대형 콘서트를 기획하였다. 필자는 이 작업을 담당하고 어느 해 보다도 뜨거운 여름을 보냈다.

이 프로젝트는 어설프지만 '스케치업(SketchUp)'이라는 프로그램을 활용한 디자인을 처음 시도한 작업이었고, 동시에 무대 설치도 완료하지 못한 상태로 공연을 시작해야 했던 희망과 아픔이 공존하는 기억을 남겼다.

2010월 7월 22일 인천문학경기장 헌팅(사전 답사)

스케치업으로 디자인하기

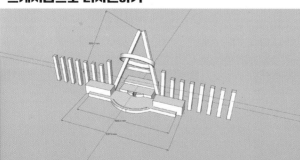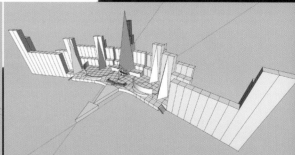

이즈음 필자는 '스케치업(SketchUp)'이라는 프로그램으로 디자인을 시도해 보고 있었던 터라 이 작업은 미니어처를 만드는 대신에 이 소프트웨어를 이용해서 3D 모델링과 동시에 디자인을 하는 방식으로 작업을 해 보기로 하였다. 디자인의 모티브를 새로운 기법으로 쌓아 올린 레이어 구조물에 콘셉트를 두고 작업을 하였다. 레이어로 '유닛의 규격이나 쌓아가는 방법을 제대로 파악하면 보다 더 새로운 구조를 만들 수도 있겠다'라고 생각했기 때문이었다.

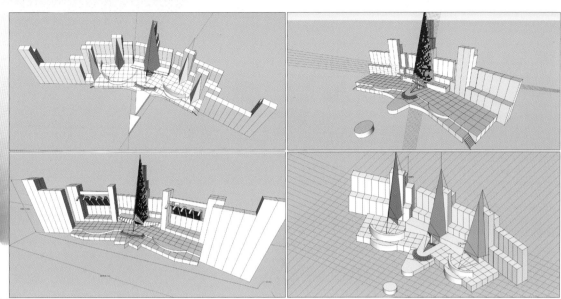

'스케치업(SketchUp)'이라는 소프트웨어로 3D 모델링을 하면서 디자인을 하는 방법은 여러 가지 장점이 많지만 무엇보다도 작업을 진행하는 도중에도 서로 협의를 하면서 수정과 보완을 쉽게 할 수 있다는 것이었다.

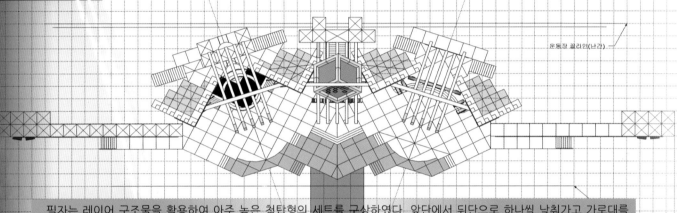

필자는 레이어 구조물을 활용하여 아주 높은 첨탑형의 세트를 구상하였다. 앞단에서 뒤단으로 하나씩 낮춰가고 가로대를 설치하면 뾰족한 모양의 구조물을 만들 수 있다고 생각했다. 그리고 레이어 사이 공간을 트러스를 이용해서 구조를 만들고 빈 곳에 LED 영상을 부착하여 화면을 구성하는 방식으로 설계를 하였다.

인천 코리안뮤직 웨이브
INCHEON KOREAN MUSIC WAVE

필자는 깊이는 없지만 가로(좌우)로 긴 세트를 설계했다. 그 이유는 첫째, 공연장의 환경 때문이었다. 무대를 공연장의 트랙 부분에 설치해야 하는데 트랙의 폭이 넓지 않아 절대적인 면적이 부족하였고, 두 번째는 좌우로 긴 무대가 관객석의 규모와 잘 어울리는 화면을 만들어 낼 수 있다고 생각했으며, 세 번째는 각각 두 개의 작은 세트와 진행용 MC석을 하나로 연결하여 전체 무대가 되는 콘셉트로 무대를 구상하였기 때문이다.

캐드 도면 그리기

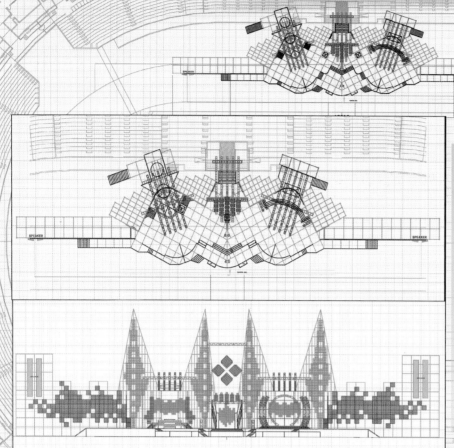

세트는 3개의 구역으로 나누어져 있다. 비슷한 구조의 세트이지만 카메라로 촬영을 하면 서로 다르게 보이게 하기 위해서 메인 골조에 추가하는 트러스 세트와 LED 영상의 형태를 각각 다르게 디자인하였다.

무대의 중앙 부분은 MC의 진행을 위한 공간으로 설정하였고 좌·우측의 객석용 서비스 영상도 단순한 사각형을 탈피한 하나씩 조각난 형태의 디자인으로 설계하였다. 전체적인 구조도 새롭게 시도되는 형태였지만, 세부적으로도 여러 요소들이 많이 설정되어 있는 대단히 복잡한 세트였다. / 디자인 이화순

INCHEON KOREAN MUSIC WAVE 2
003 전

세트 설치 작업

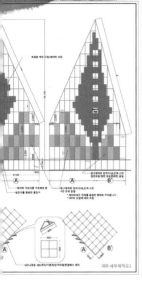

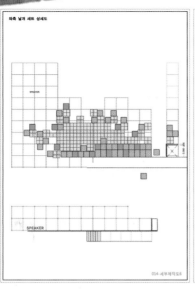

좌측 날개 세트 상세도

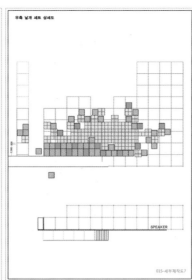

우측 날개 세트 상세도

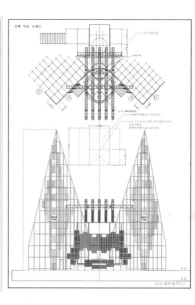

등측 무대 상세도

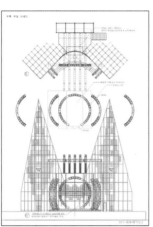

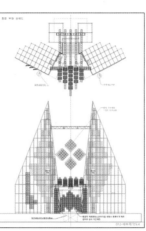

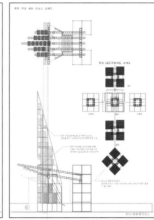

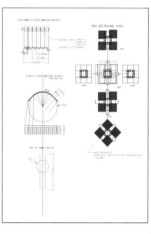

2010년 8월 28일 인천에는 강풍과 폭우가 그칠줄 모르고 몰아쳤다. 세트의 설계가 복잡해서 그런지 작업이 제대로 진척이 되지 않아 공연 전날에 철야를 해야 하는 상황이었는데 하루 종일 비가 오는 바람에 일을 하지 못했다. 아무리 작업을 하고 싶어도 천둥 번개와 폭우로 높은 곳에 올라가서 작업을 해야 하는 일들은 위험해서 작업이 불가능한 상황이었다. 마음은 급했지만 뾰족한 방법을 찾을 수가 없었다.

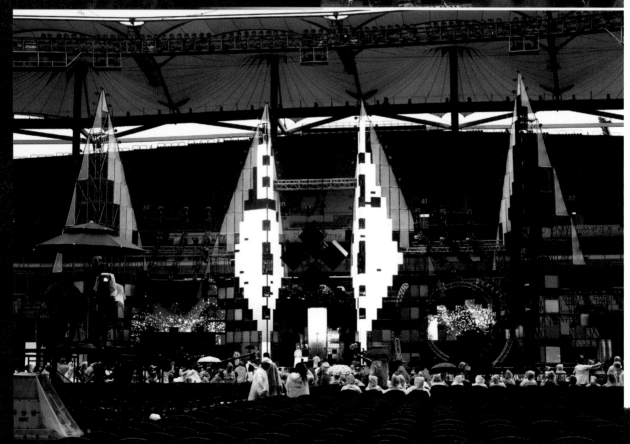

리허설 직전의 무대 모습이다. 네 개의 타워형 세트 중에서 두 개만 영상 장비를 설치했고 두 개는 설치를 시작하지도 못했다. '아~! 세트를 다 세우지도 못하고 공연을 하는 초유의 사태가 벌어지다니!' 필자의 세트 디자이너 인생에서 처음이자 마지막의 사건이었다. 애타는 필자의 마음을 아는지 모르는지 관객들은 공연을 보면서 열광적으로 환호하고, 공연은 무사히 끝났다. '공연은 끝났지만, 방송하는 시간에도 부끄러워서 고개를 못 들겠구먼!' 하는 생각에 심란하였다.

필자는 이 작업을 하면서 많은 교훈을 얻을 수 있었다. '천재지변'이라고 하는 문제로 설치를 끝내지도 못했지만, 너무 많은 요소를 넣은(욕심을 너무 많이 부린) 비효율적인 디자인이 아니었는지, 아니면 일정을 너무 빡빡하게 계획해서 그런 것인지 등 여러 가지를 느끼게 해준 작업이었다.

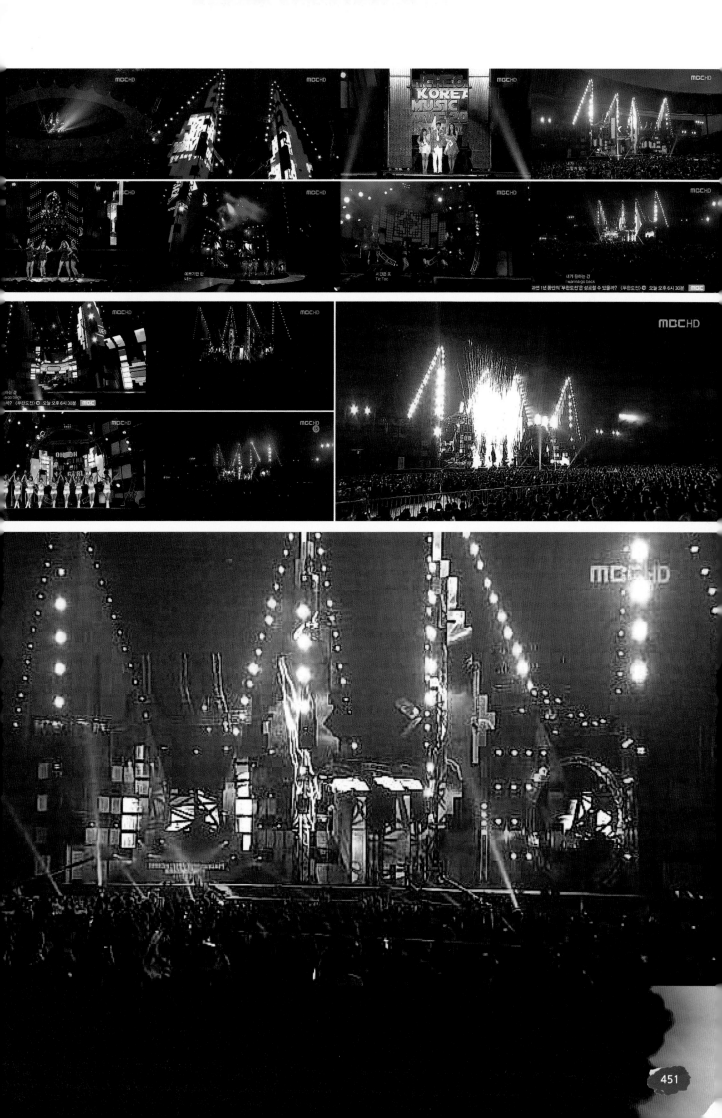

통합창원 백일기념잔치!

[창원시 출범 100일 기념 축하쇼 통합 창원 시민 [대축제]
2010년 10월 2일/ 구 육군대학 부지 운동장

마산과 진해, 창원을 합쳐서 통합 창원시가 된 100일을 맞아 시민들을 위한 잔치 같은 콘서트를 경남 창원에서 개최하였다. 오랜만에 고향 가까운 남쪽 지방으로의 출장이었다.

헌팅(사전 답사)

제작진의 의뢰를 받고, 헌팅(사전 답사) 전에 디자인 작업을 미리 진행하다가 제작진과 스태프 전원이 함께 창원으로 갔다. 공연을 할만한 공연장을 찾기 위해서이다. 진해공설운동장, 풍호체육공원, 구 육군대학 부지 등 여러 곳을 둘러보았고, 최종적으로 구 육군대학 부지의 운동장으로 장소를 결정하였다.

스케치

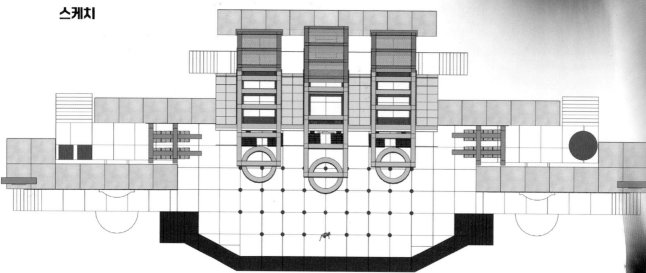

무대는 전체적으로 좌우로는 넓고 깊이는 짧은 전형적인 콘서트형 무대의 규모로 설정하였다. 좌측과 우측으로 연장된 바닥은 통로 정도의 좁은 폭을 가지고 있으나 정면에서 보면 무대가 확장되어 크게 보이는 효과를 준다.

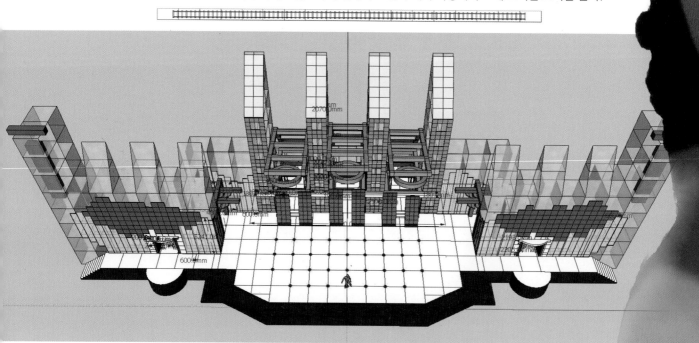

이 디자인은 각각 네 개의 레이어 타워를 쌓고 그 사이를 원형 트러스로 조립된 천장 모양의 구조로 계획하였고, 2층 무대와 기본 바닥 사이에 있는 6쪽의 LED 영상을 여닫을 수 있는 전환 세트로 설계했다. 좌·우측의 객석용 LED 화면도 불규칙하게 디자인하여 전체 세트와 어울리는 모양으로 변화 있는 디자인을 하였고, 객석용 LED 화면의 아래에 MC석을 설정했다.

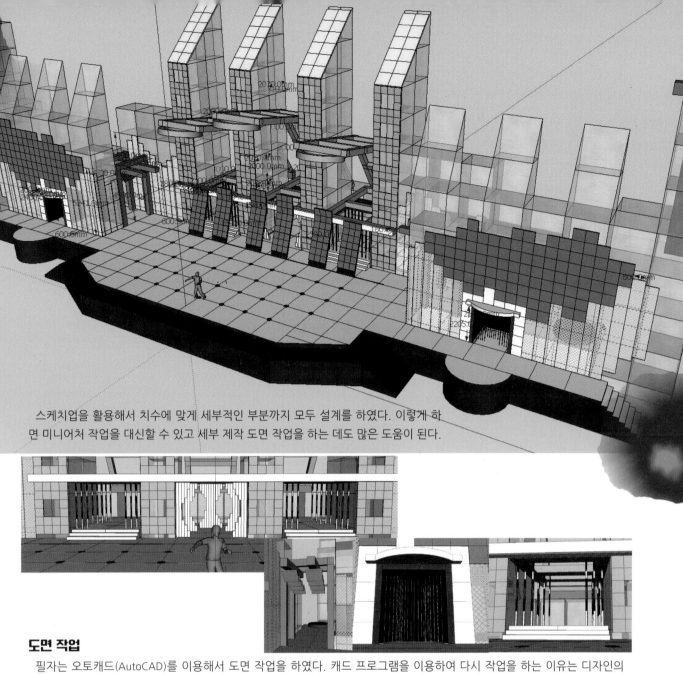

스케치업을 활용해서 치수에 맞게 세부적인 부분까지 모두 설계를 하였다. 이렇게 하면 미니어처 작업을 대신할 수 있고 세부 제작 도면 작업을 하는 데도 많은 도움이 된다.

도면 작업

필자는 오토캐드(AutoCAD)를 이용해서 도면 작업을 하였다. 캐드 프로그램을 이용하여 다시 작업을 하는 이유는 디자인의 정확도를 확인하고 제작의 지침이 되는 세부적인 도면을 보다 정밀하게 작성하기 위해서였다.

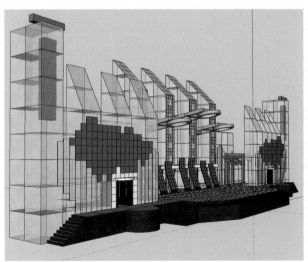

이렇게 작성된 10~20페이지의 도면은 도면 묶음으로 만들게 되는데 여기에는 제작진과 스태프의 연락처와 같은 미술 스태프가 알아야 할 거의 모든 사항이 포함되어 있다.

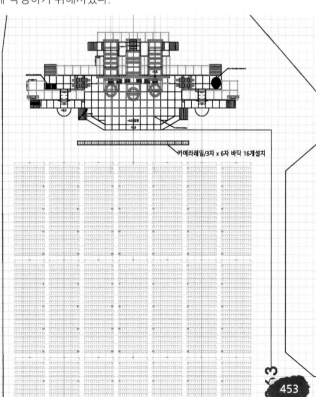

카메라레일/3자 x 6자 바닥 16개설치

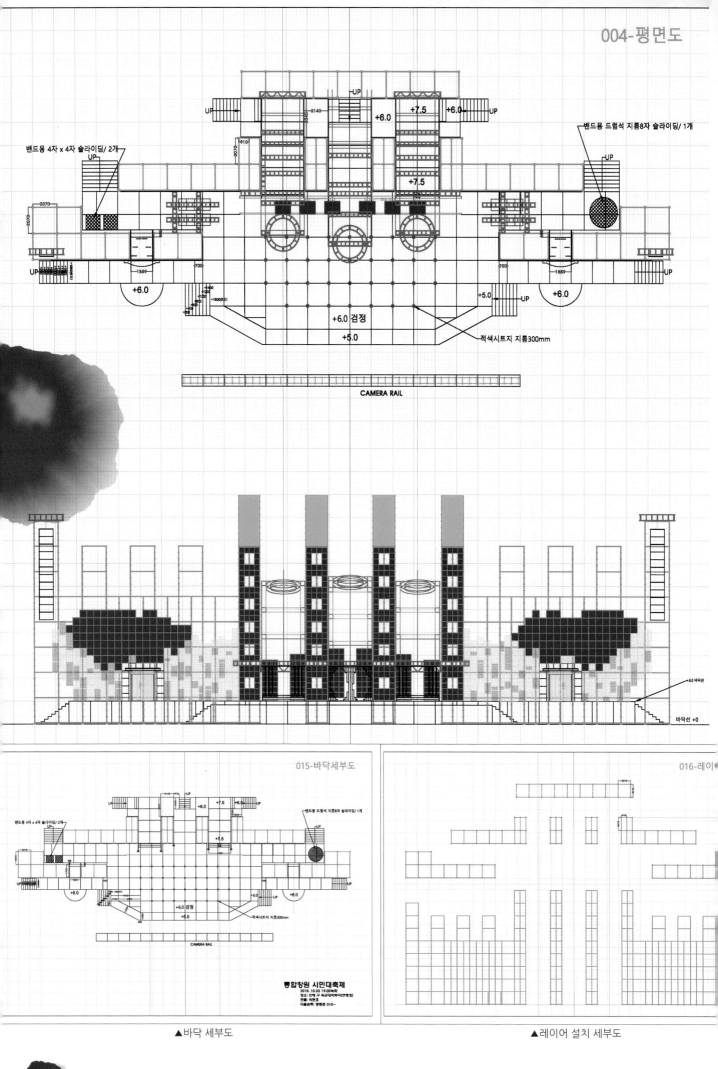

밴드용 4자 x 4자 슬라이딩/ 2개

밴드용 드럼석 지름8자 슬라이딩/ 1개

+6.0

+7.5

+6.0

+7.5

+6.0

+6.0

+5.0

+6.0

+6.0 검정

+5.0

적색시트지 지름300mm

CAMERA RAIL

+6.0 바닥선

바닥선 +0

015-바닥세부도

밴드용 4자 x 4자 슬라이딩/ 2개

밴드용 드럼석 지름8자 슬라이딩/ 1개

+6.0

+7.5

+6.0

+7.5

+6.0

+5.0

+6.0

+6.0검정

+5.0

적색시트지 지름300mm

CAMERA RAIL

통합창원 시민대축제
2010. 10.02 19:00목화
장소: 진해 구 속군대학부지(만행정)
건물: 박면호
미술감독: 평면문 010-

016-레이

▲바닥 세부도

▲레이어 설치 세부도

454

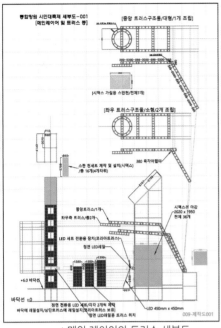

▲메인 레이어와 트러스 세부도

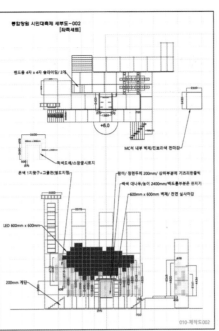

▲좌측 영상 세트 세부도

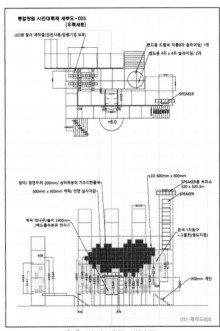

▲우측 영상 세트 세부도

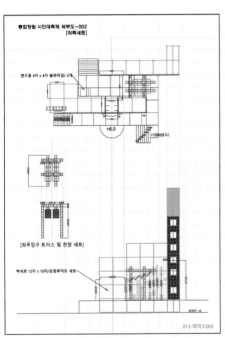

▲좌측 세트 세부도

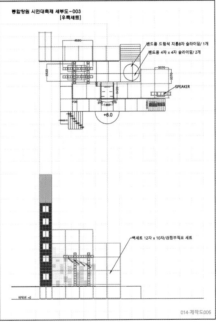

▲우측 세트 세부도

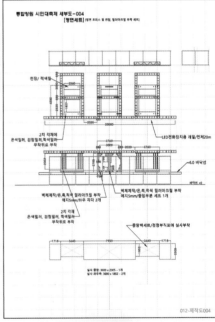

▲정면 세트 세부도

도면이 완성되면 이 설계에 따라 세트를 제작하거나, 자재를 보유한 팀이나 회사의 대표자를 모시고 디자인 설명회를 한다. 이 설명회에서는 프로그램에 대한 내용과 녹화 일정, 녹화 예정 장소의 상황에 대한 것들을 브리핑한다. 설계된 세트의 디자인 의도와 제작, 설치에 관한 설명과 자문을 통한 협의를 동시에 진행하게 된다.

현장 설치 작업은 협의된 일정에 따라 순서대로 작업을 하게 된다. 이 작업은 우선 위치를 정확하게 마킹한 후, 레이어 설치부터 시작하고 크레인을 동원한 트러스 설치 작업을 병행하게 된다.

트러스 작업의 진행과 함께 영상 장비(LED)의 설치 작업과 세트의 설치 작업이 이어서 계속되었다.

세트 설치 작업이 진행되는 동안에 조명과 좌우 스피커 타워에 스피커를 설치하고 객석에 의자를 배치하면 공연 준비가 완료된다. 중계차가 도착해서 정해진 위치에 카메라를 설치하면 녹화 준비도 완료되는 것이다.

세트와 시스템의 준비가 완료되면 이제는 제작진들 차례다. 무대 전환이나 가수의 동선 등을 확인하는 테크니컬 리허설을 하고, 출연 가수들의 연습과 밴드와의 협연도 점검하는 등 드라이 리허설을 실시한다. 또 계획했던 카메라 위치를 확인하고 관련 스태프들과 큐시트 및 콘티를 공유하고 협의한다. 이런 과정이 끝나고 본격 공연과 녹화를 위한 카메라 리허설을 끝내면 관객 입장을 하게 된다.

녹화방송은 녹화 후 편집이라는 과정을 거쳐서 방송되기 때문에 생방송과는 또 다른 면이 있다. 후반 작업의 기회가 있는 작업은 좀 더 완성도 있는 결과물을 낼 수가 있다. 다만 편집을 염두에 두고 현장에서 필요한 모든 화면과 자료를 확보해야 한다.

녹화 현장은 늘 흥겹고 즐겁다. 다만 필자는 공연을 즐기는 '관객'으로서가 아닌 공연을 만드는 '스태프'로서의 임무를 띠고 있으므로 공연을 즐기기보다는 별 탈 없이 안전하게 진행되기를 바라는 마음으로 공연을 지켜보면서 자료 확보를 위해서 촬영도 진행하였다.

공연이 끝난 공연장은 늘 공허함과 쓸쓸함을 자아낸다. 하지만 필자와 세트팀은 그럴 여유가 없다. 무대를 철거하고 다시 이 공간을 원래대로 돌려 놓아야 하기 때문이다. 다행히 운동장이나 공터에서의 작업은 다음 스케줄이 예정되어 있는 실내공연장에 비하면 여유가 있었다.

방송 2010년 10월 7일

통합창원 시민들께 축제의 장을 선사하라!

[통합 창원시 1주년 희망콘서트 '우리는' 2011년]
2011년 6월 30일 / 창원종합운동장

2010년 창원시의 통합 100일 축하공연을 한 1년쯤 후에 다시 1주년을 축하하는 녹화 공연의 무대를 디자인하게 되었다. 이번 공연은 창원종합운동장에서 진행되었다.

헌팅(사전 답사)

2011년 4월 초에 제작진과 이 작업을 협의하였고, 사전 준비작업을 하다가 5월 초에 헌팅(사전 답사)을 갔다. 현장은 축구장과 트랙이 있는 전형적인 종합운동장이었다. 운동장에 무대 위치를 정하는 것은 제작진이 협의하여 결론을 내게 되지만 대개 세트 디자이너의 의견이 가장 중요하다. 세트를 작업하는 입장에서는 자재의 반입이나 작업에 유리한 조건을 따져야 하고 조명 디자이너는 해가 뜨고 지는 방향을 고려하는 것이 중요하기 때문이다. 제작진들은 관객의 출입과 안전 등을 우선적으로 고려하여 위치를 정하게 된다. 협의 끝에 본부석을 등지고 세트를 설치하는 것으로 결정했다.

스케치 작업

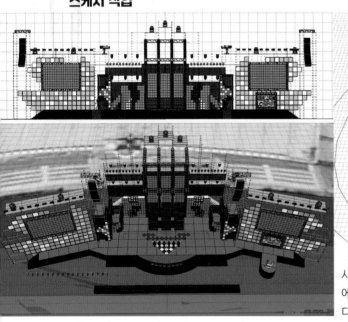

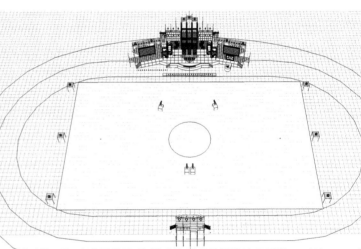

스케치업으로 미리 작업해 둔 무대를 종합운동장의 도면을 그려서 사전 답사에서 협의한 위치에 넣어보았다. 종합운동장 전체의 크기에 비해서 큰 규모는 아니지만 예산과 프로그램의 상황을 고려하여 디자인을 결정하였다.

이번 디자인은 정면에 설정한 3개의 LED 영상을 높게 설치한 트러스 구조물에 체인 모터로 달아서 업 다운을 하는 장치로 만들고 2층 바닥과 연결된 계단을 업 다운이 될 수 있게 만들어 세트에 변화를 주는 전환 방법으로 설계해 보았다.

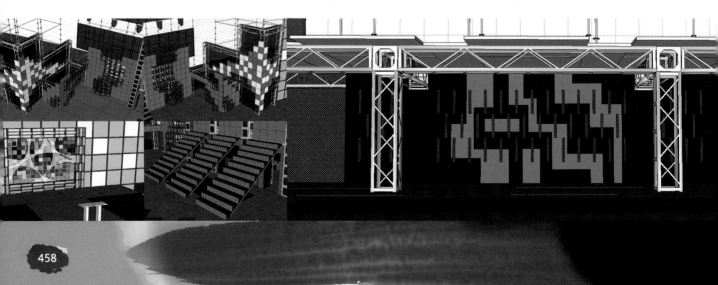

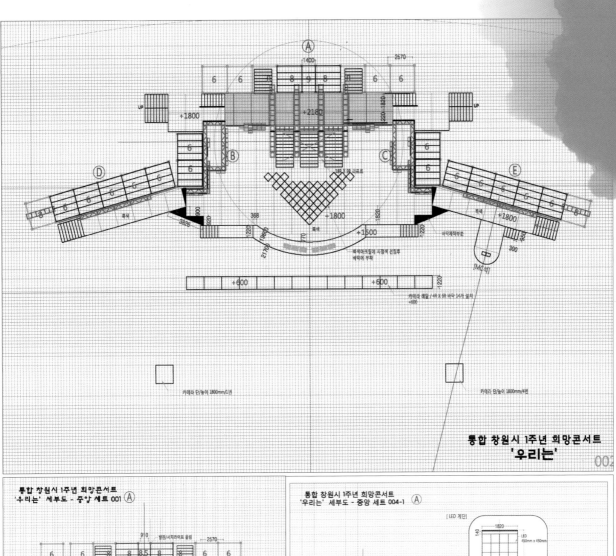

통합 창원시 1주년 희망콘서트
'우리는'

002

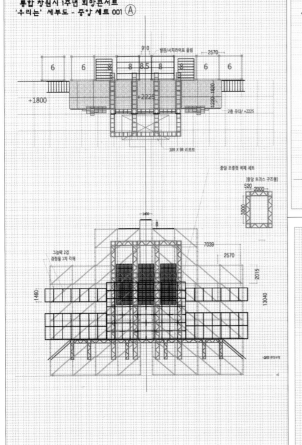

통합 창원시 1주년 희망콘서트
'우리는' 세부도 - 중앙 세트 001 Ⓐ

006

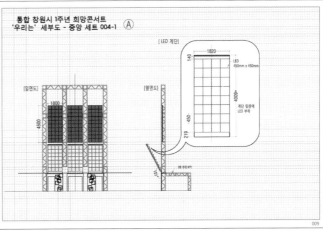

통합 창원시 1주년 희망콘서트
'우리는' 세부도 - 중앙 세트 004-1 Ⓐ

009

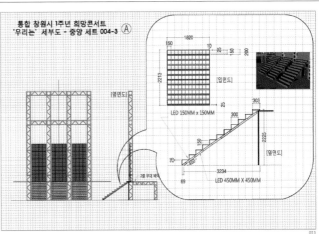

통합 창원시 1주년 희망콘서트
'우리는' 세부도 - 중앙 세트 004-3 Ⓐ

011

세트 설치 작업

리허설

　2011년 6월 30일의 창원은 공연을 준비하던 시각까지는 흐리기만 한 날씨였는데 막상 공연을 시작하면서부터 비가 내리기 시작하더니 빗줄기가 점점 굵어지는 상황이 되어갔다. 야외공연은 비바람으로 인해서 여러 가지 어려운 환경이 만들어진다. 아티스트들이 공연을 하기 쉽지 않은 것과 관객들이 비를 맞아야 하는 문제뿐 아니라 공연을 준비하는 스태프의 입장에서는 영상이나 조명 등의 장비가 비에 젖어 오작동하는 경우가 자주 발생하기 때문에 대처하기가 어렵다. 공연이 끝날 때까지 비는 그치지 않았지만 관객들은 아랑곳하지 않고 공연을 즐기면서 호응해 주었다. 안타깝게도 공연 도중에 영상 장비가 꺼지는 사태가 발생하였지만 손써 볼 틈도 없이 공연은 끝나 버렸다. / 세트 김칠현

방송 2011년 7월 5일

461

나는가수다 콘서트

2010년, 2011년에 이어서 세 번째로 창원에서 작업하게 되었다. 이번에는 진주MBC, 마산MBC를 통합하여 'MBC경남'으로 새로 태어난 1주년을 축하하는 자리였다. 이 공연은 MBC에서 방송했던 '나는 가수다'의 갈라쇼 형식으로 계획되었다.

대게? 세트?

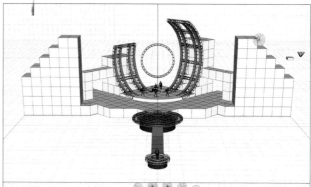

헌팅(사전 답사)

한번 공연을 한 적이 있었는 곳이지만 제작진과 스태프가 새롭게 꾸려졌고, 공연장을 결정하지 못한 상황이므로 주최 측과 제작진, 스태프가 모두 장소 결정을 위해서 창원을 다시 방문했다. 협의 끝에 2010년에 '통합 창원시 출범 100일 기념 축하쇼'를 했던 '구 육군대학 부지 운동장'으로 공연 장소를 결정하였다.

작업 시작

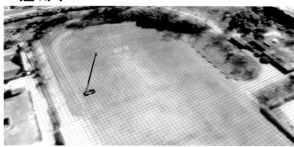

헌팅(사전 답사)을 다녀오고 본격적인 작업을 시작했다. 스케치업의 화면에 장소의 위성사진과 격자, 그리고 크레인 한 대만을 세워두고 멍하니 바라보면서 이런저런 구상을 해보았다.

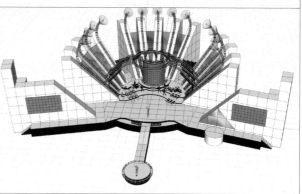

가용한 자재들의 모형을 꺼내놓고 뭔가 새로운 디자인의 무대를 만들어 보기 위해서 모색을 해보았다.

여러 가지의 아이디어로 디자인 작업을 계속하고, 괜찮은 콘셉트가 나오면 더 세부적인 작업을 해서 발전시켜 나갔다. 이번 작업은 삼각형으로 쌓은 레이어를 일정한 각도의 반원형으로 배치하고 그 위에 동일한 모양의 트러스 구조물을 거치시켜 연결하는 방식의 디자인을 하였다. 무대의 중앙 부분에는 원통형으로 여닫을 수 있는 LED 영상 구조물 세트를 설정하여 아티스트가 등장하는 출입구로 활용하였다. 또 원통형 세트의 주변 공간에 밴드를 배치하고 객석으로 이어지는 돌출무대도 설정하였다. / 레이어 박상현 / 트러스 배규식

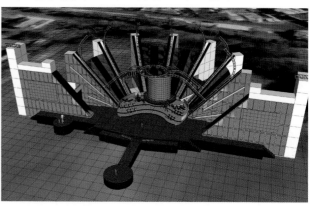

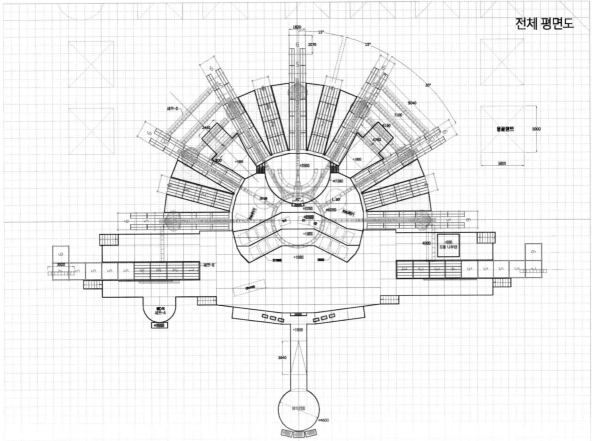

전체 평면도

디자인 작업이 완료되어 세트 설명(작업 협의)을 끝내고, 총 스태프 회의를 마치고 난 후에 견적을 살펴봤더니 문제가 있었다. 세트의 예상 견적이 예산에 비해서 너무 많이 나오는 바람에 디자인을 조정해야 하는 상황이 된 것이었다. 설치를 위해 출발을 해야 하는 상황에서 부랴부랴 디자인을 다시 수정했다. 계획된 타워의 숫자를 줄이고 세트를 간략화하는 조정작업을 하였다.

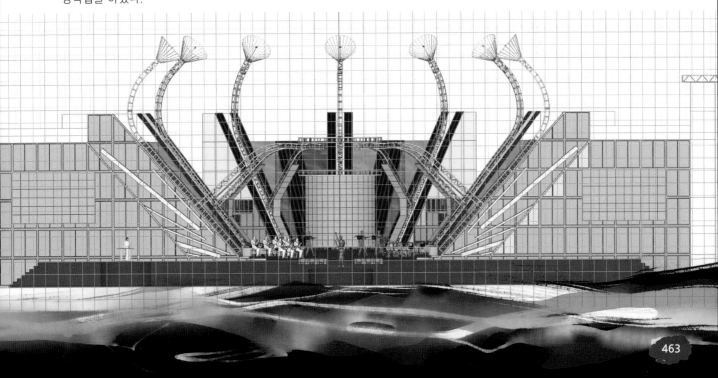

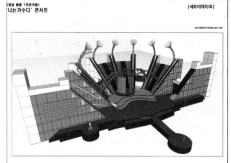

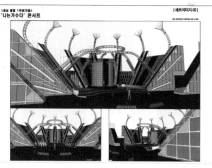

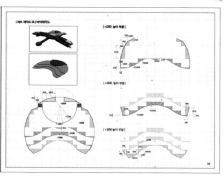

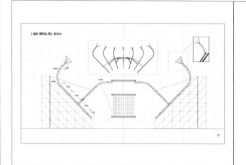

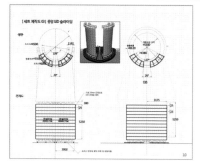

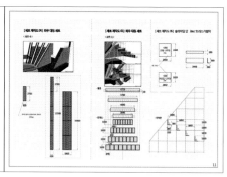

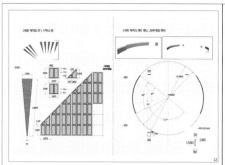

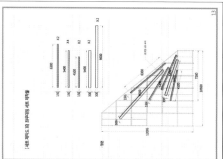

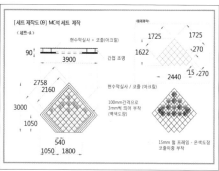

세트 설치 작업

리허설, 공연, 녹화

모든 준비가 끝나고 관객 입장을 기다리고 있는 시간의 공연장은 긴장감이 팽팽하다. 여태 준비해 온 것들은 펼치기 직전이기 때문이다. 세트 디자이너인 필자는 안전에 관한 걱정을 가장 많이 하는 입장이다. 신나고, 즐겁고, 안전한 공연이 되기를 기원해본다.

조명이 켜지고 공연이 시작되니 세트가 정말 영덕대게 같은 모습을 보였다. 이후 이 세트는 '영덕대게 세트'로 필자에게 기억되고 있다.

상처 투성이

쌀쌀한 날씨에도 불구하고 아티스트들의 열정적인 공연은 관객들에게 즐겁고 행복한 순간을 선사하였다. 이런 순간이야 말로 필자가 이 일을 계속하게 하는 에너지가 아닌가 하고 느껴졌다.

DMZ 평화콘서트

바람의 언덕에 평화의 세트를 세워라!

파주 임진각 평화누리공원에서 열리는 공연의 무대를 설계하게 되었다. 이 무대는 매년 열리는 공연이지만 여느 해와는 '뭔가 다른' 무대를 설계해 보리라는 의욕을 갖고 디자인 작업에 돌입하였다.

헌팅(사전 답사)

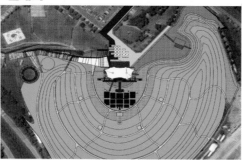

평화누리공원에는 야외공연장이 있는데 그것이 방송을 위한 대형 콘서트를 진행하기에는 규모나 시설이 부족한 점이 많다. 그래서 기존의 야외공연장을 활용하여 세트를 다시 짓는 방식으로 설계를 하였다.(이 방법도 그동안 여러 방안으로 진행해 본 끝에 최선의 방법을 찾은 것이다.)

스케치

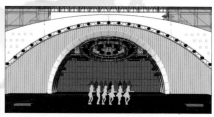

정면은 아치형으로 구성하고 피치(Pitch: LED의 정밀도를 나타내는 수치)가 서로 다른 LED 장비를 구성하여 다양성과 효율성을 높였고 아치의 상단 부분에는 원형의 조명 구조물을 설정하여 세트의 활용도와 무게감을 주는 형태로 디자인해 보았다.

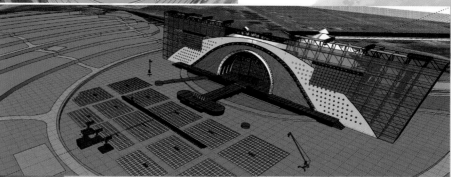

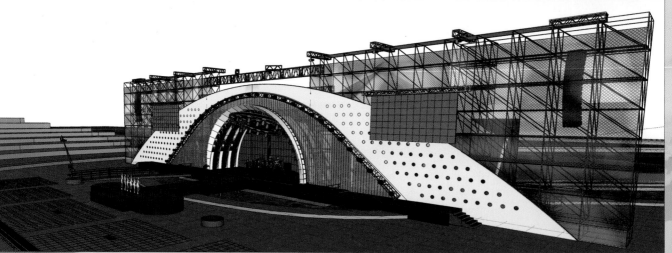

'스케치업(SketchUp)'이라는 프로그램으로 거의 완성된 모양의 무대를 설계하는 방식으로 디자인을 하였다. 천막형 지붕이 있는 기존 공연장의 시설을 정확하게 측정한 후에 기존 무대의 구조를 활용하여 바닥을 확장하고, 트러스를 이용하여 돌출무대와 좌우 확장 바닥은 연못을 건너는 다리형으로 설계하였다. 또 그 확장한 바닥 위에 7단(약 14m)으로 레이어를 쌓아서 세트 설치를 위한 골조로 활용하거나 플라잉스피커를 설치할 수 있도록 하였다.

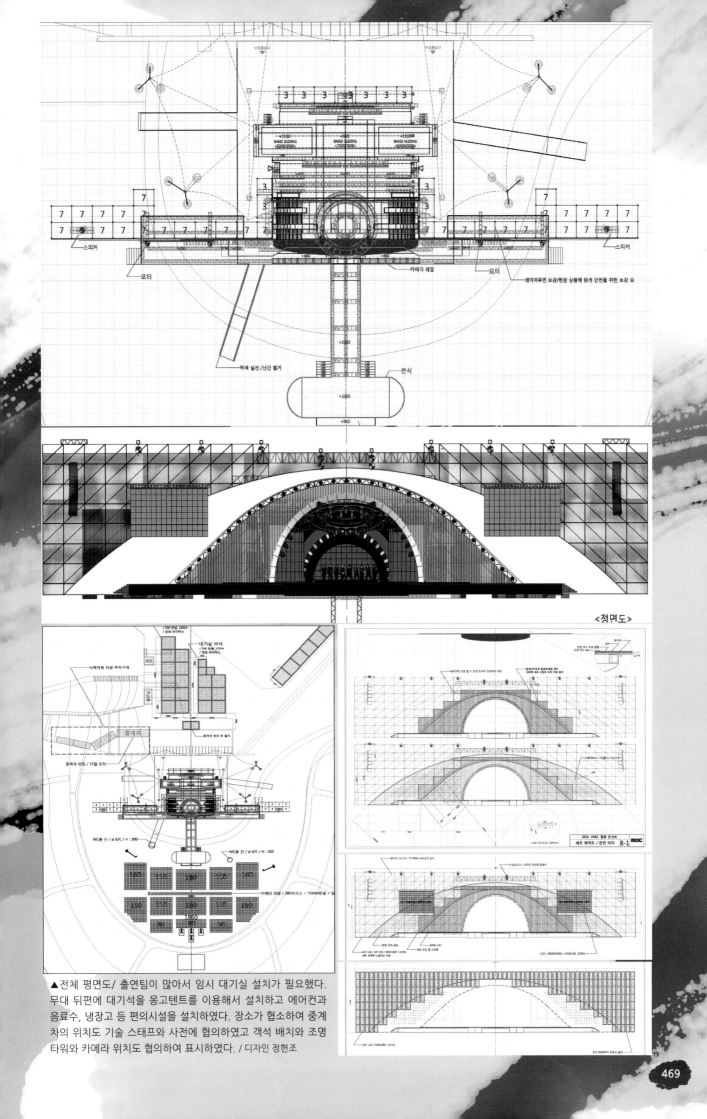

<정면도>

▲전체 평면도/ 출연팀이 많아서 임시 대기실 설치가 필요했다.
무대 뒤편에 대기석을 몽고텐트를 이용해서 설치하고 에어컨과
음료수, 냉장고 등 편의시설을 설치하였다. 장소가 협소하여 중계
차의 위치도 기술 스태프와 사전에 협의하였고 객석 배치와 조명
타워와 카메라 위치도 협의하여 표시하였다. / 디자인 정헌조

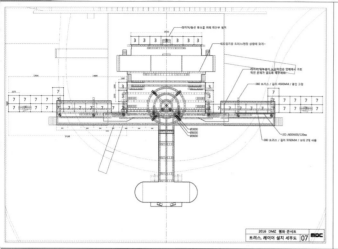

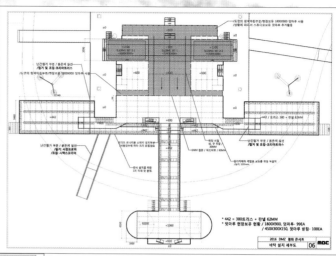

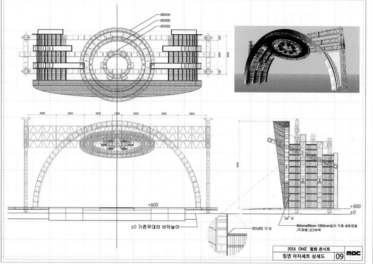

무대의 중앙 부분은 기존 야외공연장의 천막지붕 아래이므로 우천 시에도 비를 피할 수 있는 곳이다. 따라서 대부분의 시설을 그곳에 설치했다. 밴드의 전환을 위해서 슬라이딩 트럭을 2세트 설치하였는데 이 장치는 좌우에 있는 각각의 슬라이딩이 중앙으로 이동 후에 다시 앞으로 전진하는 슬라이딩에 얹어서 나오는 전환 방식으로 설계했다. 또 중간 부분에 설치된 병풍식 LED 화면은 각각 좌우로 열리면서 다양한 모양으로 전환되게 하였다. / 레이어 조운의, 트러스 배규식

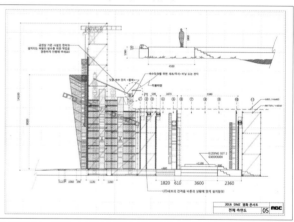

세트의 많은 부분을 LED 영상으로 처리했다. 높고 넓은 부분은 그물형 넷 LED(Net LED)로 처리하고, 부분적으로 서로 다른 피치의 LED를 사용하였다. 좌우 객석용 영상 LED는 따로 설치했다. 바람이 많은 곳이어서 세트 전체를 구성하는 반달형 세트는 안전을 위하여 일정하게 구멍을 뚫어서 바람이 잘 통하도록 디자인에 반영하였다.

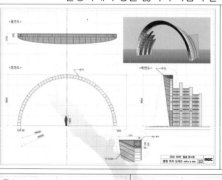

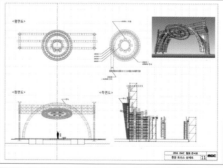

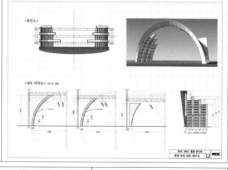

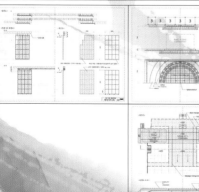

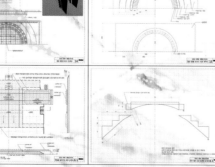

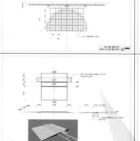

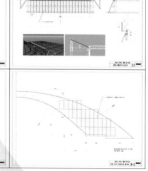

세트 설치 작업

2016년 8월 14일 광복절 기념으로 공연 예정인 이 콘서트는 공연 8일 전인 8월 6일부터 작업이 시작되었다. 뜨거운 여름 야외에서 작업을 해야 하는 조건이어서 작업의 능률이 오르지 않기 때문에 작업 일정을 길게 잡았다. 현장의 조건이 그것이 가능한 곳이라서 다행이었다. / 시멕스 제작, 설치 조영재

한여름 밤의 DMZ에서 평화를 노래하는 이 공연은 많은 분들과 흥겨운 축제의 한마당이 되었다. 가족과 이웃들과 함께 바람의 언덕 잔디밭에 둘러앉아 시원한 바람을 맞으며 즐기는 콘서트였다. 이때도 필자는 무대를 카메라에 담기에 바쁘게 움직였다. / LED 윤영산, 최진철

방송 2016년 8월 15일

다음날 방송된 'DMZ 평화콘서트'는 짧은 편집 시간에도 불구하고 완성도 높은 결과가 나왔다. 필자도 오랜만에 만족한 점수를 스스로에게 주었다. 앞으로도 계속 이어질 이 콘서트에서 후배님들의 좋은 디자인을 기대한다.

아름다운
이 밤에

Chapter 4
정종훈 디자이너의 작업 기록
/예능 프로그램

청룡영화상 시상식

오늘밤! 나의 세트에는 별들이 가득 쏟아진다!

청룡영화상 시상식 이야기(1996, 1997, 1998, 2000)

스포츠 조선이 주최하는 '청룡영화상 시상식'은 당시 거의 매년 MBC가 생방송으로 중계를 해오고 있던 행사였다. 필자는 1996년 제17회 청룡영화상 시상식 이후 몇 차례의 작업을 하였다. 이 행사는 버라이어티한 예능 프로그램과는 색깔이 다른 디자인을 필요로 한다. '품격 있고 고급스러운 디자인'이라는 콘셉트로 진행한 이 작업은 아카데미 시상식을 곁눈질해서 따라 하고 싶었던 작업이었다. 하지만 당시의 우리 제작 환경이 아카데미상을 벤치마킹하기에는 여러 가지로 역부족이었다는 것이 현실이었다.

생중계되는 시상식의 세트는 대체로 정해진 몇 가지의 샷을 필요로 한다. 비록 그것이 어떤 구조를 가지고 있을지라도 'MC석'이라고 하는 진행자들이 위치한 진행석과 '시상석'이라고 부르는 시상자들이 수상 후보를 발표하고 수상자를 발표하고 상을주는 곳, 그리고 축하공연을 위한 무대와 시상자들이 출입하는 동선 등의 구조를 필요로 한다. 따라서 무대의 좌측 또는 우측에 MC석과 시상석이 마련되고 중앙 무대에서는 중요한 시상과 축하공연이 가능하게 평면을 설계하게 된다. 또 전문 극장의 무대인 경우에는 전체 무대의 모양을 결정하는 아치 세트와 중앙 백드롭 세트 등을 세트 배튼(Batten)이나 기본시설로 되어 있는 슬라이딩 트럭 등에 설치하고 전환하기도 한다.

[제17회 청룡영화상 시상식 1996년/ 국립극장 대극장]

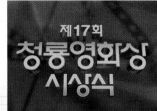

국립극장 대극장(현 국립극장 해오름극장)에서 진행된 이 행사는 필자로서는 처음으로 작업한 영화상 시상식이라 시상식에 대한 기본적인 기능을 충분히 알지 못한 상태에서 무작정 작업에 임했다. 전임자들이 했던 작업을 참고로 필요한 샷에 대한 분석을 하면서 아카데미 시상식을 조금이나마 따라가 보려고 노력했던 기억이 새롭다.

제17회 청룡영화상
─ 시상세트 ─

아쉽게도 제17회 청룡영화상 시상식 세트 도면은 딱 1장이 남아 있다. 아마 작업하는 과정에서 원본이 필요했고 작업 도중에 훼손되지 않았나 생각이 된다. 컬러복사기마저도 없었던 당시에는 작화를 위해서 컬러로 그려진 도면 원본을 맡겼는데 가끔 훼손되어 없어지는 경우도 있었다.

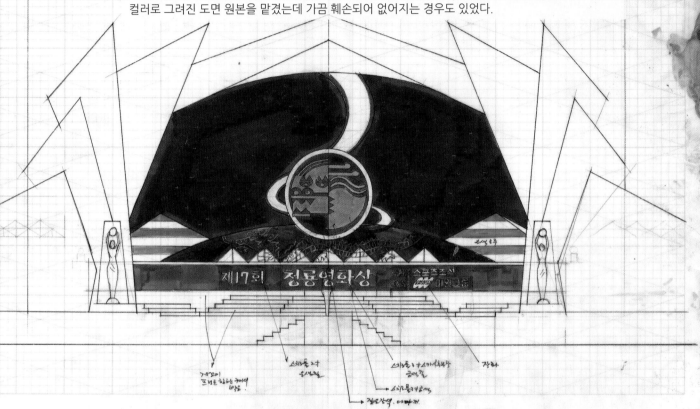

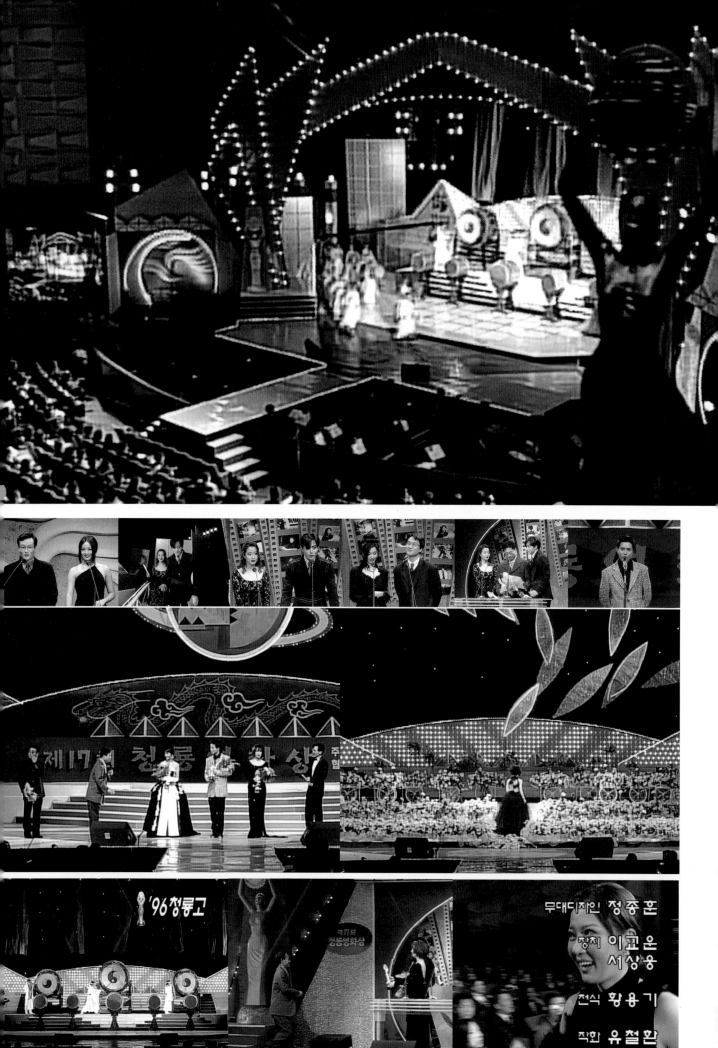

[제18회 청룡영화상 시상식 1997년/ 국립극장 [대극장]]

아카데미 시상식의 세트는 당시 우리나라의 환경으로는 ... '참고'할 수 는 있겠지만 '따라 하기'는 힘든 세트였다. 매번 예산이나 시 ... 간, 그리고 프로 젝트의 규모를 핑계 댔지만, 솔직히 말하면 아무리 예산이 많아도 ... 쉽지 않을 것 같다는 것이 당시 필자의 솔직한 생각이었다. 세트라는 것이 디자이너의 아이디 ... 어와 설계만으로 만들어지 는 것이 아니라 모든 제작팀의 지원이 가능해야 그에 맞는 디자인을 하고, 또 그것이 제작, 설치되어 현실화되는 것인데 우리 의 세트 제작 역량이 그에 미치지 못했던 상황이어서 역부족을 인정하지 않을 수 없었다. 국립극장 대극장의 시설은 세계 어디 에 내놓아도 뒤떨어지지 않을 만큼 규모도 크고 시설도 훌륭했지만, 아쉽게도 그곳을 채우는 능력은 많이 부족했었다. 그런 현 실을 인정하지만 그래도 시도를 해보지 않을 수는 없었다.

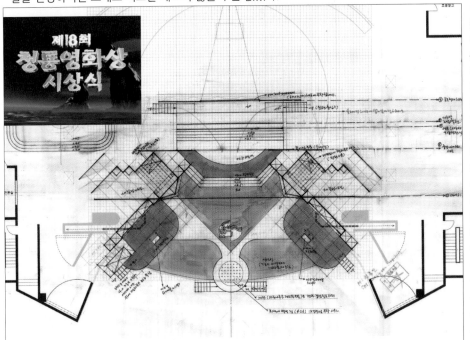

▶국립극장 대극장은 좌우 포 켓에 '승강무대'라고 부르는 슬 라이딩 트럭이 각각 1대씩 있고 중앙에는 대형 회전무대가 있 다. 하지만 이번 작업은 가능하 면 기본적인 세트만을 세워서 진행하기로 제작진과 협의하였 다.

좌측에는 시상석을, 우측에는 MC석을 배치하고, 오케스트라 피트의 중앙에 브리지 형태로 수상자가 무대 위로 올라오는 계단을 설치하고 동선을 확보하 였다.

또 시상석과 MC석의 측면에는 출연자 입구를 설정하여 짧은 동선으로 각 위치에 접근이 가 능하도록 설계를 하였고, 정면 세트는 극장 측에서 보유한 프 로젝터를 활용하여 스크린 세트 로 준비하였다.

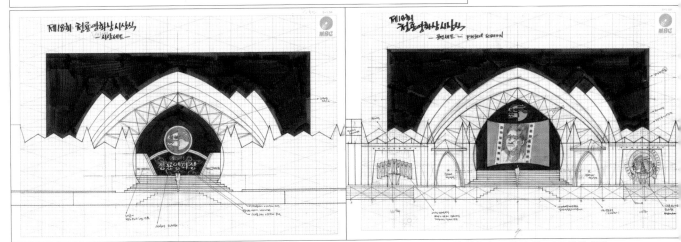

▲정면의 세트는 '시상 세트'와 '공연 세트' 두 가지를 슬라이딩으로 전환하여 사용했는데, 시상에는 로고를 활용하고, 공연에는 스크린을 활용 하여 영화의 장면 등을 보여주면서 공연할 수 있게 준비했다.(프로젝터의 활용)

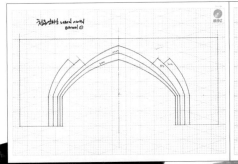
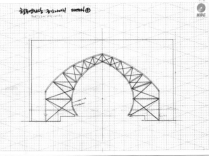
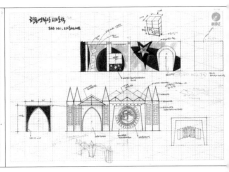

[제19회 청룡영화상 시상식 1998년/ 국립극장 [대극장]]

'제19회 청룡영화상 시상식'은 '1998년 대한민
국 영상음반대상 시상식'과 일부 세트를 공유하는 것은
같지만 다른 무대를 활용하여 행사를 진행하기로 하였다. 영
상음반대상이 앞서 생방송을 진행하고 방송이 끝난 후에 야간작업
으로 세트를 전환해야 하므로 무대 전환 작업의 시간을 절약하기 위해서 원형   회전무대
를 반반씩 활용하여 바닥 설치를 하고 세트 전환 작업 시에 180도 회전해서 시간을 절약하
는 방안을 냈다. 아무리 어려운 상황이라도 방법을 찾으면 결국에는 나오기 마련이라는 것
이 필자가 경험에서 얻은 지혜이다.

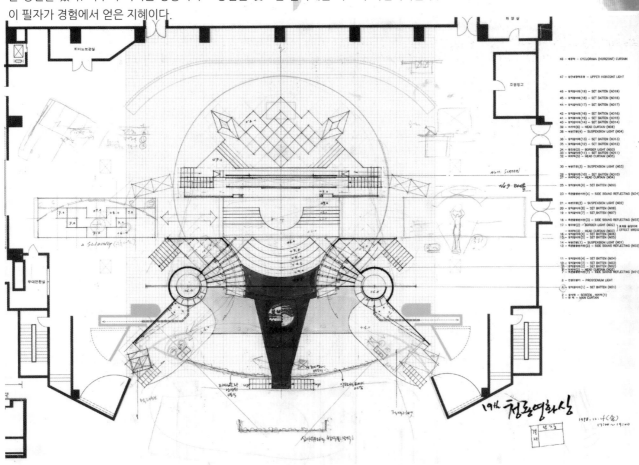

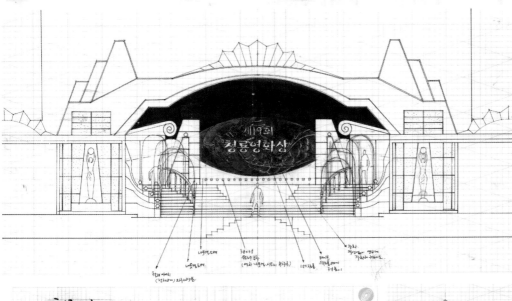

◀기본 아치 세트는
영상음반대상과 공
유하고 바닥의 계단
과 좌우 입구는 다
시 설치를 했다. 입
구는 원형 계단을
활용해서 뒤쪽 높은
곳에서 아래로 내려
오는 모양의 동선을
설정하였다.

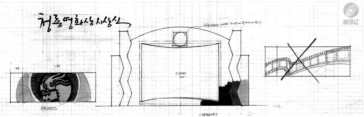

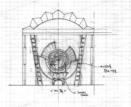

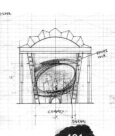

481

[제20회 청룡영화상 시상식 1999년/ 국립극장 [대극장]]

그동안 작업했던 필자의 시상식의 평면과 많이 다르지 않은 모습이다. 좌우의 슬라이딩 무대를 공연용으로 전환하여 사용했다. MC석과 시상석의 윗부분에는 객석용 서비스 화면을 위한 멀티큐브 3x3을 설정하였다.

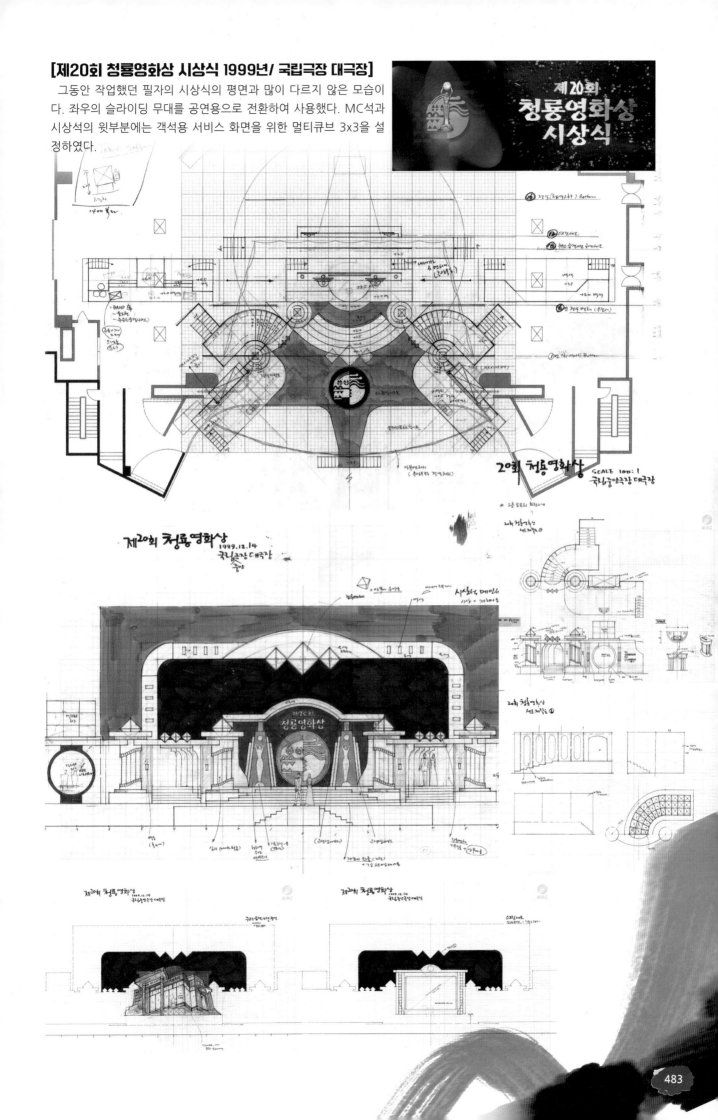

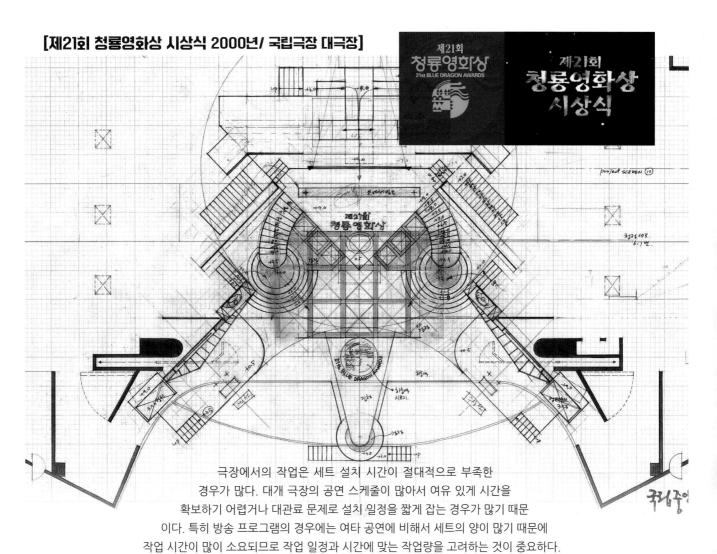

극장에서의 작업은 세트 설치 시간이 절대적으로 부족한
경우가 많다. 대개 극장의 공연 스케줄이 많아서 여유 있게 시간을
확보하기 어렵거나 대관료 문제로 설치 일정을 짧게 잡는 경우가 많기 때문
이다. 특히 방송 프로그램의 경우에는 여타 공연에 비해서 세트의 양이 많기 때문에
작업 시간이 많이 소요되므로 작업 일정과 시간에 맞는 작업량을 고려하는 것이 중요하다.

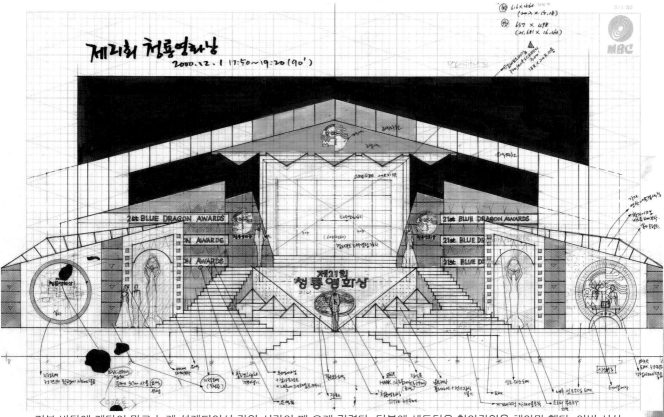

기본 바닥에 계단이 많고 높게 설계되어서 작업 시간이 꽤 오래 걸렸다. 덕분에 세트팀은 철야작업을 해야만 했다. 이번 시상
식은 중앙에서 시상과 수상 소감을 말하는 부분의 분량이 많아져서 중앙 세트의 디자인에 중점을 두고 작업하였다.

설치 작업이 거의 완료된 현장의 모습이다. 천장의 세트까지 설치를 하다 보니 시간이 많이 소요되었고 계단이 많아서 작업이 상당히 까다로웠다. 필자는 2층 객석에서 작업자들과 소통하면서 작업을 진행함과 동시에 자료 촬영에도 열중하였다.

세트가 완성되고 보니 청룡영화상 시상식을 5년간 작업해 오는 과정에서 세트가 참 많은 발전을 했다는 생각이 들었다. 이것은 단지 필자의 디자인에 대한 부분만이 아니라 세트를 제작하는 시스템에 관한 문제이기도 하였고, 세트의 예산에 관한 문제이기도 하였다. 어떤 이유든 5년 전의 세트에 비해서 훨씬 발전된 결과물이 나왔다는 것이 기뻤다.

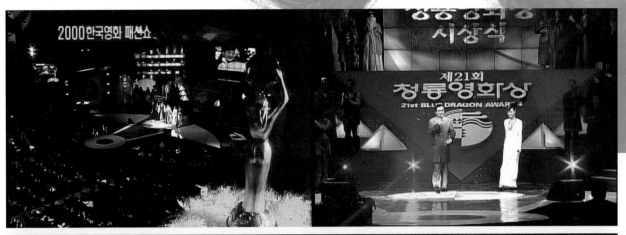

그녀들 만큼이나 아름다운 세트를 지어라!

1990년대 공중파를 통해 전국으로 방송되던 '미스코리아' 행사는 여러 변화를 겪어 지금은 온라인으로 중계되고 있는 실정이지만, 당시에는 국민적인 인기를 끈 행사였다. 필자는 1994년, 1995년, 1996년, 1997년, 총 4회의 전야제와 1998년, 1999년 2회의 본선의 디자인 작업을 하였다.

미스코리아 전야제 이야기(1994, 1995, 1996, 1997)

당시의 미스코리아 행사는 온 국민이 관심을 많이 갖는 큰 행사였으므로 행사의 붐업을 위해 후보들의 모습도 보여주는 전야제를 녹화해서 방송하였다. 세트 디자인은 대개 후배 디자이너가 전야제를 담당하고, 본선은 선배 디자이너가 담당하는 식으로 진행을 하였는데 필자는 94년부터 97년까지 4차례의 전야제 디자인을 하였다.

['94 미스코리아 전야제]
여의도 MBC D 공개홀

미스코리아 전야제는 기본 인원이 60명쯤 되는 미스코리아 후보들이 출연하는 프로그램이라 늘 스튜디오가 비좁다는 느낌이 들었다. 따라서 주어진 공간을 잘 활용하여 평면을 설정하는 것이 중요하였다. 메인 무대의 좌우 측에 각각 미스코리아 후보들이 출입하는 통로를 설정하였고, 국악공연을 위한 단과 그랜드피아노를 설치할 단을 따로 마련하였다.

미인대회의 세트는 그에 걸맞은 화려함을 갖추어야 한다고 생각하지만, 그것이 현실적으로 쉽지 않은 것이 사실이다. 주어진 상황에서 최대한 작업을 한다고 해도 목공 제작과 칠, 그리고 저렴한 몇 가지 자재로 고급스러운 세트를 만들기에는 한계가 있을 수밖에 없다. 예산과 시간의 문제였다.

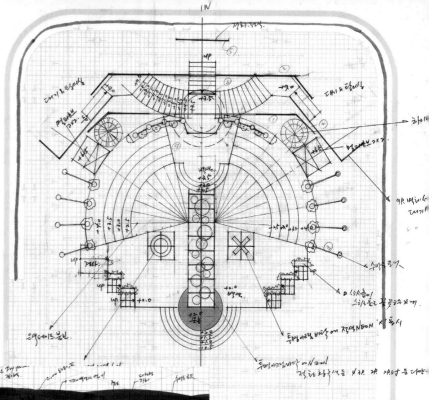

['95 미스코리아 전야제]
여의도 MBC A 스튜디오

60여 명의 미스코리아 후보를 한 무대에 세울 수 있는 반원형 계단으로 바닥을 설계했다. 1994년의 전야제와는 달리 여의도 MBC의 최대 크기 스튜디오인 A 스튜디오를 활용하였기 때문에 공간 활용이 좀 더 여유로워졌다.

▼전체적인 색감을 연두색으로 설정하고 어느 저택의 잘 꾸며진 정원을 연상하게 하는 듯한 콘셉트로 디자인해 보았다.

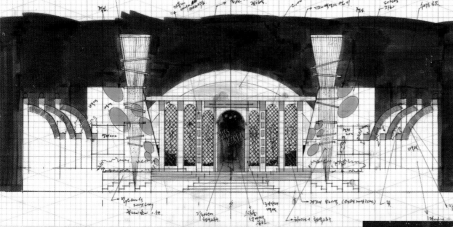

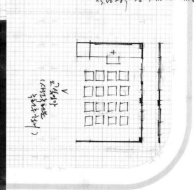

['96 미스코리아 전야제]
여의도 MBC D 공개홀

1995년의 전야제처럼 한 무대에 전체의 미스코리아 후보를 세우는 것을 콘셉트로, 좁지만 원형 계단식 바닥으로 설계하였다. 이 무대는 후보자들이 방청객처럼 둘러앉고, 각자 아이템별로 준비한 후보나 팀이 앞의 무대로 나가서 장기를 뽐내는 방식으로 진행되었다.

이 세트는 극장처럼 전면에 아치를 설정하였다. 대형 아치를 무대 정면에 도입하는 방법은 전문 공연장에 주로 많이 사용 방법인데 스튜디오 세트에서 극장의 분위기를 만들 때 가끔 사용된다. 아치로 스튜디오 내부에 있는 어지러운 시설물들이 가려지므로 깔끔한 세트를 구현할 수 있는 장점이 있다.

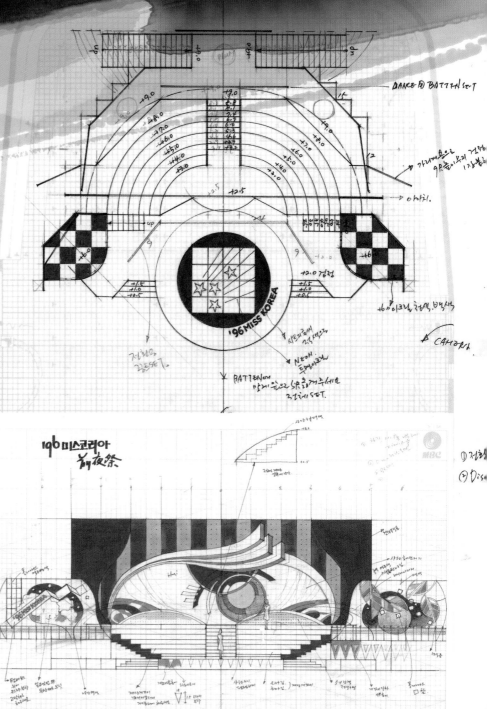

490

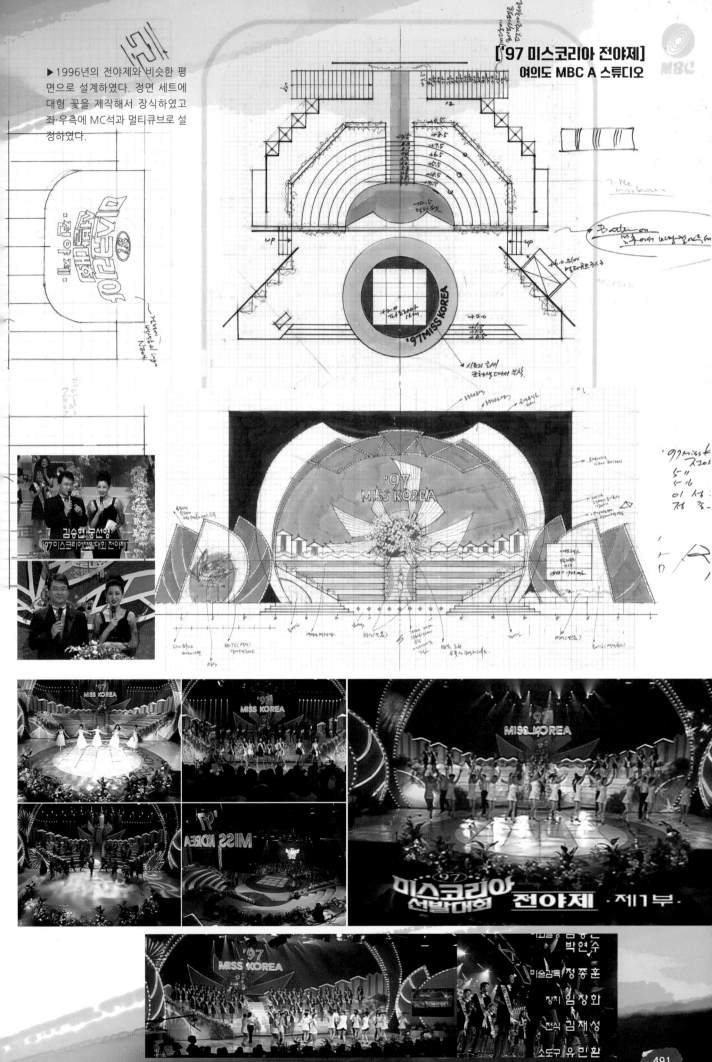

▶1996년의 전야제와 비슷한 평면으로 설계하였다. 정면 세트에 대형 꽃을 제작해서 장식하였고 좌·우측에 MC석과 멀티큐브로 설정하였다.

'97MISS KOREA

'97 MISS KOREA

김승현·홍선영
'97 미스코리아선발대회 전야제

'97 MISS KOREA

MISS KOREA

MISS KOREA

미스코리아 선발대회 전야제 · 제1부

'97 MISS KOREA

미술감독 정종훈
장치 임창환
전식 김재성
소도구 유민환

미스코리아 선발대회 이야기(1998, 1999)

 4차례의 전야제 디자인을 하고 드디어 미스코리아 본선 무대를 디자인하게 되었다. 감개무량한 일이라고나 할까? (적어도 당시에는 그랬다.) 미스코리아의 무대는 워낙 국민적 관심을 보이는 행사이기도 하고 전 세계에서 이뤄지는 미인대회이기 때문에 세계적인 관심도 있어서 행사의 규모나 품위가 필자를 긴장시키기에 충분했다. 미스코리아 선발대회의 진행은 대체로 비슷한 방식으로 진행되는데, 50~60명의 각 지역과 해외에서 온 대표 후보자들의 소개와 드레스와 수영복 심사와 결선에 오른 후보자들의 간단한 토크를 통한 심사, 그리고 막간의 축하공연 등으로 이루어졌다.

['98 미스코리아 선발대회 1998년 5월 23일 세종문화회관 [대강당]

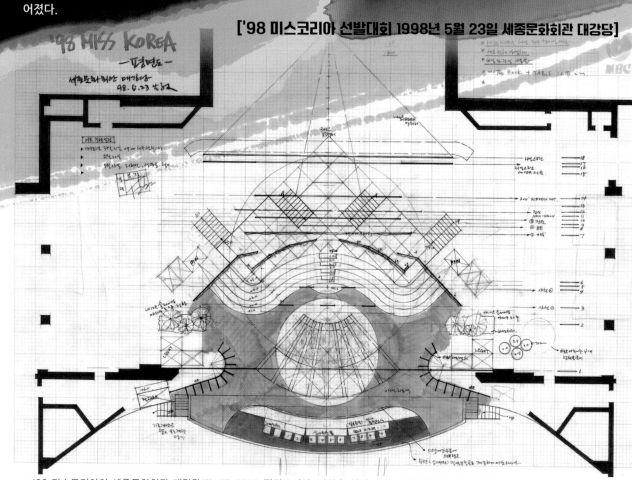

▲'98 미스코리아의 세종문화회관 대강당(현 세종대극장) 평면도이다. 바닥은 원래 오케스트라 피트(무대 앞의 끝부분에 있는 음악 연주자들이 자리 잡고 연주하는 낮은 구역/ 이 구역은 승강이 가능하여 필요에 따라 조정하여 사용된다)가 있는 공간을 16명의 심사위원석으로 배치했고, 무대에는 50~60명의 후보자가 한꺼번에 설 수 있는 넉넉한 공간의 계단으로 설정하였다. 전면 아치 세트와 좌측에는 객석용 멀티큐브와 좌측 가림 세트, 그리고 우측에는 우측 가림 세트를 MC용으로 사용이 가능하도록 디자인한 세트로 구성하였다.

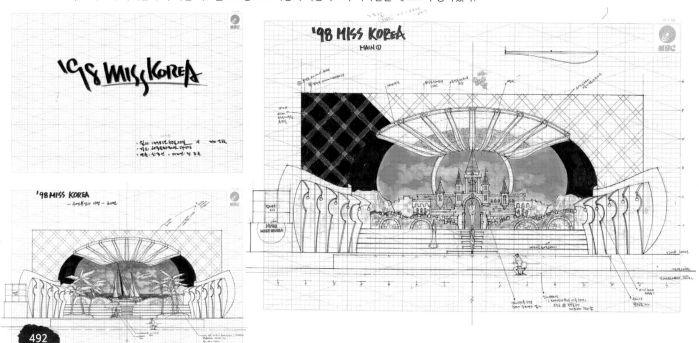

다른 해의 미스코리아 선발대회 세트와 차별이 있는 것이 바로 천장 세트를 설정해서 달았다는 것이다. 필자는 전문 공연장에서 방송 프로그램을 진행할 때 배튼이나 조명 몇 개만이 보이는 아무런 장치가 되어있지 않은 천장의 모습이 자주 보이는 것을 보고 뭔가 방법을 찾아야겠다고 생각했던 터였다. 주로 아치 세트를 설치하는 세트 배튼과 앞부분의 2~3개의 세트 배튼을 활용하여 매다는 천장 세트를 계획하였다. 이 천장 세트는 극장의 천장 부분의 험한 모습이 조금은 커버가 된다는 점에서 좋은 점도 많았지만, 천장 부분에 있는 세트 배튼이나 여러 장치를 사용할 수 없다는 문제점도 있었다. 무엇보다도 규모가 있고 장식이 많이 된 무거운 세트로 디자인하기에는 세트 배튼의 무게 한계에 어려운 점이 있었다. 디즈니 성의 모양을 본 뜬 백색 성 세트는 제작진의 요청으로 디자인하였다. 이 세트는 스티로폼을 활용하여 반 입체로 제작하였다.

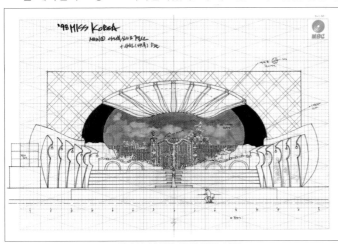

▲야외복 심사를 위한 배튼 세트

▲특별공연을 위한 스크린 세트(300인치 스크린)

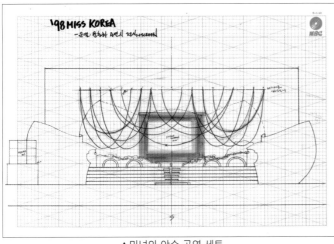

▲미녀와 야수 공연 세트

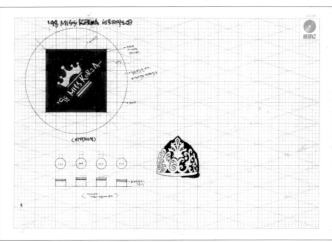

▲바닥 및 전환용 단 세부 제작도

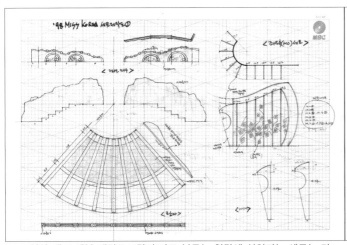

▲천장 세트 세부 제작도/ '람마'라고 부르는 천장에 설치되는 세트는 가벼운 재질의 부직포 등을 활용하였고, 좌우 측면의 백색 언덕 세트는 스티로폼을 이용한 조각으로 제작하였다.

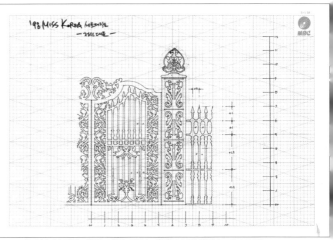

▲야외복 심사를 위한 세트 세부 제작도/ 당시에는 CNC 등의 자동화된 스카시(합판이나 자재를 스케치된 라인대로 따내는 작업)가 불가하여 작화실에서 드로잉을 하고 세트맨이 수작업으로 오려내기를 하였다.

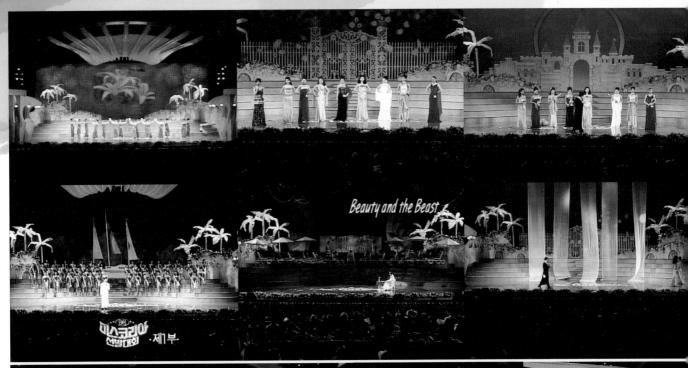

['99 미스코리아 선발대회 1999년 5월23일 세종문화회관 대강당]

'99 미스코리아 선발대회는 열의에 가득찬 연출진과 의욕적인 출발을 하였다. 필자가 그동안 했던 어떤 작업보다도 더욱 긴밀하게 협의하였고, 프로그램의 큐시트를 하나하나 분석하고 최선의 장면을 만들기 위해서 세심하게 준비를 한 작업이었다. 이 작업은 당시 필자가 운영하던 홈페이지에 매일 업데이트를 하며 게재하였는데, 혹시 보신 독자들이 계실지 모르겠다. / 연출 황용우

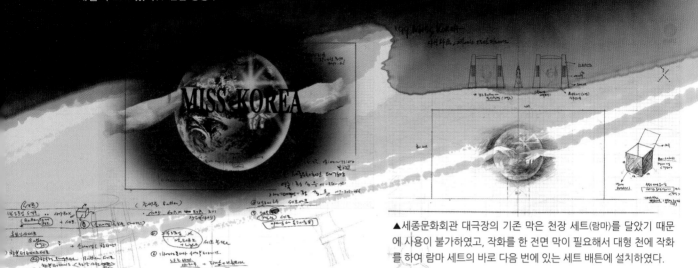

▲세종문화회관 대극장의 기존 막은 천장 세트(람마)를 달았기 때문에 사용이 불가하였고, 작화를 한 전면 막이 필요해서 대형 천에 작화를 하여 람마 세트의 바로 다음 번에 있는 세트 배튼에 설치하였다.

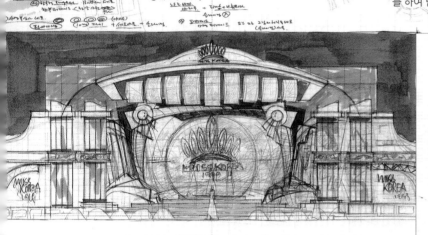

▲'99 미스코리아 선발대회를 위한 스케치 작업

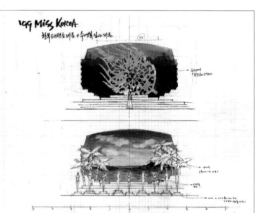

▲한복 패션쇼 및 수영복 심사용 배튼 세트

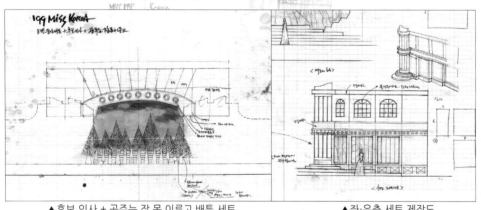

▲후보 인사 + 공주는 잠 못 이루고 배튼 세트   ▲좌·우측 세트 제작도

좌·우측의 세트는 예년에 비해 2배는 높게 설정하였다. 왜냐하면 그 세트들이 낮게 설치되면 세트 전체가 너무 왜소해 보이는 문제가 있다고 판단되었기 때문이다. 세트는 당시 고급스러운 세트를 위해 사용되던 유포 실사(반투명 용지에 대형으로 실사를 하는 것)를 사용하여 조명을 주면 깨끗한 색감의 세트가 될 수 있게 하였다.

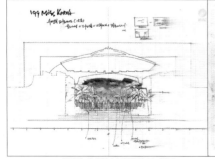

▲15명 수영복 퍼레이드 세트

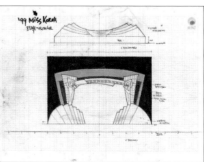

▲프로젝트 가리개 세트 제작도

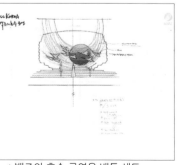

▲백조의 호수 공연용 배튼 세트

이 무대에서 제일 먼저 연출자가 낸 숙제는 '분수대'였다. 오케스트라 피트에 분수대를 설치하여 실제로 분수를 작동하면서 그것을 오버 샷으로도 활용하고 분수대 주변의 공간을 후보자들이 지날 수 있는 동선으로 활용하는 방안이었다. '98년 미스코리아 선발대회 때는 심사위원석으로 사용했던 공간에 분수대를 설치하고 대신에 객석의 일부분을 심사위원석으로 활용하기로 하였다. 두 번째 숙제는 계단 모양이다. 50~60명의 후보자들이 서 있을 계단을 다양한 곡선이 어우러진 계단으로 디자인하자는 것이었다.(사실 이런 형식의 무대를 설치하기 위해서는 모든 것을 전부 새로 제작해야 하는 작업량의 문제가 제일 크다.) 그밖에 멀티큐브 슬라이딩 2세트를 준비해서 특별공연에 활용한다든지, 자유 곡선으로 만들어진 계단 모양의 단을 따로 만들어 준비하는 등참 많은 아이디어를 내놓았다. 필자는 대부분의 의견을 받아들여 준비하였다. 더불어 '98 미스코리아 선발대회에 적용했던 천장('람마'라고 부른다)을 보다 더 업그레이드된 형태의 디자인으로 설계하여 적용하였다.

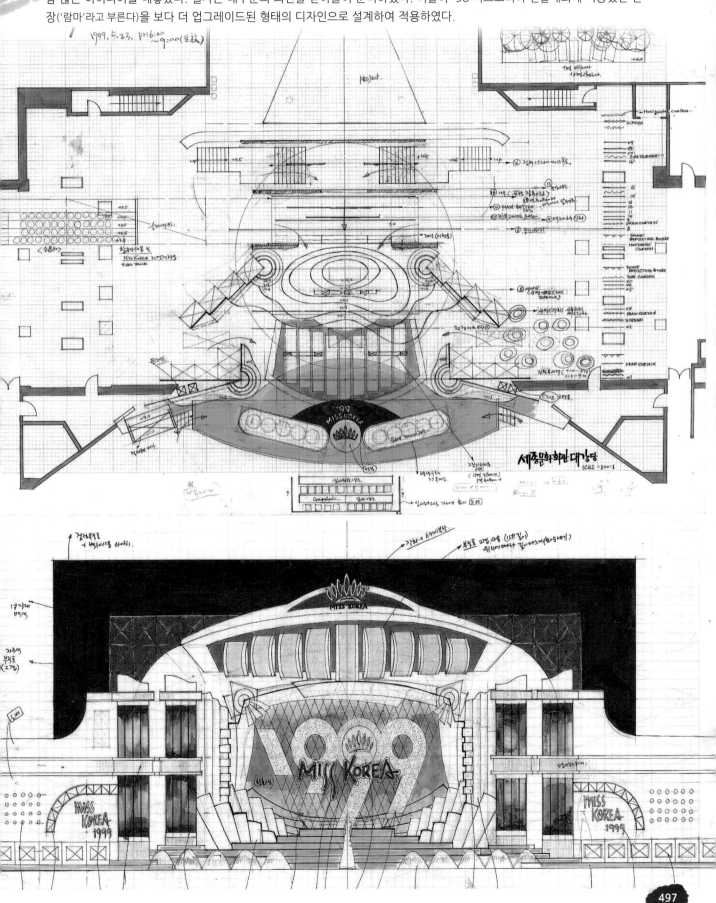

생방송 전날 오후, 작업 마무리를 하고 있는 와중에 미스코리아 후보자 전원이 세종문화회관에 와서 간단한 연습을 하기로 하였다. 이때까지 필자는 설치한 분수가 물이 튀어 바닥에 떨어져서 바닥이 몹시 미끄러워지는 문제로 분수의 물줄기를 제어하기 위해서 스태프들과 분주하게 해결 방안을 내기 위한 협의를 진행하고 있었다. 그 와중에 연습하던 후보가 미끄러지면서 찰과상을 입는 사고가 발생하여 참 미안하기도, 걱정되기도 하였다.

디자인을 완성하고 설치를 기다리고 있을 즈음에 연출자가 추가로 요청한 무대막이다. 이 막을 설치하기 위해서 우선 천장으로 막혀있지 않은 부분의 가용한 세트 배튼을 찾아야 했고 작화팀은 대형막 작화를 하기도 하였다.

▶자유 곡선으로 제작, 설치된 계단이 마치 해수욕장의 모래사장 같은 자연스러운 모습을 보인다. 이런 그림을 위해서 연출자는 그렇게 자유 곡선형의 계단을 원했구나라는 생각이 들었다.

▲미스코리아 선발대회 사상 첫 여성 단독으로 진행을 하게 된 백지연 씨, 수영장에 프로젝트와 무대를 설치하고 촬영한 프로필 모습, 설수현 씨의 모습이 보인다.

▲한복 패션쇼 세트   ▲수영복 심사용 세트

▲유승준 공연 세트/ 멀티큐브 영상 슬라이딩 2세트를 활용한 퍼포먼스

1999년의 미스코리아 진은 김연주 씨였다.
동영상 자료를 보다가 필자의 이름 아래에 있는
'임창화'라는 이름이 눈에 띄었다. 갑자기 그립다.
지금은 보고 싶어도 못 뵙는 분이다.

음악구성 허원선

미술감독 정종훈

장치 MBC 미술센터
임창화
조행구
조규혁

499

공정! 공정! 공정한 영화상을 만들자!

제1회 MBC 영화상
MBC FILM AWARDS

MBC가 영화상을 제정하고 시상식을 개최하기로 했다는 소식이 들렸다. '한국 영화 발전에 공헌한 영화인들을 시상, 격려하는 공정한 영화상을 통해 한국 영화의 창의적, 산업적 발전을 도모하고 전 국민의 문화적 향수를 풍요롭게 하고자 열리는 영화제'를 기치로 무엇보다도 '공정성'에 무게를 두는 영화제로 만들겠다고 했다. 필자는 이 작업에 임하면서 그 동안의 여러 시상식 세트를 설계한 험을 최대한 살려보기로 했다.

헌팅(사전 답사)
2002년 9월 22일
리틀엔젤스예술회관

송 2개월 전에 현장인 리틀스예술회관(현 유니버셜아트센터)으로 사전 답사를 갔다. 그 현장은 내부 장식이 고급스럽고 객석이 붙박이 의자가 아니라는 장점이 있는 곳이지만, 영화상을 개최하기에는 규모가 너무 작은 곳이었다. 영화상 시상식은 무대의 전환이 많이 필요하고 그러려면 무대의 포켓(여유 공간, 준비 공간)이 꼭 필요한데 그곳은 그런 여유 공간이 없는, 합창이나 무용 등의 단일 공연을 주로 하는 장소로 활용되는 곳이어서 걱정이 컸다.

▲당시 현장에는 작은 공연을 위한 세트가 설치되어 있었고, 필자와 세트팀은 레드카펫을 위한 실측도 하였다.

디자인 작업

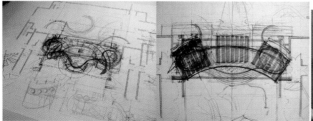

▲우선 트레이싱지에 평면도를 100:1로 그린 후에 청사진으로 도면을 복사하고 그 위에 평면 스케치를 시작했다. 리틀엔젤스예술회관의 기존 무대는 넓이가 협소하여 무대의 끝부분에서 앞으로 확장하여 무대를 설치하는 것으로 구상하였다.

▲세트팀의 도움을 받아서 극장의 기본 모형을 제작하고 그것을 활용하여 구상한 세트를 우드락 모형들로 제작하여 조립해 보면서 디자인을 진행하였다. 전면 바닥은 수상자들이 객석에서 수상을 위해서 무대로 올라오는 기능을 하기 위한 계단이기도 하였지만 장식적인 요소를 넣어서 화려한 느낌이 들도록 설계를 하였다.

▲연장되는 바닥 부분과 비슷한 크기로 트러스 구조물을 세우고 그 구조물을 골조로 이용하여 천장에 매달아서 세트의 기본 형태를 만들어 보았다. 확장하여 넓어진 바닥에는 MC의 진행석과 시상자들이 후보를 소개하고 발표를 하는 시상석이 위치하게 하였다.

▲행사장에 확장하여 설치될 기본 골격의 모형이다. 천장에는 원형 고리 모양의 세트와 'MBC FILM AWARDS'라는 문구를 넣었다. 좌우의 원통형 공간에는 각각 MC석과 시상석 세트를 위치시킬 예정이다.

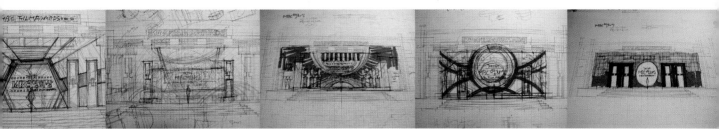

▲기본 골조를 어느 정도 결정한 후에는 세부적인 세트를 하나씩 설계했다. 주로 영화상에서 필요한 메인 세트, 정면 시상석 세트, 각종 공연을 위한 전환 세트 등을 배튼이나 슬라이딩으로 전환하면서 진행할 수 있게 설계를 진행하였다.

전환 장치를 위한 연구

필요한 장면은 많은데 장소가 협소한 문제로 인해 다목적으로 사용할 수 있는 몇 가지의 세트를 고안했다. 그 하나는 좌우로 이동과 회전이 가능한 원형 슬라이딩을 설정하고 그 위에 바닥과 계단을 설치하여 시상자의 출입구 및 축하 공연용 무대로 활용하는 것과 전후, 좌우로 이동이 가능한 슬라이딩 위에 가로 1.8m, 높이 3.6m의 LED 영상을 설치한 6조의 슬라이딩 세트를 필요에 따라 배치하여 활용하는 방안이었다. 이것은 모두 필자가 고안해 낸 '마이너스 레일 장치'를 타고 움직이는 것으로 하였는데 이 마이너스 레일 장치를 위해서 레일과 바퀴를 모두 철재를 이용하여 특수 제작하였다.

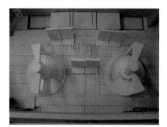

▲미니어처로 만들어본 전환용 세트/ 원형 계단 슬라이딩과 6쪽의 LED 영상 세트

▲마이너스 레일 장치를 위해 제작한 레일과 바퀴들. 전후, 좌우로 움직이게 하기 위해서 십자 레일도 제작했다. 이 레일을 타고 좌우의 움직임은 가능하나 전후의 움직임을 위한 전환을 위해서 슬라이딩을 들어서 돌릴 수 있는 장비를 이용하였다. 후에 이 장치는 동선이 필요한 부분의 슬라이딩 전환에 많이 활용되었다.(돌출형 레일은 출연자나 스태프의 동선에 지장을 줄 수밖에 없기 때문이다.) / 철제작 이용대

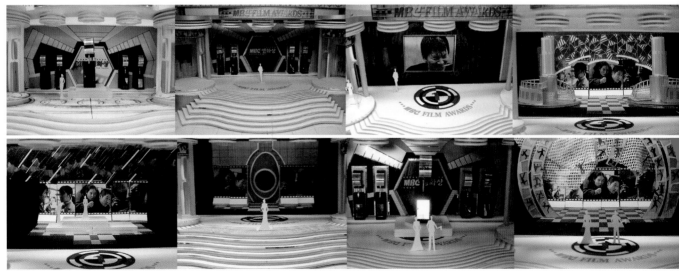

장면에 따른 미니어처를 제작하고 큐시트에 따른 진행 상황을 체크했다. 디자인과 기술적인 부분이 정리가 되면 도면 작업을 통해서 제작도를 그렸다.

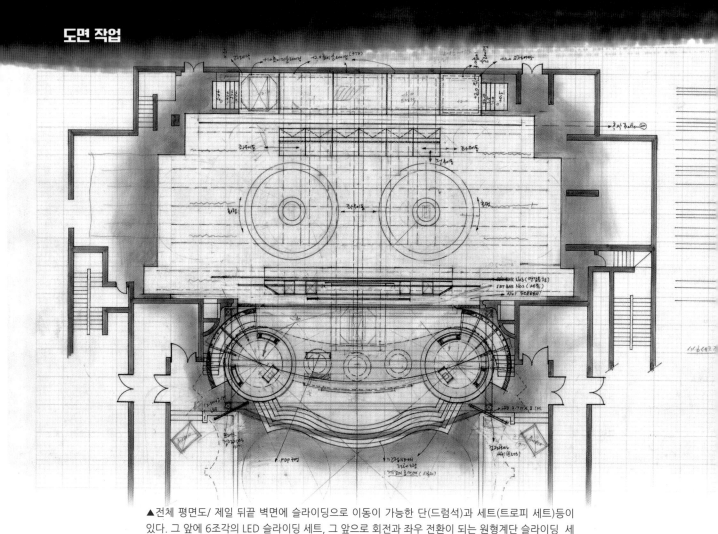

▲전체 평면도/ 제일 뒤끝 벽면에 슬라이딩으로 이동이 가능한 단(드럼석)과 세트(트로피 세트)등이 있다. 그 앞에 6조각의 LED 슬라이딩 세트, 그 앞으로 회전과 좌우 전환이 되는 원형계단 슬라이딩 세트가 있고, 그 앞에는 시상용으로 사용되는 가리개 세트가 2분할하여 좌우로 이동, 전환하게 된다. 이것들은 모두 바닥 전체에 마이너스 레일을 깔아서 모든 세트들이 그 레일을 타고 큐시트에 의해서 배치되어 활용되게 하였다.

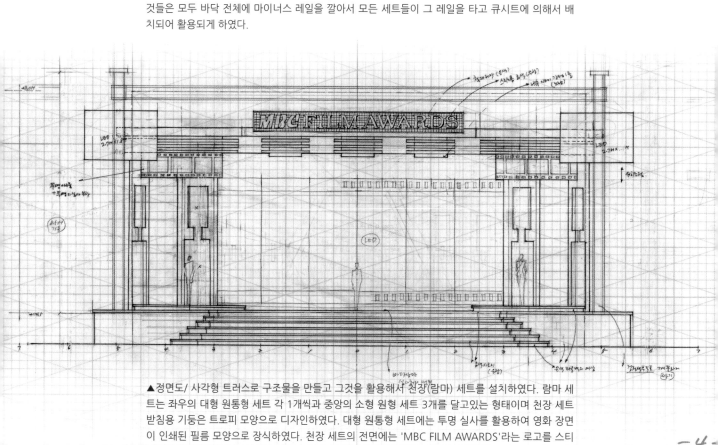

▲정면도/ 사각형 트러스로 구조물을 만들고 그것을 활용해서 천장(람마) 세트를 설치하였다. 람마 세트는 좌우의 대형 원통형 세트 각 1개씩과 중앙의 소형 원형 세트 3개를 달고있는 형태이며 천장 세트 받침용 기둥은 트로피 모양으로 디자인하였다. 대형 원통형 세트에는 투명 실사를 활용하여 영화 장면이 인쇄된 필름 모양으로 장식하였다. 천장 세트의 전면에는 'MBC FILM AWARDS'라는 로고를 스티로폼으로 입체 제작하여 부착하였다.

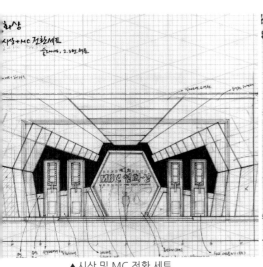

▲시상 및 MC 전환 세트

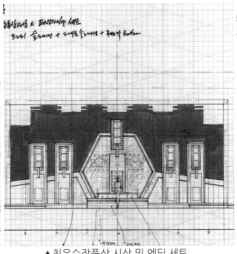

▲최우수작품상 시상 및 엔딩 세트

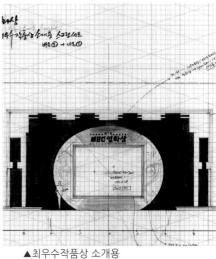

▲최우수작품상 소개용
스크린 세트/ 배튼

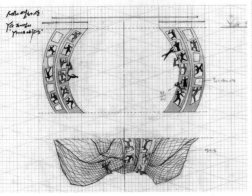

▲YG FAMILY YMCA 야구단 세트/ 배튼 2개

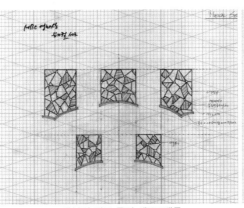

▲광복절 밴드 공연 세트/ 배튼

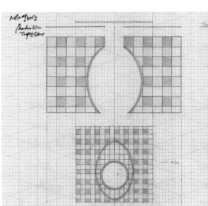

▲앙드레김 패션쇼 세트/ 배튼 2개

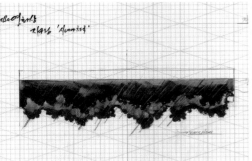

▲자우림 공연용 세트/ 배튼

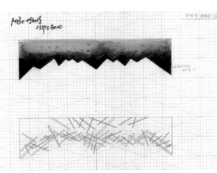

▲YG FAMILY YMCA 야구단 세트/ 배튼

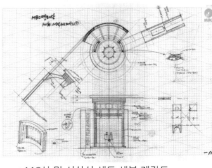

▲MC석 및 시상석 세트 세부 제작도

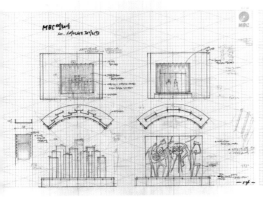

▲MC석 및 시상석 세트 세부 제작도 2

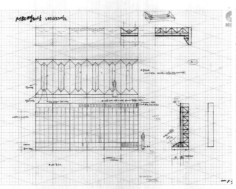

▲LED 슬라이딩 세트 세부 제작도(6개)

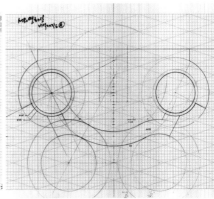

▲바닥 전면부 세부 제작도

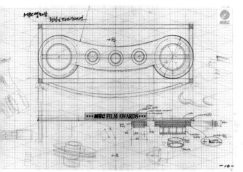

▲천장 및 트러스 세부 제작도

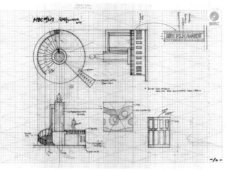

▲원형 슬라이딩 세트 세부 제작도

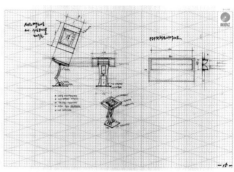

▲MC 및 시상석 테이블 세부 제작도

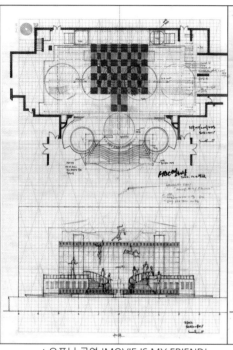

▲오프닝 공연 'MOVIE IS MY FRIEND'
세트 배치도

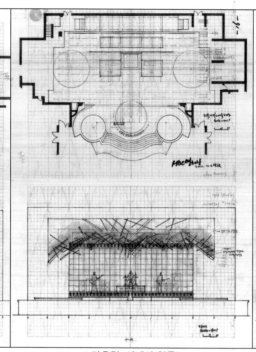

▲자우림 '시네마 천국'
세트 배치도

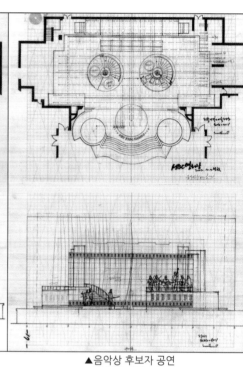

▲음악상 후보자 공연
세트 배치도

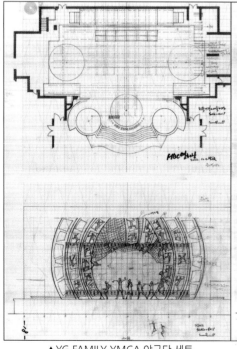

▲YG FAMILY YMCA 야구단 세트
세트 배치도

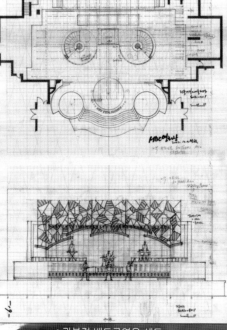

▲광복절 밴드공연용 세트
세트 배치도

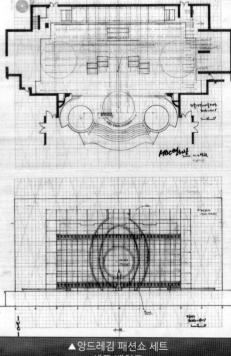

▲앙드레김 패션쇼 세트
세트 배치도

504

홍보, 안내용 현수막 디자인

어떤 프로젝트라도 할 수만 있다면 세트 디자이너가 작업해야 할 것들은 대단히 많다. 이번 작업에서는 대형 현수막과 각종 안내용 현수막의 디자인 작업도 필자가 하였다. 세트 디자이너는 무대에 관한 작업은 물론, 행사에 필요한 작업을 하게 되는 경우도 많다.

그런 점에서 TV 세트 디자이너는 팔방미인이 되지 않으면 안 된다. '세트'라는 3D 설계 작업은 물론이고 그에 필요한 2D 작업도 능숙하게 처리할 수 있어야 좋다. 안내를 위한 현수막뿐 아니라 시사회를 위한 현수막과 리셉션의 현수막도 디자인하였다.

세트 설명

　도면 작업을 완료하고 제작진들과의 협의와 조정을 끝내면 목공, 철재 작업, 스티로폼 작업, 전기 장치, 아크릴, 실사 프린트 등 각각의 제작을 담당할 스태프와 함께 제작과 설치에 관한 설명(협의)을 진행하였다. 세트를 설명할 때는 프로그램의 개요에 관한 브리핑과 담당해야 할 세트의 제작방법과 설치를 위한 일정 등 세부적인 부분까지 체크한다.

세트 제작

　세트 제작에 들어가면 필자는 제작되고 있는 세트에 문제가 없는지에 대한 점검을 수시로 해야 한다. 제작된 세트가 설치할 때 문제가 생기면 일정의 차질은 물론 다른 작업에도 영향을 주어 전체의 프로세스가 흔들릴 수도 있기 때문이다.

세트 설치 작업

　작은 공간에 설치해야 할 아이템이 상당히 많으므로 작업의 순서를 잘 조정해야 순조롭게 진행할 수 있다. 또한 이 프로젝트는 외부의 대형 현수막이나 안내용 플래카드도 설치해야 하는 별도의 작업도 체크해야 하였다.

테크니컬 리허설

생방송(D-day) 전날에는 제작진들이 현장에 와서 작업 완료한 세트의 전환 장치의 작동 여부와 동선 등을 점검하였다. 세트팀은 마무리 작업을 계속하고 조명팀과 음향팀도 동시에 작업을 진행하였다. 레드 카펫 행사(시상식에 참석하는 아티스트나 스타들을 입구에서 인터뷰하고 사진을 촬영하는 등 사전 출석 장면을 보여주는 행사)를 위한 카펫 설치 작업을 전날에 실시하였다.

▲무대에서 연습이 필요한 팀들은 사전 연습을 하고 진행팀은 큐시트에 의한 세트의 전환이나 출연자의 동선, 필요한 소도구 등을 일일이 체크하였다.

리허설/ 카메라 리허설/ 런 스루(Run Through)/ 생방송

방송 당일 세트팀은 현장에 있기가 쉽지 않다. 그동안 세트팀, 조명팀, 음향팀 등 스태프들이 있던 현장은 제작진과 카메라팀과 출연진으로 주인이 바뀐다. MC는 대본에 따른 진행을 연습, 숙지하고 그에 따라 카메라는 어떤 화면을 만들어 낼지 테스트를 하고, 출연하는 아티스트들은 자신의 위치를 확인함과 동시에 연습을 한다. 이 모든 것은 연출자의 큐시트에 따라서 진행되는데 세트의 전환은 진행팀에서 타이밍에 맞게 장면을 전환하는 연습을 겸한다. 모든 연습이 끝나면 '런 스루(Run Through)'라고 부르는 실제 생방송처럼 처음부터 끝까지 진행해 보는 리허설을 진행한다.

행사장으로 올라가는 계단의 레드 카펫 작업이 완료되어 도착할 스타들을 기다리고 있고, 로비에서는 이미 도착한 관객과 초대손님으로 북적인다. 이때 필자와 세트팀은 긴장을 늦추지 않으면서도 조금은 한숨을 돌리고 여유를 가진다. 이제 공은 제작진들에게로 넘어갔다.

여느 영화상이나 다름없이 레드 카펫 행사는 '제1회 MBC 영화상'에서도 진행되었다. 스타들이 멋진 의상을 입고 한껏 뽐내는 장면은 그 자체로도 화제가 되기도 한다. '제1회 MBC 영화상'의 레드 카펫은 리틀엔젤스예술회관의 계단에서 진행되었고, 레드 카펫의 설치는 당연히 세트팀의 몫이었다.

'MBC 영화상'은 2회부터는 '대한민국 영화대상'이라는 명칭으로 변경되어 2010년 제8회까지 진행되었고 '제3회 대한민국 영화대상'부터는 세종문화회관 대강당에서 개최되었다. 필자는 이 작업 이후에는 영화상 시상식 세트 설계를 다시 한 적은 없다. 이후에 영화상 시상식을 작업한 디자이너들은 세종문화회관 대강당이라는 넓은 공간을 채우는 디자인을 고심했겠지만 필자는 그 작은 공간에서 영화상 시상식을 해냈다는 나름의 성취감을 느낀 작업이었다.

제18회
한국방송프로듀서상
시상식

방송스태프가 받는 최고로 기분좋은 상!
프로듀서상을 디자인하다!

'한국방송프로듀스상'은 제20회부터 '한국PD대상'으로 이름
이 바뀌었다.

[제18회 한국방송프로듀서상 시상식]
2006년 3월 1일/ 리틀엔젤스예술회관

2002년에 '제1회 MBC 영화상' 작업을 한 이후 4년 만에 리틀엔젤스예술회관(현 유니버셜아트센터) 평면도를 다시 찾았다. 방송 관련 일을 하는 사람들이 받는 최고의 상(적어도 필자는 그렇게 믿어 의심치 않는다)인 '한국방송프로듀서상'을 시상하는 무대를 설계하게 되었기 때문이다.

MC석과 시상석을 기존 프로세늄 아치 내측에 설치하게 되면 중앙 부분의 무대 넓이가 너무 좁아져 중앙을 활용하기도 어렵고 세트가 너무 왜소해지는 문제가 있어서 결국 '제1회 MBC 영화상'의 작업과 비슷한 방식으로 앞쪽 객석에 연장하는 무대를 설치했다. 원형 계단이 있는 중앙무대의 좌·우측에 각각 진행석을 만들었고 메인 무대에는 축하공연을 위한 원형 트러스와 슬라이딩으로 이동이 가능한 드럼석과 밴드석을 준비하였다.

헌팅(사전 답사)

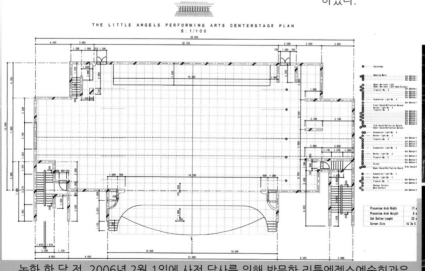

녹화 한 달 전, 2006년 2월 1일에 사전 답사를 위해 방문한 리틀엔젤스예술회관은 4년 전과 다를 바가 없었다. 필자가 작업한 '제1회 MBC 영화상'과 비슷한 형식의 무대를 설계하면 되겠다고 생각하였다.

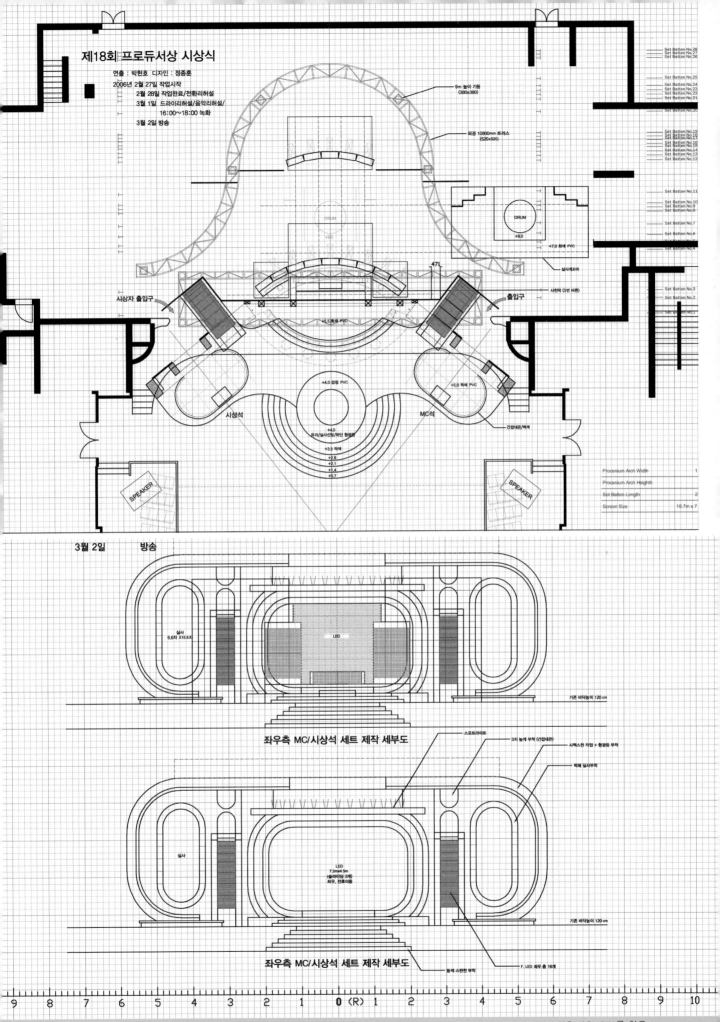

제18회 프로듀서상 시상식

연출 : 박현호 디자인 : 정종훈
2006년 2월 27일 작업시작
2월 28일 작업완료/전환리허설
3월 1일 드라이리허설/음악리허설/
16:00~18:00 녹화
3월 2일 방송

9m 높이 기둥
(380x360)

외경 10800mm 트러스
(520x520)

DRUM
+9.0

+7.0 화색 PVC

실사계조이

샤천막 (3번 바톤)

시상자 출입구

출입구

+5.5회색 PVC

47L

시상석

MC석

+5.0 적색 PVC

+4.0 감정 PVC

간접6은/백색

+4.0
유리/실사선팅/하단 형광등
+3.5 적색
+2.8
+2.1
+1.4
+0.7

SPEAKER

SPEAKER

Procenium Arch Width	1
Procenium Arch Heigtht	
Set Batten Length	2
Screen Size	16.7m x 7

3월 2일   방송

실사
6.6자 X15.6자

LED

기존 바닥높이 120 cm

좌우측 MC/시상석 세트 제작 세부도

스포트라이트

3차 높게 부착 (간접네온)

시멕스천 작업 + 형광등 부착

벽체 실사부착

실사

LED
7.2mx4.5m
(슬라이딩 3개)
좌우, 전동이동

기존 바닥높이 120 cm

좌우측 MC/시상석 세트 제작 세부도

동색 스판천 부착

F. LED 좌우 총 16개

▲전체 세트를 백색 라이트(형광등)를 넣은 천 구조물 세트 '시멕스' 세트(골조를 알루미늄이나 철재로 제작하고 스판 재질의 천을 씌운 세트)를 활용하여 MC석과 시상석이 일체화되게 디자인하였고 벽면 부분은 실사를 이용하여 처리하였다.

좌측 시상석 세트 실사

실사 작업

▲ 중앙 바닥용 실사

제18회
한국방송프로듀서상
시상식 2006. 3. 1(수)
오후 4:00
리틀엔젤스 예술회관

한국방송프로듀서인협회

▲ 외부 대형 현수막 실사

제18회
한국방송프로듀서상시상식
한국방송프로듀서인협회 2006. 3. 1(수) 리틀엔젤스 예술회관

▲ 리셉션용 현수막 실사

설치 작업

리허설

본 행사 및 녹화

우측 MC석 세트 실사

제18회 한국방송프로듀서상 시상식
출연자상
가수 부문

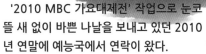

Korean Music Wave in Bangkok

방콕에 K-POP무대를 세워라!
코리안 뮤직 웨이브 인 방콕 이야기(2011, 2012, 2013)

[2011 코리안 뮤직 웨이브 인 방콕]
2011년 3월 12일 공연, 녹화/ 태국 방콕 라자만갈라 국립 경기장
(Rajamangala National Stadium)

스케치

'2010 MBC 가요대제전' 작업으로 눈코 뜰 새 없이 바쁜 나날을 보내고 있던 2010년 연말에 예능국에서 연락이 왔다.

내년 3월에 태국 방콕에서 'Korean Music Wawe in Bangkok' 공연을 계획하고 있다는 것이다. 동남아에서 해외 공연을 해본 적이 없는 필자로서는 진행 방안이 단번에 떠오르지 않았다.

무대를 설계한다는 일은 그 무대를 제작하고 설치하는 하드웨어가 뒷받침이 되어주지 않으면 설계가 무의미한데 필자는 태국의 무대 제작 환경에 대해서 아는 바가 없으므로 그것부터 파악을 하면서 진행해야 할 상황이었다.

2011년의 첫 번째 작업을 진행한 이후 2012년과 2013년에는 모든 사항이 시스템화되다시피 하였지만 처음으로 뭔가를 한다는 것은 역시 쉽지 않은 일이었다. 더구나 운동장에 무대를 설치하는 일은 국내에서 그 자재와 장비와 인력 모두를 옮겨갈 수도 없는 상황이므로 중요 자재를 운송하는 것 대신에 많은 부분을 현지의 인력과 하드웨어를 활용해야 했다.

더위와 싸우며, 언어의 장벽과 무대 용어의 장벽을 넘어, 방콕에 필자가 설계한 무대를 세우고 공연을 했던 기억은 힘들었던 것보다는 즐거운 기억으로 남아 있다.

해외 공연 무대를 현지에 세우는 작업은 우선 그 지역의 제작과 설치 능력을 파악하는 일부터 진행해야 한다. 그 지역에서 어떤 장비의 활용이 가능한지, 작업 환경이 어떤지에 대한 조사가 우선되어야 한다. 만약에 우리나라의 조건과 같다고 생각하고 설계를 했다가 그 설계를 현실화시켜줄 조건이 되지 않는다면 수정할 수밖에 없고, 그것이 수정의 정도가 아니라 완전히 처음부터 다시 설계해야 할 상황이라면 대략 난감할 수밖에 없다.

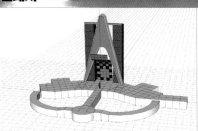

최초에는 장소를 확정하지 못했으므로 답답한 마음에 스케치만을 진행하였다. 메인 무대와 운동장 그라운드에 돌출무대를 설치하는 정도의 방안으로 진행을 하고 있었다.

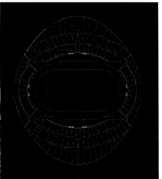

공연 장소가 라자만갈라 국립 경기장으로 결정이 나고, 구글 어스로 찾아본 현장의 위성 사진과 인터넷으로 검색해서 찾아낸 데이터를 활용해서 오토캐드로 운동장의 도면을 그렸다.

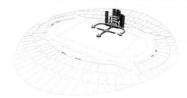

공연할 장소의 평면이 확보되면 그 장소의 규모에 맞는 스케치 작업을 해본다. 하지만 여전히 이 작업을 실현할 수 있는지에 대한 것은 쉽게 파악되지 않았다. 필자는 현지 사정을 파악하고 난 후에 그 조건에 맞는 무대를 설계하는 것은 시간이 너무 오래 걸리고 현지에 오래 머무르면서 작업해야 하므로 차라리 그동안 국내에서 작업했던 참조 사진 등을 보내서 태국 기술진들의 답변을 들어보는 것이 낫다고 판단하였다.(방콕으로 헌팅(사전 답사)을 가기 전에 가능하면 많은 사항을 이메일이나 연락을 통해서 현지 상황을 파악해 보기로 하였다.)

그러기 위해서는 방콕의 제작진이 미리 작업된 참고 디자인을 보고 파악하는 것이 중요하다고 생각해서 '인천 코리안 뮤직 웨이브'의 무대를 기초로 하여 디자인을 하고 협의를 진행하였다.

디자인 작업 및 도면 그리기

인천에서의 작업을 기초로 설계된 무대의 디자인을 방콕의 기술진들에게 전달하는 것이 무엇보다도 우선되어야 한다고 생각하고 스케치업으로 모델링 작업을 하였고 도면 작업도 동시에 진행하였다.

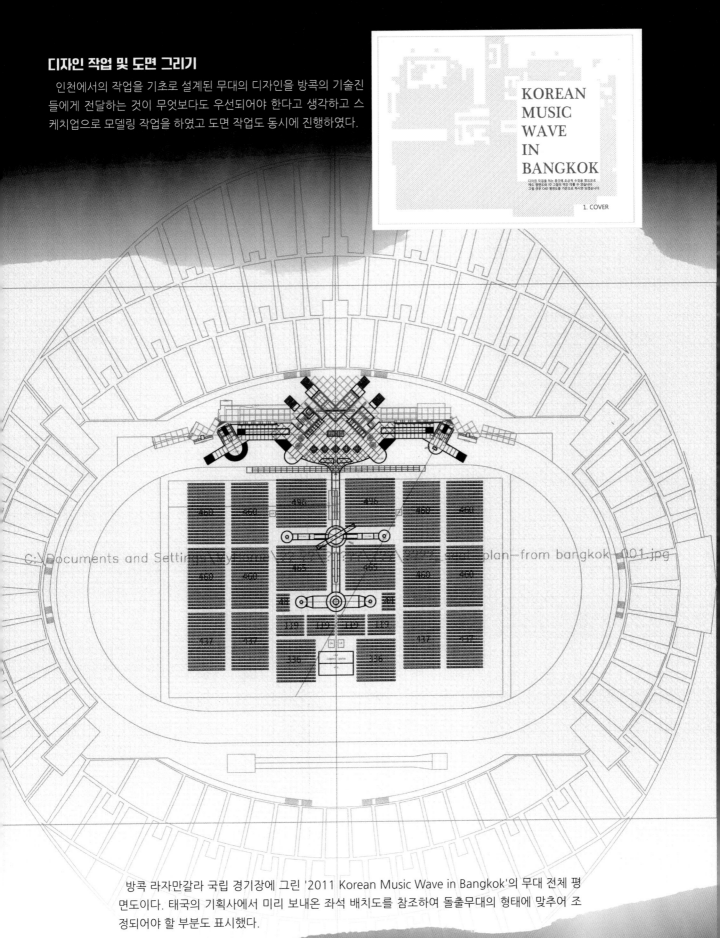

방콕 라자만갈라 국립 경기장에 그린 '2011 Korean Music Wave in Bangkok'의 무대 전체 평면도이다. 태국의 기획사에서 미리 보내온 좌석 배치도를 참조하여 돌출무대의 형태에 맞추어 조정되어야 할 부분도 표시했다.

2. FLOOR PLAN
DELAY SPEAKER /CONSOL CORNER
PIN TOWER /CAMERA POSITION

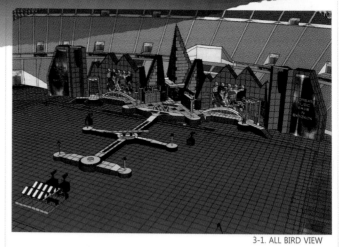

3-1. ALL BIRD VIEW

▲평면도는 캐드로 작업하고 스케치업으로 그린 전체 그림을 태국 스태프에게 보냈다.

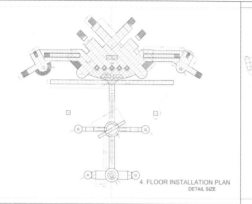

4. FLOOR INSTALLATION PLAN
DETAIL SIZE

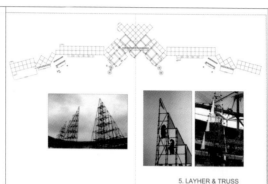

5. LAYHER & TRUSS
CONSTRUCTION PLAN

이 디자인을 현실화하려면 우선 레이어 자재의 보유 여부가 중요한데 다행히 태국의 기술진에서 가능하다는 답변이 와서 레이어로 디자인을 진행하였다. 정확하게 규격에 맞지 않으면 일부 수정을 통해서 가능하리라고 생각했고 인천에서 작업했던 사진을 첨부해서 작업 방법에 대한 설명을 적었다. 다음으로 중요한 것은 각종 무대 기계에 관한 부분이었다. 보유하고 있는 장비든 제작해야 하는 장비든 방콕의 기술진들이 가능하다고 판단되는 부분을 활용해야 하기 때문에 지원 가능 여부를 판단해 보기 위해서라도 많은 장비를 무대에 적용해서 설계하였고, 기계에 관한 설명도 첨부해서 보냈다.

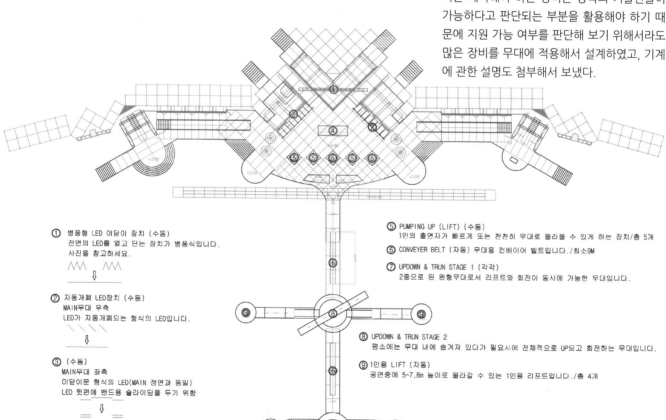

① 병풍형 LED 여닫이 장치 (수동)
전면의 LED를 열고 닫는 장치가 병풍식입니다.
사진을 참고하세요.

② 자동개폐 LED장치 (수동)
MAIN무대 우측
LED가 자동개폐되는 형식의 LED입니다.

③ (수동)
MAIN무대 좌측
미닫이문 형식의 LED(MAIN 정면과 동일)
LED 뒷면에 밴드용 슬라이딩을 두기 위함

④ LIFT (자동)
MAIN무대 바닥에서 올라올 수 있는(크기 최소 1.5mx2.4m) 리프트입니다.

⑤ PUMPING UP (LIFT) (수동)
1인의 출연자가 빠르게 또는 천천히 무대로 올라올 수 있게 하는 장치/총 5개

⑥ CONVEYER BELT (자동) 무대용 컨베이어 벨트입니다./최소9M

⑦ UPDOWN & TRUN STAGE 1 (각각)
2중으로 된 원형무대로서 리프트와 회전이 동시에 가능한 무대입니다.

⑧ UPDOWN & TRUN STAGE 2
평소에는 무대 내에 숨겨져 있다가 필요시에 전체적으로 UP되고 회전하는 무대입니다.

⑨ 1인용 LIFT (자동)
공연중에 5~7,8m 높이로 올라갈 수 있는 1인용 리프트입니다./총 4개

6. STAGE MACHINE PLAN
& EXPLANE

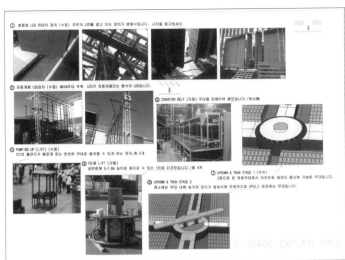

7. STAGE EXPLANE PAGE

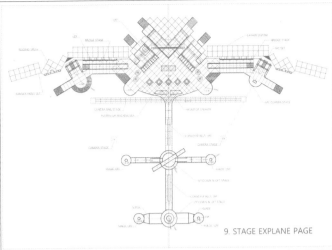

9. STAGE EXPLANE PAGE

▲국내에서 사용되고 있는 장비들의 사진을 참조용으로 첨부하고 영문으로 번역된 도면도 첨부하였다.

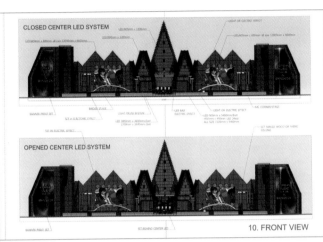

CLOSED CENTER LED SYSTEM

OPENED CENTER LED SYSTEM

10. FRONT VIEW

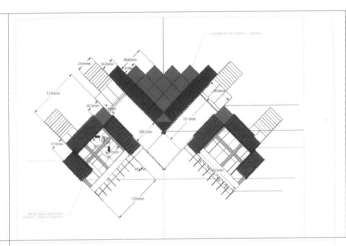

CLOSED CENTER LED SYSTEM

OPENED CENTER LED SYSTEM

12. MAIN DETAIL 002/FRONT VIEW

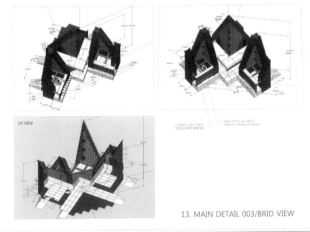

UP VIEW

13. MAIN DETAIL 003/BRID VIEW

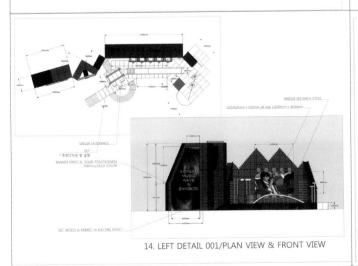

14. LEFT DETAIL 001/PLAN VIEW & FRONT VIEW

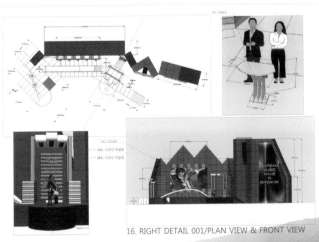

16. RIGHT DETAIL 001/PLAN VIEW & FRONT VIEW

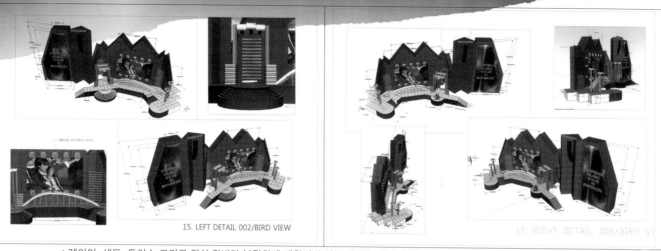

15. LEFT DETAIL 002/BIRD VIEW

17. RIGHT DETAIL 002/BIRD V

▲레이어, 세트, 트러스 그리고 영상 장비가 복잡하게 계획되어 있는 세트는 하나씩 나누어서 규격과 함께 원하는 사양의 내용도 자세히 적었다.

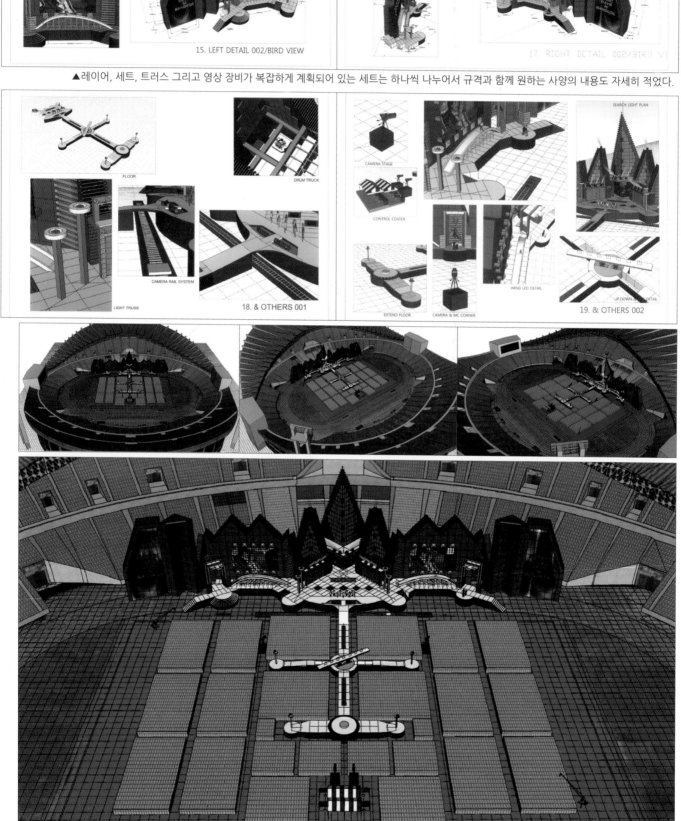

FLOOR

DRUM TRUCK

CAMERA RAIL SYSTEM

LIGHT TRUSS

18. & OTHERS 001

SEARCH LIGHT PLAN

CAMERA STAGE

CONTROL CENTER

WING LED DETAIL

EXTEND FLOOR

CAMERA & MC CORNER

UP.DOWN DETAIL

19. & OTHERS 002

방콕으로의 헌팅(사전 답사) 전에 조율하는 작업을 꽤 많이 진행하였다. 이렇게 하면 방콕 현지팀들도 미리 디자인에 관한 사항과 작업 가능 여부를 파악하고, 가용 자재와 무대 기계, 영상 장비 등 필요 사항을 미리 체크하고 만나게 되므로 협의가 훨씬 수월하게 될 수 있으리라고 판단을 하였다.

방콕 헌팅(사전 답사) 2011년 2월 8일~10일

공연 한 달 전쯤에 방콕으로 날아갔다. 해외 답사를 가는 경우에는 국내에 비해서 좀 더 철저한 조사가 필요하다. 필자는 그동안 여러 경로를 통해서 방콕의 기술진과 소통을 해오던 터라 최종 확인 절차만 가지면 되는 상황이었다.

도착하자마자 공연장인 '라자만갈라 국립 경기장'을 방문했다. 오랫동안 경기장을 모델로 디자인 작업을 진행해서인지 경기장이 그다지 낯설지 않았다. 하지만 실제 규모는 생각보다 훨씬 컸고, 한국의 어떤 경기장보다도 수용인원이 많은 큰 경기장이었다. 경기장 답사를 마치고 호텔에서 열린 한국과 태국 전체 스태프들과의 미팅에서 무대 디자인을 브리핑하고 그동안 검토한 내용들을 같이 협의하였다.

다행히도 태국 스태프의 대부분이 보내준 무대의 스케치업 파일을 공유하고 잘 파악하고 있어서 서로 조율이 필요한 부분만 협의하였다. 필자는 이런 방식이 참 괜찮았다는 생각을 했다. 만약에 현지에 와서 그 많은 부분을 파악하고 거기에 맞는 디자인을 하려고 했다면 아마도 필자는 방콕에서 한 달은 머물러야 했을지도 모른다.

다시 온라인으로

방콕에서의 협의를 통해 현지 스태프들이 작업할 도면을 그려서 보내주고 그것을 검토하는 것으로 결정했기 때문에 출장에서 돌아와서 연출진과 무대의 수정, 보완에 관한 협의를 하면서 방콕의 디자이너 연락을 기다렸다.

방콕의 디자이너는 약 5일 후에 작업된 도면을 보내주었고, 여러 번의 협의 과정을 통해서 최종 도면을 확정하였다.

F&B TENT 5x12m.
ARTIST TENT 5x12m.
PATITION
ARTIST
VIDEO , AUDIO RECORDING
F&B TENT 5x12m.

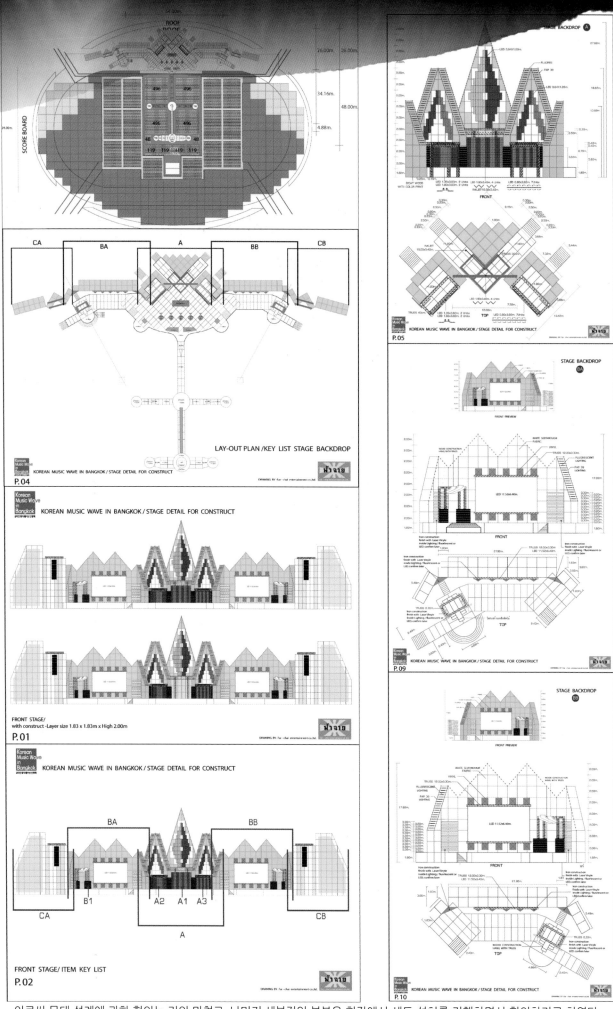

이로써 무대 설계에 관한 협의는 거의 마쳤고, 나머지 세부적인 부분은 현장에서 세트 설치를 진행하면서 협의하기로 하였다.

세트 설치와 현장 진행

방콕으로 출발하기 하루 전인 2011년 3월 4일에 현지팀이 사진을 보내왔다. 벌써 일주일 전부터 작업을 시작했다고 한다. 사진으로 본 현장은 레이어 구조물의 작업이 거의 완성되고 있는 상태였다.

필자의 현지 출장은 3월 5일 오후 출발이었다. 6시간의 짧은 비행 끝에 도착한 방콕은 후덥지근한 날씨였다. 필자가 도착했을 때는 그날의 작업이 끝난 시간이었지만 궁금함을 참을 수 없었던 필자는 현장부터 방문했다. 현장에서는 더운 날씨 때문에 야간작업을 주로 하는 상황이었다.

2011년 3월 6일 저녁의 라자만갈라 국립 경기장의 현장 모습이다. 레이어 구조물은 거의 완성되었고 일부 조명 작업과 영상 설치 작업이 끝난 상태였다.

필자는 한국의 스태프 중에 제작, 설치 전문가 한 분과 같이 갔고, 3월 7일의 오전에는 방콕 시내를 둘러보고 오후부터 현장에서 진행을 하기로 하였다.
/ 현장감독, 지도 서남원

3월 방콕 날씨가 일 년 중에서 제일 좋다고 하는데 한국인들에게는 참 덥고 습하게 느껴지는 힘든 날씨였다. 멀쩡하게 맑다가도 갑자기 쏟아지는 스콜도 그렇고, 현장의 환경이 설치 작업을 하기에는 여러 가지로 어려운 상황이었다. 태국 스태프의 일을 대하고 처리하는 개념이 조금 달랐다. 빨리빨리 처리하는 한국의 상황을 생각할 때 답답함을 느낄지 모르겠지만 '어쩌면 이렇게 하는 작업 방법이 여기에 맞는 식'이라고 생각하니 '우리가 너무 급하게 일을 하고 있는 것은 아닌가?' 하는 생각도 들었다.

주로 야간에 작업을 진행했지만 그래도 일정에 맞추는 것은 중요하므로 현장 감독에게 일정의 중요성에 대해 자주 강조를 하였고, 더위를 피해서 태국식으로 느릿하게 작업하였지만 어느덧 계획된 것들은 하나씩 작업이 완성되어 갔고 잔디를 보호하는 바닥재 작업도 완료되었다.

약 보름간의 기나긴 작업 끝에 드디어 공연을 하는 날이 왔다. 진행팀들은 현지 스태프들과 큐시트를 체크하며 무대 전환에 관한 협의를 하고, 필자는 스태프들과 기념촬영도 하고 자료사진 촬영에 열중하였다.

운동장에서 공연을 즐기는 관객들, 그리고 2층과 3층의 객석을 꽉 메운 관객들의 환호는 오랜 기간 더위와 소나기와 외지의 생활에 지친 필자의 몸과 마음을 달래기에 충분하였다.

늘 그렇듯이 공연이 끝난 무대를 바라보면 만감이 교차한다. 아쉬움,
다행스러움, 걱정스러움 그리고 같이 수고해 준 사람들께의 감사함!

다음날, 우리는 금빛 찬란한 방콕의 문화재들을 볼 수 있었다.
방콕이 이런 멋진 곳이었다니!

방송 2011년 4월 17일

아쉬운 점이 많긴 했지만 동남아의 첫 K-POP 공연의 임무를 완수했다는 만족감이 들었다. 오히려 '인천 코리안 뮤직 웨이브'
에서의 아쉬움을 조금은 덜 수 있었다는 생각도 하였다.

[2012 코리안 뮤직 웨이브 인 방콕]
2012년 4월 7일 공연/ 태국 방콕 라자만갈라 국립 경기장

2011년에 이어 두 번째의 태국 공연 작업을 하게 되었다. 이번 공연은 2011년의 첫 작업에 비해서 비교적 편안한 마음이었다. 이미 한번의 경험으로 현지 상황을 파악하고 있었으므로 비슷한 시스템으로 진행하면 되겠다는 생각이었다. 물론 연출진이 달라졌지만 그것은 국내에서 협의해서 진행 하면 되는 일이므로 어려운 문제는 아니었고, 태국의 세트 스태 프들의 원활한 소통이 제일 중요하다는 생각이었다.

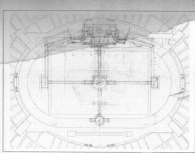 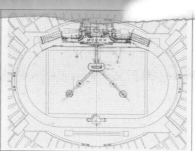 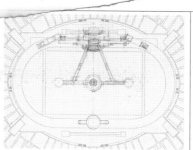 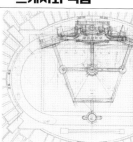

작업의 주요 포인트는 객석의 돌출무대를 어떻게 설정할 것인가 하는 것이었다. 넓은 공연장에서 아티스트들이 관객들 한테로 조금 더 가까이 다가가기 위한 돌출무대가 필요했고 그것을 설계를 어떻게 하는 것이 좋을까 하는 것이다. 돌출무대의 디자인은 너무 길면 퍼포먼스의 동선이 길어져서 타이밍을 잡는데 어려운 점이 있고, 객석을 많이 줄여야 하는 문제가 있으므로 신중하게 판단해야 한다. 제작진과의 협의 끝에 돌출무대의 디자인을 결정하고 세부 디자인을 진행하였다.

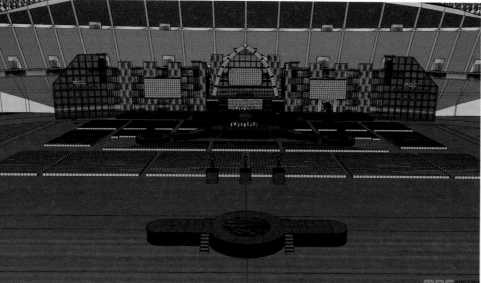

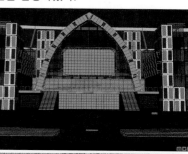

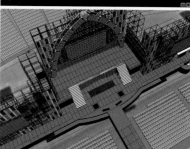

2011년에 비해서는 세트 설치는 간단한 디자인이었지만 규모는 그대로 유지했다. 맞은편 객석이 넓고 멀어서 메인 무대를 2층으로 높게 설정하고, 높은 경기장 객석의 관객을 위하여 보조 무대를 따로 세우는 것으로 계획하였다.

 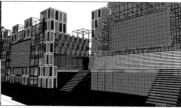

필자는 스케치업으로 모델링 한 디자인을 방콕의 현지 디자이너인 푸이 씨에게 보내고 MC석 백 세트와 좌·우측의 실사 디자인 등 몇 부분은 직접 디자인을 부탁하였다. 태국에서 진행하는 K-POP의 공연에 태국의 전통 콘셉트가 가미된 세트를 완성하고 싶었고, 방콕의 디자이너와의 협업으로 진행하고 싶었기 때문이다.

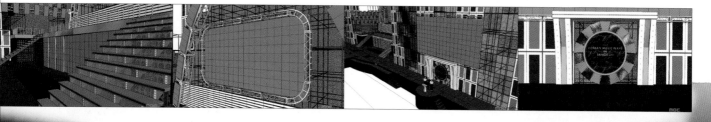

헌팅 (사전 답사)

2012년 3월 2일에 방콕으로 날아갔다. 필자는 한번 작업한 경험이 있는 곳이어서 현장에 가서 점검을 할 사항이 특별히 없었지만 처음 방문하는 제작진과 스태프들은 현장을 매우 궁금해했다. 특히 제작진들은 이 과정에서 공연에 필요한 모든 사항에 관한 체크를 하고 현지 기획사 측과 협의를 끝내야 하는 중요한 답사이다.

필자는 저녁 시간에 일 년 만에 다시 만난 방콕의 무대 스태프들과의 회식자리도 가졌다. 그들은 필자를 반갑게 맞이해 주었고 열정적으로 일하는 고마운 분들이었다. 처음 방콕 공연을 준비하던 때와는 사뭇 다른 상황이었고 여유로웠다.

방콕 스태프와의 소통

헌팅(사전 답사)을 가기 전에 미리 스케치업으로 모델링한 무대의 디자인을 방콕의 디자이너 푸이 씨에게 보냈다. 그녀는 나의 디자인을 현장에 설치할 때 필요한 도면으로 다시 작업해 주고 제작과 설치의 진행을 해주는 분이다. 필자는 작성한 도면을 받아서 수정이 필요한 부분에 표시를 하고 다시 방콕으로 보내는 작업을 현장에서 만나기 전까지 계속하였다.

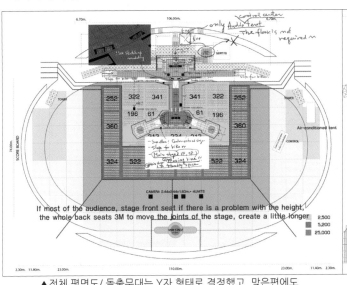

▲전체 평면도/ 돌출무대는 Y자 형태로 결정했고, 맞은편에도 작은 무대를 하나 설정하였다.

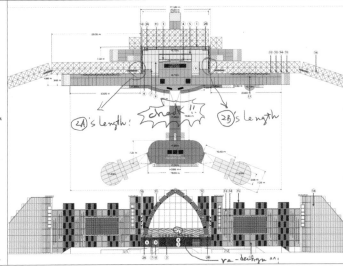

▲평면도/ 넓진 않지만 2층 무대를 만들고 전면의 계단을 세트화해서 설치하였다.

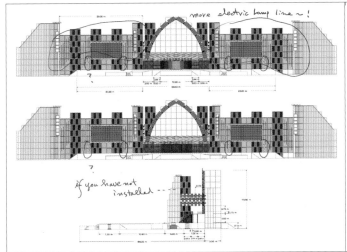

▲정면도/ 2층의 아래 LED 영상은 화질이 좋은 장비로 선택하고 좌우로 열리게 하여 출입구로도 활용하였다.

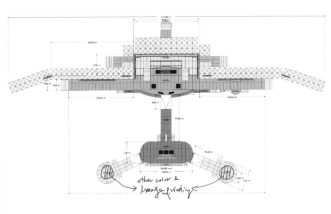

▲평면도, 정면도/ 관객용 화면은 가능한 한 크게 설정하였고, 리프트와 펌 업(Pump Up), 그리고 각종 무대기계를 여러 위치에 설정하였다.

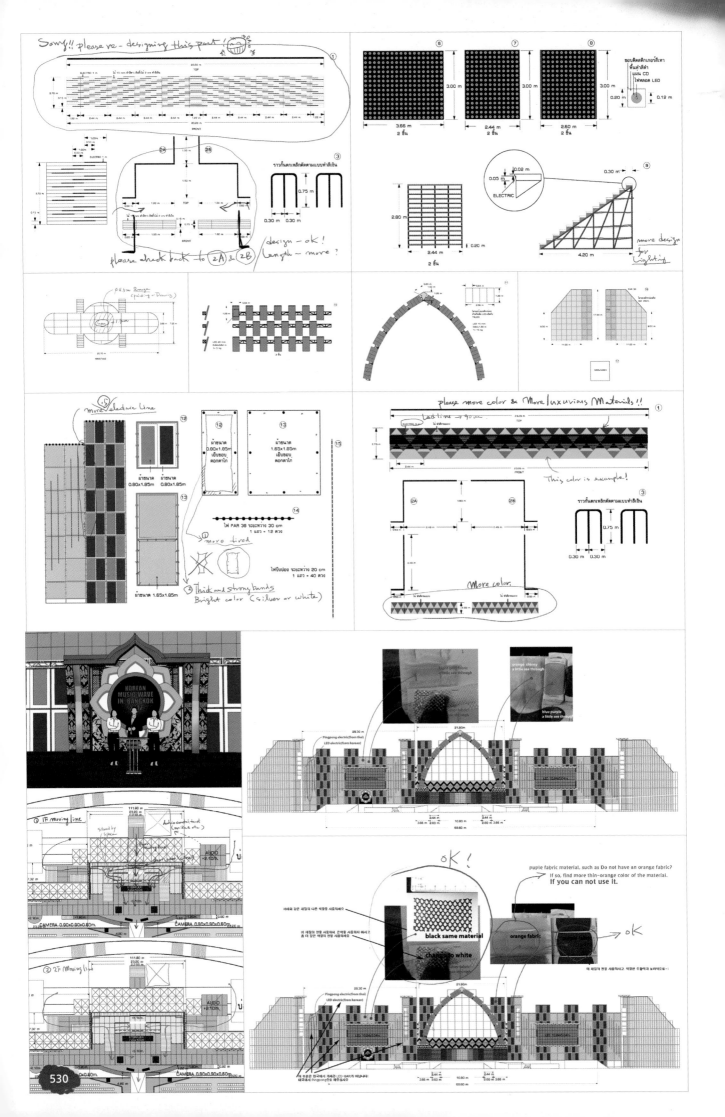

무대에 관련된 작은 부분까지 모두 소통을 통해서 공감대를 완성해야만 문제가 생기지 않으므로 동선이나 사용될 자재의 샘플, 그리고 사용될 장비 등에 관한 모든 정보를 서로 주고받으면서 디자인을 결정하였다. 또 현지에서 준비가 가능한 부분과 한국에서 자재를 운송해야 할 부분에 관한 협의를 하고, 결정한 후에 운송계획도 세웠다. 이렇게 함으로써 현장에서의 작업은 자동으로 진행될 수 있는 조건이 되었다.

세트 설치 작업

현지에서 세트 설치 작업을 하는 업체가 변경되었다는 소식을 들었다. 그동안 작업을 해오던 디자이너부터 설치를 담당하던 세트팀 모두가 사정에 의해서 다른 팀으로 바뀌었다는 것이다. 현지 기획사 관계자는 새로운 팀이 작업 경험이 많은 팀이어서 문제가 없을 거라고 했지만 필자는 매우 걱정되었다. 더구나 현장에서는 작업이 시작되고 있었고, 필자도 현지로 출장을 가기 직전의 상황이어서 현지에서 상황에 맞춰서 진행할 수밖에 없는 실정이었다. 무엇보다 방콕의 디자이너에게 부탁해 놓은 MC석 디자인과 각종 실사 디자인 등이 진행되지 않고 있는 부분이 걱정이었다. 더구나 사전 협의를 충분히 했으므로 작업 현장에 좀 늦게 가도 될 듯하여 출장 일정을 짧게 잡아 둔 상황이었으므로 더욱 걱정되었다.

방콕에 도착하여 현장의 설치 작업을 진행하는 동안에 필자는 아직 못다 한 작업을 진행하였다. 좌·우측의 실사 디자인이나 바닥 실사 디자인 등의 작업이 전혀 되어있지 않은 상태였으므로 현장에서 노트북으로 디자인에 열중하였다.

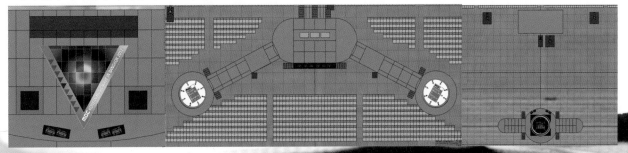

현장 작업이 무리 없이 진행되었고, 필요한 디자인도 현장사무실에서 노트북을 이용하여 작업을 계속하였다. 어느덧 공연 날은 다가오고 있었고, 한국에서 본진도 속속 도착하였다.

리허설/ 공연/ 녹화

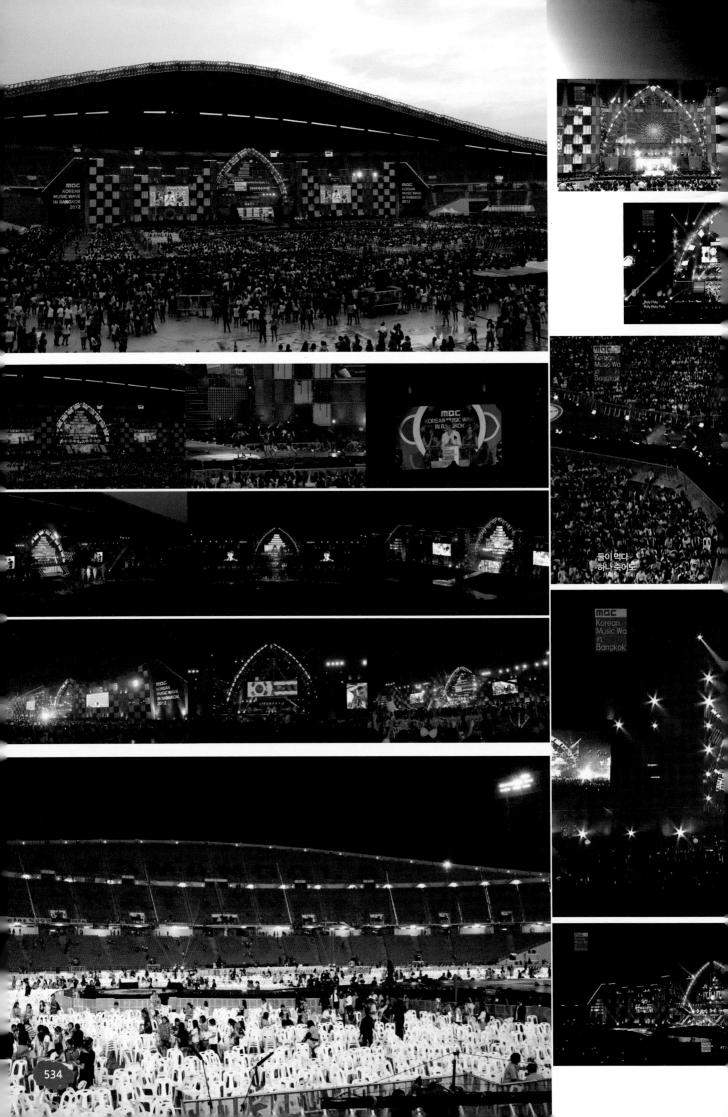

'애프터스쿨'이 방콕의 택시 '툭툭'을 타고 등장하는 오프닝 퍼포먼스로 시작한 공연은 태국 한류팬들의 열광적인 호응 속에 진행되었고 성공적인 마무리를 할 수 있었다. 그러나 역시 태국의 더위는 참 힘들었다. 필자는 자료 사진을 촬영하면서 이곳저곳을 누비고 다녔는데 3층 객석까지 올라가는 것은 마치 여름날 등산을 하는 것 같았다. 3층 꼭대기의 객석에 앉아서 두 번째 방콕에서의 공연을 위한 나의 노력에 스스로를 칭찬해 주었다.

공연이 밝은 시간대에 시작되고 점점 어두워지면서 조명의 효과가 나타나는 상황이 참 멋있다는 생각이 들었다. 우리의 K-POP 아티스트들은 더운 날씨에도 불구하고 최선을 다해 퍼포먼스를 보여주었고, 태국 관객들은 열광했다. 늘 그랬듯 필자는 그동안의 피로가 한번에 싹 가시는 것을 느꼈다.

해외 공연을 매년 개최하는 것이 그리 쉬운 일이 아님에도 불구하고 세 번째 방콕 공연을 준비했다. 아마도 이것은 태국의 K-POP이 그만큼 인기가 있다는 사실일 것이고, 우리가 두 번의 공연을 성공적으로 개최했던 이유가 아닐까 하는 생각도 들었다. 2012년의 작업은 진행하던 세트 스태프가 갑자기 변경되는 바람에 현장에서 여러모로 힘들었는데 태국의 기획사 측에서 이번에는 꼭 2011년 스태프와 함께 작업하게 해주겠다는 약속을 해주었다. 필자는 해외 공연의 세트를 세우는 일은 그것을 준비하는 단계에서 현지 스태프와 얼마나 소통을 잘 하는지에 달려있다고 생각하기에 어떤 스태프들과 같이 작업을 하게 되는지가 무엇보다도 중요했다.

디자인 스케치

무대의 규모를 경제성을 생각해서 조금 줄였다. 전체 객석을 커버할 만큼의 대형 무대로 설계하는 것도 좋은 방법이지만 그동안의 경험으로 볼 때 조금은 줄여도 무리가 없다고 판단했다. 돌출무대도 예년에 비해서는 규모를 좀 줄여 퍼포먼스의 동선을 조금 짧게 설계했다. 대신에 맞은편 객석의 무대를 좀 더 크게 만들어서 활용도를 높이기로 하였다.

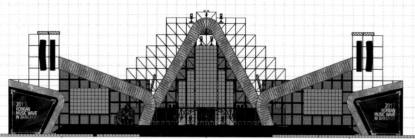

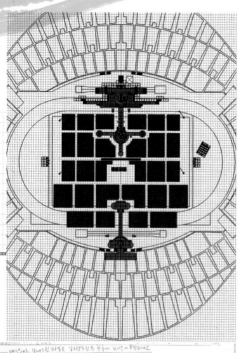

▲정면도/ LED 영상을 길게 설정해서 세웠는데 이럴 경우에는 영상 소스를 제작하는 팀이 거기에 맞는 비례로 작업해야 한다. 중앙 부분의 레이어 구조물은 좀 더 넓게 설치해서 조명 디자인에 활용하였고, 2층 부분은 교각형으로 디자인하여 아래 부분에는 위쪽 세트에서부터 연결되는 LED 영상이 표출되게 하였다. 객석용 영상은 세트의 상황에 맞게 설정했는데 조금 작은 듯하여 아쉬웠다.

▲전체 조감도/ 공연장의 규모에 비해서 세트가 조금 작다는 느낌이 있기는 하지만 맞은편에 있는 보조무대가 그런 허전함을 많이 채워주었다.

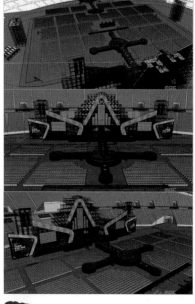

▲한글로 세세하게 적은 체크 사항을 통역을 통해서 태국의 스태프에게 전달하고 태국 스태프는 확인한 사항을 다시 도면 작업을 해서 피드백 해주었다.

이번 작업에서는 태국의 디자이너 푸이 씨가 한국을 방문해 주었다. 필자가 같은 장소로 답사를 가는 것도 크게 필요하지 않고 오히려 이런 기회에 한국을 방문해서 업무 협의를 하는 것이 어떻겠냐고 의견을 냈더니 기획사에서 그렇게 배려해 주었다. 따라서 필자는 사전답사 출장은 가지 않고 대신에 설치 작업을 시작하는 일정에 맞춰 조금 일찍 현장에 도착하는 것으로 협의하였다.

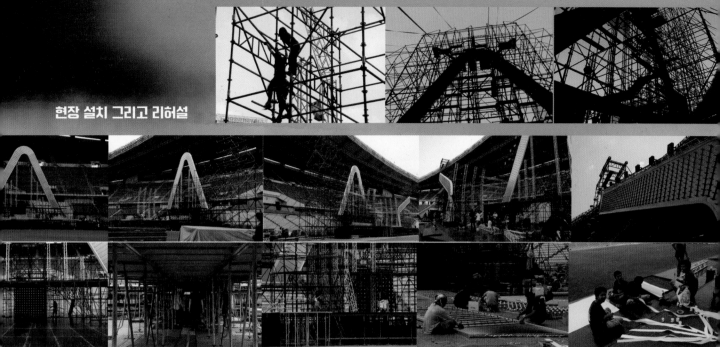

현장 설치 그리고 리허설

퍼포먼스의 아이디어가 많고 그에 맞는 설계를 하다 보니 체크해야 할 아이템이 무척 많았다. 안전에 관한 사항이나 무대기계의 작동 여부와 동선에 관한 사항 등을 모두 체크하고 보완작업을 하였다.

모든 준비가 끝나고 관객의 입장을 기다리는 시간이다. 이 공연은 K-POP 공연 사상 최다인 22개의 팀이 참여하는 공연이었다. 맞은편 3층 객석에 올라서 본 무대 모습은 그야말로 장관이었다. 이 작은 사람들이 한 땀 한 땀 세운 무대가 이런 풍경을 만들어 낸다는 것이 참 대단하다는 생각을 했다. 자신이 디자인한 그 무대가 현실이 되어 서 있는 모습은 어떤 디자이너도 감회에 젖지 않을 수 없을 듯하다.

땀 흘리며 퍼포먼스를 하는 사람들과 환호하는 사람들을 바라보는 것은 참 행복한 일이다. 자신이 좋아하는 것을 즐기는 모습이란 언제 봐도 기분 좋은 풍경이다. 그래서 난 이 행복한 일을 하는 것이 늘 좋았다.

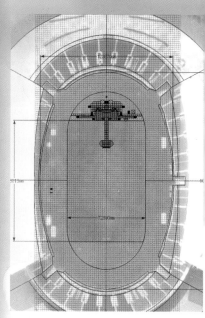

베트남에 K-POP 무대를
어떻게 세울까?

Show

2012
한국·베트남 수교
20주년 기념

음악중심

IN VIETNAM

베트남 하노이에서 K-POP 공연을 개최하기로 했다고 제작진에서 프로젝트를 의뢰해왔다. 필자는 이미 몇 차례의 방콕 공연으로 사내에서 동남아 K-POP 공연의 전문 디자이너로 인식되어져 있었다. 심지어 '그쪽 사람들과 같이 있으면 찾기가 힘들 정도'라는 엄청난 칭찬을 들을 정도였다.(그 말이 칭찬인지는 아직 잘 모르겠지만 적어도 필자에게는 그렇게 들렸다.)

구글 어스를 통해 미리 살펴본 하노이의 '미딘 국립 경기장(My Dinh National Stadium)'은 특별할 것이 없는 종합 경기장의 모습이었고 그 규격도 어림잡을 수 있을 정도였으므로 스케치 작업을 시작하였다.

베트남의 세트 제작에 관한 시스템을 전혀 알지 못하는 상태에서 필자가 상상하는 베트남의 무대 제작 능력을 기초로 설계를 감행했던 것이다.

그런데 예상치 못한 문제가 발생했다. 무대의 기본적인 뼈대를 만들어주는 구조물 자재인 레이어가 베트남에는 없다는 것이다. 만약에 그런 작업을 할 만한 자재가 없다면 아마도 우리나라에서 2000년 초반쯤까지 사용했던 철재 아시바 정도는 있으리라 생각되지만, 그 자재로는 높은 작업을 하거나 스피커 타워를 설치하는 등의 구조를 만들기 어렵기 때문에 뭔가 방법을 모색해야 했다.

그러던 중 마침 연출진의 지인께서 베트남에서 'DKS'('나훈아의 아리수', '한일 우정의 콘서트' 등의 무대에 사용했던 건축용 비계로 필자는 레이어가 무대에 일반적으로 사용되기 전까지는 이 자재를 많이 활용하였다) 사업을 하고 계신다는 소식을 접하고 그 회사에 협력을 요청하였다. 다행히도 그 회사에서는 건설 현장에서 사용하는 자재를 공연용으로 활용하는 것에 대해 호기심과 함께 긍정적인 답변을 주셨다. 제일 큰 숙제가 해결되는 순간이었다.

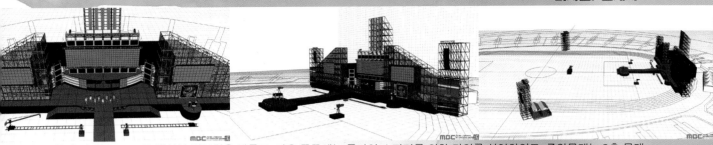

무대 전체를 'DKS'로 쌓아서 기본형을 만들고, 좌우 끝쪽에는 플라잉 스피커를 위한 타워를 설치하였고, 중앙무대는 2층 무대로 설계했으며 메인 바닥과 2층 바닥 사이를 반원형 슬라이딩 도어 LED로 설정하였다. 정면 타워에는 가로형으로 긴 LED 영상을 설치하고, 그 영상의 상·하단에는 전식 세트를 넣고 정면 타워 부분에는 다섯 줄의 LED를 길게 설치한 높은 세트를 설계했다.

세트의 규모는 크지만 복잡한 설계보다는 단순하게 구성을 하였는데 이것은 예산 문제이기도 하고, 베트남의 무대 제작 역량을 감안하여 적절하다고 생각한 만큼의 결과였다.

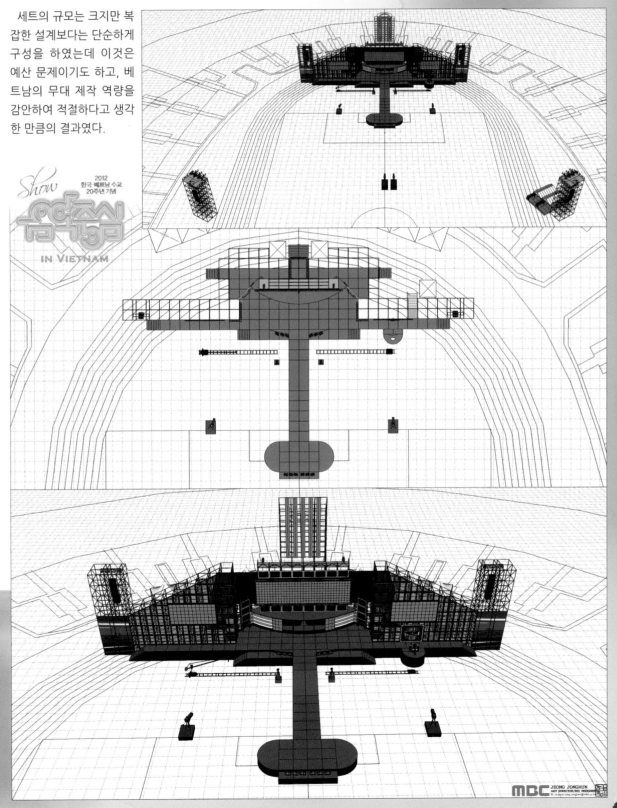

헌팅(사전 답사) 2012년 10월 15일~18일

디자인 작업이 거의 완료되었을 즈음에 하노이를 방문했다. 무대의 기본 구조물인 'DKS'에 관련된 협의는 어느 정도 진행되고 있었으므로 그동안 작업한 디자인으로 세트 협의를 끝내면 되는 상황이었지만 세트의 제작, 설치에 관한 부분은 오리무중 상태였다. 공연 예정 장소인 미딘 국립 경기장은 깔끔하고 잘 정리된 국제 규모의 스타디움이었다. 우리가 결정해야 할 것은 무대의 방향이었는데 디자인 원안대로 지붕이 있는 곳을 객석으로 활용하는 방안을 고려하여 세로 방향으로 무대를 세우기로 하였다.

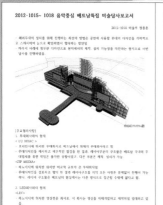
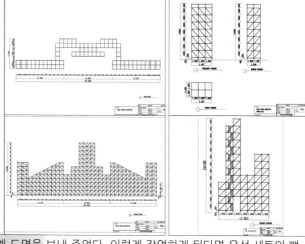

답사에서 또 하나 중요한 것이 트러스나 영상, 그리고 조명업체를 방문해서 그들의 제작 능력을 가늠해 보는 것이었다. 비록 안성맞춤의 업체를 찾지는 못했지만 본격적인 작업 전까지 디자인된 무대의 스펙에 맞는 장비와 제작 업체를 찾고 결정하는 것으로 현지 기획사와 협의하였다.

하노이의 구조물 회사인 '㈜디케이에스 렌탈'에서 구조물 설계 도면을 보내 주었다. 이렇게 작업하게 된다면 우선 세트의 뼈대를 세우는 것은 문제가 없어 보였다. 필자도 이 도면을 기초로 하여 추가되는 부분을 그렸다. 태국과는 달리 베트남의 기획사는 필자의 스케치를 도면화해서 작업자들에게 전달하고 현장 감리를 진행해 줄 현지 디자이너가 없었으므로 한국에서 직접 도면을 만들고 그것을 현지 업체에 설명해야 했다. / DKS 양종덕, 최덕현

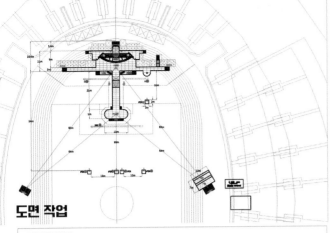

도면 작업

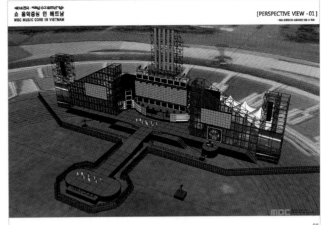

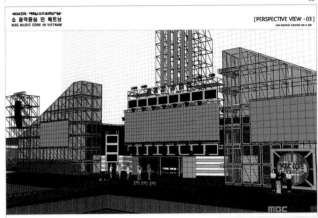

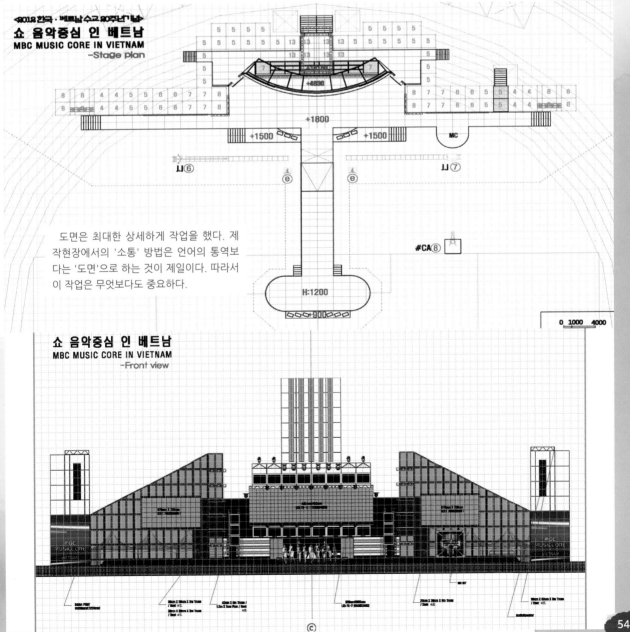

도면은 최대한 상세하게 작업을 했다. 제
작현장에서의 '소통' 방법은 언어의 통역보
다는 '도면'으로 하는 것이 제일이다. 따라서
이 작업은 무엇보다도 중요하다.

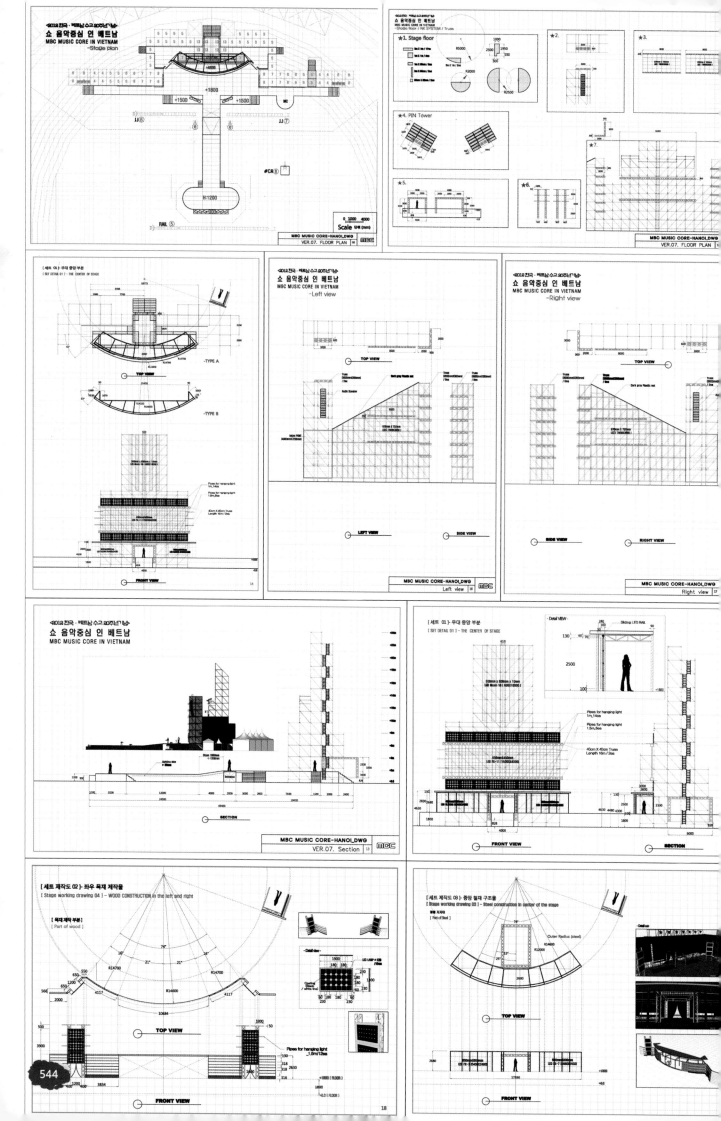

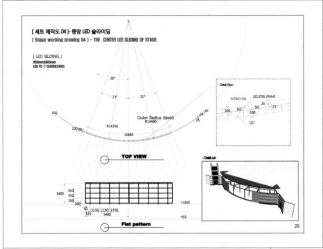

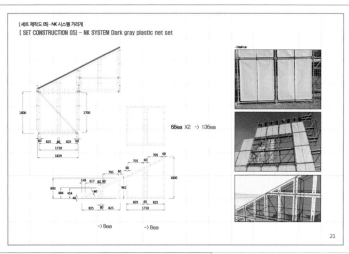

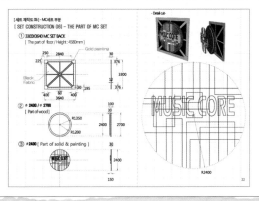

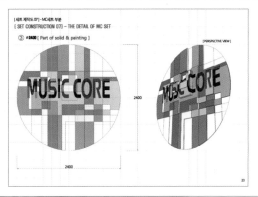

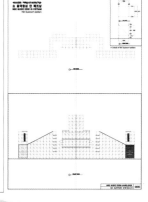

호찌민으로 가다

세트 제작 업체를 물색하던 베트남 현지 기획사에서 호찌민에 있는 세트 제작 업체와 계약하기로 했다고 연락이 왔다. 앞서 그 업체를 방문한 기획사 스태프의 전언에 의하면 이번 세트를 성공적으로 제작, 설치해 줄 수 있을 만한 좋은 회사라고 했다. 다만 디자인의 설명을 좀 더 자세하게 해주기를 요청한다고 해서 필자가 직접 그곳으로 방문해야 하는 상황이었다.

결국 필자는 공연 예정 보름 전에 홀로 베트남의 남쪽 도시 호찌민으로 가서 그곳의 세트 업체 'LU NHAC'의 제작 스태프에게 도면을 전달하고 세부적인 협의를 진행하였다.

그곳의 작업자들은 이미 세트를 제작 중에 있었고 필자는 제작 현장에서 그 세트들을 확인하고, 준비할 사항과 제작 방향, 사용할 자재 등을 협의, 확인하였다.

세트 골조작업을 'DKS' 작업팀이 훌륭하게 진행해 주었다. 경험해 보지 못했던 작업을 하면서 행복해하는 그들의 모습을 보면서 감사함과 함께 '일이라는 것은 행복한 마음으로 하는 것이 참 중요한 것이구나!' 하는 생각을 새삼스레 했다. 작업을 끝내고 기념사진을 찍는 모습이 참 좋아 보였다.

현장의 날씨가 작업하는데 그리 협조적이지는 않았다. 가끔 한 번씩 뿌려주는 소나기는 더위를 식혀주기는 하지만 여러 가지 위험한 요소를 만든다. 이럴 때 작업자는 더욱 안전에 유의해야 한다.

세트 작업은 거의 완료되었고 이제부터는 조명 디자이너의 시간이다. 저녁 시간에 조명의 메모리 작업을 완료해야 하므로 조명팀은 철야작업으로 공연 준비를 하였다.

공연, 녹화

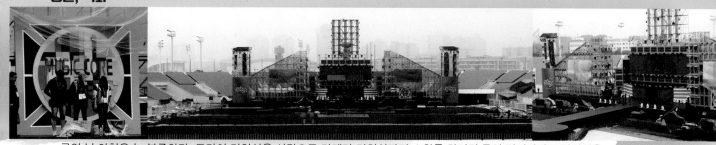

공연 날 아침은 늘 분주하다. 드라이 리허설을 시작으로 카메라 리허설까지 소화를 하려면 공연 직전까지도 리허설을 해야 할 정도였다. 만반의 준비를 끝내고 관객들이 입장하는 순간은 왠지 떨리고 기대가 부풀어 오르는 느낌이 든다. 날씨가 도와주어야 할 텐데 여전히 하늘은 흐렸다.

공연 다음날 현장에 나갔다. 어제 공연의 여운은 아직 남아 있지만 한국에서 간 스태프들은 철수를 끝내고 귀국을 준비하고 있었다. 수고한 스태프들과 사진 한 장을 남겼다.

방송은 현장의 분위기를 고스란히 시청자의 안방에 실어다 주었다. 필자도 방송을 보면서 감회에 젖었음은 물론이다.
낯선 곳에서의 작업은 늘 어렵지만 재밌다. 친절했던 베트남의 스태프들께 안부를 전한다.

국민가수의 동포사랑

이미자의 구텐탁! 동백아가씨

[이미자의 구텐탁 동백아가씨(2013)]
2013년 10월 26일 프랑크푸르트 야훈더트할레

이 공연은 한독수교 130주년을 기념하고 어려웠던 시절 독일로 외화벌이를 위해 떠났던 근로자들을 찾아서 그들의 고단했던 삶을 기억하고, 위무하기 위해서 기획된 공연이었다. '이미자와 친구들'이라는 가제로 준비되었던 이 공연은 2012년 추석 방송을 목표로 계획되고 진행되었으나 잠시 중단되었다가 2013년에 다시 준비하여 공연을 성사하게 되었다.

2012년 프랑크푸르트 헌팅(사전 답사)

2012년 3월 25일부터 29일까지 독일의 공연장을 물색하기 위한 헌팅을 갔다. 공연기획팀에서 미리 알아보고 협의를 해둔 공연장 중에서 방송 공연에 가장 적합한 곳을 정하기 위한 것이었다. 프랑크푸르트, 마인츠, 비스바덴, 뒤셀도르프 등의 공연장을 방문하고 판단한 결과 우리는 '야훈더트할레'라는 공연장을 가장 적합한 곳으로 의견을 모았다.

필자는 이때 방콕에서 열리는 '코리안 뮤직 웨이브 인 방콕'의 공연을 진행하고 있는 상태였고, 그 공연을 위한 세트 설치 작업이 방콕 현장에서 시작되고 있었는데도 방콕 출장을 잠시 뒤로 미루고 프랑크푸르트로 간 상황이었다.

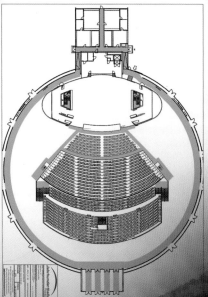

▲▲프랑크푸르트 외곽에 위치한 야훈더트할레는 돔형의 지붕으로 설계된 작고 아담한 공연장이었다. 2층과 3층의 객석을 갖추고 있었고 무대의 크기는 30~40인조의 악단을 배치하면 적당할 만한 규모였다.

2012년 추석 특집 '이미자와 친구들' 디자인 스케치

프랑크푸르트 헌팅을 다녀와서 곧바로 방콕에 갔으므로 이 작업은 방콕 공연을 끝내고 돌아와서 시작되었다. 11월의 공연이라 시간은 충분했지만 디자인을 제외한 모든 작업을 독일 업체를 통해서 진행할 계획이었으므로 우선 디자인을 확정해야만 현지의 제작 업체를 찾아서 견적 작업을 하는 등 나머지 그에 따른 후속 작업이 가능한 상황이었고, 그 작업이 생각보다 길어질 수도 있다는 판단에 디자인 작업을 서둘러 했다.(이때까지의 프로젝트 명은 '이미자와 친구들'이었다.)

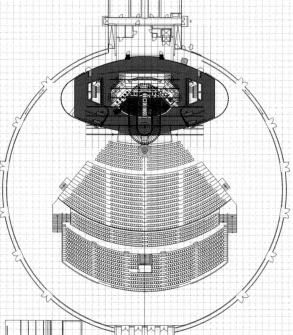

해외 공연의 경우는 늘 그렇지만 제작, 설치를 하기 위해서 가용한 장비나 재료를 전혀 파악하지 못하는 상황이므로 가장 상식적이고 간단한(현지에 있음 직한) 요소들로 디자인할 수밖에 없다. 더군다나 이 공연을 진행하는 장소는 독일이므로 무대 비용에 관한 사전 지식마저 없어서 보유한 예산으로 어느 정도의 작업이 가능한지에 대한 가늠도 어려웠다. 필자는 이러한 상황을 고려하여 최대한 심플하고 고급스러운 느낌이 들 수 있는 무대를 디자인한다는 콘셉트로 설계를 시작하였다.

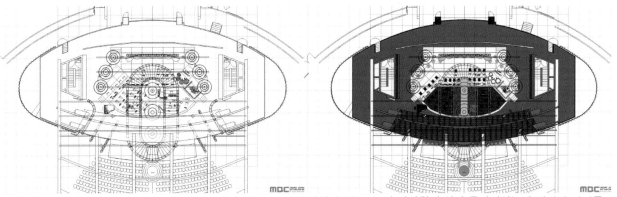

헌팅(사전 답사)을 갔을 때부터 느낀 사항이지만, 기존 무대에 아치가 없는, 그냥 사각형의 열린 공간이었는데 여기에 아치를 디자인해서 세우는 것은 비용이 많이 소요될 듯하고, 그렇다고 그냥 열어두면 카메라에서 보이는 천장의 모습이 너무 초라하게 보일 듯한 상황이었다. 고민 끝에 천장 세트(세트팀은 이것을 '람마'라고 부른다)를 생각해 내었다.

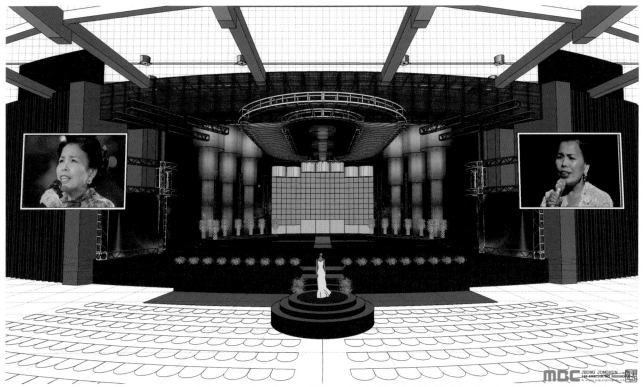

▲30~40명의 악단과 객석으로 살짝 나온 돌출무대, 그리고 세트는 대부분 트러스와 얇은 천, 알루미늄 골조와 스판 천 등의 요소로 설정해서 디자인하였다.

2012년에 MBC에서 계획한 이미자 선생의 독일 공연은 사정상 흑산도 공연으로 변경되어 2012년에는 흑산도에서 공연을 하게 되었고 후배 디자이너가 그 작업을 하였다. 당시 베트남 공연과 가요대제전 등의 작업으로 바쁜 시간을 보내며 잊고 있던 필자에게 이미자 선생의 독일 공연에 대한 협의가 다시 온 것은 2013년 4월이었다. 2013년 10월에 다시 독일에서 공연을 할 예정이라고 했다.

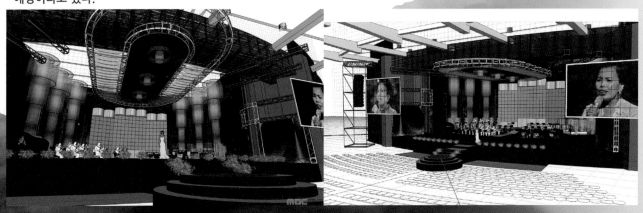

[이미자의 구텐탁 동백아가씨 2013년 공연/ 녹화]

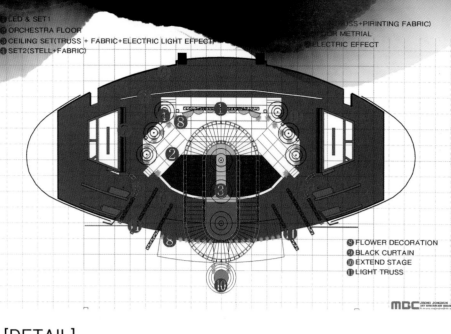

① LED & SET1
⑥ ORCHESTRA FLOOR
⑩ CEILING SET(TRUSS + FABRIC+ELECTRIC LIGHT EFFECT)
④ SET2(STELL+FABRIC)

⑤ SET3(TRUSS+PIRINTING FABRIC)
⑥ FLOOR METRIAL
⑦ ELECTRIC EFFECT

⑧ FLOWER DECORATION
⑨ BLACK CURTAIN
⑩ EXTEND STAGE
⑪ LIGHT TRUSS

디자인 수정/ 보완

2013년 3월에 10월 공연 소식을 접하고 2012년에 디자인했던 도면을 다시 정리하기 시작했다. 현지 세트 업체와의 소통을 위해서 도면에 상세한 설명을 영문으로 표시하고 스케치업 모델링 파일까지 첨부해서 제작진에게 보냈다. 이 도면을 기초로 하여 현지 업체와 제작진이 예산협의를 비롯한 제반 사항의 협의를 하게 된다.

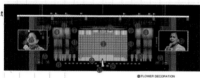

[DETAIL]

① LED & SET1: LED 9450mm x 4500mm–1set / fixed iron structure
② ORCHESTRA FLOOR: 34~35person/red carpet
③ CEILING SET(TRUSS + FABRIC+ELECTRIC LIGHT EFFECT): truss+aluminium structure+fabric span+electric effect
④ SET2(STEEL+FABRIC): aluminium structure+fabric span+electric effect
⑤ SET3(TRUSS+PIRINTING FABRIC): truss+inkjet printing fabric
⑥ FLOOR METRIAL: BLACK PVC or vinyl
⑦ ELECTRIC EFFECT: small lighting lamp or LED lamp/like the Galaxy
⑧ FLOWER DECORATION: dry flower ...
⑨ BLACK CURTAIN:
⑩ EXTEND STAGE: make wood or steel
⑪ LIGHT TRUSS: moving & ...
⑫ PROJECT SCREEN: 250~300inch/front/hanging

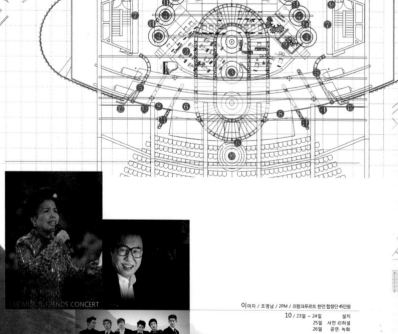

이미자 / 조영남 / 2PM / 프랑크푸르트 한인 합창단 45인원

10 / 23일 ~ 24일   설치
25일   사전 리허설
26일   공연. 녹화

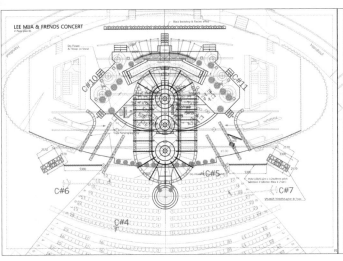

LEE MIJA & FRENDS CONCERT
Floor plan 01

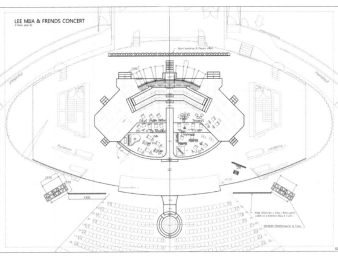

LEE MIJA & FRENDS CONCERT
Floor plan 02

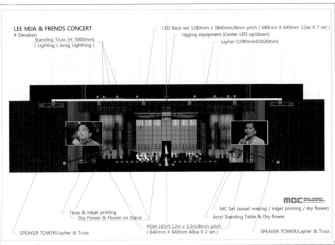

LEE MIJA & FRENDS CONCERT
Elevation
Standing Truss (H: 5000mm)
/ Lighting (Jarag Lighthing)

LED Back set 1280mm x 3840mm/8mm pitch (640mm X 640mm 12ea X 7 set)
rigging equipment (Center LED up/down)
Layher (1090mmX1820mm)

Truss & inkjet printing
Dry Flower & Flower on Stand

MC Set (wood making / inkjet printing / dry flower)
Acryl Standing Table & Dry flower

SPEAKER TOWER/Layher & Truss

PGM LED/5.12m x 3.2m/8mm pitch
(640mm X 640mm 40ea X 2 set)

SPEAKER TOWER/Layher & Truss

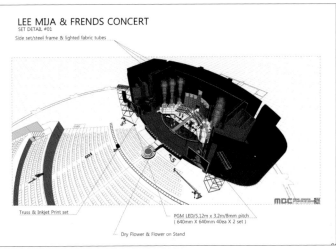

LEE MIJA & FRENDS CONCERT
SET DETAIL #01

Side set/steel frame & lighted fabric tubes

Truss & Inkjet Print set

PGM LED/5.12m x 3.2m/8mm pitch
(640mm X 640mm 40ea X 2 set)

Dry Flower & Flower on Stand

LEE MIJA & FRENDS CONCERT
SET DETAIL #02

Lamp or LED Lamp/Effect

Steel frame & Mesh Fabric

LED Frame set/Wood & Silver fabric

LED Back set 1280mm x 3840mm/8mm pitch (640mm X 640mm 12ea X 7 set)

LEE MIJA & FRENDS CONCERT
SET DETAIL #03

Celling set/Truss+steel pipe+Fabric set
aluminium frame & Mesh span fabric+ Lamp

Truss & inkjet printing

Extend Stage/H: 750cm

Acryl Standing Table & Dry Flower
MC Set (wood making / inkjet printing / dry flower)

LEE MIJA & FRENDS CONCERT
SET DETAIL #04

Truss hanging/Lighting
Side set/steel frame & lighted fabric tubes

rigging equipment (Center LED up/down)
LED Back set 1280mm x 3840mm/8mm pitch
(640mm X 640mm 12ea X 7 set)
Layher (1090mmX1820mm)

Dry Flower & Flower with Stand

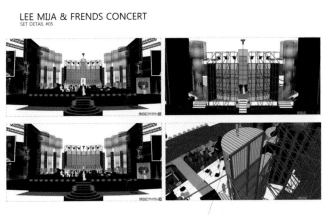

LEE MIJA & FRENDS CONCERT
SET DETAIL #05

Up & Down System
(Iron structure & Rail and wheel by Chain motor)

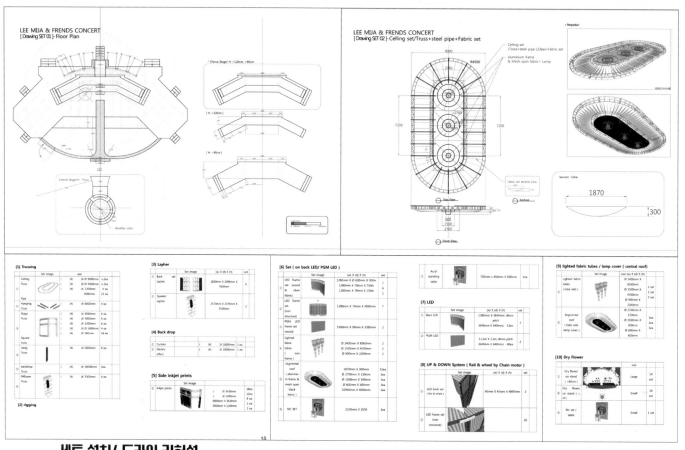

세트 설치/ 드라이 리허설

이후에도 수차례의 협의와 수정을 거친 후에 2013년 10월 23일부터 세트 설치가 시작되었다. 유럽의 작업자들은 우리나라와 달리 연장 근무나 야간작업을 거의 하지 않는다. 이런 환경은 그들의 역사가 담긴 노동자 위주의 근무 방식이라고 볼 수 있는데 우리나라도 빨리 이런 환경이 되어야 한다는 생각이 들었다.

세트 설계가 그리 복잡하지도 않았고 준비한 것들을 현장에서 조립만 하면 되는 작업이어서 큰 어려움이 없었다. 먼저 천장 세트(람마)를 매달아서 설치해 둔 상태에서 바닥 작업을 진행했다.

▲바닥 작업이 완료되고 양쪽에 설정된 천 기둥을 설치하였다. 그리고 좌·우측에 트러스를 이용한 세트를 조립하고 실사된 천을 부착하는 작업을 하였다.

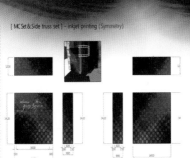

[MC Set & Side truss set] - inkjet printing (Symmetry)

▲디자인한 현수막 실사를 트러스 구조물에 부착하는 위치를 표시한 도면이다. 벽체 세트를 제작해서 부착하는 방식은 제작비가 많이 소요되므로 트러스와 실사 프린트를 이용하여 좌·우측 세트를 설정하였고, MC석도 실사로 처리하였다.

공연과 녹화

공연 당일의 아침은 더욱 분주하다. 전 출연진들이 나와서 각자 연습도 하고, 악단의 연주와 맞추어보기도 하고, 동시에 카메라와 조명도 함께 준비하고 점검한다. 그런 리허설이 끝나면 공연 전체를 카메라에 담아보면서 진행해보는 카메라 리허설을 실시하고 준비가 완료되면 관객 입장을 진행하게 된다.

세트 설치 작업은 2일간 진행되었고 3일째는 악기 세팅, 조명 작업, 카메라 설치를 진행하였다. 오후에는 출연진들이 와서 음향 체크와 간단한 연습을 하였다.

　이미자, 조영남, 2PM 그리고 독일 교민 합창단과 독일 유학생들이 함께 엮어낸 감동적인 공연이 이어지고 연로하신 관객들은 눈시울을 적시며 고국과 추억으로의 여행을 하였다. 필자도 코끝이 시큰해짐을 느끼며 그분들과 함께 공연을 즐겼다.

　공연 다음날, 우리는 하이델베르크로 관광을 갔다. 독일의 가을은 아름다웠다.

디자인 콘셉트

스타오디션 위대한 탄생2 이야기(2011~2012)

'MBC 위대한 탄생'의 첫 번째 시즌이 좋은 성과를 얻은 후에 다시 시작하게 된 '위대한 탄생 시즌 2'의 긴 항해에 필자도 동승하게 되었다. 이 프로젝트는 국내뿐 아니라 해외에서도 오디션을 열고 도전자들이 주어진 미션으로 대결을 하고 멘토들의 지도를 받으면서 최종 승자를 가리는 방식으로 진행되는 대장정 프로그램이었다. 필자에게 주어진 미션은 이 프로젝트를 진행하는 과정에서 필요한 미장센을 하는 역할이었다. 그러므로 이런 프로젝트를 수행하기 위해서는 다양한 미술적 준비를 해야 하는(단순히 세트를 디자인하는 작업이 아닌), 여러 사항에 대처할 수 있는 경험과 능력이 필요한 작업이었다.

이 프로그램은 최후의 1인을 뽑는 서바이벌 프로젝트로, 제작진은 '최고'의 이미지가 드러나도록 '왕관'을 프로그램 로고로 만들었고, 필자는 이 로고를 다양한 방법으로 활용하였다.

포스터 디자인

래핑 작업/ 헬기, 버스, 기차   타이틀용 또는 홍보용 촬영에 사용하기 위해서 버스나 기차, 그리고 헬기에 래핑 작업을 하였다.

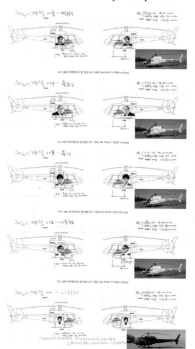

558

[광주 오디션]

광주 오디션은 2011년 7월 21일 김대중컨벤션센터에서 진행되었다. 이 작업은 오디션을 위한 센터 내부의 작업은 물론이고 외부의 배너 설치나 안내용 플래카드 등도 모두 준비하였다. 오디션용 부스와 대형 배너는 다른 지역 오디션에도 재활용되었고, 현장에 따라 추가로 제작하여 설치하였다.

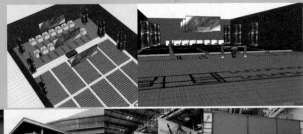

[부산 오디션]

영남지역의 지원자들을 위해 개최한 부산 오디션은 2011년 7월 23일~7월 24일 부산 벡스코에서 열렸다. 세트팀은 광주의 작업을 끝내자마자 바로 부산으로 가서 세트 설치 작업을 하는 강행군을 하였다.

[서울 오디션]

2011년 7월 29일~7월 30일에 올림픽공원 체조경기장(현 KSPO 돔)에서 열린 서울 오디션에는 수많은 도전자가 참가하였다. 그동안 지역 예선에서 사용했던 대형 배너들과 실사 플래카드들은 재활용하고 왕관 세트를 새로 디자인하여 설치하였다.

[해외 오디션]

해외 오디션은 주로 현수막 등 필요한 디자인을 만들어서 보내면 현지에서 제작하여 활용하는 방안으로 진행하였다.

[멘토 인서트용 세트]

멘토들의 인서트 영상을 만들기 위한 세트를 준비했다. 대형 왕관 속에 있는 멘토들의 모습을 영상으로 찍어서 프로그램에 활용하기 위한 것이었다.

위대한 탄생2
멘토 오프닝세트/2011-0822(월)녹화/여의도 Dst

작업 및 녹화 일정

2011. 08. 2 설치
2011. 08. 22 녹화

PD : 서창만
미술감독 : 정종훈
010
디자인지원 : 김선아
010

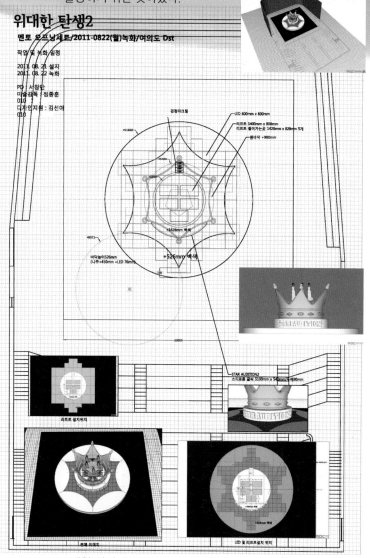

대형 왕관의 가운데 부분에 1인용 리프트 5대를 설치하여 왕관의 날개 사이로 멘토들의 모습이 보이게 하였고, 바닥은 육각별 모양의 LED 영상으로 처리하였다.

[2차 오디션 녹화 2011년 8월 10일 일산 MBC 드림센터 4 스튜디오]

각 지역에서 선발된 인원들을 대상으로 일산 MBC 드림센터 4 스튜디오에서 2차 오디션을 실시하였다.(이 녹화는 3일 동안 계속되었다.) 오디션이 여러 장소에서 동시다발적으로 진행되어 필자는 헌팅(사전 답사)과 디자인, 그리고 설치와 녹화, 진행을 하느라 눈코 뜰 새 없는 시간들을 보내야 했었다.

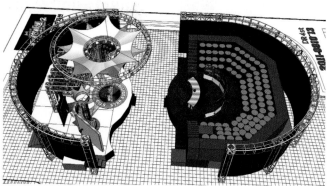

▲출연자용 무대와 심사위원석과 객석을 마주 보고 있는 배치로 설계하였다. 심사위원석과 출연자의 무대 높이는 같게 하고 심사위원들의 뒤에 앉는 방청객석은 약간 높은 계단식으로 설정하였다.

▲출연자용 무대는 좌우에 등·퇴장을 위한 동선과 심사위원들의 채점 결과를 표시하는 3개의 화면과 천장 세트(람마)를 설정하여 설계하였다.

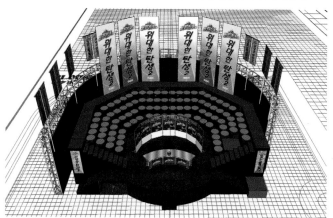

▲심사위원석(멘토석)과 방청석은 반원형 모양의 계단식으로 구성하여 전체가 둘러앉아 오디션을 관람하는 듯한 구조를 만들었다.

위대한 탄생2

4st 오디션 세트도면 00

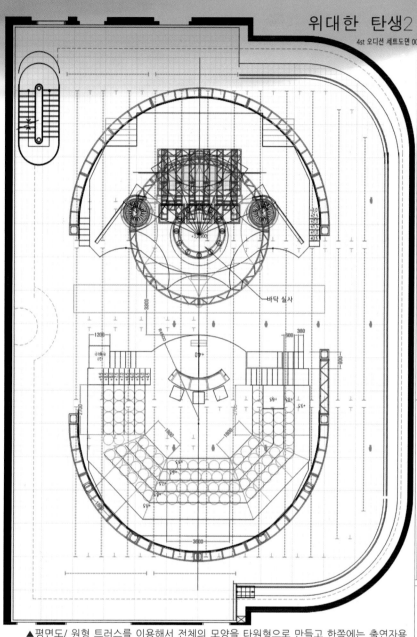

▲평면도/ 원형 트러스를 이용해서 전체의 모양을 타원형으로 만들고 한쪽에는 출연자용 무대를 설정하고 맞은편에는 심사위원석과 방청객석을 설정하였다.

위대한 탄생2

4st 오디션 세트도면 003

[심사위원 테이블]

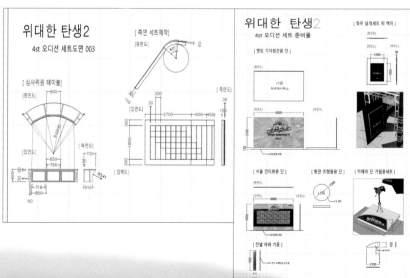

위대한 탄생2

4st 오디션 세트 준비물

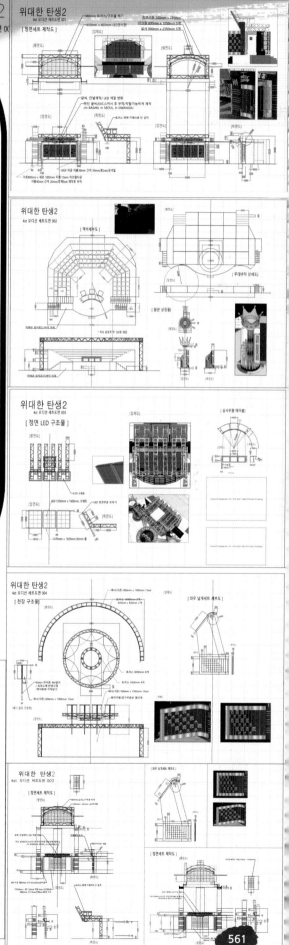

위대한 탄생2

4st 오디션 세트도면 001

[정면세트 제작도]

위대한 탄생2

4st 오디션 세트도면 002

[객석세부도]

위대한 탄생2

4st 오디션 세트도면 003

[정면 LED 구조물]

위대한 탄생2

4st 오디션 세트도면 004

[천장 구조물]

위대한 탄생2

4st 오디션 세트도면 003

561

[해외 오디션 2011년 8월 18일 잠실 시크릿가든]

수많은 장소의 헌팅(사전 답사) 끝에 유럽과 미국 등 해외에서 선발된 도전자들의 2차 오디션 장소를 '잠실 시크릿가든'으로 결정하고 세트 준비를 하였다. 이 오디션이 전체가 방송에 나가게 되는 첫 작업이므로 실제 오디션이 열리는 세트뿐만 아니라 외부 장식에도 많은 공을 들였다. 공간이 협소하여 최대한 효율적인 방안으로 한강뷰를 배경으로 방향을 잡고 설계를 하였다.

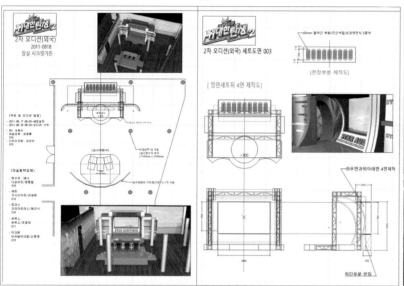

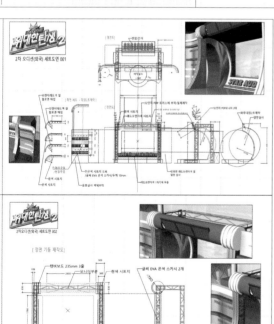

오디션에 임하는 심사위원(멘토)들의 각오와 심정을 담은 토크도 이곳 잠실 시크릿가든에서 촬영하였다.

[글로벌(유튜브) 오디션 2012년 9월 15일 메이필드호텔 카라홀]

유튜브를 통하여 참가한 도전자들의 오디션이다. 이 경연은 메이필드호텔 카라홀에서 진행되었다.

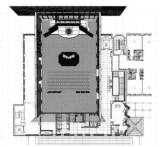

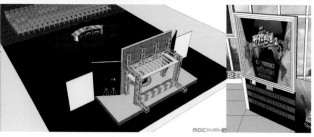

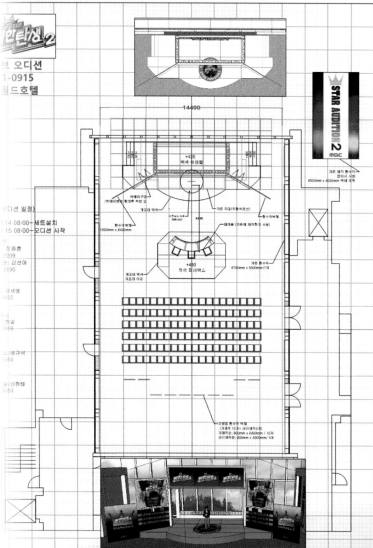

메이필드호텔 카라홀은 천장이 유리로 된 개방형이고 창문도 크게 만들어져 있어 자연광이 많이 들어오는 곳이었다. 제작진과의 협의 끝에 유리창을 통해 보이는 바깥 경치를 배경으로 하여 세트를 설치하고 맞은편에 심사위원석과 객석을 설치하는 구조로 설계하였다. 자연광이 있는 외부와 내부의 밝기 차이는 녹화하는 데 어려움이 많은 환경이다.

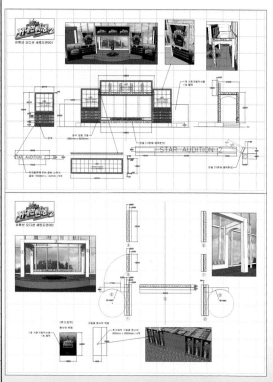

[위대한 캠프 2011년 9월 24일~9월 28일 홍천 비발디파크]

2차 예선을 거쳐 선발된 팀이 전체 137팀이었고, 그중에서 1차에 70팀을 뽑고, 다시 34팀으로 압축하는 오디션을 홍천 비발디파크(현 소노벨 비발디파크)에서 진행하였다. 이 '위대한 캠프'를 진행하기 위해서 미술팀은 주변 환경을 만들기 위한 작업과 그룹별 연습실을 꾸몄으며 메인 무대의 설치 그리고 합격자와 탈락자의 출구를 코디하는 등 여러 가지 준비를 했다.

첫 번째 미션

제작진은 첫 번째 미션을 발표하기 위해서 비발디파크의 건물을 이용하고자 하였다. 협의된 사항은 건물의 높은 부분에서 미션 플래카드를 떨구며 펼쳐서 도전자들에게 보여주는 방안이 결정되었고, 세트팀은 대형 플래카드를 준비하여 도전자들이 도착하고 입소하기 전에 미션 퍼포먼스를 진행하였다. / 제작, 진행 정형일

네 가지 색깔의 방
도전하는 137팀을 4개의 그룹으로 나누어서 단체복을 지급하고 방도 그 색에 맞게 색깔을 바꾸었다.

리조트 주변 환경 만들기

▲클럽하우스 입구의 대형 플래카드

▲불합격의 문 랩핑용 실사

▲합격의 문 랩핑용 실사

각 부분에 필요한 장식용 또는 콘셉트용 플래카드와 실사를 파악해서 실측을 하고 규격에 맞게 준비해서 설치했다.

566

메인 세트-스케치 작업

세트의 전환은 바닥의 모양을 바꾸는 것이었다. 캠프의 1차 오디션은 5~7명의 지원자가 동시에 무대에 서고 각각 1분 정도 노래를 한 후에 심사위원들의 합격과 불합격의 위치를 정해서 결정하는 방식으로 하였다.

메인 세트는 1차 137팀에서 70팀으로 압축하는 세트와 70팀을 34팀으로 압축하는 세트, 두 가지로 활용될 수 있는 디자인을 하였다.

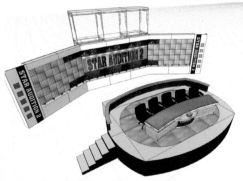

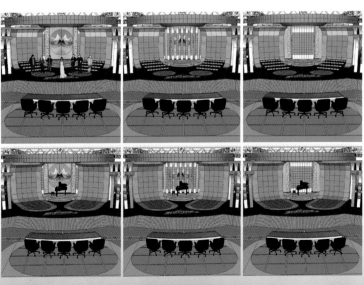

'위대한 캠프'의 두 번째 미션은 '멘토의 선곡에 도전하라'라는 미션으로 진행되었는데 첫 번째 미션과 대동소이한 방식의 진행이었지만, 조금은 다른 그림을 위해서 철야작업으로 세트를 전환하였다.

메인 세트-도면 작업

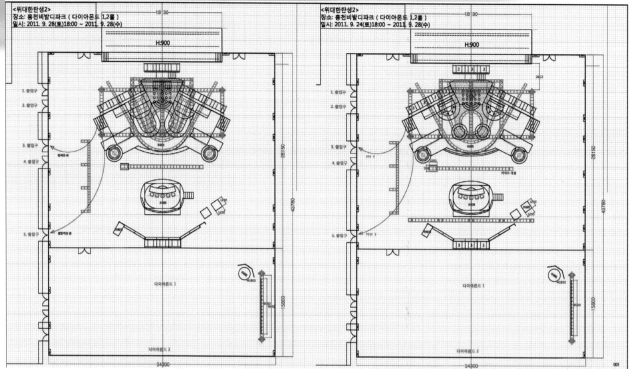

도면에는 계획된 모든 것을 담아야 한다. 기본적인 세트와 전환이 되어야 할 세트, 그리고 내·외부에 설치되어야 할 플래카드와 미션을 발표하기 위한 세트 등 준비해야 할 모든 것들을 표시해서 모든 미술 스태프가 지침으로 삼고 작업에 임할 수 있게 해야 한다.

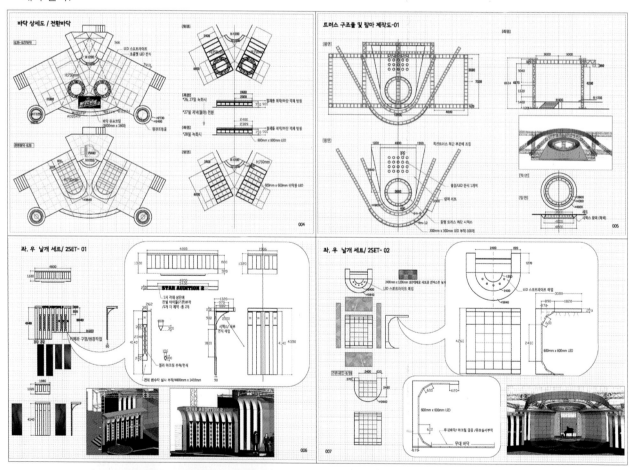

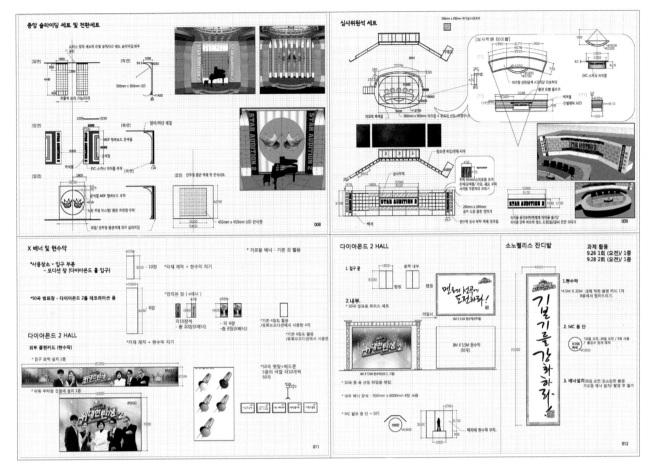

메인 세트-세트 설치 작업

▲이틀간의 세트 설치 작업을 통해서 전체적으로 큰 작업을 완료하고, 세부적인 보완작업과 조명과 오디오 작업을 진행하였다.

메인 세트-1차 심사 137팀에서 70팀으로

위대한 캠프 1차 심사에서 67팀이 탈락하고 70팀이 합격을 했으며 합격한 70팀은 오후에 새로운 미션을 부여받고 다음날은 2차 심사를 하였다. 세트팀은 저녁 시간을 이용해서 세트 전환 작업을 해야 했다.

메인 세트-2차 미션 공개용 세트

2차 미션의 공개는 이중 이탈 장치를 사용하였다. 첫 번째 로고가 있는 플래카드가 떨어지면 다음 미션이 나타나고, 그것이 떨어지면 50개의 곡이 나타날 수 있도록 해주는 무대 전환 장치이다.

각자 도전곡을 정하면 곡의 제목이 적힌 표지판을 모두 준비해서 도전자들이 자신이 선정한 곡의 제목 앞에 서는 것으로 하였다.

메인 세트-2차 심사를 위한 세트 전환 작업

위대한 캠프의 첫 번째 심사를 마치고 다시 두 번째 심사를 위해서 야간작업으로 세트 전환 작업을 했다. 변화가 그리 많지는 않았지만 영상의 면적을 바닥까지 넣어서 바닥과 벽과 천장이 모두 영상이 있는 입체적인 세트로 변신시켰다.

메인 세트-2차 심사 방송 캡처

도자기로 만든 왕관을 출장길에 가지고 가서 멘토 테이블 앞에 올려서 장식하였다.

[위대한 캠프 파이널 파트너 결정 & 미션곡 결정 세트 2011년 10월 20일 일산 MBC 드림센터 4 스튜디오]

위대한 캠프에서 2차 미션을 통과한 34팀에게 주어진 다음 미션은 듀엣으로 노래할 파트너를 정하고 주어진 20곡 중에서 한 곡을 선정해서 경연을 하는 방식이었다. 필자는 이를 위해 필요한 세트를 디자인하고 준비하였다.

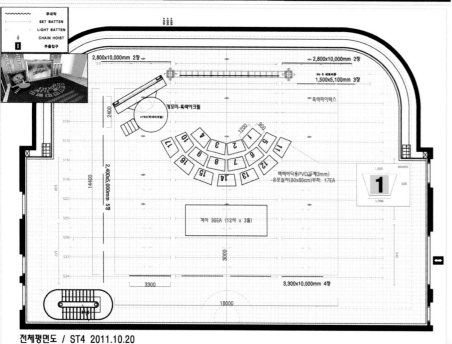

전체평면도 / ST4 2011.10.20

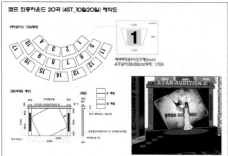

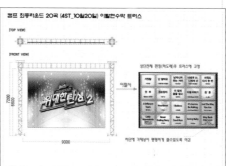

위대한 캠프 파이널 무대는 파트너가 결정된 17개 팀이 경연을 펼치는 경연이 진행되었고 이 과정에서 멘토와 멘티가 서로의 짝을 찾아가는 방식으로 진행되었다.

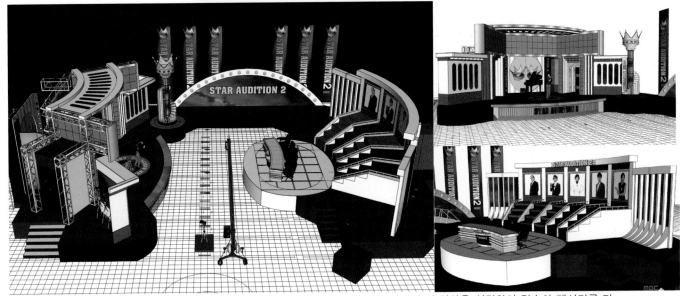

경연을 펼치는 세트는 상단 부분에 세트 전체의 넓이와 비슷한 길이의 긴 영상을 설정하여 점수와 메시지를 다양하게 표시할 수 있게 하였다. 출연자 정면의 배경은 영상없이 설정해서 멘토들이 도전자(멘티)의 선정과 심사에 좀 더 집중할 수 있도록 하였다. 멘토석은 5개의 색깔을 가진 계단을 설정하여 멘티들이 각각 결정된 멘토의 뒤에 앉을 수 있게 하였다. 또, 합격하고 멘토를 결정한 멘티들이 멘토의 세트쪽으로 갈 수 있는 동선도 만들었다.

전체 평면도

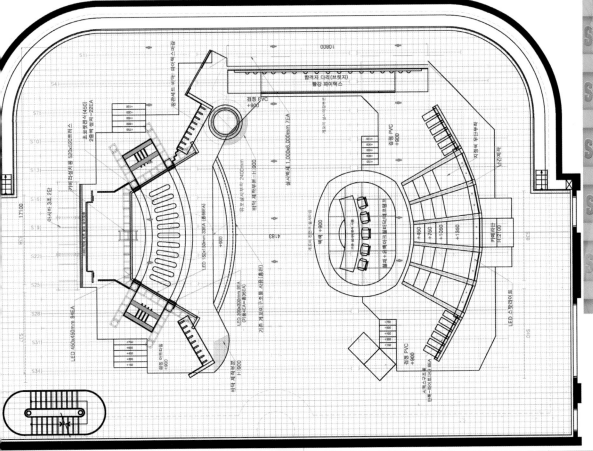

미술감독: 정종훈 / 010-
디자이너: 문재영 / 010-

	무대막
	SET BATTEN
	LIGHT BATTEN
	CHAIN HOIST
	출입구

SCALE : 1/100

MBC DREAM CENTER STUDIO 4	프로그램명	위대한탄생2 위대한캠프 파이널	연출	서창만	담당	미술감독	부장
			미술감독	정종훈		573	
	VTR일시	2011년 10월25일 14시	디자인	문재영			

전체조감도

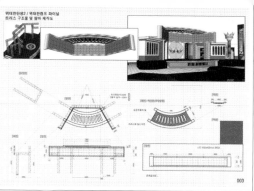

위대한탄생2 / 위대한캠프 파이널
트러스 구조물 및 평면 제작도

위대한탄생2 / 위대한캠프 파이널
무대 세트 상세제작도

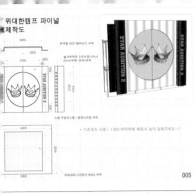

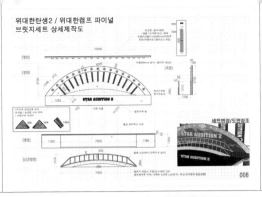

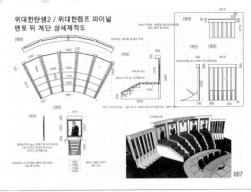

005

006

007

박정현 멘토 선택!

박정현의 세 번째 제자 푸니타 바자즈

멘토들이
눈빛을 반짝이는 이유는?

한국에서 그렇게 하더라고요 교포들의
신비한 한국 체험기

그녀들의 노래는
멘토들을 사로잡을 수 있을지?

그들에게 무슨 일이?

KS미디어 문화음향 조남근 정종훈 김신아 문재영 김진희

STAR AUDITION
CAMP FINAL
me2day 이승환 / dreamizer

575

[멘토스쿨]

멘토와 멘티가 결정이 난 이후의 '위대한 탄생2'는 각자 팀들이 서로의 팀워크를 다지고 연습하며 중간 평가를 하는 내용으로 그려졌다. 이에 필자와 세트팀은 각자 멘토들의 평가나 진행에 필요한 미술 지원 작업을 하였다.

[윤일상 멘토스쿨 중간 평가 세트
2011년 11월 24일 광화문 올레스퀘어]

윤일상 멘토스쿨의 중간 평가가 광화문 올레스퀘어에서 진행되었다. '마음을 움직여라!'라는 주제로 이별의 슬픔을 간직한 관객들을 모시고 멘티들의 퍼포먼스가 펼쳐졌다.

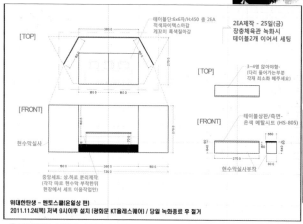

[윤일상 멘토스쿨 최종 평가 세트
2011년 11월 30일 신사역 빌라드베일리]

윤일상 멘토스쿨의 최종 평가는 서울 신사동 '빌라드베일리'의 6층 외부 테라스 공간에서 진행되었다. 빗방울이 약간 떨어지는 날씨였는데 다행히 녹화를 마칠 수 있었다.

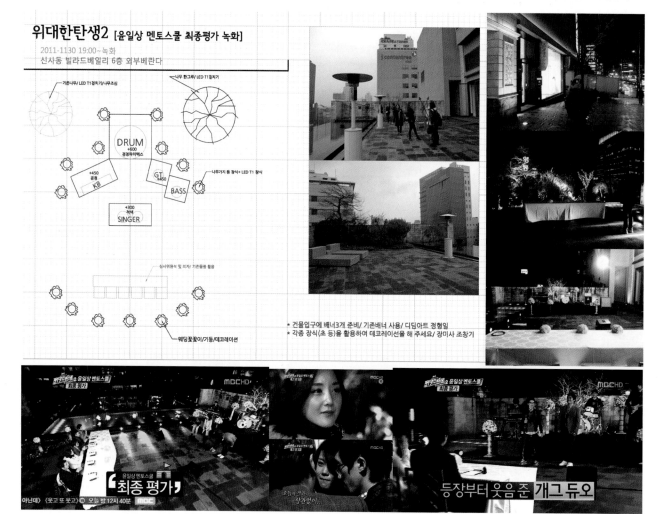

[윤상 멘토스쿨 최종 평가 세트
2011년 12월 6일 일산 드림센터 로비]

윤상 멘토스쿨의 최종 평가는 일산 드림센터
의 로비에 약 30명의 전문 음악인을 모시고 진
행되었다. 이 최종 평가에서 '전은진'과 '이태
극'이 생방송에 진출하였다.

[이선희 멘토스쿨 최종 평가 세트 2011년 11월 30일 메이필드호텔 카라홀]

이선희 멘토스쿨의 최종 평가를 위해 유튜브 오디션을 진행했던 메이필드
호텔 카라홀을 다시 찾았다. 이번 작업은 외부가 보이는 창쪽이 아닌 맞은
편에 무대를 설치하기로 하였다. 이 프로젝트는 각 멘티들의 가족을 모시고
따뜻하고 친근한 분위기의 연출이 필요했으므로 세트는 심플하고 깔끔하게
디자인을 하였다.

[위대한 탄생 2 패자 부활전 2011년 12월 13일 일산 MBC 드림센터 5 스튜디오]

멘토들의 최종 평가가 끝나고 탈락한 10팀 중에서 2팀에게 부활 찬스를 주는 패자 부활전을 일산 드림센터 5스튜디오에서 녹화하였다. 이 세트는 캠프 파이널의 세트를 개조하여 MC석과 탈락한 멘티들이 대기하는 공간을 설정하였고, 각 멘토들이 점수를 주는 방식이었으므로 멘토 테이블을 다시 제작하였다.

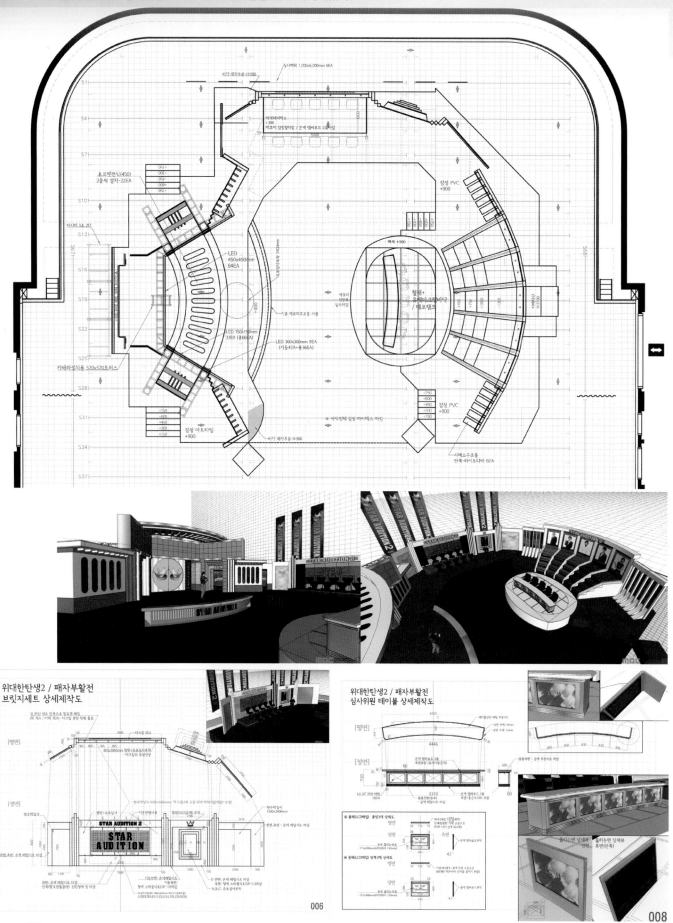

▲2011년 12월 11일에 '나는 가수다' 생방송 후에 철거를 끝내고 세트를 설치해야 하는 상황이었다. 짧은 시간 내에 설치와 녹화를 진행하느라 바쁘게 움직여야 했다.

　멘토스쿨과 패자 부활전을 거쳐서 12팀이 결정되었고, 그 팀들과 함께 생방송으로 진행해야 하는 8회의 방송이 남아 있었다. 어쩌면 여태까지 해 온 것들이 다음부터의 생방송을 위한 준비 단계였을지도 모른다. 필자는 이 생방송 무대의 디자인을 틈틈이 준비하였지만 처리해야 할 다른 일들 때문에 본격적인 작업을 하지 못하고 있었다. 주변의 상황이 여러모로 어려운 것이 많았던 2011년의 연말이었다. 우여곡절 끝에 2012년 2월 10일에 첫 생방송이 시작되었다.

[프로필 촬영 세트 2012년 1월 7일 일산 MBC 드림센터 4 스튜디오]

최종 12팀이 결정되고 생방송에 사용될 12팀의 프로필 촬영을 위한 세트를 설치하였다. 'STAR AUDITION'이라는 전식 타이틀과 왕관 모형의 통로 세트를 설치하고 촬영을 하였다.

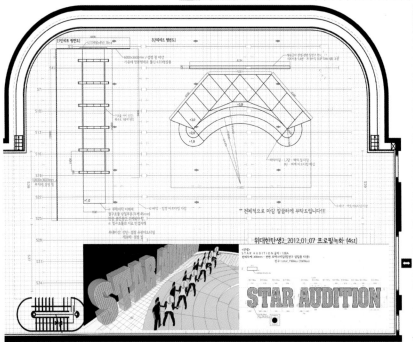

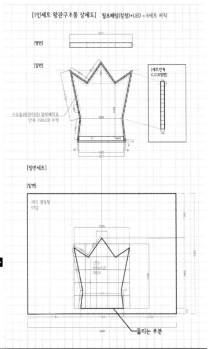

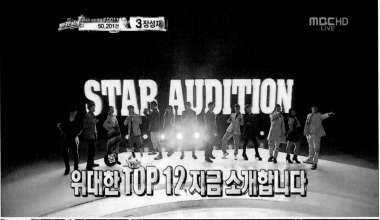

[위대한 생방송 2012년 2월 10일부터 일산 MBC 드림센터 6 스튜디오(공개홀)]

12팀이 서바이벌 형식의 대결을 펼치는 '생방송 위대한 탄생 2'의 세트는 필자가 이 프로젝트에 참여하면서부터 오랫동안 머릿속에서 담아둔 상태로 풀고 있던 숙제였다.

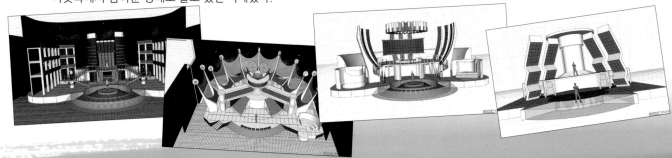

필자는 우선 8회의 생방송에서 '다양한 장면'을 만들어 내기 위한 무대의 설계에 중점을 두고 구상을 하였다. 퍼포먼스별 세트의 전환도 중요하지만, 무엇보다도 다양한 그림을 만들어 내는 기본 세트로 설계를 해야 한다고 생각했기 때문이다. 이를 위해서 바닥의 높낮이와 출입 동선을 다양하게 설정하였다. 웅장한 모습을 위해 세트의 높이도 스튜디오가 허용하는 한 최대한 높게 설정하고 여러 가지 무대 전환 방식도 도입하여 다양한 변신이 가능한 무대로 설계하였다.

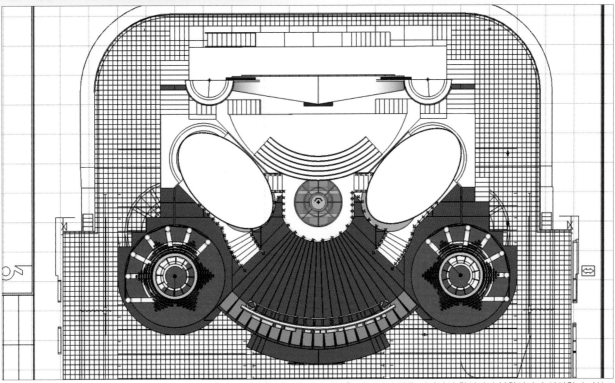

▲위대한 생방송 메인 세트 평면도/ 무대의 좌·우측에는 회전이 가능한 턴테이블을 설정하여 최종 판정에서 합격자와 불합격자가 위치할 수 있는 자리로 활용함과 동시에 각종 퍼포먼스에도 사용할 수 있도록 하였고, 무대의 높이는 3단으로 설계하고 각 단으로 출입이 가능하게 만들었다.

무대의 높이를 3단으로 설정하여 1층 좌우의 출입과 정면의 LED 열림장치로 출입할 수 있게 하였고, 2층 무대는 3층에서 내려오는 계단과 세트 중앙을 통해서 출입이 가능하게 하였다.

정면의 원형 LED 영상 세트는 협의 과정에서 제외하였고 아치 내부의 영상은 좌우로 열리게 처리하여 등장용으로도 사용이 가능하게 설계하였다.

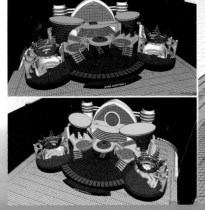

[위대한탄생2]
2012.02.03(금)
생방송 전체평면도
Dr.6

[위대한탄생2]
2012.02.03(금)
생방송 전체평면도
Dr.6

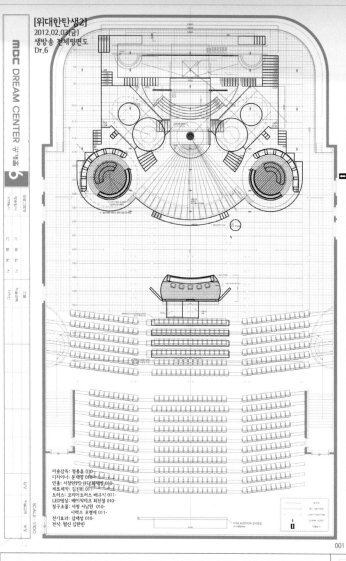

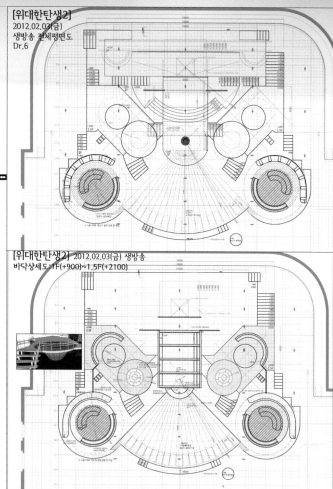

[위대한탄생2] 2012.02.03(금) 생방송
바닥상세도:1F(+900)~1.5F(+2100)

미술감독: 정종훈 010-
디자이너: 윤재양 010-
연출: 서향빈/(주)세우디자인 010-
세트제작: 김천회 011-
트러스: 코리아트러스 배남식 011-
LED영상: 베이지테크 최진철 010-
철구조물: 서청 서남현 010-
시멘스 조명재 011-
전기시공: 김세성 010-
전식: 혈신 김창민

▲출연진과 스태프의 인원이 많은 프로그램이므로 가능하면 무대의 좌우
공간을 확보하여 동선의 여유 공간을 두었다. 메인 무대의 바닥은 방사형
으로 전기 장식을 설치하고 그 위를 강화유리로 덮었다.

위대한탄생2_0203_생방송 / 기둥LED세트 상세도 -1

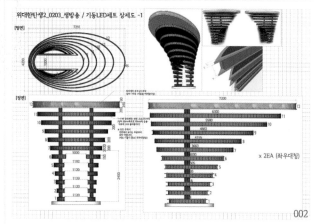

x 2EA (좌우대칭)

위대한탄생2_0203_생방송 / 기둥LED세트 상세도 -2 (날개평면도)

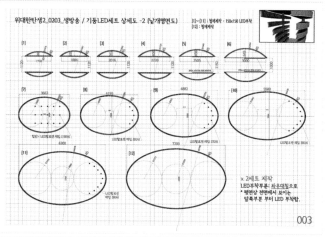

x 2세트 제작
LED부착부분은 좌우대칭으로
* 평면상 전면에서 보이는
앞쪽부분 부터 LED 부착함.

위대한탄생2_0203_생방송 / 왕관LED세트 상세도 -1

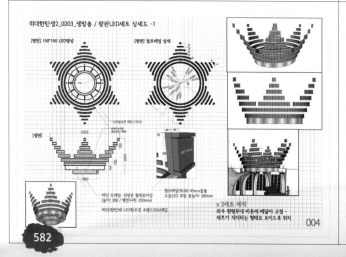

x 2세트 제작
좌우 원형무대 비존에 매달아 고정 -
세트가 지지하는 형태로 보이도록 위치

위대한탄생2_0203_생방송 / 무대중앙 통로부분 및 2층바닥 상세도

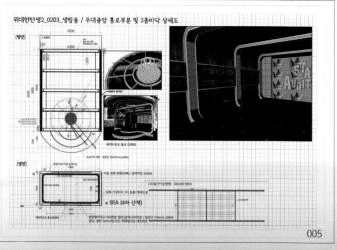

x 5EA (4자 간격)

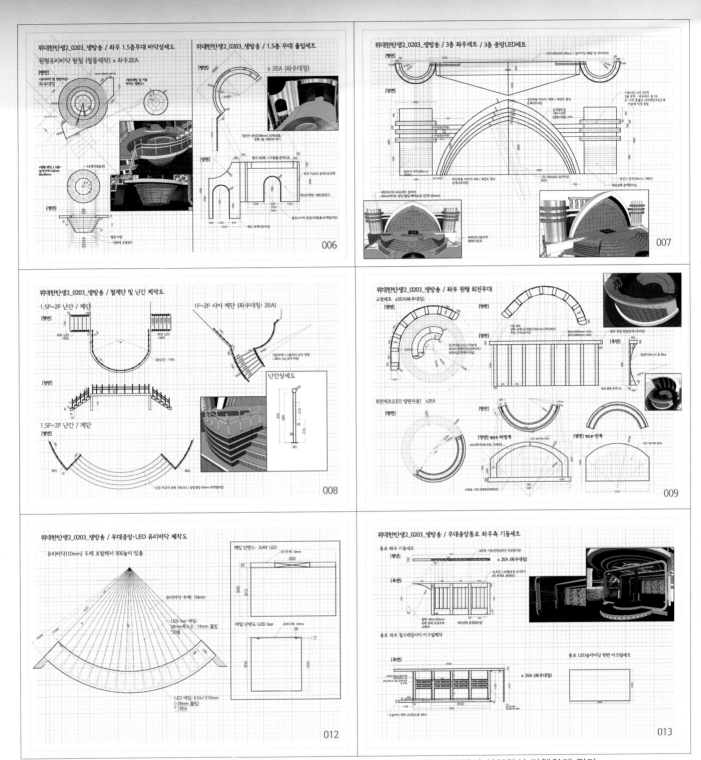

기본 세트로 8회의 생방송을 진행하고 퍼포먼스의 구성에 필요한 추가 세트는 매회 보강하여 설치하여 진행하게 된다.

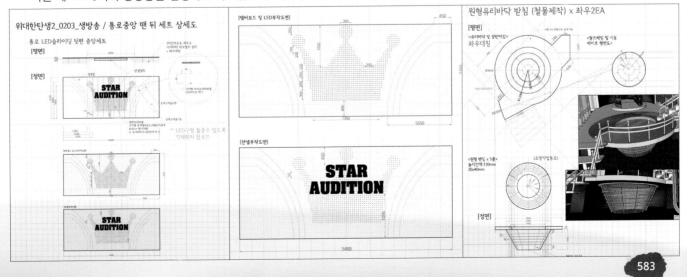

첫 설치 작업은 어떤 것이든 어설프고 어려움이 많기 마련이다. 더구나 이렇게 복잡한 설계의 세트는 각 담당 업체에서 아무리 정확하게 제작했다고 해도 서로 맞지 않는 부분이 생기고 수정 작업을 해야 할 경우가 발생한다.

세트 설치를 어느 정도 완료하면 다음 과정은 조명과 음향 체크와 리허설이다. '위대한 생방송'은 방송의 경험이 부족한 아마추어 멘티들이 출연하므로 사전 점검과 연습을 더욱 철저하게 해야 했다.

첫 번째 생방송은 TOP12로부터 시작하였다. 주제는 명곡들을 다시 해석해서 불러보는 것으로 경연을 진행하였다. 다섯 분의 멘토 소개와 미리 촬영해 둔 TOP12의 프로필 영상이 후반 작업을 통해서 멋지게 재탄생해서 오프닝으로 방송되었고, 다섯 명의 멘토와 12팀의 도전자를 현장에서 소개하는 것으로 생방송이 시작되었다.

[위대한 생방송 2회(22회) 러브송 미션]

첫 방송을 끝내고 생방송 2회차 방송의 큰 변화는 멘토석의 세트를 변경한 것이었다. 첫 방송을 모니터링한 제작진에서 멘토석(심사위원석)의 디자인의 변경을 요청해왔고 그에 따라 디자인을 변경하였다. 또 몇 가지 퍼포먼스를 위한 전환용 세트를 준비하였다.

[평면]

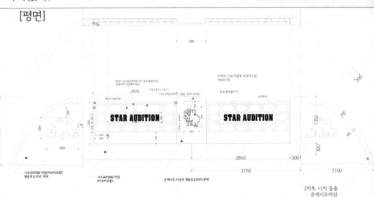

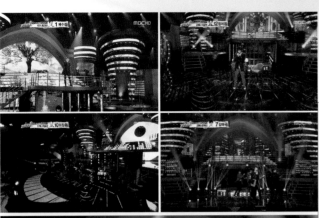

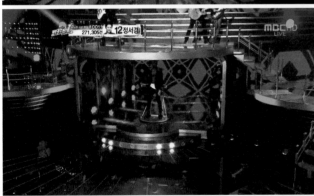

[위대한 생방송 3회(23회) K-POP에 도전하라!]

　세 번째 생방송은 전체 8팀 중에서 2팀이 탈락하고 6팀이 남게 되는 경연으로 생방송되었다.

　생방송을 준비하는 스튜디오는 아침부터 스태프들이 분주하게 움직이고 있었다. 조명팀은 여전히 메모리 작업을 확인하고 있고, 각 스태프들은 자신의 맡은 작업에 이상이 없는지 꼼꼼하게 점검하였다.

네 번째 생방송은 전체 6팀이 경쟁을 하여 1팀이 탈락하고, 'TOP5'를 결정하는 방송이다. 이번주 방송부터 라이브로 밴드의 연주에 맞춰 퍼포먼스를 해야하므로 우측에 밴드석을 따로 마련했다.

MBC DREAM CENTER

[위대한탄생2]
2012.03.02(금)
생방송 전체평면도
Dr.6

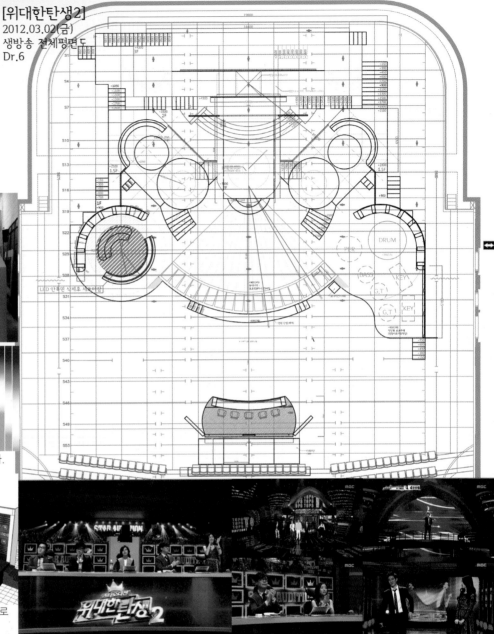

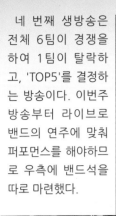

▲좌·우측의 전환 세트를 수정하였다.

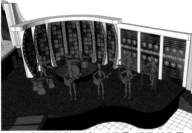

▲우측의 원형 전환 세트를 밴드석으로 수정하였다.

▲에릭 남 공연을 위한 전환 세트

생방송을 하는 날의 스튜디오에서는 리허설이 한창이다(에릭 남의 리허설). 필자는 오늘도 성공적인 생방송이 되기를 기도하며 자료사진 촬영에 몰두한다.

[위대한 생방송 5회(25회) 스승의 노래
2012년 3월 16일 TOP5 배수정, 구자명, 전은진, 에릭남, 50KG]

TOP5로 남은 도전자들에게 주어진 다섯 번째 위대한 생방송의 미션은 각 멘토의 음악으로 경연을 하는 것이었다.

[위대한 생방송 6회(26회) 결선 라운드
2012년 3월 16일 TOP4 배수정, 구자명, 전은진, 50KG]

TOP4의 경연에서는 남성 듀오로 즐거운 무대를 선사했던 '50KG'이 탈락하였다.

▲다섯 번째 생방송을 위한 무대를 설치 중인 전날의 스튜디오 전경

▲생방송 당일 리허설 중인 스튜디오 전경

[위대한 생방송 7회(27회) 결선 라운드2 2012년 3월 23일 TOP3 배수정, 구자명, 전은진]

TOP3가 남은 상황에서 일곱 번째의 생방송으로 최종 결선에 오를 2팀을 가리게 된다. 이번 경연은 유명 아티스트와 듀엣곡을 부르는 미션으로 진행되었다.

2011년 9월 9일 첫 방송을 시작한 '위대한 탄생 시즌 2'의 대단원의 막을 내리는 최종라운드의 생방송이 진행되었다.

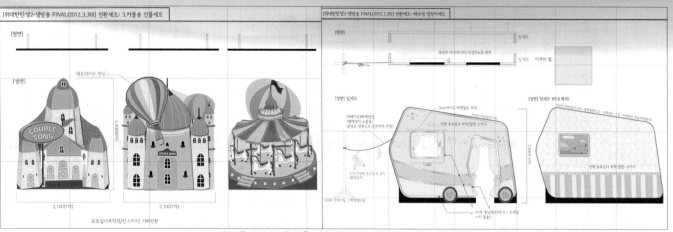

▲스페셜 무대와 본 공연을 위한 몇 개의 전환용 세트와 소품들을 준비하였다.

여느 때나 다르지 않은 작업들이었지만 필자에게는 개인적으로 여러 생각이 교차하는 날이었다. 결코 짧지 않은 시간에 적지 않은 일들을 처리하면서 부족한 점도 아쉬운 점도 참 많았다는 생각이 우선 들었고, 이 작업을 통해서 깨달은 점도 많아서 세트 디자이너로서 또 한 계단 성장했다는 생각도 들었다.

'위대한 탄생 시즌 2'의 최종 우승자는 '구자명 씨'로 결정이 났고 많은 화제와 감동을 주었던 대장정 프로젝트는 끝났다. 이 프로그램의 본 방송은 28회로 끝났지만 29회 에필로그와 30회 위대한 콘서트, 그리고 31회의 토크 콘서트를 통해서 완전히 마무리되었다.

트로트의 민족

나이에 맞는 일을 해야 하라구?

트로트의 민족 이야기(2020~2021)

종편 채널에서 시작된 트로트 오디션의 열풍에 맞춰 MBC도 트로트 오디션을 기획하였다. 트로트 오디션 프로그램을 제작, 방송하는 것이 조금 늦은 감이 있어서 결과가 어떻게 나올지는 걱정스러운 상황이었지만, 제작진의 능력을 믿고 필자도 그 프로젝트에 손들고 참여하게 되었다. 트로트라는 장르의 세트는 필자처럼 나이가 있는 디자이너에게 어울리는 작업이라고 생각되어지는 것은 왜일까?

[예선전/ 각 지역 오디션]

'트로트의 민족' 제작진은 서울 전체와 각 지역별 예선 등 전체 8회의 예선(오디션)을 계획하였는데 이것은 이 프로그램의 콘셉트가 '지역 대표'를 선발하고 '지역 대결'로 진행하는 것이기 때문이었다.

트로트의 민족

녹화명	월		7		8
전체 예선전	일산 6 스튜디오		도편 작업 설령 세트제작 설치 녹집		
지역예선 서울 (8월 9일)	상일 광장		디자인 작업 마감 도편 작업 설령 세트제작 설치 동설치 동 녹집		
지역예선 경기 (8월 9일)	일산 6 스튜디오 또는 로비			세트제작 설치 동설치 동 녹집	
지역예선 강원 (8월 16일)	춘천MBC잔디				설치 동설치 녹집
지역예선 충청 (8월 16일)	대전MBC공개홀				설치 동설치 녹집
지역예선 경상 (8월 22일)	부산mbc 옥상				설치 동설치 녹집
지역예선 전라 (8월 25일)	광주 mbc 공개홀				설치 동설치 녹집
지역예선 (8월29일) *8.3 8.20 8.6예외 여부	상일광장				설치 동설치 녹집

프로그램의 성공을 위해서는 무엇보다도 중요한 것이 출연자들의 능력과 자질이므로 실력 있는 도전자들을 선발하는 것이 성공 여부의 첫 번째 관문일 것이다. 제작진이 계획한 지역예선의 일정과 장소를 검토한 결과, 야외에서 진행해야 할 경우가 있어서 야외의 오디션에 대비하기 위한 에어돔 도입을 검토하였다.

[전체 오디션
2020년 8월 1일~2일 일산 MBC 드림센터 6 스튜디오(공개홀)]

일산 MBC 드림센터 6 스튜디오(공개홀)에서 진행된 전
체 지역예선은 지역에 관계없이 전 지원자를 대상으로 심
사를 하였으며 2일간 진행되었다.

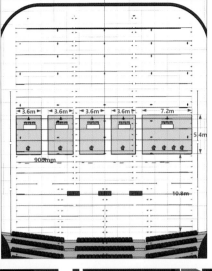

스튜디오 내
부에는 크고 작
은 심사용 부스
5개와 배너를
설치하였고, 외
부에 대기를 위
한 로비 공간에
도 플래카드 등
을 설치하여 오
디션장의 분위
기를 만들었다.

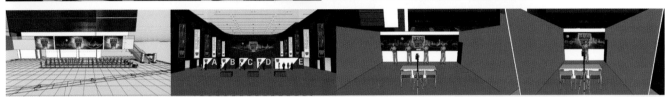

[지역 오디션 2020년 8월 9일~29일 서울 MBC 상암문화광장, 부산 MBC 사옥 옥상, 광주 MBC 공개홀, 대전 MBC 공개홀]

야외에 설치되는 세트는 에어돔을 활용하는 방안을 도입하여 세트를 세우기로 하였다. 에어돔은 'MBC 선택 2020 선거 개
표방송'에서 사용한 것보다는 작은 지름 20m의 에어돔을 활용하기로 하였으며 실내에서 진행될 경우에는 에어돔을 제외한
같은 세트를 설치하는 것으로 결정하였다.

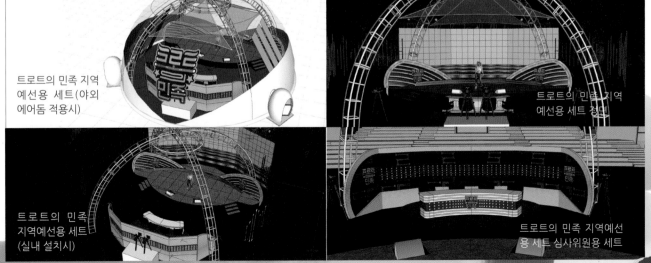

트로트의 민족 지역
예선용 세트(야외
에어돔 적용시)

트로트의 민족 지역
예선용 세트 정면

트로트의 민족
지역예선용 세트
(실내 설치시)

트로트의 민족 지역예선
용 세트 심사위원용 세트

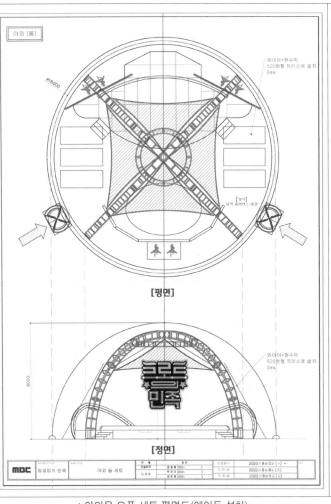

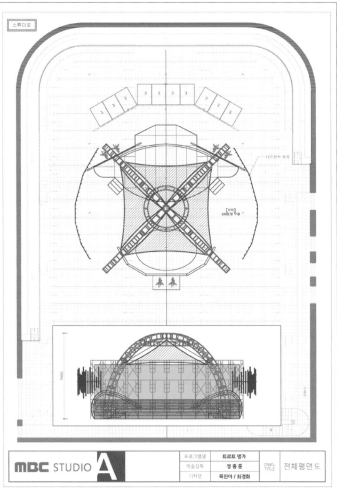

▲야외용 오픈 세트 평면도(에어돔 설치)   ▲스튜디오용 세트 평면도

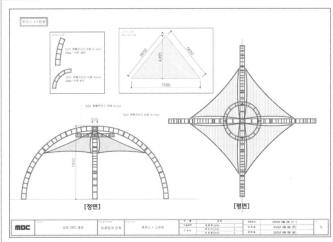

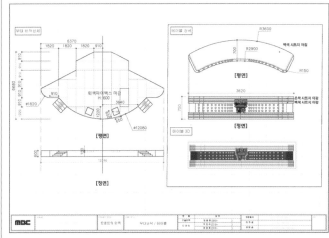

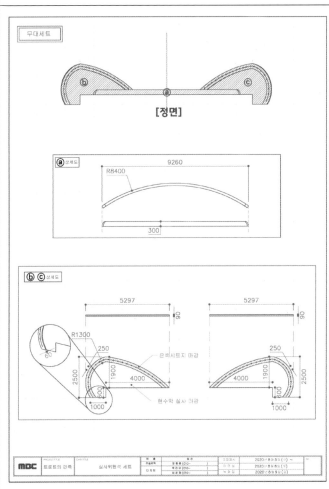

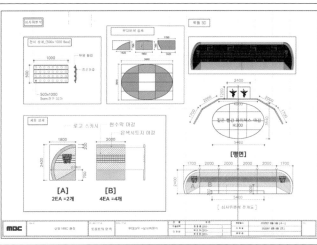

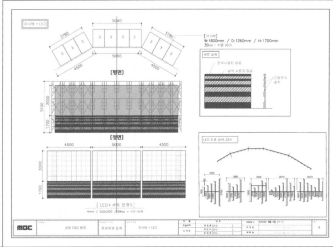

[추석 특집 발대식 2020년 9월 13일 일산 MBC 드림센터 6 스튜디오(공개홀)]

서울과 지역, 해외 오디션을 통해서 선정된 80팀을 선보이고 시작을 알리는 '트로트의 민족'의 첫 프로그램을 추석 특집으로 계획을 하였다. 이 프로그램에서는 80팀, 약 100명의 출연진이 한꺼번에 나타나는 장면이 가장 중요한 것이었는데, 필자는 이 장면을 위해서 전환하는 5개의 LED 구조물 세트를 설계하였다. 이 세트는 '키네시스 모터(Kinesys Mortor)'라는 시스템을 활용해서 업 다운 방식으로 작동되는데 5개를 따로 조정하여 세트의 모양을 변형하여 사용이 가능하도록 설계했다. 이 프로그램의 장소는 최초에 'MBC 상암문화광장'으로 계획되었으나 코로나로 인해서 결국 '일산 MBC 드림센터 6 스튜디오(공개홀)'로 변경되었다.

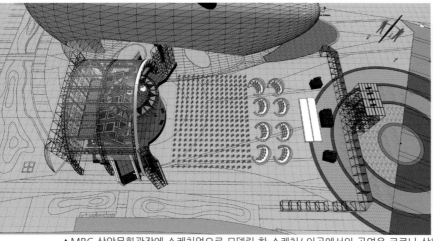
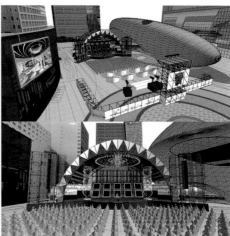

▲MBC 상암문화광장에 스케치업으로 모델링 한 스케치/ 이곳에서의 공연은 코로나 상황 등으로 인해 어렵다고 판단하여 일산 MBC 드림센터 6 스튜디오(공개홀)로 장소를 변경하여 진행하였다.

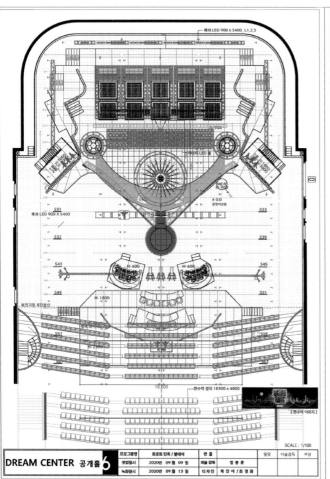
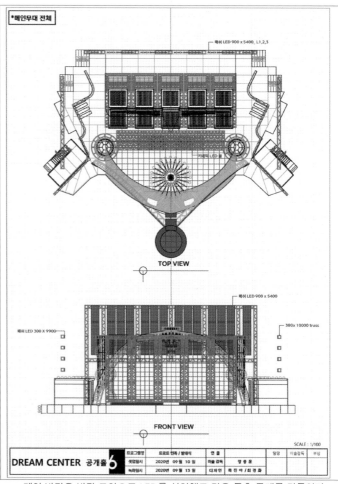

▲메인 바닥은 반달 모양으로 LED를 설치했고 작은 돌출 무대를 만들었다.

MBC 상암문화광장에 설치하려고 했던 무대 전환 장치를 일산 MBC 드림센터 6 스튜디오(공개홀)에 적용을 하다 보니 세트가 스튜디오에 가득 찬 모습이다. 메인 무대에 작은 돌출무대를 추가하고 맞은편에 대결을 펼칠 지역의 출연진만 앉고 나머지 팀들은 각 대기실에서 모니터를 통해서 스튜디오의 상황을 볼 수 있게 하였다. 코로나 상황으로 생긴 이 계획도 세트를 설치하는 도중에 결정이 나서 급히 평면을 수정하고 세트 변경 작업을 하였다.

▲기본 트러스 형태를 활용한 아치 세트와 키네틱 볼라이트(Kinetic Balllight: 상하 이동을 이용하여 자유로운 모양으로의 변환이 가능한 특수효과 장치),
그리고 부챗살처럼 펼쳐지는 LED 장치를 적용하여 스케치업으로 모델링을 하였다.

▲일산 MBC 드림센터 6 스튜디오(공개홀)로 장소를 변경하고 다시 작업한 스케치업 모델링/ 5세트의 전환 장치(키네시스 모터)를 이용하여 열
었을 때와 닫았을 때의 예상 그림.

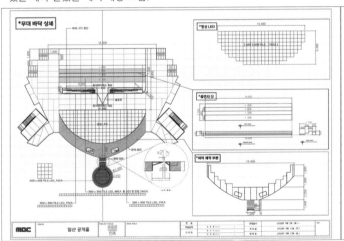

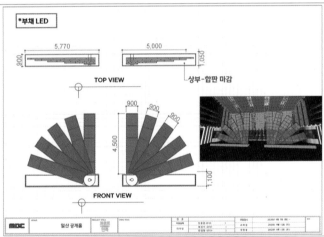

▲필자가 2006년 '월드컵 응원쇼'에 사용했던 '부채형 LED
전환 장치'를 다시 적용해 보았다.

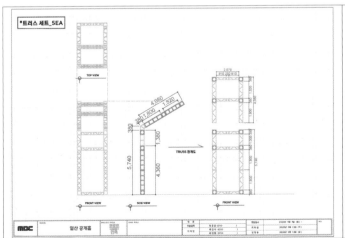

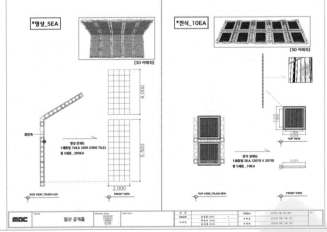

▲80팀을 숨겼다가 나타나게 하고 퍼포먼스를 진행할 때 전환용 세트로 사용하게 될 5개의 LED 전환
세트는 기본 골격을 트러스로 만들고 LED와 전식 세트를 앞뒤로 부착하는 형태로 디자인하였다.

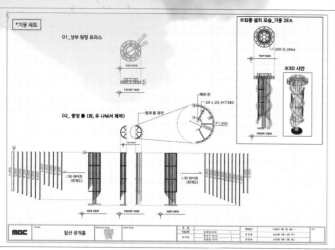

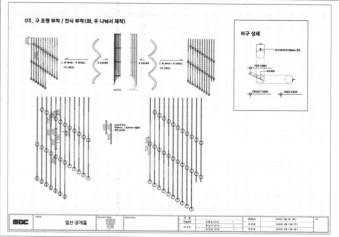

▲ '트로트의 민족'이라는 타이틀에 착안하여 LED 볼을 이용하여 DNA 구조의 전식 구조물 세트를 설계하였다. 이 세트는 본 경연 녹화에도 계속 활용하기 위한 제작이었다. 여기에 사용된 지름 250mm LED 볼은 '선택 2020 MBC 선거 개표방송'에 사용했던 LED 구를 재활용한 것이었다.

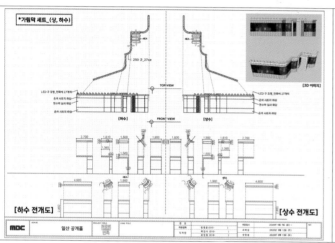

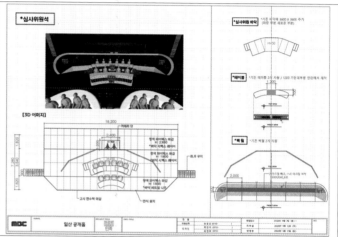

▲ 메인 무대의 맞은편 객석 위에 바닥을 깔고 세트를 설치한 심사위원석은 앞쪽 단에 5명, 뒤쪽 단에 4명이 앉는 것으로 결정되었다.

/ 세트 강태호 / 전식 이나기, 곽부석 / 키네틱 볼라이트 백승준

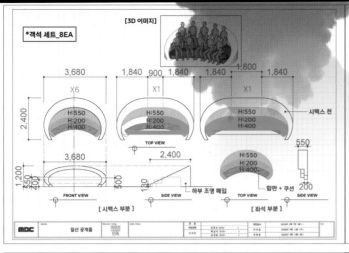

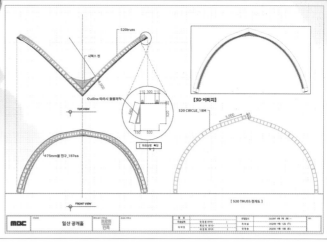

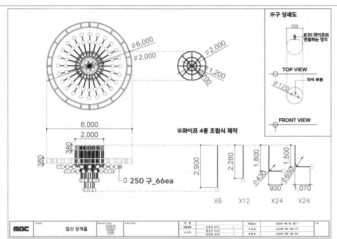

▲DNA 구조 형태의 세트와 같이 활용할 천장용 대형 샹들리에 세트도 디자인을 하였다. 이 세트도 계속 활용하였다.

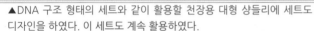

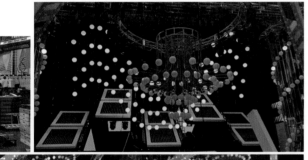

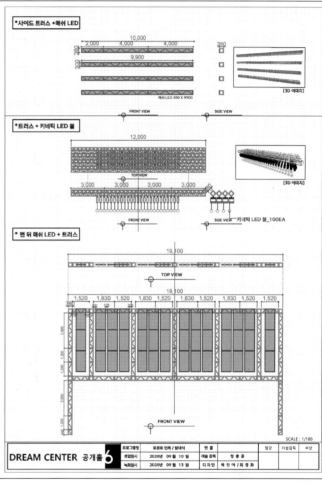

[본선 첫 녹화 2020년 9월 27일~28일 일산 MBC 드림센터 6 스튜디오(공개홀)]
2020년 10월 23일 1회, 10월 30일 2회, 11월 6일 3회 방송

추석 특집 발대식을 끝내고 본격적인 경연이 시작되었다. 80개 팀의 각 지역 대표들이 각각 정해진 상대와 대결을 벌이는 지역 대항전으로 시작하였다.

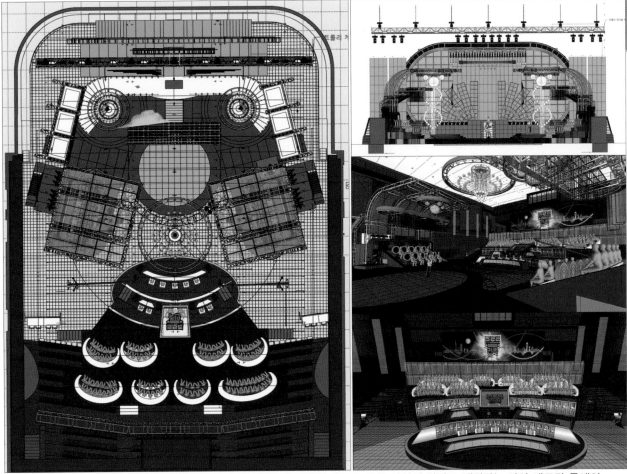

8개 지역 대표 전체를 무대의 맞은편 심사위원석 뒤편에 반원형 세트로 만든 좌석에 앉히고 대결하는 지역 대표만 무대의 좌우에 앉혀서 배치하고 진행하는 방식으로 계획하고 설계를 하였다.

그러나 안타깝게도 이런 방식은 코로나의 방역 규정(스튜디오 내의 적정 인원수를 줄여야 한다는 규정) 문제로 인해 설치 도중에 세트를 수정해야 했다. 결국 도면 작업을 할 여유도 없이 현장에서 수정 작업을 하게 되었는데, 그것은 심사위원석의 좌·우측에 대형 LED 화면을 설치하고 대결을 하지 않는 지역의 출연자들은 각 대기실에서 이 장면을 지켜보고, 다시 그 장면을 스튜디오의 대형 화면에 표출하는 랜선 방식을 도입한 녹화였다.

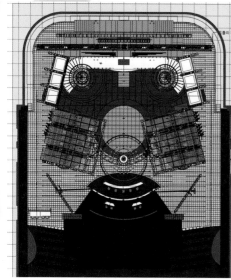

수많은 요소들을 적용한 결과, 일산 MBC 드림센터 6 스튜디오(공개홀)를 가득 채우는 무대가 설계되었다. 각 팀의 단장과 부단장, 그리고 팀원들 전체가 무대의 좌·우측에 위치하고 맞은편에는 10명의 심사위원들이 앉아 있는 구조이다.

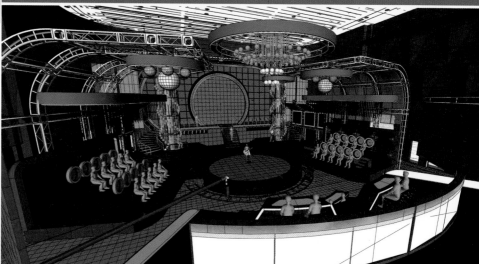

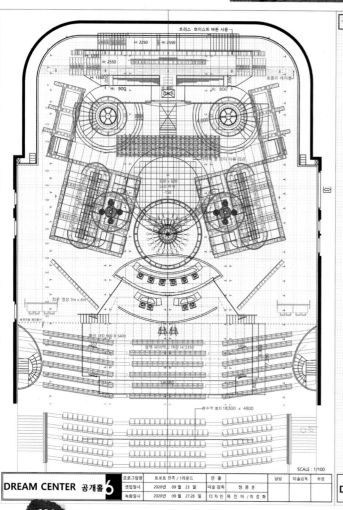

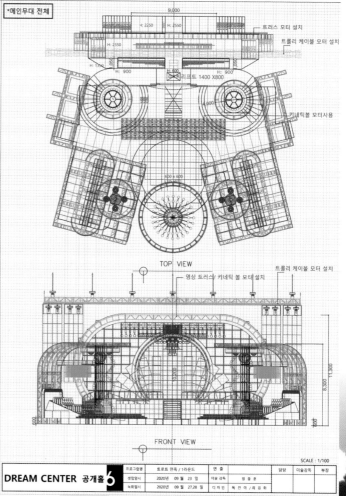

발대식에서 사용되었던 세트의 기본 요소들을 활용하여 재구성하는 방식으로 세트를 설계하였고, 무대 전면의 LED 영상 부분에 카메라가 위치할 공간을 설정했다. 오디션 프로그램에서 메인 무대의 맞은편에 심사위원이 위치하는 경우의 무대는 카메라의 위치에 대한 정교한 계산이 매우 중요하다. 아무리 화려하고 멋진 디자인의 세트라 할지라도 좋은 영상을 만들어 낼 수 있게 카메라의 위치를 고려한 세트의 설계가 매우 중요하다.

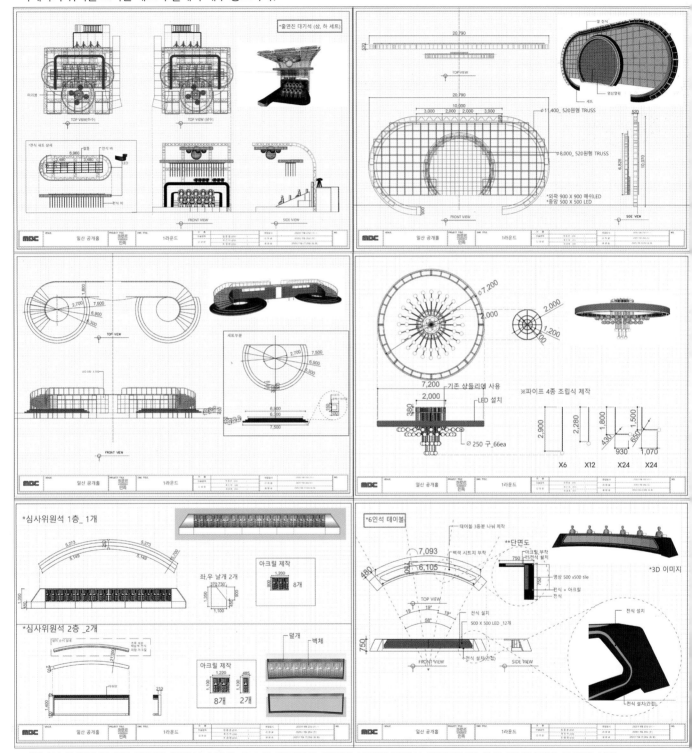

하나의 완성된 무대를 만들기 위해서 수많은 요소의 세트들이 계획된 설계에 의해서 설치되어야 함은 기본이지만 그전에 설계에 맞는 제작이 전제되어야 한다. 따라서 세트 디자이너는 그 무대를 구성하는 요소들 하나하나를 모두 도면화하여 제작진들에게 작업 지시를 해주어야 함은 물론이고, 제작을 진행하고 있을 때에도 꾸준히 점검하여야 한다.

2020년 9월 27일과 28일 이틀간 녹화한 이 경연은 1회와 2회, 그리고 3회의 1부까지 방송되었다.

이 대결은 지역 대항전이었지만 일대일 대결을 통해서 승자와 패자를 가려내는 경연이었으므로 40팀의 탈락팀이 생기는 라운드였다.

[본선 두 번째 녹화 2020년 10월 11일 일산 MBC 드림센터 6 스튜디오(공개홀)]
2020년 11월 6일 3회, 11월 13일 4회, 11월 20일 5회 방송

두 번째 녹화는 다시 세트에 변화를 주었다. 중앙의 백 세트를 간단하게 수정을 했고, 카메라의 위치도 조금 조정을
하였으며 천장의 샹들리에 세트의 위치를 화면에 더 잘 보일 수 있는 위치로 옮기는 등의 수정 작업을 하였다.

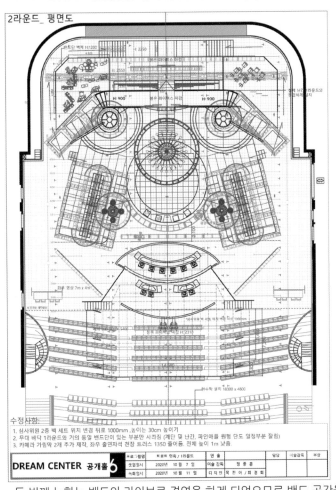

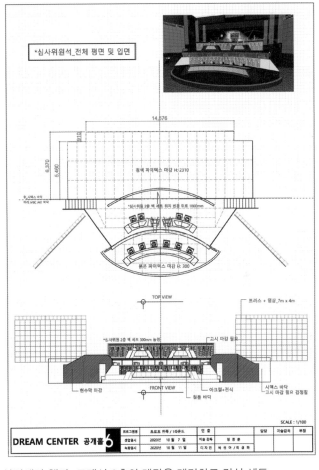

두 번째 녹화는 밴드의 라이브로 경연을 하게 되었으므로 밴드 공간을 설정해야 했다. 그래서 2층의 계단을 제거하고 전식 세트
뒤편의 좌우에 10~20인조 밴드 공간을 마련하였다.

두 번째 녹화가 끝나고 3라운드의 대결 상대를 정하는 경연이 일산 MBC 드림센터 5 스튜디오에서 열렸다. 지목권을 얻은 팀이 상대팀을 지목하고 다음 대결을 펼치는 방식이었다.

[본선 세 번째 녹화 2020년 10월 25일 일산 MBC 드림센터 6 스튜디오(공개홀)]
2020년 11월 20일 5회, 11월 27일 6회 방송

세 번째 녹화는 3라운드 대결로 상대를 지목하여 듀엣으로 대결을 펼치는 1:1 생존 배틀로 진행되었다. 이 녹화분은 5회와 6회 방송에 나뉘어서 방영되었는데 명장면이 많이 나온 녹화였다.

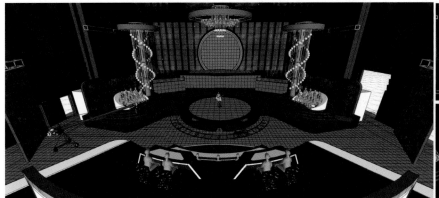
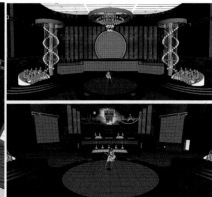

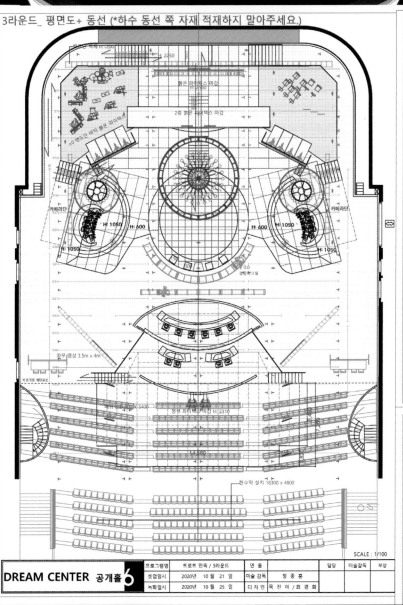

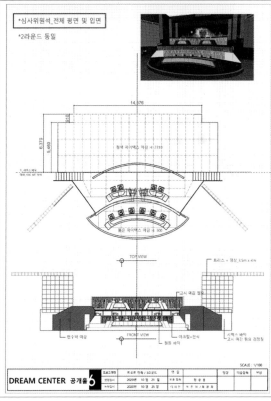

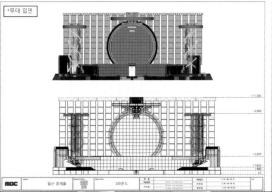

[패자 부활전 녹화 2020년 10월 26일 상암동 문화비축기지]
2020년 11월 27일, 12월 4일 7회 방송

1:1 대결에서 탈락한 팀에 부활의 기회를 주는 녹화를 상암동 문화비축기지에서 진행하였다. 문화비축기지는 환경 자체가 비장한 느낌을 주는 곳이어서 분위기가 잘 나타날 수 있었다고 생각된다. 세트팀은 심사위원의 합격, 불합격 여부를 확인해 주는 전식이 설치된 테이블과 카메라 가리개 등을 설치하고 녹화를 진행했다.

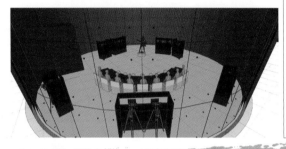

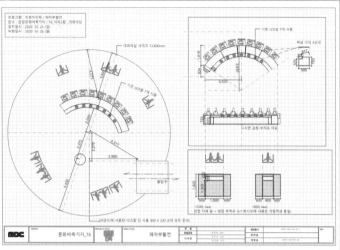

[네 번째 녹화 2020년 11월 22일 일산 MBC 드림센터 6 스튜디오(공개홀)]
2020년 12월 4일 7회, 12월 11일 8회 방송

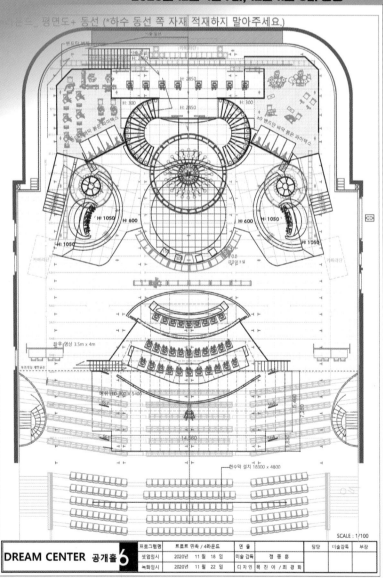

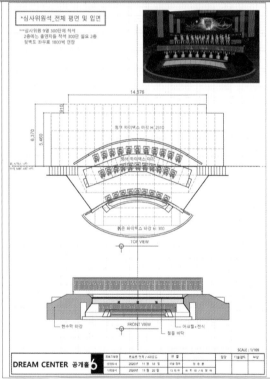

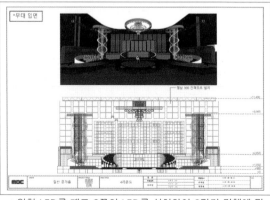

▲콘셉트에 맞는 무대를 위해서 메인 무대와 심사위원석의 설계를 약간 변경하였다. 메인 무대에 8강전의 밀어내기를 위한 좌각 배치를 할 수 있도록 2층 무대의 공간을 확보하고 심사위원단 뒤쪽에 22팀의 좌석 확보를 위해서 심사위원 9명의 좌석을 전부 1층에 배치하였다.

▲원형 LED를 빼고 8쪽의 LED를 설치하여 8강전 진행에 맞는 콘셉트로 영상 모양을 변경하였다.

▲비슷한 세트로 녹화를 하고 있긴 하지만 녹화마다 달라지는 도면으로 인하여 설치 작업이 그리 쉽지 않은 상황이다.

1:1 대결과 패자 부활전에서 생존한 22팀이 그룹 메들리 대결로 진행을 하여 15팀을 결정한 후에 다시 개인 미션 대결을 펼쳐 8강을 가리는 대결을 하게 되는 녹화이다. 이 녹화부터는 50명의 국민투표단의 세트를 '일산 MBC 드림센터 5 스튜디오'에 별도로 설치하였다.

[다섯 번째 녹화 2020년 12월 6일 일산 MBC 드림센터 6 스튜디오(공개홀)]
2020년 12월 18일 9회, 12월 25일 10회 방송

다섯 번째의 녹화는 8강이 확정된 상황에서 1차 컬래버레이션 무대와 2차 개인곡 미션을 거쳐 4강을 결정하는 녹화를 진행하였다.

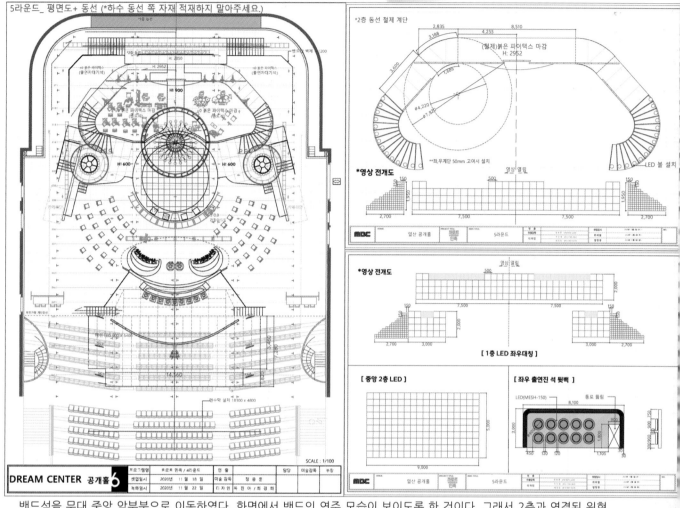

밴드석을 무대 중앙 앞부분으로 이동하였다. 화면에서 밴드의 연주 모습이 보이도록 한 것이다. 그래서 2층과 연결된 원형 계단과 바닥을 다시 설계하여 제작했다. 또 단장과 부단장의 좌석을 1층에 배치하고 심사위원석을 2층에 올려서 배치하였다.

[결승전 생방송 2021년 1월 8일 일산 MBC 드림센터 6 스튜디오(공개홀)]

2020년 12월 25일 10회 방송 후 2021년 1월 1일에는 스페셜이 방송되었고, 2021년 1월 8일로 최종 관문인 결승전 생방송 날이 정해졌다. 결승을 위한 세트는 '트로트의 민족' 기본 세트인 DNA 기둥과 샹들리에 세트를 기본으로 하여 '2020년 MBC 가요대제전'의 세트 일부분을 활용하여 재구성하기로 제작진과 협의하였다.

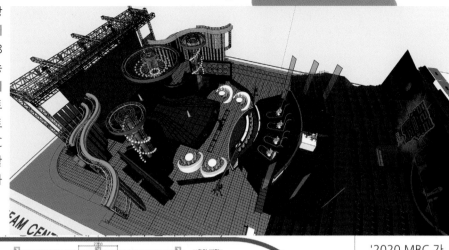

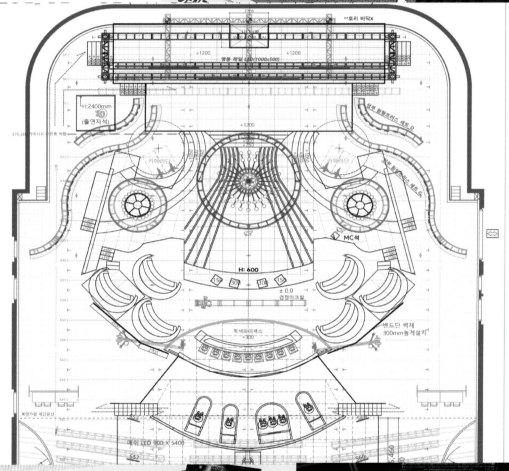

'2020 MBC 가요대제전'에서 사용했던 좌우 열림이 가능한 대형 LED 영상의 구조물을 그대로 활용하기 위해서 철거하지 않았고, 좌·우측의 세트는 수정해서 재설치하였다.

무대 바닥은 전식 라인이 표시되는 유리바닥으로 설정하였고, 무대 앞에는 가족들을 초대할 수 있도록 반원형 좌석을 4개 준비하였다. 심사위원 9명 전체가 1층에 배치되고 2층에는 4강에 오른 팀들의 자리를 배치했다.

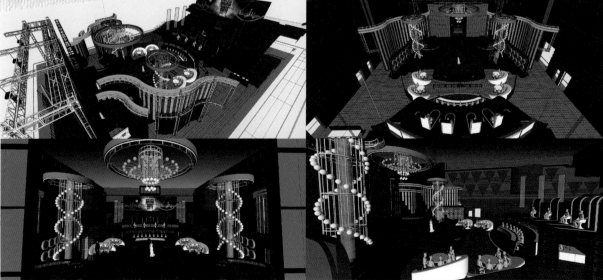

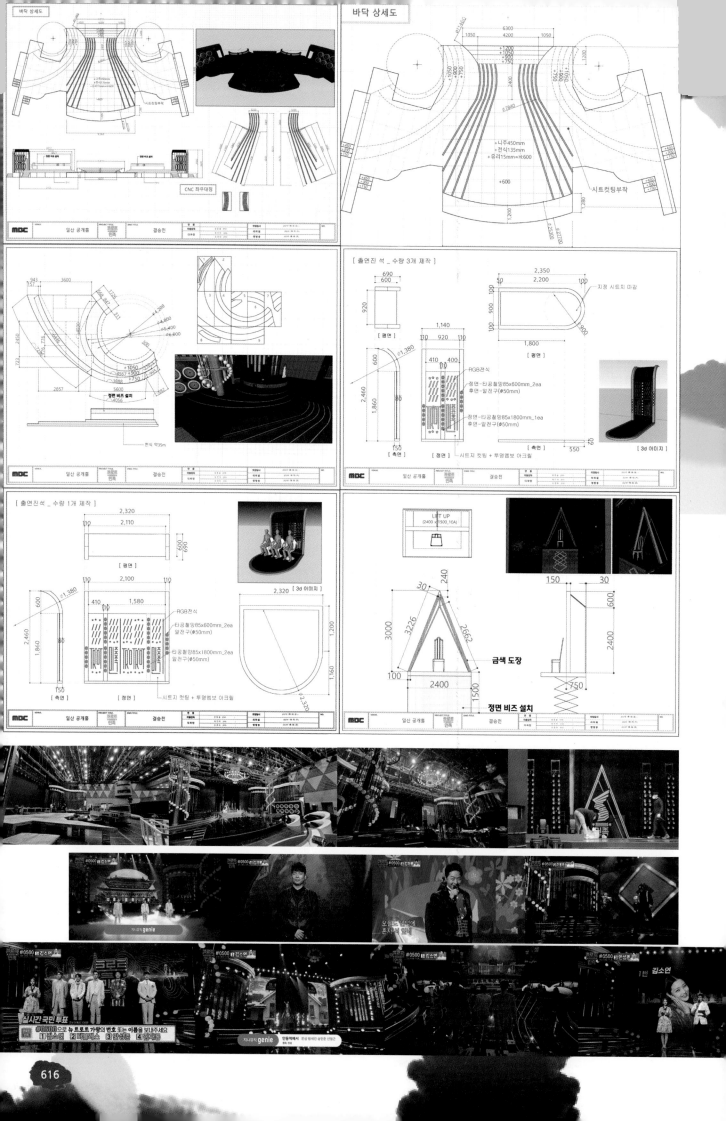

트로트의 민족 방송이 끝난 후에 다시 설 특집으로 녹화를 하겠다는 연락을 연출진으로부터 받았다. 이 작업은 어차피 필자가 진행해왔고, 본 프로그램의 후속이라는 개념으로 여기에서 사용했던 세트를 재활용해서 진행하는 것이 연속성을 유지하고 경제적인 면에도 유리할 듯하여 다시 작업하기로 하였다.

갈라쇼의 세트는 주로 본방송에서 사용했던 요소들을 재구성해서 활용하였다. DNA 구조의 기둥, 천장의 상들리에, 좌우 측면의 패널용 세트, 정면의 원형 LED 세트, 바닥용 전식 세트 등이 재활용되었고 심사위원석은 따로 필요하지 않았다. 객석에는 거리두기를 하면서 앉을 수 있게 설계하였다.

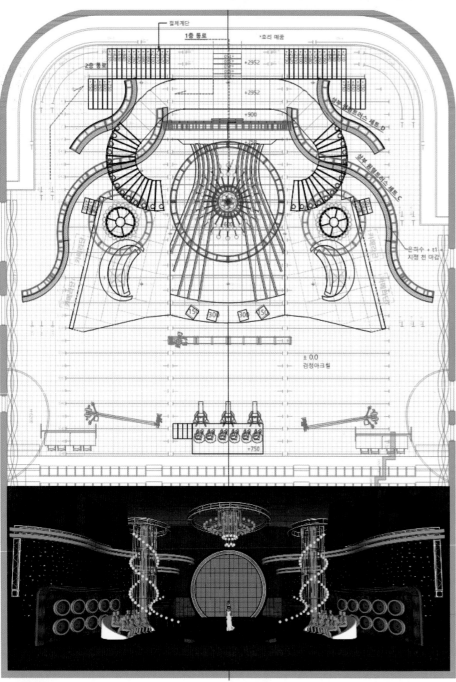

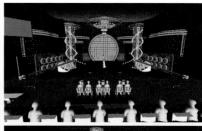

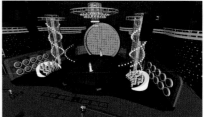

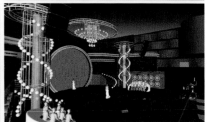

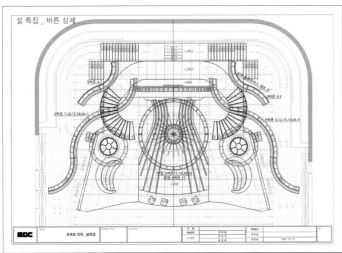

설 특집 _ 바튼 상세

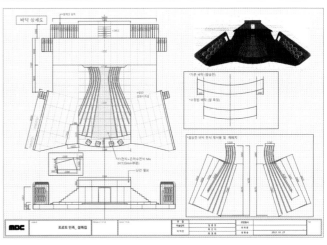

바닥 상세도

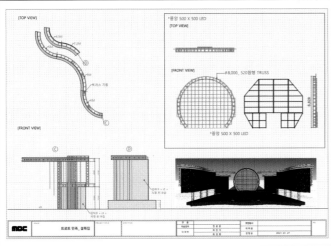

[TOP VIEW]

·중앙 500 X 500 LED
[TOP VIEW]

[FRONT VIEW]

·중앙 500 X 500 LED

[FRONT VIEW]

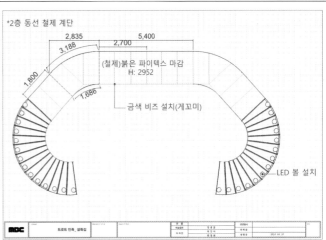

*2층 동선 철제 계단

(철제)붉은 파이텍스 마감
H: 2952

금색 비즈 설치(게꼬미)

LED 볼 설치

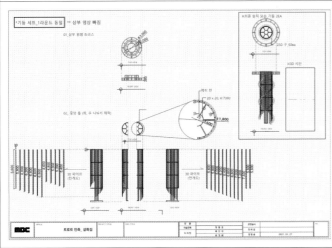

*기둥 세트_1라운드 동일   ** 상부 영상 빼짐

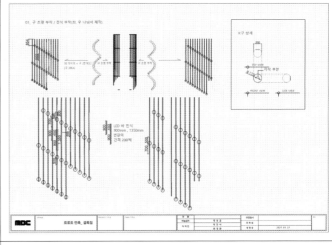

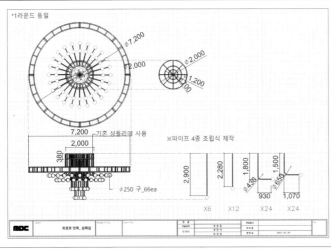

*1라운드 동일

※파이프 4종 조립식 제작

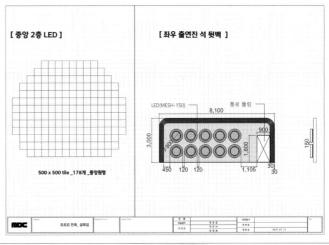

[중앙 2층 LED]

[좌우 출연진 석 뒷백]

LED(MESH-150)

통로 풀림

500 x 500 tile _178개 _중앙원형

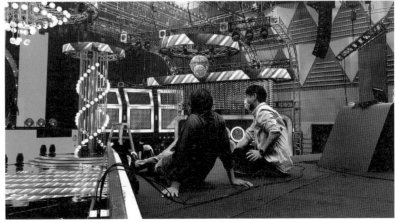

2021년 설 특집 갈라쇼를 끝으로 '트로트의 민족' 대장정이 끝났다. 새로 맞는 2021년은 필자에게는 어느 해보다도 의미가 깊은 한 해였다. 필자의 '미술감독', '세트 디자이너'로의 35년 여정의 끝 지점이 보이는 해이기 때문이었다. 그 모든 것이 그리울 것 같다. 무엇보다도 스튜디오에서 스태프들이 분주하게 오가며 쿵쾅거리는 그 모습이 제일 그리울 듯하다. 작업 상황을 바라보며 조명감독과 이런저런 이야기를 하던 모습을 후배가 찍어주었다. 필자의 뒷모습에서 무엇을 발견했을까?

Chapte 5

정종훈 디자이너의 작업 기록
/보도, 교양 프로그램

001 보도

002 선거 개표방송

003 토크쇼 및 시사 프로그램

아침! 눈뜨면 보이는 세트?

MBC 아침뉴스 세트 이야기

기억해 보면, 필자가 입사할 당시의 뉴스 세트는 보잘것없는, 그냥 지도 세트 판을 세우고 '어깨걸이'라고 불렀던 DVE(Digital Video Effect)를 이용해서 '원 샷(1 Shot)' 또는 '투 샷(2 Shot)'으로 앵커 멘트를 하고 취재, 편집한 뉴스가 방송되는 형식의 단순한 프로그램이었다. 가끔 현장에 중계차를 보내서 현장을 연결하는 상황이 있긴 했지만 그것도 화면을 분할하는 방식으로 처리하는 것이 대부분이었다. 그럼에도 불구하고 뉴스 세트는 TV 세트 디자이너들 사이에는 참 재미없고도 까다로운 세트로 인식되어 있었다. 세트가 보이는 영역은 한정적인데 그 세트가 매일같이 시청자들이 보는 똑같은 화면이라서 작은 부분도 눈에 거슬리는 상황이 될 수도 있는 예민한 작업이기 때문이다. 덕분에 세트를 한번 개편하고 나면 한 달쯤은 그 세트가 안정을 찾을 때까지 수정하고 또 수정하는 힘든 과정을 겪기도 하였다. 당시 입사 5~6년 차였던 필자도 선배들의 뉴스 세트 프로젝트에 참여하여 보조 디자이너로 도면을 그리고 제작과 설치를 진행하는 등의 작업을 많이 해오고 있던 참이었다. 그후 필자는 입사 10년 차 정도부터 뉴스센터 디자인을 계속했는데 생각해 보면 뉴스 세트야말로 기술의 발달에 민감하다는 생각이 든다. 필자가 이 글을 쓰고 있는 2022년의 시점은 예전의 목공 작업을 위주로 세트를 구성하던 시절에 비하면 LED 화면을 백으로 설치하고 컴퓨터 그래픽스(Computer Graphics)를 활용하여 방송을 하는 시대가 되었으니 격세지감이 든다.

[MBC 뉴스투데이 1996년]

MBC 문화방송의 뉴스 스튜디오는 예전의 여의도 사옥과 상암 사옥 두 곳 모두 A와 B 2개이다. 이 뉴스 스튜디오에서 대부분의 뉴스 생방송과 스포츠 프로그램의 생방송과 녹화를 진행하는데 그중 뉴스 A 스튜디오는 'MBC 뉴스데스크'를, 뉴스 B 스튜디오는 '아침뉴스'와 '스포츠 세트'가 고정으로 설치되어 있다. 뉴스 세트의 교체는 어떤 경우에는 1~2년쯤 사용하기도 하지만 대체로 6개월 정도 사용하고 교체를 했던 듯하다. 세트의 교체는 개편이나 새로운 뉴스의 론칭 등 보도국의 필요에 의해서 진행되었는데 미술팀에게는 여간 까다로운 일이 아닐 수 없었다.

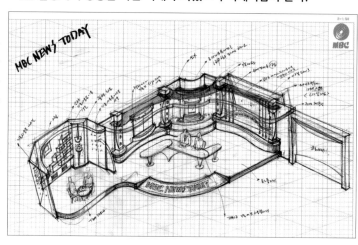

예전 여의도 MBC 뉴스 B 스튜디오는 작은 공간임에도 불구하고 많은 세트들이 고정으로 설치되어 있었다. 약 1/2의 공간을 아침뉴스 세트가 차지하고, 나머지의 1/2의 공간에는 스포츠뉴스와 스포츠 프로그램 제작과 생중계를 위한 세트를 설치해서 활용하고 있었다.

1996년의 MBC 아침뉴스의 타이틀은 'MBC 뉴스투데이'였다. 대체로 아침뉴스는 본격 뉴스로 진행되는 저녁뉴스에 비해서 조금은 소프트한 진행을 하게 되는데 2인 앵커의 진행을 위한 뉴스세트와 간단한 초대석을 설정하여 디자인하였다.

◀MBC 뉴스투데이 세트 평면도/ 앵커 테이블을 'ㄱ' 자 모양으로 설계했다. 이것은 아침뉴스가 1부~3부로 나누어져 있기는 하지만 같은 내용을 반복하는 방식으로 진행하기 때문에 세트의 변화라도 주어 보자는 의도이며, 혹시 게스트가 출연할 경우에는 어느 방향에서라도 현장의 리포터를 부를 수 있도록 한쪽 부분은 2×2 사이즈의 멀티큐브를 세트에 도입하였다. 그 옆에는 2인 정도 대담이 가능할 수 있도록 작은 토크 세트도 설계에 반영했다.

최근에는 세트 설치 작업의 환경이 많이 달라졌지만, 당시에는 3월 4일 월요일 아침에 생방송으로 진행할 세트라면 아침뉴스 생방송이 없는 3월 2일 토요일부터 시작하여 일요일에 설치를 마무리하는 일정으로 작업을 했다. 지금 생각하면 믿기지 않는 사실이기도 하고, 시간에 쫓겨 작업의 마무리가 얼마나 잘될 수 있었을까 하는 우려마저 든다. 그에 반해 현재의 상황은 많이 다르다. 언제부터인지 모르지만 신규 세트를 설치할 때 스튜디오 일정을 조정하여 작업시간을 확보하고 진행을 하게 되었는데 당시에는 아무도 그렇게 해야 한다고 생각하지도 않았던 듯하다.

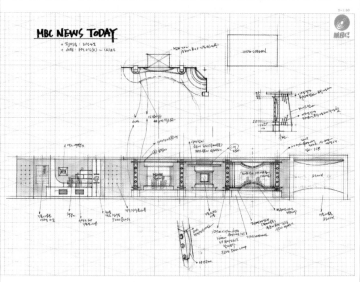

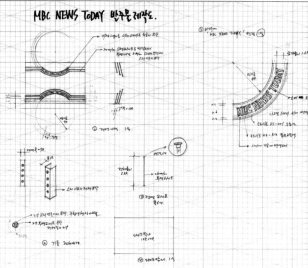

필자는 세트의 전체 구조는 목재로 제작하되 작은 부분들은 아크릴이나 철물로 제작하여 고급화를 꾀하는 방식으로 세트를 설계하였는데 당시에 주로 사용하던 것이 '와이드 스크린', '와이드 필름'이라고 불리는 대형 필름 제작 방식이었다. 이 방식은 컴퓨터 작업을 한 그림을 그대로 대형 슬라이드 필름으로 확대 제작하여 설치하고 뒤에서 조명을 비춰서 그림이 영상 화면처럼 나타나게 하는 것이었는데 매우 고가였지만 지금처럼 실사 프린팅이 없던 당시에는 자주 활용하던 좋은 방법이었다. 당시의 뉴스 세트는 도입부나 엔딩에서 잠깐 풀 샷(전체 그림)이 나타날 뿐 대부분 앵커의 원 샷이나 투 샷으로 처리되었으므로 앵커의 백 세트는 무엇보다도 중요했다.

MBC 뉴스 굿모닝코리아

1996년 10월 MBC 아침뉴스는 'MBC 뉴스 굿모닝코리아'로 타이틀을 바꾸고 기존 세트에서 와이드 필름을 교체하는 등의 간단한 수정, 보완 작업으로 방송을 하였다. 그러던 중 세트를 교체하겠다는 보도국의 통보를 받고 다시 MBC 아침뉴스 세트를 설계하게 되었다. / 기획 하동근

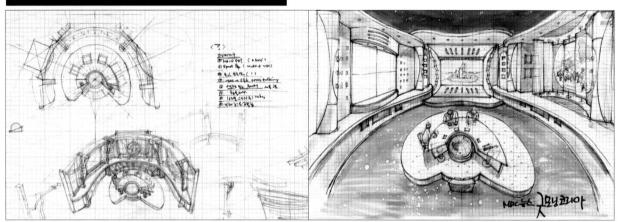

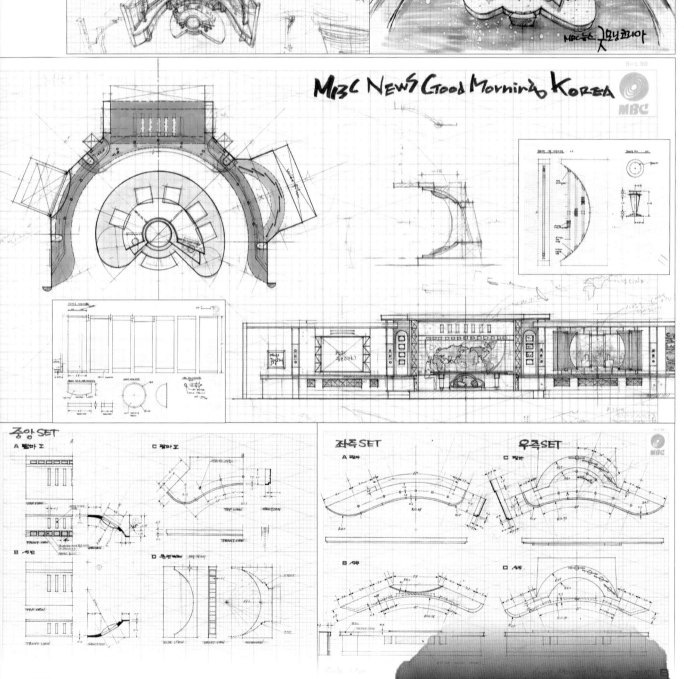

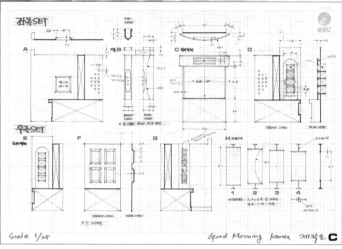

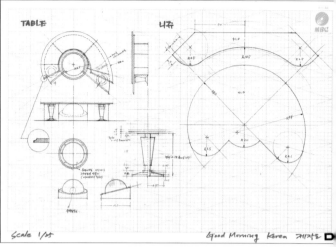

▲필자가 포토샵을 이용해서 만든 와이드 필름 소스 디자인

▲컴퓨터 그래픽실에서 3D 작업을 담당하던 선배께 부탁해서 만든 와이드 필름 소스 디자인

[MBC 뉴스센터 B 2000년]

새로운 밀레니엄 시대를 대비한 '뉴스센터 A 프로젝트'를 마치고 '뉴스센터 B'의 세트 개편 작업도 진행하였다. 이 세트는 아침뉴스를 위한 세트로 설계하는 것이었지만 MBC 보도국의 프로그램을 포괄적으로 소화하기 위해서 MBC 뉴스센터 B 스튜디오 전체를 손보는 프로젝트로 진행이 되었다. 당시 대부분의 뉴스 세트가 나뭇결무늬의 마감 처리를 하는 것이 트렌드여서 세트 전체를 나뭇결로 처리하였으나 나중에 부드러운 느낌의 단색으로 리모델링했던 기억이 난다. 이 세트는 '선택 2002 제16대 대통령선거 개표방송'에서는 대담 프로그램의 세트로도 활용되었다.

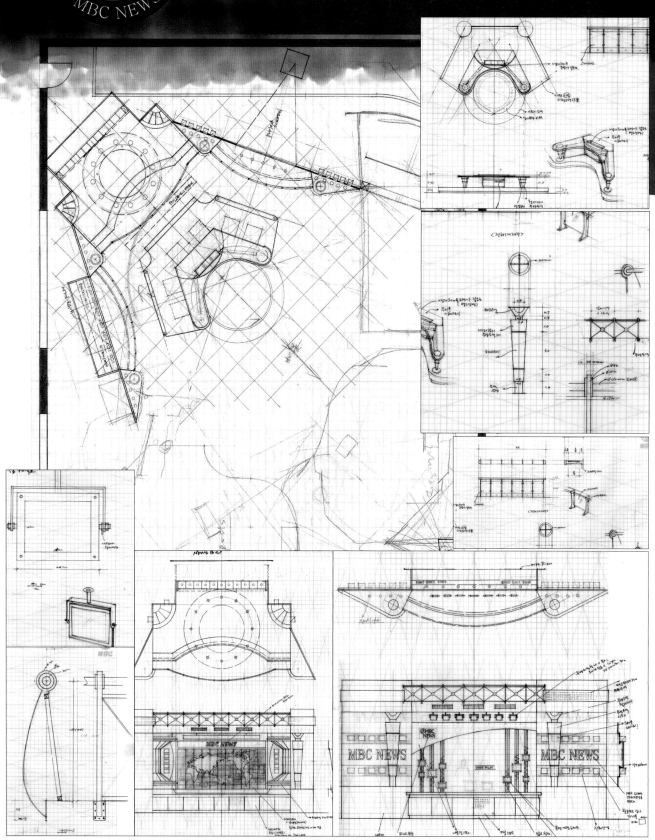

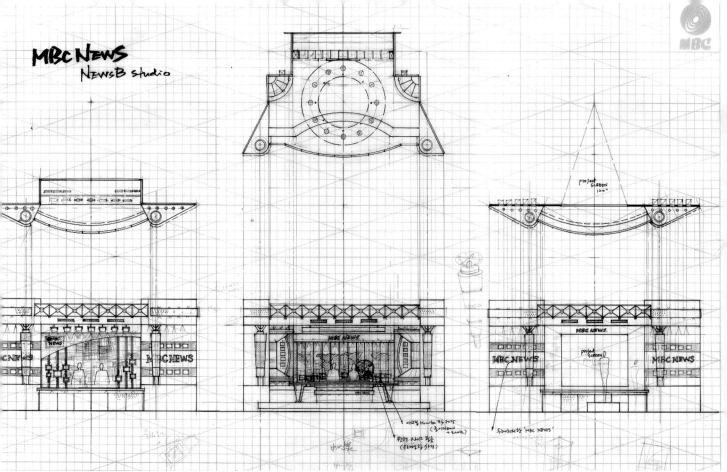

'ㄱ' 자형의 테이블을 'ㄷ' 자형의 테이블로 바꾸고 그에 맞는 세트로 좌측에는 와이드 필름을 활용한 세트를, 우측에는 150 인치 리어 스크린(Rear Screen) 방식(영상기기를 스크린의 뒤쪽에 배치하여 거꾸로 투사하는 방식)의 프로젝터로 설정하였고, 정면은 커피색 유리에 세계지도가 에칭기법(유리에 스크래치를 내서 도형이나 부조형의 그림을 조각하는 기법)으로 조각된 세트와 그 사이로 보이는 부조정실의 모습을 사진으로 처리하여 이중 세트를 설계하였다.

세트 설치 작업은 금요일 아침뉴스가 끝나면 바로 기존의 세트를 철거하는 작업을 시작하고 늦어도 일요일 오전까지는 거의 완성해야 한다. 세트가 세워지고 나면 조명이나 음향 등 후속작업도 대단히 많기 때문이다.

작업을 하는 도중에 앵커들이 찾아와서 간단한 리허설을 했다. 월요일 아침 6:00에 생방송을 진행해야 하기 때문이다. 이렇게 간단한 테스트를 한 후에 각 파트별로 보완해야 할 작업을 야간 시간을 이용해서 진행하고 준비를 완료한다. 필자의 의도와는 다르게 화면으로 나타나는 부분은 최대한 수정 작업을 하고, 추후에는 뉴스를 진행하면서 보도국으로부터의 의견을 듣고 세트의 수정, 보완 작업을 계속하면서 안정화를 꾀하였다.

◀첫 방송 캡처 화면이다. 무난하게 진행된 듯하지만 수정, 보완해야 할 곳이 수도 없이 나왔다. 방송의 화면을 보고 평가하는 것은 대체적으로 매우 주관적이다. 그럼에도 불구하고 필자는 많은 사람이 비슷하게 느끼는 부분은 대체로 인정하는 편이다. TV 화면은 객관성이 중요하다고 생각하기 때문이다.
작업의 결과를 눈으로 확인하는 것이 아닌 화면으로 확인하는 TV 세트 디자이너의 경험이 얼마나 깊어야 하는지를 다시 한번 느끼게 된 작업이었다.

필자가 담당했던 '선택 2002 제16대 대통령선거'의 결과가 나온 이후의 토크 프로그램을 아침뉴스 세트의 와이드 필름 등
일부분을 교체한 후에 녹화를 진행하였다. 자세히 보면 최초에 세워졌던 세트와는 색감과 마감재가 많이 바뀐 것을 알 수 있다.

MBC NEWS의 심장부를 설계하라!
MBC 뉴스센터 이야기

'MBC 뉴스센터'라고 하면 대체로 'MBC 뉴스데스크'가 진행되는 MBC NEWS A 스튜디오를 말한다. 필자도 뉴스를 진행하는 스튜디오를 '뉴스센터'라고 부르는 것인지 부조정실과 보도국과 진행 스튜디오를 통칭해서 그렇게 부르는 것인지는 잘 모르겠다. 방송하는 사람들은 대체로 뉴스를 진행하는 그 영역을 '뉴스룸' 또는 '뉴스센터'라고 부르고 있다. 필자의 'MBC 뉴스데스크'와의 인연은 선배들의 작업을 보조하면서 배우고 느끼는 것으로 시작해서 야외 뉴스 진행용 세트, 특집용 세트 등으로 이어지다가 1993년에 메인 뉴스데스크가 진행되는 'MBC 뉴스센터 A 스튜디오'의 설계 작업을 하게 된 것이 시작이었다.

하나의 공간에서 많은 뉴스를 처리하기 위한 방안으로 중앙에 카메라가 위치하고 스튜디오의 벽면 쪽으로 돌아가며 각각의 세트를 세우는 방식으로 설계를 한 MBC 뉴스센터 평면도이다.

늘 그래왔듯이 스튜디오의 공간은 부족하고 진행해야 할 프로그램은 많고, 연출진은 보다 다양한 형태의 공간을 필요로 한다. 그래서 생각 끝에 카메라의 위치를 중앙으로 하고 필요한 세트들을 벽 쪽으로 늘어서게 배치하여 공간의 효율성을 최대로 높여보고자 하였다. 하지만 이런 방식은 공간을 나누어 활용하는 면에서는 효율적이지만 뭔가 인상적인 풀 샷(Full Shot/ 전경)을 만들어 내기에 아쉬움이 많고, 너무 답답한 느낌을 주었다. 이 세트는 1995년 봄 개편을 맞아 새로운 세트로 개편되었다가 오래 활용하지도 못하고 교체되었다. 그 이후는 선후배님들이 설계한 뉴스 세트가 MBC 전파를 타고 시청자들께 다가갔었고 필자는 2000년을 맞아 새로운 뉴스를 준비하는 뉴스 개선 프로젝트팀의 일원이 되어 다시 한번 'MBC 뉴스센터 A 스튜디오'의 설계에 돌입하게 되었다.

[2000년을 맞는 MBC 뉴스데스크 세트]
방송 시작: 1999년 12월 31일 MBC 뉴스 A 스튜디오

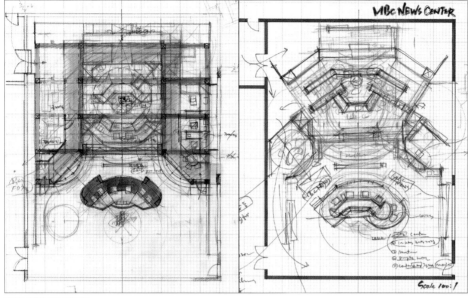

미니어처 작업

새로운 세트를 구상하면서 정한 이미지는 당시 미국의 CBS 뉴스 세트였다. 이 세트는 당시 우리의 제작 여건상 '설계'는 할 수 있어도 제작하고 설치를 해내기에는 여러 면에서 어려움이 많은 디자인이었다. 하지만 필자는 가능한 한 이 세트의 장점을 도입해 보기로 하였다. 우리 스튜디오의 상황에 비해서 천장이 높게 설정되어 있어서 시원한 느낌이 든다는 것과 앵커석의 백 부분을 마치 뉴스를 위한 상황실 같은 분위기로 만들어서 긴박한 상황에서 뉴스를 만드는 모습을 연출하고 있는 것 등이다. / 기획·진행 정흥보, 양재철

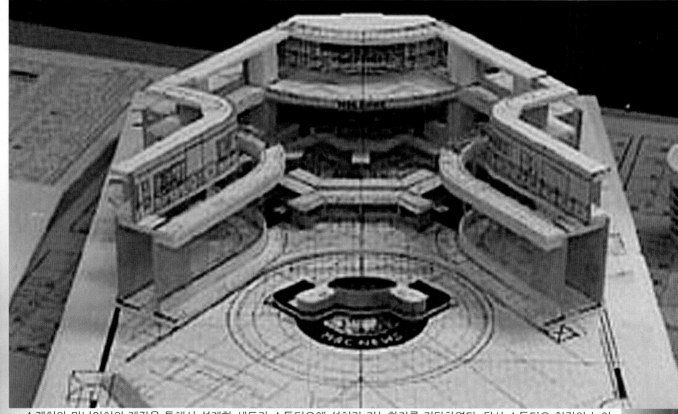

스케치와 미니어처의 제작을 통해서 설계한 세트가 스튜디오에 설치가 가능한지를 진단하였다. 당시 스튜디오 천장의 높이를 확보할 수 없었던 이유는 스튜디오 자체의 천장 높이 문제가 아니라 조명용 배튼 전체가 낮게 내려와 있어서 세트를 높게 세우거나 천장 높이를 활용하는 카메라 운용 등이 어려웠음에도 불구하고 전임자들이 늘 하던 방식대로 이어오다 보니 필자를 비롯한 모든 디자이너들이 늘 비슷한 높이의 세트를 지었고, 그러다 보니 천장이 높고 넓은 전체 그림을 만들기가 어려웠던 것을 알게 되었다. 하지만 이십 년 이상을 내려서 사용하던 스튜디오의 배튼을 위로 당겨 올려서 천장 그리드에 묶어 고정하고, 천장의 높이를 확보하는 것은 그리 쉬운 일이 아니었다.

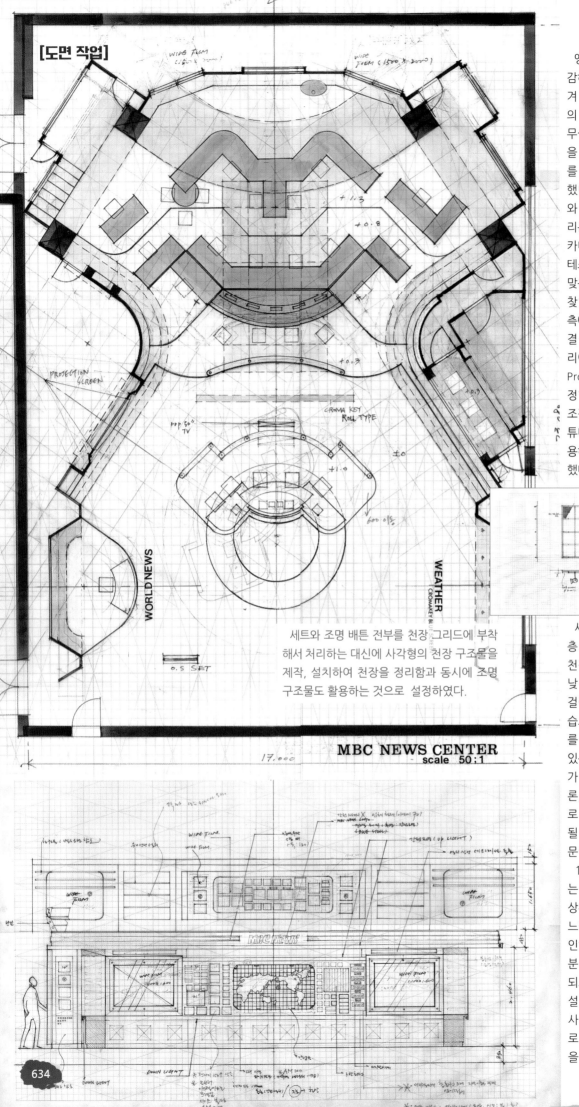

MBC NEWS CENTER
scale 50:1

17,000

WORLD NEWS

WEATHER

0.5 SET

CROMA KEY
ROLL TYPE

PROJECTION
SCREEN

PDP 50"
TV

MBC NEWS

앵커 테이블을 과감하게 앞쪽으로 당겨 배치하고 뒤편의 남는 공간은 사무실 형태의 테이블을 바닥의 높낮이를 약간 주어 배치했다. 앵커의 위치와 백 세트 간의 거리는 실제 사용하는 카메라를 활용하여 테스트하고 가장 알맞은 최적의 거리를 찾았다. 앵커의 좌측에는 현장과의 연결을 위한 화면을 리어 프로젝션(Rear Projection)으로 설정했고, 우측은 부조정실이 보이는 스튜디오의 시창을 활용하는 세트로 설계했다.

세트와 조명 배튼 전부를 천장 그리드에 부착해서 처리하는 대신에 사각형의 천장 구조물을 제작, 설치하여 천장을 정리함과 동시에 조명 구조물도 활용하는 것으로 설정하였다.

세트를 기어코 2층으로 설계했다. 천장에 조명기기가 낮은 높이에 가득 걸린 스튜디오의 모습으로는 어떤 세트를 세워도 스케일 있는 구조로 보이기가 어려운 것은 물론, 이전 세트와 별로 달라지는 모습이 될 수가 없었기 때문이었다.

1층 위치의 세트는 모니터들이 박힌 상황실의 벽면 같은 느낌의 벽체로 디자인하여 세계지도 부분이 앵커의 백이 되도록 정확히 맞춰 설계하였고, 2층은 사진(와이드 필름)으로 부조정실의 모습을 표현하였다.

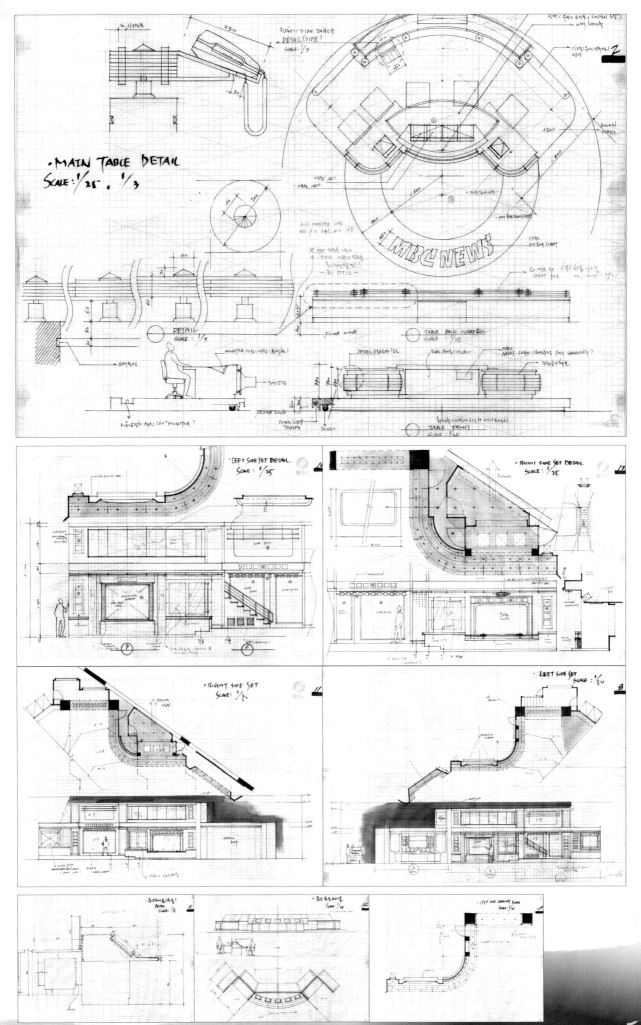

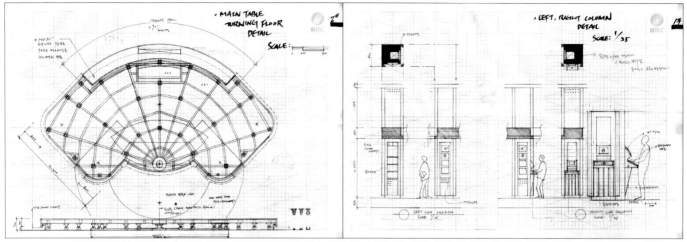

앵커 테이블은 좌·우측으로 각각 45도씩 회전이 가능하게 만들었는데 실제 방송상으로 활용한 적은 없다. 이런 상황도 필자의 무지에 의한 것이었다. 생방송으로 급하게 진행되는 뉴스 상황에서 바닥의 회전은 거의 불가한 상황이라는 것을 인식하지 못한 현실감 없는 디자인이었다.

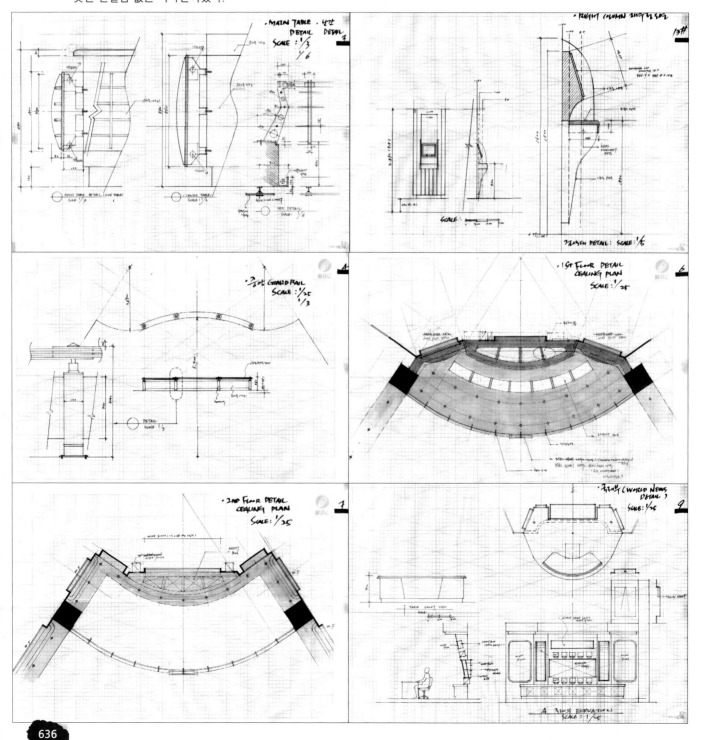

3D 모델링 작업

▲3D 모델링으로 미리 보기용 작업을 했다. 이 작업은 질감을 거의 실제 수준으로 입혀 볼 수 있는 장점이 있으므로 마감재의 선택이나 색감의 결정에 도움이 많이 되는 과정이다. 하지만 당시에는 아주 일부의 큰 프로젝트에나 적용할 수 있는 방법이었다.

세트 설치 작업

　세트의 설치는 작업 자체가 복잡하고 까다로웠으므로 예년과는 다른 방식으로 접근했다. 가능한 한 설치 시간을 길게 확보하여 세트를 연결하는 개념보다는 내부 인테리어 공사를 하는 개념을 도입하여 마감의 품질을 높이고 수정과 보완 작업을 완벽하게 하기 위함이었다. 세트와 조명등의 설치가 어느 정도 진행되면 리허설을 병행하면서 수정, 보완하는 시간도 고려하였다.

　오랜 작업과 우여곡절 끝에 완성되어가는 세트를 보면서 여러 가지 난관을 헤치고 계획한 대로 작업이 진행되어 참 다행이라는 생각을 하였다. 물론 이 작업이 필자 혼자서 이루어낸 것이 아닌 것은 당연하다. 뭔가 새롭게 만들어 보고자 하는 프로젝트 팀의 의지가 반영된 결과였다. 이후의 'MBC 뉴스센터'는 세트의 개편이 한동안 없었으며 몇 년 후 '디엘피 큐브(DLP Cube)'라는 영상 장비가 도입되어 리모델링할 때까지 조금씩 보완하면서 계속 사용되었다.

세트의 첫 방송이 1999년 12월 31일로 결정되었다. 새로운 세기를 맞이하는 분위기의 세계 소식을 전하는 '특집 MBC 뉴스데스크'는 새로운 세트에서 뉴스를 진행하였다.

필자의 '2000년 맞이'의 역사는 이렇게 기록되었다. 새로운 천년의 시작이라는 이벤트는 다시는 볼 수 없겠지만 언제나 새로운 한 해를 맞는 상황이 올 때면 이때의 열정과 노력이 기억이 날 듯하다. '그냥 해 오던 대로'라는 매너리즘은 아무 발전도 가져다주지 않는다는 교훈과 함께 '1999년 12월 31일의 MBC 뉴스데스크'를 가슴 뛰며 모니터하던 때의 기억이 새롭다.

[상암 신사옥 MBC 뉴스센터 A]
방송 시작: 2014년 8월 4일 MBC 뉴스 A 스튜디오

    2013년에는 1980년부터 시작되었던 MBC의 여의도 시대를 접고 상암 DMC에 건설하는 'MBC 상암 신사옥'의 뉴스센터를 구축하는 프로젝트를 담당하게 되었다. 이에 세트 디자인팀은 뉴스센터 설계를 위한 프로젝트팀을 구성하고 작업에 돌입하였다. 그때 MBC 상암 사옥은 건축 중인 상황이었고, 보도국과 협의를 진행하여 방송센터 7층에 위치한 뉴스 스튜디오 A, B와 보도국 내에 오픈형 스튜디오를 설계하고 제작 설치를 감리하는 것으로 디자인팀의 주임무를 설정하였다.

    보도본부에서는 보도 전략부를 통해서 이 프로젝트를 진행하였는데, 이는 뉴스센터를 새롭게 구축하는 것이 수많은 관련 전문가들의 힘을 합쳐야 가능한 일이기 때문이다. 첫 회의는 2013년 4월 22일이었다. 상암 신사옥의 정식 입주일과 첫 방송일이 정해지지는 않았지만 우리는 신사옥 뉴스센터의 건설을 위해서 시동을 걸었다. 필자가 맡아서 진행하게 될 부분은 뉴스데스크가 진행되는 뉴스 A 스튜디오와 보도국 내에 설치하게 될 오픈 스튜디오와 보도국의 인테리어였다.

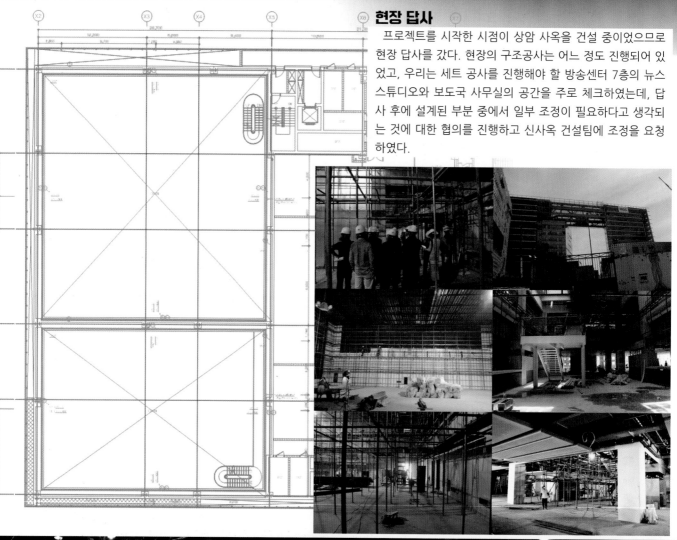

현장 답사

    프로젝트를 시작한 시점이 상암 사옥을 건설 중이었으므로 현장 답사를 갔다. 현장의 구조공사는 어느 정도 진행되어 있었고, 우리는 세트 공사를 진행해야 할 방송센터 7층의 뉴스 스튜디오와 보도국 사무실의 공간을 주로 체크하였는데, 답사 후에 설계된 부분 중에서 일부 조정이 필요하다고 생각되는 것에 대한 협의를 진행하고 신사옥 건설팀에 조정을 요청하였다.

▲뉴스센터는 첨단 장비들이 집합되는 장소이며 그중에도 영상 장비의 선정이 매우 중요하다. 따라서 사용할 장비를 미리 확인하고 실용성에 대한 판단을 전문 스태프들을 통해서 해야 하는 과정이 필요하였다. 뉴스센터 건립을 위한 전 스태프들이 LED 장비 등의 데모를 통해 장비의 적합성을 판단하였다.

스케치

가능한 한 많은 참조 자료들을 보고, 스케치를 통해서 이상적인 뉴스 세트의 모습에 접근해 보고자 하였다. 필자는 뉴스센터 전체의 스케일감을 주는 동시에 뉴스에 필요한 세부적인 샷의 다양함을 구현할 수 있는 구조를 생각하면서 평면을 그려보았다.

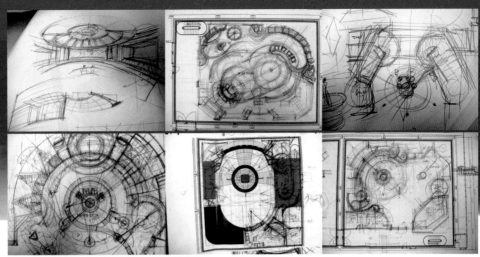

멀티큐브(영상 장비) 구성해 보기

▶당시 뉴스용으로 사용하고 있었고, 새로운 세트에도 가장 무난하다고 판단한 장비인 '디엘피 큐브(DLP Cube)'의 설계병안을 목재로 만든 세트로 미리 구성을 해보고 스케일이나 활용도를 체크해 보았다.

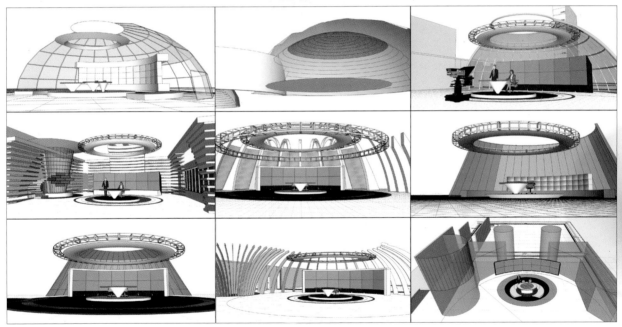

스케치업 작업

평면 작업을 통해서 카메라의 운영과 동선, 그리고 세트의 운영에 관한 연구를 계속하면서도 세트 전체 구조를 모색하기 위해서 스케치업으로 다양한 구조의 모델링을 병행하였다.

스케치업 모델링/ 뉴스 A 스튜디오

전체의 구조는 타원형으로 원형 천장과 원형 바닥의 중심을 일치하게 해서 세상의 모든 정보가 앵커 테이블 쪽으로 모이는 듯한 모습을 표현해 보았다.

오랜 작업 끝에 완성된 스케치업 모델이다. 뉴스센터의 전체 구조는 타원형 구조이며, 앵커 테이블을 중심으로 하여 원형으로 설치된 무인 카메라에 대응하여 4방향 중 3방향의 정면 2인 앵커 샷으로 활용이 가능하게 하였다. 스튜디오의 입구부터 360도 방향에 카메라 샷이 가능한 위치를 전부 세트화하는 설계를 하였다.

▲정면 멀티큐브를 백으로 한 경우의 예상 앵커 샷이다. 2인 앵커 샷과 남여 앵커 샷의 예상도를 스케치업으로 표현해 보았다.

▲우측면은 95인치 모니터를 가로로 3개 연결한 형태의 세트로 카메라의 운용에 따라서는 충분히 2인 앵커 샷이 가능하리라고 판단하였다.

◀▲스튜디오의 작은 공간도 최대한 활용하여 하나의 장면이 나올 수 있게 설계를 하였다.

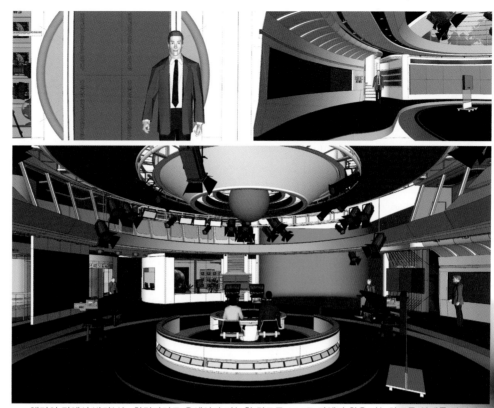

▲앵커의 뒤에서 바라보는 화면마저도 온에어가 가능할 정도로 360도 전체가 활용 가능하도록 설계를 하였다.

도면 작업/ 뉴스 A 스튜디오

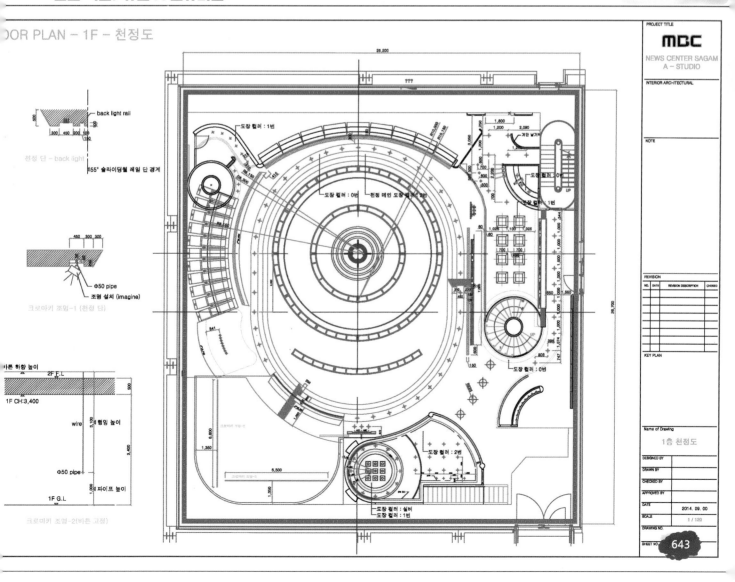

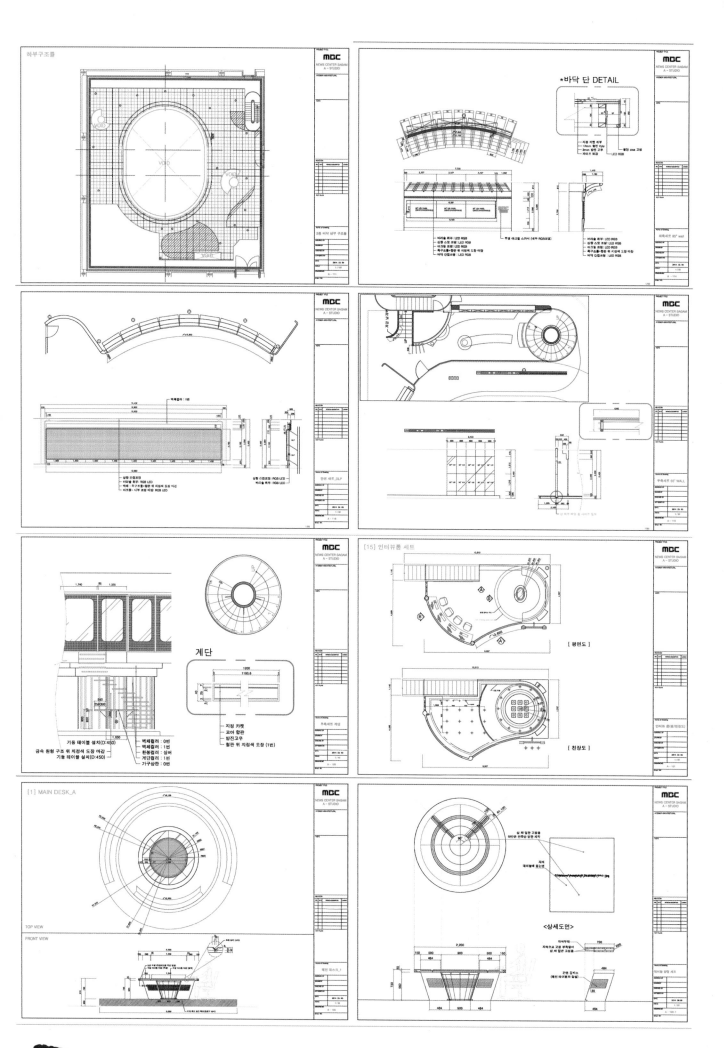

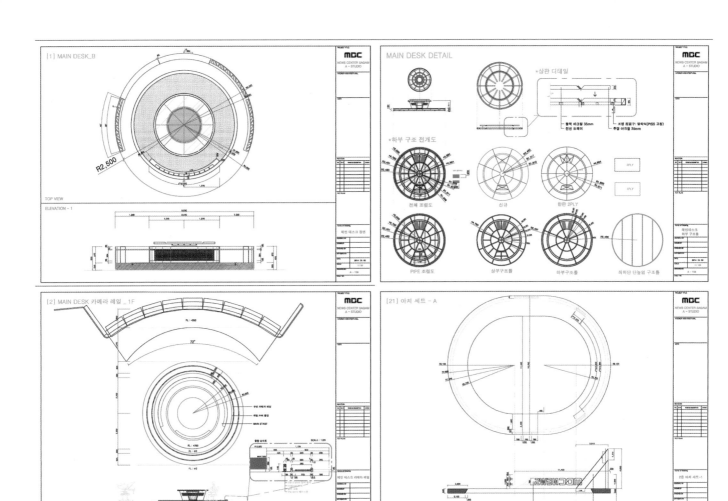

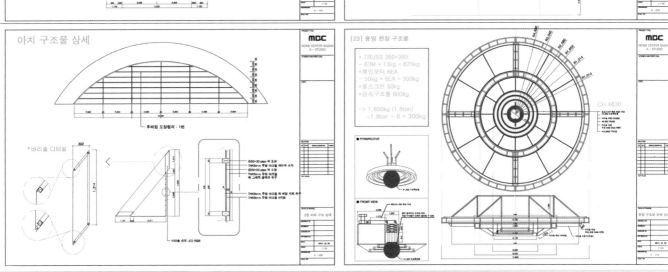

　　세트 디자인팀은 상당히 많은 양의 작업을 했다. 왜냐하면 작업의 정확도를 위해서 디자인팀에서 직접 실시 도면을 작성하고, 제작과 설치를 하나하나 체크하면서 진행을 했기 때문이다. 세트 디자인팀은 건설 중인 상암 사옥의 한쪽 공간에 상주하면서 설계 작업과 발주, 제작, 설치 관리를 동시에 진행하였다. / 김선미, 김혜영

▲스튜디오 입구에 도면을 활용하여 대형 안내판을 만들어 부착해 두었다. 이 안내판은 필자와 세트 디자인팀의 그동안의 작업의 기록이기도 하다. 약 10개월의 대장정을 끝으로 상암 MBC 뉴스센터 건설 프로젝트는 성공리에 마무리되었다.

스케치업 모델링/ 오픈 스튜디오 및 보도국 인테리어

보도국의 사무공간 전체가 배경으로 보이는 위치에 보도국을 배경으로 현장감 있는 방송 진행이 가능한 오픈형 세트를 계획하였다. 오픈 스튜디오의 배경 전체가 보도국 사무실이 되므로 카메라 앵글에 잡힐 듯한 부분 전체를 세트라고 가정하고 인테리어 디자인까지 진행을 하였다.

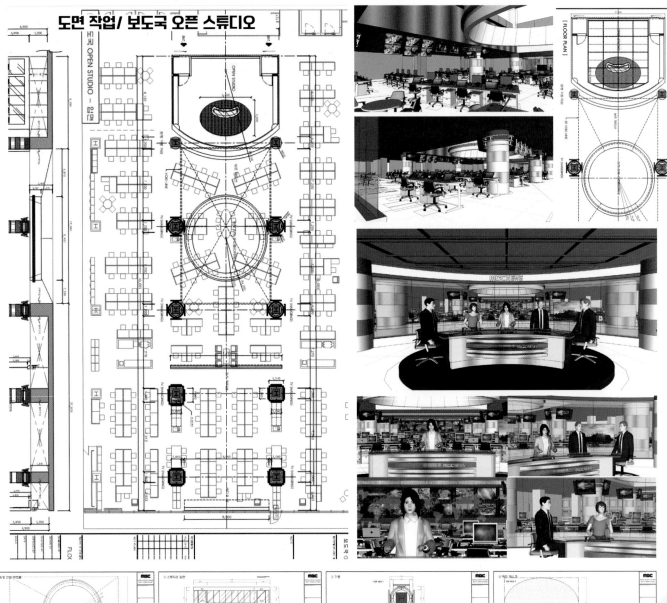

[첫 방송 2014년 8월 4일]

첫 방송에서는 MBC 뉴스센터를 소개하는 여러 꼭지의 리포트를 하였고, 필자도 잠시 인터뷰이로 출연하여 스튜디오의 구조와 특징을 설명하였다. 계획했던 여러 장면들을 활용하여 뉴스가 진행되었다.

[2014년 9월 3일 MBC 이브닝 뉴스]

색깔의 변화가 가능한 LED 램프가 설치된 세트와 영상 소스에 변화를 주어 전혀 새로운 느낌의 세트로 변화가 가능하며, 여러 곳에 설치된 영상 장비를 이용하여 다양한 화면으로 정보를 전달하게 해준다. MBC 상암 신사옥 오픈 당시의 5시 'MBC 이브닝 뉴스'는 오렌지색과 회색의 조화를 이용하여 뉴스 세트를 변신시켰다.

[보도국 오픈 스튜디오]

MBC 방송센터 7층 보도국 사무공간 내에 설치된 오픈 스튜디오는 설치 초반에 시간대별 짧은 뉴스를 진행하기 위해서 활용되었고 현재는 다양한 콘텐츠의 제작에 활용되고 있다.

[2021년 7월 8일 주중 MBC 뉴스데스크]

　2014년 이후, 8년간 활용되고 있는 이 스튜디오는 그동안 테이블의 디자인을 변경하여 교체하였고, 보다 다양한 장면을 만들기 위해서 제작진들이 여러 가지 아이디어를 내고 있다. 앞으로 '상암 MBC의 뉴스 스튜디오' 개편의 필요성이 대두되고, 바뀌게 될지 모르지만, 뉴스 세트는 세상의 변화에 민감하게 대응해야 한다는 것도 당연하다는 생각이다. 뉴스 스튜디오의 공간은 시청자들이 매일 뉴스를 접하면서 대하는 화면과 공간의 익숙함이 뉴스의 신뢰를 한층 더 높여주는 것일지도 모른다.(적어도 필자는 그렇게 믿고 있다.) 다만, 오랜 기간 동안 활용되기 위해서는 시대의 변화에 따른 기술의 발전 상황이 적용되어야 하기에 새로운 디자인으로 바꾸는 것이 당연한 것일 것이다. 훗날, 필자가 스태프로서가 아닌 순수한 시청자의 신분으로 돌아갔을 때, 보다 첨단적이고, 활용도 높고, 신뢰감 있는 세트로 태어난 'MBC 뉴스데스크'를 시청할 수 있기를 기대한다.

[2021년 7월 10일 주말 MBC 뉴스데스크]

[2021년 7월 8일 주말 MBC 2시 뉴스 외전]

우리의 모든 역량을 집결하라!
MBC 선거 개표방송 '선택' 이야기(2002, 2016, 2017, 2018, 2020)

선택

필자는 MBC의 선거 관련 방송의 다양한 일을 참 많이 해왔다. 입사 초기에는 개표소 현장에 집계 요원으로 파견을 나가 보기도 하였고, 선거방송 세트와 후보자들의 토론, 정견 발표 등 관련된 세트 디자인 작업도 많이 했다. 예전의 선거 개표방송은 그저 메인뉴스 스튜디오에 타이틀 하나 달고 보조 스튜디오에 집계용 세트를 세우는 정도였다.

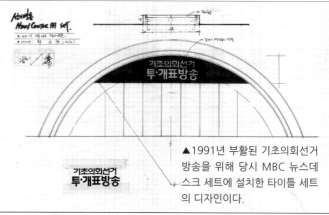

▲1991년 부활된 기초의회선거 방송을 위해 당시 MBC 뉴스데스크 세트에 설치한 타이틀 세트의 디자인이다.

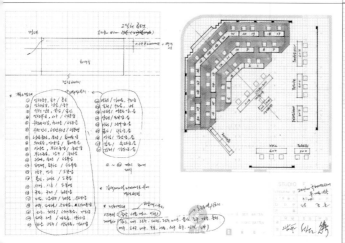

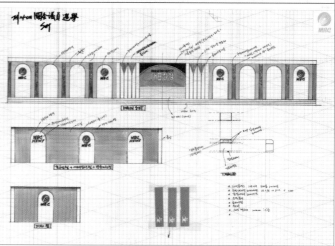

▲1992년 3월 24일에 치러진 '제14대 국회의원선거 개표방송'의 스튜디오 디자인이다. 당시 여의도 MBC의 5층에 있던 작은 스튜디오(F 스튜디오)에 각 개표소에서 전해오는 개표 상황을 집계하는 종합상황실 세트를 설치하고 뉴스 시간을 통해서 방송하였던 것으로 기억된다.

[MBC 선택 2002 전국동시지방선거 개표방송]
2002년 6월 13일 여의도 A 스튜디오, 여의도 MBC 사옥 외부

MBC는 1992년 제14대 국회의원 총선거부터 선거 개표방송의 타이틀로 '선택'이라는 브랜드를 등록하고 방송을 계속해오고 있었고, 필자는 2002년에 두 번 치러지는 선거 개표방송 '선택' 프로젝트를 처음으로 진행하게 되었다. 필자를 비롯한 선거기획단 일원은 2000년에 대선을 치르고 개표방송을 했던 미국으로 공부를 하러 잠시 다녀왔다. 우리나라와는 조금 다른 방식의 선거를 치르는 곳이긴 했지만 그들이 방송을 준비하는 상황을 살펴보고 많은 도움을 받았다.

2002년은 6월과 12월에 두 개의 선거가 있는 해였다. 그래서 하나의 세트를 두 번 사용하는 것으로 선거기획단과 협의를 하였다. 물론 두 개의 선거가 다른 성격을 띠는 것이어서 수정과 보완을 해야겠지만 6월에 선거방송을 끝내고 6개월간 세트를 보관했다가 다시 활용하면 비용을 획기적으로 줄일 수 있다는 장점이 있어 그렇게 결정하였다.

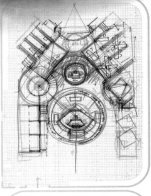
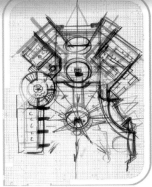
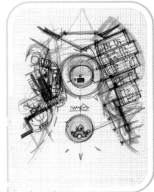
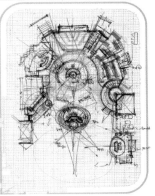
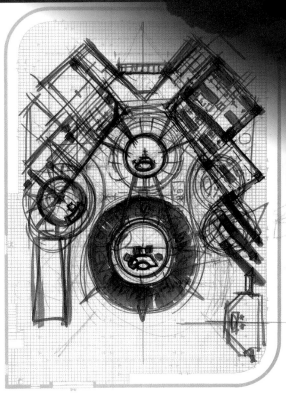

'선택 2002' 전국동시지방선거에 필요한 세트의 공간은 이렇게 산출되었고, 아래와 같은 조건을 만족할 평면도 작성을 위해서 스케치 작업을 하였다.

- 메인 앵커석: 1인 앵커, 앉아서 진행, 현장 연결
- 해설자 및 분석 기자석: 앵커 좌우에서 진행
- 실시간 여론 조사석: 3~4인 상시 작업 공간 설정
- 보조 앵커석: 1인 앵커, 서서 진행, 현장 연결 영상 장비
- 분석 기자석: 1~2인, 판세에 따른 분석 및 설명, 영상 장비
- 전산 상황실: 8~10명 입력 요원, 5~6명 진행 요원 상주 공간 설정
- 낭독조석: 2인 아나운서 진행 공간 설정
- 기자실: 2~4인, 팩스 등 사무기기, 진행자 대기 공간 설정
- 영상 장비 운용석: 1~2인, 스튜디오 영상 장비 운용자 공간 필요
- 휴게실: 진행 요원 및 스태프 휴게실, 음료 등

앵커석은 카메라를 운용할 만한 공간을 확보한 상태에서 최대한 앞으로 당기고 앵커 뒤쪽으로 상황실을 설정하였다. 상황실에는 실제로 작업 요원들이 작업할 수 있도록 테이블과 의자도 세트로 구성하였고, 트러스를 이용하여 천장 세트를 만들었다. 앵커의 위치와 앵커 백의 위치가 멀리 떨어져 있으면 배경이 포커스 아웃되는 현상으로 공간감이 훨씬 좋아진다. 또한 카메라와 앵커와의 거리도 중요한 요소이다.

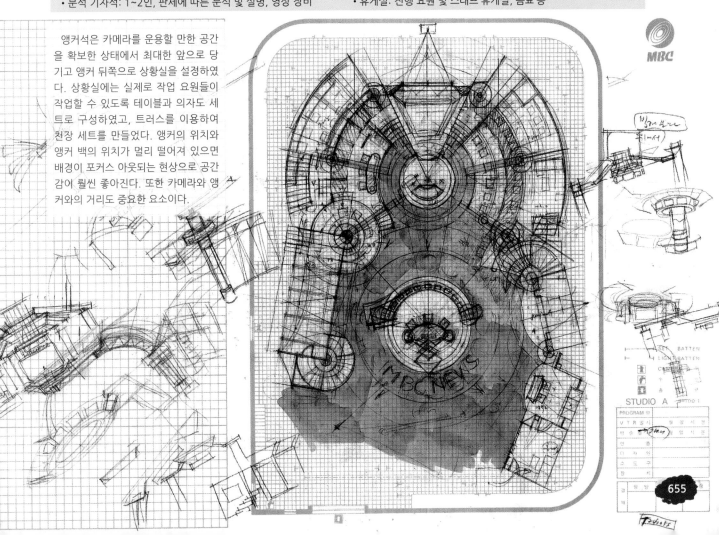

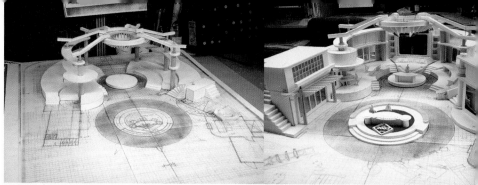

미니어처와 3D 모델링 작업

그려진 도면 스케치를 기초로 간단하게 미니어처를 제작하였다. 이 작업을 통해 세트의 구조적인 문제는 없는지, 동선은 제대로 설계되어 있는지 등 여러 가지를 체크한다.

렌더링 작업을 디테일하게 해서 거의 실제 세트를 설치했을 때와 동일한 미리 보기를 할 수 있었다. 이 작업은 세트의 마감과 카메라 운용에 따른 화면까지도 미리 예측해 볼 수 있는 장점이 있다. 하지만 모든 프로그램에 이 작업을 적용하기에는 시간적인 제약이 따르고 비용도 적잖이 드는 작업이다. 이 세트는 12월 대선에도 사용하여야 하고 활용도 측면에서 컴퓨터를 이용한 렌더링 작업이 더 요긴하다는 판단에 따라 도입하여 작업하게 되었다.

최초 디자인에는 앵커석을 좌우로 45도씩 회전을 하여 화면의 변화를 주는 것으로 설계하였는데, 후후 방송의 진행을 고려할 때 필요성이 낮아 고정하는 것으로 계획을 수정, 변경하였다.

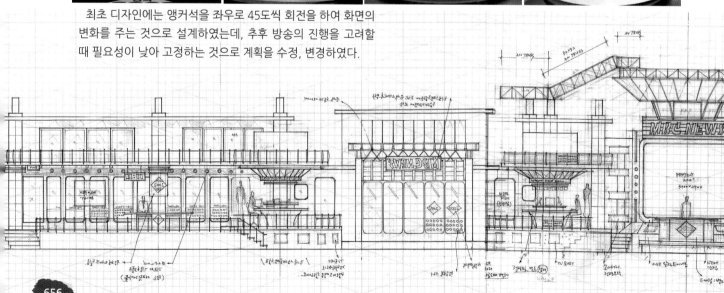

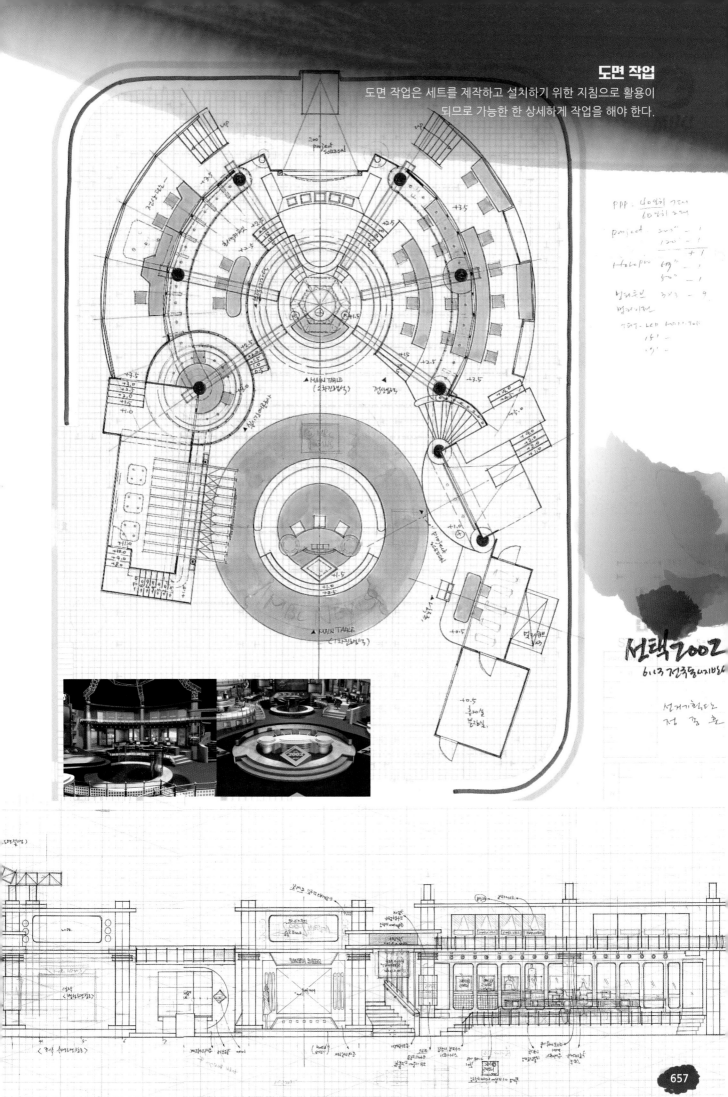

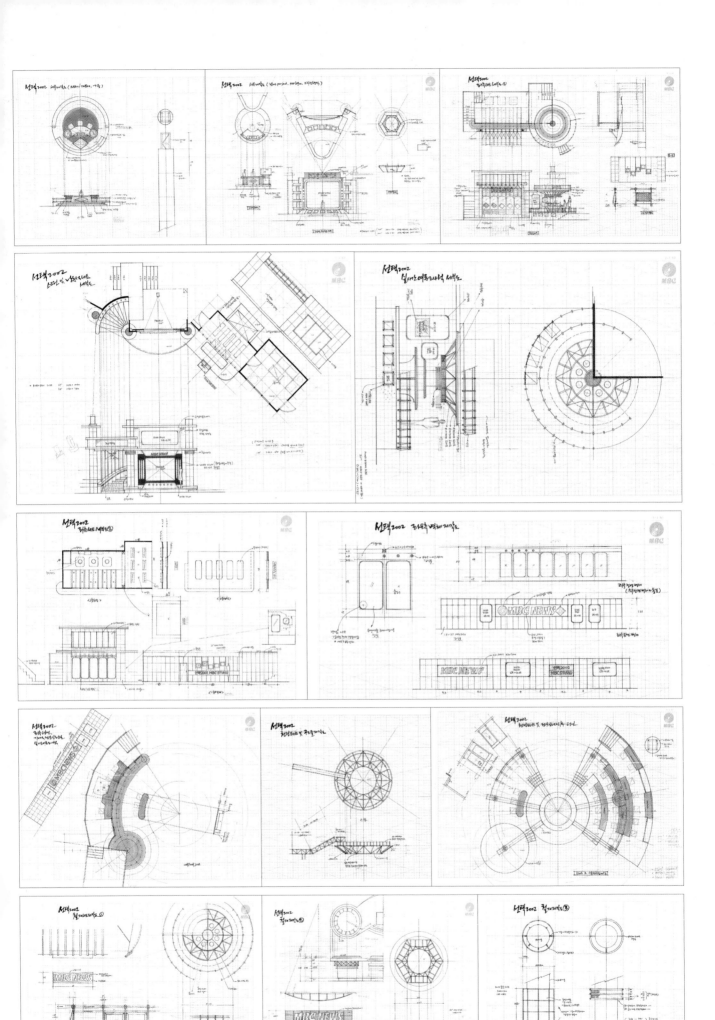

실사용 그래픽 작업

세트에 활용되는 실사 프린
팅을 위한 그래픽 작업을 하
였다. 실사가 적용될 세트의
규격에 맞춰 그래픽 작업을
한 후에 제작하고 계획된 위
치에 설치한다.

A 스튜디오 세트 설치 작업/ D-6

세트의 설치 작업은 D-6일부터 시작하였다. 여의도 MBC의 A 스튜디오는 주로 예능 프로그램을 녹화하는 장소였는데, 다른
제작진들의 배려로 길게 작업 시간을 확보할 수가 있었다. 세트 구조의 윤곽이 드러나는 D-4일부터 세트에 설치할 각종 장비
들의 설치가 병행되고, 마무리를 진행하였다.

야외 세트 설치 작업/ D-6

'선택 2002' 선거 개표방송에서는 여의도 MBC 사옥의 외벽을 활용하여 로고 표출을 계획했다. 더불어 가까운 야외에 오픈 스튜디오를 설치하여 진행의 다양화를 꾀하였다. 작은 야외 스튜디오 세트를 크레인을 이용하여 설치하였다.

/ 세트 이용대

리허설/ D-2

　　D-2일부터 리허설이 시작되었다. 리허설 기간이 짧고 아직 완료하지 못한 작업이 많았으므로 스태프들은 리허설하는 중간의 휴식 시간을 활용하여 수정, 보완 작업을 계속하였다.

선거일 오후 6시에 시작하여 다음날까지 계속된 개표방송은 아침에 끝이 났다. 이날 아침은 2002년 월드컵 대한민국 : 포르투갈의 경기가 있는 날이었다. 선거방송은 끝났지만 이 세트는 조심스레 철거해서 12월의 제16대 대통령선거를 위해 보관하였다.

[MBC 선택 2002 제16대 대통령선거 개표방송]
2002년 12월 19일 여의도 A, B 스튜디오, 여의도 MBC 사옥 외부

2002년 12월 19일에 실시된 제16대 대통령선거는 승패를 점치기 어려운 박빙의 레이스가 되고 있었고, 국민적인 관심사가 어느 때보다도 높은 선거였다. 필자는 계획한 대로 6월의 선거에 이어 12월의 대통령선거까지 계속 작업을 하였고, 지방선거에서 사용했던 세트를 재활용하게 되었으므로 세트를 새롭게 디자인하고 만드는 부담은 덜 수 있는 상황이었다.

메인 세트의 수정, 보완 디자인

대통령선거 개표방송은 6월에 진행했던 전국동시지방선거와는 여러 가지로 다른 점이 많은 선거였으므로 그에 맞게 세트를 수정하였다. 우선 6월의 방송에서 사용했던 리어 프로젝션 스크린 앵커 백 세트가 비교적 안정적이지 못했다는 평가에 따라서 이번에는 고정 세트를 활용하기로 하였고, 메인 테이블을 다시 설계하여 적어도 5인 이상이 동시 진행이 가능하도록 설계를 변경하였다.

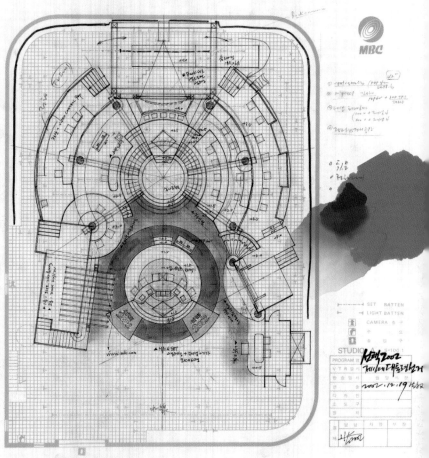

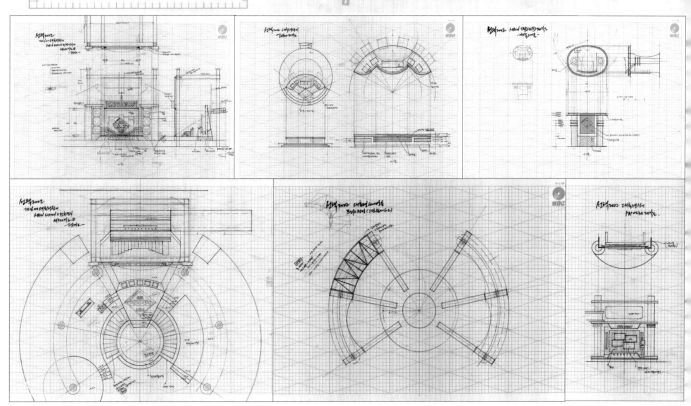

메인 세트의 설치

한번 설치해 본 세트는 처음 설치하는 세트에 비해서 작업이 훨씬 쉽다. 그에 반해 첫 작업은 어렵고 진행이 더뎌질 수밖에 없다. 6월에 설치를 해 본 세트가 변경이 그리 많지 않았으므로 순조롭게 작업이 진행되었다.

리허설 D-2

생방송 2002년 12월 19일

[선택 2002 다 함께 축제를]
2002년 12월 19일 여의도 B 스튜디오

MBC 선거기획단은 딱딱한 선거 개표방송을 재밌게 풀어보기 위한 일환으로 '다 함께 축제를'이라는 새로운 프로그램을 만들어서 중간에 방송하기로 계획했다. 따라서 여의도 MBC B 스튜디오에 새로운 세트를 하나 더 준비하였다. 프로그램이 하나 더 만들어지는 셈이다.

MC와 4인의 연예인, 4인의 베테랑 기자가 진행하는 대통령과 선거에 관한 이야기를 가볍게 풀어보는 프로그램이었다. 국민들이 새 대통령에게 바라는 200가지를 적은 내용을 백 세트로 활용하였고, 프로그램 진행 중간에 연예인들이 현재의 득표 상황을 라이브로 전해 주는 코너도 마련되었다.

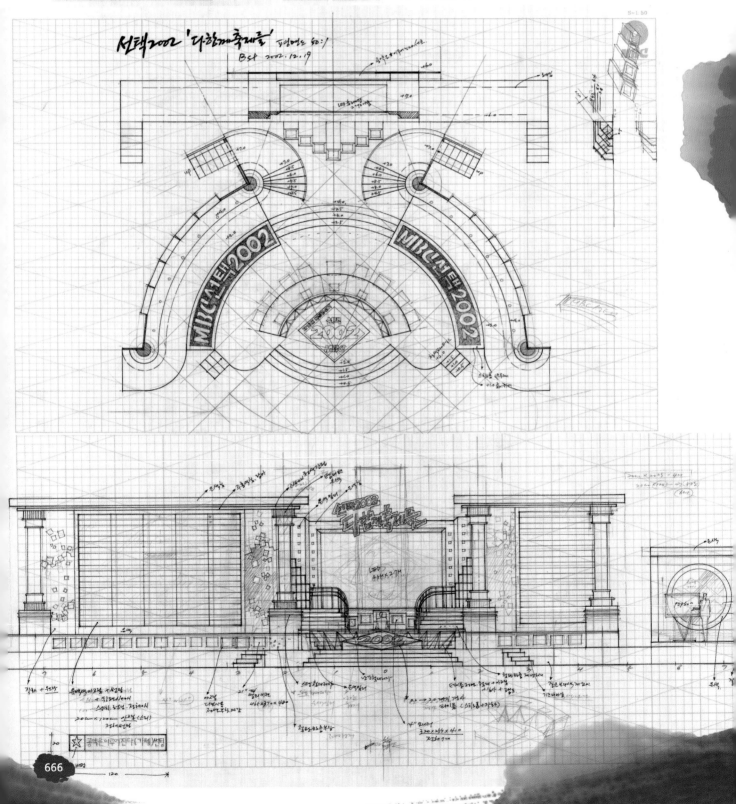

A와 B 스튜디오를 번갈
아가며 진행을 하고, B에
서 진행을 하던 게스트가
A 스튜디오를 소개하는
장면도 큐시트에 포함하
여 진행되었다.

이렇게 해서 필자는 '선택 2002'의 두 개의 선거 프로젝트를 마무리하였다. 2002년은 월드컵으로 인해 온 나라가 열광하
였고, 또 연말에는 제16대 대통령선거로 떠들썩한 한 해였다. 필자 개인적으로도 기억에 남을 만한 일이 있었다. 안타깝게
도 부친께서 소천하셨다. 축구를 좋아하셨는데 대표팀의 4강 진출도 못 보시고 아들의 효도도 다 못 받으시고 떠나셨다.

선택 2002 이후, 14년이 지나 아주 오랜만에 선거 개표방송 작업을 하게 되었다. 선거방송을 담당하게 되면 늘 하는 고민이지만, 그전 작업들보다는 보다 색다른 공간을 설정하고, 좀 더 새로운 전달 방법을 찾는 일로 생각이 많아진다.

2015년 12월 15일~17일 선거기획단 워크숍

새로운 선거팀이 구성되고 전체 스태프의 멤버십을 공고히 하고 각 스태프의 구상과 각오를 들어보기 위한 선거기획단 워크숍을 실시하였다. 필자는 그동안의 선거 개표방송에서 첨단의 장비와 컴퓨터그래픽스의 비중이 커지고 있는 상황에서의 세트의 역할에 대한 이야기, 그리고 좀 더 편안한 느낌의 공간을 설정하는 것은 어떨까 하는 의견과 효율성을 중점에 둔 디자인을 하겠다는 것, 그리고 무엇보다도 '새롭고 신선한' 공간을 만들어 보겠다는 의견을 피력하였다.

시안, 스케치

상암 MBC A 스튜디오에 설치되는 메인 세트와 상암 광장을 활용하는 방안에 대한 스케치 작업을 진행했다. 선거기획단에서는 새로운 첨단 장비인 로봇 암(Robot Arm)을 도입한 퍼포먼스를 계획하였고, 그에 어울리는 기계적이고 첨단의 느낌이 드는 세트로 구상했다. 또 카메라팀에서 테크노 카메라의 활용을 결정하였으므로 그에 대응하는 공간을 고려하여 평면을 구성하였다.

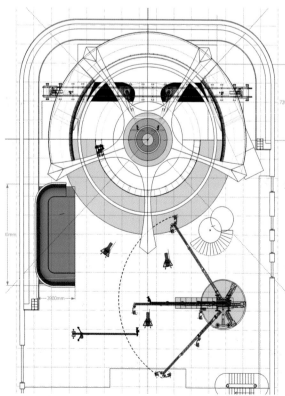

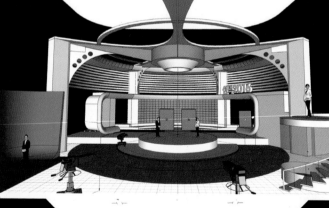

상암 사옥의 건물과 통로, 그리고 건물 외벽에 있는 LED 영상을 이용하여 다양한 화면을 연출해 보기 위한 모색을 하였다.

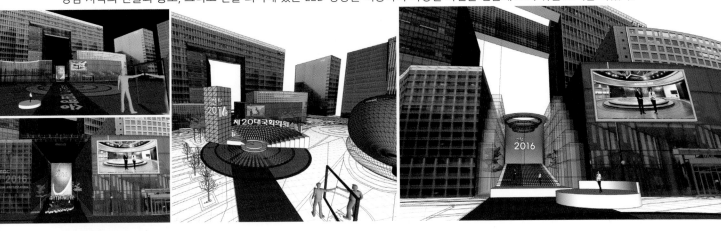

스케치업 결정 시안

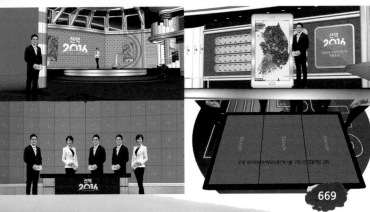

'선택 2016'은 MBC 상암 사옥의 A 스튜디오에서의 처음 진행되는 선거 개표방송이었다. 따라서 스튜디오 상황 파악을 정확하게 하고 세트를 설계하는 것도 중요한 포인트였다. 로봇 암을 비롯한 각종 새로운 장비의 활용 계획에 따라 기본 콘셉트와 공간 활용 계획에 변화가 많았다. 로봇 암과 조화가 되는 세트의 콘셉트로 디자인을 수정하였고 LED 크기의 결정을 위한 협의를 지속하였으며 터치스크린 코너의 장비와 활용 방안에 관한 것도 결정이 늦어져 준비 단계에서 수정을 반복한 작업이었다.

설치 작업

2016년 3월 25일부터 세트 설치 작업을 시작하였다. 세트의 마감 작업과 각종 장비의 설치와 운용 리허설, 영상 장비 설치, 그리고 테크노 카메라 운용 등을 고려하여 다른 선거 개표방송에 비해서 좀 더 넉넉한 시간 계획을 세웠다.

세트 (MBC ARTS)	능력자들 녹화 종료후 철거/스튜디오 정리작업	바닥세팅작업 시작	
전식 (MBC ARTS)	세트메입전식 설치계속		
트러스 (코리아트러스)			
천구조물/계단 (시맥스)			
철물 (서청프로피)			
LED(LDS)			
스치로폼 (오루스)			
전식 (공간예술)			

리허설

'MBC 선택 2016 제18대 국회의원 총선거 개표방송'은 무사히 끝났지만 필자는 목마름이 해소가 되지 않았다. 세트 마무리 작업에서 생겼던 문제점과 예상하는 그림하고는 뭔가 아쉬웠던 영상이 그런 기분을 들게 했다고 생각된다. 선거 개표방송 같은 큰 프로젝트는 무엇보다도 각 담당 스태프간의 조화로운 협의가 중요하다는 교훈을 또 한번 되새겼다.

[MBC 선택 2017 제19대 대통령선거 개표방송]
2017년 5월 9일 생방송/ 상암 MBC A 스튜디오, 광화문

국정 농단과 촛불시위, 그리고 대통령 탄핵의 정국이 2016년 연말의 대한민국을 강타하고 2017년 12월로 예정된 대통령선거가 7개월 정도 앞당겨 실시되었다. 따라서 예년의 선거방송 작업에 비해 일정이 짧아서 속도감 있는 작업이 필요했다.

A 스튜디오 메인 세트 스케치업 모델링 작업/ 디자인 작업

설명: 2017.04.10
설치: 2017.04.22~30
* 4월30일 테크노크레인카메라 세팅예정
리허설: 2017.05.01~08
생방: 2017.05.09 17:00~

원형의 디자인을 과감하게 버리고 사각형의 각진 디자인을 시도하였다. 최대한 심플하게 설계를 하여 집중도를 높여보고자 한 것이다. 또 가로로 긴 LED 영상이 설치된 기본 영상 외에 업 다운이 되는 고해상도의 영상 패널 세트를 따로 설정하여 주요 정보를 직접 전달하는 방식으로 진행을 할 수 있게 하였다. 이것은 사용하는 LED의 해상도가 클로즈업 된 화면에 적합하지 않은 경우에는 '모아레 현상'이라는 화면이 아른거리는 문제가 발생하기 때문이었다. LED 영상 장비의 발전으로 진행자가 장비 앞에 서서 직접 진행을 할 수 있을 정도로 장비가 진화하였지만 예산의 적절한 사용도 고려해야 했다.

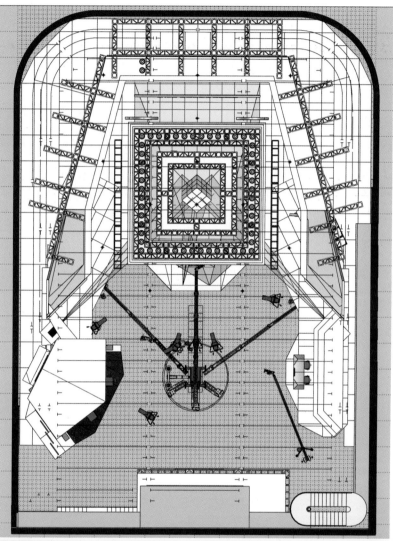

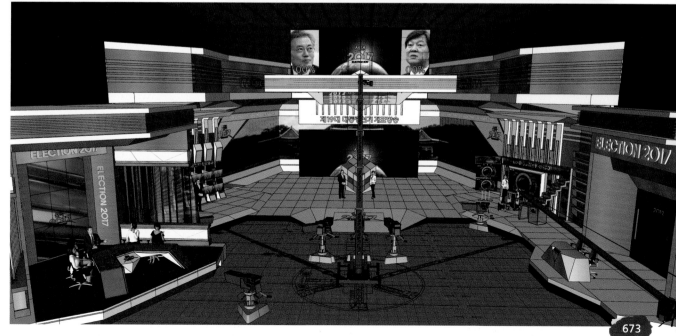

사전 테스트를 통해 검증을 했던 프로젝션 매핑 작업을 큐빅 세트에 적용하여 '스페셜 M'의 로고로 활용하였고, 6개의 소형 로봇 암을 이용한 퍼포먼스를 통해 각종 데이터의 표출과 터치스크린을 활용한 진행도 준비하였다. 또 스튜디오 내에 간이 대담 세트를 설치하여 방송 중간에 간단한 분석과 토론을 할 수 있는 공간도 설정하였다.

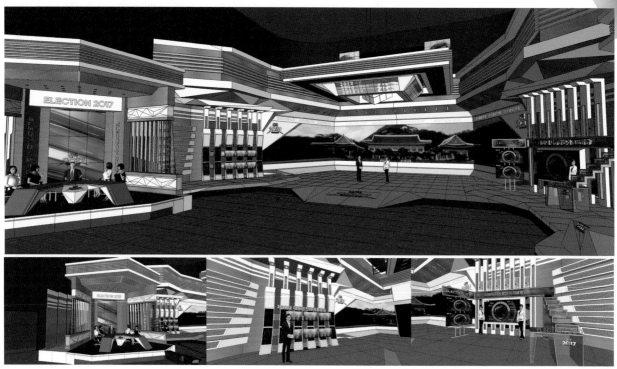

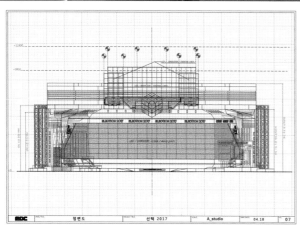

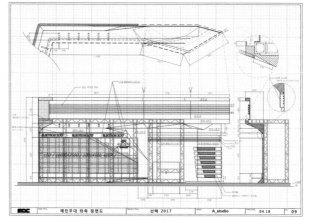

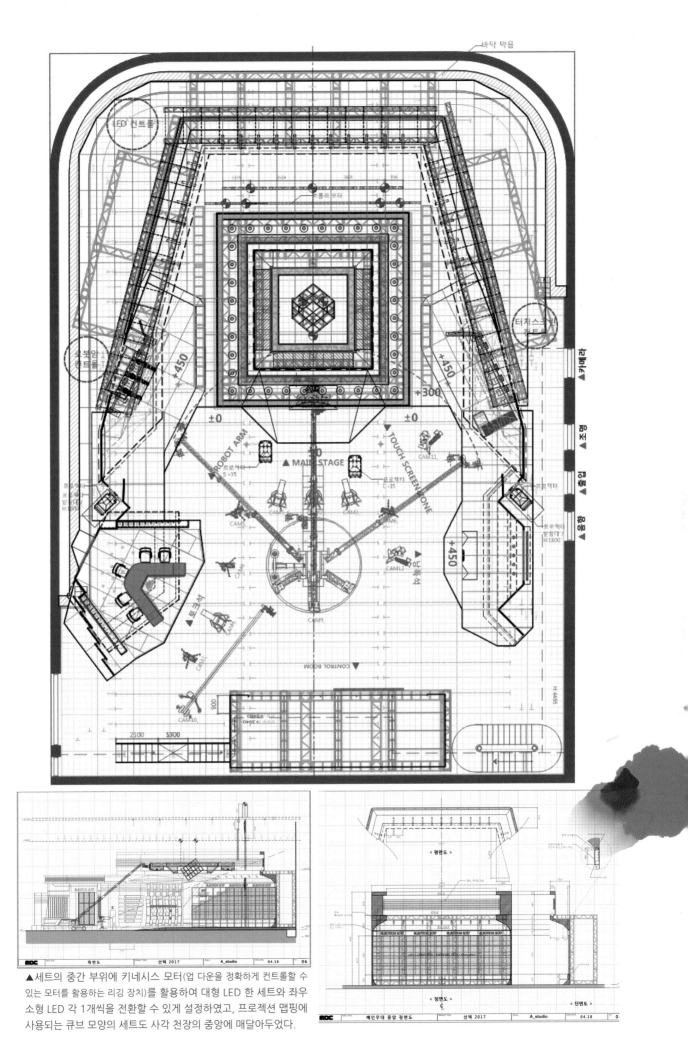

▲세트의 중간 부위에 키네시스 모터(업 다운을 정확하게 컨트롤할 수 있는 모터를 활용하는 리깅 장치)를 활용하여 대형 LED 한 세트와 좌우 소형 LED 각 1개씩을 전환할 수 있게 설정하였고, 프로젝션 맵핑에 사용되는 큐브 모양의 세트도 사각 천장의 중앙에 매달아두었다.

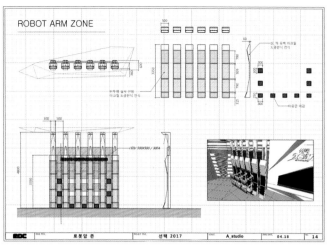

ROBOT ARM ZONE

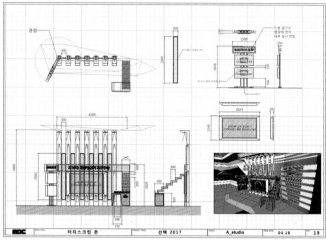

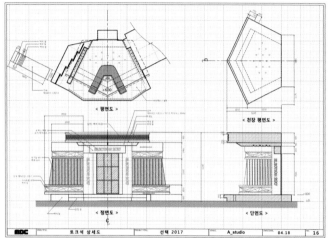

< 평면도 >   < 천장 평면도 >

< 정면도 >   < 단면도 >

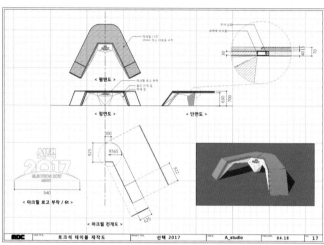

< 평면도 >

< 정면도 >   < 단면도 >

< 아크릴 로고 부착 / 6t >   < 아크릴 전개도 >

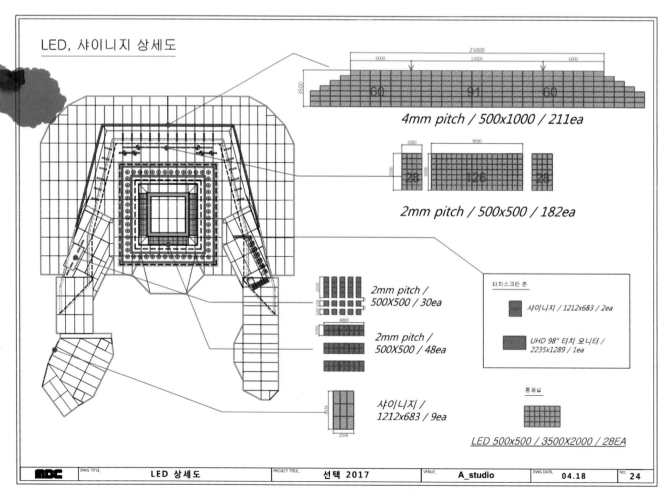

LED, 샤이니지 상세도

4mm pitch / 500x1000 / 211ea

2mm pitch / 500x500 / 182ea

2mm pitch / 500X500 / 30ea

2mm pitch / 500X500 / 48ea

샤이니지 / 1212x683 / 9ea

터치스크린 존

샤이니지 / 1212x683 / 2ea

UHD 98" 터치 모니터 / 2235x1289 / 1ea

훈제실

LED 500x500 / 3500X2000 / 28EA

A 스튜디오 메인 세트 설치 작업

A 스튜디오 메인 세트 리허설

스페셜 **M**
SPECIAL

▲ '스페셜 M'을 위한 큐빅 맵핑 작업의 타이틀은 사전녹화로 진행되었다.

[광화문 세트]

광화문 세트는 당선자의 광화문 방문과 기자회견을 위한 준비와 선거일 도심의 분위기 전달을 위해서 선거일 가까운 시점에 계획되어 급하게 준비되었다. 이 세트는 트러스 구조물과 천막을 이용하여 광화문이 뒷배경으로 잘 보이는 위치에 자리잡았다.

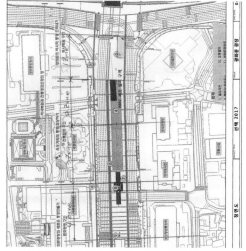

선택 2017 MBC 세트는 광화문에서 가까운 곳의 광장 끝부분에 위치했다.

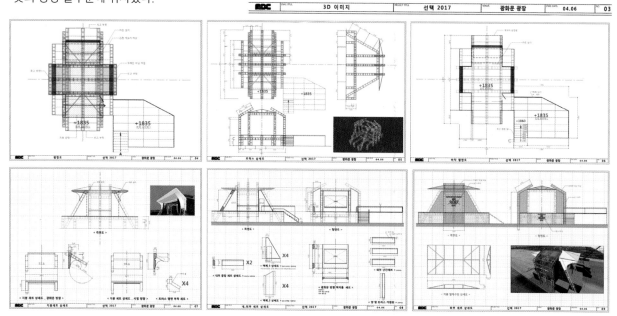

광화문 세트 설치

제19대 대통령선거는 예상했던 대로 일찍 승부가 났고, 문재인 후보가 당선되었다. 긴박감은 부족했지만 급하게 준비한 상황에 비추어 볼 때 무난한 작업이었다고 스스로 평가했다. 특히 그동안 MBC 선거 개표방송에서 주로 해왔던 원형 세트 구조의 설계를 벗고 각진 디자인을 시도했고, 심플한 모양의 세트를 만들어 냈다는 점에서 새로운 변화가 아니었나 자평하였다.

[선택 2018 전국동시지방선거]
2018년 6월 13일 상암 MBC A, B 스튜디오

전국 각 지역의 단체장을 선출하는 지방선거는 다른 선거에 비해서 매우 복잡한 내용으로 진행을 해야 하는 방송이다. 그동안 MBC의 선거 개표방송은 새롭고 첨단스러운 것을 지향해 왔으나 이번 작업은 아날로그적이고, 쉽고, 재미있는 '새로움'을 찾는 콘셉트로 진행하기로 하였다. 필자와 세트팀은 그동안 계속 시도했지만 실현하지 못했던 MBC 상암 사옥의 일부를 활용하는 세트를 만들어 보기 위해서 여러 가지로 모색을 했으며, 메인 방송을 진행하는 A 스튜디오와 보조 진행을 위한 B 스튜디오와 더불어 MBC 상암문화광장과 방송센터와 경영센터 사이의 공간인 아트리움 등을 물망에 올려놓고 디자인을 진행하였다. 그러나 북미 정상회담을 비롯한 여러 변수로 인해 최종 결정된 사항은 A 스튜디오의 메인 세트와 B 스튜디오의 '배철수의 선거캠프' 세트였다.

선거 개표방송을 담당하게 되면 늘 하는 생각은 '새로움'이다. 아니 어떤 프로그램이든, 어떤 프로젝트이든 늘 전과는 다른 뭔가를 생각하는 것은 TV 세트 디자이너의 버릇인 듯하다. '선택 2018'의 워크숍에서도 그런 생각은 변함없었다.

워크숍

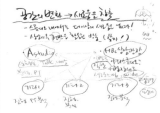

새로운 장소의 물색

필자는 우선 MBC 상암 사옥의 '아트리움'이라고 불리는 공간에 주목했다. 이 공간에 데이터 표출을 하고 간단한 진행이 가능해 보였기 때문이다. 아트리움의 유리 벽 부분에 LED 영상이나 플래카드를 설치하고 반대편에서 촬영을 하면 꽤 신선한 그림이 나올 수 있을 거라고 생각했다. 다만 그 생각을 현실화하기 위한 작업은 또 다른 문제였고, 결국 현실화시키지는 못했다.

상암문화광장은 '선택 2017'에서도 실현하지 못했던 여러 가지 아이디어가 있어서 이번 작업에서는 실현해 보기 위해서 구체적으로 접근했다. 따라서 이곳에 세트를 설치하고 촬영을 하기 위한 방안을 카메라 감독과 협의 끝에 '스파이더 캠'을 활용해 보기로 하고 구체적인 방법을 열심히 모색하였다.

스케치 A 스튜디오 메인 세트 시안 A, B

◀메인 세트의 1차 시안은 메인 세트의 역할을 줄이고 상암문화광장의 세트와 무게를 균등하게 가져가기 위한 디자인이다.

▼메인 세트의 2차 시안은 상암문화광장과의 연결 세트를 메인 세트에 포함하여 주고받는 방안을 모색한 디자인이다.

683

상암문화광장 세트 시안

MBC 상암문화광장에 슬로프형 세트를 설치해서 개표상황을 전달하는 방안을 구상하였다. 이 세트는 결국 실현되지 못하였다.

A 스튜디오 메인 세트 최종 시안

여러 방안을 디자인하고 선거기획단과 협의 끝에 17개의 시도지사 1위를 한 번에 표출할 수 있는 넓고 깨끗한 화면과 'ㄱ' 자형의 터치스크린 세트, 그리고 대담을 위한 테이블을 전환으로 사용하기로 하였으며 B 스튜디오에 별도의 토론, 분석용 세트를 설치하였다.

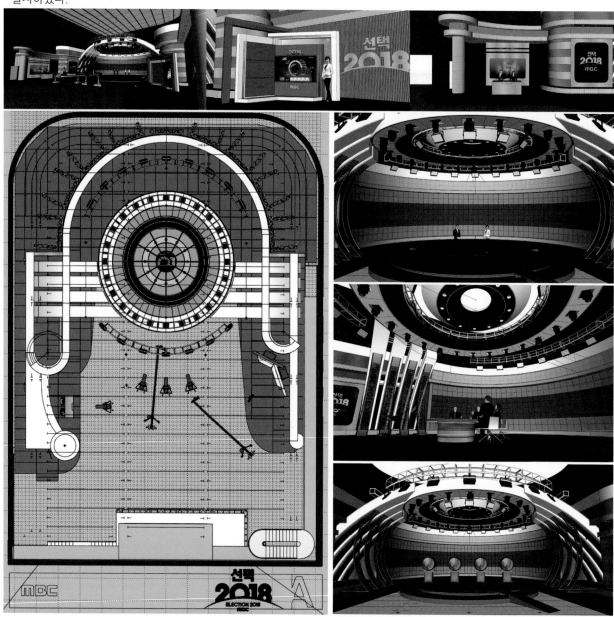

전체적으로 돔 형태의 일체형 아치 구조를 설정하고 우측에는 터치스크린을, 좌측에는 상황석(여기서는 아나운서들이 컴퓨터 그래픽스로 만든 '포맷'에 맞는 설명을 해주는 역할을 한다)을 배치하였다. 이 세트의 천장 구조물은 조명감독과 협의를 하여 무빙 라이트를 세트 중앙 부분에 설치할 수 있도록 장비의 수와 위치를 정하고 설계를 하였다.

메인 세트 도면 작업

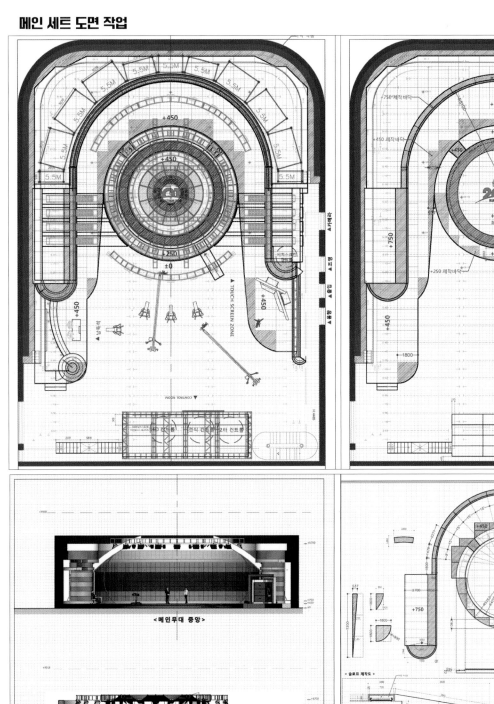

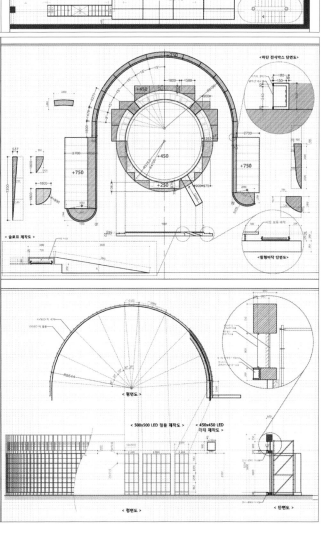

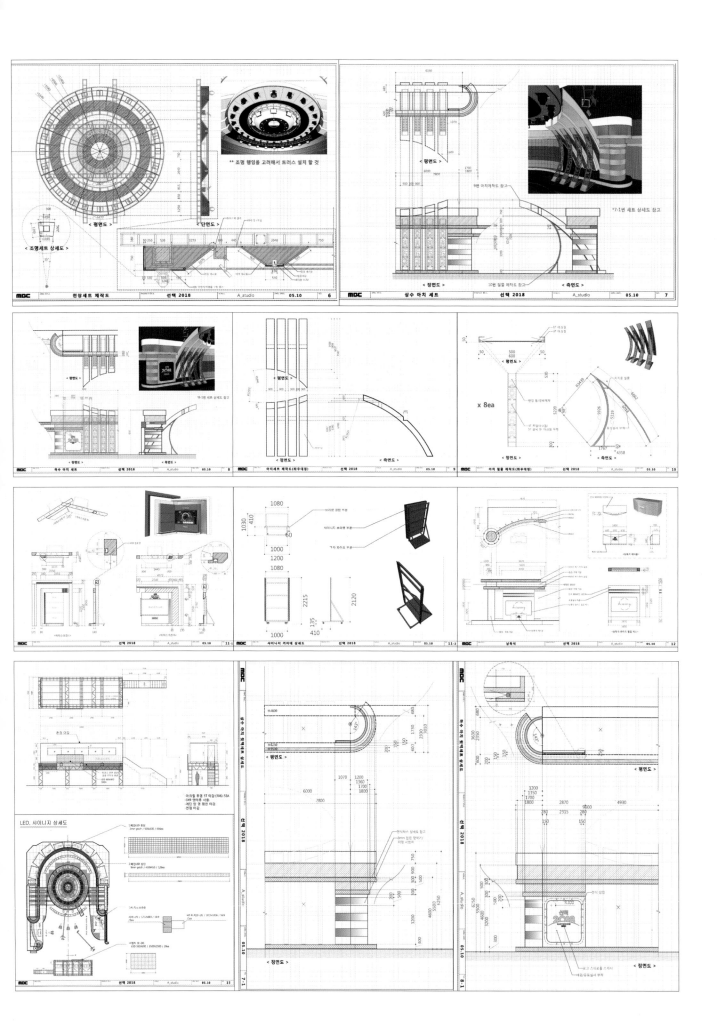

세트 설명 & 제작 체크

복잡한 과정을 거쳐 완성된 디자인의 실행을 위한 '세트 설명'을 하였다. 이때는 설계된 세트를 제작하고 설치할 각 담당자, 즉 목공, 철공, 아크릴, 전식, 영상팀, 구조물팀 등 관련 있는 스태프들이 모두 참석하여 자신이 작업할 부분을 할당받고, 제작 방안을 협의하고, 세트를 설치하는 일정과 순서를 서로 조율하게 된다. 이때 조명감독이나 카메라감독, 그리고 필요하면 제작진도 같이 참석해서 협의를 하게 된다. 이 작업에서 각자의 제작에 필요한 견적 제출도 요청을 하게 된다.

보통 5~8개쯤의 협력업체를 통하여 작업을 진행하는데 중요한 세트 제작물이 있는 경우에는 업체를 방문해서 제작 상황을 검토하고 조정하게 된다. 복잡하고 조립이 어려운 세트의 경우에는 그 세트와 같이 조립되는 다른 세트나 구조물도 정확하게 체크해서 짧은 일정 동안에 무리 없이 조립할 수 있도록 해야 한다.

세트 설치 작업

리허설

B 스튜디오 세트 최종 시안

지방선거 상황을 분석하는 대담 프로그램을 개표방송 중간 중간에 방송하기 위한 세트를 상암 MBC B 스튜디오에 따로 설치하였다. 이 세트는 마치 메인 스튜디오의 가까이에 있는 어떤 상황실에서 개표 상황을 지켜보고 있던 사회자와 패널들이 민심과 정세에 관한 이야기를 가볍게 나누는 모습을 개표방송 사이사이에 방송하는 콘셉트로 만들어졌다.

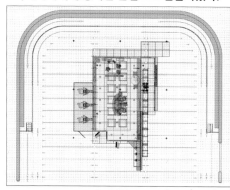

배철수의
선거캠프

패널들은 벽에 설치된 모니터를 통해서 상황을 지켜보면서 자신들이 분석하는 것을 설명한다. 정면 앵글을 위해서 정면 벽체 아래에 카메라 구멍을 뚫어서 패널들의 모습을 촬영하는 구조로 설계를 하였다.

창밖에 카메라 레일을 설치하여 안쪽을 들여다보면서 서서히 움직이는 영상을 위한 설정도 하였다.

B 스튜디오 도면 작업

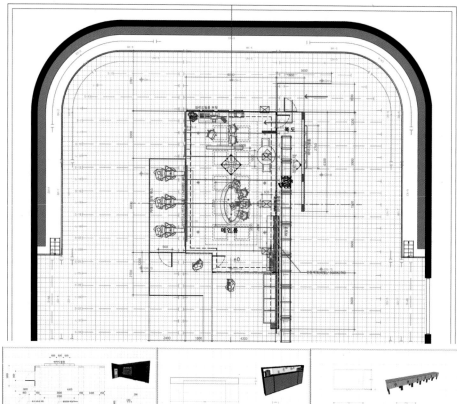

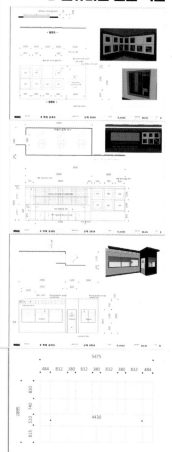

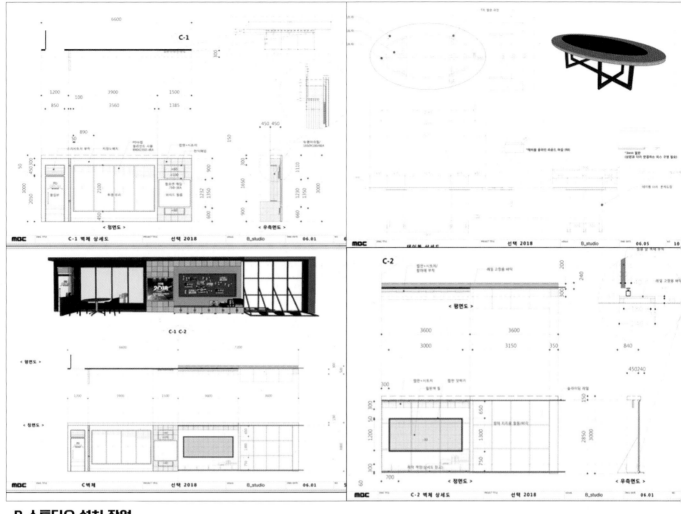

B 스튜디오 설치 작업

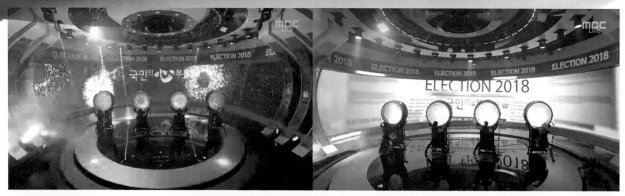

[선택 2020 제20대 국회의원 총선거]
2018년 4월 15일 상암 MBC A 스튜디오, 상암문화광장

'선택 2016'에서 당선되었던 국회의원들의 임기가 벌써 마무리되고 있었고, 다시 20대 국회의원 선거 개표방송을 준비해야 하는 때가 되었다. 세월이 참 빠르다는 생각과 동시에 필자의 회사 생활이 끝나가는 시점이어서 선거 개표방송 디자인 작업이 마지막이 될 듯한 생각에 두 손을 번쩍 들어 프로젝트에 지원했다. 그동안 여러 번 구상만 하다 무산되었던 MBC 상암문화광장에서의 작업을 꼭 한 번은 성사시켜보고 싶었고, 그전 선거 개표방송 작업에서의 아쉬움을 떨어보려는 필자의 속셈이었다.

워크숍

'선택 2020'의 워크숍은 선거기획단과 개략적으로 프로그램의 구성 방안을 사전 협의한 후 아이디어를 구체화하였다. (실제 작업 결과의 유무와 관련 없이 실제 무대 모양을 조금이라도 구체적으로 볼 수 있으면 좀 더 실감할 수 있기에 논의는 쉬워진다.) 워크숍 전에 사전 협의한 것은 세 가지로, 선거방송 전체를 진행하는 A 스튜디오 메인 세트의 콘셉트, 토론자들이 인터넷 방송과 공중파 방송을 동시에 진행할 수 있는 B 스튜디오를 벙커형으로 제작하는 것, 그리고 곡선형으로 변형이 가능한 디스플레이를 활용하여 별도의 장소에 세트를 설치하는 것이었다. 필자는 이 아이디어들을 현실화할 수 있는 방안과 콘셉트에 관한 연구를 하여 워크숍을 통해서 발표하였다.

   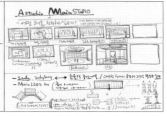

필자는 선거방송에서 제일 중요한 정보가 무엇인지, 시청자들이 무엇을 제일 궁금해할지의 기본적인 생각들에 관한 이야기부터 그것을 위한 공간의 설정을 위한 콘셉트를 설정하고, 방송에 필요하다고 판단되는 공간들을 하나씩 리서치하였으며 그 구상을 현실화하기 위해서 필요한 아이디어를 발표하는 순서로 프레젠테이션을 진행하였다.

A 스튜디오 메인 세트의 공간 구성과 LED 영상의 크기의 계획(예년의 화면 크기에 비해서 작게 설치하는 방안을 제시)과 그동안의 선거방송을 통해서 사용되었던 화면의 종류를 분석하고, 보다 세부적인 설명을 위해서 필요한 공간의 설정 그리고 샷의 다양화를 위한 오버샷용 구조물 등의 아이디어를 발표하였고, B 스튜디오의 벙커형 세트는 출연진 3인의 각자 공간과 모여서 토론하는 공간을 따로 설정한 세트로 구성하는 안을 제시하였다.

플렉시블 디스플레이를 활용하는 방안으로 상암 광장에 에어돔을 활용한 세트와 LED 볼을 활용하여 지역구의 판세를 직관적으로 표시하고 지역별 상황 등의 퍼포먼스를 진행하는 방안에 관한 아이디어, 그리고 에어돔을 특화된 방송을 진행하는 구역으로 활용하는 아이디어를 제안하였다.

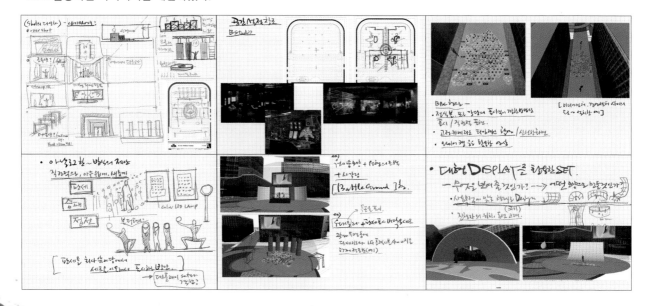

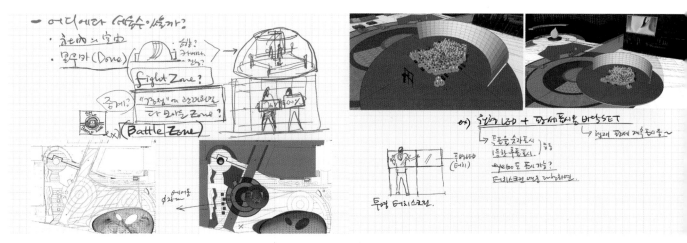

A 스튜디오 메인 세트 스케치

예년과는 다르게 세트 디자인팀에서 그동안 연구한 몇 가지의 안으로 선거기획단에 PT를 하기로 하였다. '다르게! 새롭게! 트렌드에 맞게!'라는 콘셉트로 마치 콘서트에서나 볼 수 있는 듯한 LED 영상을 활용한 세트를 디자인해 보았다.

프레젠테이션을 통하여 선거기획단에서는 'F안'을 선택하였고, 그에 따른 작업을 진행하였다.

A 스튜디오 메인 세트 도면 작업

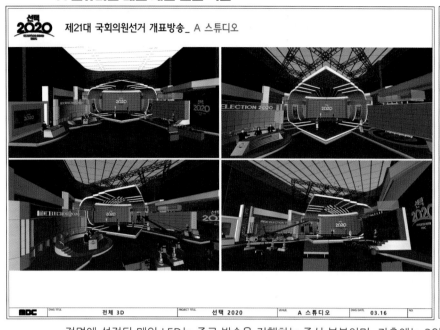

제21대 국회의원선거 개표방송_ A 스튜디오

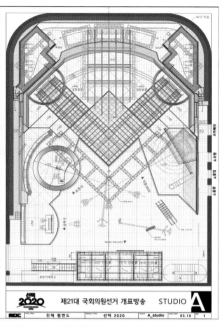

제21대 국회의원선거 개표방송   STUDIO A

정면에 설정된 메인 LED는 주로 방송을 진행하는 중심 부분이며, 좌측에는 3인의 토크를 위한 공간을, 그리고 우측에는 '적중 2020'을 진행하는 공간으로 설정하였고, 포맷을 설명하는 낭독석과 영상 장비를 비롯한 스튜디오에 설치한 모든 장비를 조정하는 공간인 콘트롤 룸(Control Room)도 평면도에 그려 넣었다. 또 다양한 샷을 위한 방안을 연구하여 소형 카메라를 활용한 터널식 세트, 투명 디스플레이를 활용한 오버샷용 세트 등을 제안하였다. / LED 김기태, 조충환

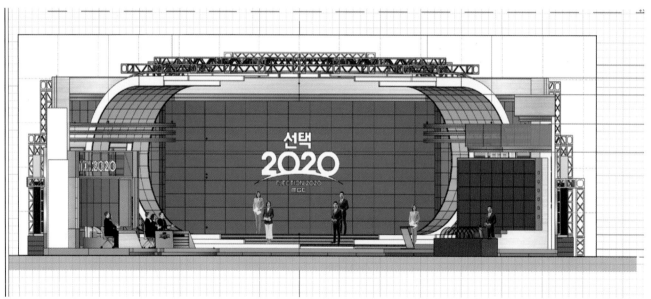

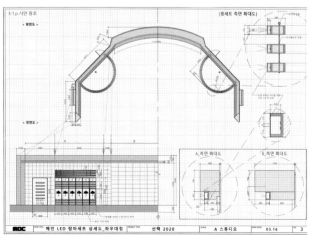

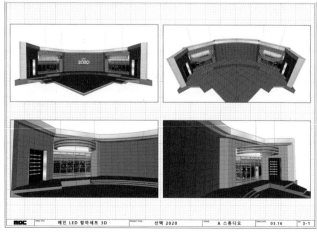

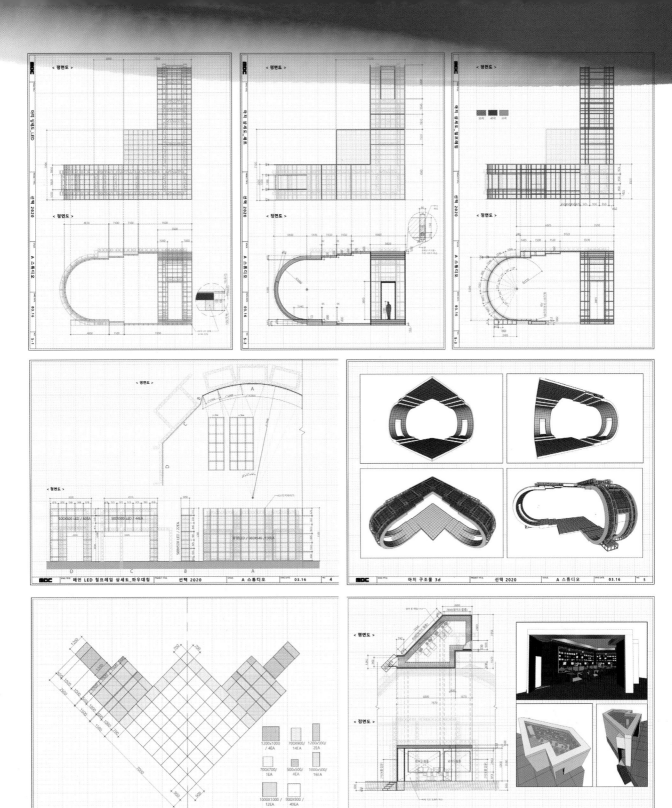

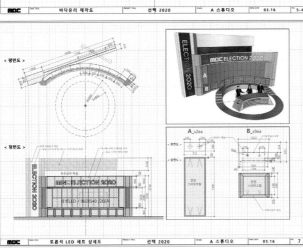

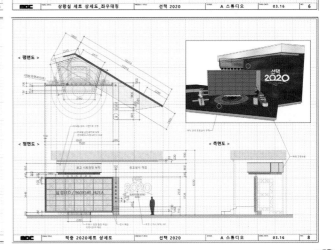

695

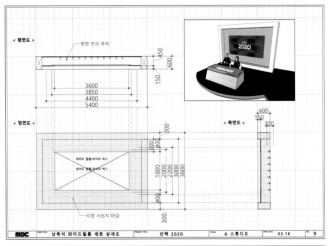

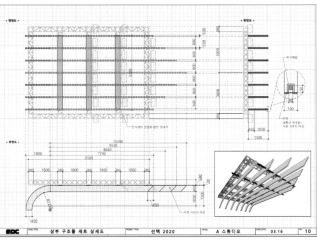

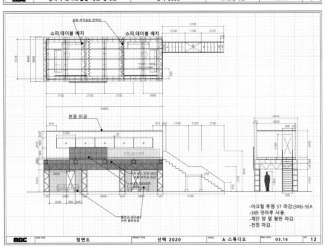

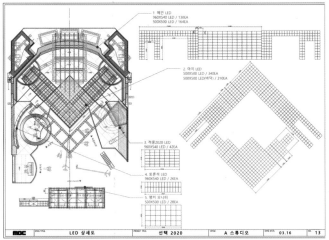

A 스튜디오 메인 세트 설치 작업

2020년 3월 30일부터 설치 작업을 시작하고 4월 7일까지 작업을 마무리하는 것으로 세트 설치 일정을 계획했다.

리허설

전체 풀 샷으로 진입하는 상황에서 오버샷용으로 사용될 투명 디스플레이와 터널형 세트를 제작하여 다양한 화면을 시도해보았다.

[MBC 상암문화광장 에어돔 세트]

MBC 상암문화광장에 별도 세트를 설치하고 선거방송을 진행해 보고자 여러 차례 시도했던 필자는 그동안 눈여겨보아 두었던 '에어돔'이라는 아이템으로 시도를 했다. 이 작업은 선거기획단에서 LG 플렉시블 55인치 디스플레이를 활용할 방안에 대한 연구를 진행하면서 생각했던 것인데(결국 플렉시블 LED는 LED 패널로 대체를 하게 되었다) 지름 25m 높이 12, 5m의 에어돔을 광장에 설치하고 그 내부에 250mm LED 볼 300여 개를 활용한 전국 판세를 한눈에 보여주는 세트와 별도 설명용 영상 세트를 세운다는 것이었다. 실제 사용에서 투명 에어돔은 몇 가지의 문제점을 나타냈는데 그것은 음향과 내부 온도에 민감한 문제였다. 음향 문제는 내부에 세트를 세우고 천장에 천 작업을 해서 어느 정도 해소를 하였고, 온도 문제는 대형 에어컨을 설치하여 해결하였다.

MBC 상암문화광장 에어돔 세트의 설계

국내 에어돔 업체인 'ABR'과 협의 끝에 지름 25m 높이 12.5m의 투명하고 천장 끝부분에 '선택 2020'의 로고가 있는 에어돔 1세트의 제작을 의뢰하고 그 내부에 설치될 세트를 설계하였다.

/ 돔 설계, 제작 강동우

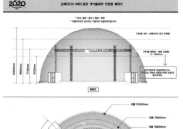
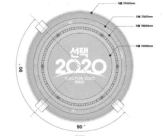

MBC 상암문화광장 에어돔 세트 스케치 작업

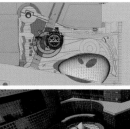

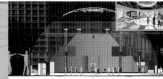

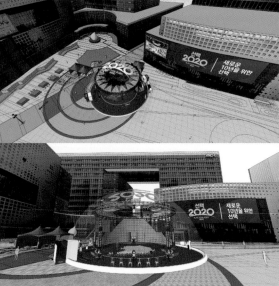
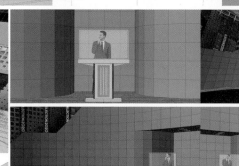

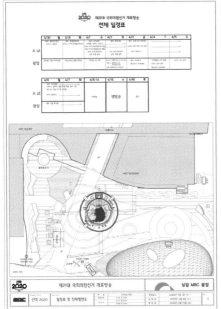

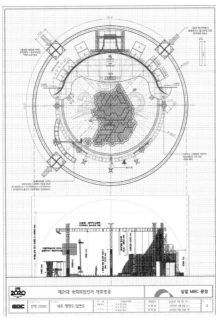

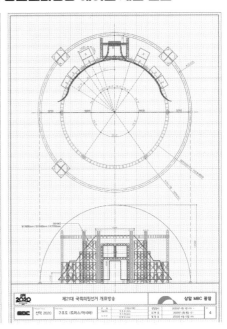

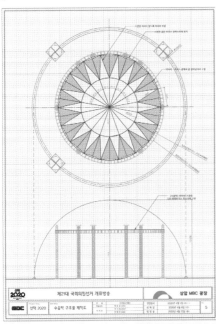

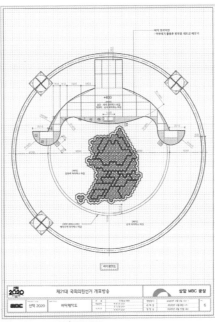

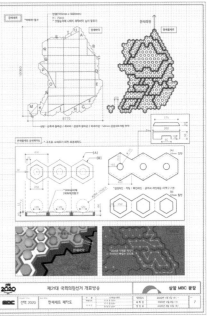

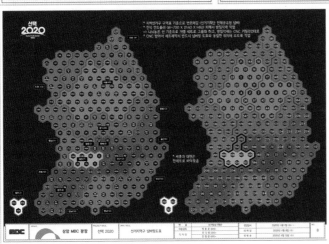

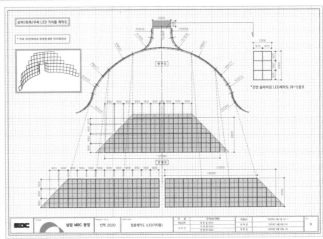

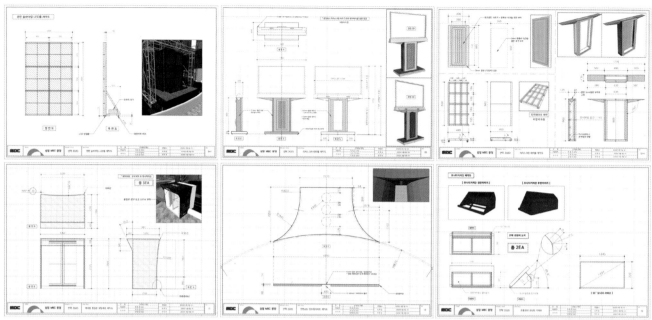

MBC 상암문화광장 에어돔 세트 설치

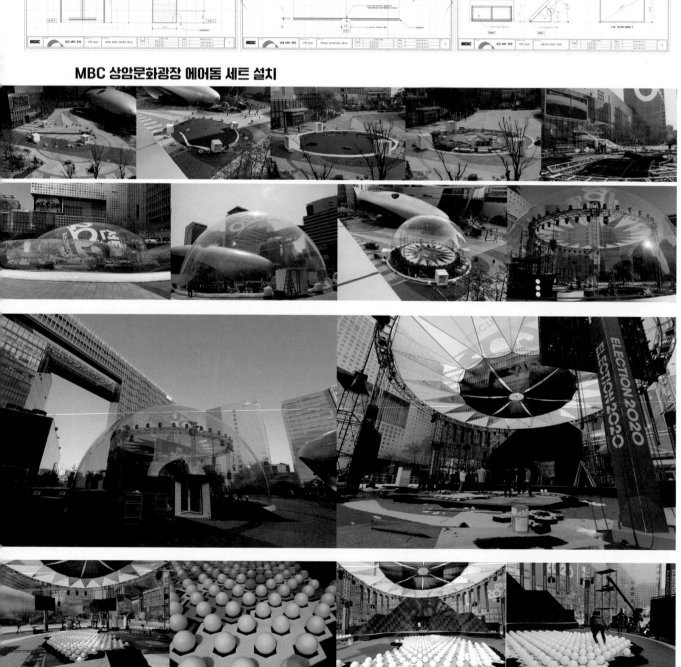

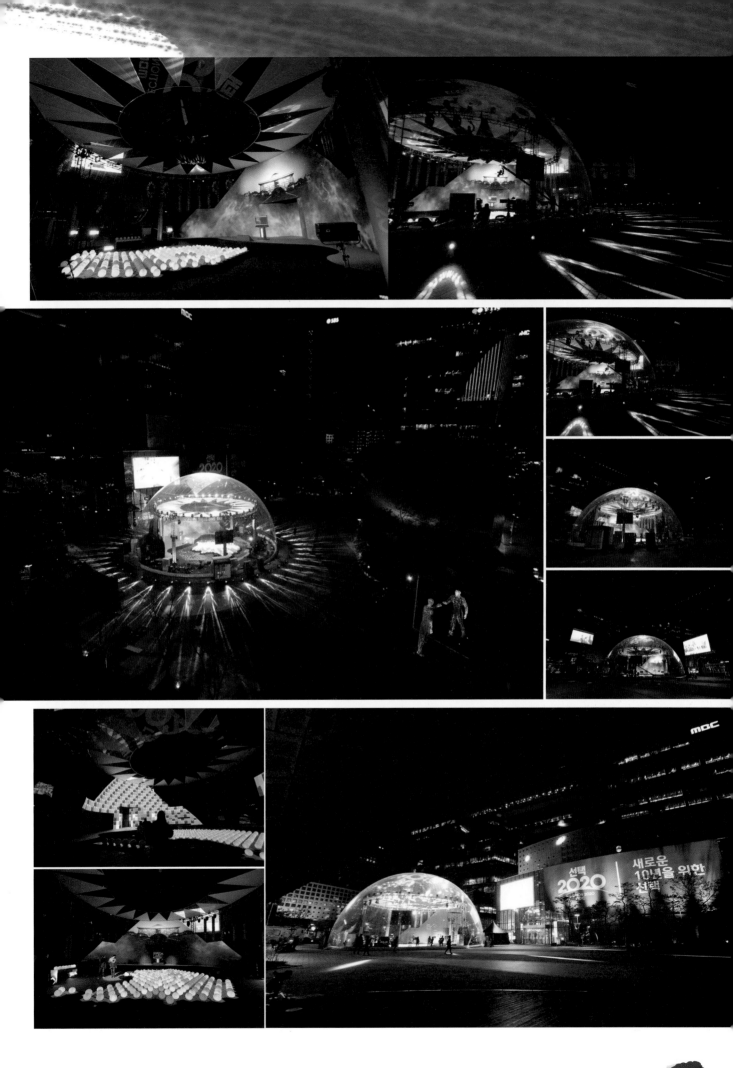

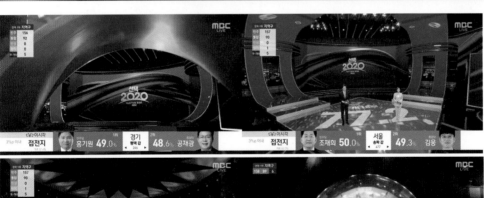

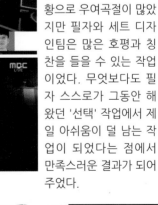

워크숍에서 '마지막 선거방송'이라고 선언했던 '선택 2020 제21대 국회의원 총선거 개표방송'이 끝났다. 코로나 상황으로 우여곡절이 많았지만 필자와 세트 디자인팀은 많은 호평과 칭찬을 들을 수 있는 작업이었다. 무엇보다도 필자 스스로가 그동안 해왔던 '선택' 작업에서 제일 아쉬움이 덜 남는 작업이 되었다는 점에서 만족스러운 결과가 되어주었다.

부드러운 카리스마로 진지한 이야기를!

김한길과 사람들

[김한길과 사람들 1995년]

'김한길과 사람들'은 1993년 10월부터 시작한 작가 김한길이 진행하는 토크쇼로 정치, 문화, 연예 등 각 분야의 화제의 인물을 초대해서 이야기를 나누는 교양프로그램이다. 필자는 1995년 이 프로그램의 세트 개편작업을 하였다.

중앙에 멀티큐브 2x2를 배치하고 좌측에는 출연자, 우측에는 MC가 위치하는 일체형 테이블을 설계하였다. 세트는 투명 아크릴에 한지 콜라주(찢어 붙이기)를 하여 뒤에서 조명을 비추는 방식으로 디자인하였고, 한지 작업은 필자가 직접 했던 것으로 기억된다.

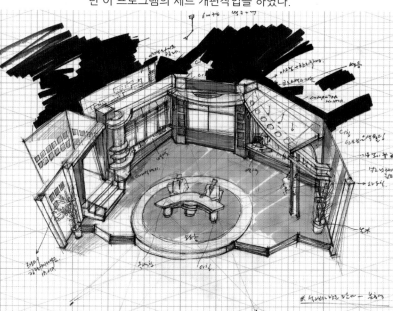

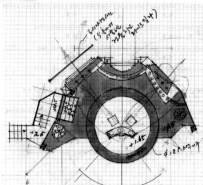

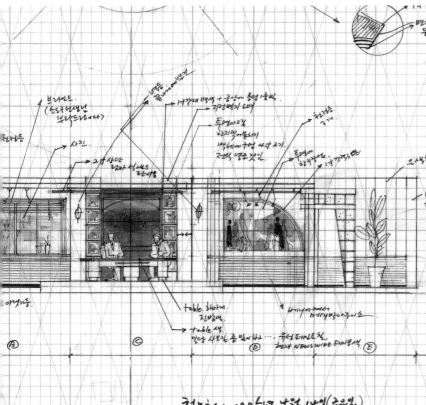

우리시대의 정직한 목격자 PD수첩

PD수첩 이야기(1995, 2018)

'PD수첩'은 프로그램 그 자체의 무게는 대단하지만, 세트가 주는 역할의 비중이 그리 크게 필요하지 않은 시사 프로그램이다. 그렇지만 뉴스 프로그램과 마찬가지로 카메라의 움직임이 비교적 적은 일정한 화면으로 만들어지고 방송되기 때문에 화면 하나하나에 집중해서 디자인해야 하는 프로그램이다. 필자는 입사 7년이 되던 해에 이 프로그램의 세트 디자인을 처음으로 맡아서 진행했다. 지금 보면 여러모로 부족한 디자인이었지만 예전의 방송화면을 보니 그때가 그리워진다.

[PD수첩 1995년 10월 17일 첫 녹화 여의도 MBC F 스튜디오]

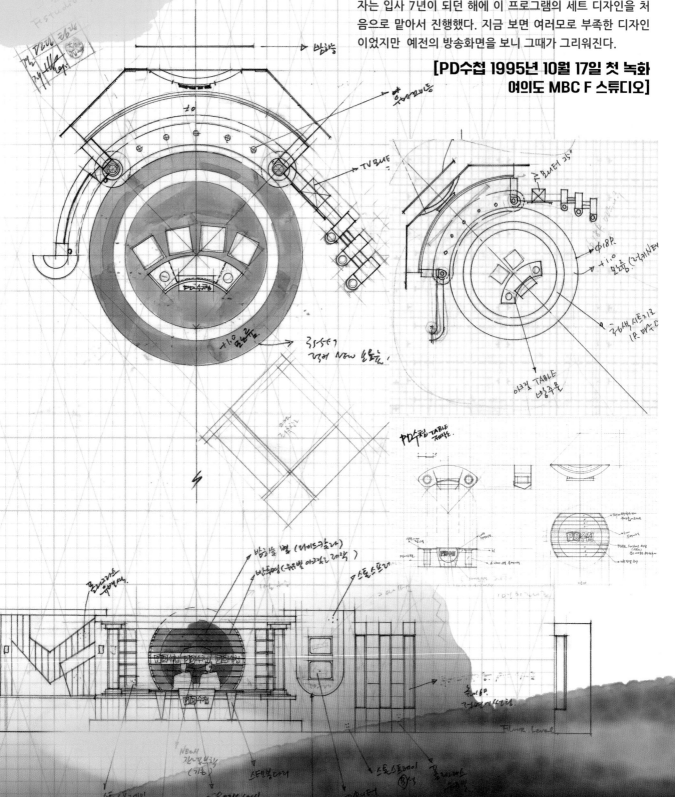

[PD수첩 2018년 1월 15일 첫 녹화/ 상암 MBC A 스튜디오]

1995년의 PD수첩 작업 후에 23년 만에 PD수첩의 세트를 설계하게 되었다. 필자의 기억으로는 예산 문제로 몇몇 프로그램이 'CG 세트(버추얼 세트)'를 도입하던 때부터 PD수첩의 스튜디오 세트는 없었던 것으로 기억한다. 그 후 2018년에 다시 스튜디오 세트를 세워서 녹화를 진행하겠다는 제작진의 계획으로 필자가 오랜만에 PD수첩의 실물 스튜디오 세트를 설계하게 되었다.

스케치

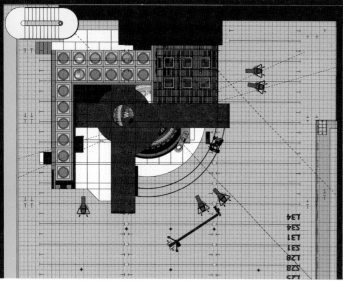

세트를 설치하고 녹화를 진행할 상암 A 스튜디오는 상당히 넓기는 하지만 자주 사용되는 스튜디오라서 고정적으로 세워두기 어려움에도 불구하고 설치, 철거를 너무 어렵게 설계한 것은 필자의 실수였다. 하지만 다행히도 세트의 규모가 크지 않아서 일 년여 정도 세트를 스튜디오에 고정적으로 세워두고 녹화할 수 있었다.

이 세트는 PD수첩을 만드는 제작진들이 그동안의 역사를 모아놓은 자료창고가 있는 사무공간으로 콘셉트를 잡았다. 상대 방송사들의 탐사보도 프로그램이 대체로 약간 어둑한 분위기의 공간과 조명을 설정하고 추리소설을 읽는 듯한 느낌의 진행을 하고 있으므로 PD수첩은 상대적으로 좀 더 밝고, 이성적이고, 분석적인 공간을 만들어 보고 싶었다.

도면 작업

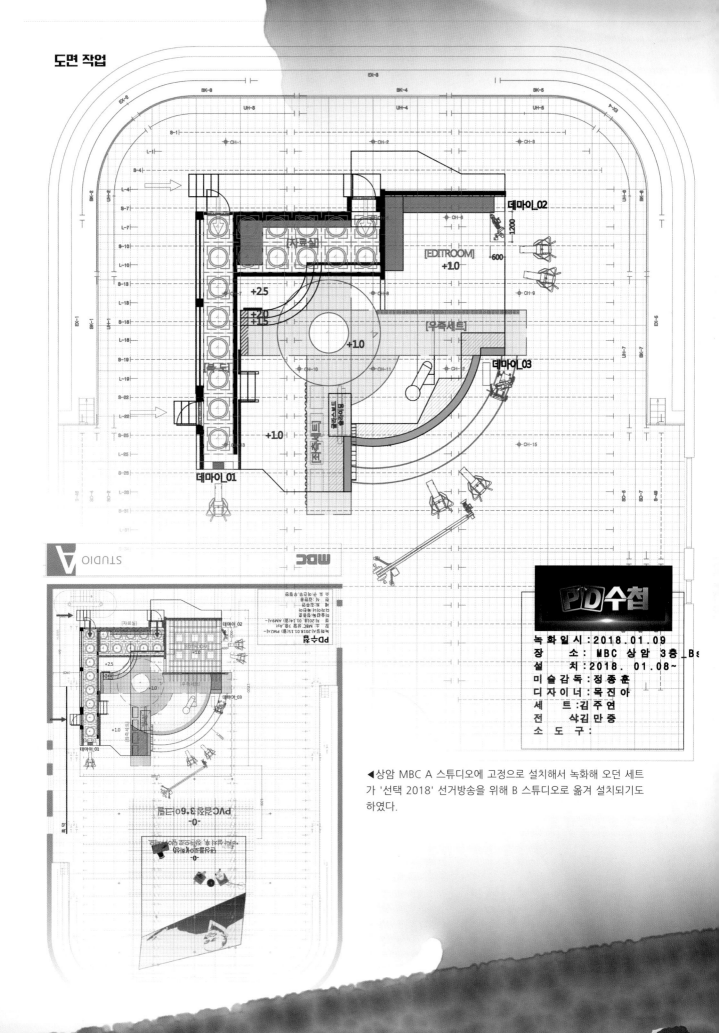

◀상암 MBC A 스튜디오에 고정으로 설치해서 녹화해 오던 세트가 '선택 2018' 선거방송을 위해 B 스튜디오로 옮겨 설치되기도 하였다.

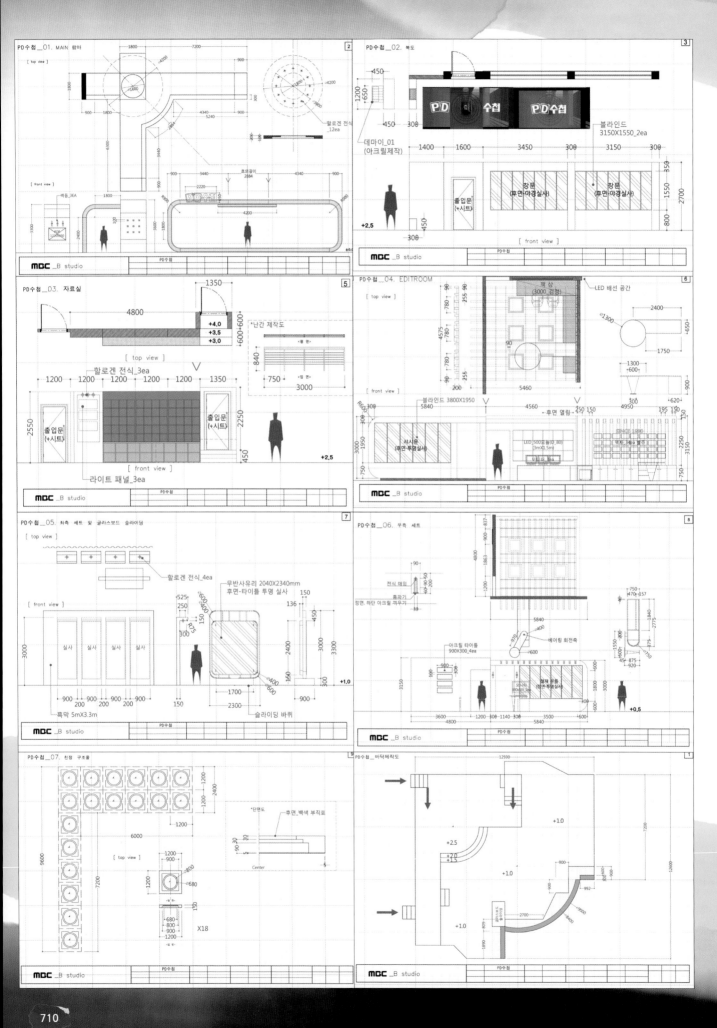

세트 제작장에 가서 제작 진행 상황을 확인했다.
정확한 제작을 위해서는 무엇보다도 정확한 설계가 중요하다.

리허설

/생방송/
이슈 & 이슈

생각이 서로 다른 사람들의 토론 한 판
세트는 심판이다!

[이슈 앤 이슈 2003년]

'생방송 이슈 앤 이슈'는 2003년 봄 개편을 맞아 새롭게 편성되어 매주 일요일 아침에 생방송되었던 MBC의 시사 토크쇼이다. 정치적인 이슈를 주제로 서로 의견을 달리하는 대표 논객 각각 1인씩 출연하고 MC의 사회로 진행되는 프로그램이었는데 필자는 2003년 5월 3일에 첫 방송되는 프로그램의 최초 작업을 하였다.

'세트는 심판이다!'라는 부제를 단 이유는 토론 세트는 열띤 토론이 열리는 공간이지만 평정심을 잃지 않는 모습의 공간으로 설계될 필요가 있다는 의미이다.

스케치

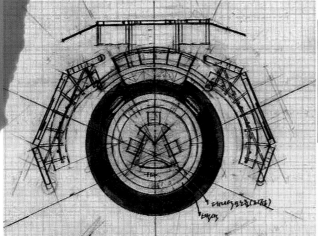
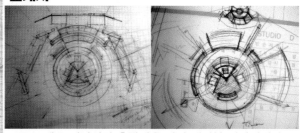

토크 세트 디자인의 출발점은 역시 테이블 디자인에서 시작된다. 테이블의 각도나 높이, 크기에 따라서 배경 세트의 위치와 규격이 달라지기 때문이다. 토크용 세트는 뉴스 세트와 비슷하게 일정한 샷들이 계속 표출되므로 그 부분에 중점을 두고 디자인을 해야 한다.

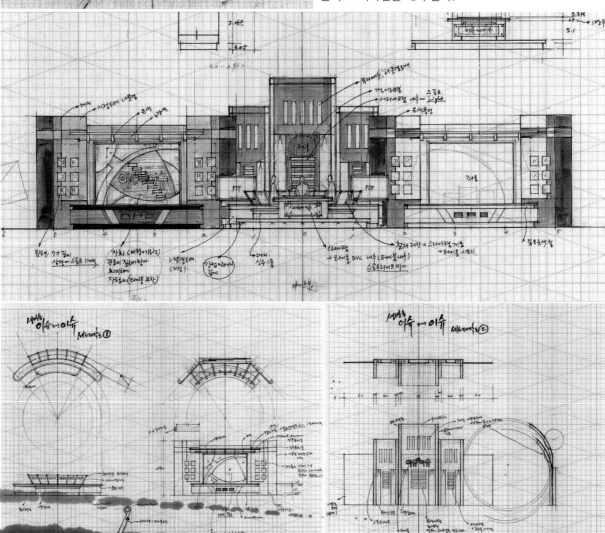

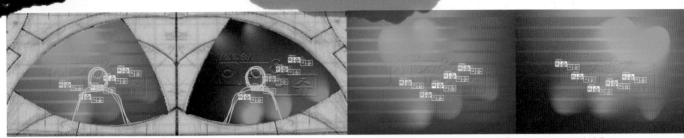

　MC와 좌우에 위치한 패널들의 백 세트는 실사 프린트(유포 실사)를 주로 활용하였다. 필자는 포토샵을 이용해서 패널석용 백 세트 실사 그래픽 작업을 하였다.

세트 설치 작업

이 프로그램은 녹화를 진행하면서 계속해서 세트를 보완하면서 진행되었고 총 93회를 방송하였다.

[MBC 특별기획 국민이 묻는다
2019년 11월 19일 생방송/ 상암 MBC 공개홀]

둘러 앉아 이야기해봅시다!

국민이 묻는다
2019 국민과의 대화

집권 2년 반을 지나오면서 문재인 대통령이 국민들과 직접 소통하면서 정책을 설명하는 프로그램이 기획되었다. 일반적으로 대통령과의 대화는 기자회견을 하는 형식으로 진행되는데 이번에는 국민들이 대통령을 중심으로 둘러앉아 보다 가깝게 소통하는 모양의 공간을 구성해 보자는 제작진의 의견에 적절한 설계를 하느라 여러 가지 모색을 했다.

스케치 작업 1

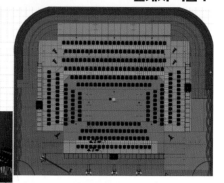

상암 MBC 공개홀은 공간이 넉넉하지 못한 상황이므로 정교하게 공간의 계획을 세워야 했다. 최초의 계획은 사면에 방청객석을 두고 대통령이 중앙에 혼자 서서 질문을 받고 답변을 하는 방안이었다.

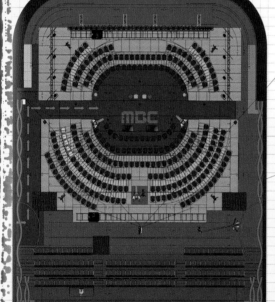

협의가 진행됨에 따라서 좀 더 구체적인 방안으로 접근하며 보완을 해갔다. 국민 패널들이 앉을 객석의 모양을 보다 부드러운 형태로 바꾸었고 자연스러운 진행을 위하여 사회자를 두기로 결정하였다. 또 대통령과 사회자가 간단한 바 스툴(Bar Stool)을 활용하기로 하였는데 적당한 의자를 구하기 어려워서 직접 디자인을 하고 제작해서 사용하였다. /스툴제작 박승훈

스케치 작업 2

도면 작업

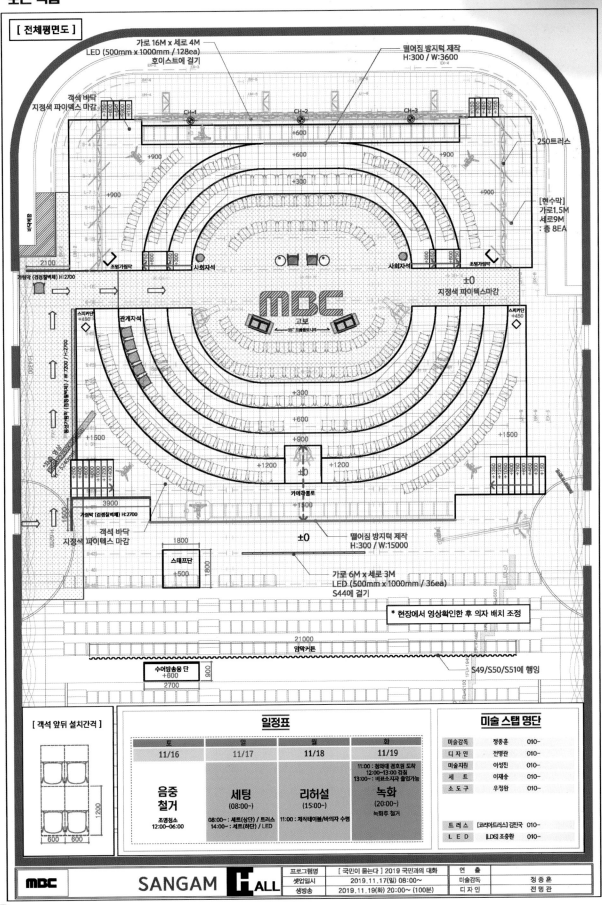

[전체평면도]

가로 16M x 세로 4M
LED (500mm x 1000mm / 128ea)
호이스트에 걸기

떨어짐 방지턱 제작
H:300 / W:3600

객석 바닥
지정색 파이텍스 마감

250트러스

[현수막]
가로1.5M
세로9M
: 총 8EA

±0
지정색 파이텍스마감

가림막 (검정철벽체) H:2700

±0

떨어짐 방지턱 제작
H:300 / W:15000

가로 6M x 세로 3M
LED (500mm x 1000mm / 36ea)
S44에 걸기

* 현장에서 영상확인한 후 의자 배치 조정

21000
암막커튼

S49/S50/S51에 행잉

수어방송용 단
+600

2700

[객석 앞뒤 설치간격]

일정표

토	일	월	화
11/16	11/17	11/18	11/19
			11:00 : 청와대 경호원 도착 12:00~13:00 검침 13:00~ : 비표소지자 출입가능
음중 철거	세팅 (08:00~)	리허설 (15:00~)	녹화 (20:00~)
조명청소 12:00~06:00	08:00~ : 세트(상단) / 트러스 14:00~ : 세트(하단) / LED	11:00 : 제작테이블/바의자 수령	녹화후 철거

미술 스탭 명단

미술감독	정종훈	010-
디 자 인	전명관	010-
미술자원	이성진	010-
세 트	이재송	010-
소 도 구	우정환	010-
트 러 스	[코리아트러스] 김진국	010-
L E D	[LDS] 조종환	010-

MBC	**SANGAM HALL**	프로그램명	[국민이 묻는다] 2019 국민과의 대화	연 출	정 종 훈
		셋업일시	2019.11.17(일) 08:00~	미술감독	정 종 훈
		생방송	2019.11.19(화) 20:00~ (100분)	디 자 인	전 명 관

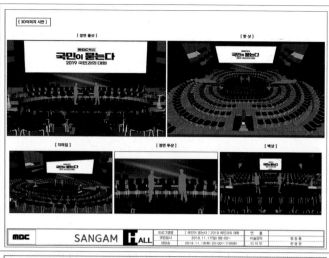

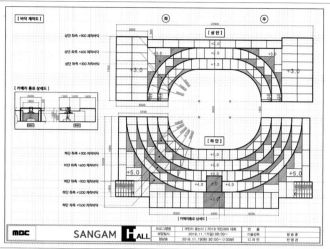

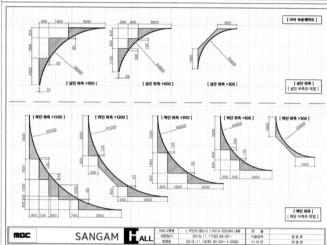

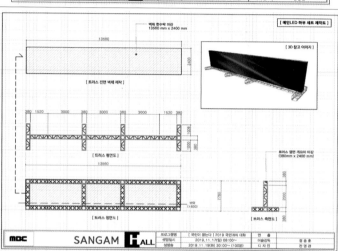

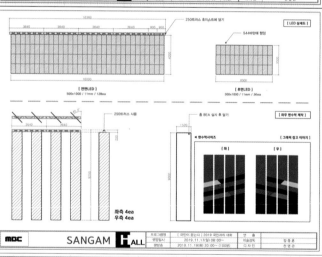

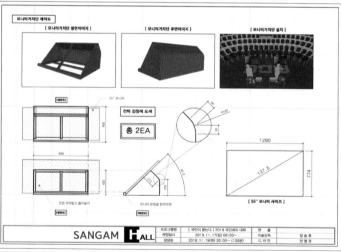

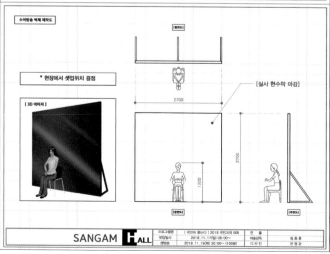

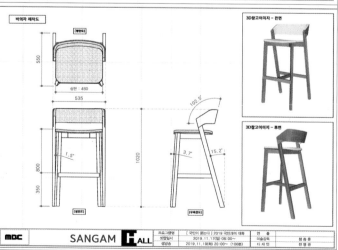

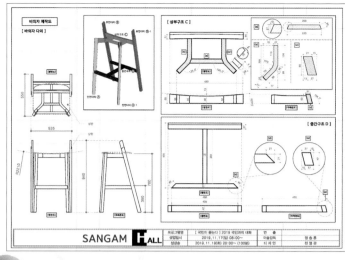

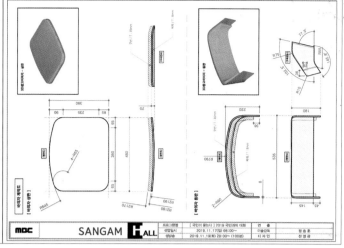

세트 설치 작업

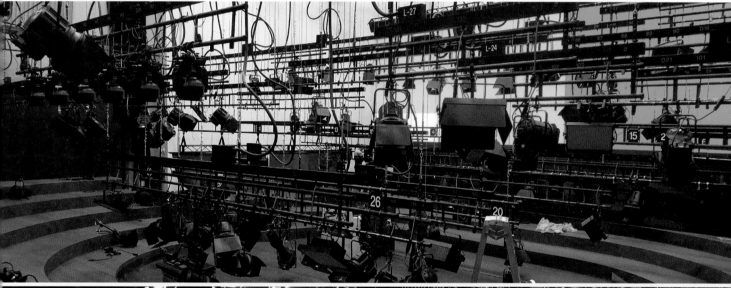

국민 패널
인구 비례, 성별, 나이, 지역,
다양한 이슈 등을 고려해 300명을 선정

Chapte 6

에필로그

무대와 함께 살아온 세월들
TV 세트 디자인의 발전과 미래
맺음말(감사의 글)

TV 세트 디자인이 뭐지?

1987년, TV 세트 디자이너의 길을 걷기 시작하다

필자는 80학번이다! 대학생활을 시작하자마자 역사적으로 참 많은 것들을 겪어온 세대이다. 아무것도 모르고, 좋은 대학에만 들어가면 모든 것이 해결되는 줄 알고 입시에만 매달리던 초, 중, 고의 시절을 지나 멀리 서울까지 유학을 온 촌놈은 시대의 상황을 온몸으로 느끼면서 사회의 모순이나 불평등, 불합리한 세상의 그것들을 변화시켜야 한다는 사회적 책임감이 싹트고 자라나는 시절을 맞았다. 군 복무를 끝내고 다시 학교에 복학한 필자에게는 2학년 수업의 한 학기와 4학년 수업의 두 학기가 남아있는 상태였고, 그 과정을 어렵사리 마칠 때쯤에는 '먹고살기'에 필요한 것들을 해야 한다는 생각이 들었다. 하지만 그 당시의 필자는 오직 일생을 '그림을 그리는 사람'으로서 살아가는 것 외에는 별다른 관심을 가지지 않았었고, 다른 일을 한다는 것에 대한 생각조차 해보지도 않았었다. 그러던 중 대학 졸업을 하기 전에 취직시험이라는 것을 한번 도전해 보는 것도 좋은 경험이 될 것 같다는 생각과 함께 우연한 기회에 문화방송 공채에 지원하게 되었고, 세 번의 테스트와 면접 끝에 운 좋게 합격하게 되었다. 6개월간의 회사 연수를 마치고 내가 앞으로 일하며 지낼 미술부로 갔더니 다시 부서 내에서 업무 배치를 위한 연수와 테스트 과정이 남아 있었다. 고백하건대 필자는 이때까지도 방송에서 '미술'의 역할이 그냥 무대를 세우는 정도로만 알고 있었는데 알고 보니 방송 미술의 직종은 참 다양했다. 세트 디자인, 타이틀 디자인, 컴퓨터 그래픽스, 의상, 분장, 장신구, 대도구, 소도구 등등 프로그램의 녹화를 위해서 수많은 미술 스태프들이 움직여야 한다는 사실을 그제야 알게 되었다. 필자는 세트 디자이너가 되고 싶었고, 지원했다. 87년에 MBC에 미술직으로 입사한 우리 동기는 4명이었는데 2명은 세트 디자이너, 2명은 CG(Computer Graphics) 디자이너로 직종을 부여받게 되었다.

[연수 미션: 작은 마을의 어린이 놀이터를 그려라]

당시 선배들로부터 주어진 미션이 정확하게는 기억나진 않지만, 그 결과물이 좌측의 그림이다. 아무것도 모르고 그림만 그리던 신입사원인 필자에게 뭘 바라긴 하였을까만, 세트의 메커니즘을 전혀 모르는 상태에서 그린 그림이라 지금 보니까 참 귀엽기 그지없다. 이 그림을 보고 선배들은 무슨 생각을 하셨을까? 아마도 '이 녀석 사람 만들려면 참 오래 걸리겠는데?' 하셨을 듯하다. 이 그림을 보면 떠오르는 생각이 몇 개 있다. 우선 필자는 역시 시골에서 자라서 촌스러운 티가 팍팍 난다. 어떻게 리어카를 그릴 생각을 했을까? 더불어 필자는 디자인 감각적인 부분, 즉 트렌드에 관해 한참 모자라는 사람이라는 것이 그대로 드러나는 듯하다. 어릴 때부터 그림을 그렸기 때문에 조형적인 감각의 훈련은 되어 있을지 모르지만, 디자인이 트렌드를 선도하는 일이라고 보는 견해라면 필자는 자격이 많이 부족한 사람이 아니었나 싶다.

어떤 면에서 TV 세트 디자인은 분명히 감각적인 것이 중요하기도 하지만, 무작정 감각적인 결과물만을 요구하지는 않는다. 우리가 생활 속에서 대하는 많은 기계나 물품들이 제각기 디자인과 기능을 필요로 하듯이 TV 세트 디자인도 그 프로그램의 성격에 맞는 적절한 콘셉트의 작업이 필요하므로 트렌디한 디자인만을 필요로 한 작업은 아니라고 봐야 한다는 것이다.

[연수 미션: 어린이들의 테마파크를 그려라]

이 그림도 주어진 미션이 어떤 것이었는지 정확하지 않다. 다만 최종 결과물을 보고 유추할 뿐인데 이 역시 '어린이 동산'에 관한 것인 듯하다. 연필을 소재로 동산을 만들고 무지개다리와 놀이 기구, 그리고 쉼터를 그렸다. 바닥을 하늘로 표현한 것이 이색적이다. 겨우 이 정도의 상상력이었지만, 빨리 배우고 익혀서 내가 만든 세트에서 유명 연예인들이 프로그램을 녹화하고 그것이 방송되는 날을 꿈꾸는 시절이었다. 하지만 당시의 필자는 너무 아는 것이 부족한 디자이너였고 익혀야 할 것이 매우 많은 상태였다.

[연수 미션: 장학퀴즈를 그려라]

당시 신입 디자이너가 입사를 하고 TV 세트 디자인을 익혀가면서 담당하는 프로그램이 장학퀴즈였다. 그래서인지 이 미션이 연수를 받는 우리들에게 3번째로 주어졌는데, 나는 화살표를 모티브로 하는 디자인을 하였다. 출연자가 획득한 점수에 따라 채워지는 점수판을 바닥과 세트에 적용을 했고, MC석은 책 모양을 이용해서 디자인하였다. 그런데 참 여러모로 부족한 것이 많다는 것이 확연히 드러난다. 카메라에 대한 사항은 어차피 잘 모르는 것이라서 그렇다고 해도 그림 자체가 원근법이나 구도에도 맞지 않으니 말이다.

보름 정도의 현장연수를 하고 필자는 세트 디자인팀이 있는 '미술 1부'로 발령을 받고 TV 세트 디자이너로서의 길을 걷기 시작했고 그로부터 이 글을 쓰는 2022년 현재까지 약 35년간을 TV 세트 디자이너로서 살게 되었다. 미술대학에서 회화를 전공한 필자로서는 '디자인'의 세계에 적응한다는 것이 그리 쉬운 일이 아니었다. 디자인에 대한 기초적인 지식이나 안목이 부족한 것도 문제지만 무엇보다도 내가 하는 작업들이 어떤 쓰임새나 필요성에 맞는 작업이 되어야 한다는 디자인적 마인드로 살아가는 것이 화가를 지망하던 촌놈에게는 부족했던 것이 제일 컸다고 고백하지 않을 수 없다.

1987년은 필자 개인적으로는 참으로 기억할 것들이 많은 해이다! 우선, 그 해는 오랜 떠돌이 생활을 접고 아내와의 새로운 시작을 하게 되었고, 8년이나 졸업을 하지도 못하고 다니던 학교의 학점 이수를 끝내고 마무리한 해이기도 하였으며, 무엇보다도 그동안 그림을 그리며 화가로 살기로 결심해 왔던 나의 인생에 생각하지도 못했던 'TV 세트 디자인'이라는 길을 발견하고 걷기 시작한 해이기 때문이다! 시골 마을에서 그림만 그리던 필자에게는 그저 먼 나라의 이야기 같았던 TV 속의 무대를 디자인하는 일은 나의 로망이었을 지도 모르겠다. 심지어 면접을 보는 상황에서도 당시 많은 어린이들을 TV 앞에 끌어모았던 '뽀뽀뽀'의 디자인을 해보고 싶었다고 말할 정도였다.

▲로트링과 청사진을 활용하는 완전 수작업을 통해 업무를 했던 당시, 보조 디자이너인 필자의 주 업무는 선배들의 디자인한 도면을 필요한 부분만 다시 그리는 트레이싱지에 옮기는 일이었다.

TV 세트 디자인의 현장으로!

드디어 필자는 TV 세트 디자이너가 되었다. 좀 더 정확하게 말하면 세트 디자이너 선배들의 조수가 되었다는 게 맞는 말이다. 필자가 주로 하는 일은 선배들의 디자인을 수작업으로 복사하는 일이었는데, 당시에는 디자인 제작 설명을 위한 도면의 복사를 청사진(Blue Print)을 활용했는데 이를 위해서 트레이싱지에 도면을 복제하는 작업이 필요했기 때문이었다. 사용해 보지도 않던 '로트링'이라는 제도용 펜을 활용하여 도면을 그리는 일도 초보 디자이너에게는 쉬운 일이 아니었다.

[서울 장애자 올림픽 특집 승리의 10일]

필자의 세트 디자인 입봉 작품이다. 1988년 서울올림픽이 끝나고 열렸던 장애인들의 올림픽을 결산하는 생방송 프로그램이었는데(당시는 장애인을 '장애자'라고 불렀다) 작업에 임하면서 모든 것들이 설레고 막막했던 기억이 난다. 도면을 보면 약 10평쯤 되는 덧마루 한 단 높이(150mm)로 바닥을 깔고 '마루니주(원형 기본 바닥)'라고 부르는 바닥용 기본 세트를 세우는 것으로 디자인을 하였다. 이 프로그램을 디자인하고서 선배들께 "입봉 작품을 했으니 한 턱 내라!"라는 얘기를 들었던 기억이 새롭다. 작은 스튜디오에 세운 이 세트를 시작으로 나의 TV 세트 디자인 인생의 긴 여정이 시작되었다.

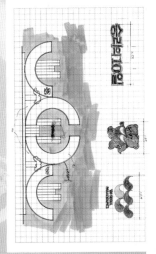
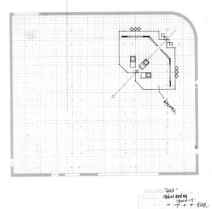

['90 대입 시험 문제풀이]

'특별방송'이라는 타이틀로 대입 예비고사(학력고사)를 치른 그날 저녁 생방송으로 진행된 문제풀이 방송이다. 과연 이런 방송을 공중파에서 편성해서 하는 나라가 있을까 싶지만 당시 시대적인 상황을 말해 주는 듯하다. 지금의 환경에서는 공중파에서는 편성되기 쉽지 않은 아이템이지만 30여 년 전 사회 상황을 느낄 수 있는 프로그램이다. 세트에 칠판까지 부착하고 설명하였던 듯하다.

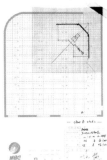

['92 대학입시 지원 현황, '93 전기대 원서 접수 현황]

작업들을 정리하면서 참 별난 프로그램들을 찾아내게 되었다. 대학입시 지원 현황을 생방송으로 하는 세트였다. 우리나라의 교육열은 참 대단하다는 생각이다. 기억이 잘 나진 않지만 집계용 FAX와 컴퓨터를 활용해서 각 대학 현장 직원들이 보내오는 접수 현황을 집계하고 그 상황을 방송했던 것으로 기억된다.

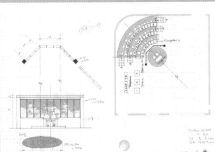
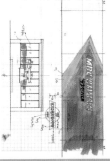
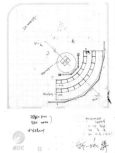

물론, 이 시기에 필자가 디자인 보조만을 한 것은 아니었다. 입사 일 년 차부터는 '뽀뽀뽀' 디자인을 하면서 TV 세트 디자인을 익히기 시작했고, 이후에는 작은 프로그램을 맡아서 진행하기도 하였으며, 때에 따라서는 큰 프로젝트를 진행하는 선배들을 도와 작업하기도 하였다. 하지만 이런 모든 과정들이 모두 TV 세트 디자인을 하나씩 배우고 익히는 과정이었고, 생각해 보면 이 글을 쓰는 지금도 그 '익히는' 과정에 있다는 것을 인정하지 않을 수 없다.

그림에서 도면으로, 그리고 컴퓨터로 진화하는 세트 디자인

| 국산 최초 흑백 TV, 금성 VD-191(1966년 8월)
〈출처: 금호라디오박물관〉

1956년 5월 12일 TV 방송 시작, RCA(미국의 전자 통신회사) 한국대리점인 KORCAD가 HLKZ의 호출부호와 영상출력 100W로 방송, 1961년 12월 24일 서울중앙방송국에서 TV 방송 시험전파를 발사, 그 해 12월 31일 서울 텔레비전 방송국으로 독립하여 채널 9, 호출부호 HLCK 영상 출력 2kW, 음향출력 1kW로 방송을 개시, 1980년 11월 30일 흑백 TV 방송 종료, 1980년 12월 1일 컬러 방송 시작, 신군부의 통폐합 KBS에서 첫 방송 시작, 1999년 디지털 시험방송 시작, 2000년 9월 HDTV 시범방송 시작, 2001년 10월 26일 서울과 수도권 디지털 본 방송 시작, 2006년 7월 전국 확대, 2012년 12월 31일 지상파 아날로그 송출 종료.

[TV 세트 디자인을 하는 방식에 관한 이야기]

필자가 입사한 87년의 디자인 환경에 대한 이야기를 잠깐 하고 싶다. 지금도 어제처럼 생생한 기억이 나는 것은 '그때까지만 해도 디자인 기법이 완전하게 정립되어 있지도 않았다'는 것이다. TV 세트 디자인의 기본적인 기법이 있는 것도 아닌 데다 촬영에 필요한 공간을 만드는 시스템이 지금은 건축설계와 비슷한 형태로 도면을 작성하고 제작도를 만들어서 진행하고 있지만 TV 방송을 시작하던 초기에는 과연 어땠을까? 입사 초기에 선배들의 도면을 훔쳐보다가 드라마 세트의 도면집에서 초가집이나 기와집의 외부와 방의 내부를 그린 스케치식의 그림을 많이 보았는데 그것이 그냥 작업에 필요한 도면이었던 듯했다. 평면도와 입면도와 제작도 등의 도면을 그려서 제작을 진행하는 방식은 그 이후의 일이었던 듯하다. 당시 Y 선배는 자신이 지금의 '건축형 도면'을 그리는 것을 시작했다고 자랑스럽게 말했는데, 드라마 세트 디자인에서 건축에서 설계를 하듯이 세트를 디자인하는 방식은 적어도 방송의 초기에는 없었던 것이 아닌가 생각된다. 필자가 입사할 당시에는 100:1의 스튜디오 기본 도면에 세트 창고에 보관되어 있는 기본(유닛) 세트(벽체와 문, 창)를 조합하여 설계를 하고, 그에 맞춰 세트 제작팀이 제작, 조립을 하는 형식으로 일이 진행되었다. '새로 만들기'보다는 '있는 것을 조립'하는 개념의 작업의 비중이 더 컸던 것이다.

[세트 설치와 스튜디오 운용에 관한 이야기]

필자가 신입사원이었을 때의 MBC 미술부의 세트 설치팀은 3교대로 운용되고 있었다. 리허설과 녹화를 하고, 그것이 끝나면 다시 그 세트를 철거해서 보관하고, 다음날 녹화가 계획된 프로그램의 세트를 세우는 방식으로 운용되고 있었다. 따라서 세트 설치팀은 당연히 철야를 통해서 세트를 설치해야 했는데, 현업, 철야, 비번이라는 3개의 팀이 교대로 작업을 하였다. 지금 상황에서 보면 너무 많은 작업시간으로 법적인 문제가 될 수밖에 없겠지만 당시에는 프로그램의 수와 스튜디오의 가용 능력에 따라 그렇게 운용하는 것이 불가피했다. 필자가 알기로는 거의 모든 방송사들이 그런 방식으로 운용했고, 이후에 스튜디오나 공간의 환경이 조금씩 달라지면서 세트팀의 작업 환경도 변화하였다.

세트를 만드는 일은 어쩌면 '너무나 기본적'이어서 기본적인 것인지도 모르는 일이다. 아침에 스튜디오에 가서 보면 오늘 녹화할 세트가 설치되어 있다. 그것은 어쩌면 아주 당연한 일이다. 하지만 그 일을 하는 사람은 모두가 잠자는 시간에 우렁각시처럼 모든 일을 처리해 놓고 사라진다. 만약에 아침에 스튜디오에 갔더니 오늘 녹화를 해야 할 세트가 설치되어 있지 않다면 어떨까? 상상만 해도 끔찍한 일이지만 그런 일은 없었다. 다만 아직도 완성하지 못하고 뚝딱거리고 있는 경우는 꽤 많았다. 모든 제작진과 스태프는 어련히 오늘 녹화할 세트가 서 있으리라고 믿어 의심치 않는다. 그것은 너무나 기본적인 것이니까.

세트를 만드는 사람은 그런 점에서 약간의 소외감을 느끼는 것도 사실이다. 너무나 기본적이기 때문에 갖는 그 압박감이 너무나 쉬운 것으로 치부되기 때문이라고 할까? 오늘도 내일도 늘 푸르른 나무가 실제로는 열심히, 아주 열심히 땅 밑에서 수분을 찾고 커나가고 있다는 것을 우리는 평소에는 간과한다. 세트 일을 하는 사람들의 그 소외감은 그런 것이 아닐까?

['영희네 울타리'와 '임창' 그리고 용어 이야기]

신입사원 시절의 이야기다! 선배들이 세트 설명을 하면서 '영희네 울타리'라는 이야기를 많이들 하셨다. 이건 뭐 살아가면서 들어보지도 못한 단어들인데 도대체 무엇일까? 그나마도 정확하게 '영희네 울타리'라고 발음하시는 것도 아니고 '영이 울타리'라고 하시는데 필자는 본인이 너무 아는 것이 부족해서 알아듣지를 못하는 것이라고 생각하면서 늘 궁금해하던 차에 어느 날 선배한테 질문을 한 적이 있었다. "영이 울타리가 뭡니까?"라고 물었더니 설명을 해주시는 선배의 답변이 참 희한했다. 그것은 어느 드라마에서 '영희네 집'이라고 명명한 세트가 있었는데 그 영희네 집의 울타리로 디자인된 울타리가 '영희네 울타리'라는 것이었다. 이름이야 짓기 나름이고 서로 이해만 하면 되는 것이긴 하지만 이런 식의 이름을 누가 알 수 있을까? 또 다른 이야기가 있다. '임창', '홍창' 이야기다. 이것 역시도 창문 디자인에 관한 이야기인데 드라마 세트를 위한 창문 디자인을 처음 디자인한 분의 성을 따서 그렇게 부르고 있었다. 이런 식이라면 같이 일하는 사람 외에 누가 그것을 알 수 있을까? 사실 TV 세트 디자인을 시작하는 초기에는 그런 일들이 참 많았다.

[C1, C2, C3, M4, 오자릿드 이야기]

이것은 제목만 봐서는 쉽게 알 수 없는 이야기
이다. 사연인즉 이렇다. 1980년 컬러 TV 방송
을 위해서 분주하게 준비를 하던 우리나라 TV
미술 담당자들은 그 기술을 일본에 가서 배워
왔다. 흑백으로만 방송되던 TV에서 컬러로 방

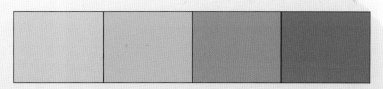

송되는 시대를 그렇게 쉽게 적응할 수는 없어서 먼저 연구해온 일본에서 그 방법을 배울 수밖에 없었던 것이다. 필자가 입사한
1987년은 이미 컬러 방송이 꽤나 진행되었던 때였지만 필자로서는 알 수 없는 번호나 기호가 참 많이 사용되고 있었다. 그것
이 바로 'C1', 'C2', 'C3', 'M4', '오자릿드' 등의 단어들이었다. 'C'나 'M'을 붙인 것은 색깔을 말하는 것이고(당시 컬러 TV에 백
색을 표현할 때는 'C1' 색을 사용하였다) '오자릿드'는 주로 드라마 등에 사용되는 벽돌 벽이나 시멘트 벽 등을 표현하기 위해서 종
이에 그 재질을 인쇄한 종이재질의 자재를 말하는 것이었다. 지금은 거의 안 쓰는 자재이다.

[진공관 TV에서 디지털 TV로, 그리고 다시 스마트 TV로]

1956년 5월, 공공장소에 설치된 TV 수상기를 통해 첫 방송 프로그램이 송출된 이후 1960~1970년대를 지나며 국영 민영
방송사들이 설립되면서 전국적으로 방송망이 구축되었고, 1980년대부터는 컬러 TV가 등장해 널리 보급되면서 TV는 대중매
체의 중심으로 자리 잡았다. 이렇게 흑백 TV, 컬러 TV, 최근의 초고화질 TV로 수상기의 발전이 거듭되면서 TV 프로그램의 세
트 디자인도 그에 걸맞도록 꾸준히 품질이 개선되어 왔다. 525개의 수평 주사선으로 송출되는 흑백 TV의 시대에는 그 정도
의 화질에 대응하며 작업을 했을 것이고, SDTV 시대를 지나 16:9의 화면비를 가진 HDTV의 시대를 맞이해서는 그에 상응하
는 정밀하고 섬세한 작업이 필요하게 되었고, 이제는 4배로 깨끗해진 FULL HD 시대를 지나 8배의 화질을 보이는 UHD 시대
를 맞이하고 있다. 그에 따라 세트를 디자인하고 제작하는 작업도 업그레이드를 해야 한다. 화질이 그리 좋지 않은 상황에서는
철야 설치팀이 한 조각씩 이어서 설치를 하는 유닛 방식의 세트가 문제가 될 것이 별로 없었다. (왜냐하면 세트를 이어붙이는 부분
이 화면상에서는 그리 심하게 티나지 않고, 프로그램의 제작 환경도 그리 좋은 편이 아니어서 시간과 공력을 들여서 깔끔하게 마감할 조건도
안 되었기 때문이다) 하지만 지금의 상황은 많이 달라졌다. 화면의 대형화와 화질의 세밀화로 인해 거의 영화 수준의 마감을 해
야 하는 상황이 되었고, 그에 따라서 드라마 촬영을 위한 세트는 일정 기간동안 수시로 촬영이 가능한 장소나 스튜디오에 고정
세트로 정교하게 제작, 설치해서 촬영을 해야 하는 상황이 되었다.

[선배들의 작품 세계 엿보기]

여러 번의 이사로 회사의 자료실은 비어 갔지만, 이번 출판을 계기로 자료실을 뒤졌다. 그리하여 몇 권의 파일 속에 남아 있는
예전의 사진들로 선배들의 작업을 살펴볼 기회를 갖게 되었다. 낡은 사진 속에서도 그분들의 열정과 아픔이 충분히 느껴지는 것
은 같은 길을 걸어온 사람들이 갖는 동질감이 아닐까 싶다. 이 사진들은 필자가 입사하기 10년 전 쯤인 1970년대 후반의 작업들
인데 사진을 보는 것만으로도 그 시대의 TV 세트 상황을 엿볼 수 있다. 존경스러운 선배들이다. 아주 일부의 자료를 소개한다.

▲1969 '형사'/ 작자미상/ 이 드라마는 필자도 본 적이 없는 프로그램인데
자료집에서 찾았다. 기차 객석의 한 부분을 세트로 재현한 것이 눈에 띈다.
사진 속에 보이는 연기자들이 누군지도 알 수가 없다.

▲1975 '귀로'/ 김건일   ▲1975 '토요일 토요일 밤에'/ 김건일
김건일 씨는 MBC에서 TV 세트 디자이너로 훌륭한 작품을 하였고, 필자가
입사할 즈음에는 관리자로서 미술 작업의 시스템의 발전을 위하여 열정을
쏟은 분이다. 흑백 TV의 특징을 살려 세트의 구조와 명암대비가 큰 무늬로
벽체를 장식한 것이 이채롭다. 그는 49세의 나이로 안타까운 생을 마감했
는데, 생전에는 늘 창의적인 디자인을 연구하셨던 것이 기억난다.

▲1975 '특집 인기가요 20'/ 이한우
당시의 가요 프로그램은 빠른 노래가 거의 없는 점잖은 무대
가 어울렸을 듯하다. 마치 기업의 창사 기념식 같은 구조의 세
트와 럭셔리하게 꾸며진 디자인이 이채롭다. 프로그램으로는
볼 수 없는 자료 사진이라 카메라의 세팅된 모습도 볼 수 있는
귀한 자료이다.

▲1976 '엄마의 얼굴'/ 이한우/ '엄마의 얼굴'이라는 드라마는 당시 영화와 TV에서 연기자로, 가수로 종횡무진하던 전영록 씨가 출연한 MBC 주말 드라마였다. 좁고 단출한 세트와 아침 리허설 중에 자료 사진을 찍었던 선배의 모습이 그려진다.

▲1976 'MBC 10대 가수 가요제'/ 김건일
1976 'MBC 10대 가수 가요제'의 방송 장면 몇 장을 유튜브에서 가져왔다. 차인태, 곽규석, 김정구, 이기동, 이대성 이런 분들의 모습만 봐도 예전의 추억이 금방 되살아 난다.

▲1976 보도 특집/ 주규선   ▲1976 '스타아 쇼'/ 홍순창

▲1976 '이 밤을 즐겁게'/ 주규선/ 권기옥, 이기동 콤비가 진행한 이 프로그램은 필자가 중학교 시절에 참 애청하던 프로그램이다. 희미한 흑백 TV로 보이는 다양한 디자인의 무대를 보고 디자인적인 감각을 많이 키웠던 것으로 기억난다. 자료를 살펴보면서 이 프로그램을 담당했던 주규선 선배의 고충이 그대로 전해 오는 것은 왜일까?

▲1977 '10대 가수 가요제'/ 김건일   ▲1977 '당신'/ 김건일   ▲1977 '빨간능금이'/ 홍순창

▲1977 '쇼2000'/ 임수영   ▲1977 '토요일 토요일 밤에'/ 김건일

▲1977 '왜그러지' / 임수영　　　▲1977 '우주탐험대' / 임수영　　　▲1977 '타국' / 주규선

▲1980 쇼 세트 / 작자미상　　　　　　　　　▲1981 '113 수사본부' / 서정남

▲1982 'MBC 대학가요제' / 홍순창

▲1982 '서울 국제가요제' / 임수영

▲1982 '시장 사람들' / 서정남

서로 듣고 배우며

최근에 입사 초 시절의 동기들과 옛날이야기를 하면서 일본의 TV에 대한 이야기를 잠깐 한 적이 있었다. 오래전에는 개편 시절이 다가오면 우리 제작진들은 일본을 비롯한 외국의 프로그램을 벤치마킹하고, 분석도 열심히 하였다는 이야기였다. 그런 이야기를 듣다 보니 필자가 선배들한테서 들은 이야기가 기억이 났다. 예전에 일본의 프로그램을 보는 것이 개방되어 있지 않았던 시절에 유일하게 일본의 TV 프로그램을 볼 수 있는 곳이 부산이었는데, 어떤 선배들은 개편 철이 되면 휴가를 내고 부산으로 가서 호텔 방에서 종일 일본방송을 보면서 연구를 하곤 했다는 것이다. 정치적인 문제와는 별개로 비슷한 문화를 가지고 서로 경쟁하듯 살아가는, 우리보다는 좀 더 경제적으로 앞서가고 있는 일본을 벤치마킹하는 것은 어쩔 수 없는 일이었을지도 모르겠다. 다른 분야는 잘 모르지만, 방송은 확실히 우리보다는 앞서가고 있었고, 우리는 그들이 겪은 여러 경험을 거울삼아 발전을 이뤄왔다는 것은 부정할 수 없는 사실인 듯하다.

[첫 연수/ 1992]

MBC는 일본의 후지TV와 오래전부터 자매결연을 맺고 서로 활발한 교류를 해왔는데, 입사 몇 년 후에 동료, 선배들과 함께 일본으로 연수를 가게 된 것이 필자의 후지TV와의 첫 인연이다. 당시에는 필자가 세트 디자이너로서의 경력이 미미한 상황이라 그곳에서의 모든 경험이 참 놀라운 것이 많았고, 모든 것들이 다 배울만한 것들이었다. 무엇보다도 좁은 공간을 활용하여 작업을 진행하는 시스템과 세심한 것까지 설계하는 디자인은 놀랄만한 것들이었다. 우리보다 한 수 위라고 생각되는 일본의 세트 제작과 마무리는 우리도 빠른 시일 내에 도입해서 만들어야겠다는 생각을 하게 하였다. 연수는 후지TV 측에서 계획한 현장 견학이나 설명을 위주로 한 달간 진행되었는데 참 많은 것들을 배울 수 있는 기회였다고 기억된다.

[HEY! HEY! HEY! 13주년 특집 마쿠하리 멧세/ 2006]

후지TV의 유명 프로그램의 특집 야외 녹화가 진행된다는 소식에 견학을 위해 동경의 마쿠하리 멧세에 있는 작업 현장으로 갔다. 필자는 그들의 세트 설치의 시스템을 더 알고 싶어서 작업 현장에서 종일토록 그들의 세트 설치 작업을 주시하며 도입할 만한 점을 체크했다.

이 작업을 본 필자에게 인상적이었던 것은 세트 디자인의 특이함이나 무대 규모의 웅장함 등의 '디자인'적인 것보다는 무대를 설치하는 시스템이 너무나 체계적이고 효율적이었다는 것이다. 그동안 필자는 늘 나의 디자인을 실현해 주는 제작 시스템에 대해서 관심을 두고 그 부분이 업그레이드되어야 세트 디자인의 발전이 이루어진다고 주장해 오고 있었는데 일본의 세트 제작 시스템은 우리보다 앞서 있다는 것을 인정하지 않을 수 없었다. 작업의 진행 순서를 각 파트별로 잘 지켜서 주어진 시간을 최대한 활용하여 깔끔하게 마무리를 하고 있었고, 그 작업을 '현장 진행'이라고 불리는 작업 책임자가 전체를 조율하고 있는 모습이 무척 인상적이었다. 또한 무대 설치를 하다 보면 생기는 각종 케이블 정리와 안전을 위한 조치도 완벽하게 마무리되는 것을 보고 많은 것을 배울 수 있었다.

[두 번째 연수/ 2006]

세 번째의 일본 후지TV와의 인연은 2006년 두 달간의 일정으로 '콘서트 디자인'을 주제로 진행했던 연수였다. 필자는 TV 세트 디자인 중에서도 주로 쇼 프로그램이나 음악, 콘서트 프로그램 등을 좀 더 전문적으로 공부를 하고 싶었고, 미국이나 유럽보다는 조금은 가깝고 접근이 가능해 보이는 일본으로의 연수를 결정하고 떠나게 되었다. 필자의 관심은 역시 '콘서트 무대의 제작 시스템'에 관한 것이었다. 당시 우리나라의 무대, 특히 야외에서 진행되는 대형 콘서트의 경우 무대를 구성하는 골조나 각종 장비가 없거나 부족한 상황이었는데 일본의 콘서트 무대는 그런 모든 부분을 도입하여 무대를 설계하고 있었고, 무엇보다도 실내 대형 공연장의 환경이 우리나라에 비해서 월등한 상황이었으므로 엿보기가 필요했던 것이다.

2006년 당시 우리나라는 대형 무대를 설치하고 공연을 하는 거의 모든 이벤트가 방송사의 주도로 진행되고 있었다. 그러나 일본은 주로 기획사를 통한 이벤트와 콘서트가 진행되는 환경이었으므로 후지TV는 본사의 디자이너가 직접 대형 외부 작업을 하는 경우는 별로 없었지만 후지TV 측에서는 전속으로 계약되어 있는 콘서트 무대 디자인 전문 회사를 통해서 일본의 콘서트 무대를 엿볼 수 있는 기회를 만들어 주었다.

2006년 10월 9일에 동경에 도착한 필자는 우선 로손(LOWSON/ 일본의 티켓 구매가 가능한 편의점)과 중고 티켓 가게에서 연수 기간 중에 일본에서 열리는 각종 콘서트 티켓

을 구입하고 처음으로 '고메고메 클럽(米米Club)'의 사이타마 수퍼 아레나 공연을 관람하였다. 사실 필자는 이런 콘서트가 여기 사람들에게 왜 인기가 있는지에 대해 의문을 가지지 않을 수가 없었지만, 그들의 공연 환경에는 부러움을 떨칠 수가 없었다. 사이타마 수퍼 아레나는 동경에서 북쪽으로 한 시간쯤 떨어져 있는 콘서트 전용 공연장으로 당시까지 우리나라에는 없는 '아레나(Arena)' 형식의 공연장으로 조명과 스피커 등 어떤 장비도 천장에 리깅(세트나 조명을 천장에 매달아 설치하는 작업)이 가능한 공연장이었다. 입장 후에 공연장에서 진행을 하는 요원들이 내부 촬영 금지에 대한 경고를 해서 사진을 한 장도 못 찍었지만, 그들의 공연문화는 참 철저하고 질서 있다는 생각을 했다.

◄콘서트장 내부 촬영이 금지되어 있어 스케치로 정리해둔 '고메고메 클럽'의 콘서트 무대 모습이다. 트러스와 각종 장비를 아레나의 천장에 달아서 설치한 무대가 우리 현실과는 너무 달라서 많이 부러웠다.

2002년 10월 16일에는 일본 무도관에서 열리는 '머라이어 캐리'의 일본 공연을 보러 갔다. 일본 무도관은 일본에서는 오랜 전통을 가진 공연장으로 해외 아티스트들이 공연을 자주 하는 곳인데 필자도 운 좋게 이 공연을 보게 되었다.

▲필자의 관심은 음악보다는 무대였다. 이렇게 좋은 공연을 보면서도 무대의 메커니즘만을 열심히 살펴보는 이 직업병이란 참 무서운 것이다. 공연이 끝나고 훔치듯 사진을 찍었지만 공연장의 모습을 메모로 남겼다.

2006년 10월 18일에는 동경에서 제일 큰 실내형 공연장인 도쿄 돔으로 향했다. 특별히 공연이 열리는 때가 아니어서 공연장을 둘러보기 위해서 돔 투어를 신청하고 대형 공연이 열리는 공연장을 견학하였는데 이 야구장이 공연장으로 변신하는 모습이 무척 궁금했다.

2006년 10월 26일은 일본의 미술감독 요시다 씨와 무대 업체의 사장인 야마시다 씨의 배려로 '도모토 코이치(堂本光一) 2006년 요코하마 아레나 단독 콘서트'의 세트 설치 작업을 견학하는 기회를 얻었다. 현장에 도착하였을 때는 이미 트러스와 스피커 등을 천장에 매다는 작업이 진행되고 있었고, 그 작업이 끝나면 진행될 다음 작업의 준비가 완료되어 있었다. 수많은 작업자들이 각색의 헬멧을 착용하고 작업에 임하는 모습이 인상 깊었다.

트러스나 장비의 높이를 맞추기 위해서 줄자를 하나씩 달아서 올리는 장면은 한국에서는 보기 힘든 모습이었다.

▲구역별, 업무별로 분업화된 팀이 감독자들의 재빠른 움직임을 통해 조율되는 작업 모습이 신기하게 느껴졌다.

이 세트들은 투어를 하는 장비라고 했다. 그러니까 같은 세트를 지역을 옮기면서 설치를 하는 것이므로 처음부터 설치될 각 지역의 환경을 고려한 설계라는 것이다. 필자는 세트 디자인을 하면서 '시장의 크기'에 대한 생각을 많이 해왔다. 음악공연은 아무래도 그것을 소비해 주는 관객들의 수가 중요한 것인데 향유하는 인구의 수가 부족하면 발전하는 데 어려움이 있을 수밖에 없다. 일본은 우리나라에 비해서 인구가 많고, 따라서 콘서트를 즐기는 사람이 많아서 그런지 매우 활발한 공연문화가 이루어지고 있었다.

바로 다음 날 2006년 10월 27일에는 다시 사이타마 슈퍼 아레나를 방문하였다. 일본의 유명 아티스트 '쿠라키 마의(倉木麻衣)'의 공연을 위한 세트를 설치하는 날이라고 해서 견학을 부탁했다. 필자는 당시까지도 외국의 무대를 설치하는 시스템은 시간 활용이 좀 여유로울 것이라고 막연하게 생각하고 있었으나 그것은 오판이었다. 하루하루의 대관료를 정확하게 계산하는 콘서트장의 경우에는 세트를 설치하기 위한 시간은 어쩌면 세트를 제작하는 자재비와 인건비보다 더 높아지는 상황이 발생할 수 있으므로 대관료를 생각하면 최소한의 시간에 세트를 설치하는 것이 가장 경제적인 방법이라고도 볼 수 있다. 그러므로 본 공연장에서 세트를 설치하는 과정 중에 머뭇거리거나 오차를 생기게 하여 시간을 끄는 상황은 만들지 말아야 하고, 더불어 세트 외 조명이나 음향 장비도 순서에 입각하여 정확히 조립 및 설치가 되어야 하는 것이다.

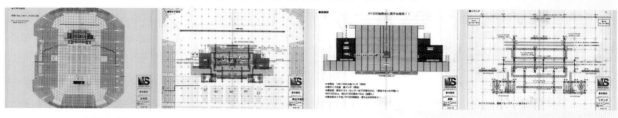

현지 전문가의 설명에 의하면 본 공연장에 무대를 설치하기 이전에 다른 장소에 세트를 비롯한 모든 기술적인 사항을 사전 점검하는 과정을 진행하기도 하는데 그럴 때는 출연 아티스트들도 직접 참여하여 각자 연습했던 것들을 맞춰보거나 세트나 무대 사항을 익히고 동선을 체크하기도 한다고 하였다.

이런 모든 작업들이 보다 경제적이고 효율적인 진행을 위한 방안이겠지만 그런 세밀한 부분에서 아직 시스템을 만들지 못한 우리나라의 상황을 생각하면서 점차 업그레이드하는 역할을 해야겠다고 생각했다.

2006년 11월 1일은 요코하마의 켄민홀에서 진행되는 '마리카 다카하시'의 공연 무대 설치 작업을 견학하러 갔다. 우리가 도착했을 때는 18:00에 시작되는 공연의 무대는 이미 완성되어 있었고 조명팀의 메모리 작업이 진행되고 있는 상황이었다.

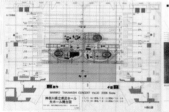
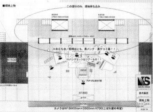

2006년 11월 24일에 미술감독 요시다 씨가 작업하는 이 공연의 사전 세트 설치 리허설 작업을 볼 기회가 있었다. 그것은 '니혼 스테이지'(일본의 세트 제작회사)의 마이하마 공장의 테크니컬 스튜디오에서 진행되었다.

조명팀과 세트팀 모두가 같이 진행한 이 작업은 평소에 사용하던 투어용 세트에 약간의 수정을 하고, 그에 따른 실수를 방지하기 위해서 미리 작업을 해보는 것으로 세트를 완전하게 설치하는 것보다는 필요한 부분만 체크하는 식으로 진행된다고 설명해 주었다.

2006년 11월 1일의 켄민홀 견학 후 또 다른 현장이 필자를 기다리고 있었는데, 그곳은 바로 일본 무도관이었다. 다음 날(11월 2일) 오후에 열리는 일본의 '와일드 완즈'라는 그룹의 공연 무대를 11월 2일 00:00시부터 설치하기로 하였다는 것이다. 필자는 이분들이 짧은 시간에 세트 설치를 진행하는 시스템을 좀 더 세심하게 관찰해 보기 위하여 일본 무도관으로 갔다.

▶작업 일정표/ 이 일정표에 따르면 11월 1일 23:00~11월 2일 00:00에 세트를 반입하면서 설치를 시작하고 조명과 음향, 그리고 영상팀의 작업을 순차적으로 진행하여 11월 2일 14:00 리허설 전에 는 작업을 완료한다는 계획이다.

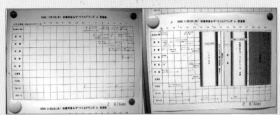

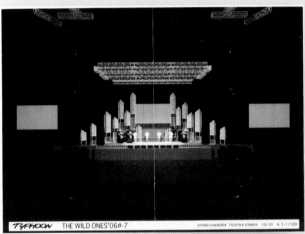

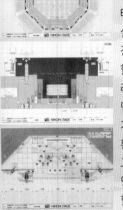

일본에서 콘서트 무대를 설계하는 시스템은 우선 디자이너가 제작진과 협의를 진행하여 무대의 콘셉트와 형태, 그리고 동선들의 모든 사항을 녹인 설계를 하고 난 후에 세트의 제작과 현장 설치를 담당한 설치 회사에서 설치할 때 필요한 도면을 작성하고 그에 따라 작업을 하는 방식이었다. 이렇게 하면 제작과 설치를 일괄적으로 진행하게 되므로 적어도 세트를 설치하는 상황에서 실수를 확연하게 줄일 수가 있고, 디자인의 변경이나 수정도 설계 담당과 제작 담당이 협의하면 쉽게 해결할 수 있다는 장점이 있었다.

TYPHOON   THE WILD ONES'06#-7   AYANO·KAWAGISHI TSUYOSHI·YOSHIOKA 10/19 A 3-1/100

▲▼2006년 11월 1일 23:30에 반입을 시작한 세트 설치 작업은 정확한 작업 시간에 맞추어 진행되었고, 11월 2일 오후에는 관객 입장 후에 공연을 무사히 마칠 수 있었다.

만약 이런 상황이 필자의 작업 상황에 생겼다면 우리도 이와 다르지는 않게 철야 작업을 진행해서라도 세트를 완성하고 공연을 하게 되었겠지만, 이곳에서는 이런 방식의 작업이 자주 진행되는 듯했고, 이것은 아마도 빠듯한 공연장의 일정과 대관료 등의 문제로 자연스레 생겨난 방안이 아닌가 하는 생각이 들었다.

2006년 11월 8일에는 일본에서 가장 규모가 크다는 '시미즈 옥토'라는 회사의 치바 공장을 견학하게 되었다. 도쿄 중심부에서 한 시간 이상 떨어져 있는 이 회사는 일본에서 진행되는 많은 공연의 제작과 설치를 담당하고 있는 회사인데, 무대 제작과 설치에 관한 거의 모든 부분을 보유하고 있는 회사였다. 이렇게 한 회사를 통해서 일을 진행한다는 것은 많은 장점이 있다. 이에 반해 우리나라는 트러스와 레이어와 무대 바닥과 세트 제작 등 모든 부분이 각각 다른 회사에서 처리되므로 작업을 관리 감독하는 설계, 감리자의 역할이 더욱더 중요한 것은 당연하다.

2006년 11월 25일에는 드디어 도쿄 돔에서 열리는 일본 유명 록 그룹 '라르크앙시엘'의 공연을 보러 갔다. 거대한 규모의 공연 무대로 유명한 이 그룹을 영상으로 봐왔으므로 어느 때보다 기대가 컸다.

객석에서 팬들은 그들의 음악에 심취해서 환호를 질러댔지만 이들의 음악에 문외한인 필자는 그저 설치되어 있는 무대와 장비들에만 관심이 갔다. 도쿄 돔은 전문 콘서트 공연장이 아니어서 아레나와 같이 상부의 리깅(매달기)을 위해서 기본 골조가 되는 시스템 트러스를 설치하거나 레이어 작업을 통해서 구현을 해야 하는 공연장이었다. 다만 돔 형식의 실내 구조로 되어 있기 때문에 비바람의 영향을 전혀 받지 않고 대형 공연이 가능한 훌륭한 장소였다. 최근에 우리나라도 돔 구장이 완성되고, 가끔 대형 공연을 하고 있긴 하지만 여전히 부족한 콘서트 공연장은 K-POP의 명성에 어울릴 만한 인프라 구축을 필요로 하고 있다.

2006년 11월 29일에는 다시 사이타마 슈퍼 아레나로 향했다. 이미 여러 번의 방문으로 익숙해진 아레나에서 열리는 'U2'의 공연을 보기 위해서였다. 그런데 참 특이한 것이 그렇게도 '사진 촬영은 안된다'고 외쳐대던 진행요원들이 이제는 '사진 촬영을 해도 된다'고 외쳐대는 것이 아닌가! 순간 필자는 이런 상황에 대해서 약간의 혼란이 왔지만, 곧 생각의 정리를 끝냈다. 이것은 물론 주최를 하는 제작사 측의 전략에 의한 것이겠지만 '아티스트들의 자신감'이라는 생각을 했다. 공연 사진을 촬영한다는 것은 그 공연의 모습을 티켓 구매 없이도 볼 수 있으므로 관객 동원에 불리할 것이라는 생각과는 차별화된 자신들의 공연 모습이 아무리 유출되더라도 현장에서의 감상과는 다르고, 그래서 관객들이 직접 찾아 줄 것이라는 그들의 자신감의 발로가 아닌가 하는 생각이 들었다. 'U2의 Vertigo' 일본 공연은 월드투어의 일환으로 진행되는 것이어서 필자에게는 익숙한 부분도 있었고 그들의 음악과 무대 매너와 퍼포먼스에 흠뻑 빠져 즐거운 공연 관람을 했다.

▶이런 관객들의 즐거운 호응을 받는 공연의 무대를 설계하고 만드는 일은 참 즐겁고 의미 있는 일이다. 그래서 필자도 이 일을 이렇게 오랫동안 하면서도 아직도 가슴 설레는가 싶다.

2006년 11월 30일 도쿄 돔에서 열린 '빌리 조엘'의 공연에도 갔다. 내한 공연에도 그다지 관심을 보이지 않던 필자가 이런 공연들을 일일이 찾은 것은 단지 무대에 관한 것을 보기 위함이었다. 그런데 부정할 수 없는 사실은 내한 공연에서의 무대나 시설이 아티스트들이나 제작진들에게 만족할 만한 품질을 보여주느냐에 대한 것은 반성해 볼 필요가 있다. 그들의 월드 투어에 맞는 테크니컬(무대 기술)을 맞출 수가 없어서 내한 공연을 못하는 팀들도 많다는 이야기를 들었는데 우리도 최소한 그런 일은 생기지 않는 무대의 기술을 갖추어야 하겠다는 생각이 들었다.

◀2006년 12월 5일의 '에릭 클랩튼' 일본 무도관 공연 관람은 반대로 무대의 테크니컬에의 관심보다는 공연을 즐기러갔을 뿐이었다.(필자는 에릭의 광팬이다) 비록 저가의 티켓을 구입한 관계로 측면 멀리서 그들의 음악만 들었지만 행복한 하루였다.

연수 기간은 끝났지만 휴가를 일주일 연장한 이유는 사이타마 슈퍼 아레나에서 열리는 '미시아(Misia)' 공연을 예매했기 때문이다. 세트 디자이너로서 아티스트를 분류하는 독특한 방법이 있는데 '무대를 활용하여 퍼포먼스를 하는 아티스트'와 '오직 음악에만 승부를 거는 아티스트'로의 분류이다. '미시아'라는 일본 가수는 그런 점에서 전자에 속하는 아티스트이므로 필자는 많은 기대를 갖고 사이타마 슈퍼 아레나를 찾았다.

▲ '미시아' 콘서트는 필자가 생각하는 무대, 그 이상을 보여주는 공연이었고 필자도 기회가 있으면 그런 무대를 만들어 보고 싶다는 생각을 하게 되었다.

두 달을 계획한 일본 콘서트 디자인 연수는 이렇게 해서 끝났다. 연수전 필자의 생각대로 일본의 콘서트 무대를 설계하고 제작, 설치하는 시스템은 배울 것이 많았고 그것을 엿볼 수 있는 좋은 기회였다. 다만 그것이 바로 우리의 현장에 적용하기에는 경제적인 면이나 시장의 상황이 허락되지 않는 안타까운 부분도 있었다. 필자가 연수를 떠난 것이 2006년인데 그 이후 현재까지 16년의 세월이 흘러 우리나라도 무대 제작 시스템이 많이 발전하였고 무엇보다도 K-POP의 세계화로 인한 콘서트의 급격한 성장이 이루어졌다.

앞에서도 언급했지만, 우리나라의 콘서트 무대의 비약적인 발전은 일본보다 한발 앞선(필자의 판단이지만) 영상 장비의 발달을 가장 중요한 원인으로 꼽고 싶다. 우리나라의 영상 장비 개발자들의 노력과 도전으로 다양한 장비를 이용한 무대의 발전은 일본의 디자이너들도 부러워하는 상황이 되었다.

▲ 연수중에 관람했던 요코하마 아레나에서 열린 격투기 경기 무대는 웬만한 콘서트 무대보다 훨씬 많은 무대장치가 되어있었다. 최근에는 콘서트뿐만 아니라 다른 이벤트도 화려한 무대와 조명을 필요로 하는 경우가 많아지고 있다.

후지TV 디자인 페스타(FUJI TV DESIGN FESTA) 2013

2013년 후지TV에서 TV 세트 디자인을 주제로 한 이벤트(후지TV 디자인 페스타)를 개최하면서 한국 문화방송 세트 디자이너들을 초청해 주었다. 한국 측에서 준비할 것은 전시용 패널과 심포지엄에서 발표를 하는 것이었는데, 필자가 모두 준비를 하게 되었다.

▼▶필자는 2012년 12월 31일에 진행했던 '2012 MBC 가요대제전'의 디자인을 출품했다. 삼각형 LED 장비를 활용한 이 디자인은 일본 디자이너들도 활용해 보지 않은 장비여서 많은 관심을 받았다.

Jeong, JongHun （鄭宗勳）

MBC Munhwa Broadcasting Corp.
Arts Division/Art Director (1987~)

1997/1998/2003/2009 MBC College Musicians Festival
2000 Pavarotti in Seoul Concert
2001 3 Tenor in Seoul Concert
2004 The 11th Korean Music Festival
2005 Korea-Japan Friendship Concert
2006 World Cup Support Show
2010 Korean Music Wave in Incheon
2011/2012 Korean Music Wave in Bangkok
2012 MBC MusicCore in Vietnam
2012 MBC Korean Music Festival_6 studio

    심포지엄에서 필자는 그동안 작업했던 프로젝트에 대한 설명을 하였는데, 후지TV의 세트 디자이너들은 자신들이 작업하지 않은 분야여서 그런지 흥미롭게 경청해 주었다.

나의 홈페이지 이야기

세트 디자이너로 일한 지 십 년쯤 되는 1997년경에는 세상과 소통하는 방법으로 '홈페이지'가 제일 좋은 방안이었다. 필자가 TV 세트 디자인을 시작하던 1980년대 후반은 말할 것도 없고, 10년이 지난 후에도 'TV 세트 디자인'이라는 일은 지극히 일부에 국한된 사람들의 영역이었고, 누군가 이 일을 하고 싶어해도 접근할 방법을 찾을 수 없는 환경이었다. 필자는 '디자인'이라는 일을 하는 사람들이 자신이 하는 일의 특별한 노하우라고 생각하고 자료나 디자인의 관리를 폐쇄적으로 하는 문화가 팽배해져 있어 이런 배타적인 환경이 디자인의 발전에 저해가 되고 있다고 판단하였다. 그래서 TV 세트 디자인의 홍보를 겸하여 보다 우수한 사람들이 TV 세트 디자인이라는 것에 관심 갖게 된다면 TV 세트 디자인의 질적인 향상과 발전을 가져올 수도 있겠다는 생각으로 당시 하던 작업을 중심으로 개인 홈페이지를 만들게 되었다.

하지만, 홈페이지를 만들고 관리하는 일은 그리 쉬운 일이 아니었다. 하루하루 시간을 쪼개어 바쁘게 진행되는 업무 중에 또 하나의 일을 스스로 만들었으니 누구를 원망할 수도 없는 상황이었지만 당시 필자는 홈페이지 업로드와 운영을 참 열심히 했었다. TV 세트 디자인을 콘텐츠로 하는 홈페이지였으므로 주로 이미지 파일이 대부분을 차지하는데 이것들을 모으기 위해서는 발품을 팔아야 했으며, 무엇보다도 html 언어를 활용하여 이미지를 하나씩 올리고 태그를 다는 방식의 제작은 시간과 공이 너무 많이 들었다. 그렇지만 완성된 페이지의 디자인은 기대치에 못 미칠 수밖에 없었다. 필자의 홈페이지는 필자와 가족의 개인적인 부분도 포함하고 있었지만, 주로 회사에서 담당하는 프로그램의 디자인의 도면과 현장에서의 사진, 그리고 방송 캡처한 자료들을 다루었다. 필자는 홈페이지를 마치 온라인 잡지처럼 운영하고 싶다는 생각으로 디자인에 정성을 쏟았지만 전문 웹디자이너들의 영역을 넘지 못하는 열악한 홈페이지가 될 수밖에 없었다. 하지만 홈페이지에 필요한 아이콘까지도 일일이 디자인하고 만들었으며 가능하면 매일 소식을 업데이트하려고 애썼다.

[1997년 8월 10일 태어난 MBC SET DESIGNER 정종훈의 홈페이지]

▶▼필자는 홈페이지의 생동감 넘치는 모습을 보이기 위해서 홈페이지의 대문 디자인을 자주 교체했다.

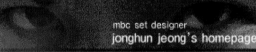

▲초등학교도 입학하지 않았던 어린 둘째아들을 모델로 홈페이지의 대문을 만들었다.

[내가 하는 일을 널리 알려라]

업무를 진행할수록 데이터가 늘어갔고, 필자는 이런 방식이 자료를 정리하는데 꽤 유용한 방식이라는 생각을 했다. 2000년 8월 5일부터 '생방송 음악캠프'의 세트 디자인을 담당하면서 매주 연재를 시작했다. 2001년 5월 5일까지 32회의 연재 중에는 매주 디자인과 세트 설명, 설치 진행과 감독, 생방송 캡처, 홈페이지 업데이트를 반복했다. 필자의 금요일은 세트 설치 진행을 위한 철야(숙직)였고, 토요일 생방송 후 홈페이지의 업데이트가 끝난 퇴근 시간은 밤 11시가 넘는 시간이었다. 'WORK01'페이지는 정규 프로그램의 작업 내용을 업데이트하는 곳이었지만 'SPECIAL' 페이지는 필자가 작업하는 대형 특집 프로그램을 위주로 구성되었다.

[가이드 페이지를 만들어라]

필자는 복잡한 홈페이지의 서치를 쉽게 하기 위한 가이드 페이지를 만들었다. 이 가이드 페이지는 복잡한 과정을 거쳐 원하는 페이지로 가는 어려움을 해소해 주고자 낸 아이디어였는데 콘텐츠가 업그레이드됨에 따라서 가이드 페이지의 업그레이드가 따라가지 못하는 문제가 발생되었다. 결국 가이드 페이지 아래에 텍스트로 추가를 해주는 방식으로 이어 나갔다.

[제2회 언론인 홈페이지 대상 특별상 수상]

원가를 기대하고 작업한 것은 아니지만, 그리고 언론인이라고 하기엔 좀 어색한 분야였지만 한국 언론재단이 주최하는 '2003년 제2회 언론인 홈페이지 대상'에서 특별상을 받기도 했다.

[내가 하는 일을 알리기 위한 작은 노력은 계속하고 싶다]

필자의 홈페이지가 언제 사라졌는지 잘 모르겠다. 당시에 블로그나 싸이월드가 활성화되고 웹 편집기를 이용한 홈페이지 만들기가 너무 원시적인 작업으로 인식될 즈음에 대대적인 개편을 준비하다가 그동안의 데이터 정리에 한계를 느끼고 블로그로 갈아탄다는 것이 블로그도, 홈페이지도, 잃어버린 상황이 되었다. 필자의 홈페이지 활동은 이 작업에 관심을 가진 많은 분들과 소통을 할 수 있게 해주었고, 지금도 연락을 하고 계시는 분도 있다. 돌이켜보면 세상 사람들이 별로 관심을 가지지도 않는 직업으로 일하면서 받는 소외감을 해소해 보려는 생각도 한편으로는 깔려 있었던 듯하고, 디자이너는 서로 소통하면서 발전해나가는 것이라는 필자의 고집이 이런 활동을 하였던 것이 아닌가 싶다. 어쩌면 이 글을 읽고 계시는 분들 중에서 'MBC SET DESIGNER 정종훈의 홈페이지'를 기억하시는 분이 있을지 모르겠다.

많이 보고 많이 느껴야 좋은 디자이너가 될수있다!

[PQ (Prague Quadriennale) 2003]

4년에 한 번씩 체코의 프라하에서는 'PQ(프라하 콰드리엔날레)'라고 하는 세계 무대미술의 엑스포와 같은, 세미나, 작품전시회, 실험 공연 등 무대미술에 관한 4년간의 작업 결과를 공유하고 지식을 나누는 장이 펼쳐진다. 이 행사는 무대미술에 관한 많은 부분을 포괄하고 있지만, 실제로는 공연 무대미술이 주를 이루고 있다. 사실 TV나 영화, 이벤트, 콘서트 공연에 관한 무대의 콘텐츠는 미미한 실정이다. 그럼에도 불구하고 이 행사는 무대에 종사하는 사람에게 무엇보다도 중요하다. 필자는 2003년 이 행사를 참관하였고, 그때 봤던 전 세계의 무대미술을 하는 사람들의 그 자유로운 상상력과 기발한 생각들에 매료되었다.

▲PQ행사가 주로 열리는 프라하의 산업 궁전

◀2003년 산업 궁전의 라운지에 설치된 레이어 구조물은 퍼포먼스를 위한 무대와 간단한 카페, 그리고 학생들의 학습장까지 겸한 구조물이었다. 필자는 이 구조물에서 깊은 인상을 받았다.

▲이 무대(브레겐츠 페스티벌)를 여기 PQ 2003에서 또 만났다. 필자는 이미 이 녀석의 정체를 알고 있던 터라 반가웠다. 이런 콘셉트를 생각해내는 아이디어도, 그런 환경도, 이것을 그대로 만들어내는 시스템도, 다 부러운 무대였다.

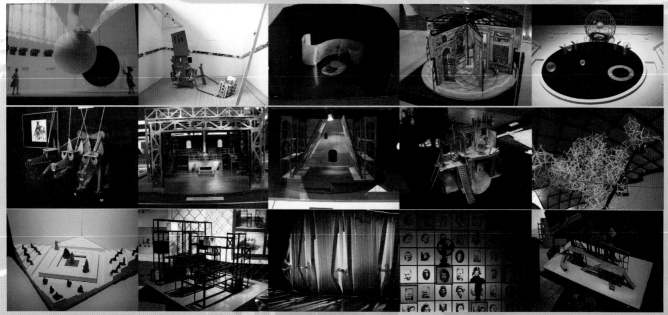

당시 필자는 상명대 예술·디자인대학원에 재학 중이었고 동기 대학원생 전체가 팀을 이뤄 'PQ 2003 시네 포스트' 공연에 참가하였다. 도움이 되지는 못했지만 필자도 일원으로 곁에 있었다. 대학원 동기들과의 유익하고 즐거운 추억이다.

[PQ (Prague Quadriennale) 2007]

4년 후 2007년에는 프라하에 직접 가지는 못했지만 그곳에 다녀온 동료들에게서 상황을 전해 듣고 사진을 전해 받았다. 사진들 속에서 쏟아지는 세계 각국의 무대 디자이너들의 예술성과 기발함이란! 무대 디자인이라는 일의 본질에 대한 생각을 해보게 된 작품들이었다.

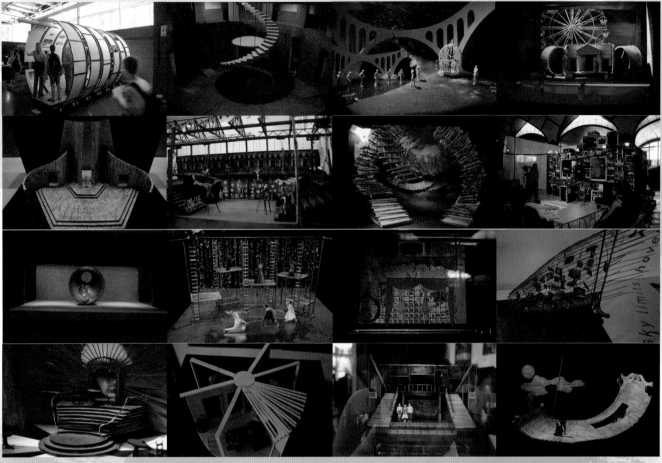

◀10각형 기둥으로 설계된 레이어 구조물의 내외부에 작품을 전시함으로써 하나의 거대한 설치 작품이 되었다.

▲브레겐즈 페스티벌 2005, 2006의 작품 '일 트레바토레(Il Trovatore)'의 무대도 만났다.

743

[PQ (Prague Quadriennale) 2011]

2008년에 체코 프라하의 산업 궁전(PQ가 열리는 장소)에 화재가 발생했다는 소식을 듣고 2011의 PQ에 지장이 있을 것 같다는 생각을 잠시 했다. 2011년의 PQ도 필자는 직접 참석하지 못했으나 산업 궁전에서 행사를 하지 못하고 프라하 시내 전역에 있는 화랑과 각종 공간에서 전시를 진행했다고 전해 들었다. 시내 전역에 테마에 따른 포인트를 설정하고 관람객들이 도시를 관광하듯이 이 포인트를 찾아다니는 전시 방식도 참 괜찮다고 생각했다.

[PQ (Prague Quadriennale) 2015]

2015년의 PQ는 무대미술 일을 하는 후배와 유럽 렌터카 여행을 동시에 진행하여, 그 일정 중에 체코 프라하를 계획하고 참관하였다. 우리의 여행 주제는 '무대미술'이었고, 사진으로만 보던 몇몇 곳을 둘러보고 프라하로 향했다. 산업 궁전의 복구는 여전히 진행 중이었고 'PQ 2015'는 프라하 시내 전역에서 이뤄지고 있었다.

▲ 'PQ 2015'는 전시의 포인트를 청색 의자로 표시하고 있었는데 이 역시 참 좋은 아이디어라고 생각했다.

[체코 체스키 크롬로프 자메츠카 정원의 원형 극장]

이곳은 언덕 위의 정원에 객석이 회전을 하면서 공연을 감상하는 특이한 구조의 무대가 있는 곳이다. 경사진 원형의 객석이 360도로 회전하면서 정원의 한쪽 면을 향하면 그 방향의 숲속에 간단한 세트가 있고 그곳이 연기를 하는 공간이 된다. 보통의 공연장과 반대의 개념을 도입한 극장이다. 그런 공연을 위한 조종실과 장비도 객석의 상·하단에 설치되어 있다.

경사진 객석의 아랫부분은 작은 카페가 있어 쉬어 갈 수 있도록 되어 있다. 필자와 후배는 이 공연을 관람하기 위해서 노력하였으나 결국 실패하고 말았다.

[이탈리아 베로나 아레나의 오페라 축제 이야기]

이탈리아 베로나의 아레나는 약 2000년 전에 지어진 건축물이라고 한다. 그런데 이 공연장은 아직도 사용되고 있으며 여름이면 오페라 축제가 열린다. 필자는 이곳을 세 번 방문했는데 첫 방문은 1995년쯤으로 기억한다. 하지만 안타깝게도 그때의 자료는 남아 있지 않고 다만 기억에만 남아 있을 뿐이다. 그 후 2008년 유럽 축제 여행 때와 2015년 유럽 렌터카 여행을 기회로 다시 방문하였다.

〈2008년 '카르멘(Carmen)'〉

필자가 말하는 '유럽 축제 여행'은 당시 온라인을 통해서 서로 모였던 유럽에서 열리는 여름철 페스티벌을 주제로 루트를 잡은 테마여행이었다. 필자는 '브레겐츠 페스티벌'에 가보고 싶은 마음으로 백방으로 수소문하였고 마침내 비슷한 뜻을 가진 사람들과 여행을 떠날 수 있었다. 우리들의 목적지는 '에든버러 페스티벌', '베로나 아레나 오페라 페스티벌', '브레겐츠 페스티벌' 등이었다. 필자가 두 번째로 베로나 아레나를 방문한 것은 이를 계기로 한 것이다. 당시 우리가 예매한 공연은 '카르멘'이었고 우리 일행은 아레나의 그 멋진 모습을 일찍 보기 위해서, 그리고 좋은 위치에서 관람하기 위해서 2시간 전쯤 입장하였다, 아레나는 역시 대단한 모습을 보여주었다. 원형 공연장의 한쪽 켠을 가득 채운 무대의 세트들이 지는 황금빛 석양을 받아서 환상적으로 빛나고 있었다.

어느덧 객석은 가득 차고 공연의 시작을 기다리는데 가는 빗방울이 하나둘씩 떨어지더니 비가 오락가락하고 급기야는 공연이 중단되어 버렸다. 우리 일행은 관객들과 함께 비가 그치기를 기다렸다. 하지만 아무리 기다려도 비가 그치지 않고 점점 거세지는 빗줄기 때문에 급기야 공연은 취소되었고, 필자와 일행은 브레겐츠 페스티벌에 이어 다시 공연 관람에 성공하지 못하고 말았다. 씁쓸한 마음으로 공연장을 빠져나와 필자와 일행은 엄청나게 쏟아지는 폭우를 맞으며 관광버스로 돌아왔다. 베로나 아레나에서의 아쉬운 추억이다.

⟨2015년 '아이다(Aida)'⟩

7년 만에 베로나 아레나를 다시 찾았다. 빠듯한 일정으로 여행을 하는 필자로서는 날씨에 맞춰 공연 관람을 하는 일정을 잡기는 어려웠다. 그저 공연 관람을 예정한 날의 날씨가 맑기만을 기도하는 수밖에 없었다. 2008년에 비로 인하여 공연 관람 도중에 중단을 맞았던 필자로서는 더욱 애절했다.

▲아레나의 모습은 설치되어 있는 세트가 달라진 것 외엔 7년 전과 거의 다를 바가 없었고 관객도 가득 찬 상태였다.

▲다행히도 맑은 날씨 속에 베로나 아레나에서 울려 퍼지는 아리아를 들으며 예술의 향기로 가슴속을 가득 채웠다.

[브레겐츠 페스티벌(Bregenz Festival) 수상무대와 보덴호(Bodensee) 이야기]

우측의 해골이 책을 펼치고 있는 사진을 우연히 발견한 어느 날! 필자는 충격에 휩싸였다. 이것이 과연 실제로 만들어진 무대인가? 라고 생각하며 의심의 눈초리를 보낼 정도였으니까 말이다. 백방으로 찾아본 결과, 이 무대는 오스트리아의 브레겐츠라는 곳에서 7, 8월에 열리는 '브레겐츠 페스티벌'의 수상무대라는 것을 알 수 있었다. 내가 살고 있는 이곳에서는 상상하기 힘든 일이 지구 반대편의 어느 나라에서 일어나고 있었던 것이다. 이때부터 필자에게는 그곳에 가고 싶은 꿈이 생겼다.

그 후 2008년 아들과 함께 떠난 여행에서 드디어 브레겐츠 페스티벌의 수상무대 공연을, 아니 공연보다는 무대를 보겠다는 일념으로 그곳으로 향했다. 2008년 8월 12일 예약한 날짜에 맞춰 도착한 브레겐츠는 먹구름이 가득하고 금방이라도 비가 쏟아질 것 같은 날씨였고, 이 야외공연장은 비가 오면 공연을 취소한다고 했다. 하늘에 사정을 해봤지만 비는 속절없이 내리고 공연은 취소되었다. 한국에서 오랜 시간을 기다려온 수상무대의 공연 관람은 무산되고,

▲1999/2000: Un Ballo in Maschera/ 가면무도회(주세페 베르디) (Bregenz Festival/ Bregenzer Festspiele)

아쉬운 대로 극장 측의 배려로 개방해 준 공연장의 객석에 들어가서 무대를 감상할 수 있었다.

⟨2008 브레겐츠 페스티벌 오페라 '토스카(Tosca)'⟩

설레는 마음으로 도착한 브레겐츠 페스티벌 공연장은 규모가 그리 크지는 않지만 알차게 만들어진 건축물이었고, 객석은 보덴호의 언덕에 건축을 했고, 무대는 2년에 한번씩 디자인을 바꿔서 설치된다고 했다. 멀리

▲보덴호의 브레겐츠 페스티벌 수상무대 공연장 위성사진

다른 나라에서 유람선을 타고 이곳으로 오페라를 관람하러 오는 사람들도 많이 있었다. 그리고 필자가 늘 궁금해하던 것 '호숫가의 길을 따라가면 이 무대와 공연을 입장하지 않고도 볼 수 있을 듯 한데?'는 오른쪽 사진 한 장으로 그 궁금증이 풀렸다. 조명 타워와 나무들이 정확히 무대를 가리고 있다는 것을 필자가 확인했다.

객석으로 올라가는 계단 사이로 보이는 무대의 모습이 인상적이다. 이때까지만 해도 필자는 베르디 오페라 '토스카(Tosca)'를 이 수상무대에서 감상하는 꿈을 이룰 수 있으리라고 생각했다.

하지만, 속절없게도 부슬부슬 내리던 빗방울이 계속 굵어져만 갔고, 결국엔 공연이 취소되고 말았다. 아쉬운 대로 극장 측에서 개방해 준 객석에 들어가서 비에 젖은 무대를 바라보았다. 공연이 취소된 무대는 전환 장치들을 점검하고 하룻밤 잠재우기 위한 준비를 하고 있었다.

〈2015 브레겐츠 페스티벌 오페라 '투란도트(Turandot)'〉

렌터카에 캠핑 장비를 싣고 여행을 떠난 우리 일행은 드디어 브레겐츠에 도착하여 보덴호에 위치한 어느 캠핑장에 베이스캠프를 만들었다. 가까운 수상무대 공연장을 방문한 우리들은 비록 일정이 맞지 않아 공연을 볼 수는 없었지만 무대의 백스테이지 투어를 하며 둘러보았고, 한나절을 그곳에서 노닐었다.

꿈꾸던 무대를 바라보는 것만으로도 행복한 일인데 그 호숫가에서 석양을 감상하는 여유까지 덤으로 얻는 행운은 평생 간직할 아름다운 추억으로 남을 듯하다.

TV세트디자이너의 활약을 기대한다!

TV 세트 디자인의 발전과 미래

필자는 회화를 전공했다.(벌써 '회화'라는 단어는 거의 사용하지 않는 단어가 되었다.) 이른바 순수미술을 공부했다는 이야기다. 대학 졸업을 앞두고 MBC에 입사한 필자는 그때만 해도 미술학도로서의 열정을 가득 지니고 있어서인지 업무와 그림을 병행하며 살아가겠다고 마음을 먹었다.

디자인에 대한 공부라고는 대학시절에 겨우 '디자인 일반론' 정도밖에 배우지 못했던 필자가 어떻게 30년 이상 이 일을 해왔을까? 거기엔 TV 세트 디자인의 창의적인 매력이 숨어있기 때문이 아닐까 하는 생각을 해 본다.

필자는 이 일을 하고 살아오면서 '디자인'과 '순수미술'의 차이는 무엇인가를 늘 생각해왔다. 예술적인 동기를 시발점으로 하여 '주관적'으로 만들어진 작품이 순수미술 작품이라면, 어떤 목적을 위해서 '객관적'이고 '상업적'인 결과물을 만드는 작업을 디자인이라고 한다는 것인데, 이런 개념에서 볼 때 'TV 세트 디자인'은 말 그대로 '디자인'임이 분명하다.

지금에 와서 보면, 나는 화가가 되어야 할 사람이고 지금의 TV 세트 디자이너로서의 삶은 외도에 불과하다고 스스로 규정한 생각을 떨쳐버리고 세트 디자인을 통한 예술을 모색하는 것이 필자에게는 옳은 삶의 방향이 아니었나라는 생각도 든다. 문화와 예술의 많은 부분이 융합되고 크로스오버를 통한 새로운 창조를 이뤄내고, 장르를 규정짓지 않는 상황이 되어버린 지금, 필자가 캔버스 앞에 앉아 그림을 그리고 있는 화가의 모습이 과연 스스로에게 만족될 수 있었을까? 스스로에게 되물어본다.

일생에 주어진 많은 시간을 TV 세트 디자이너로 살아온 필자의 생각 몇 가지를 여기에 적어 두고 싶다.

1. 영상 문화의 발전에 따라 역할이 점점 늘어날 것이다

TV 세트 디자인은 오페라와 뮤지컬, 연극, 무용 등의 극장 공연을 위한 무대(세트)를 만드는 작업에 그 뿌리가 있다. TV라는 영상매체가 생겨나고 그에 따른 콘텐츠를 만들기 위한 가상 공간을 필요로 하고, 그 필요성에 부합하는 인공 공간을 만드는 작업은 공연예술의 무대와 가장 닮아있으므로 당연한 일이었다고 생각한다.

그런데 세상의 변화에 따라 공연예술보다는 영상 산업의 활성화로 콘텐츠가 폭발적으로 증가하고 있고, 유튜브 등을 통한 동영상 콘텐츠들이 우리 생활의 일부분이 되는 상황이 되었다.

'TV'라는 영상매체를 위한 동영상 콘텐츠 제작에 필요한 작업인 TV 세트 디자인은 TV 콘텐츠(영상 콘텐츠) 제작을 위한 가상의 공간을 만드는 일이고, 그것을 위한 노하우를 꾸준히 축적해 왔다. 그러므로 영상 콘텐츠가 이렇게 활성화되는 시점에서는 당연히 해야 할 역할이 많을 수밖에 없다는 생각이다. 영상 콘텐츠는 언제나 '카메라'라는 기계적인 눈을 통해서 만들어지고 그 노하우를 활용한 가상공간의 설계(또는 설계자)는 더욱 중요한 역할을 할 수 있으리라 생각된다.

2. 2D와 3D를 넘나드는 자유로운 사고는 디자인을 선도할 만한 자격이 있다

세트 디자인을 하는 사람은 평면작업과 입체작업을 동시에 고민한다. 물론 공간을 설계하는 직업을 가진 사람은 거의 비슷한 작업을 하게 되지만, 세트 디자이너는 어떤 공간에 자신이 생각하는 '구조'를 설계하는 입체적 지능과 그것을 꾸며서 완성하기 위한 평면적 지능을 동시에 진행하므로 2D와 3D를 자유롭게 오가는 대단한 강점을 지니고 있다는 것이다. 그만큼 작업의 영역이 다양하다는 것인데, 드라마를 위한 재현의 공간을 디자인하거나 쇼, 대담 프로그램을 위한 추상적인 세트를 구상하기도 하는 등 어떠한 공간이든 연출을 위한 일종의 '설치미술'을 해야 하는 것이다. 따라서 사고의 영역을 매우 다양하게 갖추어야 하고, 활용 가능한 재료에 대한 지식도 해박해야 한다. 그러므로 이러한 다양성이 창작에 매우 유리하며 그렇기 때문에 좋은 결과물을 낼 수 있다고 확신한다. 세상에 있는 어떤 디자인보다도 더 자유롭고, 창의적이며, 범위가 넓어서 새로움을 만들어내는 데는 아주 유리한 것이 세트를 설계하는 사람들이라고 확신한다. 그런 점에서 세트 디자이너는 디자인을 선도할 만한 자격이 충분하다는 생각이다.

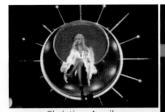

▲Christina Aguilera
- Live 2001 Grammy Awards

▲N'Sync - Live MTV VMA 2000

3. 공간을 디자인하는데 머물지 말고 시간도 디자인해 보자

이벤트나 퍼포먼스에 필요한 공간을 설계하는 작업을 하는 세트 디자이너는 자신이 설계한 공간에서 퍼포먼스를 진행하고, 촬영이 진행되며, 영상 콘텐츠가 완성되는 과정을 누구보다도 잘 안다. 필자는 어떤 동영상 콘텐츠든 '퍼포먼스'라는 시간을 활용하는 행위와 각 스태프가 준비한 기술적인 지원의 결합을 통하여 콘텐츠가 만들어진다고 생각한다.

이런 상황에서 필자는 '세트를 활용한 퍼포먼스'에 관한 생각을 한다. 어쩌면 세트를 활용하는 퍼포먼스의 아이디어를 내거나 실현할 수 있는 방안을 도출하는 역할을 제일 잘할 수 있는 사람이 세트 디자이너가 아닐까 라는 생각이다.

따라서 필자는 세트 디자이너가 앞서 말한 2D와 3D의 공간적 융합을 통해 진행하는 작업을 보다 업그레이드하여 4D의 영역인 퍼포먼스와 세트의 융합을 통해 세트를 활용하는 여러 가지 아이디어를 내보고 그것을 실현해 보는, 소위 '퍼포먼스 디자인'을 해보는 것을 제안한다.

우리의 K-POP이 세계적으로 인기를 누리는 시대가 왔다. 그럼에도 정작 그 콘텐츠를 포장하고 기름칠하는 연출과 퍼포먼스 개발에 관한 시스템은 인적, 물적으로 아직 많이 부족해 보인다. 우리도 세계적인 퍼포먼스를 만들어 내는 시스템을 만들어 가야겠다. 그 과정에서 세트 디자이너의 역할은 대단히 중요해 보인다.

▲Britney Spears - Live 2016 Billboard Music Awards

▲Kylie Minogue - Live 2002 Brit Awards

▲Mika - LIVE Brit Awards 2008

4. 세트 디자이너의 활약을 기대한다

방송사에서 일하는 세트 디자이너는 참 바쁘다. 그래서 일에 파묻혀 살다 보니 자신의 감각도 무뎌지고, 가지고 있던 아이디어들은 들어오기도 전에 나가버려서 소진되고 만다. 창의적인 디자인을 만들어 내기보다는 디자인공장을 돌리듯이 디자인을 '찍어내는' 상황이 되어버리기도 한다. 공장에 들어가면 창의성이라는 것은 퇴색될 수밖에 없다. 그 생산의 벨트라인 속에서 다양하고 창의적인 생각을 한다는 것은 무리이기 때문이다. 하지만 어떤 장르의 디자인 작업보다도 더욱 창의성이 요구되는 'TV 세트 디자인'은 그렇게 벨트형으로 작업하면 창의적인 결과물을 만들기가 힘든 것이 사실이다. 그러므로 늘 여유를 가지고 새롭고 실험적인 작업을 두려워하지 말고 시도하는 자세로 일해야 한다. 무엇보다도 우리나라 TV 세트 디자이너들의 업무 환경이 나아지기를간절히 바란다.

5. 세트 디자이너에서 프로덕션 디자이너로

세트 디자이너는 궁극적으로는 프로덕션 디자인을 지향해야 한다. 세트 디자인의 영역은 그 작업이 아무리 창의적이라도 영역의 한계로 인해 제작하고자 하는 콘텐츠의 '세트'를 설계하는데 한정되어 있지만, 프로그램 전체를 아우르는 미술적 품질의 제고에 기여하는 역할로 업그레이드해야 한다. 자신의 능력을 좀 더 넓은 의미의 작업으로 확대하고 기여할 수 있으려면 많은 훈련이 필요하다. 자신의 영역에서 머물러 있지 않고 프로그램이 필요로 하는 '미장센'의 작업에 관심을 갖고 그 역할이 가능하도록 자신의 역량을 키우는 데 노력을 다해 주기 바란다.

6. TV 세트 디자이너를 지망하는 사람들을 위한 조언

필자는 젊은 친구들에게서 "TV 세트 디자이너가 되려면 어떤 공부를 해야 하나요?"라는 질문을 참 많이 받았었다. 그런데 딱히 그들이 원하는 대답을 만족할 만하게 해준 기억이 없다. 아마 지금 물어도 그럴듯하다.

TV 세트 디자이너가 하는 일을 잘 알고 있다면 어느 정도는 짐작을 할 수 있겠지만 그 질문은 소위 '지름길'을 알려달라는 뜻으로 들리는데, 필자는 그 지름길이라는 것에 그다지 좋은 의미를 갖지 있지 않다. 지름길로 가다 보면 목표한 곳으로 빨리 갈 수 있을지는 몰라도 제대로의 길에서 보고 느낄 수 있는 것들을 소홀히 할 수밖에 없고, 그러다 보면 그 목표지점에서 다음 목표지점을 향해 갈 동력이 부족하기 마련이라 생각하기 때문이다.

TV 세트 디자이너는 TV 프로그램을 만들기 위한 세트, 즉 가상의 공간을 설계하고 만드는 일을 하는 직업이다. 우리가 보는 TV 프로그램의 가상공간에 대한 법칙이나 원칙은 따로 없다. 그것은 디자이너가 만드는 것이다. 물론 그것은 녹화를 위한 기능에 적합해야 하므로 소위 '디자인'이라는 장르에 속해있는 것이 사실이지만 어떤 실험적인 접근도 가능하다는 의미에서는 꽤 창의적인 것을 요구하고 그렇게 하는 것이 중요하다.

화가가 백색의 여백을 마주 보고 그것을 채우기 위해서 고뇌하고 번민하듯이 TV 세트 디자이너도 빈 공간을 눈앞에 두고 그것을 어떻게 채워야 할지 고뇌하고 번민하여야 한다. 그러기 위해서는 어떤 노력이 필요할까?

1. 세상에의 관심을 넓게 갖자

필자가 신입으로 입사했을 당시 선배들의 손에 이끌려 회식을 하러 갈 때 선배들이 자주 하시던 말씀이 있다. "TV 세트 디자이너는 경험이 많아야 해!"라는 것인데 그 말씀은 참 지당하신 말인 듯하다. 그래서 필자도 가끔 이 말을 후배에게 하곤 했는데, TV 세트 디자이너의 작업 영역이 그만큼 광범위하다는 이야기다. 어떤 때는 기록에도 남아있지 않은 오래전 역사 속의 공간을 재현해야 할 때도 있고, 어떨 때는 상상 속의 공간을 설계해서 현실화시켜야 하는 등 시공간을 넘나드는 상상력이나 경험을 필요로 한다. 그러므로 TV 세트 디자이너는 광범위한 경험을 많이 필요로 한다.

2. 광의의 '디자인' 세계에서 놀자

디자인의 개념은 어떤 것일까? 표준국어대사전에는 '의상, 공업 제품, 건축 따위 실용적인 목적을 가진 조형 작품의 설계나 도안'이라고 정의하고 있다. 역시 '목적'이라는 단어가 눈에 띈다. 우리는 대개 '디자인'이라고 하면 어떤 것을 '예쁘게' 만드는 작업이라고 생각한다. 하지만 디자인은 '목적'이라는 단어를 제외하고는 무언가를 만들어 내는 모든 행위를 말하는 것이 분명하다. 그러므로 건축을 설계하는 것이나 자동차나 우주선을 설계하고, 기계를 설계하는 등의 모든 것들을 디자인의 영역에 둘 수가 있을 것이다.

필자는 이러한 넓은 의미의 디자인에 대한 관심이 TV 세트 디자이너에게는 꼭 필요하다는 생각이다. 무대를 아름답게 설계하는 일만이 아닌 무대를 좀 더 기능성 있게, 또는 '재밌게' 설계하는 것 등에 대한 관심을 두는 것이 보다 다양하고 창의적인 무대를 설계할 수 있는 바탕이 된다고 본다. 그러므로 어떤 프로젝트이든 간에 연구하고 고민을 하는 습관을 가지자. 그렇지 않으면 어느덧 자신도 모르게 설계도를 찍어 내는 기계가 되어 있을지도 모른다.

3. '새로움'에의 도전을 겁내지 말자

돌이켜보면 필자는 아이러니하게도 참 힘들고 싫어하면서도 뭔가 새롭게 만드는 것에 대한, 남이 하지 않았던 것에 대한 집착이 있었던 것 같다. 아마 이것은 적어도 자신이 디자인하는 기계가 아니라고 생각하는 어떤 디자이너도 같은 마음이 아닐까 싶다. 하지만 '한 번 해봤던 작업'과 '한 번도 해보지 않은 작업'은 작은 차이도 참 크게 느껴지는 것이 사실이다. 그 '처음 하는 일'이라는 것이 대단한 것은 아닐 수 있지만, 그것을 최초로 시도하는 것에는 대단한 용기와 결의가 필요하다.

생각해 보면 이런 필자와 같이 일하는 작업자들은 참 힘들었을 듯하다. 하지만 그 '새로움'에 대한 것을 포기한다면 그때는 한낱 디자인 일을 하는 숙련공으로 전락하고 디자인의 핵심인 '창의'에서는 멀어져 갈 수밖에 없을 것이다.

4. 아이디어는 바닷가 모래밭에서 조가비를 줍는 일이다

다른 어떤 장르의 디자인에 비해서 TV 세트 디자인은 소모성이 무척 심하다. 이 말은 그만큼 생산을 많이 해낸다는 이야기다. 이런 상황에서는 '끊임없이 받아들이는 것'만이 '생존'할 수 있는 유일한 방법이라고 생각한다. 요즘 젊은 디자이너들의 작업을 보면 어떤 프로젝트를 맡으면 바로 자료 리서치부터 시작하고, 거기에 맞는 참고 자료부터 검색을 한다. 물론 그것이 잘못된 방법은 절대 아니다. 다만 필자는 검색을 하기 이전의 '꿈 그리기'의 과정이 필요하다고 감히 얘기해 주고 싶다.

제작, 연출진과의 협의 과정에서 자신이 그동안에 머릿속에 담아두었던 세트 그림을 하나씩 꺼내서 얘기하고, 또 필요하면 스케치하면서 서로의 콘셉트를 맞추어가는 과정이 무엇보다도 중요하다는 생각이다.

TV 세트 디자이너는 제작, 연출의 프로그램 제작에 필요한 미술적 컨설팅과 설계 작업을 하게 되는 전문가이다. 제작, 연출자의 꿈을 현실화시켜 주는 작업도 해야 하고, 지신이 꾸는 꿈을 그들에게 전달하기도 하는 작업을 하는 사람이다.

5. 도구의 활용에 어려움을 겪지 않는 디자이너가 되어야 한다

필자가 TV 세트 디자인을 시작할 때 주로 사용되던 도구들은 연필과 자, 트레이싱지, 컴퍼스, 로트링 펜, 청사진기, 필름 카메라 등이었다. 하지만 디지털 시대인 지금은 컴퓨터와 프린터가 그 역할을 대신하고 있다. 그럼에도 불구하고 일의 기본에 대한 것은 변하지 않았다. 제작, 연출진과의 커뮤니케이션을 위해서는 자신의 생각을 그림이나 도면으로 보여줄 수 있어야 하고, 자신이 생각하는 공간을 그것을 제작하고 설치하는 팀과 소통해야 하기 때문이다.

도구는 이런 과정에서 필요한 것이다. 어떤 사람들은 컴퓨터 소프트웨어를 잘 다루면 그 소프트웨어가 디자인을 다 해주는 것과 같은 착각을 해서 오직 소프트웨어를 다루는 기술을 배우는 데 집중한다. 하지만 그것은 아기들이 태어나서 기어 다니다가 아장아장 걷고, 결국에는 뛰어다니는 것과 비교할 수 있다. 그 아이에게 중요한 것은 뛸 수 있다는 것이 아니라 그 아이가 그 능력으로 어떤 생각을 하고, 어떤 삶을 만들면서 살아가야 하는가에 대한 것일 것이다. 마찬가지로 컴퓨터와 소프트웨어를 다루는 능력은 아이의 걷는 행동에 불과하다. 그것은 그저 하나의 도구일 뿐이다.

그러므로 TV 세트 디자이너는 자신의 상상을 현실화하기 위한 도구를 자신의 손발처럼 다룰 수 있어야 하고, 가능한 한 많은 도구를 다룰 줄 아는 것도 중요하다. 그럼으로써 그 도구를 활용하여 자신이 생각하는 상상의 세계를 현실화시키고, 보여주면서 제작진과 공유하고, 협의할 수 있도록 해야 한다.

6. 세트의 제작 시스템에 관심을 두자

TV 세트 디자인은 디자이너 혼자서 하는 작업이 아니다. 세트는 아무리 좋은 디자인이라도 다음으로 이어지는 제작과 설치 작업이 연결되어 주지 못한다면 절대로 원하는 결과물을 만들지 못하는 것이 당연하다. 그러므로 TV 세트 디자이너는 자신의 디자인 작업을 결과로 만들어 주는 제작 시스템의 개발과 발전에 관심을 두고 힘써야 한다.

필자의 경험에 비춰보면, 디자인 작업을 할 때도 그 아이디어가 실제로 구현이 가능한지에 대한 점을 예상하고 작업을 할 수밖에 없다는 것을 전제로 한다면 제작 능력은 곧 세트의 발전에 직접적인 영향을 주는 부분이라는 것이다. 그러므로 TV 세트 디자이너는 세트의 제작 시스템에 각별한 관심과 노력을 기울여야 한다.

[TV 세트의 변화와 발전 방향에 대한 생각]

필자는 수많은 콘텐츠를 접하는 시청자들이 무의식중에 보게 되는 세트의 역할은 과연 어떤 것인가에 대한 생각을 끊임없이 해왔다. 이것은 TV 프로그램뿐만이 아니라 동영상이라는 형태로 만들어지는 모든 콘텐츠(영화, 드라마 등)의 인공적으로 만들어지는 공간인 '세트'가 그 영상 내에서 어떤 역할을 하고 있는가에 대한 의문이다.

필자는 출연하는 배우와 스토리를 보조해 주는 기본적인 역할 외에도 그것을 향유하는 사람에게 상당히 많은 영향을 미치게 된다고 확신하며 이런 주제에 대해서 생각할 때 회화 작품의 역사에 관한 부분을 대입해서 비교, 분석해 보기도 하였다.

중세와 근세의 회화 작업은 대체로 주제를 부각시키기 위해 배경을 생략하는 기법으로 화면 구성을 했다. 하지만 시대를 넘어오면서 하나의 화면 자체가 그림이 되는 개념의 회화가 많이 그려지고 그것이 하나의 작품이 되는 경향이 생겼으며, 급기야는 배경과 주제가 엉킨 화면의 구성을 보여주는 작품도 많이 보인다. 다시 말하면 화면의 구성이 단지 주제와 부제로 만들어지는 것이 아닌 배경과 어우러지는 형태로 구성된다는 것이다.

살펴보면, 최근에 제작되는 영상 콘텐츠 중에서도 그런 장면이 많이 보이는 듯하다. 물론 이것은 세트를 설계하는 디자이너의 문제만이 아닌 것이 사실이지만 세트의 역할을 배경으로써의 역할만으로 생각한다는 것은 너무 경직된 사고가 아닐까 싶다.

▲드라 클루와/ '민중을 이끄는 자유의 여신' 1830
주연과 조연과 배경이 확연하게 구분이 되는 그림이다.

▲뭉크/ '절규' 1890　　　　　　　▲피카소/ '꿈' 1932
주연과 조연의 역할이 있긴 하지만 배경 역시도 이 화면을
완성하는 아주 중요한 역할을 하고 있다

이처럼 단순 배경으로서의 세트가 아니라, 화면 구성의 한 요소로서의 배경으로 중요한 역할을 하는 것이 가상공간의 역할이고 그것을 설계하는 디자이너는 그 중요성에 대해서 깊은 인식을 해야 한다는 의견이다.

[8시다! 전원 집합(8時だョ! 全員集合) 이야기]

일본 연수를 갔을 때 짬을 내서 우연히 들른 한 서점에서 유명 코미디 프로그램 '8시다! 전원 집합(8時だョ!全員集合)' 세트 디자인에 관한 책을 한 권 발견하게 되었다. 필자는 언젠가 TV에서 본 이 프로그램의 장면을 기억해 내었고 그 장면은 관객이 꽉 찬 공개방송에서 세트로 만든 작은 집이 무너지는 장면을 연출하는 것이었다. 필자가 만난 그 책도 그 프로그램의 세트를 디자인한 미술감독 '야마다(山田滿郎)' 씨의 저서였는데, 주된 내용이 프로그램의 퍼포먼스를 위한 세트를 설계했던 그의 작업에 관한 것이었다. 세트가 퍼포먼스의 주인공이 될 수 있다는 가능성을 보여주는 실례인 듯하여 소개한다.

▲8시다! 전원 집합(8時だョ! 全員集合)의 장면들/ 좌측은 약 30도로 기울어진 집에서 사는 부부의 모습을,
그리고 오른쪽은 공사장에서의 에피소드를 다루고 있는데 세트와 도구를 활용한 퍼포먼스가 특색있다.

2008년 6월의 어느날, MBC에서 방송미술을 담당하던 제작팀이 모두 모였다.
필자는 그때까지만 해도 다음번에도 이런 기회가 많으리라 생각했지만
그런 기회는 오지않았고 앞으로도 없어보인다.
그래서 이 사진을 꼭 이책에 실어두고 싶었다. 벌써 14년전의 일이다.

맺음말 (감사의 글)

무모한 도전이었음을 고백합니다!

그간 인생의 반을 잠아오면서 해온 일을 정리해보겠다는 단순한 생각으로 '범 무서운줄 모르는 하룻강아지' 꼴로 덤벼 보았지만 책만들기가 이렇게 어려운 과정을 거쳐야 하는 일인지 미처 몰랐습니다.

시도 소설도 아닌 단지 그동안 작업했던 것들을 묶어내는 것일 뿐인데도 시각적으로 인생을 살아온 저로서는 글(書) 세상에서 발가 벗겨진 스스로의 모습을 바라보며 아연실색 할 수밖에 없었습니다.

받았던 분들의 기대와 응원, 그리고 도움으로 이만큼의 결과물로 만들 수 있었습니다. 이 책이 'TV 세트디자인'을 담은 몇 안되는 것이어서인지 우리나라 TV 세트디자인의 '역사'를 담는 작업이 되어주기를 바랐지만, 저의 역량이 그 가운데에 미치지 못했음을 고백합니다. 하지만 오랜 세월을 꿈꾸면서 '무언가 다름'과 '새로움'을 찾아서 고뇌하고 시도했으며, 자신이 하는일을 좀 더 발전시키기 위해서 노력했던 디자이너의 35년간의 기록으로 그 '역사'를 엿볼수 있으리라 생각합니다.

700페이지가 넘는 책의 작업을 하면서 다시 꺼낸 사진과 도면과 방송장면 하나하나 모든 것들이 저의 인생의 기록이었고 그리움들이 였습니다. 세트를 디자인하고, 제작하고, 설치하고, 녹화와 생방송을 진행했던 그 흔적들 속에서 수많은 분들의 모습이 떠올랐습니다. 지금은 만날 수 없는 만날 수 없는 분들, 어디서 어떻게 살고 계시는지 알 수 없는 분들, 아직도 든든하게 저를 지켜주고 계시는 분들, 이 모든 분들께 감사하는 마음을 이 책에 담았습니다.

저의 35년간의 세트디자이너로서의 작업이 이런분들이 없었더라면 불가능한 것이었다는 것을 다시 한번 느끼면서 감사한 마음을 새깁니다.

K-pop, K-Drama 등 K-Culture가 세계적으로 유명, 떨치는 시대가 되었습니다. 우리의 콘텐츠 생산능력을 인정받는 시대가 된 것입니다.

하지만 훌륭한 콘텐츠 생산능력에도 불구하고 여전히 그것을 포장하는 기술은 부족해 보입니다. 생산된 콘텐츠를 보다 돋보이게 하려면 그것을 훌륭하게 포장하는 기술도 매우 중요합니다. 따라서 영상콘텐츠 제작의 첫단계로 진행하는 촬영을 위한 가상공간을 만들거나 퍼포먼스를 더욱 풍성하게 받쳐주는 역할을 하는 '세트'를 설계하는 작업이 그 핵심이라고 보아 할것입니다.

작업했던 것을 묶으면서 제일 염두에 둔것은 이 책이 TV 세트디자인을 하려나 하는 젊은이들에게 도움이 되는 자료로 만드는 것이었습니다. 비록 이 책이 드라마장르가 빠진 TV 세트디자인의 일부에 불과한 내용만을 담고 있지만 '세트'라는 것의 본질을 만들기 위해 디자이너가 어떤 작업을 해야할지에 대한 이야기는 부족하나 있으리라고 자신합니다. 부디 이 책을 통하여 'TV 세트디자인'이라는 일에 많은 관심을 가져주길 희망합니다.

저는 이제 치열했던 미술감독으로서의 인생일막을 마무리하고 이모작을 위한 길을 떠나고자 합니다. 후회없는 시간이었습니다. 이제 맞을 인생의 시간은 일막에서의 아쉬웠던 부분을 메우고, 가보지 못한 길로 새롭게 떠나고자 합니다. 감사합니다!

이 책에 다 담지 못한 부분의 보완이나 독자와의 소통을 위해서 블로그를 운영할 계획입니다.

TV 세트디자인 블로그 (blog.naver.com/tvsetdesign)에서 뵙겠습니다.

2022년 4월
파주시 야당동 운정에서
정 종 훈 드림

TV 세트 디자인의 세계

초판 1쇄 인쇄 | 2022년 5월 9일
초판 1쇄 발행 | 2022년 6월 2일

지은이 | 정종훈 blog.naver.com/tvsetdesign setdesign@naver.com
펴낸이 | 김용길
펴낸곳 | 작가교실
출판등록 | 제 2018-000061호 (2018. 11. 17)

주소 | 서울시 동작구 양녕로 25라길 36, 103호
전화 | (02) 334-9107
팩스 | (02) 334-9108
이메일 | book365@hanmail.net
인쇄 | 하정문화사

ⓒ 2022, 정종훈
ISBN 979-11-91838-07-7 03680

＊이 저술 작업은 방송문화진흥회의 저술지원과 문화방송의 저작자료를 활용하여 진행되었습니다.